法医证据审查
要点通览

FAYI ZHENGJU SHENCHA
YAODIAN TONGLAN

张雪樵　主编

最高人民检察院司法鉴定中心　组织编写

中国检察出版社

图书在版编目（CIP）数据

法医证据审查要点通览 / 张雪樵主编；最高人民检察院司法鉴定中心组织编写 . -- 北京：中国检察出版社，2022.10

ISBN 978-7-5102-2747-9

Ⅰ. ①法… Ⅱ. ①张… ②最… Ⅲ. ①法医学鉴定—研究 Ⅳ. ① D919.4

中国版本图书馆 CIP 数据核字（2022）第 078006 号

法医证据审查要点通览

张雪樵　主编

最高人民检察院司法鉴定中心　组织编写

责任编辑： 芦世玲
技术编辑： 王英英
封面设计： 天之赋设计室

出版发行： 中国检察出版社
社　　址： 北京市石景山区香山南路 109 号（100144）
网　　址： 中国检察出版社（www.zgjccbs.com）
编辑电话：（010）86423736
发行电话：（010）86423726　86423727　86423728
　　　　　　（010）86423730　86423732
经　　销： 新华书店
印　　刷： 河北宝昌佳彩印刷有限公司
开　　本： 787 mm × 1092 mm　16 开
印　　张： 36
字　　数： 807 千字
版　　次： 2022 年 10 月第一版　　2023 年 3 月第二次印刷
书　　号： ISBN 978 - 7 - 5102 - 2747 - 9
定　　价： 156.00 元

《法医证据审查要点通览》
编委会

王泓杰　重庆市人民检察院

王紫阳　重庆市人民检察院

邢　庭　江苏省人民检察院

谢洪彪　江苏省淮安市人民检察院

徐　凯　河南省人民检察院

赵冬雪　四川省德阳市人民检察院

张　磊　山东省人民检察院

编写人员（按姓氏汉语拼音排序）

白宁波	包国萍	曹伟文	陈　猛	陈　朗	陈　爽	褚建新	杜发凤
樊田恬	范　哲	方　超	冯喜晨	冯秀春	高　冲	管　希	郭　松
顾晓生	郭永超	韩业兴	郝　婷	何寨寨	侯现军	洪　翔	胡安全
胡　军	胡羽凡	金衍丰	靳彦奎	江　南	蒋海鸥	蒋　祁	姜晓宇
李　聪	李红兵	李福金	李　杰	李建设	李科杰	李　蓉	李小华
李亚奇	李　莹	李元元	李忠华	李智慧	廖斌雄	林　泓	林宇新
刘光华	刘　嘉	刘　剑	刘明君	刘玉梅	刘莹洁	娄春光	罗　敏
罗雁彬	罗兆勇	吕　品	吕永富	马莉莉	毛闽燕	梅增辉	潘兆虹
彭　俊	沈　祺	施　枫	苏文生	孙　纯	谭　亮	唐　晋	田贵兵
王朝虹	王昌亮	王泓杰	王俪霖	王　强	王　盛	王　硕	吴　准
谢洪彪	邢浩伟	邢　庭	许　刚	徐　健	徐　凯	徐　倩	杨　超
杨洪波	叶芳瑾	袁　枫	曾建伟	张阿众	张福兵	张宏星	张　寰
张继国	张　杰	张俊涛	张　磊	张　薇	张　鑫	张　珣	张先进
张学亮	张彦民	张宜骏	赵冬雪	赵　凡	赵欢欢	赵诗哲	周建东
支　敏	邹立魏						

序　言

被尊为世界法医学鼻祖的南宋法医学家宋慈，在第一本法医学著作《洗冤集录》开篇即提到"狱事莫重于大辟，大辟莫重于初情，初情莫重于检验"，提醒司法人员在办理案件时，要查明案件真相（初情），就要重视鉴定（检验），重视对技术性证据的审查判断。

党的十八届四中全会通过的《中共中央关于全面推进依法治国若干重大问题的决定》明确提出"推进以审判为中心的诉讼制度改革，确保侦查、审查起诉的案件事实证据经得起法律的检验。全面贯彻证据裁判规则，严格依法收集、固定、保存、审查、运用证据"。在刑事案件中，证据是认定案件事实的基石，对于认定犯罪事实、准确定罪量刑具有至关重要的意义。没有证据或者证据不够确实充分，就会动摇案件的基础，也就无法正确适用法律。当前以审判为中心的诉讼制度改革，其核心是要贯彻落实证据裁判规则，就是要坚持证据在判案中的核心作用。

近年来，随着佘祥林、赵作海、呼格吉勒图、聂树斌等一批刑事错案披露，有学者对这些案件进行总结分析后认为，鉴定意见缺失或者出现错误是导致出现刑事错案的重要因素之一。防范冤假错案，就要加强证据审查，提高证据审查能力，提升司法公信力。法医类鉴定意见作为法定证据形式之一，以其法律性、科学性和客观性决定着案件的事实认定。对法医类鉴定意见的准确审查能够为刑事案件办理提供科学基础，更加接近案件事实真相，进而为法律准确适用提供科学依据。

2017 年，中央办公厅、国务院办公厅印发《关于健全统一司法鉴定管理体制的实施意见》的通知，要求"人民法院和人民检察院要加强相关专业技术队伍建设，健全对鉴定意见等技术性证据的科学审查机制，提高对鉴定意见等技术性证据的审查判断能力，全面落实证据裁判规则"。对鉴定意见等技术性证据的审查判断是检察官的职责所在，也是控辩双方庭上质证的焦点和重点，对鉴定意见等技术性证据的审查判断能力，不仅是考验刑事司法工作者的职业素养，更是彰显国家民族和司法体制保障公平正义的文明力量。

俗话说"隔行如隔山"。对鉴定意见等技术性证据的审查判断，往往成为检察官、法官、律师等司法工作人员不可翻越的"高山"。提升非法医专业人员对法医类鉴定意见的审查判断能力，一直是司法办案中迫切需要解决的问题。此次最高人民检察院检察技术信息研究中心组织部分检察技术专家以及长期从事法医司法鉴定工作、具有较高理论水平和丰富办案经验的一线办案人员，收集大量法医鉴定案例，参考鉴定实践中的疑难复杂案件解决思路，共同编写了本书。

对司法鉴定的审查判断是保证刑事案件办理质量乃至刑事司法活动开展的生命线，希望从事司法工作的检察官、法官、律师能够将本书作为工具书，通过使用本书，进一步了解法医学司法鉴定工作，熟悉法医鉴定意见的审查与判断，强化证据意识，提高发现、提取、固定、检验、审查、判断法医类鉴定意见证据的能力和水平，提升办案质量，从源头上避免冤假错案，确保办理的每一起案件都能够经得起法律的检验，经得起历史的检验，经得起人民的检验，真正实现习近平总书记强调的"努力让人民群众在每一个司法案件中都能够感受到公平正义"。

张雪樵

2022 年 9 月 16 日

前　言

　　法医学是应用医学、生物学及其他自然科学的理论与技术，研究并解决司法实践中有关医学问题的一门医学学科。基于司法实践需求应运而生的法医学，为刑事案件侦查提供线索、为审查起诉和审判提供科学证据、为相关法律法规的制定提供医学科学依据，在推进司法进步、维护社会公平正义、化解社会矛盾、案件监督纠错等方面发挥着不可替代的作用。证据是认定案件事实的基础和生命，是提升案件质量的重要抓手，没有证据或证据不确实，就无从正确认定案件事实，无法准确适用法律。在刑事诉讼中，法医学鉴定意见作为重要的证据种类之一，对于正确认定犯罪事实、准确定罪量刑具有至关重要的作用。随着"以审判为中心的诉讼制度改革"逐步落地，证据裁判规则得到贯彻落实，司法工作人员对法医学鉴定意见的重视程度日益增强，期望能够更多地学习和了解法医学专业知识，以解决侦查和审判中涉及的关键证据问题。但是，囿于专业壁垒，广大非法医专业司法工作人员仍无法系统、全面理解法医学专业知识。

　　为满足司法工作人员进一步理解案件中法医学相关证据的需求，最高人民检察院检察技术信息中心组织检察机关部分法医技术人员编写本书。本书具有几个特色。一是较强的实用性。通过精选法医学科在鉴定和审查中常用基础知识点，配以相关案例并解析、最新的标准规范等，力求理论与实践相结合，辅助广大司法工作人员更深入理解专业知识。二是系统性。本书涵盖法医病理学、法医临床学、法医物证学、法医毒物学和法医毒物分析等内容，可为普通犯罪检察、重罪检察、刑事执行检察等业务部门办案人员提供参考，亦可为医学院校师生和参与刑事案件办理的法官、律师等法律工作者提供借鉴。三是新颖性。本书共收录常用法医学知识点270余个，配以案例240余例，相关图片300余张，表格200余例，便于读者对法医学产生更直观的认识，同时辅以思维导图将各级主题和生涩知识点清晰化，并附有法医学鉴定书审查导引，对如何对法医学鉴定书开展程序审查和实质审查逐项解读，有助于办案人员更准确审查鉴定意见。

　　本书共23章，根据刑事案件中法医学应用场景分为上下两篇。共有全国检察机关100余位法医技术人员参与编写或搜集整理案例，江苏、重庆、四川、山东、浙江、湖北、河南等省级院分别组织本省（市）法医技术人员集中编写。汇总后，江苏省人民检察院方超组织团队对上篇进行统稿，重庆市人民检察院王泓杰团队对下篇进行统稿，最高人民检察院检察技术信息研究中心法医处最终对全书内容进行系统梳理、修改、审校完善后定稿。

　　本书凝聚了全国检察机关法医技术人员的实践经验和多位专家、学者的智慧成果，先后征求了多地检察机关一线办案检察官，部分法官、刑辩律师以及检察出版社编辑的意见，在此一并表示衷心的感谢和敬意！

　　由于编写者知识水平有限，书中难免出现错漏，希望广大读者不吝赐教。

《法医证据审查要点通览》编写组

2022 年 3 月于重庆

目录

上　篇

命案中法医学鉴定证据审查要点

命案，是指通过故意杀人、故意伤害、爆炸、投放危险物质，放火、抢劫、强奸、绑架等犯罪手段致被害人死亡的案件。这类案件也是刑事犯罪活动中恶性程度最高，危害最为严重的案件。

尸体及相关物证是办理命案的核心证据，本篇围绕命案中涉及尸体的法医学证据和技术，结合侦查、检察、审判等工作实际，以死因鉴定书检验、分析的结构为依据，从以下七部分展开知识点及案例解析。第一部分（第一章）：尸源识别，查明尸体身份是命案办理的起点和关键点，包括无名尸、碎尸、高度腐败尸体、白骨化尸体等案件的尸源识别；第二部分（第二章）：死后变化及死亡时间推断，有助于甄别尸体死后变化的形态学改变，推断死亡时间，缩小侦查范围，查明犯罪过程；第三部分（第三章至第八章）：命案中常见的机械性损伤、机械性窒息、损伤并发症、中毒、电击、高低温等死亡原因，以及死亡原因分析和死因鉴定意见的解读，有助于查明死亡原因，认定犯罪事实，确定案件性质；第四部分（第九章）：机械性损伤致伤物的推断及认定，通过损伤分析及致伤工具推断、认定，有助于分析致伤行为及致伤过程，查找、锁定犯罪嫌疑人；第五部分（第十章）：损伤时间推断，确定生前死后伤，对于不同时间多次损伤致死案件有助于罪责的认定；第六部分（第十一章）：命案现场分析，通过血迹及损伤行为分析，结合其他证据，进行命案现场重建，汇总各类物证，梳理犯罪过程，查找案件矛盾点，最终达到认定犯罪事实的目的；第七部分（第十二章）：DNA 在命案中的运用，DNA 在命案尤其是陈年命案的侦破中发挥关键作用，根据专业特点及办案实际，将各环节的 DNA 运用单独汇总成章，主要涉及 DNA 的基本原理，生物检材提取、保存、检验及鉴定意见解读与运用，以及办案中常涉及的专题性问题，包括同一性认定，亲缘关系（三联体、二联体、同胞关系等）鉴定，Y 染色体父系排查、线粒体母系排查，致伤物认定，以及相关注意事项等内容。本篇对上述七部分内容涉及的知识点及案例进行解析，梳理办案思路，旨在为法律工作者提供符合实际命案办理需求的法医鉴定、鉴别、审查要点，提高办案专业化水平。

第一章　尸源识别

尸源识别是法医工作的重点之一，命案中身份不明的无名尸需通过某些个体特征或专业技术来识别尸源。尸源识别首选 DNA、指纹、法医牙科、其他具有唯一性特征的生物信息；次选取外貌特征、痣、胎记、特殊疤痕等人体自身特殊标记，以及一般体貌特征、尸体附着物等。考虑全书内容编排，个体识别 DNA 相关内容另作专门讨论，请参见第十二章。

尸源识别审查要点：（1）对尸源识别信息的发现、固定、提取、检验等形成过程进行科学性、规范性审查，照片、记录、证人证言等能相互印证；（2）在缺乏唯一性生物特征信息时，需运用人体特殊标记、一般体貌特征及尸体附着物等信息综合判断；（3）当多个尸源识别信息之间，或尸源识别信息与其他案情信息之间存在矛盾，需谨慎论证排除合理怀疑；（4）办理碎尸案件时，需确定碎尸块是否属同一个体，以查明是否存在一案多尸情形。

第一节　尸源识别的基本步骤

一、现场勘验

现场勘验：是指在命案、灾害事故、交通事故等刑事、民事案件或者意外事件发生后，为了查明死者身份以及死亡原因、死亡机制和死亡方式，进而协助查明犯罪事实或事件真相等情况，法医及相关技术人员运用现代科技方法，对与犯罪或事件有关联的场所、物品、人身、尸体等进行勘验检查。现场勘验中法医工作的主要内容有以下几点：

1. 现场定位

对现场发现的尸体（尸块）固定其原始位置，包括尸体（尸块）位置的文字记录和照相记录。

2. 尸体（尸块）编号

遇多具尸体或多个尸块，需对尸体（尸块）进行唯一性和可溯源性编号，后期所

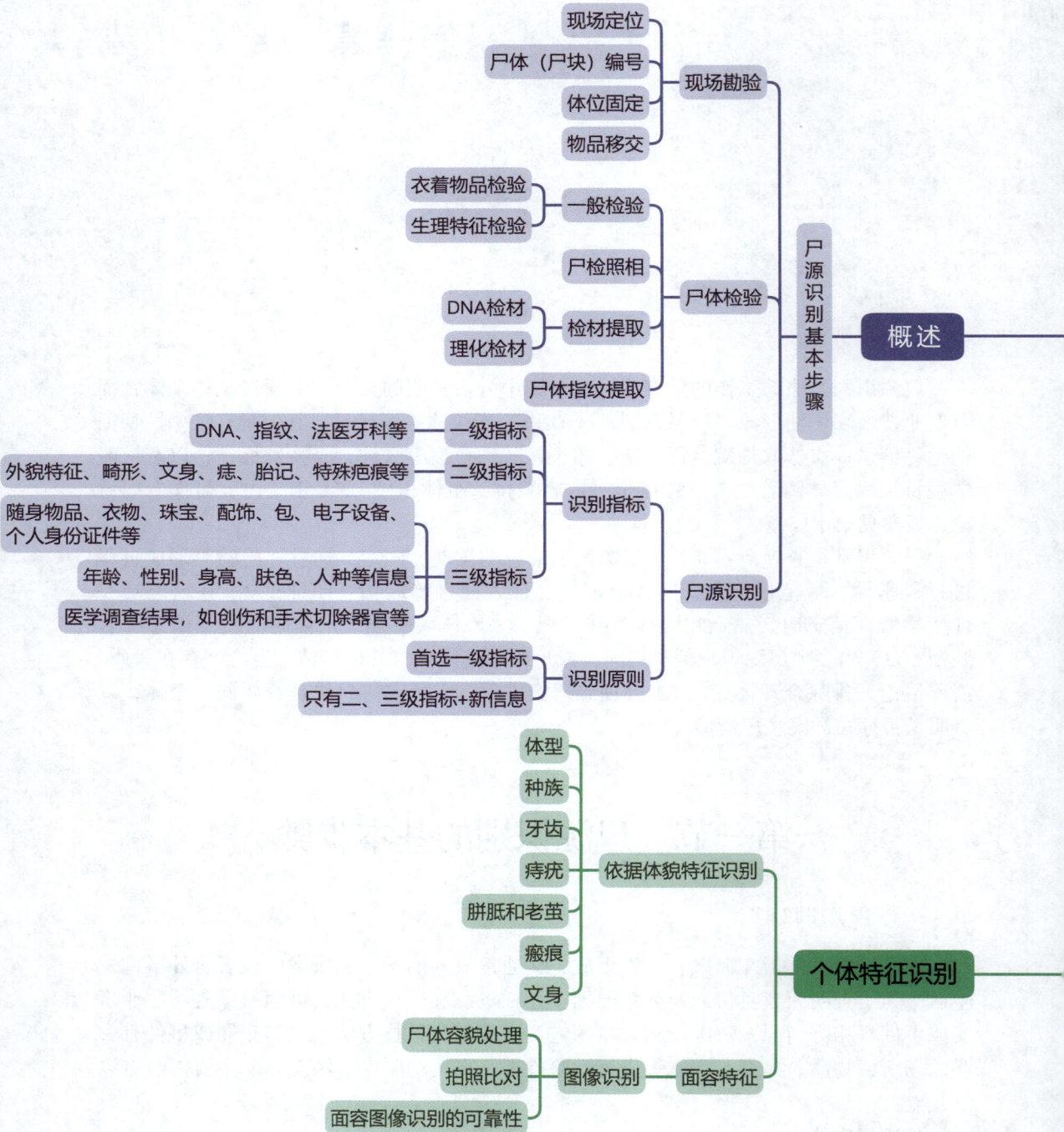

现场定位 ┐
尸体（尸块）编号 ┤
体位固定 ┤── 现场勘验 ┐
物品移交 ┘　　　　　│
　　　　　　　　　　　│
衣着物品检验 ┐　　　　│
生理特征检验 ┘── 一般检验 ┐
　　　　　　　尸检照相 ┤
DNA检材 ┐　　　　　　│
理化检材 ┘── 检材提取 ┤── 尸体检验 ┐── 尸源识别基本步骤 ── **概述**
　　　　尸体指纹提取 ┘　　　　　　│
　　　　　　　　　　　　　　　　　│
DNA、指纹、法医牙科等 ── 一级指标 ┐　　　│
外貌特征、畸形、文身、痣、胎记、特殊疤痕等 ── 二级指标 ┤│
随身物品、衣物、珠宝、配饰、包、电子设备、个人身份证件等 ┐│
年龄、性别、身高、肤色、人种等信息 ┤── 三级指标 ┤── 识别指标 ┤── 尸源识别 ┘
医学调查结果，如创伤和手术切除器官等 ┘　　　　　│
首选一级指标 ┐　　　　　　　　　　　　　　　　│
只有二、三级指标+新信息 ┘── 识别原则 ┘

体型 ┐
种族 ┤
牙齿 ┤
痔疣 ┤── 依据体貌特征识别 ┐
胖胝和老茧 ┤　　　　　　│── **个体特征识别**
瘢痕 ┤　　　　　　　　　│
文身 ┘　　　　　　　　　│
尸体容貌处理 ┐　　　　　│
拍照比对 ┤── 图像识别 ── 面容特征 ┘
面容图像识别的可靠性 ┘

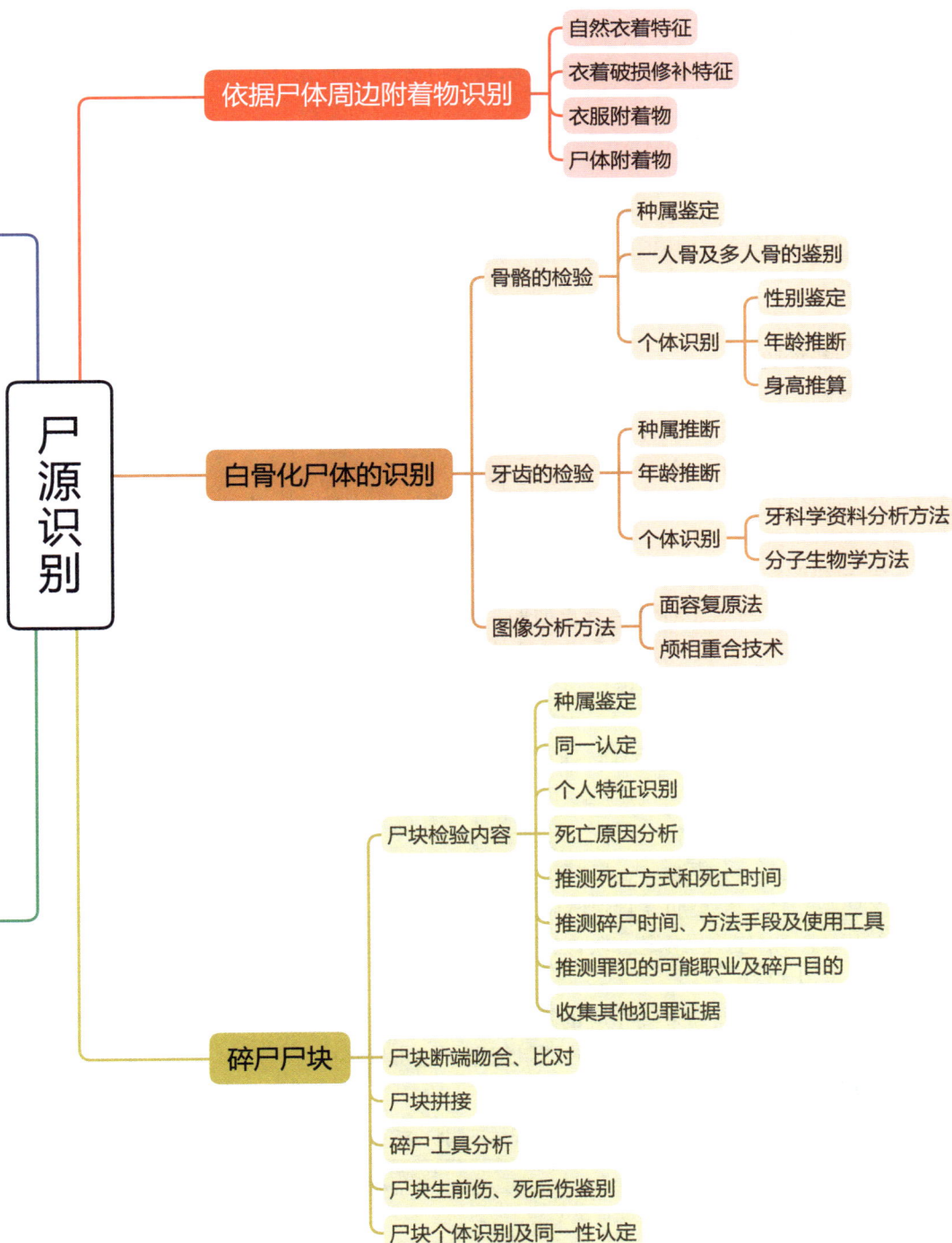

依据尸体周边附着物识别
- 自然衣着特征
- 衣着破损修补特征
- 衣服附着物
- 尸体附着物

尸源识别

白骨化尸体的识别
- 骨骼的检验
  - 种属鉴定
  - 一人骨及多人骨的鉴别
  - 个体识别
    - 性别鉴定
    - 年龄推断
    - 身高推算
- 牙齿的检验
  - 种属推断
  - 年龄推断
  - 个体识别
    - 牙科学资料分析方法
    - 分子生物学方法
- 图像分析方法
  - 面容复原法
  - 颅相重合技术

碎尸尸块
- 尸块检验内容
  - 种属鉴定
  - 同一认定
  - 个人特征识别
  - 死亡原因分析
  - 推测死亡方式和死亡时间
  - 推测碎尸时间、方法手段及使用工具
  - 推测罪犯的可能职业及碎尸目的
  - 收集其他犯罪证据
- 尸块断端吻合、比对
- 尸块拼接
- 碎尸工具分析
- 尸块生前伤、死后伤鉴别
- 尸块个体识别及同一性认定

有检验鉴定工作及善后处理工作均与该编号相对应。

3. 体位固定

尸体（尸块）编号后，要对尸体（尸块）的原始体位、姿态进行描述，并照相录像固定。对面容可辨的尸体，应对其面部进行特写拍照。

4. 收集物证

收集血痕、精斑、毛发、呕吐物、服剩的药物或毒物，以及其他与死亡有关的物证。

5. 尸表检验

进行尸表初步检查和记录，并根据现场勘验情况提出初步意见，为侦查提供线索。

6. 物品移交

现场处置工作结束后，及时将尸体（尸块）转移保存、检验。现场提取物品及现场勘验记录材料（物证提取记录表格）和照相、录像等相关记录材料保存移交。

二、尸体检验

1. 一般检验

衣着物品检验：对尸体衣着和随身物品的检验。重点检查并记录衣着和随身物品的个体特征，如衣服的式样、类型、颜色、质料、厂名、品牌等，随身物品中的证件、银行卡、笔记本、纸、首饰等。

生理特征检验：重点检查尸体（尸块）的某些生理特征，如疤痕、胎记、痣、瘤、文身、美甲、畸形、截肢、义齿等，描述记录其部位和形态，并拍照固定。

2. 尸检照相

包括着装全身照、着装半身正面照、全身裸体前侧照、全身裸体背侧照、尸体上的小型贵重遗物照（如戒指、手表、证件等）、与死因相关的特征细目照（如损伤等），以及尸体体表存在的具有个体识别价值的生理特征（如文身、疤痕等）。

3. 检材提取

尸检中提取的检材应按其特性选择包装物，检材编号应与尸体（尸块）的编号相对应并具有唯一性。

（1）DNA 检材

①新鲜尸体：采集心血、口腔拭子、指甲及深层肌肉组织等。

②腐败尸体：采集肋软骨、健康牙齿、指甲等。

③尸块：采集肌肉组织、软骨、骨骼等。

（2）理化检材

主要根据检测项目采集相应的检材，如火场尸体采集心血用于检测血中碳氧血红蛋白含量，提取支气管及其周围的肺组织用于有毒气体中毒检验。

4. 尸体指纹提取（表 1-1-1）

表 1-1-1　尸体不同状态下指纹提取

尸体状态	指纹提取方法
新鲜尸体	油墨直接捺印：①活动手指关节；②擦去手指污物；③均匀涂上油墨；④捺印；⑤记录提取信息

尸体状态	指纹提取方法
僵硬尸体	视情况将手浸入 40～50℃热水 2～3 分钟，擦干后反复屈伸。指纹提取步骤参照新鲜尸体指纹提取
干瘪尸体	用注射器从手指侧面注入甘油，或在第一关节和指头两侧注入空气，直至指腹膨隆。指纹提取步骤参照新鲜尸体指纹提取
高度腐败尸体	①剪下尸体手指处皮肤；②用酒精擦去皮肤上污物并干燥；③均匀涂上油墨或刷上粉末；④将皮肤固定在两个载玻片之间；⑤将固定好的载玻片直接扫描或拍照
焚烧尸体	参照新鲜尸体或腐败尸体指纹提取步骤

三、尸源识别

1. 识别指标

是指用于识别死者身份所使用的信息和方法，依据识别效率的不同将其分为三级（表 1-1-2）。

表 1-1-2　个体识别指标

	一级指标	二级指标	三级指标
意义	唯一性的生物特征信息	人体自身的特殊标记	一般体貌特征及尸体附着物
内容	DNA、指纹、法医牙科、其他唯一性的生物特征信息	较清晰的生理特征、畸形、文身、痣、胎记、特殊疤痕等	①随身物品、衣物、配饰、包、电子设备、个人身份证件等 ②年龄、性别、身高、肤色、人种等信息 ③医学调查结果，如创伤、手术切除器官和整形假体等重要信息
作用	在相关的生前和死后信息足够的条件下，可作为单一识别手段	具有强烈指标作用，识别价值较高，但一般情况下不能用作单一识别手段来确定死者身份	识别价值较低，主要起到排查和指示性作用，一般不单独用于确定死者身份

2. 识别原则

确定死者身份应该依据多种因素进行综合评估，一般不依据单一信息作出肯定的结论，同时，要考虑比对样本的来源和信息的可靠性。

依据三级指标的优先级予以识别。通常，如果一级识别指标能够达到个体识别标准，身份便能够得到证实。如果一级识别指标无法达到个体识别标准，或者只有二级、三级识别指标匹配，就必须考虑增加新的信息进行其他的身份特征信息比较。例如：死者家属通过容貌辨认初步确定指向后，满足以下条件中至少两点，再结合其他身份特征认定尸源：

（1）尸检获取的性别、年龄、身高、体态、发长等死者一般信息与死者亲属陈述基本吻合。

（2）尸体的衣着、佩戴饰品及随身物品等特征，与死者亲属陈述基本吻合。

（3）尸体随身的身份证件、电子设备（如手机）等物品所指向身份与死者亲属辨认吻合。

（4）尸体的生理特征如畸形、疤痕、胎记、文身、痣、瘤等形态、部位与死者亲属描述基本吻合。

第二节　个体特征识别

个体特征指人的一般体貌特征和特殊标记，属于二级、三级识别指标。一般尸体完好或面容可辨的无名尸可根据个体特征来进行尸源识别。

一、依据体貌特征识别

1. 体貌特征

指尸体的个体差异特征（表1-2-1）及面容特征（表1-2-2），是个体特有的表象。不同民族、不同地域的人在体貌特征上有明显区别，不同职业的人在体貌上也有各自特点，特殊的体貌特征可以作为同一认定的依据，普通的体貌特征可以作为分析死者尸源范围的线索。

表1-2-1　个体差异特征

体貌特征		个体差异
体型	体重	瘦长型、肥胖型、中间型
	身高	短小、较短、中等、较高、高大
	下肢类型	直行腿、X型腿、O型腿
种族	白色人种（欧罗巴人种）	肤色、发型、面部特征
	黄色人种（蒙古人种）	
	黑色人种（澳大利亚—尼格罗人种）	
牙齿	牙冠、牙髓腔和牙根的畸形	牙中牙、牙根弯曲、额外牙根、釉质发育不全、铲形切齿、长冠牙、副尖等
	牙齿大小的异常	巨牙（大于正常牙的畸形牙） 小牙（小于正常牙的畸形牙）
	牙齿数目的异常	双生牙、多生牙
	牙齿方向和位置的异常	异位牙、扭转牙、滞留乳牙、阻生齿等
	牙齿疾病	龋病、根尖周炎、牙周疾病
痣疣	黑痣、雀斑、色素斑、混合痣、红斑点、有毛痣以及寻常疣、扁平疣、丝状疣、尖锐湿疣等	颜色、部位、形状、数目
胼胝和老茧		部位、形状、大小、厚度
瘢痕	新鲜瘢痕、陈旧性瘢痕	形状、位置、数目、大小、颜色、隆起程度和软硬度、损伤所致、手术遗留
文身		颜色、位置、图案特征
手术	手术痕迹、整容假体、人工器官等	手术部位、假体部位、人工器官类型等

表 1-2-2　面容特征

面部特征	个体差异
面部轮廓	椭圆形、圆形、长方形、方形、正三角形、倒三角形、菱形
前额	高度、宽度、倾斜度
眉	形状、位置（水平、向内倾斜、向外倾斜）、疏密、长度、间距、宽度
眼	上睑褶形态、上睑褶位置及与眼眶关系、内眦褶遮盖泪阜程度、上褶眼裂大小、睑裂走形、睑裂形态、眼眶形态、两眼之间距离
鼻	大小、形态、鼻指数（鼻长与鼻宽比）、鼻翼宽度
唇	唇高度（鼻下点至黏膜部上缘中点距离）、唇厚度（口唇闭合时，上下唇黏膜部高度）、唇凸度、口宽度、口形态
下颌	下颌形状、下颌位置
耳	耳廓形状、耳与颞部贴近情况、耳轮和对耳轮形态、耳屏形状、对耳屏形态、耳垂形状、耳垂内缘与面颊的关系

【案　例】

　　接群众报警称李某自 ×× 年 ×× 月失踪至今，经相关线索排查，在某村河边一破旧空置房内发现一具尸体，尸体检验为成年女尸，黑发长 31cm，身着套装浅色睡衣、睡裤，尺码为 M160/88A，睡衣前侧左下方有兔子图案，尸体呈屈曲状，高度腐败，尸蜡形成，部分已白骨化，下颌骨呈脱落状，其颏部磨损、内凹，对应处衬有弧形浅黄色物，胸部见圆形硅胶垫两枚（上有编号）。通过该尸体身高、头发、衣服及整容情况等特异性体征与失踪人员家属描述特征比对，根据整容假体编号溯源，初步认定死者为失踪者李某，后经 DNA 比对，确认该死者为李某（图 1-2-1）。

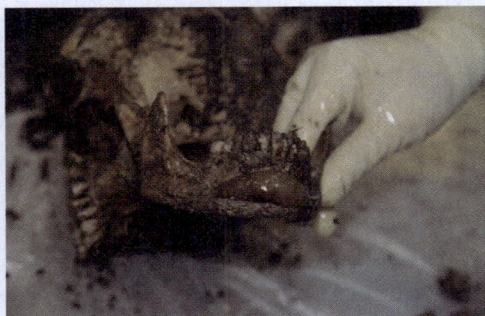

a. 胸部假体　　　　　　　　　　　　　　b. 下颌假体

图 1-2-1　尸体中植入的整形假体

　　案例解析： 该案件提示，在尸源识别中：（1）普通的体貌特征可以作为分析死者身源范围的线索，如该案中依据衣服尺码推测的身高；（2）特殊的体貌特征可以作为尸源认定的依据，如该案中李某下颌、胸部植入的假体，尸体腐败后假体完好，通过假体唯一性编号为尸源识别提供线索。

2. 面容图像识别

在体貌特征初步排查缩小尸源范围后，必要时再通过面容图像识别进一步认定尸源。面容图像识别是对图像中人的面部特征信息进行身份识别的一种技术。

（1）尸体容貌处理

人死亡后，受死因、时间、损伤等影响，容貌会发生较大变化，为尽可能再现生前容貌，需对尸体容貌进行适当处理（表1-2-3）。

表1-2-3 尸体容貌处理

面容状况	处理
面部完好新鲜尸体	清除面颈部各种污迹，梳理胡须，待容貌整理完毕并拍照后，再予剃除，做二次拍照
	清理面颈部裂创创腔，缝合创口，修复因创口哆开引起的面部轮廓、鼻、口等特征点变形
	破坏头面部尸僵、肌肉痉挛，推测死者生前发式并梳理头发，整理面部恢复到正常拍照时状态。尸体有化妆痕迹的，待成功拍照后，依照描涂痕迹补妆二次拍照；鼻背有眼镜压痕的，待成功拍照后，戴上镜框二次拍照
面部瘀血肿胀的新鲜尸体	尸体冰冻1～2天，待尸体面部肿胀减弱或消失，在解冻前补拍照片，并结合前期照片予以修整
面部轻度腐败尸体	通过化妆等手段予以处理后按照新鲜尸体拍照法予以拍照

（2）拍照比对

尸体取坐位拍照，严格按照GA/T 461《居民身份证制证用数字相片技术要求》拍摄照片，将制作完成的照片分别载入省级、部级公安人像比对系统筛查。

不同年龄阶段拍摄照片，面部特征会发生改变。不受衰老影响的面部特征，如额、鼻、口裂、耳的细部特征，可以进行个体识别方面的比对。若死者生前行过个体美容手术，需要查清面部整改的部位，对面容照片予以适当复原，并通过面部五官细节中未改变的特征进行识别比对。

【案 例】

某小区楼下发现一名呈仰卧状的男性尸体，通过尸检系高坠致颅脑损伤合并胸腹腔脏器损伤死亡。侦查机关通过面容照片分别载入省级、部级公安人像比对系统，初步查找到尸源，最终结合DNA检验完成个体识别，系王某杀人后跳楼自杀死亡。（案例由盐城市公安局亭湖分局李子乾提供）

案例解析：根据GA/T 1949《法庭科学 人脸图像相似度检验技术规范》面容图像识别目前仅能为查找尸源提供线索，最终还需通过DNA等技术进行同一性认定。

二、依据尸体周边附着物识别

尸体周边附着物包括尸体衣着特征及衣服和尸体上的附着物。通过对附着物的分析能反映出死者的民族、职业、工作生活环境、经济条件、被害前搏斗情况等，有助于判定尸体的来源或推断死者生前活动范围（表1-2-4）。

表1-2-4 尸体周边附着物

附着物		附着物特征
衣着	自然衣着特征	衣着具体特征（数量、品牌、型号、尺码、样式、大小、质地、面料等）以及配饰的外形、图案、作用、价值等特征
	衣着破损修补特征	衣物的破损（撕破、挫破、划破、割破、刺破、缝线扯破）、修补方式和手法
其他	衣服附着物	衣物附着上的泥土、擦痕、油迹、污渍、烟灰、火药、呕吐物、排泄物、血痕、精斑、压痕等，衣服上的胸针、徽章，口袋内的手机、证件、信函、纸条、票据、钱币、钥匙等各种物品
	尸体附着物	死者在被害、移尸、埋尸的过程中附着上的血迹、精斑、毛发、泥土、粉尘、木屑等各种物质以及碎尸块的包裹物

【案 例】

群众报警称河中发现一具尸体，双手腕、腰部及双踝被绿色尼龙绳、钢丝与一杠铃捆扎一起，上身阿玛尼黑外套、黑色迪奥T恤，下身D&G牛仔裤、爱马仕皮带，现场勘验发现白色手套、剪刀包装壳、剪刀、TODS皮鞋、针管、尾翼，尸检符合琥珀胆碱中毒死亡，现场针管及尾翼上发现琥珀胆碱成分。同月有人报警称其弟陈某失踪，失踪时衣着特征与发现尸体所穿着相符。通过进一步完善证据后确证死者为陈某，后又根据现场相关附着物，提取物证，帮助案件侦破。

案例解析：该案例通过对死者衣服、皮鞋、皮带等服饰特征及品牌分析，推测死者生前经济条件，并与报警人所描述的衣着特征相比对，初步认定尸源，结合物证检测完成尸源识别，最终助推案件侦破。

第三节 特殊尸源的识别与认定

本章所指的特殊尸源识别是指对白骨化、碎尸、面容毁损、焚烧及高度腐败、灾难事故中尸体的尸源识别。

一、白骨化尸体的识别

1. 骨骼的检验

骨骼是个体识别的重要检材，对于高度腐败尸体及来历不明的尸骨，以及重大灾害中遇难者的尸骨，可通过骨骼检查来进行个体识别、尸源认定。

（1）种属鉴定：对发现的骨骼或骨骼残片进行初检，确定所发现的骨骼残骸是否属于人骨。

（2）一人骨及多人骨的鉴别：根据骨骼的解剖学结构、定位、数目、排列及各骨的连接吻合情况和有无重复骨等进行鉴别，也可以通过 DNA 分析加以确定。

（3）个体识别：

①性别鉴定：骨骼的性别差异以骨盆最为明显，在胎儿期已有呈现（表 1-3-1、图 1-3-1）。

表 1-3-1　男女骨盆差异

项目	男性	女性
一般性状	狭小而高，骨质较重	宽大而矮，骨质较轻
骨盆壁	肥厚粗糙，侧壁内倾而深	纤薄光滑，侧壁平直而浅
入口	纵径大于横径，呈心形或楔形	横径大于纵径，呈圆形或椭圆形
出口	狭小	宽大
盆腔	狭小而深，上口大，下口小，呈漏斗状	短而宽，呈圆桶型
骶骨	狭而长，呈等腰三角形，弯曲度大，岬明显突出	短而宽，呈等边三角形，弯曲度小，岬略突出
耻骨	联合面高；上下支结合部呈三角形；耻骨角小，70°～75°	联合面低：结合部呈方形；耻骨角大，90°～110°，分娩后联合面背侧可见分娩瘢痕
闭孔	大，卵圆形，内角约110°	小，三角形，内角约70°

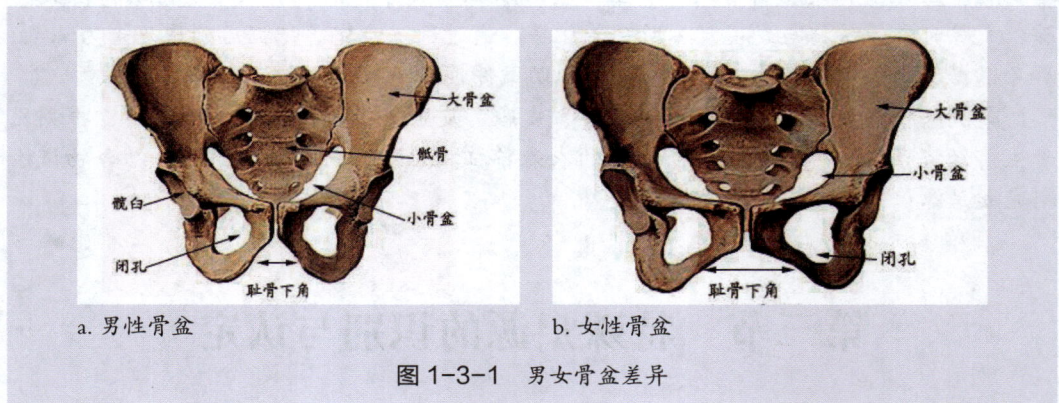

a. 男性骨盆　　　　　　b. 女性骨盆

图 1-3-1　男女骨盆差异

②年龄推断：未成年骨骼的年龄鉴定主要根据四肢骨骨化中心的出现时间及骨骺的愈合程度。20 岁以后以耻骨联合的年龄变化最有价值，其他骨骼年龄鉴定有较大误差。骨骼的年龄变化受诸多因素影响，因此根据骨骼鉴定年龄时，应尽可能用多种鉴定方法，以提高准确性。

③身高推算：骨骼完整时，从全身骨骼的长度可以测量计算身高，将骨骼拼接完

成后，测得全身骨骼的高度，再加上 5cm 软组织厚度，可推测为死者身高。骨骼不完整时，可以根据颅骨、躯干骨以及四肢长骨推算身高。

2. 牙齿的检验

（1）种属推断：人类齿槽紧缩、牙齿小，尖齿明显缩小，齿弓呈弧形，食肉动物尖牙发达，食草动物侧切牙、磨牙发达。

（2）年龄推断：20 岁以下常根据牙齿发育与萌出的情况判定年龄，对婴幼儿牙齿的月龄估计可用公式推断。20 岁以后，常根据牙齿的磨耗程度和结构的改变等来判定年龄。

（3）个体识别：牙齿的个体识别方法可分为两类，牙科学资料分析法及分子生物学法。前者以详细的牙科资料为识别关键，以个体牙齿特异性及牙齿治疗操作的差异为根据进行个体识别。后者是通过对牙齿的牙髓细胞进行 DNA 分析，达到个体识别的目的。

通过对骨骼及牙齿的检验确定死者的年龄、身高、性别等个体特征后，可以进一步通过图像分析方法来进行失踪人员排查，完成尸源认定。

【案 例】

一拾荒者在一土坑内发现蓝白相间编织袋包裹的衣物及疑似人体白骨。检验示：衣着为灰色套装胸罩短裤、一条黑色连衣裙及一双 35 码银色高跟鞋。颅骨、四肢长骨、骨盆、肩胛骨、部分肋骨及椎体均在，且完全白骨化，拼接后为一具完整的尸骨，测量全身骨骼长度为 150cm，额顶部一较长不规则骨折线，口腔牙齿尚在，智齿已萌出，第一磨牙磨耗Ⅰ级，四肢长骨较纤细，骨盆闭孔小，内角为锐角，耻骨下角约为 100°，耻骨联合面低，联合面嵴钝，背侧缘逐渐形成，骨化结节已出现。除颅骨见骨折线外，余肢体骨骼均未见异常痕迹。法医根据颅骨、骨盆及四肢纤细等特征认定死者为女性，根据牙齿及耻骨联合情况推测年龄不超过 23 岁，通过对衣物材质变化及尸体骨骼扫描电镜检验分析，推测死亡时间为 1 年左右，案发时间为 6～9 月。结合性别、身高、年龄等个体特征，通过排查死亡时间段内报警失踪人员信息，根据 DNA 确定死者身份，完成尸源识别。

案例分析：白骨化案件中通过对骨骼的检验，获取死者生前特征性信息，缩小尸源范围，对完成个体识别具有重要意义。依据 GA/T 1189《现场白骨化尸体骨骼提取、保存、运输规范》等标准，针对白骨化尸体案件，检验思路如下：（1）确定是否是人骨；（2）确定是不是多人骨；（3）通过骨骼、牙齿等推断性别、年龄、身高等个体特征，并结合现场其他物证为尸源认定提供线索、固定证据；（4）通过尸骨损伤检验、毒化检验等确定或提示死亡原因；（5）推断死亡方式、死亡时间、致伤工具等。

二、碎尸尸块的识别

鉴于碎尸案件侦破的重要性，本书将碎尸案件办理中涉及的相关法医学问题在本节作概括介绍，涉及的详细内容见第一篇其他章节。

碎尸指尸体受暴力作用而被分解成数段与数块。碎尸可见于刑事犯罪案例、工伤事件、交通事故、意外灾害，也可见于动物对尸体的毁坏、被轮船螺旋桨叶片切削或随急流冲击于礁石上的水中尸体。

1. 尸块检验

尸体检验内容主要包括以下内容：

（1）种属鉴定，确定所有发现的碎尸断块是不是人类肢体或内脏器官组织。

（2）同一认定，确定碎尸断块是否属同一个体。

（3）推测或确定尸体的个人特征，如性别、年龄、身高、职业、血型、DNA 分型、容貌等。

（4）确定死亡原因。

（5）推测死亡方式和死亡时间。

（6）推测碎尸时间、方法手段及使用工具。

（7）推测罪犯的可能职业及碎尸目的。

（8）收集其他犯罪证据。

2. 尸块断端吻合、比对

通过软组织断端皮肤色泽、弹性及皮下脂肪的丰满程度认定是否为同一个体，再对断缘的特征、皮瓣的方向等进行比对吻合。

3. 尸块拼接

首先找全尸块，通过碎尸的形态学特征确定人体部位，检查相同部位有无重复、有无组织残缺，来确定尸体数量；其次根据碎尸的断端特征进行吻合、比对；最后凭借解剖部位进行组织块拼接。腐败尸体通过骨折断端拼接对位。

4. 进一步明确死亡原因、死亡方式、作案手法和碎尸工具等

5. 碎尸工具分析

碎尸案件中以锐器分尸多见。通过观察断面、断缘特征（整齐度，皮瓣方向，数量，是否存在骨碎片等），分析离断位置及切痕，综合推断碎尸工具（表1-3-2）。

表 1-3-2　碎尸工具

工具	断端特点
匕首类	软组织断缘皮瓣少，骨质上见短条形切痕且无砍痕
菜刀类	软组织断面整齐，断缘皮瓣多，并伴有较长的尾纹，骨质上留下砍痕，骨折断端不整齐，骨碎片较多等，有时可在骨质的砍痕中检见刀刃的金属碎片
斧类	软组织断端可粘有脱落的肌肉，脂肪组织，骨质见楔形损伤
锯类	软组织断端上可见多个排列整齐的点状、条形、球形、不规则形细小碎块样损伤，并附有骨屑。骨质断端斜行排列，伴一定间距的细条凸起

【案　例】

侦查人员接到群众报案挖出 15 块符合人体组织形态特征的骨骼、器官及软组织的尸块。尸块腐败，部分尸块被蒸煮毁损。按照人体解剖结构拼接成一具女性尸体。根

据尸块检验所见，尸块断端皮肤皮瓣多，断面整齐；骨面见砍痕，断端不整齐并附有骨碎片，推断分尸工具为刀类锐器。结合失踪人员线索排查，并利用DNA检测最终认定为失踪人员徐某。在徐某家中搜索到一把菜刀，根据菜刀上遗留的生物检材及相关线索排查最终确定作案人为其丈夫王某。

案例分析： 本案主要通过尸块断端软组织及骨质遗留痕迹推断碎尸工具，为排查分尸工具，寻找分尸场所，确定犯罪嫌疑人等提供案件线索和定案证据。

6. 尸块生前伤、死后伤鉴别
（1）概 念

生前伤指活体受暴力作用造成的损伤。

死后伤指死后受暴力造成的损伤。

当暴力作用于机体时，损伤局部及全身可出现一系列的生活反应。死后伤一般无生活反应。实践中常用生活反应判断生前伤和死后伤。

（2）内 容

生活反应包括肉眼所见改变、组织学改变及生物化学改变（详见第九章）。

7. 尸块个体识别及同一性认定

若有完整面部尸块，直接通过面容辨认进行个体识别；若面部高腐，通过面容恢复及颅相重合技术进行个体识别；或在尸块拼接初步认定的基础上，通过个体之间DNA的差异性，直接对发现的全部尸块进行DNA鉴定，从而进行个体识别及同一认定（详见第十二章）。

【案 例】

某园林绿化公司员工报警称，在一大桥下的废弃厂内看到一个打开的密码箱，露出一可疑人体组织。经现场勘验，发现两个拉杆箱内有尸块，确认是被肢解后抛弃的无名女尸。一号拉杆箱内含五块尸块，分别为双上肢、双下肢、头颅；二号拉杆箱内含一块尸块，为躯干。

尸块拼接及同一性认定：经拼接，六块尸块可组成一具完整女性尸体，各离断面能对应吻合。根据DNA检验，送检的6块尸块肌肉组织检出相同STR分型，分析认为为同一个体。

尸体特异性体征：拼接后测量尸长160cm，棕色直长发，顶部发长35cm，双耳垂见耳环孔，左锁骨下见字母"D. Rong"及红色花卉图案文身，下腹部一横行陈旧手术瘢痕，左臀部见一陈旧性瘢痕，十指见美甲。

生前伤鉴定：颈部条状表皮剥脱伴皮下出血，符合绳索勒颈所致的索沟形态，部分区域表面可见细小点状排列的花纹，推测勒颈绳索带有编织花纹。鼻背部见一细小表皮剥脱，右下唇及右侧颊黏膜小片状出血，左下颌缘、右下颌缘及左右颈部见小片状皮下出血，为钝器伤，徒手捂压口鼻、扼压颈部时可以形成上述损伤。

死后伤鉴定：各尸块离断处及其他部位损伤未见生活反应，符合死后分尸形成。

　　碎尸工具分析：尸块各离断面创缘齐，创壁光滑，两创缘创壁间无组织间桥，部分区域可见划痕或皮瓣，无生活反应，股骨头表面见一划痕及一块游离薄骨片，上述损伤为锐器创，分析分尸工具为较为锋利的锐器。

　　死亡原因分析：根据尸体损伤检验及死者面部、球睑结膜、咽喉腔、气管黏膜、双肺表面及肺叶间、心脏表面见大量出血点等一般窒息征象，结合毒化检验，死者符合遭捂压口鼻、扼压颈部及绳索勒颈致机械性窒息死亡，并于死后分尸。

　　尸源识别：根据拼接后尸体个体特征排查报案失踪人员，通过亲属辨认及DNA检测确认尸源。

　　凶器及分尸工具认定：于作案现场发现绳索及一把单刃折叠匕首。经过颈部索沟特点比对及DNA检验，认定现场绳索为勒颈致伤物；折叠匕首经尸块骨质断端分析比对、DNA检验、罪犯辨认，认定为分尸工具（图1-3-2）。（案例由江苏省人民检察院方超提供）

　　案例解析：根据GA/T 1968《法医学　死亡原因分类及其鉴定指南》等标准，碎尸案件办理时应当注意：（1）发现无名碎尸后，先对所有尸块原始状态进行拍照固定，尤其是特异性体征，初步判断种属后进行尸块拼接；（2）提取检材做DNA检测，完成同一性认定，以甄别一案多人死亡被分尸情形，并为后期个体识别做准备；（3）拼接完成后测量尸长，认定性别，推测年龄、身高。若面容完好，拍摄正面照片做面容识别；（4）通过尸体损伤情况，分析作案工具，鉴别生前伤、死后伤，确定死亡原因；（5）尸源识别先通过尸体二级指标及三级指标缩小尸源范围，在初步认定指向的基础上，最后根据一级识别指标达到个体识别的目的。

三、特殊尸源图像分析方法

　　通过对白骨化尸体的骨骼、牙齿以及对碎尸尸块的检验，确定死者的年龄、身高、性别等个体特征后，可以进一步通过图像分析方法来进行失踪人员大范围排查，缩小尸源认定范围。

1. 面容复原法

　　根据颅骨的解剖学特点，用科学的方法重建与死者生前面貌相似的形象。包括面貌雕塑法、颅骨侧面描记法、颜面影像复原形态图法。面容复原后可根据计算机图像识别技术进行人像筛查，完成死者个体识别。

2. 颅相重合技术

　　对于高度腐败及白骨化的尸体，难以从面貌或身体特征上进行直接辨认，又无其他证据证明死者身份，可根据发现的骨骼先认定性别、年龄、身高，再通过颅相重合技术进一步进行个体识别。颅相重合是指用未知身源的颅骨和失踪人在失踪前的照片，在一个特殊装置上使两者的影像按相同的偏转，仰俯角度和焦距互相重叠，以重叠时能否达到解剖关系上的一致，来确定照片和颅骨是否出自同一人的一种技术。

　　（1）对颅相重合结果的评估

　　重合结果符合认定标准即可高度提示被检颅骨和被检的人像照片是出自同一人，必要情况下进一步进行复核检验，并考虑其他个体识别手段。

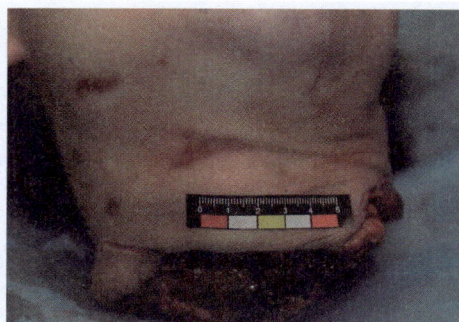

a. 颈部索沟

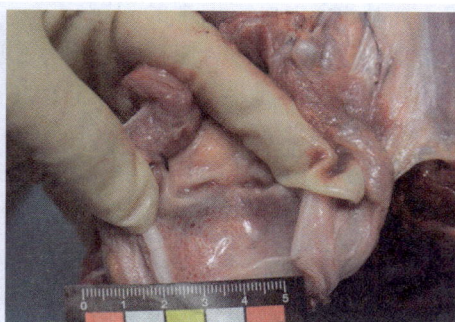

b. 气管黏膜出血点

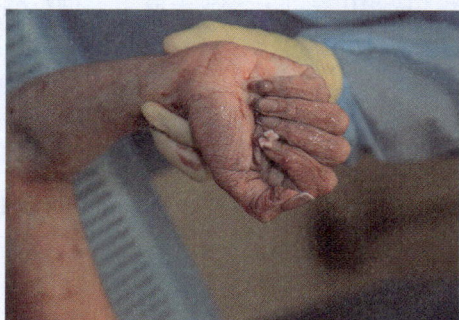

c. 美甲

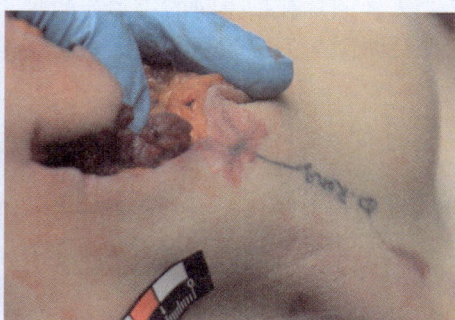

d. 文身

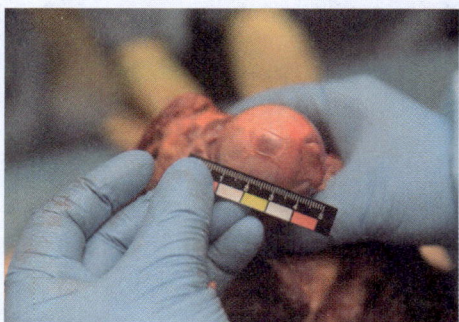

e. 股骨头表面划痕

f. 薄骨片

g. 现场绳索

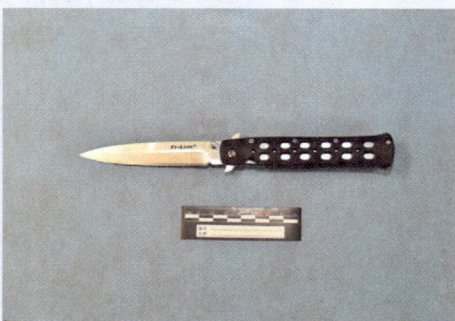

h. 折叠匕首

图 1-3-2

（2）颅相重合中可能出现的问题

①由于颅相重合法的研究样本来源受地区、民族的限制，故此认定标准不能用于体质特征与样本来源地区和民族差异较大的地区和民族。

②在人像照片上取点不准（特别是条件差、影像虚的照片）。

③被检照片的人像颜面相关比例与本研究选取样本的平均比例出入太大，会造成推算的角度不对，如误差超过了3°则会使重合结果不可靠。

④有的重合指标的离散度过大。

⑤在用透明正片作重合检验时，左右颠倒，反向重合。

⑥检验人员受案情干扰，先入为主。

⑦当人像照片在拍摄时的年龄与颅骨年龄相差10岁以上，或未成年人进行颅相重合拍摄照片时间与失踪时间间隔大于2年，会影响颅相重合结果。

【案　例】

村民报警称邻居孤寡老人失踪半年，侦查人员在后山林中搜寻到一具部分白骨化尸体。报案人从衣着特点怀疑系失踪老人，办案机关决定采用颅相重合技术认定死者身份。

通过对送检骨骼进行检验，办案人员运用法医人类学检验方法，确定死者的性别、年龄、身高，在与失踪人基本吻合的情况下，进行颅相重合鉴定。该案件通过颅相重合技术初步认定尸源。

案例解析：由于DNA检验技术的发展，骨骼DNA检验已日趋成熟，利用骨骼DNA检验技术个体识别结果更加可靠。但在某些案件中，死者身份不明或无相关亲属，无法通过DNA技术进行个体识别时，可通过颅相重合技术进行尸源认定。注意事项：①重合结果需认定4项52个指标，全部指标符合认定标准，可以初步认定；有两个或两个以上指标与认定标准不符，则不能认定为同一人；只有一项指标与认定标准不符，需要慎重，再次进行复核检验。②提供的照片需为距离失踪10年以内的，未成年人不超过两年，照片需影像清晰，轮廓完整并与背景的界线明显，五官部位的影像层次分明、可辨。由于存在诸多干扰因素，需慎重使用颅相重合认定的结果。

（罗敏、刘玉梅）

第二章　死后变化与死亡时间推断

死亡时间，又称死后间隔时间或死后经历时间，指发现、检查尸体时距死亡发生的时间间隔。末次进餐时间，指死亡距最后一次进餐的时间。实际办案中，死亡时间推断可包括死亡时间和末次进餐时间的推断。主要方法有死后尸体自身改变情况，如死后早晚期死后变化、胃肠消化排空情况等，也包括腐败过程中的外部变化信息，如嗜尸性昆虫的发育情况。有效而准确地推断死亡时间，对认定和排除犯罪嫌疑人有无作案时间、划定侦查范围以及案件侦破具有重要的法医学意义。

死后变化与死亡时间推断审查要点：（1）审查推断死亡时间的方法选用是否准确、科学；（2）当不同方法推断死亡时间之间存在差异或矛盾，是否有科学合理的解释；（3）当推断的死亡时间有悖原理方法或明显矛盾无法合理解释时，探寻可能原因，必要时重新鉴定或补充侦查；（4）实际办案中，死亡时间推断受多种因素影响，需要考虑地域、环境、个体差异等影响因素，综合运用多种方法才能相对准确地推断死亡时间。

第一节　早期死后变化及死亡时间推断

早期死后变化一般指人死后早期（24小时以内）尸体出现的各种变化。

一、早期死后变化

1. 超生反应

超生反应指个体死亡后其器官、组织及细胞短时间所保持某些功能或对外界刺激（如机械刺激、电流刺激、药物刺激等）的一定反应能力。常见的超生反应表现为瞳孔反应、断头后反应、骨骼肌反应、心肌及血管平滑肌收缩、肠蠕动等。超生反应在不同组织和器官的表现有一定差异，因此在特定情况下有助于推测死亡时间。

2. 皮革样化

皮革样化指尸表皮肤较薄的局部区域因水分迅速蒸发，干燥变硬，而呈蜡黄色、黄褐色或深褐色的羊皮纸样变化，常见于皮肤较薄部位（口唇、阴囊、大小阴唇等）、

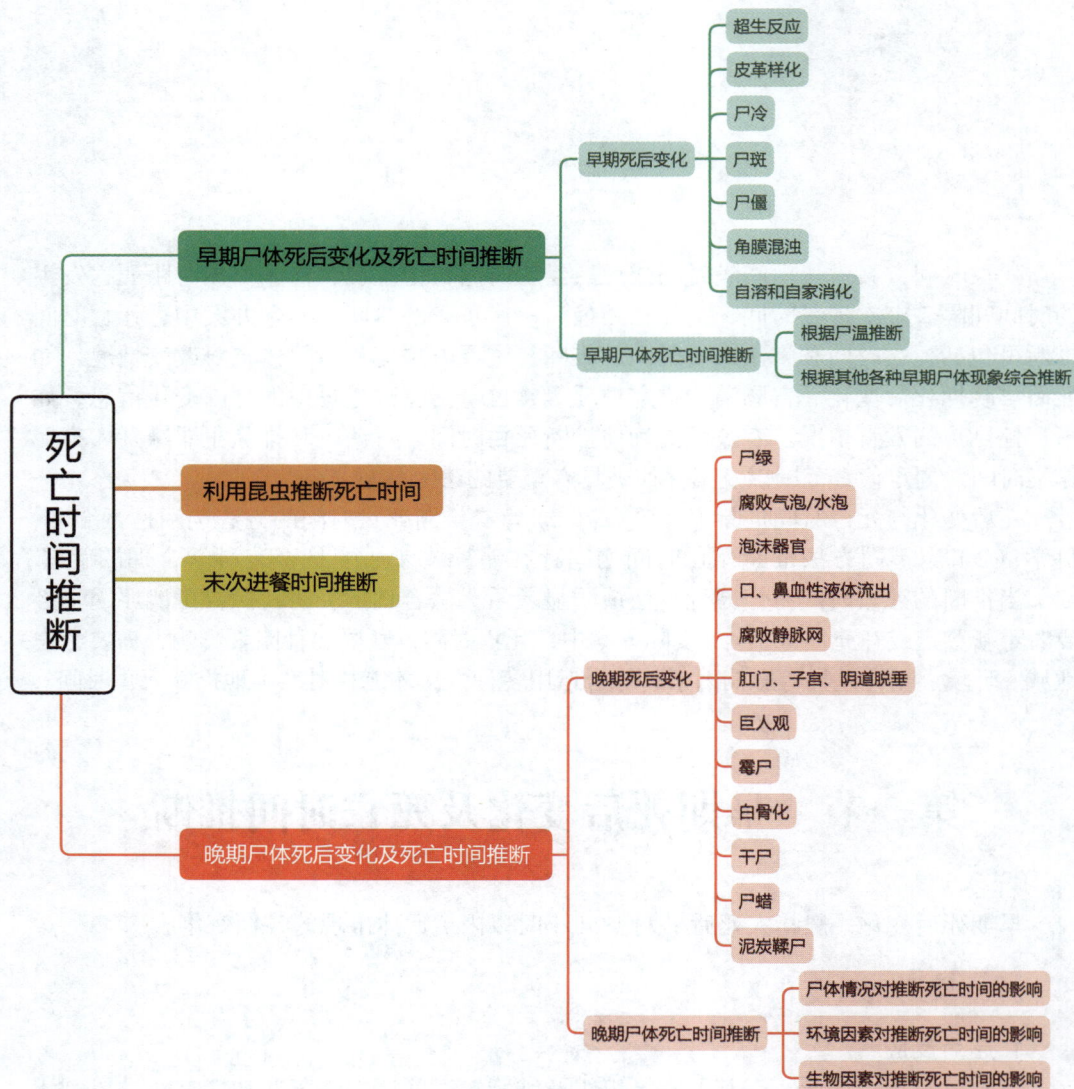

皮肤皱褶处以及皮肤损伤区（表皮剥脱区、索沟、烫伤面等）（图2-1-1）。

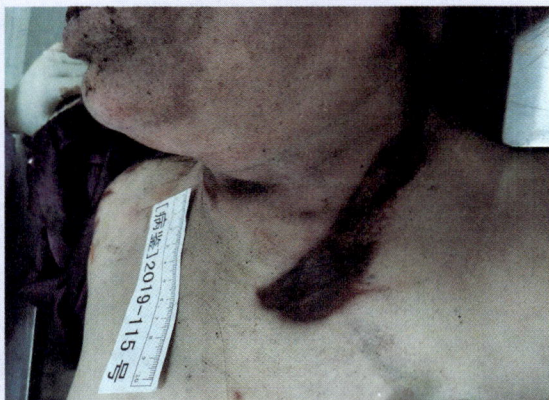

图 2-1-1 颈部皮革样化

皮革样化可保留某些损伤形态，如机械性窒息致死者颈部的绳索花纹；皮革样化可使擦挫伤更明显；根据皮革样化的数目、分布及形态特征，有助于推测案件的性质和作案人的意图，如强奸案件中，被害人大腿内侧被抓伤后形成的皮革样化可帮助定性案件。

皮革样化常易被误认，需要仔细鉴别。如口唇的皮革样化易被误认为挫伤或腐蚀性毒物所致，阴囊的皮革样化也易被误认为挫伤。鉴别皮革样化和挫伤最直接有效的方法是切开皮肤检查有无皮下出血。

3. 尸 冷

人死后，因新陈代谢停止、不再产生热量，尸体原有热量不断散发，使尸温逐渐下降至环境温度，或低于环境温度。尸温下降的速度受尸体内、外环境因素的影响较大。

环境因素是影响尸冷最主要的外部因素。环境温度高，尸温下降慢；同时，死者的年龄、体型胖瘦和死因等也是影响尸冷的重要因素。其中，以体型胖瘦的影响最大。肥胖尸体的皮下脂肪厚，尸体热量向体表扩散慢。小儿尸体较成人尸体相对体表面积大、散热快，尸温下降迅速。因消耗性疾病、大失血死亡的尸体，尸温下降快。猝死、败血症、日射病、热射病、机械性窒息、颅脑损伤、破伤风及死前伴有剧烈痉挛的中毒等死者的尸温下降较慢。甚至，有的在死后短时间内反而可上升超过37℃。

4. 尸 斑

尸体血液因重力而坠积于低下部位未受压迫的血管，并在该处皮肤呈现有色斑片，称为尸斑。尸斑的分布与尸斑形成时的体位有关。尸斑的颜色主要取决于血红蛋白及其衍生物的颜色。根据发生发展过程和形态特征，尸斑可分为三期：沉降期尸斑、扩散期尸斑、浸润期尸斑，但这三期的分界并非绝对，相互间可有重叠。

尸斑的形成是一个逐渐发展的过程，通常自死后1～2小时开始，受环境温度和死因等因素的影响。有的尸斑早在死后半小时或迟至6～8小时才开始出现，如在寒冷环境中，尸斑的发生、发展较一般气温条件下缓慢；大失血的尸体，尸斑出现晚而弱；死亡过程长伴心衰者，尸斑在濒死期就可开始出现。

尸斑是最早出现的死亡征象之一，根据其发展规律可大致推测死亡时间。同时，根据其位置和分布情况可推测死亡时的体位及死后是否移尸。尸斑最易与生前损伤所致的皮下出血相混淆，应注意鉴别（图2-1-2、表2-1-1）。

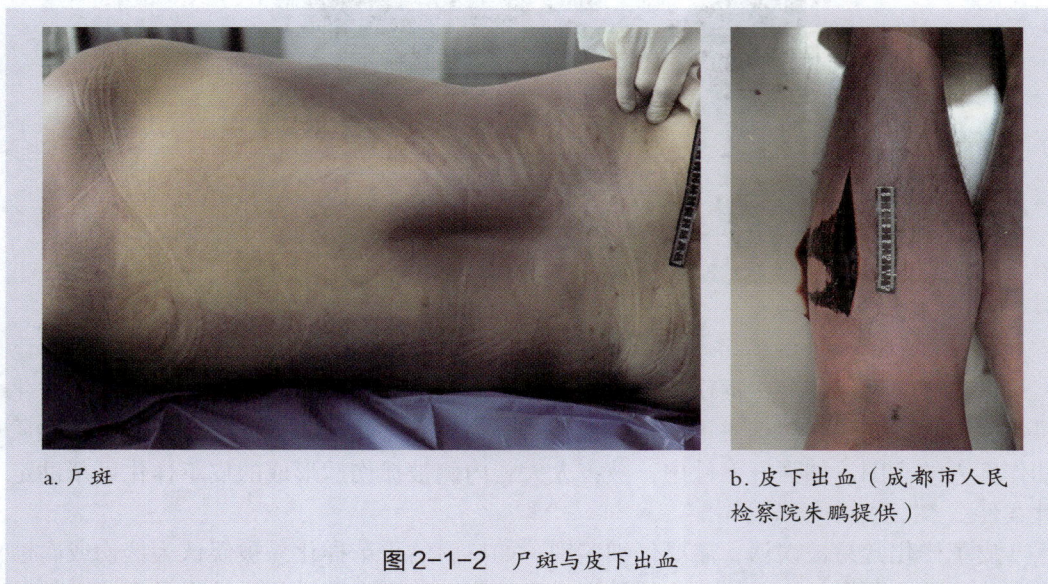

a. 尸斑

b. 皮下出血（成都市人民检察院朱鹏提供）

图2-1-2　尸斑与皮下出血

表2-1-1　尸斑与皮下出血的鉴别

	尸斑	皮下出血
形成	死后血液坠积	生前外伤
部位	尸体低下未受压部位	体表任何部位
范围	广泛，境界不清	局限，境界清楚
颜色	与死因、环境温度和死后经过时间有关，可提示冻死和某些中毒死者的死因	与受伤时间和出血程度有关，颜色有一定的变化规律
表面情况	一般无损伤，呈大片状分布；受压处不出现尸斑，可反映所压迫物体的形状	局部肿胀，常伴表皮剥脱；多为片状，有时能反映致伤物的形状
指压变化	早期指压褪色，晚期指压不褪色	指压不褪色
体位改变	早期可消失，并出现新尸斑，晚期无变化	翻动尸体后无变化
局部切开	组织内无凝血、出血；早期尸斑血管内有血液流出，用纱布易擦去；扩散期尸斑组织间隙有浅黄色或淡红色液体滴出	局部组织内有凝血、出血，水冲、纱布擦抹不能除去
镜下所见	早期：毛细血管和小静脉扩张，充满红细胞；晚期：血管内皮细胞肿胀，脱落，管腔内充满均质红染液体、溶血的红细胞	血管周围有大量红细胞，出血处有纤维蛋白网形成；血管不扩张，管腔内红细胞减少

5. 尸　僵

尸僵指人死后，各肌群发生僵硬并将关节固定的现象。有时尸僵发展快且程度强，可使尸体呈强直状态。一般死后 1 ~ 3 小时开始，先出现于小肌群；4 ~ 6 小时发展到全身；12 ~ 15 小时达到高峰，全身关节僵硬；24 ~ 48 小时缓解；3 ~ 7 天完全缓解。

影响尸僵主要有以下因素。（1）个体因素。包括年龄、体型等。生前肌肉发达的健康人，尸僵出现程度强，持续时间长且缓解慢；男性尸僵一般比女性明显；婴幼儿、老人、体弱者的尸僵发生快、强度弱，持续时间短。（2）外界因素。气温高则尸僵发生早、缓解快；反之则尸僵出现迟、消失也迟。在水分多、湿度大的环境中，尸僵发生缓慢。（3）特殊死因。因外伤或疾病引起急性死亡者，尸僵发生迟、程度强；慢性消耗性疾病的死者，尸僵出现早而弱；死前有肌肉痉挛者，如破伤风、士的宁、有机磷农药、异烟肼中毒等，尸僵出现早而强。

尸僵是死亡的确证。尸僵出现的时间、顺序、范围和强度有助于推测死亡时间，但受影响因素较多仅供参考。尤其应注意冷藏或冷冻条件对尸僵的影响。还应注意，根据尸僵固定下来的尸体姿势，可分析死亡时的状态和有无移尸，进而为侦查提供方向。

【案　例】

2014 年 12 月，某地山崖下发现一裸尸。公安机关在附近灌木丛中找到死者衣物、挎包、皮靴，均被割破，破口边缘整齐。犯罪嫌疑人陈某供述在被害人死后立即在车内将被害人衣物脱去。

在后续案件办理中，法医根据尸僵形成的时间规律分析其剪破被害人衣物的行为应为尸僵形成后尸体呈固定姿势，较难正常脱去衣物所致。最终，经公安机关补充侦查查明，陈某因担心被害人吴某衣服上沾有他的血迹，所以于次日上山脱掉吴某所穿衣物。由于尸僵形成，脱衣不便，其用刀割开衣物后脱下并抛于另一地点。（四川省达州市人民检察院　张军明提供）

案例解析：尸僵属于死后早期死后变化，主要用于推测死后经过时间。但有时也可据其分析死者死亡时的状态，从而对查明死因和死亡方式等有所帮助。该案中，根据犯罪嫌疑人供述疑点（尸僵形成，脱去死者衣物较为困难），为案件提供侦破方向，使案件得以快速突破。另外，热僵直、冷冻僵直、脂肪硬化等与尸僵现象类似，需要结合现场勘验等情况综合分析以鉴别。

6. 角膜混浊

角膜混浊指角膜透明度减低，直至完全不能透视瞳孔，呈灰白样外观。

角膜混浊一般随死后经过时间的延长而加重，可作为推测死亡时间的参考。死后 5 ~ 6 小时，角膜上可出现白色小斑点；后斑点逐渐扩大，至 10 ~ 12 小时发展成云片状，为轻度浑浊；15 ~ 24 小时呈云雾状、半透明，仍可透视瞳孔，为中度浑浊；48 小时以上，不能透视瞳孔，为高度浑浊（图 2-1-3）。角膜混浊受环境因素影响，如在寒冷环境或冷藏条件下，死后 48 小时角膜仍可透明甚至较清晰。

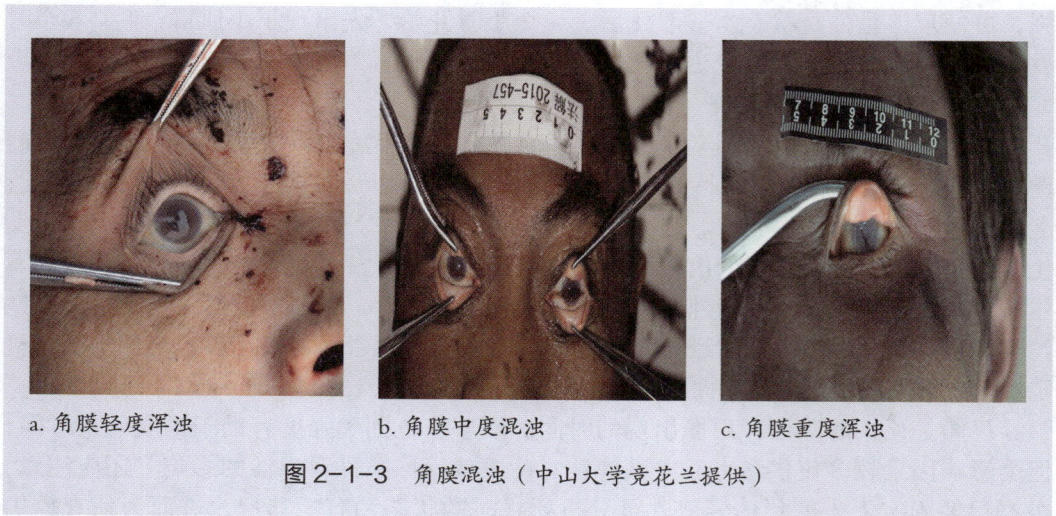

a. 角膜轻度浑浊　　　　　b. 角膜中度混浊　　　　　c. 角膜重度浑浊

图 2-1-3　角膜混浊（中山大学竞花兰提供）

7. 自　溶

人死后，人体组织、细胞因受细胞自身固有的各种酶的作用发生结构破坏、溶解，使组织变软、液化称为自溶。

胃、肠壁组织因自身消化液的作用而溶解液化称为自家消化。在检验时，注意将自家消化的胃肠道改变与中毒或其他病变相鉴别。

环境温度是影响自溶的主要外界因素，环境温度高，自溶发生早且发展快；环境温度低，自溶发生发展缓慢。体内不同的组织器官，其自溶的先后顺序和程度也有一定差异。

不同的器官组织自溶的发展情况有助于推测死后经过时间。同时，组织、细胞的自溶须与变性、坏死等生前病变相鉴别（表 2-1-2）。

表 2-1-2　自溶与变性、坏死的鉴别

	自溶	变性、坏死
大体表现	组织变软，外观污垢、无光泽	组织肿胀，外观红润，坏死组织周围有充血反应带
镜下表现	多呈弥漫性、自溶灶内及周围无炎细胞浸润	坏死灶较局限，有炎性细胞浸润

二、运用早期死后变化综合推断死亡时间

1. 根据尸温推断

尸温是推断死后经过时间的重要依据之一。法医学尸检时，通常以测直肠温度（肛温）或肝表面温度代表尸体体内温度，推测死亡时间（表 2-1-3）。口腔或腋下的温度因受外界因素影响大，与实际尸温有一定差别而不宜作为标准。影响尸温因素很多，实际应用中，根据尸温推断死亡时间仅供参考。

表 2-1-3　根据直肠温度下降推断死亡时间

死后时间（h）	直肠温度（℃）					
1	37	37	37	37	37	37
2	37	37	37	36.5	36.5	36.5
3	36.5	36.5	36.5	36	35.5	35
4	36	35.5	35.5	35	34.5	33.5
5	35.5	34.5	34	33.5	33	32
6	34.5	33.5	33	32.5	32	30
7	33.5	33	32	31	30.5	28
8	33	32	31	30	29.5	26.5
9	32.5	31.5	30.5	29.5	28.5	25.5
10	31.5	30.5	29.5	28.5	27	24
11	31.5	30	28.5	27	26	22.5
12	31	29.5	28	26.5	25.5	21.5
13	30	28.5	27	26	24.5	20
14	29.5	28	26.5	25.5	23.5	19
15	29	27.5	26	24.5	22.5	18
16	29	27	25.5	24	22	17
环境温度（℃）	24	21	18	16	13	5

【案　例】

2021 年 2 月 7 日，在一出租屋内发现两具女尸。经查，被害人邹姓姐妹被人杀害在房间床上。根据案件需要，需推断两具尸体死亡先后顺序。鉴定人在相同时间及环境下，对两具尸体直肠温度进行了测量。死者邹妹的温度为 31.8℃，死者邹姐的温度为 34.8℃。根据尸体直肠温度下降规律，法医初步推断死者邹妹死亡时间早于死者邹姐，且两者死亡间隔大约 4 小时。最终调查：犯罪嫌疑人闻某因与死者邹姐感情纠纷，窜入被害人出租屋内准备杀害邹姐。因邹姐不在家，犯罪嫌疑人先将在屋内的邹妹杀害。等邹姐回家后又将其杀害。法医对死亡时间的推断结果与最终认定案件发生的过程一致。（四川省泸州江阳区人民检察院刘兵提供）

案例解析：在法医实践工作中，直肠温度常作为尸体内部的核心温度用于推断死亡时间。该案中，两具尸体的肛门直肠温度分别为 31.8℃、34.8℃。由于两具尸体周围环境温度相同，尸温下降受外界影响是一致的。显然，邹妹死亡时间早于邹姐。再进一步按照表 2-1-3 内容可推断两者死亡间隔大约为 4 小时（根据当时气象情况，环境温度按 21℃计算）。尸温提示的案件发生过程与后续侦查结果一致，助力犯罪事实的认定。

2. 根据其他各种早期死后变化综合推断

机体死亡后出现的各种死后变化在时间上具有一定规律性，可用于死亡时间的推断。我国法医学工作者根据尸斑、尸僵、角膜浑浊程度等各种早期死后变化，综合推断早期死亡时间，积累了诸多经验（表2-1-4）。

表2-1-4　根据早期死后变化推断死亡时间

死后变化		死亡时间
尸斑	开始出现	0.5 ~ 2 小时
	出现，指压能褪色	0.5 ~ 4 小时
	开始融合	3 ~ 12 小时
	尸斑形成显著	14 ~ 15 小时
	翻动尸体尸斑完全消退	6 ~ 20 小时
	固定，强力压迫颜色可减退	12 ~ 24 小时
	指压不褪色	12 ~ 36 小时
	胸腹腔及小骨盆腔储有血性漏出液	24 ~ 36 小时
尸僵	下颌关节和颈项部开始出现	1 ~ 5 小时
	上肢肌肉开始出现	4 ~ 6 小时
	全身肌肉僵硬	6 ~ 8 小时
	用力破坏后能重新发生	4 ~ 6 小时
	手指、足趾强硬	10 ~ 15 小时
	全身肌肉强硬达到高峰	6 ~ 24 小时
	下颌及上肢开始缓解	24 ~ 48 小时
	全身关节容易活动	2 ~ 3 天
	完全缓解	3 ~ 4 天
	心肌、膈肌开始僵硬	30 分钟或以上
	心肌僵硬开始缓解	12 ~ 48 小时
	立毛肌开始僵硬	30 分钟或以上
	立毛肌明显僵硬	5 ~ 6 小时
	肠管肌肉开始僵硬	1 小时
	肠管肌肉明显僵硬	5 ~ 6 小时
	肠管肌肉僵硬缓解	9 小时
角膜改变	轻度浑浊	6 ~ 12 小时
	浑浊加重，瞳孔可见，表面有小褶皱	18 ~ 24 小时
	完全浑浊，瞳孔看不见，似与晶状体粘连	48 小时

需要注意的是，以上方法有诸多影响因素，如环境、温度、死因等都会影响死亡时间的推断精度，因此，须根据实际情况考虑影响因素并综合判断。

【案　例】

2019年2月9日1时许，在一居民屋内，一女子被发现在卫生间内死亡，尸体颈部悬挂于卫生间淋浴软管上。尸温检测：直肠温度34.8度。通过直肠温度下降推测死者死后经过时间约为3小时。尸表检验见尸体全身皮肤苍白，尸斑少，色浅淡，呈暗红色，分布于尸身后侧未受压处，指压褪色。根据尸斑状况推断死亡时间0.5 ~ 4小时；尸僵于颌、颈部稍明显，程度较轻。根据尸僵状态推断死亡时间1 ~ 5小时；角膜清亮，根据角膜情况推断死亡时间 <6小时。根据尸温推断的死亡时间与根据尸斑、尸僵、角膜等死后变化所推断的时间相符。据此，法医综合上述早期死后变化，推断出死者死亡时间应在2月8日22时至24时之间。最终，经案件进一步调查，推断的死亡时间与案件调查结果吻合。（四川省泸州合江区人民检察院税卫平、邓旭提供）

　　案例解析： 推断死亡时间仅根据单一尸体现象进行精确推断具有较大难度。在实际工作中，应准确观察尽可能多的尸体现象，结合环境、温度等多种影响因素综合分析。该案中，法医人员综合运用了早期死后变化中尸温、尸斑、尸僵和角膜混浊情况推断出死者的死亡时间，极大地缩小了侦查范围。

第二节　晚期死后变化及死亡时间推断

　　晚期死后变化一般指死亡 24 小时后尸体出现的变化与征象。根据尸体保存是否完整可分为毁坏型和保存型两类。

　　形成毁坏型晚期死后变化的主要原因是腐败。构成人体的碳水化合物、脂肪和蛋白质等在内、外微生物的作用下，根据环境的不同，在人体死亡后逐渐分解，腐败产物逐渐累积，最终形成肉眼可见的死后变化。

　　形成保存型晚期死后变化的主要原因是特定的环境因素，尸体处于相对稳定的状态，腐败减缓甚至停止，尸体得以相对完整的保存。

一、晚期死后变化

1. 尸　绿

　　常见的毁坏型晚期死后变化之一。因肠道菌群多，尸绿首先发生在尸体腹部（图 2-2-1），又因回盲部细菌多、腐败早，故尸绿最初多见于右下腹部。通常情况下，随着腐败进程，尸绿逐渐扩展到全腹，最后在全身各处均可见。（尸绿颜色与外伤皮下出血恢复期所见的绿色相似，故常被误认为外伤性皮下出血，需要加以鉴别。）

2. 腐败气泡 / 水泡

　　尸体内逐渐积累腐败气体和腐败液，通过腐败后的疏松组织间隙窜入表皮与真皮间形成大小不等的气泡，这些气泡间也会互相融合，统称为腐败气泡。当气泡内含有腐败液时，称为腐败水泡。当气泡 / 水泡溃破后露出真皮，易被误认为是外伤所致（图 2-2-2）。

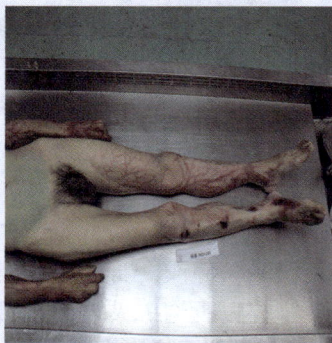

图 2-2-1　尸绿（龚道银提供）　　图 2-2-2　腐败水泡

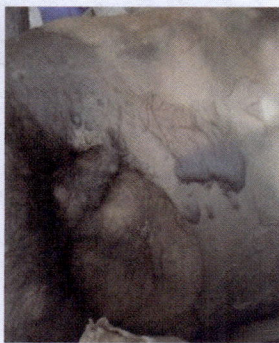

3. 泡沫器官

腐败在脏器发生并不是均匀的，随着不同部位的腐败程度逐渐加深，脏器呈现出大小不等的海绵样空泡，称为泡沫器官。多见于肝、脾、肾等实质器官和左心室壁。

4. 随着腐败的进行，可因尸体内部压力增强形成一系列死后变化

（1）死后口、鼻血性液体流出：因呼吸道和上消化道受压，腐败液自口鼻流出。这些腐败液多为血性液体，通常呈红色或暗红色，易被误认为外伤或疾病所致。有时还可见胃内容物被压迫从口鼻流出，称为死后呕吐。

（2）腐败静脉网：脏器和血管内的腐败血液因压力向体表堆积，使皮下静脉扩张，形成树枝状或网状的血管网，称为腐败静脉网，以暗红色、污绿色多见。尸体血管内的血液因压力流动称为死后循环。

（3）肛门、子宫、阴道脱垂：大量腐败气体压迫腹腔脏器，可致粪便排出、肛门脱垂，女性死者可见阴道、子宫脱垂，孕妇死后胎儿因压力排出体外称为死后分娩。

5. 巨人观

当尸体腐败积累到一定程度，尸体因被腐败代谢物充满，造成以胸、腹显著膨隆及肢体气肿状增粗为表现的体型明显改变，颜面明显肿胀、眼球突出、舌突出口外而导致面目全非，称为巨人观（图2-2-3）。此时尸体皮肤多呈污绿色，手、足皮肤可见手套和袜状脱落。男性尸体还可见外生殖器肿胀如小型气球（图2-2-4）。

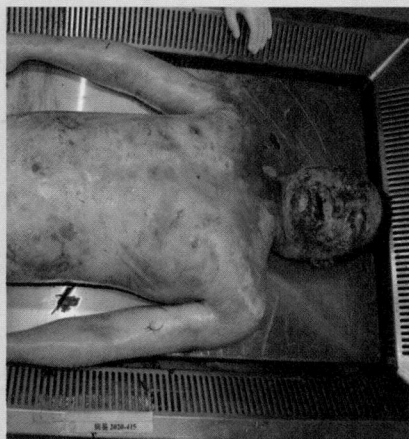

图2-2-3　巨人观
（龚道银提供）

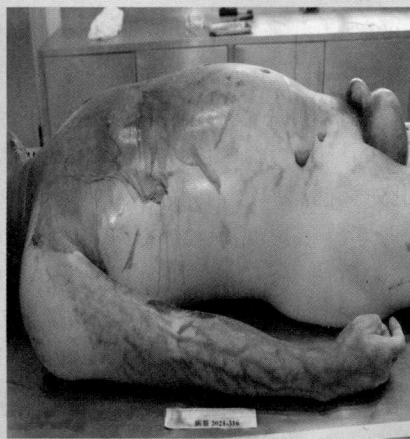

图2-2-4　男性外生殖器肿胀
（龚道银提供）

6. 霉　尸

尸体处于适宜真菌生长的环境条件下，尸体局部或全身滋生出霉斑或霉丝，称为霉尸。霉斑、霉丝多见于眼、口、鼻部、颈部及腹股沟等处。因菌种不同，多呈白色或灰绿色（图2-2-5、图2-2-6）。

图 2-2-5　面部霉斑　　　　　　　图 2-2-6　足部霉斑

7. 白骨化

尸体软组织经腐败后完全溶解消失，毛发、指（趾）甲脱落，仅剩下骨骼，称为白骨化。但是在环境和生物因素的影响下，也会存在尸体部分白骨化的情况（图 2-2-7）。

8. 干　尸

最常见的保存型晚期死后变化，在通风、干燥、温度较高的环境中，尸体水分迅速流失，腐败在短时间内被中止，尸体以干枯的状态保存下来，最终形成干瘪、皱缩、质硬的干尸，一般呈现为灰色、浅棕色或暗褐色。

9. 尸　蜡

尸体处于湿土或水中，皮下及脂肪组织发生皂化或氢化作用，在尸体表面形成灰白色或黄白色的蜡样物质，称为尸蜡。尸蜡多为局部性，因其成因常见于面部、臀部、女性乳房及四肢等脂肪丰富处（图 2-2-8）。

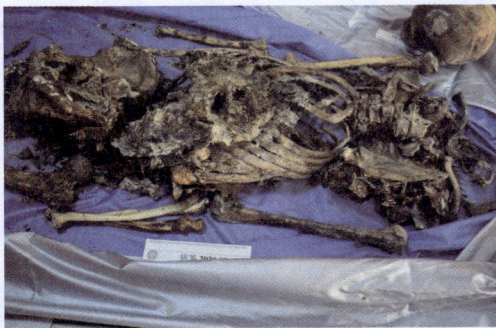

图 2-2-7　尸体大部分白骨化（龚道银提供）　　图 2-2-8　尸蜡形成（龚道银提供）

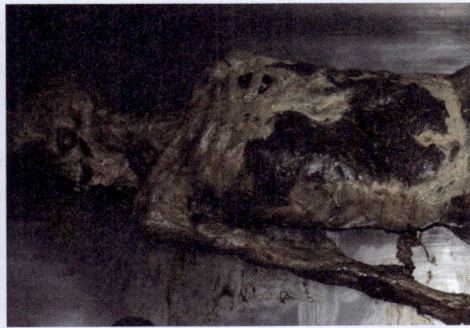

10. 泥炭鞣尸

尸体处于酸性土壤或泥炭沼泽中，在鞣酸和多种腐殖酸的作用下，皮肤鞣化变韧，但骨骼脱钙变软，形成体积小、重量轻、易弯曲的软尸，称为泥炭鞣尸。

法医学意义：（1）通过死后变化推断死亡时间。（2）晚期死后变化会保留或者反映某些个人特征和损伤，如索沟、刺创、骨折、骨刺、骨痂等，有利于追查尸源、明确死亡性质和分辨致伤工具等。（3）晚期死后变化能一定程度反映尸体所在环境，有利于案情分析。

二、运用晚期死后变化综合推断死亡时间

1.尸体情况对推断死亡时间的影响

一般情况下，结构致密、含水量少、不带微生物的组织腐败慢。因此：

（1）人体各器官腐败的顺序大致为肠、胃、气管、肺、脾、肝、脑、心肌、肾、胰腺、膀胱、骨骼肌、子宫、前列腺，而毛发、牙齿和骨骼则可保存较长时间。

（2）幼儿尸体腐败快于成人尸体，快于老年人尸体，但新生儿尸体内细菌较少，腐败较慢。

（3）从死因来看，急速死亡（如猝死、机械性窒息死亡）尸体腐败较快；大失血或脱水死亡尸体腐败较慢；生前患有感染性疾病（如败血症）尸体腐败较快；中毒死亡尸体腐败速度因毒物种类不同而异，吗啡和氰化物中毒的尸体腐败较快，而金属毒物（如砷、汞）中毒的尸体腐败较慢。

2.环境因素对推断死亡时间的影响

（1）温度和湿度：20 ~ 35℃适宜腐败细菌生长，此时尸体腐败快。当温度超过50℃或低于0℃，腐败则减缓甚至中止。湿度常协同温度影响腐败进程。

（2）空气流通：因需氧菌引起的腐败较厌氧菌快，而大部分的腐败菌是需氧菌，故空气流通的腐败快，地面尸体腐败快于水中、土中尸体。

3.生物因素对推断死亡时间的影响

生物对尸体的破坏通常会加剧尸体白骨化的进程，如夏天尸体因动物、昆虫的侵蚀，部分尸体2周左右就可发生白骨化。

综合各种因素对晚期死后变化的影响，通过对大量案例和数据的分析、研究，一般情况下部分晚期死后变化出现的时间存在相应规律。由于影响晚期死后变化形成的因素众多，对死亡时间进行推断所得到的结果不能做到精准，只能结合尸体所在现场情况得到一个相对准确的时间区间（表2-2-1）。

表2-2-1　根据晚期死后变化推断死亡时间

晚期死后变化	一般出现时间
尸绿	24 ~ 48小时
腐败气/水泡	2 ~ 3天
腐败静脉网	2 ~ 4天
白骨化（暴露于空气中）	夏季2 ~ 4周以上 春秋季5 ~ 6周 冬季数月以上
白骨化（埋于土中）	3 ~ 4年开始发生，10年以上完全白骨化
干尸	成人2 ~ 3月 婴幼儿2周
尸蜡	局部3 ~ 4月 全身1 ~ 1.5年

第三节　胃、肠内容物情况及死亡时间推断

死者的胃肠内容物在法医学上有其独特意义，通过分析胃肠内容物的种类、成分，常为案件侦破提供重要线索。经口腔进入后，食物在消化道内移行过程是通过幽门进入十二指肠、空回肠，直至结肠。由于食物在胃肠道内的消化和排空有一定的规律，因此根据胃肠道充盈程度、胃肠内容物的性状和消化程度，可以推断死亡距最后一次进餐的时间，从而大致推断死亡时间（表2-3-1）。

表2-3-1　根据胃内容物推断死亡时间

消化阶段	死亡时间
满胃，食物呈原始状态未被消化	进食中或食后不久
胃内容物部分进入十二指肠，且有相当程度消化	进食后2～3小时
胃内空虚或仅有少量消化物，食糜进入十二指肠或空肠	进食后4～5小时
胃和十二指肠均已排空	进食后6小时以上

实际办案中，有时可见到各种因素导致胃内容物排空延缓，从而使死亡时间推断与实际时间差异较大。运用胃肠内容物推断进食到死亡的时间，应充分考虑以下因素：①进食情况，包括食物的种类和性状、进食量、进食习惯等。②不同人的消化能力有差异，包括个人健康状况、精神状态、胃肠功能状态、运动、药物和饮酒等。③人死后胃肠蠕动和消化酶的作用还会持续一段时间，在尸温下降缓慢时更为明显。

第四节　尸源性昆虫情况及死亡时间推断

法医昆虫学是运用昆虫学知识以及其他自然科学的基础理论与先进技术，协助解决有关法律问题的法医学分支学科。

在尸体腐败过程中，会吸引来很多种类的昆虫。不同阶段来取食和产卵的昆虫，出现的顺序和时间通常是有一定规律的，据此推断死亡时间。

一、尸源性昆虫的种类及其生物学规律

尸源性昆虫，是指法医昆虫学中与尸体有关的昆虫，一般指尸体表面、尸体内或尸体附近的昆虫。根据其食性等特点可分为腐食性昆虫、杂食性昆虫、其他类昆虫3类。

二、尸体腐败与尸源性昆虫的侵蚀过程

尸体腐败会受昆虫侵蚀影响，可分为 5 个阶段（表 2-4-1）。

表 2-4-1 尸体腐败受尸源性昆虫侵蚀过程

分期	死后时间	死后变化	昆虫分布
新鲜期	1～2 天	尸体无明显变化	双翅目的蝇类开始产卵，常产于尸体上的创口处以及眼、耳、口、鼻、阴道、肛门等天然开口处
肿胀期	2～7 天	尸体从轻度肿胀到完全膨隆	蝇类卵逐渐孵化成幼虫，可通过人体腔隙侵蚀脑、心、肺及腹腔内器官等。
腐败期	4～13 天	尸体严重腐烂，骨骼外露，软组织被蝇类幼虫吞噬	蝇类幼虫逐渐离开尸体，大量杂食性和捕食性甲虫到达尸体
干化期	10～23 天	尸体残留毛发、皮肤、软骨和骨骼	多数双翅目昆虫已离开，各种甲虫和蚂蚁大量出现
残骸期	18～90 天	尸体仅存毛发和骨骼	残骸上昆虫减少，其下土壤中可能会出现大量螨类，可持续数月或数年

三、利用尸源性昆虫推断死亡时间

目前最常用的是根据腐食性蝇类发育规律来推断死亡时间，有以下两种办法：

1. 根据对照实验推断

把现场采集的活蝇、活蛆和卵等昆虫样本带回实验室，分为两组，一组制成标本封存，另一组模拟现场气温、湿度、光照等条件进行培养，得到蝇类从卵到成虫的发育数据。将培养组蝇类在不同时间内的体长和性状变化，与标本组的发育状态做比对，可较准确地推算出死亡时间。推算公式为：死亡时间 = 蝇类到达尸体的时间 + 产卵时间 + 卵期 + 蛆发育时间（+ 蛹发育时间）。该方法需要采集足够多的昆虫样本，耗时较长。

2. 根据蝇类发育数据推断

蝇类到达尸体 1 小时左右可产卵，10～20 小时（夏季 30℃以上，8～14 小时）卵可孵化成蛆，蝇蛆体长达 12mm 左右，会离开尸体潜入附近土壤中化蛹。夏季蝇蛆平均每日可生长 2～3mm，4～5 天化蛹，14 天蛹破成蝇；春秋季蝇蛆平均每日可生长 1mm，约 2 周成蛹，4 周成蝇。故在尸体周围发现蛹壳，夏季死亡时间约在 2 周左右，春秋季在 4 周左右。根据蝇蛆体长可大致推断死亡时间（见表 2-4-2）。

经大量试验证实，蝇蛆长度与尸体死亡时间存在正相关性，死亡时间推算方程为：$t = (1.452 - 0.0353T) I - 0.585$。T 为蛆生长期间的平均温度，单位为℃；I 为蛆的长度，单位为 mm；死亡时间 t 单位为天。该方程的标准差为 0.56 天，相关系数 0.97。

随着蛹壳生长发育，其颜色和脆性会变化。1～2 天的新鲜蛹壳较软，呈红褐色；10 天左右呈黑褐色；15～20 天呈灰黑色，脆化塌陷，成虫破蛹羽化；30 天以上蛹壳裂成碎片。经试验观察蛹生长状态所对应的蛆长（表 2-4-3），可扩大推算方程的应用范围，用于推断化蛹后的死亡时间。

表 2-4-2　蝇蛆发育表　　　　　　　　单位：mm

月份		1月	2月	3月	4月	5月	6月	7月	8月	9月	10月	11月	12月
温度(℃)	最高	2.0	9.4	10.5	20.2	22.2	26.6	33.8	33.3	27.8	21.8	15.7	10.8
	最低	1.8	6.6	0.9	7.9	10.6	15.6	22.7	22.5	17.2	11.2	2.8	0.3
湿度(%)		80	74	71	76	77	76	75	73	80	81	80	80
第1日	12h				卵	卵	卵	2.0	2.0	卵	卵	卵	
	24h			卵	2.0	2.5	3.0	4.0	4.0	3.0	2.0	卵	
第2日					2.5	3.0	4.0	6.0	7.0	4.0	3.0	2.0	
第3日					3.0	4.0	5.0	9.0	9.0	6.0	4.0	3.0	
第4日					4.0	5.0	7.0	11.0	11.0	8.0	5.0	4.0	
第5日					5.0	7.0	9.0	12.0	12.0	10.0	6.0	5.0	
第6日					6.0	8.0	10.0			11.0	7.0	6.0	
第7日					7.0	9.0	11.0			12.0	8.0	7.0	
第8日					8.0	10.0	12.0				9.0	8.0	
第9日					9.0	11.0					10.0	9.0	
第10日					10.0	12.0					11.0	10.0	
第11日					11.0						12.0	10.5	
第12日					12.0							11.0	
第13日												11.5	
第14日												12.0	
第15日													
第16日													

注：计算蛆长可取10条烫死或杀虫剂致死的蛆放直测得平均值。

表 2-4-3　蛹的生长情况所相当的蛆长

蛹生长情况	蛆长 l（mm）
白色，仍活动，但活动频度下降	12～12.5
白色，不活动，体长缩短至9～10mm	12.5～13
红褐色	13～13.5
褐色	14～16
黑褐色，剖开蛹壳，内呈白糊状	16～20
黑色，剖开蛹壳，蛹已成形，头灰白色，体液清亮	20～23
蝇破壳	23～

　　值得注意的是，根据蝇类发育数据推断死亡时间，要与尸体腐败阶段判断相结合。尸体不同部位可处于不同的腐败阶段，尸体所处的环境会影响蝇类的发育和侵蚀进程。若尸体浸泡在水中，或深埋在厚土层下，可大大延缓蝇类产卵及发育。火场被烧焦碳化的尸体对蝇类无吸引作用。若推断的死亡时间与尸体腐败阶段不一致，应结合现场勘验判断尸体是否被移动过，是否服用过某些可明显影响蝇类发育的药物或毒物。

【案　例】

2021 年 7 月 12 日，某市公安局发现一具高度腐败尸体。现场勘验发现尸体位于土路旁斜坡之上，呈脚高头低右侧卧位，左腿部被植物覆盖，双足赤裸，其余部位衣着完整，未发现破损。尸体头、颈、胸、腹、盆部均高度腐败，内脏器官皆已腐败消失，仅骨骼及少量软组织残余，颈椎、胸椎部分分离；双下肢保存较完整，皮肤软组织尚存。残存尸长 150cm。尸体残存皮肤呈棕褐色，已脱水失去弹性。

尸体残存组织及尸体周边泥地表面见大量蛆虫和零星甲虫，蛆虫最长达 1.2cm，现场未见蛆蛹、蛹壳（图 2-4-1）。蝇蛆的分布特征：较大个体的蝇蛆主要分布于尸体头部、胸部、腹部；较短小个体蝇蛆分布于尸体盆部、双大腿处；最小个体蝇蛆分布于双小腿与双足处。经提取尸体胸腹段泥土、尸体毛发做毒物检验，未检出常见毒物、毒品成分。

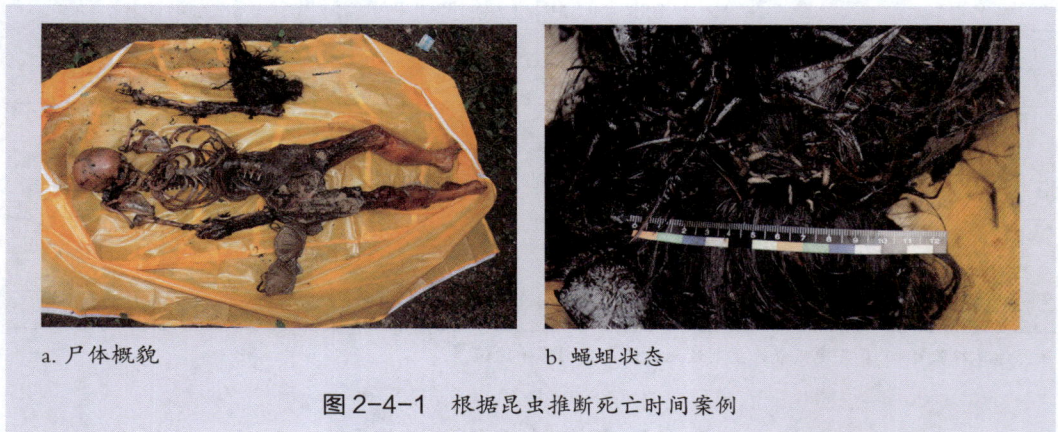

a. 尸体概貌　　　　　　　　　　b. 蝇蛆状态

图 2-4-1　根据昆虫推断死亡时间案例

死亡时间推断：现场发现的蛆虫最长达 1.2cm，且未发现有蛆蛹、蛹壳的存在，故分析现场活动的蝇蛆为第一代，尸检当日距离蝇蛆最早到达尸体时间约为 5 天。尸体头胸腹部与盆部及双下肢腐败程度存在较大差异，结合尸体头低足高的体位，分析系在腐败过程中腐败液体受重力作用积蓄于尸体上半部分，形成更适宜细菌代谢增殖的潮湿环境，加之蝇蛆喜潮湿的习性，造成尸体头胸腹部软组织快速腐败液化消失，故形成本案蝇蛆呈"头大足小"的分布情况。现场发现的食腐甲虫亦加快了尸体软组织消失的过程。尸体双下肢的情况较能体现一般尸体腐败过程的情况，推测死亡时间距尸检 7～8 天。结合前 6 天的天气情况：7 月 6 日至 7 日大雨，平均气温 24℃；7 月 8 日至 12 日晴天，平均气温 31℃。大雨使得昆虫活动受限，雨后及夏季潮湿环境又促进微生物代谢增殖加快。故综合天气、尸体腐败、现场昆虫情况，推测该尸体死亡时间距离尸检时间 7 天左右。

最终，经 DNA 个体识别及走访调查，确认死者为 2021 年 7 月 6 日某小区失踪人员朱某。（四川省德阳什邡市人民检察院 陈潇提供）

案例解析：腐败性尸体死亡时间推断中，常由于尸体破坏较为严重，通过尸体晚期死后变化判断困难且误差较大。此时，根据现场尸源性昆虫（目前常用腐食性蝇类）发育数据推断死亡时间较为常见。但一定要注意，在推断中需要同时结合尸体腐败阶段、现场勘验等情况综合分析。

该案案发月份为7月。法医人员通过检验确定蝇蛆为第一代，且蛆虫最长达1.2cm。因此，按照表2-4-1内容可初步推断蝇蛆最早到达尸体时间约为5天。同时，结合尸体周围环境、气温及雨水情况对蝇蛆发育的影响，对死亡时间进行了修正。最终，综合考虑死亡时间为7天左右。

（冯秀春、赵冬雪、袁枫、陈猛、张宏星）

第三章　机械性损伤致死案件

机械性损伤是指机械力作用造成的机体组织结构破坏和功能障碍。实践中，机械性损伤致死在各种损伤导致的命案中最为常见。掌握机械性损伤是刑事案件办理中，查明死亡原因、确定死亡方式、推断死亡时间及损伤时间、推断致伤工具，开展命案现场分析、认定罪犯的基础。由于机械性损伤种类繁多，表现形式多样，多种损伤类型重叠，部分损伤形态隐匿或被伪造，可造成错案的发生，需要引起重视。

机械性损伤致死案件审查要点：（1）通过图片、尸检记录等原始资料，判断损伤的部位、形态、数量、分布等记录是否全面、客观、准确；（2）通过损伤形态特征审查，分析钝器伤、锐器伤和火器伤，常见形态有擦伤、挫伤、创（切、割、砍、刺、剪、划、爆炸、枪弹等）、骨折、脏器损伤等；（3）基于损伤分析，结合案情，判断死亡原因、致伤工具等鉴定意见是否准确；（4）通过致伤方式分析，注意他伤、自伤、意外损伤致死的鉴别。

第一节　锐器致死案件

一、概　述

锐器：具有锐利刃缘或锋利尖端的物体。常见的锐器有各种刀、斧、匕首、剪刀、玻璃片等。

创：机械性暴力作用于人体，造成皮肤全层组织的连续性、完整性破坏，而形成开放性损伤。形态学上，创由创口、创缘、创角、创腔、创壁、创底组成。

锐器创：是指带有锐利刃缘或锋利尖端的物体作用于人体所形成的创。但需要注意，同一致伤物可因使用部位或使用方式不同而呈现不同类型锐器伤甚至钝器伤特征。例如根据致伤部位及致伤行为，菜刀可形成切创、砍创、刀背挫裂创（钝器伤）等。

锐器创形态学特征：创角尖锐、创缘整齐、创壁平滑、两创缘或创壁之间无组织间桥、创腔较深、创缘不伴或仅有很轻的擦伤、创口出血明显等。

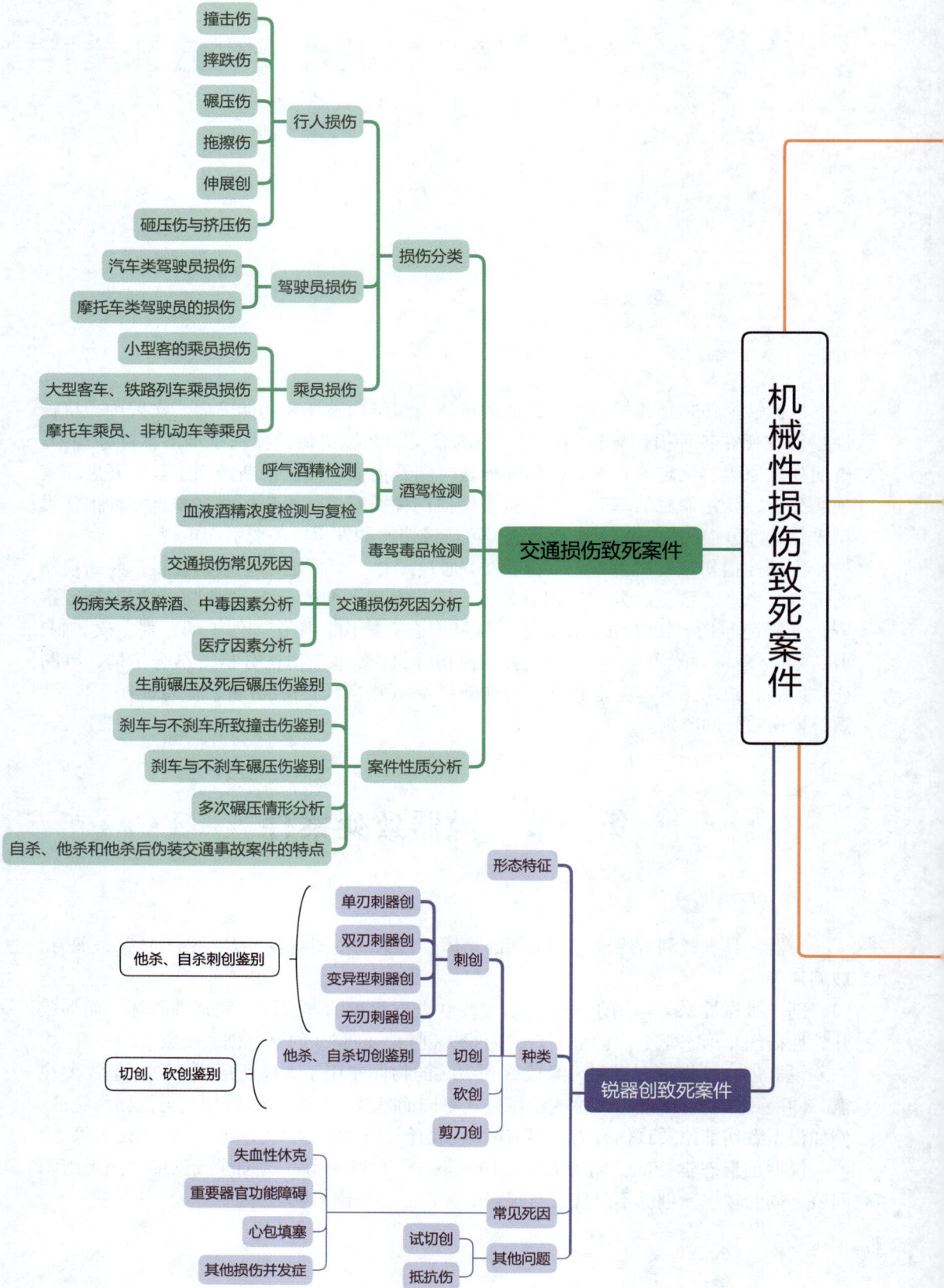

撞击伤
摔跌伤
碾压伤
拖擦伤
伸展创
砸压伤与挤压伤

行人损伤

汽车类驾驶员损伤
摩托车类驾驶员的损伤

驾驶员损伤

损伤分类

小型客的乘员损伤
大型客车、铁路列车乘员损伤
摩托车乘员、非机动车等乘员

乘员损伤

呼气酒精检测
血液酒精浓度检测与复检

酒驾检测

毒驾毒品检测

交通损伤常见死因
伤病关系及醉酒、中毒因素分析
医疗因素分析

交通损伤死因分析

交通损伤致死案件

生前碾压及死后碾压伤鉴别
刹车与不刹车所致撞击伤鉴别
刹车与不刹车碾压伤鉴别
多次碾压情形分析
自杀、他杀和他杀后伪装交通事故案件的特点

案件性质分析

机械性损伤致死案件

单刀刺器创
双刃刺器创
变异型刺器创
无刃刺器创

刺创

形态特征

他杀、自杀刺创鉴别

他杀、自杀切创鉴别
切创、砍创鉴别

切创
砍创
剪刀创

种类

锐器创致死案件

失血性休克
重要器官功能障碍
心包填塞
其他损伤并发症

常见死因

试切创
抵抗伤

其他问题

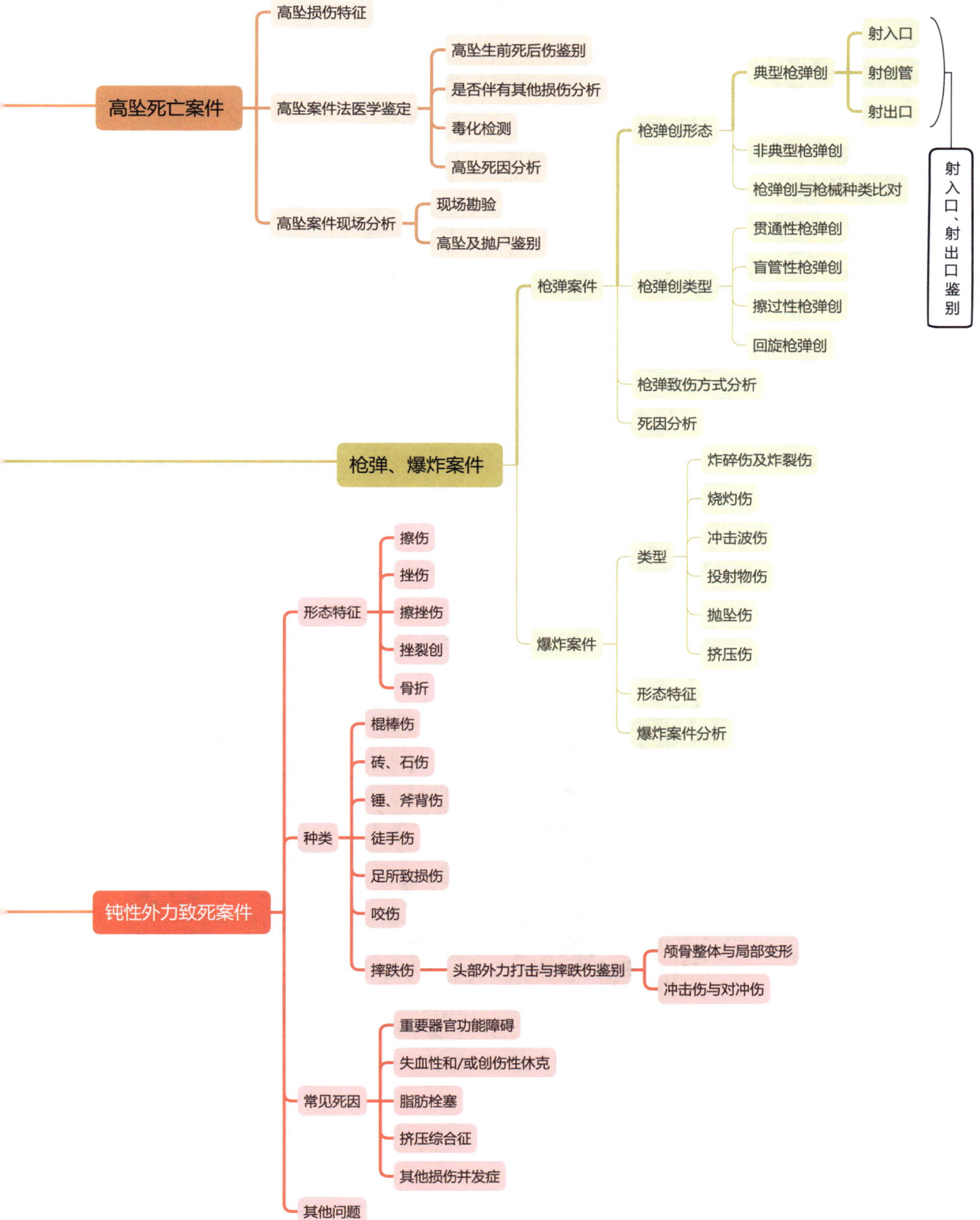

高坠死亡案件
- 高坠损伤特征
- 高坠案件法医学鉴定
  - 高坠生前死后伤鉴别
  - 是否伴有其他损伤分析
  - 毒化检测
  - 高坠死因分析
- 高坠案件现场分析
  - 现场勘验
  - 高坠及抛尸鉴别

枪弹、爆炸案件
- 枪弹案件
  - 枪弹创形态
    - 典型枪弹创
      - 射入口
      - 射创管
      - 射出口
    - 非典型枪弹创
    - 枪弹创与枪械种类比对
  - 枪弹创类型
    - 贯通性枪弹创
    - 盲管性枪弹创
    - 擦过性枪弹创
    - 回旋枪弹创
  - 枪弹致伤方式分析
  - 死因分析
- 爆炸案件
  - 类型
    - 炸碎伤及炸裂伤
    - 烧灼伤
    - 冲击波伤
    - 投射物伤
    - 抛坠伤
    - 挤压伤
  - 形态特征
  - 爆炸案件分析

射入口、射出口鉴别

钝性外力致死案件
- 形态特征
  - 擦伤
  - 挫伤
  - 擦挫伤
  - 挫裂创
  - 骨折
- 种类
  - 棍棒伤
  - 砖、石伤
  - 锤、斧背伤
  - 徒手伤
  - 足所致损伤
  - 咬伤
  - 摔跌伤
    - 头部外力打击与摔跌伤鉴别
      - 颅骨整体与局部变形
      - 冲击伤与对冲伤
- 常见死因
  - 重要器官功能障碍
  - 失血性和/或创伤性休克
  - 脂肪栓塞
  - 挤压综合征
  - 其他损伤并发症
- 其他问题

二、锐器创分类及鉴别

根据锐器的种类及着力方式的不同，可将锐器创分为刺创、切创、砍创及剪创等。

1. 刺器与刺创

刺器：具有体长和锋利尖端，或同时有锐利刃缘的物体。

刺创：刺器沿其长轴方向插入人体所形成的锐器伤。刺创可因是否贯通分为贯通创和盲管创。刺创常因刺入身体伤及内部器官或大血管而危及生命。

（1）刺创的形态学特征

刺创可分为单刃刺创、双刃刺创、变异型刺创及不规则刺创等。不同类型刺创具有不同形态学特征（表3-1-1、图3-1-1至图3-1-3）。

表 3-1-1　不同刺创入口形态学特征

刺创类型	刺器	形态学特征
单刃刺创	单刃刺器，如水果刀、刺刀	创缘整齐，创角一钝一锐。当单刃刺器较薄时，一侧钝角不明显
双刃刺创	双刃刺器，如双刃匕首、剑	两创角均呈锐角，创缘整齐，创壁平整，创腔内无组织间桥
多刃刺创	多刃刺器，如三角刮刀	创口含多个创角且与刺器横断面相似。典型三角刮刀可形成三角形创口
变异型刺创	（以）单刃与双刃刺器（刺入后旋转、划切）较多见	创口形态学变化较大，主要与刺器横断面和刺伤过程相关
无刃刺创	无刃刺器，如铁钉	创口一般无明显创角形成，创口类型多为圆形或类圆形

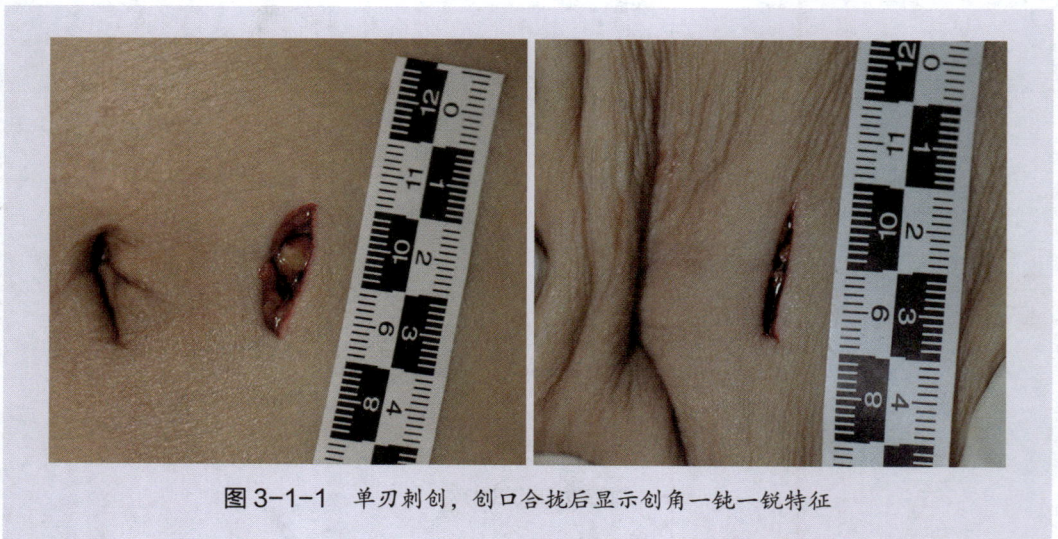

图 3-1-1　单刃刺创，创口合拢后显示创角一钝一锐特征

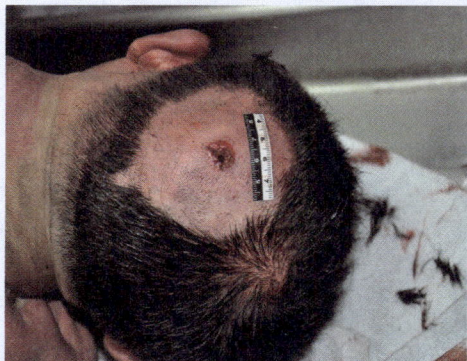

图 3-1-2　无刃刺创（铁钉刺创）　　　图 3-1-3　变异形刺创

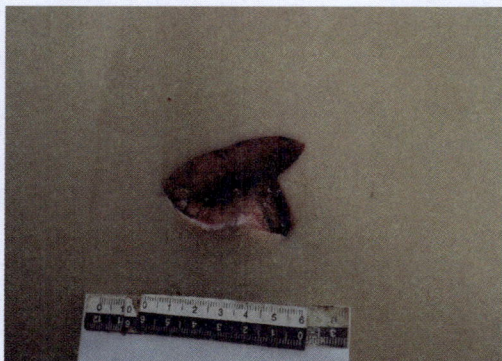

（2）刺创的法医学审查要点

①明确死亡原因。刺创的死亡原因常为大出血，尤其是伤及心脏或大血管时。当伤及重要器官时，也可因并发严重功能障碍致死，如心包填塞、血气胸和颅脑损伤。

②推断致伤工具。根据创缘、创角、创壁、创腔等形态特征推断属于刺器伤较为容易。但注意以下几点：

一是部分单刃刺器较薄，一侧钝角形态不明显，容易误判为双刃刺器；

二是由于刺切的相对运动，刺创创口长度可长于刃宽，但部分垂直刺创由于组织弹性，创口长度可略短于刃宽；

三是由于刺戳不充分，刺创创腔可短于刃长，但由于组织弹性，部分创腔也可长于刃长。

③确定死亡方式。法医学中确定刺伤方式主要是区分刺创由他杀还是自杀所致，少见意外损伤。自杀与他杀刺创的鉴别如下，须同时结合其他尸体检验情况及案情（表 3-1-2）。

表 3-1-2　他杀、自杀刺创的鉴别

	他杀	自杀
刺创位置	多位于胸、腹及背部，其次是颈部、头面部	多位于左胸及心前区，其次腹部、颈部
刺创数目	刺创数目较多，分布于多个部位	刺创数目少，多为一次
刺器类型	以单刃、双刃、三棱刺器多见	以小刀、剪刀较多见
刺器位置	不定，多不在死亡现场	一般刺器都留在死亡现场

【案 例】

某男，打斗中被刺死。尸检胸骨左侧第三肋间见一 2.9cm×0.6cm 创口，左腋下见一 2.6cm×0.9cm 创口，上述创口创角一钝一锐，创缘齐，创壁光滑。解剖见胸骨左侧创口对应处胸壁、心包、右心耳破裂口，左肺上叶见一 3.0cm×0.4cm 破裂口。法医分析认为死者创口符合单刃刺器创特征，审查现场提取的匕首，可以形成死者的创口（图3-1-4）。

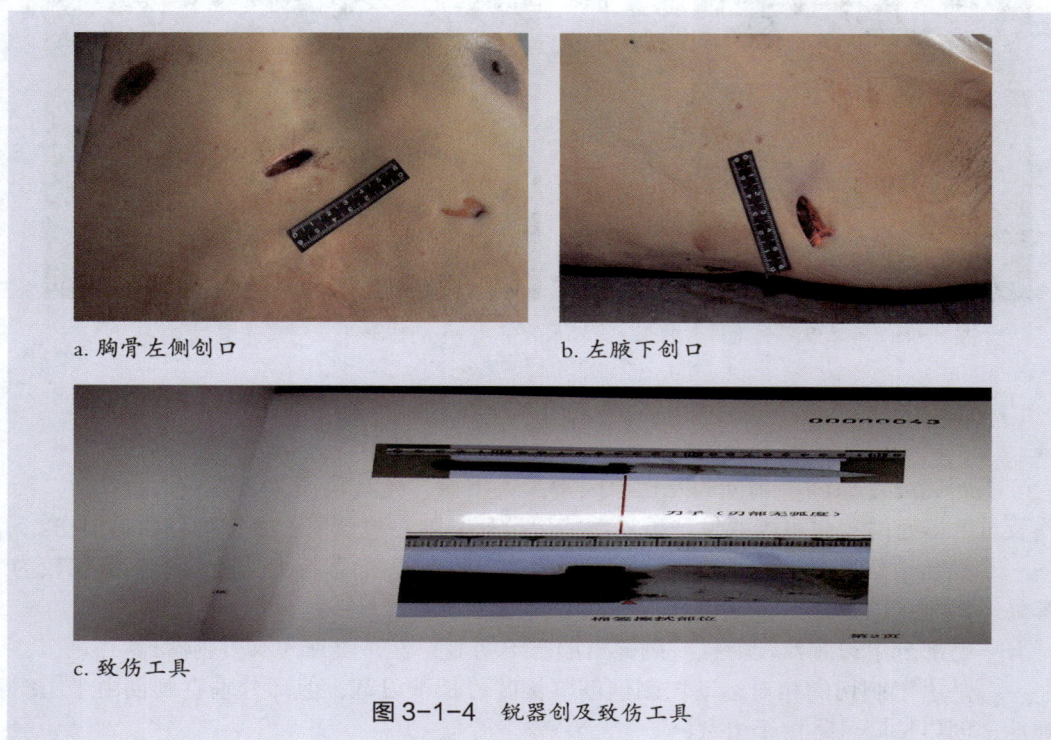

a. 胸骨左侧创口   b. 左腋下创口

c. 致伤工具

图3-1-4 锐器创及致伤工具

案例解析：认定致伤工具是查明案件事实、确定刑事责任的关键，在多人多工具致伤类案件中尤为重要。法医工作中需要结合皮肤、骨质、内脏器官创口和衣服破口的形状综合分析，同时考虑皮肤软组织、衣物的延展性，致伤时伤者体位的运动、抵抗等因素，必要时结合案情中的其他证据如DNA检验结果等综合判断。该案通过法医检验创口长度、创腔深度、创角特征，结合现场发现的刀具性状，确认涉案刀具可以形成，并经嫌疑人辨认、法医物证检验等进一步证实。

2. 切器与切创

切器：以刃部按压皮肤并用力牵拉致伤的锐器称为切器，常见切器如菜刀、手术刀和玻璃碎片等。

切创：以切器的刃部下压，并沿刃缘的长轴方向推拉牵引形成的损伤，称为切创，或称为割创。

（1）切创的形态学特征

切创的创口长而创腔浅是不同于刺创的显著特点（图3-1-5）。切创创角锐、创腔及创壁光滑平整，创缘无表皮剥脱。当存在重复切割时，因创口间融合，常有多个浅表的小创角，形似鱼尾状。

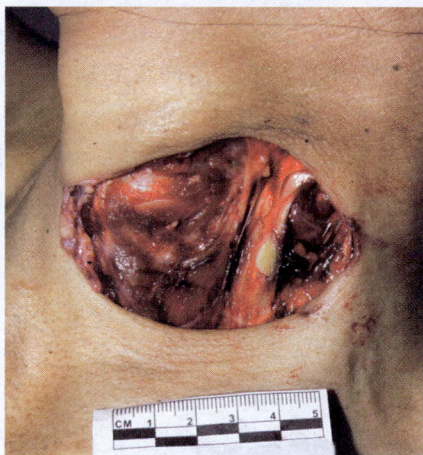

图 3-1-5　颈部切创，示创口长，创腔浅

（2）切创的法医学审查要点

①明确死亡原因。切创导致的死亡原因主要是血管损伤后发生的急性失血性休克，如颈部切创致颈动、静脉离断，腕部切创致桡动脉离断等。当颈部切创伤及气管时，还可因血液流入气道导致窒息。

②确定死亡方式。自杀、他杀切创的鉴别要点如下（表 3-1-3）。

表 3-1-3　自杀、他杀切创的鉴别

	自杀	他杀
切创位置	多位于颈部、腕部、腹股沟	不定
切创分布	较集中，较多，伤轻	多分散，较少，伤重
切创走向	多左高右低，左利手反之	不定
创缘	多有小皮瓣、平行浅切痕	极少见
创角	常有多个小创角、拖刀痕	极少见
损伤类型	单一	常伴有多种损伤

【案　例】

死者，女，34 岁，某日中午被人发现死于家中。现场勘查：房门关闭，门窗完好无破坏。尸体半仰卧于卧室床沿，头部贴于床头靠垫，臀部位于床沿处，右手半握状上举，双脚着地。右脚拖鞋在位，左脚拖鞋脱落于床前 20cm 处，衣着整齐。尸体左手边床上有一菜刀，刀柄上有血。死者身下有一大片状血泊，尸体左侧血泊边缘呈喷溅状，尸体旁边被子上有擦拭状血迹和渗透状血迹。据第一发现人死者父亲反映，尸体胸部上原盖有被子，掀开被子后有一菜刀位于胸前。中心现场房间门口有 3

双拖鞋，摆放自然。尸检情况：死者右眼微睁，面部表情自然，略带微笑。左眼下方眼角至鼻梁处有一水平浅表划痕，长约5 cm，颏下有2条水平、浅表划伤，分别为4cm×0.5cm，1.0cm×0.5cm，颈部有左低右高的反复切割创1处，大小为13cm×6cm，上侧创缘有3处皮瓣由左向右游离，创腔内气管离断，左颈总动脉破裂，右上创角至右耳屏有尾状拖拉痕。死者左手掌侧有大量血迹，左拇指、中指末节掌侧见切割创。

案例解析：（1）现场门窗完好，封闭；室内整齐、自然；尸体姿态自然，尸体所处床上被单平整，尸体衣着、拖鞋等均显示无搏斗迹象。（2）由现场血迹分布情况分析，死者颈部损伤形成于尸体所处位置，死后尸体无移动。（3）尸体颈部有一巨大切割创，右侧创角拖拉痕上行至右耳，显示自左向右形成，方向、走行不符合他人对面切割形成；而尸体头部紧靠床头，其右、后方空间不足以容纳他人。（4）除锐器割创口外未检见其他类型损伤。（5）创口周围、左眼下方、左手部数条划伤浅表，且多为水平走向，难以解释为"抵抗过程中形成"，符合"试切创"之特征。（6）第一发现人反映菜刀位于死者胸前双手可及之处，且为自家菜刀。（7）调查情况、死亡时间等均不支持他杀。综上所述，死者系切颈自杀。据案情调查，死者哥哥7年前自缢死亡，死者经常头疼，发作时痛苦难以忍受（摘自《法医学杂志》2007年第23卷第6期）。

3. 砍器及砍创

砍器：具有一定重量、便于自上而下垂直或倾斜挥动致伤的锐器称为砍器，常见砍器如菜刀、斧头和剑等。

砍创：挥动砍器，以其刃部自上而下或倾斜作用于人体形成的创口称为砍创。砍创可见于身体所有的部位，但以头面部最为常见，其次是四肢、颈部和躯干。

（1）砍创的形态特征

砍创具有锐器创的基本特征。刃部较钝或较宽的砍器（如柴斧）所致的砍创，其创缘常伴有擦伤。由于砍器较重且易挥动性，易引起骨骼的不同程度和类型的损伤，这是不同于其他锐器创的特征（图3-1-6）。

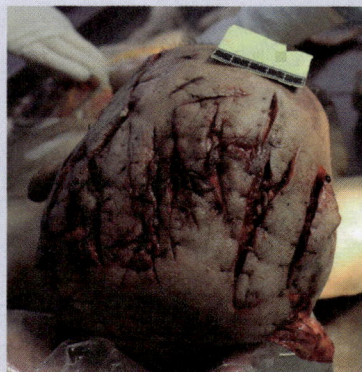

a. 顶部软组织砍创　　　　　b. 颅骨砍痕

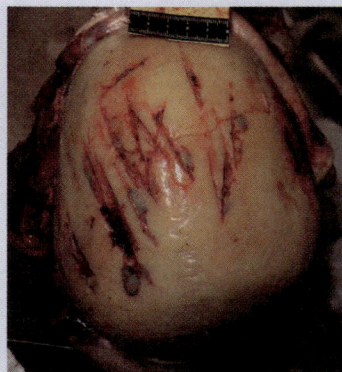

图3-1-6　头部砍创

（2）砍创的法医学审查要点

①明确死亡原因。砍创最常见于头面部，其导致的脑实质损伤及颅内出血是最常见的死亡原因；若砍创发生在身体其他部位，死亡原因则多为急性失血性休克。

②推断工具推断。根据砍创创口和骨质损伤的特征一般可推断致伤工具。

③确定死亡方式。主要是确定切创是由自杀还是他杀导致。相关鉴别要点与切创有一定相似性。此外，实际办案中砍创和切创易混淆，需注意鉴别（表3-1-4）。

表3-1-4　砍创与切创的鉴别

	砍创	切创
常见部位	身体任何部位	多见于颈、手、腹等
创口形态	梭形或菱形	线形多、细而长
创口长度	与刃缘相似	一般大于刃缘长度
创口深度	多深及骨质	多浅表
创角	可钝可锐	锐
尾状划痕	无或极少	多伴随
骨折	多见	极少见
性质	多见于他杀	多见于自杀

4. 剪器创

剪器：以其两刃片相向运动而夹剪致伤的锐器称为剪器，常见如理发剪、手术剪、指甲剪等。

剪创：以剪器的两刃夹剪形成的创口称剪创。

剪创按照损伤形成方式划分，其可进一步分为夹剪创、剪断创以及刺剪创。

（1）夹剪创的形态特点：当剪刀的两刃分开垂直于皮肤夹剪并合拢刃口时，可形成近中间创口部位具有小皮瓣突起的线形创口，与皮肤呈一定角度，则呈"V"形；两刃未闭合，则形成两条短线条状创口。

（2）剪断创的形态特点：夹剪作用致人体突出部位组织被剪断，形成创面。

（3）剪刺创的形态特点：剪刀的单刃或双刃插入人体进行夹剪作用所形成的损伤，可呈人字形或八字形。

当颈部剪创伤及颈部的大血管或气管，可因急性失血性休克、血液吸入性窒息、静脉空气栓塞或继发感染而致死。

【案　例】

死者，女，被人扎伤致死，现场提取的致伤工具为单瓣剪刀（图3-1-7至图3-1-9）。

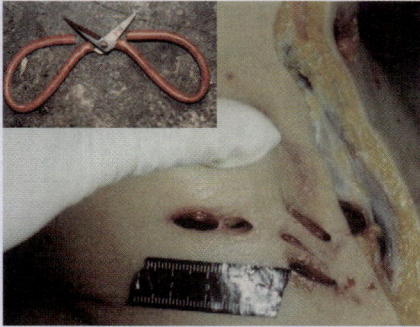

右颈部剪创，创缘整齐，剪刀两刃未闭合，形成两处创口，中间有尚未离断的皮肤组织

图3-1-7　颈部剪创（中山大学竞花兰提供）

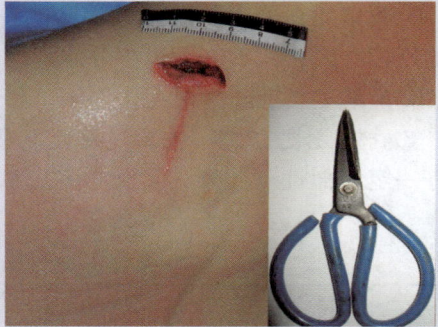

左肩部剪刀两叶合拢刺创，创口"S"形特征不明显，两端创角无明显挫伤带，下方有一条形划伤

图3-1-8　背部剪创（中山大学竞花兰提供）

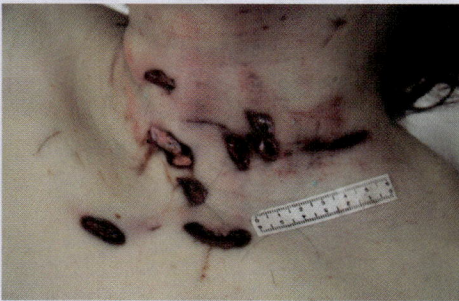

a. 颈部创口

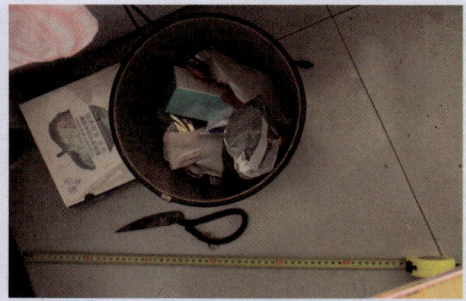

b. 致伤工具

图3-1-9　单瓣剪刀刺创

三、锐器创常见致死原因

锐器创常见的致死原因为失血性休克、重要脏器功能障碍、心包填塞等。

1. 失血性休克

失血性休克是锐器创的最常见致死原因。锐器创造成机体短期大量血液流失，可导致失血性休克致死。正常人全身血容量平均约为 75ml/kg，大出血是指急性出血达全身血容量的 30% 以上，其后果主要取决于出血量及出血的速度。大出血见于心脏、动脉或富含血管器官的严重创伤。

2. 重要器官功能障碍

锐器往往伤及人体重要的器官，如头面、胸、腹等部位，造成重要器官功能障碍导致死亡。

3. 心包填塞

锐器致心包填塞死亡见于锐器刺伤心脏，如心包破口较小，可导致急性心脏压塞而致死。心包腔积血 200 ~ 250ml 即可发生心包填塞，压迫心脏致死。

4. 其他损伤并发症

锐器损伤可导致多种死亡原因，如刺伤肺，可发生血胸、气胸或血气胸，导致死亡；颈部切创流出的血液，可被切断的气管吸入，导致窒息；锐器致静脉损伤，空气自静脉口进入血液循环，导致空气栓塞死亡；锐器形成的胸、腹或颅脑的开放性损伤，可继发感染导致死亡等。

四、其他需要注意的知识点

1. 试切伤

试切伤是指自杀者在形成致命性切割损伤之前，可能出于心理矛盾、试探锐器的锋利程度或体验疼痛感觉等各种目的而采取的轻微切割所致的损伤。这种切割损伤一般较浅表，数量多少不定，多与致命性切创平行（图 3-1-10）。

2. 抵抗伤

抵抗伤是指在他杀性锐器损伤过程中，受伤人员出于防卫本能抵抗锐器所造成的损伤。抵抗伤主要集中于上肢，其中以前臂和手最多（图 3-1-11）。

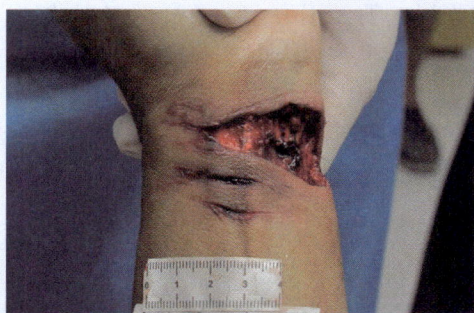

一例自缢死亡死者左腕部的切创、试切创

图 3-1-10 腕部切创与试切创

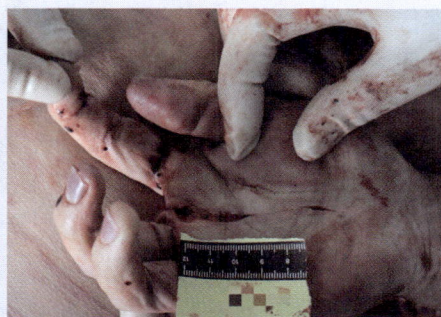

一例被刺死女性右手的抵抗伤

图 3-1-11 手背部抵抗伤

（韩业兴、赵欢欢、苏文生）

第二节 钝器致死案件

一、概 述

钝器伤是指由无锋利刃缘或尖端的钝性物体造成的损伤。最常见的钝器为棍棒、斧锤、砖石，其次为徒手伤及其他钝器。实践中，为与器物分开，人体手、脚造成的损伤也可表述为钝性物体损伤。钝器伤多见于他杀及意外。

钝器伤形态学特征通常表现为擦伤、挫伤、挫裂创、骨折、内部器官破裂或肢体离断等，其中以擦伤、挫伤和挫裂创多见。

1. 擦 伤

擦伤又称表皮剥脱，是指由钝性致伤物与体表摩擦挤压造成的以表皮剥脱为主要改变的损伤。

典型的擦伤呈点状、条状、片状、梳状或不规则状，大小不等、形态不一，常可反映致伤物表面的特征及力的作用方向（图 3-2-1）。

2. 挫 伤

挫伤指由钝器作用造成的以皮内或（和）皮下组织出血为主要改变的闭合性损伤（图 3-2-2）。

挫伤的大小、形态、出血程度及颜色的深浅，随作用力大小及局部组织的特点不同而不同。

3. 挫裂创

挫裂创指由钝器通过撞击、挫压、撕扯组织形成的创。挫裂创创口形态不规则；创角多较钝，可以有多个；创缘不整齐，常伴有擦伤和挫伤；创底不平整；创腔内可有异物；创壁不整齐，创壁间有组织间桥（图 3-2-3）。

图 3-2-1 擦伤

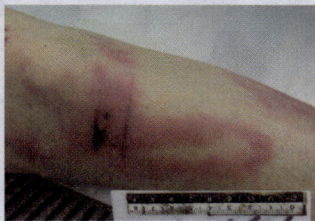

图 3-2-2 挫伤

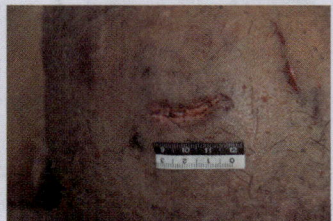

图 3-2-3 挫裂创

二、钝器伤分类及法医学审查要点

根据钝器的性状和形态，将钝器损伤分为棍棒伤、砖石伤，锤斧背伤、徒手伤、摔跌伤等。

1. 棍棒伤

（1）棍棒伤的基本特征

条形损伤为主：表现为表皮剥脱、皮下出血、挫裂创或同时存在。

镶边状挫裂创：皮肤组织的镶边状挫裂创，创口呈条形，创缘较整齐的表皮剥脱和皮下出血，两侧创缘可见对称性挫伤带，创角有撕裂、皮下组织挫碎（图3-2-4）。

中空性皮下出血：是棍棒快速、重力打击在平坦且软组织较丰满部位形成。中空性皮下出血是棍棒类损伤的重要特征（图3-2-5）。

线状骨折多见：棍棒类钝器多引起骨折，打击力度大时可形成条形塌陷性骨折。

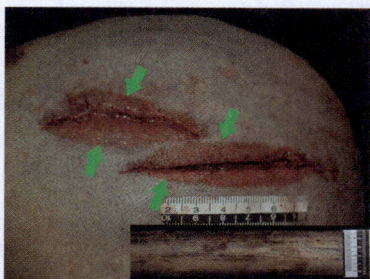

圆柱形木质棍棒打击头部致挫裂创，创周伴"镶边"样挫伤带（↑）；创周挫伤带宽度接近一致提示垂直打击

图3-2-4　左顶部头皮挫裂创

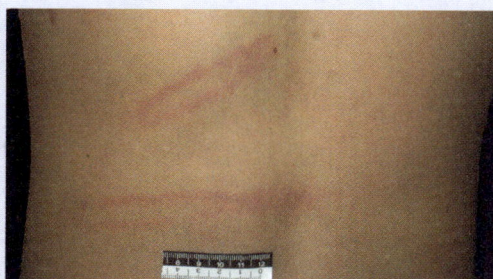

棍棒打击致皮肤条状中空性皮下出血；其中空宽窄大致反映致伤物接触面宽度

图3-2-5　腰部中空性皮下出血

（2）不同性状棍棒损伤特征

不同性状的棍棒伤具有不同的特点。常见木质和金属类棍棒损伤的鉴别见表3-2-1，此外，圆柱形棍棒损伤与方柱形棍棒损伤亦有皮下出血形态等多方面不同（图3-2-6）。

表3-2-1　木质和金属类棍棒损伤特点

	木质类棍棒	金属类棍棒
皮下出血	单纯性表皮剥脱、皮肤出血较多见 中空性皮肤出血较多见 出血一般轻微，界线不甚明显	单纯性表皮剥脱、皮肤出血较少见 中空性皮肤出血较多见 出血严重，界限清楚
挫裂创	头皮很少全层断离，创腔组织间桥较多 创口哆开不明显 创缘不整齐，多呈锯齿状 创缘镶边状挫伤带不明显 囊状创腔较多见 易形成弧形皮瓣创，创角多有撕裂	头皮易全层断离，创腔内组织间桥较少 创口哆开明显 创缘比较平直 创缘镶边状挫伤带较显著，有时伴有组织挫灭 囊状创腔较少见 皮瓣创少见
骨折损伤	骨质损伤较少见 多见于线状骨折 骨质表面一般无压擦痕迹 骨折周边不伴有挤压性小骨裂	骨质损伤较多见 多见于塌陷性粉碎性骨折 骨折表面常有压擦痕迹 骨折区周边常伴有挤压性小骨裂
创内遗留物	在创口内有时遗留木质碎屑、树皮等	在创口内有时遗留铁锈、油垢、断离的头皮等

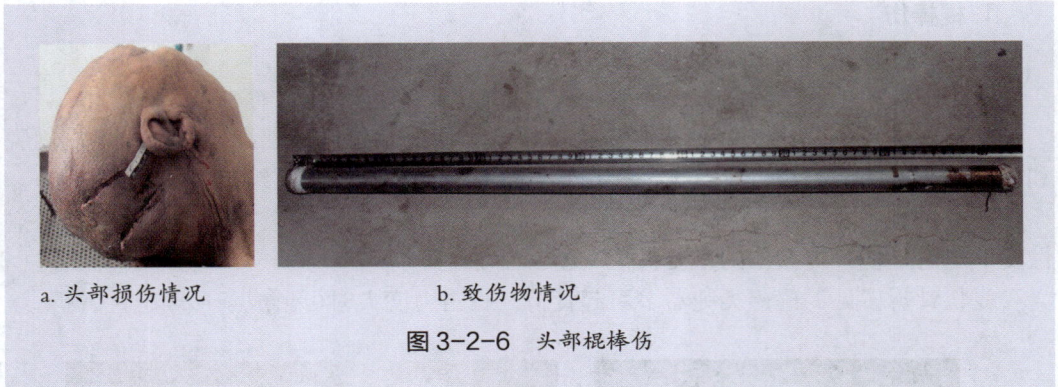

a. 头部损伤情况　　　　　　　　b. 致伤物情况

图 3-2-6　头部棍棒伤

2. 砖、石损伤

砖头、石块打击造成的损伤统称砖、石损伤（图 3-2-7）。

（1）砖、石损伤的基本特征

①表皮剥脱多见，表面粗糙的砖、石易形成人体组织不规则形的片状表皮剥脱。

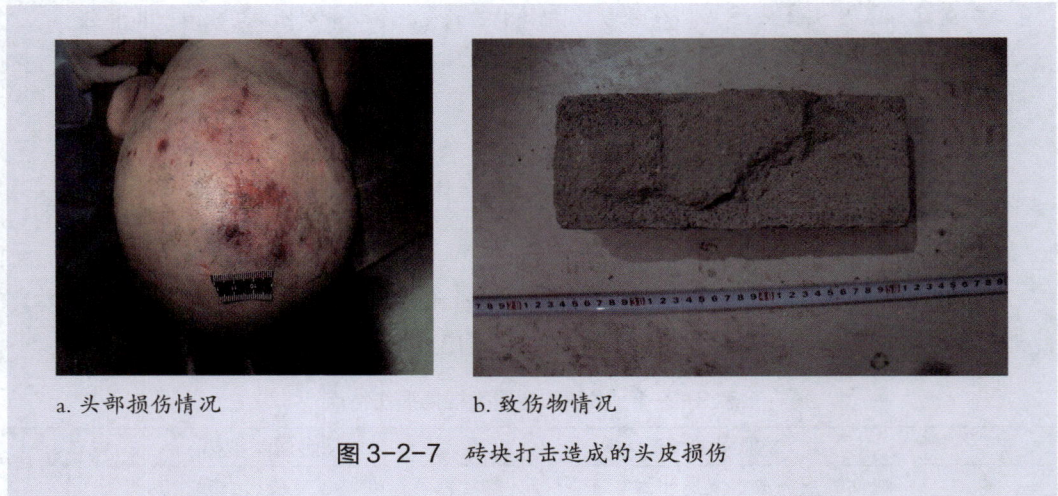

a. 头部损伤情况　　　　　　　　b. 致伤物情况

图 3-2-7　砖块打击造成的头皮损伤

②挫裂创不规则，由砖、石不规则表面形成，如短条形、星芒状或直角状等。

③创口或创腔内遗留砖、石碎屑，该特征对于推断致伤物有重要价值。

（2）砖、石损伤的差异

砖、石损伤所致的损伤形态较其他钝性损伤复杂，损伤程度差别较大，犯罪嫌疑人多为就地取材，作案后致伤物常留在现场附近，且多沾染有被害人血迹、毛发等（图 3-2-8）。

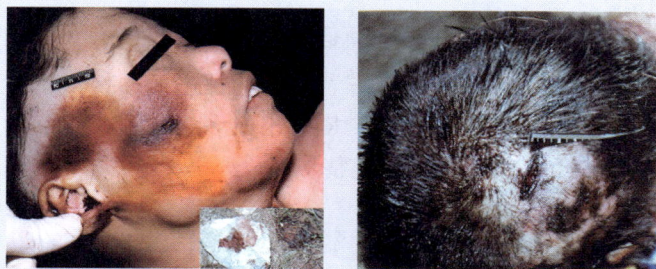

a. 石块致右颞、颧、颌部挫、擦伤

b. 石块致顶部挫裂创

图3-2-8　砖石伤（中山大学竞花兰提供）

3. 锤、斧背伤

（1）锤、斧背伤的基本特征

损伤面积小：锤、斧背作用面小且较固定，因此一次作用所形成的损伤面积较小，皮下组织丰满的部位易形成皮下出血，在人体的突出部位易形成星芒状挫裂创，常可反映致伤工具的形状和大小（图3-2-9）。

挫裂创常见：由于易挥动，作用面小而着力点集中，因此锤、斧背类形成的损伤多较严重，易形成挫裂创。

骨折多呈塌陷性。

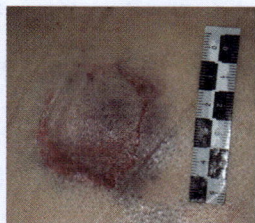

a. 锤面垂直打击胸部，形成与锤面形态相仿的损伤

b. 圆形锤面打击顶部，形成弧形挫裂创

c. 铁锤打击颅顶部致阶梯状凹陷性骨折

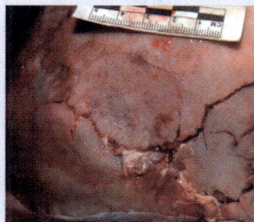

d. 锤面垂直打击枕部形成圆形凹陷性骨折

图3-2-9　锤击伤（中山大学竞花兰提供）

（2）斧锤损伤的差异

虽然斧锤类钝器损伤具有相似的共同特点，但因其作用方式、接触面形态以及质地的不同也常表现出某些不同的特征：斧背及方形锤击面损伤皮下出血多为方形、直角形或类方形皮肤出血；圆形锤击面损伤皮下出血多为圆形或类圆形、半月形皮肤出血；多角形锤击面损伤不易反映锤面的完整形态等。

4. 徒手伤

包括手抓、扼、捂压、掐、掌击（掴）或拳击伤等（图3-2-10、图3-2-11）。

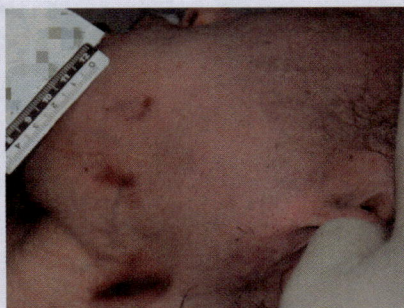
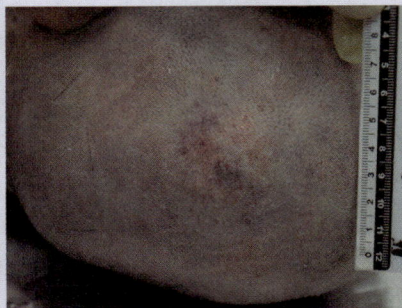

手掐颈部致颈部擦挫伤　　　　　拳击头部致皮下出血

图 3-2-10　颈部手掐伤　　　　　图 3-2-11　头部拳击伤

5. 足所致损伤

足所致损伤包括足踢伤和足踩伤，可形成多种损伤，多见皮下出血，有时可反映鞋底花纹图案，损伤重者可致死亡。足踢伤多见于人体下部等处，如双下肢、会阴部、臀部和腰腹部等；足踩伤一般发生在人体处于体位低下时（如卧、蹲等）。

6. 咬　伤

是指人或动物的上下颌牙齿咬合所致的损伤，在攻击和防御时均可形成。多见对称的半弧形几个牙印构成圆形或椭圆形的咬痕，常见于面颊、肩部、乳房等处（图3-2-12）。

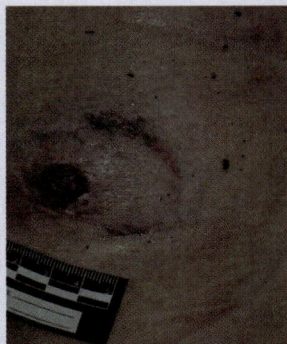
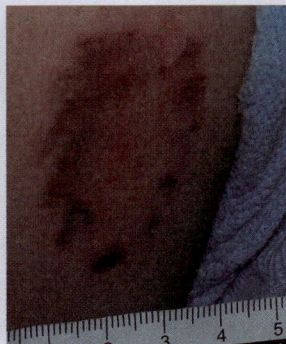

a. 乳房咬伤　　　　　　　b. 滑动型咬痕

图 3-2-12　咬伤

7. 摔跌伤

是指人体在行走、跑动等过程中跌倒与地面或其他物体磕、碰接触所造成的损伤。

（1）摔跌伤的基本特征

摔跌伤具有外轻内重、多一侧性分布、人体突出部位损伤等特点。轻者体表损伤局限、轻微，多为擦挫伤；重者可致骨折、内脏器官损伤，导致死亡。

（2）摔跌伤的差异

不同部位着地的摔跌伤表现各异，如头部着地易造成颅脑损伤；肩部着地易造成肩关节及锁骨骨折；臀部着地易造成股骨颈骨折或骨盆骨折。

行走或奔跑过程中跌倒造成的损伤主要与跌倒体位有关。向前或侧方扑跌时多可致四肢、头面部突出部位的皮肤擦挫伤，严重可致肢体骨折或内脏损伤；向后摔跌时可致枕部头皮擦挫伤，严重的可致枕骨骨折等颅脑损伤。颅脑损伤符合减速运动损伤特点（图3-2-13）。

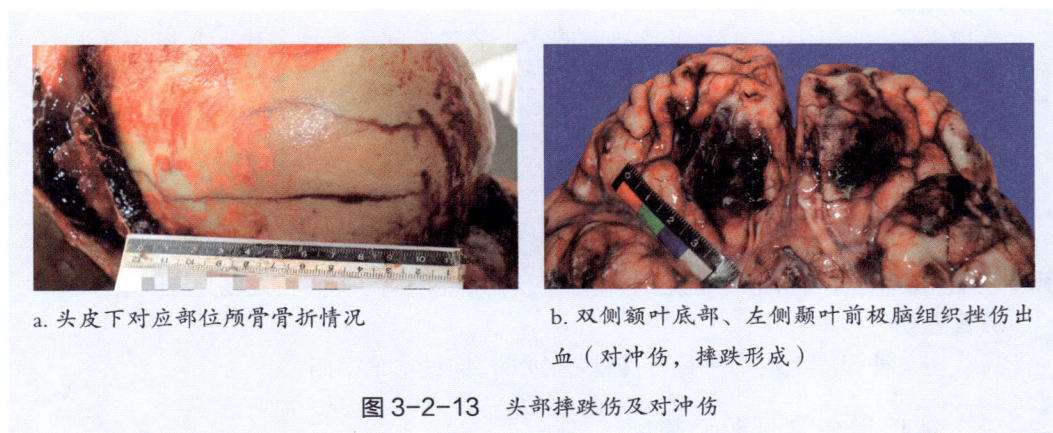

a. 头皮下对应部位颅骨骨折情况

b. 双侧额叶底部、左侧颞叶前极脑组织挫伤出血（对冲伤，摔跌形成）

图3-2-13 头部摔跌伤及对冲伤

（3）头部摔跌伤与打击伤的鉴别

头部是人体重要部位，颅脑损伤常由摔跌或打击导致，鉴别头部摔跌伤与钝器击打伤有助于案件定性，需要引起足够的重视（表3-2-2）。

表3-2-2 头部摔跌伤与打击伤的鉴别

	头部摔跌伤	头部打击伤
头部运动形式	减速运动	加速运动
颅骨受力改变	着力点处局部变形不明显，整体变形明显	着力点局部变形明显，整体变形不明显
骨折部位及走行	非着力点，可沿暴力方向走行	着力点，着力点向周边延伸
骨折形态	多呈线形	常出现放射状、凹陷性、粉碎性骨折
脑组织损伤	着地部位冲击性损伤，对侧位置可见对冲性损伤	击打部位的脑组织冲击伤

头部受外力作用时，通过不同的损伤机制可形成不同损伤。

加速性损伤：当头部静止时，受运动的致伤物作用（如打击）使头部由静止状态转为加速运动状态，所造成的脑损伤称为加速性损伤，常表现为冲击伤。

减速性损伤：当运动的头部撞击相对静止的物体（如摔跌），颅脑突然减速至静止，因而造成的脑损伤，常表现为对冲伤。

冲击伤：头部受外力作用发生加速运动，此时着力部位的颅骨变形或骨折，造成着力点处脑组织损伤，为冲击伤。

对冲伤：头部受外力作用时，在着力的对侧（对冲部位），造成的脑组织损伤（图3-2-13）。

颅骨局部变形：颅骨受到较局限的暴力如棍棒击打时，着力点局部颅骨弯曲变形，超过其承受力时，可发生骨折，骨折的类型和范围取决于暴力的大小和致伤物的体积。

颅骨整体变形：因颅骨近似有一定弹性的球状体，局部受力，在远离暴力作用点的颅骨部分凸出，发生弯曲，超出其应力承受范围便出现骨折。同时，暴力作用传导到颅底，可使颅底薄弱部位出现骨折。

8. 挤压伤

是指人体被作用面较大的重物挤压所产生的一系列损伤性变化，其损伤常为合并性损伤。

（1）挤压伤基本特征

主要是皮肤软组织的广泛损伤，其基本特征一般表现为外轻内重。

（2）挤压伤的差异

挤压伤于体表常表现为皮肤擦、挫伤，能反映挤压物的形状特点；挤压伤于胸腹部常引起窒息；挤压伤伴骨折常引起脂肪栓塞。挤压伤如不及时治疗，可发展为挤压综合征。

9. 高坠伤

高坠伤某种程度上讲为一种特殊钝器损伤，详见本章第四节。

三、钝性损伤常见致死原因

钝性损伤是法医学中常见的损伤之一，常见的致死原因有重要器官功能障碍、失血性创伤性休克、脂肪栓塞、挤压综合征等。

1. 重要器官功能障碍

钝器损伤致重要器官功能障碍是常见致死原因之一。生命重要器官的严重损伤常表现为脑、心、肺、肝、肾等生命重要器官的破裂或挫碎，可迅速导致死亡。

【案 例】

死者，男，39岁，与人发生争执，拳打脚踢倒地头部着地受伤，送医院治疗，次日死亡。医院CT示：右侧额颞顶部硬膜下血肿，蛛网膜下腔出血，左额部、顶部头皮肿胀；医院行右侧硬膜下血肿清除术、去骨瓣减压术，头皮挫裂伤清创缝合术；术中见硬膜下积血喷射而出（脑压高），清除血肿约100ml，见顶部活动性出血，探查为顶部汇流矢状窦区桥静脉断裂出血。尸检见：死者右顶部星芒状2.0cm+0.7cm+1.1cm+2.0cm挫裂创口，深达皮下，中心部位头皮挫碎，周围伴

4.5cm×3.0cm 范围头皮血肿。左颧面部有 7.5cm×6.0cm 范围表皮剥脱，左额颞部有 10.cm、1.0cm 两处头皮挫裂创，深达皮下，边缘不齐，周围伴有 3.0cm×2.5cm 头皮下出血。左耳廓青紫，左耳廓中段背面 1.0cm×0.6cm 皮擦伤；左侧颞肌出血，左额颞头皮下 10.0cm×8.0cm 出血，右颞叶 5.0cm×4.0cm 脑挫伤，右额叶散在分布多处灶性脑挫伤。死亡原因为头部受钝性外力作用致颅脑损伤死亡（图 3-2-14）。

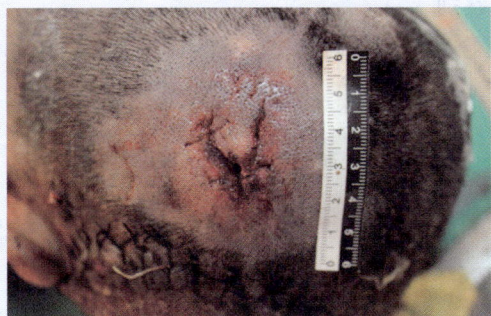

a. 右顶部星芒状挫裂创口　　　　　b. 左颧面部及额颞部损伤

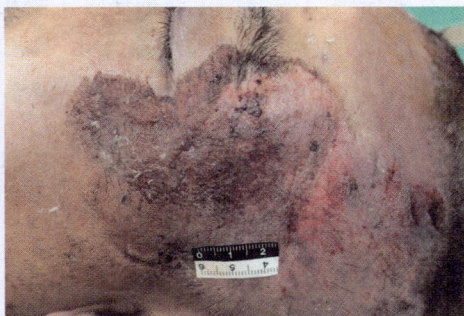

图 3-2-14　钝性外力致死案例

案例解析：（1）实践中，多种外力因素共同作用致伤时，需要结合各种暴力致伤特点，结合伤情检验情况综合分析。（2）该案件中，致伤因素有拳打脚踢因素和倒地致伤因素，尸体检验中右顶部星芒状挫裂创口较大，左颧面部大片表皮剥脱，拳击致伤难以形成，符合头面部与大平面钝性物体（如地面）接触特征；左耳廓中段背侧皮下出血等面积较局限，无明显表皮剥脱，且位于头面部并不突出部位，分析认为拳击伤可能较大。（3）综合分析，伤者既有倒地摔跌致伤因素，亦有拳击殴打致伤因素，过程紧密，拳击亦为倒地摔跌主要原因，结合现场情况，其损伤致死为犯罪嫌疑人加害造成。

2. 失血性和 / 或创伤性休克

失血性休克是钝器损伤致死的常见原因。开放性损伤形成外出血致死，以颅脑损伤多见，闭合性损伤造成内出血致死，以胸腹部损伤多见。其机理与锐器伤一致，在此不再赘述。

3. 脂肪栓塞

详见本书第五章。

4. 挤压综合征

详见本书第五章。

5. 其他损伤并发症

钝器损伤可导致多种死亡原因，继发性死亡也常有发生，如伤后继发性脑梗死、继发性呼吸功能衰竭、继发性感染等。

四、其他问题

1. 头面部轻微外力致脑干损伤死亡

暴力作用即使相对较轻，但如累及机体重要部位，亦能使机体的呼吸、循环机能迅速停止而导致机体死亡的严重后果。如脑干挫伤、出血累及调节循环、呼吸等重要生理活动的反射中枢，引起中枢性心搏、血压、呼吸的严重障碍，危及生命。

2. 外伤性与病理性（非损伤性）脑出血鉴别

脑部自身病变如动脉粥样硬化、脑血管畸形等亦可在轻微外伤作用下致脑出血。故对外伤性与病理性脑出血应注意鉴别（表3-2-3）。

表3-2-3　外伤性脑出血与病理性脑出血的鉴别

	外伤性脑出血	病理性脑出血
病因和诱因	外伤后引起	有病变基础，在某些诱因（如血压骤高）下破裂出血
出血部位	任何部位，多位于打击部位	多位于大脑基底节
出血形态	挫伤灶多为楔形，脑实质内血性囊肿	脑组织多呈不规则的腔，周围为软化带伴有斑点状出血
出血范围	多发性分布	广泛
其他损伤	常伴有	无

【案　例】

死者男，30岁，上班期间与同事争吵推搡过程中突然倒地死亡。尸体检验：脑底广泛性蛛网膜下腔出血；病理学诊断：脑底动脉畸形，脑底广泛性蛛网膜下腔出血。死亡原因系脑底动静脉畸形致自发性蛛网膜下腔出血死亡（图3-2-15）。

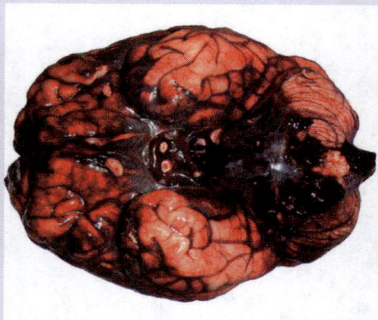

a. 脑底血管破裂，广泛性蛛网膜下腔出血

b. 脑血管壁宽窄不一，厚薄不均，血管外见大量红细胞于蛛网膜下腔

图3-2-15　病理性脑出血死亡（中山大学竞花兰提供）

案例解析：（1）病理性脑出血致死的案例，多数外伤作用轻微，尸体检验无明显颅脑挫伤、颅骨骨折等严重暴力作用征象。（2）鉴定中应注意出血的部位，详细检查血管走行及形态，检验血管病变程度，查明血管病变原因。（3）了解既往的疾病和治疗情况有助于进一步揭示真相。

3.酒后外伤性蛛网膜下腔出血

在法医实践中常可遇到酒后受轻微的头部损伤引起广泛性蛛网膜下腔出血的案件。酒后脑血管被视为一种非正常的临界状态，易发生破裂出血。因此，法医在鉴定此类案件时，要提取心血测定酒精含量，结合暴力作用大小、既往健康状况、颅脑损伤情况等综合考虑分析。

【案　例】

何某，男，23岁，某日凌晨饮酒后被人殴打倒地，当场死亡。

尸体检验：死者呈仰卧位于现场地面。口腔内见血性液体流出，左口角内黏膜浅表挫裂创，左下颌皮肤皮下出血，左肘部皮肤擦伤。头皮及皮下组织无出血，颅骨未见骨折，硬脑膜外、硬脑膜下均未见出血。左、右额颞部蛛网膜下腔均见薄层出血，范围分别为 9.5 cm×6.0 cm、9.0 cm×5.0 cm，脑底部弥漫性蛛网膜下腔出血及血凝块。大、小脑及脑干表面未见挫伤，切面未见出血。组织病理学检验：大脑双侧额颞部、脑干基底部及小脑蛛网膜下腔弥漫性出血并见凝血块；大脑蛛网膜下腔出血灶内偶见血管壁厚薄不均，管腔大小不等，部分血管腔扩张。脑实质未见挫伤、出血。毒物检验：心血中检出乙醇成分，质量浓度为 2.375 mg/ml。

案例分析：（1）蛛网膜下腔出血，指蛛网膜下腔和软脑膜上血管破裂出血聚积于蛛网膜下腔。按其发生原因可分为外伤性和非外伤性蛛网膜下腔出血。该案例中死者体表损伤程度较轻微，而颅内出现弥漫性蛛网膜下腔出血（以左、右额颞部及脑底部最为明显）。

（2）死者血液中乙醇质量浓度为 2.375 mg/ml，已达中毒血浓度，但未达致死血浓度，故不支持乙醇中毒致死。但急性乙醇中毒是蛛网膜下腔出血的高危因素，可加快心率、升高血压、扩张脑血管、抑制脑血管收缩、抑制凝血酶活性，增加出血倾向，降低共济协调能力，不利于有效躲避打击，颈项部肌肉松弛，使颈项部肌肉对头部的保护支撑作用降低，故头部在受到打击或碰撞后易于发生过度前俯、后仰或旋转运动。醉酒状态下轻微的外伤，如打击下颌、颈部、项部、头顶部及挥鞭样损伤，使脑组织在颅内做直线加速、直线减速或旋转运动，而使蛛网膜下腔血管撕裂出血，或因脑挫裂伤（冲击伤或对冲伤）出血进入蛛网膜下腔。

（3）脑底部的弥漫性蛛网膜下腔出血，可聚积于脑底、脑干周围和小脑与脑干之间形成血肿，压迫脑干致急性中枢神经功能障碍而迅速死亡。

（4）结合案情（饮酒后遭受外伤，死亡迅速）、尸体检验（头面部存在钝力损伤，颅骨无骨折，脑组织无挫伤，弥漫性蛛网膜下腔出血）及毒物检验结果，综合分析，何某符合醉酒后头面部轻微外力作用引起弥漫性蛛网膜下腔出血致急性中枢神经功能障碍死亡。

（5）类似案件中，应当综合原发性损伤和酒精摄取情况、饮酒能力及一贯表现、血液中酒精检测情况及其他理化检验结果，综合分析外伤、饮酒对其死因的影响。（摘自《中国法医学杂志》2014年第6期）

（韩业兴、赵欢欢）

第三节　交通损伤致死案件

交通损伤是指在交通运输过程中发生的各类损伤总称，由交通工具直接或间接造成。直接损伤有撞击伤、拖擦伤、碾压伤、砸压伤等，本质上属于机械性损伤中的钝器伤，间接损伤有摔跌伤、坠落伤、砸压伤、烧伤、坠入水中溺死等，属于钝性机械性损伤或其他类型损伤。

交通损伤程度及特点与交通行为方式、交通工具的接触部位及运行速度等因素有关，形态复杂、类型多样，常为多发性和复合性损伤。道路交通损伤致死案件的尸体检验，应当参照 GA/T 268《道路交通事故尸体检验》规定。

一、损伤分类及法医学审查要点

1.行人损伤
行人损伤见于道路交通损伤和铁路交通损伤，主要有以下几类。

（1）撞击伤
撞击伤因撞击速度、撞击物表面的形态以及人体受撞击部位等的不同，可表现为表皮剥脱、皮下出血、软组织挫裂创、骨折、内脏破裂等，有时能反映撞击物的形态特征。小型汽车保险杠撞击直立位人体下肢，可形成典型的保险杠性胫骨骨折，骨折呈楔形，楔形尖端指示行车方向（图3-3-1）。

小车保险杠撞击行人下肢，在距足底50cm左右，出现胫骨楔形骨折，楔形的尖端为车辆行驶方向，楔形底边为撞击作用点。

图3-3-1　小腿胫骨楔形骨折（中山大学竞花兰提供）

人体与列车接触后在撞击部位常会留有黑色污物，这为分析撞击性损伤及其接触点提供了重要依据（图3-3-2）。

图3-3-2　撞击形成的挫裂创（创周粘附黑色污物）

挥鞭样损伤：人体被快速行驶的车辆撞击时，因躯干或头部突然过度地屈曲或伸展，引起颈部椎体旁肌肉强烈收缩而发生的损伤。挥鞭样损伤常见于第三至第六颈椎，可伴有颈椎的脱位或骨折，亦可形成颈髓的损伤。

（2）摔跌伤

摔跌伤是指人体被行驶的车辆撞击后摔跌于地面或地上物体所形成的损伤。摔跌造成的颅脑损伤，其特征表现为减速性、外轻内重、颅骨整体变形以及脑组织的对冲性挫伤。

（3）碾压伤

碾压伤是指车辆从人体上驶过所形成的损伤。机动车车轮碾压过人体，可在衣服和体表遗留轮胎印痕。

（4）拖擦伤

拖擦伤是指人体被车辆撞击后，被车体部件钩挂而随车辆运行，人体与路面或车体反复接触所形成的损伤。拖擦损伤常分布在人体的突出部位，多表现为大面积的表皮剥脱伤（图3-3-3）。拖擦损伤具有一定的方向性，可用于判断拖擦方向及现场重建。

（5）伸展创

伸展创指人体被撞击时，有时由于肢体过伸，可形成与皮纹走行一致的浅小的皮肤撕裂创（图3-3-4），常见于腹股沟或下腹部等部位。人体被碾压时，也可在碾压部位附近的皮肤菲薄处形成与皮纹走行一致的细小、平行的伸展创。

（6）砸压伤与挤压伤

车辆行驶过程中，因发生翻车或坠车，车辆或车上物品等砸压人体，可形成皮肤挫伤或挫裂创，软组织挫碎、骨折、内脏器官损伤等，严重时人体被砸压的部位扁平变形。

在特定情况下，车辆与周围环境对人体挤压造成损伤，撞击和挤压构成挤压伤的特点，多位于胸腹部和四肢，严重的损伤和（或）窒息是造成死亡的主要原因。

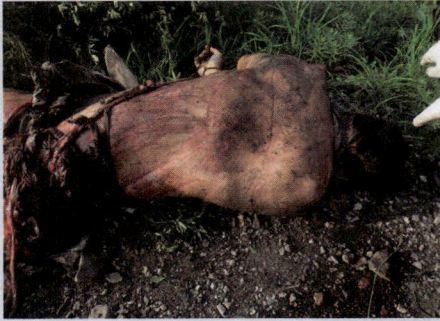

图 3-3-3　背部拖擦伤

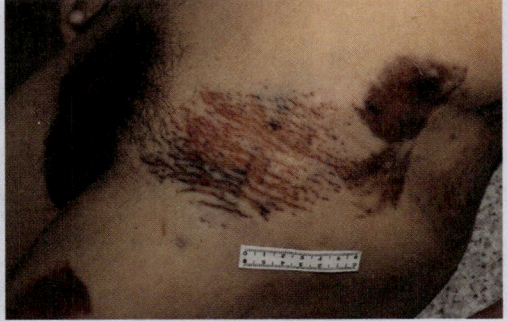

图 3-3-4　腹股沟部位伸展创
（通辽市公安局王永生提供）

【案　例】

某小型客车沿某国道行驶时将行人某男（28 岁）撞倒后逃逸，某男死亡。尸检见头颅变形，额骨、顶骨等粉碎性骨折。左侧胸廓塌陷，两侧胸部多根肋骨触及骨擦感。右腹部、背部、右臀部见大片状表皮剥脱伤及皮下出血。右手变形，掌侧见不规则形裂创，掌骨、指骨粉碎性骨折。右上肢、左下肢开放性粉碎性骨折，右小腿胫骨、腓骨骨折。死亡原因为颅脑损伤合并创伤性休克死亡。

案例分析：根据尸检，死者右小腿损伤符合撞击形成，颅脑损伤、肋骨骨折符合摔跌形成，背部及臀部擦伤、右手损伤符合拖擦过程形成，左下肢损伤符合碾压形成。

交通损伤中行人的损伤多是复合型损伤，通过损伤形态、部位、体表污痕、损伤处特征性纹路推测认定交通工具类型，根据不同部位损伤程度，认定死亡原因对案件性质的认定及事故定责具有重要意义。

2. 驾驶员损伤

在道路交通事故中，为准确区别责任人以及进行事故处理，有时需准确判断司乘关系。

（1）汽车类驾驶员损伤

汽车驾驶员特征性损伤主要是人体与驾驶座周围明显有别于其他位置的设备物件如方向盘、踏脚板、仪表盘、手动操作杆等碰撞形成，常见的特征性损伤有：

①挡风玻璃或玻璃框碰撞伤。常在头面部的突出部位形成小斑片状表皮剥脱和皮下出血。

②颈部挥鞭样损伤。见于突然加速（追尾）或减速（正面碰撞）时。

③方向盘损伤。驾驶员胸腹部碰撞挤压方向盘，可形成胸前弧形表皮剥脱和皮下

出血、胸骨肋骨骨折以及脏器损伤等。

④四肢反射性损伤和脚踏板损伤。车辆发生碰撞时，由于驾驶员的反射性避险动作，如紧握方向盘造成手腕和尺桡骨骨折、肩关节脱位等，猛踩刹车致踝关节脱位或骨折、足趾骨折、跟腱断裂等。

⑤安全带损伤。表现为与安全带相对应的斜行跨越胸腹和环绕腹部的条带状皮肤擦挫伤。

（2）摩托车类驾驶员的损伤

摩托车是敞开式机动车，事故后常人车分离，摩托车驾驶员的特征性损伤有以下几种：

①摩托车部件造成的损伤。包括车把所致的前胸和上肢的损伤、后视镜所致上肢损伤。

②骑跨伤。油箱所致的两大腿内侧的损伤等。

③颈部的切割伤。摩托车与其他机动车相撞时，摩托车前挡风罩与驾驶员颈部相撞，造成颈部的切割伤，甚至离断。

在道路交通损伤中认定驾驶员的方法，除特征性损伤外，还需结合目击者的调查、车内新鲜附着的毛发、血迹、人体组织的检验、死伤者指掌纹的比对、人体上和车内微量物证的检验、监控视频资料等，综合利用所有检验结果来作出判断，以便准确区别责任人以及进行事故处理。

【案　例】

张某，男，驾驶面包车超车时与前方同向行驶的车辆碰撞后，撞到路边树木后死亡。尸检见鼻背部、口唇部挫伤，左额面部皮肤片状挫伤。左下颌条状挫伤。头顶枕部肿胀，触及颅骨骨折。右枕部头皮见一挫裂创。右胸部皮肤左高右低斜行区域内散在有点片状表皮剥脱伤。左腰部见一条状表皮剥脱伤。双膝关节处见片状挫伤。死亡原因为颅脑损伤死亡（图3-3-5）。（科尔沁左翼后旗公安局李海亮提供）

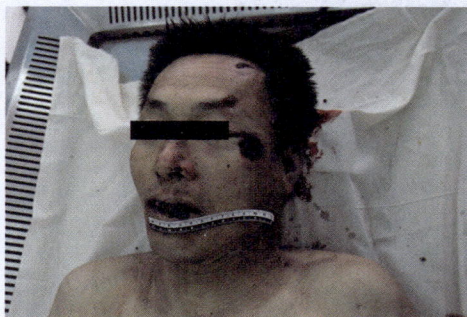

a. 挡风玻璃和玻璃框碰撞伤　　　　b. 安全带损伤（斜行条带状皮肤擦挫伤）

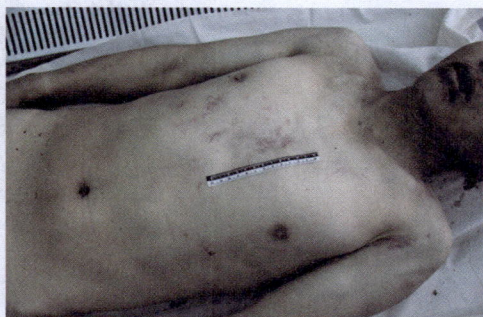

图3-3-5　驾驶员损伤

案例解析：通过尸检损伤特征分析损伤类型，死者面部损伤符合与挡风玻璃框碰撞伤，右胸部表皮剥脱伤符合安全带损伤，下肢损伤符合与仪表盘架碰撞伤。

驾驶员损伤类型分析认定时，要结合交通工具结构特征综合分析。在驾驶汽车类交通工具发生碰撞时，头面部易与前侧挡风玻璃发生碰撞，造成挫裂伤及骨折；安全带易造成左肩重、右腹轻的条带状皮肤擦挫伤；四肢易与方向盘、仪表盘及脚踏板作用造成损伤。若体表损伤严重，胸腹部未检见安全带损伤，可推测驾驶员未系安全带，死亡原因鉴定时除体表明显损伤，要注意颈部挥鞭样损伤导致的脊柱断裂。

3. 乘员损伤
（1）小型客车的乘员损伤

副驾驶位乘员损伤与驾驶员损伤类似，安全带损伤的方向与驾驶员相反，不形成方向盘损伤和脚踏板损伤。

后排乘员损伤以身体撞击伤和颈部挥鞭样损伤多见，撞击损伤以四肢损伤多见，下肢损伤主要表现为双腿外展式损伤，严重者可形成髋关节骨折或脱臼、股骨颈骨折、骨盆分离等。

【案　例】

某客车与对向驶来小型轿车相撞，小型轿车乘员某男（50岁）当场死亡。尸表检验见右额面部片状皮肤挫伤。触及双侧胸壁塌陷、骨折。左小腿胫前见片状皮下出血。解剖检验见两侧肋骨多根多处骨折，心包破裂，心包填塞，主动脉根部、肝脏破裂。死亡原因为外力致主动脉根部破裂造成心脏压塞死亡（图3-3-6）。（通辽市公安局刘庆鸿提供）

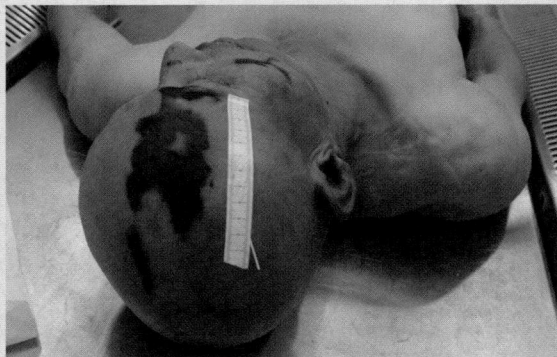

副驾驶位挡风玻璃和玻璃框碰撞伤

图3-3-6　乘员损伤

案例解析：死者右额面部片状皮肤挫伤，头部撞击前挡风玻璃可以形成，致命性损伤主要集中于胸腹部，双侧肋骨多发骨折伴塌陷，脏器损伤严重，表现为外轻内重损伤特点，符合钝性外力作用形成，为撞击伤特征，而胸腹部软组织无安全带损伤表现，结合案件情况，分析认为其位于副驾乘位置，未系安全带。

（2）大型客车、铁路旅客列车内乘员损伤

常见人体与车内结构部件相撞所造成的撞击伤，因惯性运动形成的挥鞭样损伤，因直接跌倒或撞击固体物件后反弹摔跌、人体通过破碎的门窗抛出车外而形成摔跌伤等，损伤特征表现为多发性和复合性。

（3）摩托车乘员、非机动车乘员损伤

摩托车乘员、非机动车乘员、开放式货车和农用车车厢内乘员损伤，以摔跌伤、撞击伤、拖擦伤、砸压伤等多见。佩戴头盔时，头部损伤不易发生，但可形成颈椎骨折和脱位。

二、酒驾检测

为准确界定法律规定的饮酒后驾车和醉酒后驾车行为，我国 2004 年制定了强制性国家标准 GB 19522《车辆驾驶人员血液、呼气酒精含量阈值与检验》，并于 2010 年对其进行修订，规定了车辆驾驶人驾车时血液、呼气中酒精（乙醇）含量的阈值与检验的方法。标准规定车辆驾驶人员饮酒后驾车（酒驾）的血液酒精含量阈值大于等于 20mg/100ml，小于 80mg/100ml；车辆驾驶人员醉酒后驾车（醉驾）的血液酒精含量阈值为大于等于 80mg/100ml。标准同时规定血液酒精含量检测方法依据行业标准 GA/T 842《血液酒精含量的检验方法》或者 GA/T 1073《生物样品血液、尿液中乙醇、甲醇、正丙醇、乙醛、丙酮、异丙醇和正丁醇的顶空—气相色谱检验方法》规定。虽然 GA/T 842 和 GA/T 1073 中规定的检验参数存在差异，但不影响检测结果的准确性。

1. 呼气酒精检测

车辆驾驶人呼气酒精含量采用符合规定的呼出气体酒精含量检测仪进行检验，检验结果应记录并签字，具体操作步骤按照呼出气体酒精含量检测仪的操作要求进行。

2. 采血、保存、送检的相关规定及注意事项

（1）血液采集包括活体血液提取和尸体血液提取，按照 GA/T 1556《道路交通执法人体血液采集技术规范》规定执行。血液采集时，皮肤消毒或清洁不宜使用含醇类或其他挥发性有机物的消毒剂。提取活体血液样本宜使用专用的一次性采血器材提取上肢外周静脉血，提取尸体血液样本宜使用洁净器材提取股静脉血（无法提取或量不足时可采用完整心腔内的血液）。提取的血液样本应分为 A 管和 B 管，分别用于检测和复核备用，每管中采血量不应少于 2ml。提取的血样应当场装入物证密封袋封存。

（2）提取的血液样本应放置冰箱冷藏室（2 ~ 8℃）保存。检测完毕后，复核样本应放置冰箱冷冻（-10 ~ -18℃）保存，保存期限不低于 3 个月。

（3）血液样本送检过程应保持低温。

（4）相关规定：具体血样送检程序及鉴定时限要求参照《公安机关醉酒驾驶刑事案件程序规定（试行）》及《公安部关于公安机关办理醉酒驾驶机动车犯罪案件的指导意见》（公交管〔2011〕190 号）。

3. 血液酒精浓度检测与复检

血液酒精浓度检测与复检，多采用顶空气相色谱火焰离子化检测器进行检测，分为定性分析和定量分析，检测方法参照 GA/T 842《血液酒精含量的检验方法》或者 GA/T 1073《生物样品血液、尿液中乙醇、甲醇、正丙醇、乙醛、丙酮、异丙醇和正丁醇的顶空—气相色谱检验方法》规定。定量检测需平行测定两份案件样品，相对相差不超过 10%（有凝血块的血样不得超过 15%）时，检测结果有效，定量结果按照两份测定结果的平均值计算，否则需重新进行测定。

【案　例】

2019 年 9 月 1 日，某女涉嫌酒驾，现场呼气酒精检测结果为血液酒精浓度 125.7mg/100ml，判断结果为醉酒状态。民警带其至某医院按照规范提取两份血样（1 号样本和 2 号样本），每份约 5ml，规范保存。2019 年 9 月 2 日，1 号样本经某司法鉴定所实验室检测，乙醇含量为 136.77mg/100ml。2019 年 9 月 4 日，某女对鉴定结果提出异议，要求重新鉴定。2019 年 9 月 9 日，办案民警将 2 号样本送另一司法鉴定所重新鉴定，该司法鉴定所于 2019 年 9 月 16 日出具乙醇含量为 107.4 mg/100ml 的检验意见。经法医专门审查，两次实验室检测方法均符合 GA/T 842—2019 的规定，但重新鉴定的《司法鉴定委托书》中"鉴定材料"一栏填写的样本编号与《当事人血样（尿样）提取登记表》中记载的样本编号不一致，出具《司法鉴定意见书》的"鉴定材料"中记载送检血样"体积约为 3ml"与《当事人血样（尿样）提取登记表》中记载的"样本量约 5ml"不符，不能证明重新鉴定所用检材与现场提取样本具有一致性。

案例分析： 酒驾血样采取时要严格按照流程规范操作，采取的血样编号及保存要规范，避免污染，采取的不同样本量要记录，复检样本移送要严谨，确保两次送检血样为同一人同一时间被采样本，避免两次检测结果不一致带来纠纷。

三、毒驾毒品检测

毒驾是指吸食、注射毒品（鸦片、海洛因、甲基苯丙胺（冰毒）、吗啡、大麻、可卡因，以及国家规定管制的其他能够使人形成瘾癖的麻醉药品）和精神药品后驾驶车辆，并且血液、唾液中毒品含量达到或超过规定阈值的行为。涉嫌毒驾人员的毒品含量阈值与检测方法依照 GA 1333《车辆驾驶人员体内毒品含量阈值与检验》规定，毒驾案件的检测程序可参照公安部《吸毒检测程序规定》。毒驾的检测分为初步（现场）检测和实验室检测（包括实验室检测和实验室复检），初步检测多采用尿液毒品快速检测的方法，初步检测结果为阳性的应及时采取血液或唾液样本进行实验室检测。

1. 尿液毒品快速检测

尿液毒品快速检测常采用免疫筛选法，可选用尿液胶体金法毒品检测试纸或试剂盒进行检测，常用的有单品、三联［吗啡/甲基苯丙胺（冰毒）/氯胺酮（K 粉）］、五联（吗啡 / 甲基苯丙胺 / 氯胺酮 / 可卡因 / 大麻）。试纸检测将箭头所指一端插入尿样，试剂盒检测用吸管吸取尿液检材滴入试剂盒的样品孔 5 滴（150 ～ 200 μL），3 ～ 5 分钟后观察结果。现场检测应当出具检测报告，由检测人签名，加盖检测的公安机关或者其派出机构的印章，并由被检测人在检测报告上签名。被检测人拒不签名的，公安民警应当在检测报告上注明。尿液中常见毒品初步检测阈值见表 3-3-1：

表 3-3-1　毒品初步检测阈值　　单位：ng/ml

分类	唾液初步检测阈值	尿液初步检测阈值
苯丙胺类	50	1000
氯胺酮	100	1000
阿片类	50	300
可卡因类	50	300
大麻类	25	50

2. 采集、保存、送检的程序及注意事项

公安机关采集、送检、检测涉嫌毒驾人员样本，应当由两名以上工作人员进行。检测样本的采集应当使用专用器材，采集的检测样本分别保存在 A、B 两个样本专用器材中并编号，由采集人和被采集人共同签字封存，采用检材适宜的条件予以保存，保存期不得少于六个月。样本采集、保存、送检参照 GA/T 1586《法庭科学涉嫌吸毒人员尿液采集操作规范》、GA/T 193《中毒案件采取检材规则》、GA/T 194《中毒案件检材包装、贮存、运送及送检规则》等规定。

3. 毒品检测与复检

实验室检测由县以上公安机关指定的、取得检验鉴定资格的实验室或者有资质的医疗机构进行，实验室复检由县以上公安机关指定的、取得检验鉴定资格的实验室进行，实验室检测和实验室复检不得由同一检测机构进行。

实验室检测和实验室复检按照相关国家标准和行业标准，采用气相色谱—质谱法、液相色谱—串联质谱法等方法进行，如 SF/Z JD0107006《生物检材中单乙酰吗啡、吗啡、可待因的测定》、SF/T 0114《生物检材中吗啡、O6—单乙酰吗啡和可待因的检验方法》、SF/Z JD0107004《生物检材中苯丙胺类兴奋剂、杜冷丁和氯胺酮的测定》、SF/T 0116《血液、尿液中苯丙胺类兴奋剂、哌替啶和氯胺酮的检验方法》、SF/Z JD0107014《血液和尿液中 108 种毒（药）物的气相色谱—质谱检验方法》、SF/Z JD0107005《血液和尿液中 238 种毒（药）物的检测液相色谱—串联质谱法》、GB/T 37272《尿液中 $\triangle$ 9—四氢大麻酸的测定液相色谱—串联质谱法》、SF/Z JD0107024《尿液、毛发中 S（＋）—甲基苯丙胺、R（－）—甲基苯丙胺、S（＋）—苯丙胺和 R（－）—苯丙胺的液相色谱—串联质谱检验方法》等。毒驾人员血液或唾液中常见毒品及代谢物的含量阈值见表 3-3-2。

表 3-3-2　毒品检测　　　　　　　　　　　　　　　　单位：ng/ml

化合物名称	血液浓度阈值	唾液浓度阈值
6-单乙酰吗啡	10	5
吗啡	10	20
可卡因	10	10
苯甲酰爱康宁	50	10
四氢大麻酚	2	1
四氢大麻酸	5	—
甲基苯丙胺	20	25
苯丙胺	20	25
3,4-亚甲二氧基甲基苯丙胺（MDMA）	20	25
3,4-亚甲二氧基苯丙胺（MDA）	20	25
氯胺酮	20	20

【案　例】

　　某日凌晨 3 时许，张某驾驶小型客车追尾碰撞同向行驶的汪某驾驶的拖拉机（载有乘员李某），造成两车损坏、张某当场死亡（死亡原因为重度颅脑损伤）。该路段路面宽阔，视野好，事故时段车辆稀少，发生追尾事故不符合常理。办案人员提取死者血液样本送检进行法医学毒物分析，血液中未检出乙醇成分，检出甲基苯丙胺和氯胺酮成分，张某系毒驾后交通肇事（肖荣峰提供）。

　　案例解析：人体摄入毒品后，可对中枢神经系统、心血管系统甚至免疫系统等产生影响，引起包括感觉、思维、情绪、记忆及精神运动性协调能力等一系列变化，有的可导致机体平衡功能发生损害，驾车或者进行复杂技术操作极易造成意外事故。实践中，对有悖常理、可能涉毒案件应该增强毒品检测意识，并及时规范送检。

四、交通损伤死因分析

1. 交通损伤常见死因

　　交通损伤常见的死亡原因，有颅脑损伤、颈部或躯干断离、重要脏器破裂、创伤失血性休克等，有时还需要排除因自身疾病、中毒、医疗因素等原因导致死亡。死因构成中存在"多因一果"情形时，需判定各种因素的主次及相互关系。

2. 伤病关系及醉酒、中毒因素分析

　　有些交通损伤死亡的案件，经过尸体检验发现死者自身存在较重疾病的，死亡原因鉴定时需要评定伤病关系。怀疑死者存在醉酒、中毒等情形的，需分析醉酒、中毒等因素与死亡有无因果关系及原因力大小。

【案　例】

　　某司机报称列车行至某线路处撞死一中年男性。尸检见该男赤足，腰系黑色皮带，

皮带上挂一黑色手机套（未见手机），同时检见颅骨开放性、粉碎性骨折、双下肢粉碎性骨折等，常规毒物检验检出三唑仑，浓度未达致死量。死亡原因为重度颅脑损伤。后经查证，该男当日乘坐某次旅客列车，在车上饮用他人赠送的溶入三唑仑片剂的饮料后被麻醉抢劫（手机），后沿铁轨行走，被撞死亡。综上所述，该男系因铁路交通损伤导致死亡，可以排除因中毒（三唑仑）死亡。（通辽铁路公安处董宏伟提供）

案例分析： 在交通损伤死亡的案件中，若死者体内检出药、毒物，在确定交通损伤与死亡有无因果关系时，需通过现场情况、尸检死者体表损伤情况及体内药、毒物是否达到致死量来综合分析，本案中死者双下肢粉碎性骨折，符合站立位被火车撞击所致，结合现场情况可推测死者为生前发生交通损伤。

3. 医疗因素分析

对于受到交通损伤后经医治无效死亡的案件，不仅需要明确死亡原因，还需分析医疗因素与死亡有无因果关系。

【**案　例**】

某男被小型客车撞伤致左侧胫骨平台骨折、腰椎压缩性骨折（摔跌伤），住院治疗。住院期间多次给予皮下注射低分子肝素钙，并行骨折复位手术治疗。术后5日在理疗过程中突发呼吸困难，抢救无效死亡。尸检见肺动脉基底部及左、右肺动脉内充满索条状血栓栓子（较干燥、红白相间，最大直径1.0cm），双肺肺门部肺动脉血栓栓塞，左小腿腘静脉及胫后静脉分支内充满紫黑色血栓。经鉴定，死亡原因为交通事故外伤后并发下肢静脉血栓形成、肺栓塞致急性心肺功能衰竭死亡。

案例分析： 实践中，常出现交通事故致伤后医治无效死亡的情形。应当注意（1）须明确原发性交通损伤严重程度，是否危重。（2）若损伤较轻，或较重损伤经治疗后好转，突然病情恶化死亡，应当引起重视，寻找原因。（3）可能存在医疗因素影响的，须全面搜集病历资料，分析诊疗过程中是否存在医疗过错线索，必要时咨询相关专业人员。（4）认为存在医疗过错明确线索，并可能影响案件死亡原因鉴定的，应进行专门鉴定予以明确。

本案中患者外伤后继发下肢深静脉血栓形成，肺栓塞是外科手术后常见的难以完全预防和避免的并发症之一，发生的原因与交通损伤、手术创伤及术后卧床制动等因素有关，如治疗过程规范无明显不当，则认为死亡与交通损伤存在直接因果关系。但该伤者病历材料反映入院时D—二聚体增高，提示凝血异常，医方仅给予药物抗凝，未见其他预防措施，如间断气囊压迫物理预防等，双小腿肌间静脉血栓形成后亦未采取如溶栓等进一步措施，存在医疗过错明确线索，且医疗过错对死亡后果存在影响。本案后经医疗过错鉴定确认医方存在过错，对死亡后果参与程度为次要。

五、案件性质分析

交通损伤致死案件的性质，分为自杀、他杀和意外。明确此类案件的性质，除根据损伤的形态特征外，需要结合案情调查、现场勘验、车辆状况、驾车或自杀人的心理等多方面的情况综合分析后，才能对死亡原因和死亡方式作出准确判断。

1. 生前碾压及死后碾压伤鉴别

生前碾压伤和死后碾压伤的区别主要依据损伤的生活反应（表3-3-3）。

表3-3-3　生前碾压及死后碾压伤鉴别

鉴别点	生前碾压伤	死后碾压伤
骨折损伤出血	常可见喷溅血迹，骨折部位出血严重	出血现象不明显
裂创、挫裂创形态	创缘内收、创口哆开明显	死后伤的改变不明显
反映致伤工具特征	涉案交通工具形成	或反映其他致伤工具
致命伤	致命伤为机械性损伤	机械性损伤以外的原因如机械性窒息、中毒等
推断的死亡时间、损伤时间与尸体征象	相一致	可见相矛盾情形

2. 刹车与不刹车所致撞击伤和碾压伤的鉴别

铁路交通损伤中，由于列车质量大、制动距离长，刹车与不刹车所致撞击伤和碾压伤在尸检所见上几无差异。这里主要鉴别道路交通损伤的刹车与不刹车所致撞击伤和碾压伤。

（1）刹车与不刹车所致的撞击鉴别

①不刹车撞击，尸体附近路面无刹车痕迹，尸体距离被撞击起始点的距离较远，损伤相较刹车时严重。此类损伤与车速密切相关。

②刹车撞击，尸体附近路面可见刹车痕迹，尸体距离被撞击起始点的距离较近。由于车辆在紧急制动时，车的前部高度可倾斜降低5～10cm，所以保险杠损伤、冷却器栅格损伤等特征性损伤的位置较不刹车撞击时偏低。

（2）刹车与不刹车所致的碾压鉴别

①不刹车碾压，尸体附近路面无刹车痕迹，现场常无机动车或机动车距离尸体较远，尸体皮肤轮胎印痕为机动车轮胎凹面花纹印迹，有时可形成中空性皮下出血性花纹印迹。

②刹车碾压，尸体附近路面可见刹车痕迹，皮肤轮胎印痕为机动车轮胎凸面花纹印迹，尸体碾压的对侧皮肤可形成片状或条状擦伤，擦伤的方向与人体被推压的方向（机动车行驶方向）相反。

3. 多次碾压情形分析

道路交通损伤中，多次碾压常导致人体损伤严重，肢体断离明显，组织挫碎，存在用一次碾压难以解释的多处损伤。现场车辆碾压后在道路上行驶的血性轮胎印痕方向零乱，不能用一次碾压解释。死者衣着、皮肤留下两种以上轮胎印迹，不是单一方向碾压所能形成。

4. 自杀、他杀和他杀后伪装交通事故案件的特点

（1）利用交通工具自杀的特点

利用交通工具自杀有自己驾车自杀、主动与车辆接触自杀和跳车自杀等方式。

①自己驾车自杀。自己驾车自杀者其损伤具备交通事故中驾驶员损伤的特征，需结合案情、车辆状况及现场勘查等情况综合判断。自己驾车自杀，多为独自驾车，事故地点路况良好，多见开车撞击路边坚固物体或开入河中等，有的利用饮酒或服药等方式增强自杀的决心。

②主动与车辆接触自杀。主动与车辆接触自杀包括主动撞击运行着的机动车和主动卧伏受机动车撞压两种形式。前者具备交通事故中行人损伤的所有特征，后者则因主动伏卧，故撞击伤、摔跌伤、拖擦伤少见，特别是常无下肢的撞击伤。

③跳车自杀。需结合案情、自杀者心理及现场勘查等情况综合判断。

【案 例】

某次列车运行中，一老年男性突然上道，被撞死亡。尸检见全颅崩裂，胸廓塌陷，腰背部可见开放性创口，创口内有肠管脱出，右上肢、左小腿粉碎性骨折，右下肢毁损伤。死者所受损伤系较大外力直接作用所致，结合现场勘查所见综合分析，符合站立位被运行列车撞击形成，列车撞击造成重度开放性颅脑损伤，导致死亡。死者衣兜内有少量现金及一封遗书，可以推断死者系主动撞击运行列车自杀。

（2）利用交通工具杀人的特点

尸检有时可见交通损伤以外的其他机械性损伤，需结合现场勘验检查情况、案情综合判断。道路交通损伤中，驾驶机动车冲撞被害人杀人的，具备交通事故中行人损伤的特征。铁路交通损伤中，偶见将人推下运行的列车杀人的情形，具备跳车形成的损伤特征。

【案 例】

某男，29岁，于某门店前的路面上被发现死亡。尸表检验见右顶部、左颞部头皮各有一处锐器创口，枕部头皮有一条状挫裂创伴头皮出血。左面部、胸部、双肘及双手见点片状皮肤挫伤。右腰部见大片状皮肤挫伤。左腰部、右大腿下段各见一锐器创。解剖检验见枕部广泛性头皮下出血，右顶骨外板可见线状砍切痕。蛛网膜下腔广泛性出血、脑组织挫伤。右胸背部广泛性肌肉出血，多根肋骨骨折，刺破右肺，右胸腔积血1500ml。死亡原因为重度颅脑损伤合并失血性休克死亡，锐器伤为非致命性损伤。后证实，某男与多人斗殴过程中，先被一人持刀追砍，再被另一人驾驶越野车撞倒后死亡（图3-3-7）。

案例分析：本案中死者右腰背部皮肤见大片状挫伤，损伤外轻内重，符合较大钝性外力作用所致，车辆撞击可以形成，死者颅脑损伤外轻内重，且具有减速伤的特征，符合摔跌形成。

对于道路交通损伤中合并其他机械性损伤，尸体检验应全面了解案情和现场情况，分析损伤分布、形态特征、生活反应等情况，并分析致伤方式，致伤工具等，特别注意是否存在利用交通工具杀人的情况。

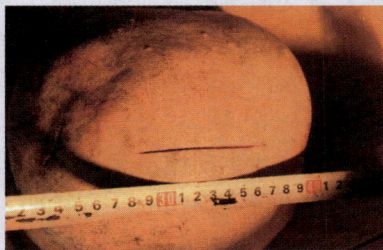

a. 右顶部锐器创及枕部挫裂创　　　　b. 头皮下出血及颅骨骨折

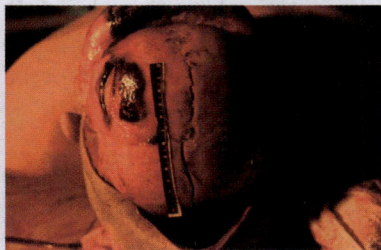

图 3-3-7　损伤情况

（3）他杀后伪装交通事故

他杀后移尸被机动车碾压的尸体损伤，具有与主动伏卧受压自杀者相似的特点，但尸体上所见交通损伤多具有死后伤的特征，有的尸体上有不符合交通工具形成的损伤，如刺伤、明确的抵抗伤、隐蔽部位的损伤等，有的死亡原因非机械性损伤，有的尸体姿势、尸体现象与交通事故不符。

【案　例】

某铁路旁发现一具男孩尸体。尸体头部距铁轨外缘 20cm。头南侧有一沾满血迹的水泥块，附近可见滴落状血迹。尸表检验见死者面部粘有血迹、泥土和一片玉米叶片。双眼睑、球结膜见点、片状出血。双侧颞部及颌下见片状表皮剥脱及皮下出血，左颈部散在点片状表皮剥脱及皮下出血，颈部喉结下方可见横行片状表皮剥脱及皮下出血。解剖检验见双侧颞肌广泛出血。颈部深、浅肌群出血，双侧舌骨大角骨折。余未见异常。死者损伤与铁路交通损伤明显不符，死亡原因系被扼颈致机械性窒息死亡，推断为他杀后伪装铁路交通事故。经搜索发现铁轨东侧玉米地内有部分玉米茎折断、倒伏，玉米茎及叶片上见喷溅和滴落状血迹，并发现与死者凉鞋相符的鞋印以及踩踏和成趟（走向尸体现场方向）的胶鞋印。破案后证实，死者在玉米地内被继母用石块打击头部并扼颈致死后移尸铁轨处（图 3-3-8）。

a. 尸体概览　　　　　　　　　　b. 玉米地内现场

图 3-3-8　损伤尸体及现场

　　案例分析：本案中死者尸检所见皆与交通损伤不符，为典型的机械性窒息死亡，通过现场勘查综合分析，认定为伪装交通事故死亡。

（王硕、刘明君）

第四节　高坠死亡案件

　　高坠伤指人体从高处以自由落体运动坠落，与地面或其他物体碰撞发生的损伤。其损伤的形态及损伤程度受坠落高度、体重、坠落过程中有无阻挡物、人体着地方式、着地部位，以及接触地面与其他物体性状等因素的影响。常见于自杀、他杀和意外事件，以自杀和灾害事件中最为多见，在实践中也有用其他手段谋杀后，伪装自杀或意外事故的案例。

一、高坠损伤特征

　　1. 体表损伤较轻，内部损伤重。体表损伤主要是大片状擦伤及挫伤，少有挫裂创。损伤多分布在裸露部位。骨质和内脏器官损伤重，常伤及重要器官，因此死亡率很高。

　　2. 损伤常较广泛，多发骨折，内部器官破裂。高坠伤符合减速运动损伤的特点，既可见于人体着地部位，也可发生于远离着力点的部位。

　　3. 损伤多由一次性暴力所形成。体表和内部器官损伤，虽然较广泛而且重，但其外力作用的方向或方式是一致的，可以用一次外力作用形成解释。有空中障碍物介入所致的损伤除外。

　　4. 损伤分布有一定的特征性。如损伤集中于身体的某一侧、头顶或腰骶部。

　　5. 多发性肋骨或四肢长骨骨折，甚至肢体横断，一般用工具打击难以或无法形成。因死亡较迅速，四肢长骨骨折处或肝脾破裂出血较少，易被怀疑为死后形成。

【案　例】

　　2020年，某县一名男子罗某从某小区居民楼5楼坠下身亡。尸体检验：头顶枕部见一4.5cm×2.5cm挫擦伤，颅骨粉碎性骨折。肋椎关节及附属软组织挫伤出血，左肺挫伤，肺膜下片状出血。脾脏挫碎，肝脏表面多条与膈面相垂直的条状裂创，腹膜后及肠系膜损伤。双下肢骨折，骨折断端刺破软组织形成开放性损伤，双下肢"假关节"形成，骨折处出血量少（图3-4-1）。

　　案例解析：根据高坠案件尸体损伤特点，此案死者具有高坠损伤典型特征，如假关节形成、大片状肌肉出血、损伤方向一致、骨折出血少等，可用一次性损伤形成解释，符合高坠死亡。

　　实践中，高坠死亡须经详细的现场勘验、案情调查，结合尸体检验，排除其他合理怀疑，才能予以认定死亡方式。

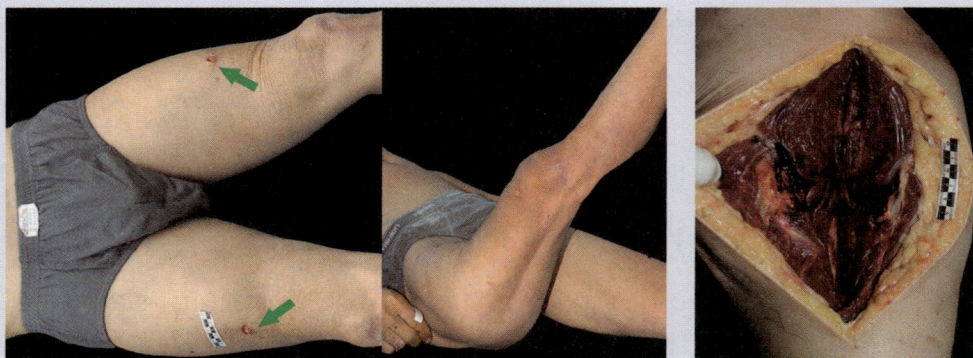

a.高坠致下肢骨折，骨折断端刺破软组织、形成开放性损伤   b.骨折处出血量甚少
（↑），骨折肢体可形成典型的假关节

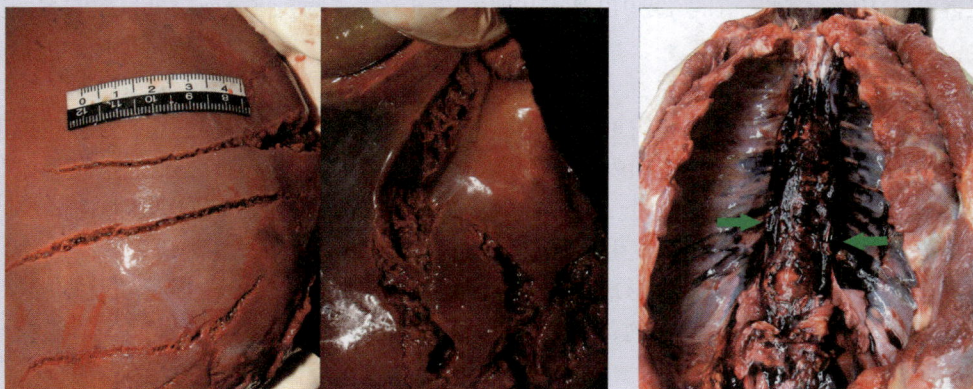

c.肝脏表面多条与膈面相垂直的条状裂创   d.高坠臀部着地，肋椎关节及附
属软组织挫伤出血（↑）

图3-4-1   高坠伤（中山大学竞花兰提供）

二、高坠案件的法医学审查要点

1. 生前伤和死后伤

高坠伤以自杀、意外事故最为常见，他杀较少见。对疑似高坠死亡的案件，要全面进行尸检，区分生前伤和死后伤，检验损伤是否符合高坠伤的特点，能否用坠落对全部损伤的形成进行解释（生前伤和死后伤鉴别详见本书第十章）。

2. 是否伴有其他损伤

一般除高坠伤的特点外常伴有其他损伤，如搏斗损伤的痕迹。但要警惕被害人在醉酒、中毒、昏迷状态下被抛下引起高坠损伤。

毒化检测：酒精、毒品、毒物等（详见本书第六章）。

3. 高坠死因分析

全面进行尸检，对损伤进行分析，判断致命伤与坠落的关系，区分生前伤和死后伤，检验损伤是否符合高坠伤的特点，能否用坠落对全部损伤的形成进行解释，都要极其小心。坠落引起的严重而广泛的骨折，如颅骨、肋骨、四肢、骨盆、椎体等骨折，骨折的形成机制应该是一致的，能用一次外力作用形成来解释，否则应引起警惕。对不能用坠落解释的损伤，应根据损伤形态特点，分析判断，是坠落形成还是他伤。

【案　例】

某男，16 岁。某日凌晨 2 时许，在某小区楼下被发现，后送医院经抢救无效死亡。尸体检验：头顶枕部见一 4.5cm×2.5cm 挫擦伤，颅骨未见骨折，颅内未见损伤出血。胸左侧第 5、7 肋骨近脊柱处骨折。左侧胸腔积血 800ml。左肺呈压缩状，肺上下两叶见破裂口。右侧胸腔积血 50ml。右肺下叶浆膜下广泛出血，右肺韧带破裂出血。腹腔内未见明显积血，见升结肠上段浆膜下出血、肝十二指肠韧带出血、胃脾韧带出血。其余脏器未见损伤出血表现。右背部见一挫伤，右上臂中段外后侧见擦挫伤。右前臂见有不规则形擦伤，方向由近及远。右手背手指见擦伤。左股骨中段粉碎性骨折，断端错位重叠、肌肉出血，相应处皮肤及皮下组织未见损伤出血。

案例解析：（1）根据死者损伤特征，表现为外轻内重，损伤广泛，且偏于一侧（左侧），符合高坠损伤特征。右肺韧带破裂出血、肝十二指肠韧带出血、胃脾韧带出血，分析系高坠着地后，各脏器因惯性而继续运动致其固定韧带发生过度牵拉撕裂、出血。（2）死者右前臂擦伤，损伤表浅，着力方向由近及远，根据其损伤形态特征分析，现场窗台外沿作用可以形成。（3）但死者头顶枕部、右背部及右上臂挫擦伤，结合现场勘验，坠落空间无障碍物，在本案高坠现场难以形成，经调查系他人殴打所致。（4）综合案情调查、现场勘验、尸体检验，认定死者系高坠造成肺破裂死亡致失血性休克死亡。

三、高坠案件现场分析

高坠死亡方式的判断有时较困难，必须详细勘验现场，细致全面检验尸体，结合案情调查综合分析，不能仅依据损伤判断。

1. 坠落起点，任何可驻足的空中位置均可作为坠落的起点。坠落起点往往会留下坠落者的痕迹，如窗框及玻璃上的指纹，地面或蹬爬物体上的足（鞋）印，以及其他各种坠落者的遗物等。

2. 坠落的空间，要测量坠落起点至地面的高度，观察坠落空间环境。有无突出物及其分布、完好情况，有无衣物碎片及人体毛发组织、血迹等附着。

3. 坠落着地点，着地点不同的表面性质对高坠伤的形成有直接影响。可根据不同地点或物体的状况，分析其与尸体上的损伤有无矛盾，借以判断坠落的性质。

【案　例】

某日一女子从楼上坠落，尸体呈仰卧位，赤足。现场勘验：死者住所为现场二楼，住处门窗完好，卧室床体有明显移位，床上棉被见两处擦拭转移样血迹。阳台墙面高度为 1.1m，未见攀爬蹬踏痕迹，阳台地面发现鞋印，无赤足迹；窗框及窗纱上有纱布手套印痕。尸体检验：额部、左额部三处条形挫裂创，左颞部、躯干部及四肢等处见多处擦伤，上述损伤无明显生活反应。另见死者颜面部淤血、发绀伴大量点状出血，双眼睑、球结膜充血伴密集出血点，唇、颊黏膜破损伴出血，颈部散在小片状皮内出血伴擦伤，颈部肌肉出血，心肺表面见出血点，十指甲床发绀，双脚赤足，足底见有泥灰斑迹。未检出常见毒（药）物成分。鉴定死者为扼颈致机械性窒息死亡。后调查证实，犯罪嫌疑人系死者情夫，其戴手套在床上用被子扼压死者颈部并捂压口鼻致其死亡后，将其从阳台摔下。（摘自《法医学杂志》2015 年第 31 卷第 1 期）

案例解析：本案因高坠案发，但尸体检验及现场勘验存在诸多难以解释的疑点，死者体表损伤虽具有外轻内重、广泛多发、一次形成等高坠损伤特点，但其头面部创口和体表擦伤无明显生活反应，说明高坠伤为死后伤；而唇、颊黏膜破损出血，颜面部淤血、发绀，睑、球结膜密集出血点，十指甲床发绀，颈部散在皮内出血伴擦伤，颈部肌肉出血，心、肺表面出血点等，均提示死者系机械性窒息死亡，窒息方式为颈部和口鼻被压迫。结合现场死者赤足但未发现赤足迹、未见攀爬蹬踏痕迹及发现纱布手套印痕等进一步印证死者系机械性窒息死亡后，抛尸伪装高坠。

（李莹）

第五节　枪弹、爆炸案件

枪弹、爆炸造成的损伤均称为火器伤，本节就典型枪弹和爆炸伤进行介绍。

一、枪弹案件

1.枪弹创形态

（1）典型枪弹创

枪弹创是由枪支发射的弹头或其他投射物导致的身体损伤。典型枪弹损伤由弹头穿入人体皮肤组织所形成的射入口、弹头在体内运行所形成的射创管（或称创道）以及弹头穿出人体皮肤组织所形成的射出口三部分构成。

①射入口：基本形态呈圆形或椭圆形，与弹头直径相似或略小。射入口一般具有中心皮肤缺损、擦拭轮、挫伤轮、射击残留物的特征，受发射枪支、弹头特性、射击距离、击中部位等的不同而变化（图 3-5-1）。

②射创管：也称创道，是指射入口和射出口之间，或者射入口与枪弹最后停留位置之间弹头运行的途径。射创管常可检见各种异物（图 3-5-2）。

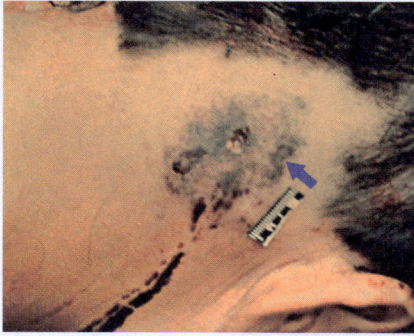

a. 右耳后 5cm×6cm 射入口，中央皮肤缺损，周围见火药烟晕，颅骨缺损（接触枪伤）

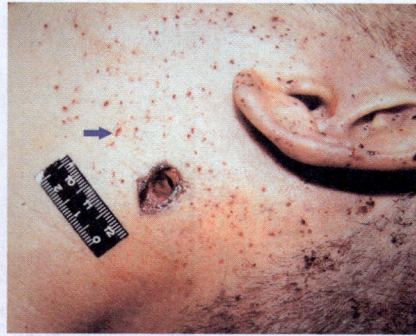

b. 射入口皮肤偏位缺损，子弹进入弹道与人体损伤部位夹角小于 90°

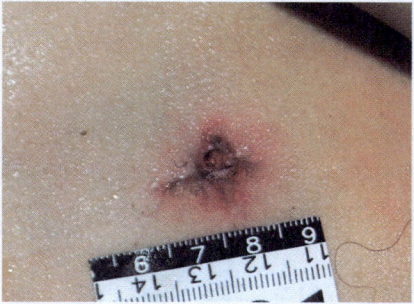

c. 左腋前圆形皮肤缺损，形成入口（中距离射击）

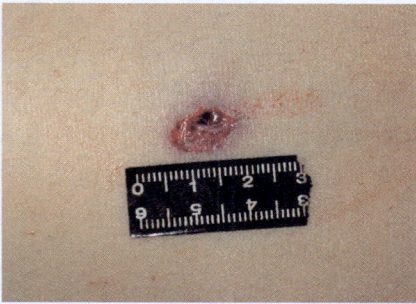

d. 右腰部手枪射入口，椭圆形，中央皮肤缺损、内陷，周围见挫伤带

图 3-5-1　射入口（中山大学竞花兰提供）

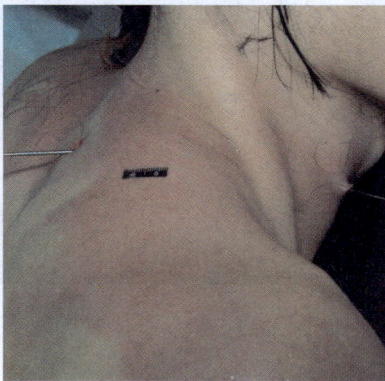

a. 颈项部贯通枪伤，一金属棍棒条由入口至出口沿弹道穿出（显示子弹贯通伤）

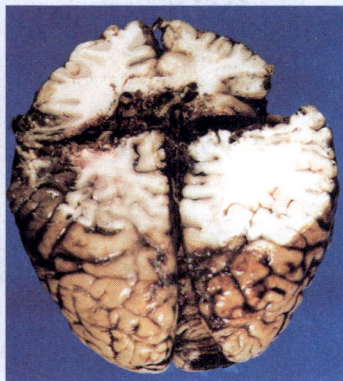

b. 脑贯通枪伤

图 3-5-2　射创管（中山大学竞花兰提供）

③射出口：是指弹头穿出人体皮肤组织所致的创口。射出口创缘常向外翻，可呈星芒状、十字状、圆形、椭圆形、新月形或裂隙状等多种形状（图3-5-3）。

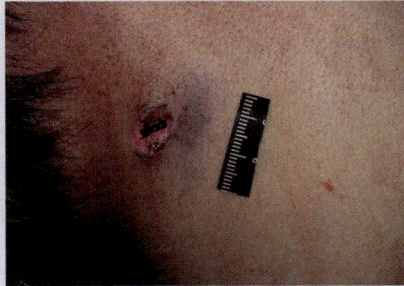

项部子弹射出口，项部皮肤条状缺损，
软组织皮肤外翻

图3-5-3 射出口

（2）非典型枪弹创

非典型枪弹创是指因弹头受射入方式的影响而引起枪弹射入口和射出口形态出现非典型变化的一类枪弹创。非典型枪弹损伤包括弹头穿过中间障碍物所致损伤、跳弹损伤、带消音器枪的枪弹损伤、橡胶弹损伤、射钉枪损伤、空包弹损伤及气枪弹损伤等。

霰弹枪损伤与普通枪弹损伤相比，其射程短，但弹创大，损伤严重，弹丸较多，可形成多个射入口或射出口，弹丸手术难以完全清除（图3-5-4）。

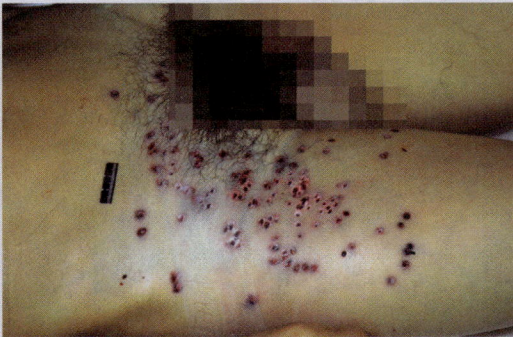

a.右侧腹股沟周围霰弹损伤，见分散小孔状射入口，入口有皮肤缺损，周围有火药颗粒灼伤

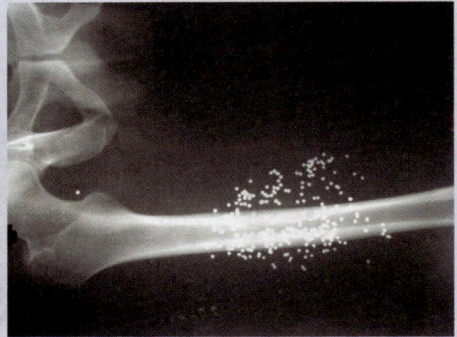

b.X片显示：大腿股骨周围软组织肌肉内有大量霰弹颗粒存留

图3-5-4 霰弹枪损伤（中山大学竞花兰提供）

（3）枪弹创的形态

枪弹创的形态学类型，是依弹头射中人体后运行的不同状态及导致的不同损伤形

态划分。一般枪弹创形态分为贯通性枪弹创、盲管性枪弹创、擦过性枪弹创、曲折枪弹创、回旋枪弹创、反跳性枪弹创。

2. 枪弹损伤的法医学审查要点

主要包括：枪弹创的认定、射击枪械比对、死亡原因、致伤方式、射击方向、射击角度、射击距离等相关问题。

（1）枪弹创的认定与射击枪械种类比对

根据损伤的形态学特征进行枪弹创的认定，通过枪弹创射入口大小推测枪的口径，根据射入口和射创管内的异物推测枪械的特征进行射击枪械种类比对。

（2）死亡原因

枪弹创致死率较高，常见的死亡原因为枪弹创致重要脏器功能障碍、失血性休克死亡。

（3）致伤方式

枪弹损伤的致伤方式有自杀、他杀和意外。射击部位、射击距离和射击角度在死者自己能达到的范围，自杀、他杀和意外均有可能，不能达到范围可以排除自杀；射击次数有两处以上的绝对致命伤，他杀的可能性最大。

（4）其他

在枪弹案件中，射击方向、射击角度、射击距离等需通过枪弹创的特征进行分析，实际办案中根据射入口、枪弹创及残留物、射出口及现场环境的特征进行鉴定等。

子弹发射与人体接触时，火药及弹头金属成分滞留于接触皮肤处，可通过检测残留物分析其成分（图3-5-5）。

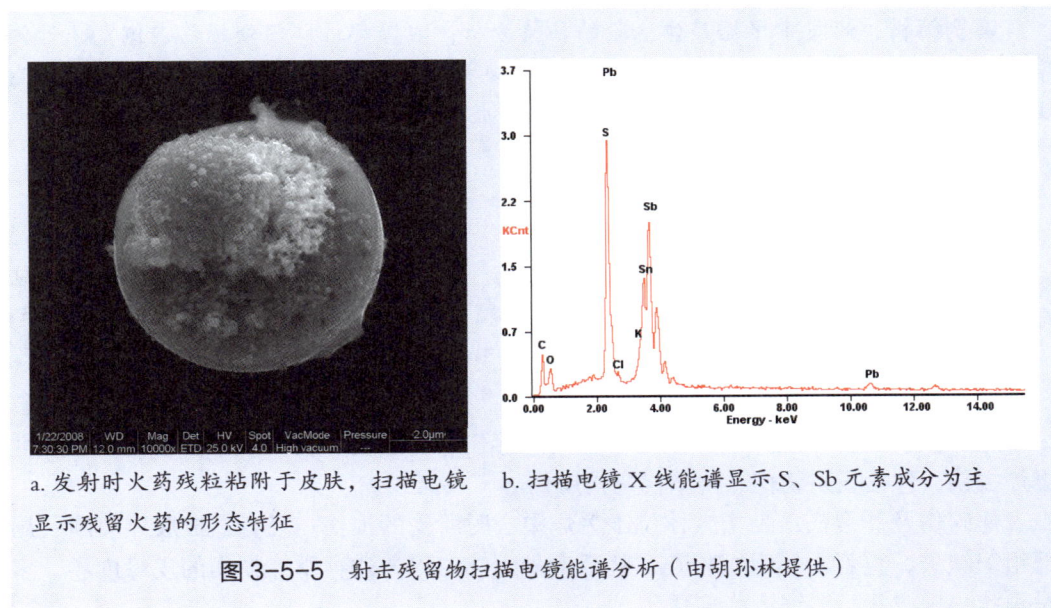

a. 发射时火药残粒粘附于皮肤，扫描电镜　　b. 扫描电镜X线能谱显示S、Sb元素成分为主
显示残留火药的形态特征

图3-5-5　射击残留物扫描电镜能谱分析（由胡孙林提供）

【案　例】

死者，男，23岁，因枪弹创经医院抢救无效死亡。医院手术探查见：右侧股动脉挫伤破裂，破口远端有血栓形成，右侧股静脉完全断裂，断端缺损约5cm，断端血管壁挫裂严重，股深动静脉完全断裂伴缺损，股神经挫伤严重。尸体检验见：右臀部近肛门处有皮肤缺损，缺损周围伴有挫伤轮，内侧宽0.4cm，外侧宽0.3cm；右腹股沟下距髂前下棘下方有星芒状皮肤缺损（手术已破坏）；触及坐骨结节上方有一类圆形骨质缺损及骨折碎片（图3-5-6）。（石家庄市人民检察院提供）

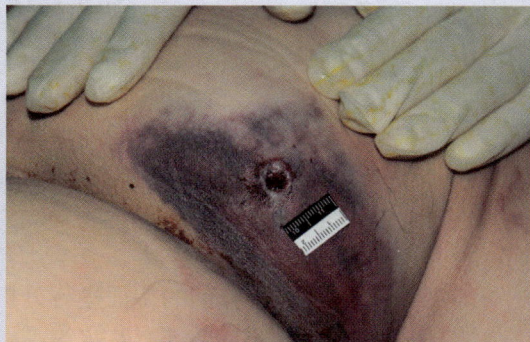

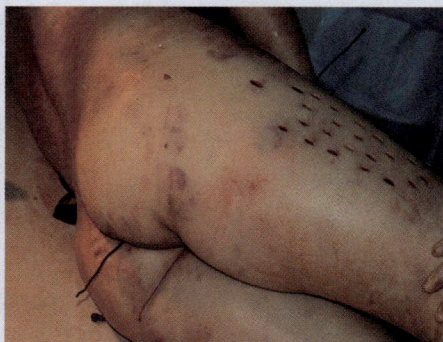

a.贯通性枪弹创　　　　　　　　　　b.右臀部皮肤缺损

图3-5-6　枪弹伤死亡案例

案例解析：此案中根据尸体检验的伤情分析，右臀部近肛门处损伤内侧宽、外侧窄，为射入口；右腹股沟下距髂前下棘下方缺损为子弹出口。射击方向为由后向前，由内向外，为远距离射击。其损伤自身难以形成，为他杀。

二、爆炸案件

法医学实践中，爆炸损伤多见于意外事故，如矿井瓦斯爆炸，油罐爆炸，易燃品在生产、贮存或使用中意外爆炸等。

1.爆炸损伤类型及形态特征

（1）爆炸损伤类型

爆炸损伤分为原发性爆炸损伤，包括炸碎伤及炸裂伤、烧伤、冲击波伤；继发性爆炸损伤，包括投射物伤、抛坠伤、挤压伤。

炸碎伤及炸裂伤：是指人体位于爆炸中心时所受的损伤。轻者造成肢体离断及局部组织缺失，重者人体组织粉碎，甚至全身躯体粉碎，残存躯体损伤的皮缘内卷，多呈角状、皮瓣状、多锯齿状哆开。

烧灼伤：是指爆炸时产生的高温对人体所形成的损伤，发生在距爆炸中心较近处。表现为体表广泛Ⅰ—Ⅱ度烧伤，烧伤区常有烟晕或火药残留物附着。

冲击波伤：是指爆炸后所产生的高压高速气浪造成的损伤。表现为人体体表大面积的表皮剥离，多器官损伤。

投射物伤：是指爆炸所形成的投射物对人体的损伤。投射物损伤可形成类似钝器、锐器、枪弹的损伤特征，常具有方向性，是分析炸点位置的重要依据。

抛坠伤：指爆炸后所产生的冲击波超压和动压将人体冲击或抛射后导致的损伤。表现与坠落伤相同的基本特征。

挤压伤：指爆炸后导致的建筑物或其他物体倒塌等使人体遭受物体较长时间挤压所致的损伤。表现为皮下出血、表皮剥脱、挫裂创和骨折等。

（2）爆炸损伤的形态特征

损伤面较大，爆炸损伤与其他损伤相比具有更大的破坏性和群体性特征，且波及范围比较大。损伤情况复杂，由于爆炸损伤机制及种类多样性，因而导致其损伤复杂，不同的伤者所受损伤情况和严重程度有明显的差异。

2.爆炸案件的法医学审查要点

（1）根据现场勘验和尸体损伤情况确定爆炸中心

距爆炸中心越近的人则爆炸损伤越严重。根据爆炸损伤确定爆炸中心爆炸发生时，死伤人员距爆炸中心的距离不同，其损伤程度和特征不同。

（2）分析爆炸类型及程度

通常损伤密集而严重的尸体离爆心最近，而其肢体碎块可飞得最远。炸碎伤、炸裂伤及烧灼伤均发生在爆炸中心或较近处，弹片及爆炸物伤常发生于距爆炸中心较近处，而冲击波损伤可远离爆炸中心，据此可分析尸体与爆炸中心的关系。

（3）生前伤、死后伤鉴别

检查尸体上的损伤是生前形成还是死后形成，注意检查是否存在爆炸以外因素所引起的损伤，如枪弹损伤以及各种锐器伤、钝器伤、颈部索沟和中毒等，结合现场勘查进行分析。

（4）死因分析

爆炸案导致死亡的原因有多种，同一现场不同受害者的死因可不同。

（5）判断死者爆炸前状况

根据死亡人员的姿态和损伤的部位来查清死伤者在爆炸瞬间的姿势，以判明其有无特异性行为。

（6）结合现场分析有无引爆物、爆炸装置类型、引爆人，推断案件性质

爆炸案检验最重要的任务是判定案件性质。根据尸体的损伤部位、毁坏程度、被抛出的远近以及与爆炸物的关系等，结合现场勘查、爆炸残留物等物证检验结果，分析案件性质是他杀、自杀还是事故。

【案　例】

某工厂在作业时，因操作不慎，发生爆炸，造成多人死亡（图3-5-7）。（石家庄市公安局提供）

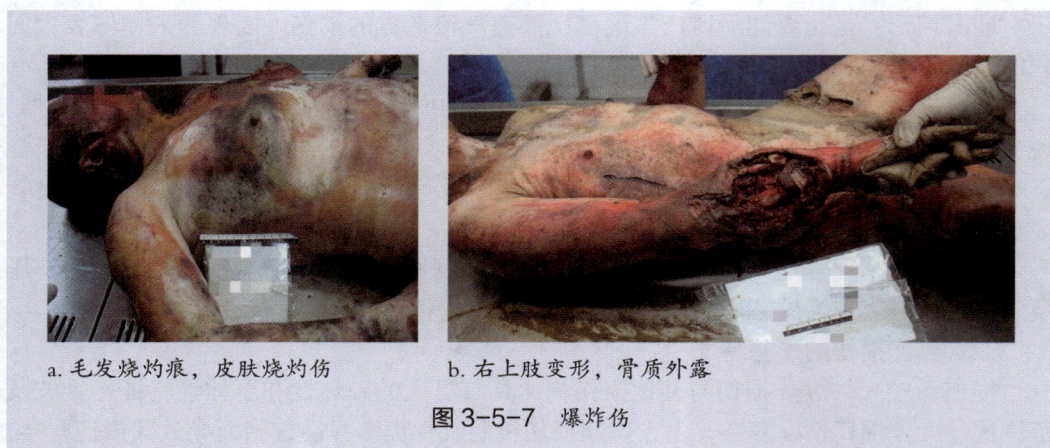

a. 毛发烧灼痕，皮肤烧灼伤　　　b. 右上肢变形，骨质外露

图 3-5-7　爆炸伤

　　案例解析：根据现场勘查部分死者均为全身衣物缺失，身体广泛烧灼伤，表皮脱落，身体多部位裂创，点片状抛射物所致损伤，符合爆炸所致烧灼伤、冲击波伤、抛射物伤及重物砸击伤。部分死者衣着完整，损伤以擦伤及挫裂创为主，符合钝性外力作用所致（重物砸击可形成）。结合现场勘验、尸体检验、事故调查，分析案件性质排除他杀，为安全事故案件。

（韩业兴、赵欢欢）

第四章 机械性窒息致死案件

实践中，机械性窒息较常见，包括缢死、勒死、扼死、捂死、溺水死等。由于某些窒息的一般征象并非特异性，可在猝死、中毒死等尸体出现，容易造成死因鉴定的错误。此外，机械性窒息可发生于他杀、自杀和意外等各种情形中，因此需结合案情调查、现场勘验、尸体检验等综合判断死亡方式。

机械性窒息致死案件审查要点：（1）审查图片、尸检记录等原始资料，判断明确是否存在机械性窒息征象；（2）通过导致窒息的外力作用、部位、方式，判断机械性窒息的种类；（3）通过致伤方式分析，判断死亡性质（自杀、他杀、意外死亡），着重注意自缢和死后缢尸、自勒与他勒、生前溺死与死后抛尸入水等的鉴别；（4）是否排除其他致死原因，是否和其他死因有竞合作用或联合作用。

第一节 概 述

一、概念及分类

窒息：因呼吸过程受阻或异常，导致全身各器官组织缺氧，二氧化碳潴留，进而引起组织细胞代谢障碍，功能紊乱和形态结构损害，整个过程称为窒息。

1. 窒息的分类

根据发生原因、机制和病理过程，将窒息分为以下5类。

（1）机械性窒息：指机械性暴力作用引起呼吸障碍所导致的窒息。

（2）电性窒息：指电流作用于人体，使呼吸肌或呼吸中枢功能麻痹而引起的窒息。

（3）中毒性窒息：因毒物作用使血红蛋白变性或功能障碍，或细胞内氧化酶功能降低、消失，或改变细胞膜的通透性，引起红细胞对氧的运输能力降低及组织细胞对氧的提取和利用障碍，使呼吸肌、呼吸中枢功能发生障碍而产生的窒息。如一氧化碳中毒。

（4）空气中缺氧性窒息：指空气中氧气不足而引起的窒息，如被关进密闭的箱柜。

（5）病理性窒息：指由疾病引起的窒息，如过敏所致的喉头水肿及呼吸道疾病、

机械性窒息

电性窒息

中毒性窒息 ── 窒息分类

空气中缺氧性窒息

病理性窒息

颜面部瘀血、紫绀、肿胀

瘀点性出血

尸斑显著、分布较广泛 ── 尸体外表征象

牙齿浸染

其他改变

器官瘀血

器官被膜下、黏膜瘀点性出血

肺气肿、肺水肿 ── 尸体内部改变 ── 机械性窒息一般征象

胰腺出血

血液暗红色、流动性

组织学变化

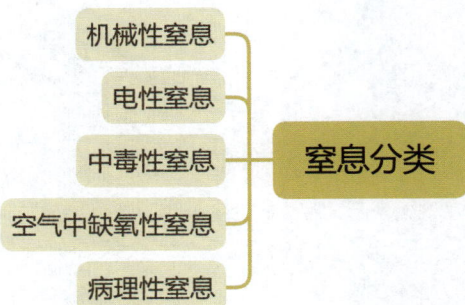

机械性窒息致死案件

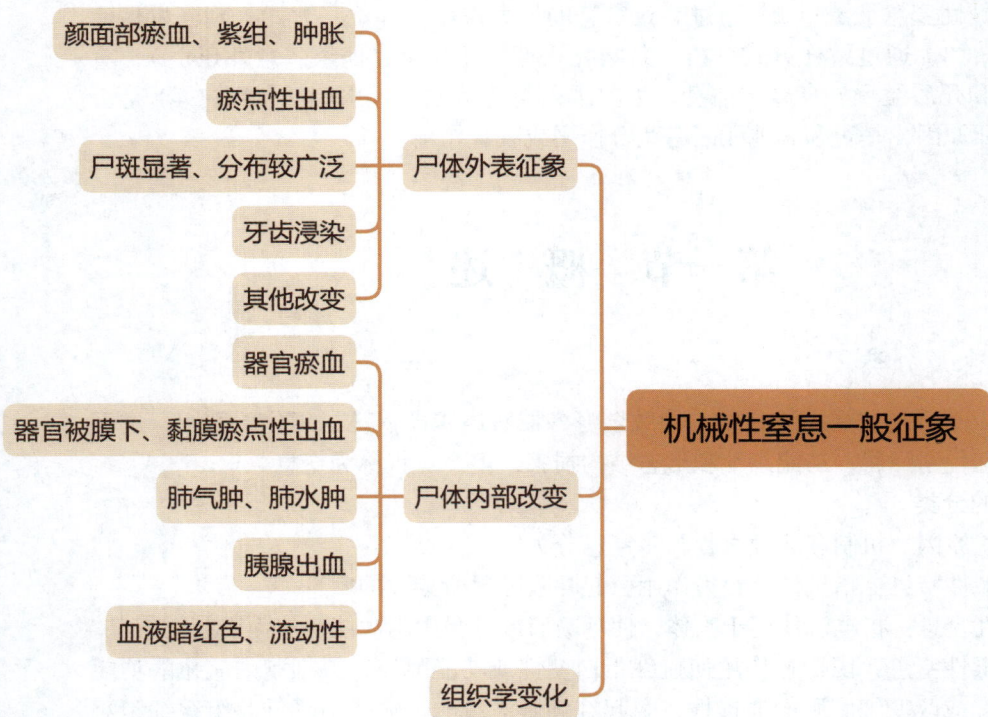

机械性窒息方式
├─ 勒死
│　├─ 勒颈方式
│　├─ 勒索、勒颈匝数、结扣、勒沟
│　├─ 形态特征
│　└─ 法医学鉴定要点
│　　├─ 病理形态改变
│　　│　├─ 机械性窒息一般征象
│　　│　└─ 颈项部改变
│　　├─ 其他损伤
│　　├─ 缢死与勒死的鉴别
│　　└─ 自勒与他勒的鉴别
├─ 扼死
├─ 捂死与闷死
└─ 溺死
　├─ 溺死尸体现象
　├─ 硅藻检验
　│　├─ 检材的采取
　│　├─ 检验方法
　│　└─ 硅藻检出结果的评价
　└─ 法医学鉴定要点
　　├─ 案情调查
　　├─ 现场勘查
　　├─ 尸体征象
　　├─ 硅藻检验
　　├─ 溺死、死后抛尸入水鉴别
　　└─ 水中尸体的损伤鉴别

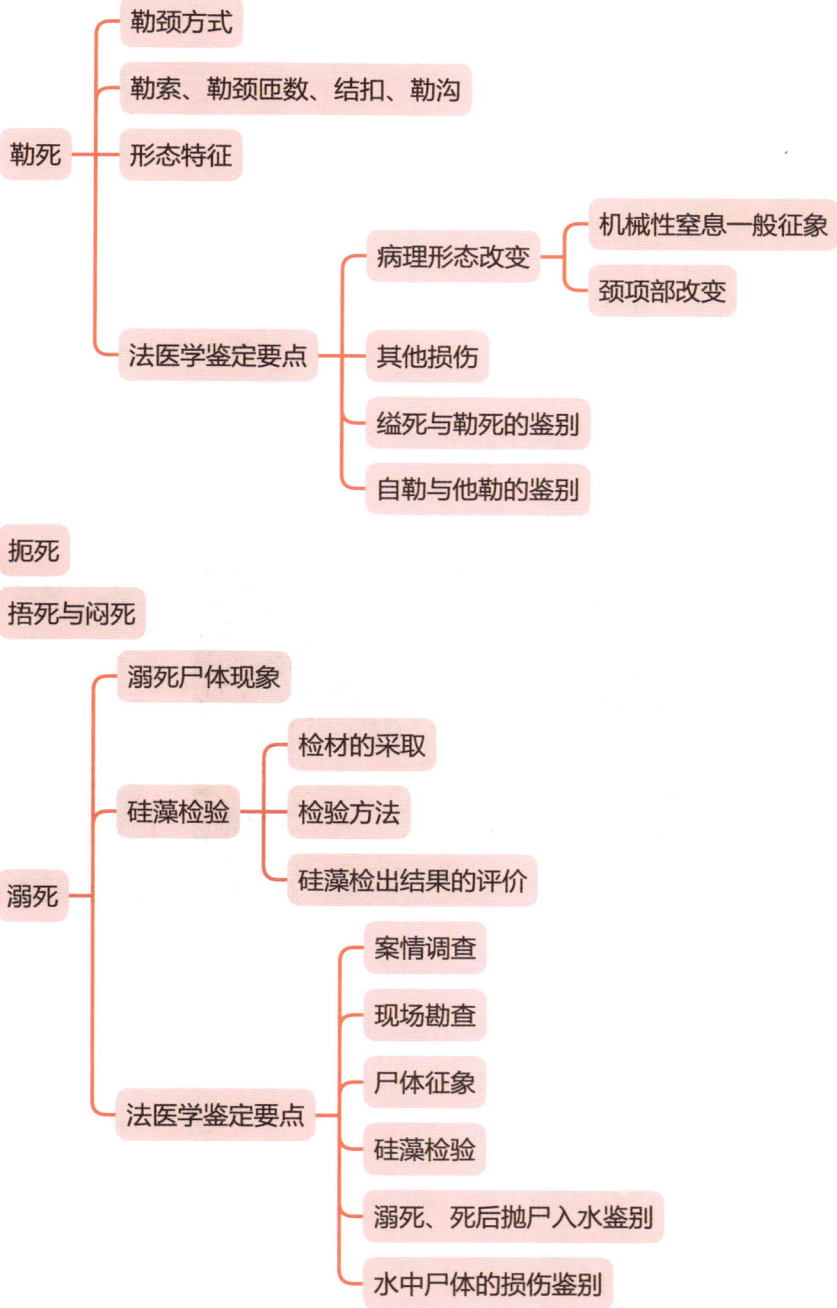

血液病所致的窒息。

2.机械性窒息的分类

（1）压迫颈部所致的窒息，如缢颈、勒颈、扼颈。

（2）闭塞呼吸道所致的窒息，如用手或柔软物体捂压口鼻。

（3）异物阻塞呼吸道所致的窒息，如哽死。

（4）液体吸入呼吸道所致的窒息，如溺死。

（5）压迫胸腹部所致的窒息，如人体被挤压在坍塌的建筑物中或被埋在砂土中。

二、机械性窒息尸体一般征象

机械性窒息过程中，机体的各器官组织会发生一些共有的征象，其改变程度可受个体差异、窒息方式、持续时间等因素的影响。

1.尸表征象

（1）颜面部瘀血、紫绀、肿胀。尤以面部、口唇、耳廓等处为著。同时需与尸斑、挫伤相鉴别（图4-1-1）。

（2）瘀点性出血。颜面部和眼睑结膜、球结膜常可见圆形、针尖大小的出血点，可孤立存在或聚集融合，严重者可融合成瘀血斑（图4-1-2）。

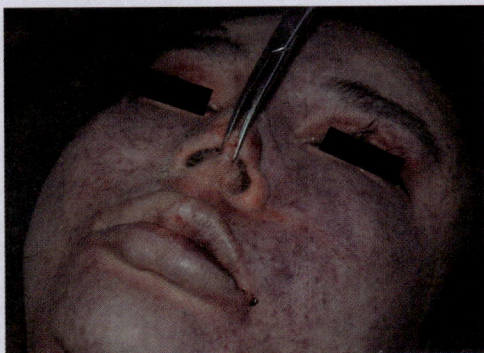

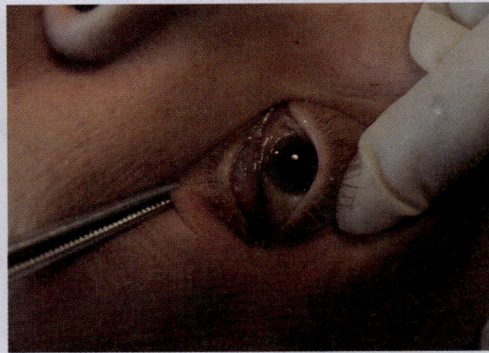

图4-1-1　面部紫绀　　　　　　　　　图4-1-2　睑结膜瘀血斑

（3）尸斑显著、分布较广泛。死亡不久便可出现较弥漫而显著的尸斑，呈暗紫红色，可在尸斑显著部位伴有点状出血。

（4）牙齿浸染。窒息死者的牙齿，在牙颈表面可出现玫瑰色或淡棕红色，经过酒精浸泡后色泽更加鲜艳，又称其为玫瑰齿，但并非特异性指征。

（5）其他改变。窒息过程中发生惊厥时，可有大小便失禁、精液排出的现象，还可见口涎和鼻涕流出，有时可染有血色，有时可见眼球突出、舌上有咬痕等。

2.尸体内部征象

（1）器官瘀血。各内脏器官呈明显的瘀血状态；但脾脏呈贫血状，体积缩小，包膜皱缩（图4-1-3）。

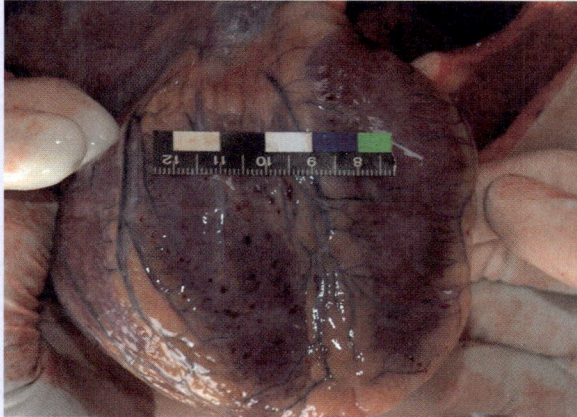

图 4-1-3　心脏底面瘀点性出血

（2）器官被膜下、黏膜瘀点性出血。在内脏器官如肺表面、心脏膈肌面及主动脉起始部外膜下、甲状腺、颌下腺、睾丸和婴儿胸膜被膜下以及脑蛛网膜等处均可见出血点。此外，在口腔、咽喉、气管、胃肠、肾盂、膀胱、子宫外口等处的黏膜也可见出血点，被称为 Tardieu 斑，但并非窒息者所特有。

（3）肺气肿、肺水肿。机械性窒息过程中，因呼吸困难、胸腔内负压增高而致肺气肿，甚至肺气泡破裂而发生气胸。窒息过程中因肺严重瘀血，可产生瘀血性肺水肿或伴有肺泡内出血。如果窒息时间持续较长，水肿液与呼吸道内的黏液及空气相混合，形成泡沫，经气管涌出，附着在口、鼻孔处。如果肺内细支气管黏膜血管破裂，泡沫可呈淡红色。

（4）胰腺出血。部分案例中可见胰腺被膜下和（或）实质内片灶状出血，也可能伴有腺泡细胞或脂肪坏死。但无炎症细胞浸润，不能将其误认为急性出血坏死性胰腺炎。

（5）血液暗红色、流动性。机械性窒息死者尸体血液呈暗红色流动性，但非窒息死者所特有。

3. 机械性窒息的显微病理学改变

机械性窒息死者各内脏器官的组织细胞主要表现为缺氧性改变，其中以脑、心、肺及肝等的变化较为显著。部分死者可见黏膜下或肌肉组织、淋巴结出血。

（1）脑：神经元细胞肿胀变圆、尼氏小体溶解消失，细胞核偏位，核仁消失，或发生核固缩、核破碎乃至消失。部分区域可见噬神经细胞现象。

（2）心肌：心肌细胞水肿，颗粒样变性，细胞核内和胞浆内有空泡形成。心肌间小血管周围结缔组织疏松肿胀，小血管扩张充血。

（3）肺：可见间质性肺气肿、肺大泡。肺间质小静脉及肺泡壁毛细血管扩张瘀血，肺泡腔内有大量水肿液。间质可见出血灶。

（4）肝：肝细胞胞浆及核周围出现空泡，散在性分布。

（5）肾：肾组织瘀血，间质水肿，近曲小管上皮细胞空泡变性。

三、机械性窒息的法医学审查要点

怀疑机械性窒息死亡的尸体，根据 GA/T 150《法医学机械性窒息尸体检验规范》进行规范检验，并查明以下几点：

1. 有无窒息死亡的一般征象。

2. 有无机械性窒息死亡的特征性改变，如颈部缢沟、扼痕等。

3. 死亡原因分析。

（1）口鼻周皮肤、口腔黏膜等处是否有损伤，牙齿是否新鲜松动或脱落等，判断是否存在捂压口鼻所致的损伤（图4-1-4）。

（2）颈部皮肤表面、皮下各层肌肉组织是否有损伤出血；颈部浅、深淋巴结是否有出血；咽喉部黏膜是否有出血；舌骨、甲状软骨是否有骨折，颈总动脉内膜是否有破裂；颈椎和脊髓是否有损伤等，判断是否存在颈部受压迫所致的损伤（图4-1-5）。

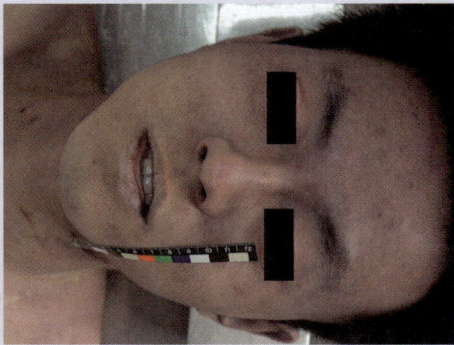

图4-1-4　口周勒压痕

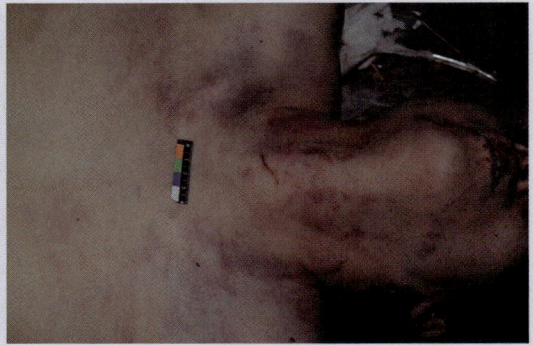

图4-1-5　颈部见多处皮肤破损、皮下出血、压痕

（3）体表有无抵抗伤或压痕，尤其是双手和前臂有无表皮剥脱或皮下出血等。

（4）结合毒物分析检验结果及现场情况、具体案情综合分析。

4. 确定死亡方式（详见本章第二节相关内容）。

（张磊、徐健、徐倩、李亚奇、刘嘉、林泓、张宜骏）

第二节　常见的机械性窒息方式

一、缢　死

利用自身全部或部分体重，使套在颈部的绳索或其他类似物压迫颈部而引起的窒息死亡称为缢死，俗称吊死。

1. 缢索、缢套和结扣，以及与缢沟的比对

缢索：用于缢颈的绳索或类似物称为缢索，即上吊的绳索或其他类似压迫物。

根据缢索的性质，可将其分为以下三种：

（1）软缢索，如床单、围巾、束带、布条、软绳等；

（2）硬缢索，如各种金属线、电线等；

（3）半坚硬缢索，如麻绳、尼龙绳、皮带等。

缢套：缢颈前会将软缢索或半坚硬缢索打结做成各种各样的索套，叫作缢套。根据缢套周径大小是否可变动，将索套分为固定型缢套和滑动型缢套。

绳结：绳结是缢索上所系的结扣，常见于软缢索。绳结的式样和系结的方法常能反映作案人的职业或其系结的习惯方式，具有重要的法医学物证价值（图4-2-1）。

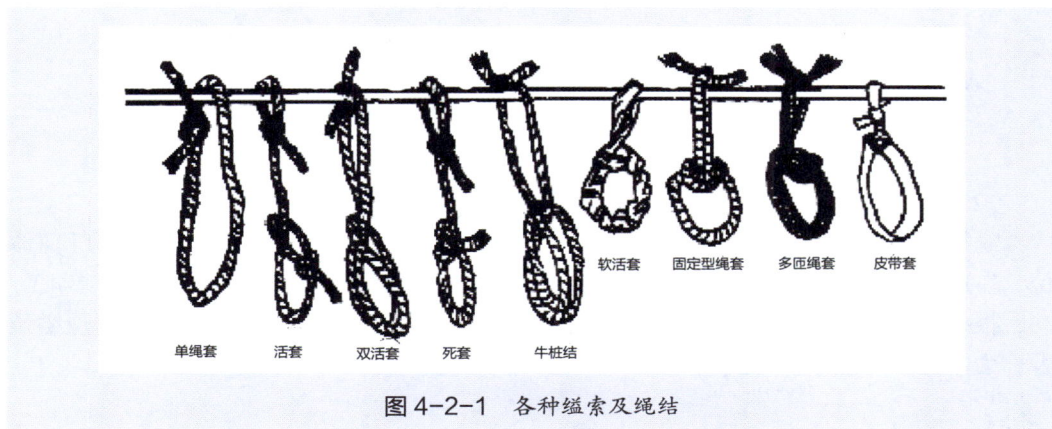

图4-2-1　各种缢索及绳结

缢沟：缢沟是缢索压迫颈部，在颈部皮肤上形成的缢索印痕，索沟的"提空现象"是判断缢沟的特征变化。缢沟能反映缢索的性质、缢套的形态，颈部受力的部位等，是缢死者的重要外部改变。

质硬而粗糙的绳索多造成索沟表面表皮剥脱，死后水分蒸发，暴露的真皮干燥变硬形成褐色或暗褐色的皮革样化的硬索沟（图4-2-2）。缢沟一般为一条至二条，三条以上者少见，多匝缢索缢沟呈现重叠及中断现象。缢沟的宽度及印痕多与绳索一致，并可有特征性印痕。着力侧缢沟最深，逐渐变浅，至提空处消失。

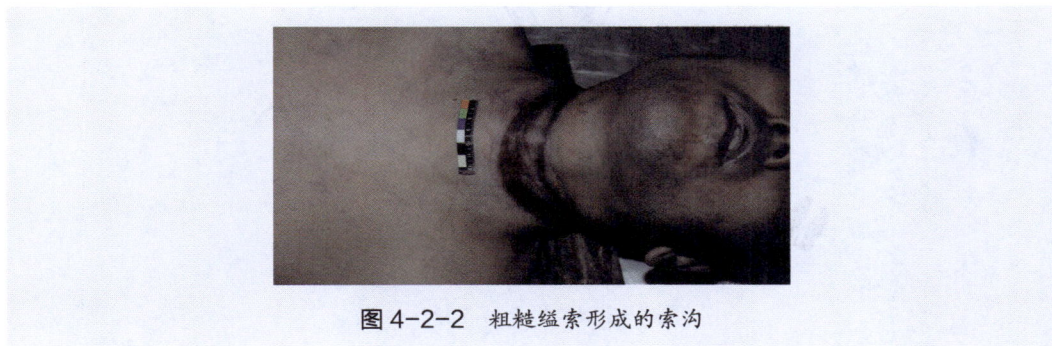

图4-2-2　粗糙缢索形成的索沟

2. 缢型及体位

（1）缢　型

按照颈部受缢索压迫的部位不同，将缢型分为典型和非典型两类。前者又称为前位缢型，后者又可分为侧位缢型和后位缢型（图4-2-3）。

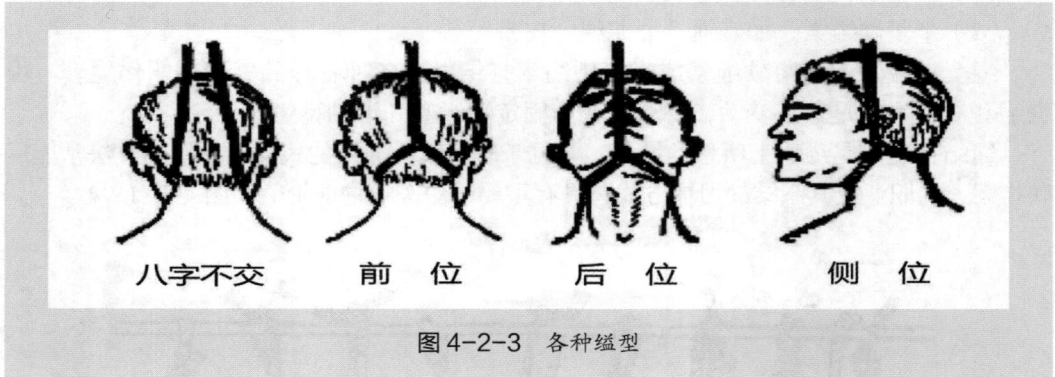

图4-2-3　各种缢型

（2）缢死的体位

缢死可呈悬位，即双足离地；也可双足不离地而取立、蹲、跪、坐、卧等任何体位。在这些体位实施缢吊时都能使颈部的血管和气道压闭而引起窒息死亡（图4-2-4）。

根据缢颈者体位不同，将双足离地的悬位缢颈者称为完全性缢颈，其他体位缢颈者称为不完全性缢颈。

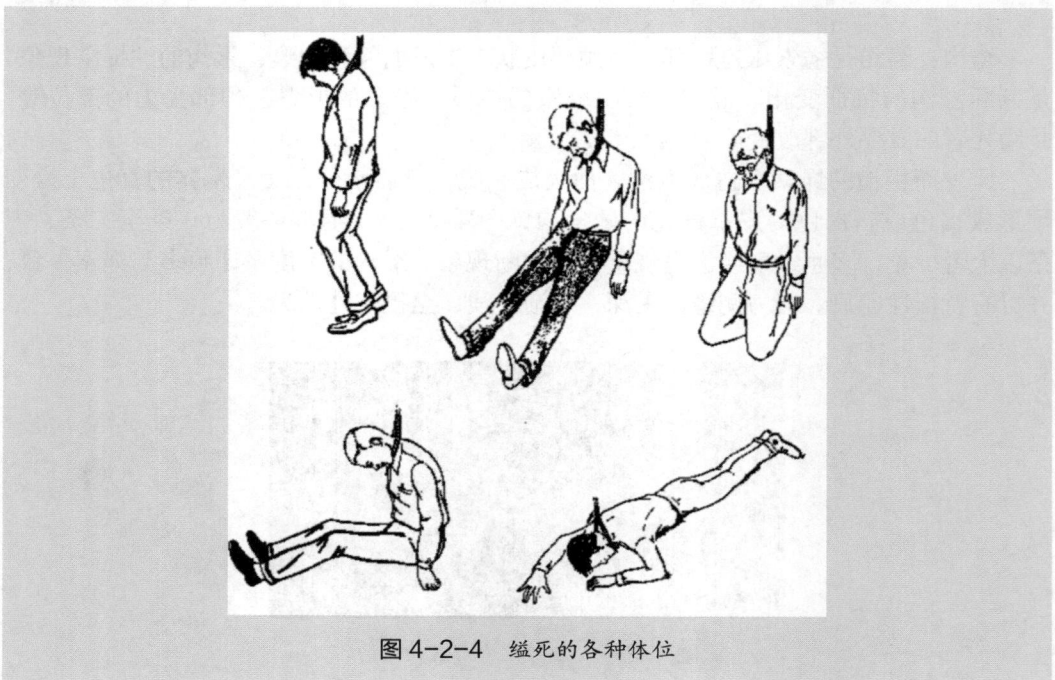

图4-2-4　缢死的各种体位

3. 缢死的法医学审查要点

缢死多为自杀，大多数为成年人，少数为儿童。他杀者少见，但可见于当被害人处于沉睡、醉酒、昏迷或失去抵抗能力的情况下，被他人缢死，或被他人勒死后伪装成死者自缢。意外性缢死多见于儿童，如因玩耍中不慎被绳索缠绕颈部。

法医学审查的主要内容是死亡原因分析，确定是否为缢死，其次是协助办案人确定是自缢、他缢还是意外。

（1）缢死与死后缢尸的鉴别（表 4-2-1）

表 4-2-1　缢死与死后缢尸的鉴别

类目	缢死	死后缢尸
窒息征象	①全身血液呈暗红色流动性；②内脏器官瘀血；③眼球睑结膜、口腔、气管和胃肠黏膜、器官浆膜下可见瘀点性出血	捂、扼、闷死等存在窒息征象，但程度及分布可有不同；其他死因（除猝死、部分中毒死等）一般无典型的窒息征象
颜面部改变	①前位缢型死者可面色苍白；②非典型缢死者颜面肿胀发绀，前额有瘀点性出血	捂、扼、闷死等颜面部改变程度及分布不同，其他死因一般无典型的颜面部改变
缢沟的生活反应	生前缢沟可有表皮剥脱，缢沟间皮肤的出血点，颈深部内部缢沟处的肌肉挫压性出血，颈浅、深淋巴结出血，舌骨大角骨折伴出血等改变	无生活反应

【案　例】

某中年女性，被发现在家中门框上上吊死亡。死者衣装整洁，案发现场物品摆放规整，未见打斗及反抗的痕迹。检验见死者面色苍白，球睑结膜未见出血点，口唇黏膜完整苍白，颈部见散在的皮下出血，右侧颈部见一明显缢沟，缢沟向两侧延伸，伴皮革样化，项部呈提空状。毒化检验未见异常。死者右上臂见多条横行瘢痕，分析应为多次自残造成的损伤，周身及现场未见其他暴力痕迹。根据上述情况分析，死者属于自缢死亡。

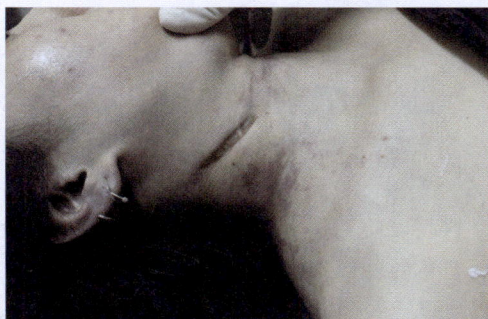

图 4-2-5　颈部缢沟

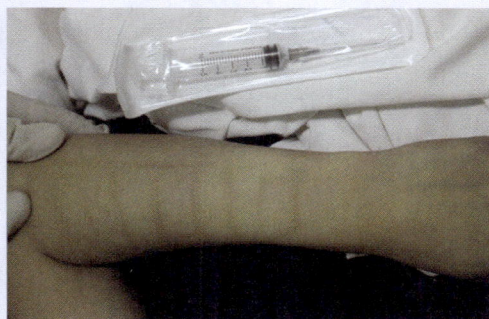

图 4-2-6　自残造成的瘢痕

案例解析：机械性窒息尸体的一般窒息征象并不是在每个案件中均同时存在。因此，该类案件在鉴定死因时不能简单通过比照书本进行判断，而是需要综合各种因素才能确定。本案中死者面部未见紫绀，球睑结膜也未见出血点，属前位缢型的窒息改变。鉴定人员在综合现场情况、缢索缢沟特征、毒化检验结果、前臂试切痕等认定其死亡原因为自缢。

知识拓展：（1）侧位缢型、后位缢型者，常仅有颈部静脉压闭致头面部血液回流障碍，而仍有部分动脉未被压闭而向头面部供血，因此颜面部瘀血、青紫、肿胀，俗称"青缢死"。（2）前位缢型者，当双侧颈部动脉、静脉同时压闭，头面部呈缺血状态，因此颜面部苍白，俗称"白缢死"。

（2）自缢与他缢的鉴别

①自　缢

现场：现场平静，没有打斗痕迹，现场或死者衣兜内可能留有遗书。

缢吊体位、缢索及悬吊点：受自缢者不同文化修养，心理活动及环境等因素的影响，其缢吊的方式和方法多样而呈现出各种体位，一般以前位缢型为多见。

尸体改变：自缢者的全身和局部，除有缢死的改变外，并无其他致命性损伤。

其他：尸检中取心血及胃内容做常规毒化检验，结果为阴性。

②他　缢

一般成年人被他人缢死较为罕见，只有当被害人处于沉睡、醉酒、昏迷而无力抵抗的情况下，才有可能被缢颈致死。也有凶手用其他手段将被害人杀死后，悬尸造成自缢的假象，企图掩盖罪行。

他缢死后悬尸多为完全性缢颈，现场常有搏斗迹象。被害者体表可有严重外伤和防卫伤，这种损伤常不能用被害者自己形成来解释。缢沟的位置、走向、深浅、印痕可能与自缢者相似，但无生活反应。

【案　例】

某中年女性，其丈夫称其因患抑郁症多年在家中上吊死亡，后被埋葬。数日后娘家怀疑死因报案，进行开棺检验。

尸体检验：死者中年女性。头部及上身高度腐败。颈项部见40cm环形勒痕，最宽处达1cm。颈前另有"U"形提空缢沟，最宽处达0.8cm。颈部右侧皮肤及深层肌肉可见出血；项部皮肤及深层肌肉可见出血。颞骨岩部可见出血。舌骨、甲状软骨未见骨折。余未见损伤。

综合分析认为，死者颈部及项部存在勒痕，解剖检验见颞骨岩部出血，颈部、项部皮下及深层肌肉组织出血。其上述体征符合机械性窒息的外部及内部征象，结合案情，死者系被绳子勒颈导致机械性窒息死亡，"自缢"为犯罪嫌疑人伪造（图4-2-7、图4-2-8）。

案例解析：单纯的自缢与死后缢尸可通过有无窒息征象以及缢沟处有无生活反应加以鉴别。但由于勒死本身也是机械性窒息的一种，因此勒死后伪造缢死的鉴别不能

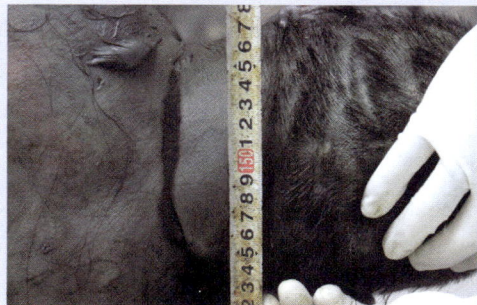

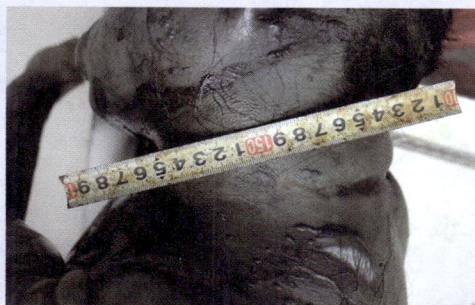

图 4-2-7　颈后勒痕　　　　图 4-2-8　颈部皮下出血

简单通过上述方法进行区分。当尸体存在腐败时，两者间鉴别更为困难。该案中，判断死者死因为机械性窒息较为容易，但认定死亡方式是该案办理的关键。检验发现死者同时有颈前部"U"形提空缢沟与颈项部环形缢沟，提示存在两种不同机械性窒息方式，综合全案分析，最终确认死者为勒死后被伪造自缢。

二、勒　死

勒死是以勒索缠绕颈部，由自身体重以外的力量作用，使勒索压迫颈部导致的死亡。

1. 勒索与勒沟

勒索：为勒死所用的条索状物。分软、硬和半硬勒索，多数为较软的布带或绳索。勒索可环颈部一匝、二匝甚至多匝，常在颈前部或颈侧部绞紧结扣。结扣有活结和死结之分，他勒可见多个死结，有越结越紧的趋势，自勒往往第二扣较松。

勒沟：指勒索压迫留下的沟状凹痕。颈部勒沟多位于甲状软骨或甲状软骨以下部位。典型的勒沟，水平环绕颈部，无中断或提空。勒沟深度较一致，打结处勒沟相交，常有结扣的压痕。

2. 勒颈方式

常见方式是将勒索的两端交叉，向两侧相反的方向用力拉紧或打结，压迫颈部。少部分先用勒索缠绕颈部打结后，再将棒状物插入绳套中扭转。偶见勒索悬重物加力。

3. 勒死的法医学审查要点

（1）有一般窒息征象。

（2）部分勒颈压迫可致舌尖突出。

（3）勒沟特点：勒沟走行区别于缢沟，常呈水平环绕颈部，无中断或提空，勒沟下皮下组织和肌层常有出血。

（4）鉴别缢死与勒死（表 4-2-2）、自勒与他勒（表 4-2-3）。

表 4-2-2   缢死与勒死的鉴别

类目	缢死	勒死
索沟形成	缢索压迫颈部形成的皮肤印痕	勒索压迫颈部形成的皮肤印痕
索沟位置	多在舌骨与甲状软骨之间	多在甲状软骨或其下方
索沟走向	着力处水平，两侧斜行向上提空	基本呈环形水平状
索沟闭锁	多不闭锁，有中断现象	一般呈闭锁状
索沟深度	着力部位最深，向两侧逐渐变浅消失	深度基本均匀，结扣处有压痕
颈部软组织损伤	肌肉多无出血，颈动脉内膜可有横行裂伤	肌肉常有出血，颈动脉内膜多无裂伤
颈部骨折	舌骨大角、甲状软骨上角可骨折	可有甲状软骨、环状软骨骨折
颅脑瘀血	典型缢死者脑组织、脑膜瘀血不明显，非典型缢死者较明显	脑组织及脑膜瘀血明显，伴点状出血
舌尖外露	舌尖可外露	舌尖多外露
颜面征象	典型缢死者颜面苍白，非典型缢死者颜面青紫肿胀，眼结膜可有出血点	颜面青紫、肿胀，勒沟以上颈部、面部皮肤及眼结膜常可见出血点

表 4-2-3   自勒与他勒的鉴别

类目	自勒	他勒
现场	多在室内，周围环境无搏斗迹象，必有勒索	周围环境混乱，有搏斗痕迹，勒索可被罪犯带离现场
勒索特征	颈部有勒索，结扣多在颈前，结数较少，第二扣较松，有时勒索下会垫有柔软衬垫物	结扣多在颈侧或后部，结数较多，越打越紧，勒索下可有意外夹物，如衣领、杂草等
勒沟	较浅，表皮剥脱轻微，边缘整齐，出血较少，如无衬垫物，常为完整的环形	较深，表皮剥脱严重，边缘不整齐，出血较多，常为间断的环形
颈部损伤	勒沟较浅、出血少、边缘整齐，舌骨与甲状软骨骨折少见	勒沟较深、出血多，边缘不整齐，舌骨与甲状软骨骨折多见
其他损伤	无抵抗伤，少数可见自杀试切痕，此类自伤浅表、规律	多有抵抗伤，伤痕轻重不一，杂乱无序，无自杀试切痕
尸体姿势	仰卧，双手向上，勒索可握手中	姿势不定，手中可抓有罪犯的毛发、衣物碎片，指甲内可能留有罪犯的生物信息

【案　例】

某市民报警称其亲属失踪，后公安机关在某酒店房间床下发现受害人的尸体。法医检验，死者尸斑呈暗紫红色，颜面部青紫肿胀，睑结膜见大量出血点、出血斑，索沟以上皮肤见瘀点性出血，胸腹腔多脏器瘀血水肿等征象，符合机械性窒息死亡。结合现场勘验，死者尸体位于床下方格内呈蜷缩状，颈部见环形缠绕的索状物，结扣较紧，颈部索沟深浅不一，伴水泡、皮下出血等生活反应，自伤及意外难以形成，符合他人勒颈致死（图 4-2-9）。

案例解析： 勒死的法医学鉴定是在确定死亡原因为机械性窒息基础上，进一步通过绳索缠绕颈部特点、索沟特征、尸体姿势、现场情况、自身是否可以形成等综合确定其死亡方式。

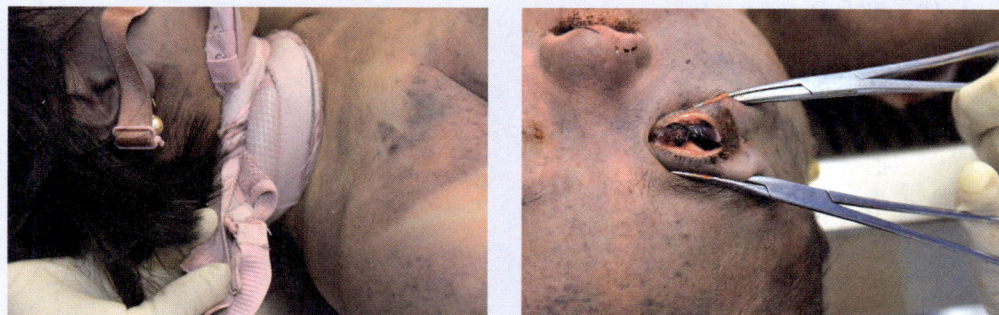

a.颈部环形闭锁索状物　　　　b.眼结合膜出血

图 4-2-9

【案　例】

某公司人员在宿舍死亡，法医检验，现场在室内，周围环境无搏斗迹象，死者仰卧，颈前有一次性塑料捆扎带作为勒索，勒沟边缘整齐，手腕部、胸口和颈部见浅表、规律的切割痕，考虑为自杀试切痕，综合判断为自勒死亡（图 4-2-10）。

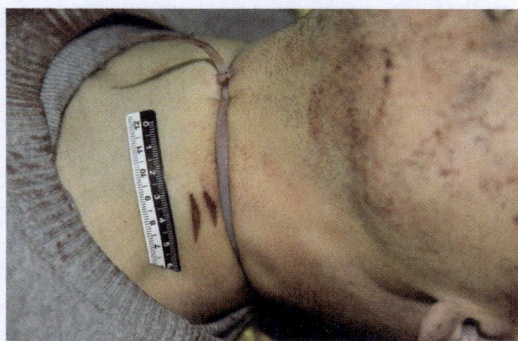

图 4-2-10　颈部环形闭锁索状物

案例解析：大多数勒死均属于他杀，但偶也可见自勒致死。由于自勒与他勒在死亡机制上并无区别，两者的鉴别较难从窒息征象上进行区分，需从现场情况、勒索、勒沟特点及其他情况（如试切痕）方面进行综合判断。本案中现场无搏斗痕迹，手腕部、胸口和颈部存在试切痕，一次性塑料捆扎带扎紧后不易松动，自勒颈部可以形成，综合判断为自勒死亡。

三、扼　死

扼死：指用单手或双手等扼压颈部而引起的窒息死亡，又称"掐死"。以肘部、前臂或器械压迫颈部导致的窒息死亡，也属扼死。

1. 扼死的方式

常见扼颈方式主要有：

（1）单手扼颈；

（2）双手扼颈；

（3）以肘部或前臂等徒手方式扼颈；

（4）以棍棒等器械扼颈；

（5）其他方式扼颈：如用脚踩等。

2. 扼死的形态特征

（1）颈部表现

①扼痕形态：可有指甲痕（新月形或短线状）、指端压痕（圆形或椭圆形）、指节压痕（条状）、单手虎口扼痕（片状扼痕）、肘部或足部扼痕（类圆形不规则形）。

②扼痕分布：一般分布于甲状软骨两侧或颈前方，少见于项部。由于加害者方式、手势不同及被害人挣扎抵抗情况不同，扼痕位置、数目不同，形态多不规则。颈部若垫有衣领、围巾或其他衣物等时，扼痕可不明显。

③扼痕的颜色变化：新鲜扼痕，如为单纯擦伤，呈淡黄褐色；如伴有挫伤，多为深红色，切开皮肤可见皮下软组织内血液浸染。擦伤部位经 12～24 小时后，发生皮革样变，形成干燥的质地较硬的暗红色斑。

④颈部组织损伤：a. 皮下软组织挫伤。扼痕部位常见皮下及肌肉内出血。甲状腺、颌下腺、扁桃体及颈部淋巴结等可见灶性出血。其他还可见声带充血、出血、水肿，舌根、咽后壁出血等；b. 骨折。当颈部受到较强暴力扼压时，舌骨、甲状软骨、环状软骨可发生骨折，以甲状软骨上角多见，舌骨大角多为内向性骨折，且多见于拇指扼压的一侧。

（2）颜面部表现

被害人颜面部一般窒息征象较明显，眼结膜和口腔黏膜可见散在点状出血。

（3）手、足及体表损伤

因受害者常挣扎抵抗，在其胸部、背部和四肢等处常可见擦挫伤。

（4）内部器官表现

内脏器官以瘀血改变为主。

3. 扼死的法医学审查要点

（1）现场勘验

因扼死常为他杀，故详细现场勘验对确定案件性质非常重要。一般现场常有搏斗迹象，被害者常衣服不整、散乱或破碎，尸体多处于异常体位和姿态，手、足呈抵抗的姿态。如果被害人处于意识丧失状态（如睡眠、醉酒等）可无抵抗。女性尸体，应注意有无被性侵犯的迹象。

另外，应详细检查现场遗留的指纹、足印、血痕和死者指缝中生物检材等。

（2）法医病理学检查

①扼痕：注意颈部损伤，检查扼痕的部位、大小、形状、排列等，以此分析加害方式；

②抵抗伤：一般在四肢多见，尤其是双手和前臂。老年人、体质虚弱者、婴幼儿及被害人处于意识丧失状态下被扼颈，常无抵抗伤；

③检查有无其他损伤。

（3）毒物检验

常规毒物检验，判断是否有中毒的可能性。

（4）犯罪嫌疑人的检查

对犯罪嫌疑人应尽早检查，特别要检查身体裸露部位有无抓伤、咬伤等痕迹，并提取犯罪嫌疑人血液、唾液等进行物证学检验，与现场或尸体手中提取物的检验结果进行比对。

【案 例】

王某，女，31岁，某日在家中被丈夫殴打后送医抢救无效死亡。尸表检验：颈前及两侧 16.0cm×7.1cm 范围散在多处条片状皮下出血及表皮剥脱，表皮剥脱呈现点、条、片状及弧形等多种形态。左肩、右肩、左前臂、右前臂等处散在片状表皮剥脱及皮下出血。解剖检验：颈前肌群散在多灶性出血；环状软骨骨折，周围软组织出血；咽后壁局部软组织出血；气管内见少量血性黏液；会厌软骨及气管内壁黏膜出血。打开胸腹部，双肺及心脏被膜见密集出血点；脾脏、肝脏、双肾瘀血。胃黏膜广泛出血。死因鉴定，王某系被他人扼颈致机械性窒息死亡。

案例解析： 本案中，根据死者颈部表皮剥脱的特殊形态、颈深部组织挫伤、环状软骨骨折，提示颈部受到较强暴力按压，结合内脏瘀血等表现，分析其生前遭受扼颈。

四、捂死与闷死

捂死：以手或其他柔软物体同时压闭口、鼻，阻碍呼吸运动，影响气体交换而引起的窒息性死亡。

闷死：由于局部环境缺氧所发生的窒息性死亡。

1. 捂死的方式及形态特征

（1）捂死的方式

①用手捂压口鼻。

②用柔软物品捂压口鼻。

③用塑料袋套住头颈部。

④口鼻部压迫在软物体上。其他偶见熟睡中的成人肢体压在婴儿的口鼻部或妇女哺乳时将乳房紧压在婴儿面部。

（2）捂死的形态学及病理学改变

除具有机械性窒息死亡的一般征象外，口鼻部可见因手掌压迫形成的表皮剥脱、皮下出血，伴指甲抓痕、口鼻歪斜或压扁迹象。口唇及口腔黏膜、牙龈处可有挫伤出血，严重者可伴有牙齿松动或脱落。用柔软物体捂压时，面部常不遗留任何痕迹。用泥土或沙土捂压口鼻时，在口腔、鼻孔内及其周围常粘有较多的泥土或沙粒。

2. 闷死的方式及形态特征

（1）闷死的方式

被意外或强制封闭在缺氧狭窄密闭的空间内，如煤矿坍塌封闭于狭小坑道中，或被强制捆绑于箱柜、地窖内。

（2）闷死的形态学及病理学改变

因发生速度快，可无典型窒息征象，尸体上可见相应的机械性损伤。

3. 捂死和闷死的法医学审查要点

（1）捂死：多见于他杀，被害人多为婴幼儿、老人、体质虚弱者或昏迷状态者，健壮成年人被捂死现场多有搏斗痕迹。意外性捂死多见于婴幼儿睡眠中被衣物、被褥等覆盖在面部。偶见自杀性捂死。

（2）闷死：多为意外事故，矿井、坑道坍塌等，对怀疑有毒气体中毒者提取心血和现场空气标本进行检测。

【案　例】

王某被发现出现不省人事、呼之不应，后经医院抢救无效死亡。尸表检验见左、右眼上下睑结膜点状出血；上唇黏膜可见 1cm×1cm 黏膜挫伤，右下唇黏膜有 0.5cm×0.5cm 破损；口腔、双侧鼻腔可见深褐色呕吐物。右腹部可见散在条片状皮肤挫伤。双手十指甲床紫绀明显。解剖检验肺裂间均可见散在点状出血，双侧支气管管腔内可见大量深褐色黏稠胃内容物堵塞管腔；气管后壁可见散在黏膜下出血点（图 4-2-11）。

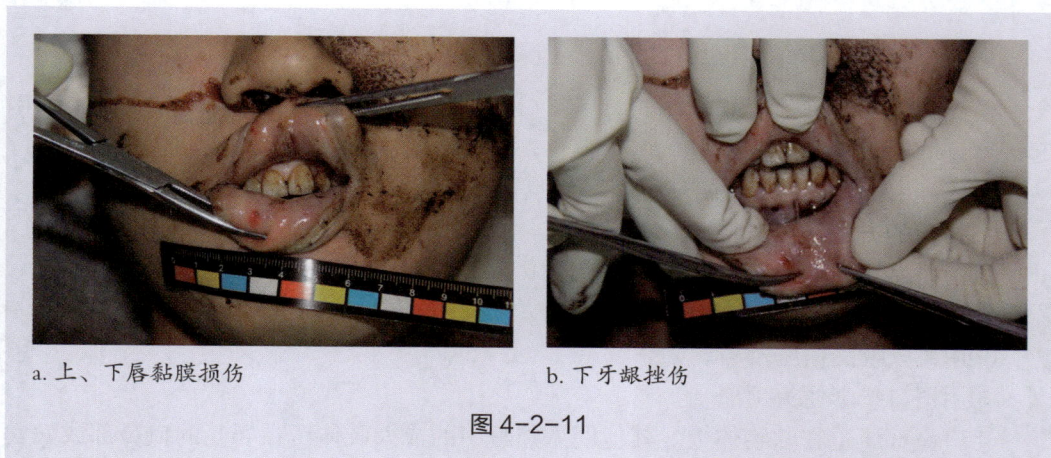

a. 上、下唇黏膜损伤　　　　　　　　b. 下牙龈挫伤

图 4-2-11

案例解析： 本案中，死者唇黏膜存在可疑破损，有明显窒息征象，结合案情综合分析符合被捂压口鼻致上呼吸道闭塞、胃内容物返流阻塞下呼吸道造成机械性窒息死亡。

需要注意，部分捂死的案件中，由于罪犯在捂压口鼻时采用衬垫物，或者在用药物致被害人昏迷情况下进行捂压，此时死者口鼻处损伤可能并不十分明显，办案时需要引起重视。

五、溺　死

溺死：俗称淹死，是指大量液体进入呼吸道、肺泡，阻碍氧气摄入和二氧化碳排出，影响气体交换而窒息死亡的过程。溺死多数发生在江河湖泊、大海、水沟、池塘等，但也可因疾病发作或醉酒发生在水洼、小溪。

干性溺死：有些神经敏感体质的人，当入水后，因皮肤感觉神经末梢或喉头黏膜受冷水刺激，使迷走神经兴奋反射性引起心搏骤停和原发性休克。这些死亡发生迅速，液体并未进入呼吸道，尸检时可无典型的溺死症状，称为干性溺死，占溺死的15%左右。

迟发性溺死：极少数溺死者经抢救复苏后存活一段时间后再死亡。

1. 溺死尸体现象

溺死属于窒息死亡，所以新鲜尸体具有一般机械性窒息死亡的窒息征象，如发绀，血液不凝，内脏器官瘀血明显，眼结膜和浆膜、黏膜下点状出血。除此之外，尚可见下述溺死征象。

（1）水中早期尸体的检验

①尸表征象：皮肤苍白；尸斑浅淡、出现慢；尸僵出现早；口鼻部蕈样泡沫。蕈样泡沫是一种生活反应，对确定生前溺死有重要意义（图4-2-12）；皮肤鸡皮样改变；洗衣妇手（图4-2-13）；手以及指甲中有异物（图4-2-14）。其他改变：皮肤和肌肉收缩，如男性阴囊和阴茎皱缩，女性阴唇和乳房因肌肉收缩而呈强僵状态。由于尸体痉挛的原因，部分死者会保持生前的某一姿势，如抓住某物体不放，斗拳姿势，恋人拥抱姿势，救人者的高举、上托姿势等（图4-2-14）。

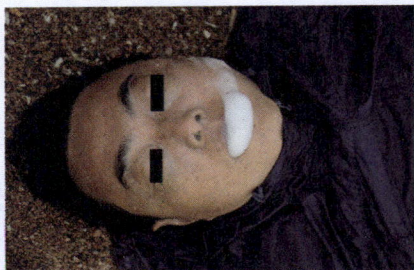

a. 蕈样泡沫（口鼻部）　　　　　b. 蕈样泡沫（喉）

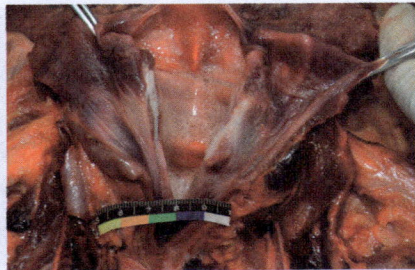

图4-2-12

图4-2-13　洗衣妇手　　　　图4-2-14　手中异物及斗拳姿势

②内部器官征象

a.水性肺气肿：肺叶边缘钝圆，肺的表面可见肋骨压痕及窒息形成的点状出血（图4-2-15）。水性肺气肿是一种生活反应，是确定生前溺死的重要依据之一。

b.上呼吸道内溺液、泡沫和异物：有时水中异物可随溺液一同吸入呼吸道内（图4-2-16）。

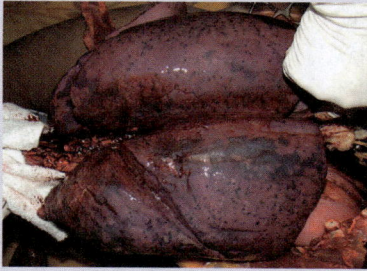

图4-2-15　水性肺气肿

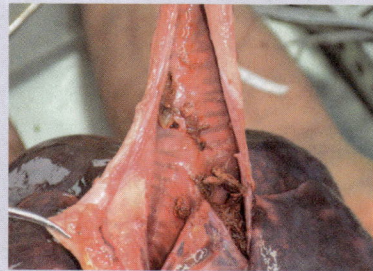

图4-2-16　呼吸道异物

c.溺死斑：多见于肺叶之间，颜色较淡，境界不清。

d.消化道溺液及异物。

e.内脏器官中查见浮游生物：在法医学实践中常常检查的浮游生物是硅藻。生前溺水者，心、肺、肝、脾、肾、骨髓、牙齿内可检测到溺液中的硅藻，以肺、肝、肾、心血为多见，其次为脾、骨髓、牙齿。在内脏器官中查见硅藻，对确认生前溺死有鉴定价值。

f.左、右心腔内血液成分差异：淡水溺死者与海水溺死者之间，左右心血冰点下降度、黏滞度、比重、屈光度、电导率、氯离子量、氯化钠量及红细胞数、血红蛋白量有差异。电解质差异仅在死后短时间内检测才有意义。

g.颞骨岩部出血：这一征象对于鉴定溺死仅有辅助意义（图4-2-17）。

h.呼吸辅助肌群出血：如胸锁乳突肌、斜角肌、胸大肌、前锯肌、肋间内肌、肋间外肌、背阔肌等肌束间点状、片状、条状的出血，多为双侧同时出现。

i.颅脑、颜面部瘀血。

j.脾脏贫血（图4-2-18）。

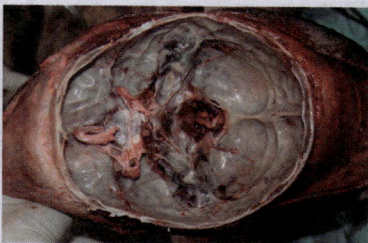

图4-2-17　颞骨岩部出血

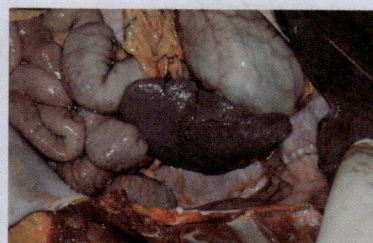

图4-2-18　脾脏贫血

（2）水中晚期尸体的检验

①尸表征象

a. 手足皮肤膨胀呈套样脱落。尸体在水中浸泡，夏季 1 周、冬季 2 周至 3 周左右，手足皮肤的表皮层与真皮层脱离，指（趾）甲脱落，呈手套、足套状脱落，称"溺死手套""溺死足套"，继而可出现全身表皮脱落（图 4-2-19）。

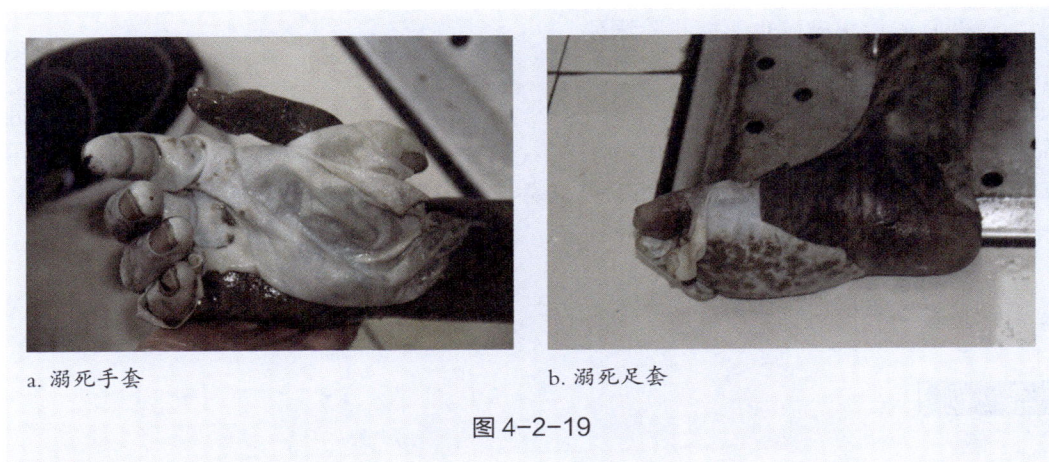

a. 溺死手套　　　　　　　　　　　b. 溺死足套

图 4-2-19

b. 尸体的沉浮。尸体腐败产生大量腐败气体可致尸体浮于水面，称为浮尸。

c. 尸体的腐败。

②内部器官征象

a. 实质性器官形成腐败泡沫器官。腐败尸体的实质性器官的切面，由于腐败气体的原因而形成海绵空泡状，原结构破坏消失。

b. 中空性器官多塌陷、萎缩。

c. 部分器官尸蜡化。尸蜡形成多见于尸体较长时间浸渍于水中。见于皮下组织及其他含较多脂肪的器官组织，如四肢、臀部、面部、女性的乳房、肠管等。

2. 溺死硅藻检验

硅藻亦称矽藻，多数是水域中生存的浮游单细胞生物，少数为群体或丝状物。硅藻可随水吸入肺内，并通过大循环到全身各内脏器官中。因此，可通过检查肺及其他内脏器官中的硅藻来确定是否生前溺死。通过内脏多器官内硅藻的定性、定量检查，可以判断是否生前溺死以及溺死的地点。

（1）硅藻的形态和结构

硅藻细胞壁由无结晶的不易被破坏的含水硅酸盐构成，具有很强的抗腐蚀能力，尸体腐败后，仍能完整保存。根据外壳上的花纹分布情况，硅藻可分为中心目（辐射状花纹）和羽纹目（两侧对称花纹）两大类。不同的水域，硅藻的数量和种类不同。硅藻检验对确定生前入水以及入水地点具有重要意义。

检验方法，如化学消化法、浸渍法、硅胶梯度离心法、焚灼法、酶消化法等。

（2）硅藻检出结果的评价

硅藻检验技术简单易行，稳定可靠，只要防止污染，加之准确的硅藻计数，在大多数情况下可以鉴定溺死。目前在利用硅藻检验结果鉴定生前溺死中所持的原则是：凡是肺组织（一般取肺被膜下肺组织）检出硅藻为阳性，肝、肾、牙齿和骨髓等器官也有硅藻，且硅藻种类与实地水样一致，并排除污染，即可诊断为溺死。

但某些案件中在水中尸体的器官中未检出硅藻，或仅在肺组织中检出硅藻，而其他内部器官未检出硅藻也不能排除溺死。

3. 溺死的法医学审查要点

（1）具有一般机械性窒息死亡的窒息征象，如发绀，血液不凝，内脏器官瘀血明显，眼结膜和浆膜、黏膜下点状出血。

（2）具有溺死的尸体征象，特别是口鼻部及上呼吸道蕈样泡沫、呼吸道异物、水性肺气肿等。

（3）必要时进行硅藻检验。

（4）排除其他死亡原因。

【案　例】

某女，22岁，被发现于某水域内死亡。尸表检验：皮肤苍白，尸斑淡红色，双手双足趾皮肤皱褶，呈洗衣妇手样改变；解剖检验：双侧颞骨岩部出血，气管、支气管壁见大量蕈样泡沫，双侧支气管内充满水样液体，双肺饱满，水性肺气肿，切面有大量细小泡沫状液体溢出；胃内见大量水样液体，约500ml。硅藻检验：所送现场水样：菱形藻属、舟形藻属、针形藻属、圆盘藻属；肺组织电镜下检见：针形藻属、圆盘藻属、舟形藻属；肾组织光镜下检见：针形藻属、舟形藻属（图4-2-20）。

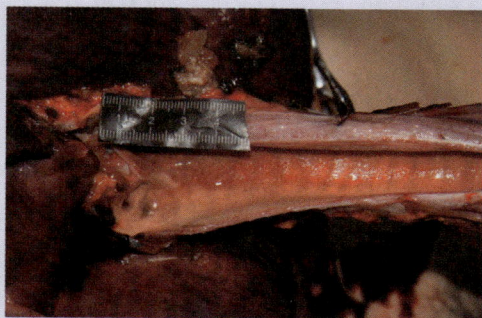

a.气管内蕈样泡沫　　　　　　　　　b.硅藻检验

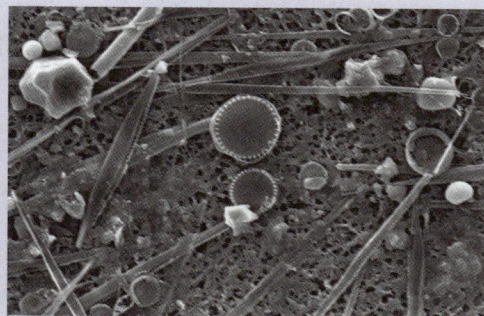

图4-2-20

案例解析： 本案为生前溺死较为典型的案例之一。死者双手双足趾皮肤皱褶，呈典型洗衣妇手样改变，肺组织、肾组织检出硅藻为阳性，且硅藻种类与现场水样一致，结合死者气管、支气管壁大量蕈样泡沫、水性肺气肿、胃内大量溺液等表现可确定死亡原因为溺死。

法医学鉴定中，硅藻检验参照 GA/T 813《人体组织器官中硅藻硝酸破机法检验》、GA/T 1662《法庭科学 硅藻检验技术规范 微波消解—真空抽滤—显微镜法》，并在运用硅藻判断溺死时注意：（1）正确认识硅藻检验结果的意义。即阳性提示溺死，但阴性并不能否定溺死。（2）需要注意尸体发现的硅藻的种类与形态是否与发现尸体周围水域的硅藻相同。若两者不同，则提示溺死水源地另有地方。

（5）溺死与死后抛尸入水的鉴别（表4-2-4）

表4-2-4　生前溺死与死后抛尸入水尸体的鉴别要点

项目	溺死	抛尸入水
手	可能抓有异物（水草、泥沙等）	无
口腔、鼻孔	口鼻部蕈样泡沫	无
呼吸道	各级支气管和肺泡内可有溺液、泡沫和异物	仅上呼吸道有少量液体、异物，水压较大时可达下呼吸道，但无泡沫
肺	水性肺气肿，肺表面有肋骨压痕、溺死斑，切面有溺液流出	无
心	左心血液比右心稀薄，各成分减少（淡水溺死）	左、右心血液浓度、成分相同
胃肠	可以有溺液、水草、泥沙等异物	仅胃内可能有少量溺液，一般不进入小肠
内脏器官	脑、肝、肾等器官瘀血，但脾贫血呈收缩状	不一定有瘀血等改变
硅藻检验	肺、大循环各器官、骨骼、牙齿中可检出相当数量的硅藻	内脏器官、骨髓、牙齿中硅藻检查阴性，有时仅在肺中有少量的硅藻

（6）水中尸体损伤的鉴别

溺死者身上常有各种类型的损伤，如擦伤、挫伤、内脏器官破裂、骨折等，损伤程度不一，形成的原因复杂，必须仔细检查，明确损伤的性质和成因等。

①生前损伤。在溺死之前就已形成损伤，可见于自伤、他伤、意外伤和灾害伤所致，须结合现场勘验综合分析。

a.自伤：损伤程度较轻，多位于本人双手能够及的部位。数量不一，分布集中，有试切伤，但无抵抗伤。如刀切割手腕、颈部及头面部等，自杀未遂后自溺。均可检见生活反应。

b.他伤：损伤程度较重，没有特定的部位，分布广泛，有抵抗伤，却无试切伤。如犯罪嫌疑人可先采用各种损伤使被害人昏迷或无反抗能力时将其投入水中，也可将受害人致死后抛尸入水。

c.意外、灾害伤：如失足落水、游泳、跳水或酒醉者、癫痫发作时跌入水体碰到水面、崖壁、河床、桥墩等形成的伤，季节性强。灾害伤多指事故、水灾等所形成的损伤，严重程度不等，现场明确。

②濒死期形成的损伤。在溺死濒死阶段，机体常可撞击岸旁木桩、桥墩、石头及河床等，可在头顶、前额、颜面、躯干、四肢等身体突出部位出现擦伤、挫伤、挫裂

创或骨折，甚至内脏器官损伤。这些损伤为濒死伤，生活反应不太明显。

③尸体在水中存留时形成的损伤。

a.与水中的岩石、桥墩、树桩及河床等其他障碍物撞击和漂擦发生的损伤；

b.水中动物等对尸体的咬噬形成的损伤；

c.转动的螺旋桨劈砍而致肢体断离或在体表形成几个平行弧形、方向一致、间距规则的开放性裂创。创口苍白，无生活反应。

上述损伤均为死后伤，无生活反应。但有的生前损伤在水中长时间浸泡后，血块被冲掉后可类似死后伤，需加以鉴别。

【案　例】

某女被发现死在一水库中，30岁左右。

尸体检验：衣着整齐，尸斑颜色浅淡，颜面部青紫，双眼球睑结膜有散在性出血点，口鼻腔有少量淡红色泡沫液体（翻动尸体易溢出），全身体表未检见损伤，双上肢呈鹅皮样改变。

解剖及病理检验见：心血呈暗红色流动性，双肺叶间被膜下和心尖有散在性出血点，气管、支气管内可见少量溺液，胃和十二指肠未见溺液。镜检：肺水肿、部分肺泡腔内可见少量出血灶。心、肝、肾瘀血。脑瘀血水肿。

实验室检查：对解剖过程中提取的肺、肝、肾、尺骨和现场水样做硅藻检验。肺中检出少量与水中同种属的硅藻。肝、肾、尺骨未检出。提取的阴道擦拭物做抗人精血红蛋白试纸条实验，结果为阳性。心血和胃内容物分析未检出常见毒物。首次鉴定结论为死者系生前溺水急死。应死者家属要求做重新鉴定，检查发现死者双侧脸颊内有齿痕，黏膜损伤，双上中切牙缝内见一白线。重新鉴定结论为死者系生前被人用软质物品捂住口鼻窒息而死亡，为死后入水。本案经提审，死者情夫交代了由于和死者发生争执，情急之下用被褥捂死死者后移尸的犯罪事实。

案例分析：此案经过复检发现死者双侧脸颊内有齿痕，黏膜损伤，双上中切牙缝内见一白线，此为较典型的捂死尸体征象，捂死和溺死的死亡机制都是窒息而死，都表现为窒息死的尸体征象，假如捂死后不久投入水中，由于水压及水流冲击力作用可以将少量溺液压入气管、支气管甚至胃肠中，出现部分溺死尸体征象。此案易错点：（1）在一时找不到死亡原因时，主观臆断，推测死者为高敏体质，用特殊情况代替普遍规律；（2）尸检不详细；（3）对于死者的自杀动机推断不严谨，阴道内发现精液，但死者会阴部没有检见暴力损伤，并不支持生前被强奸，只能说明入水前发生了性关系；（4）错误地把由于水压及水流冲击力作用将少量溺液压入气管、支气管的现象认为生前溺死的依据。（摘自《法医学杂志》2008年第24卷第2期）

六、性窒息

性窒息：是性心理和性行为变态者独自在极为隐蔽的场所用某种非常奇异的窒息方式，引起一定程度的缺氧以刺激其性欲，增强其性快感而进行的一种性行为活动，常由于所用的措施失误或过度，意外地导致窒息死亡。由于性窒息常被误认为自杀或他杀，需掌握相关审查要点。

1. 性窒息死的法医学审查要点

（1）性窒息现场及案情调查

①现场寂静、隐蔽。

②无他人侵入、活动迹象。

③现场常有异装癖、恋物癖、淫物癖、自淫虐症等变态性行为的证据。

④窒息装置易于解脱，注意探寻意外发生的原因及机制。

⑤伴有捆绑时，须确认死者本人可以自主完成。

⑥全面了解死者生前的习惯和爱好。

（2）尸体检验

①死者裸体、衣不蔽体或穿着异性服装。

②死者颈部有缢索（勒索）及索沟，或口鼻部有搭压物品，或有电击用品接触（插入）生殖器、肛门等处。注意发现索沟的生活反应、电击的形态学改变。尸体一般无其他损伤（自淫虐症患者除外）。

③死者有明显的体表及内部器官的窒息征象。

④死者常有射精现象。

⑤排除其他死因。

2. 性窒息死案件的审查难点

（1）现场变动后的体位复原

根据尸斑、尸僵特征，损伤形态，涎液流注方向，尸体附着物，现场痕迹等，参考相关案情信息。尽可能重建尸体在现场的状态及位置关系。

（2）现场变态性行为物品被家属刻意藏匿

家属刻意藏匿变态性行为物品，会给案件定性带来较大困难，疑似性窒息的案例，应与家属深入沟通，在了解死者生前习惯和爱好的同时，争取家属配合，交出藏匿的物品。

（3）窒息装置的检验

勘验开始时，就应重点对窒息装置进行保护，无论装置多么灵巧复杂，均应弄清其机制及发生意外的原因。

（4）死亡性质判断

性窒息死亡一般为意外死亡，检案时死亡性质常被忽略，但近年来有利用性窒息杀人的案件发生，在案件定性时出现困难，在检验时，应充分结合现场勘查及其他侦技手段发现的证据，综合作出判断。

【案　例】

王某，男，20岁。某日被发现死于自己宿舍。经现场勘验、尸体检验发现，其宿舍门窗完好，现场物品摆放整齐，死者裸体仅穿胸罩、女性丝袜，脚穿高跟鞋，被丝巾悬吊在床头，尸体呈半跪状，尸斑多分布在双下肢，颜色青紫，双眼球结膜出血点明显，颈部有典型的马蹄形缢沟提空。经多方调查发现，死者是在反常的性活动中，由于防范措施失灵或窒息时间过长等发生意外死亡。

案例解析： 性窒息通常应用的是绳索一类东西紧勒颈部或身体别的部位以限制呼吸，使自己处于一种暂时缺氧状态来获得反常的性快感。有时可能由于采取的措施失控绳套过紧而发生死亡，属于意外致死。此类案件较为典型且少见，鉴定时应结合案情调查、尸体检验以及实验室检验，综合分析认定。

（孙纯、赵凡、刘剑、李智慧、赵欢欢、邢浩伟、都放）

第五章　损伤并发症致死案件

损伤引起人体重要器官结构破坏或功能障碍直接导致死亡，该类案件损伤致死的因果关系认定较为容易。但有些案例，伤者未即刻死亡，而是迁延一段时间死亡，此过程中又会因医疗救治、基础疾病、个体差异、新发损伤等因素介入，引发对死因及案件性质的争议。

损伤并发症致死案件审查要点：（1）审查图片、尸检记录、病历资料等，明确原发性损伤，并探寻损伤发生、演变、转归过程；（2）根据临床资料、尸体解剖、组织病理检验及必要特殊染色等明确损伤并发症；（3）分析死亡与原发性损伤之间的因果联系，审查评估有无医疗救治、基础疾病、个体差异、新发损伤等因素的影响，并综合审查判断死因鉴定的科学性；（4）重视案情材料中其他可能影响死亡原因鉴定的线索反映，如过敏史、二次受伤、长时间禁食、禁水、体位制动等。

第一节　概　述

一、损伤并发症及相关概念

根据损伤发生、发展规律，常见如下概念：

原发性损伤：狭义的原发性损伤指机械性暴力通过直接或间接作用于机体而引起的结构破坏和（或）功能障碍，又称创伤或外伤。广义的原发性损伤指人体受到外界某些物理性（如机械力、高热、电击等）、化学性（如强酸、强碱等）、生物性（如细菌、病毒等）因素等作用后所引起的损害性结果。

继发性损伤：指机体针对原发伤所产生的一系列反应性病理变化，如组织受损后反应性的充血、水肿。反应性病理变化一般具有机体防御性质，但过度的反应性病理变化可能加重原发性外伤，甚至引起全身性病理变化。也称损伤继发症，如原发性脑损伤是指伤后立即发生的病理性损害，包括脑震荡、脑挫裂伤。继发性脑损伤是指在原发性脑损伤的基础上逐渐发展起来的病理改变，主要是颅内血肿和脑肿胀、脑水肿。

损伤并发症：指机体在原发性损伤的转归过程中或在损伤的医疗过程中发生了与

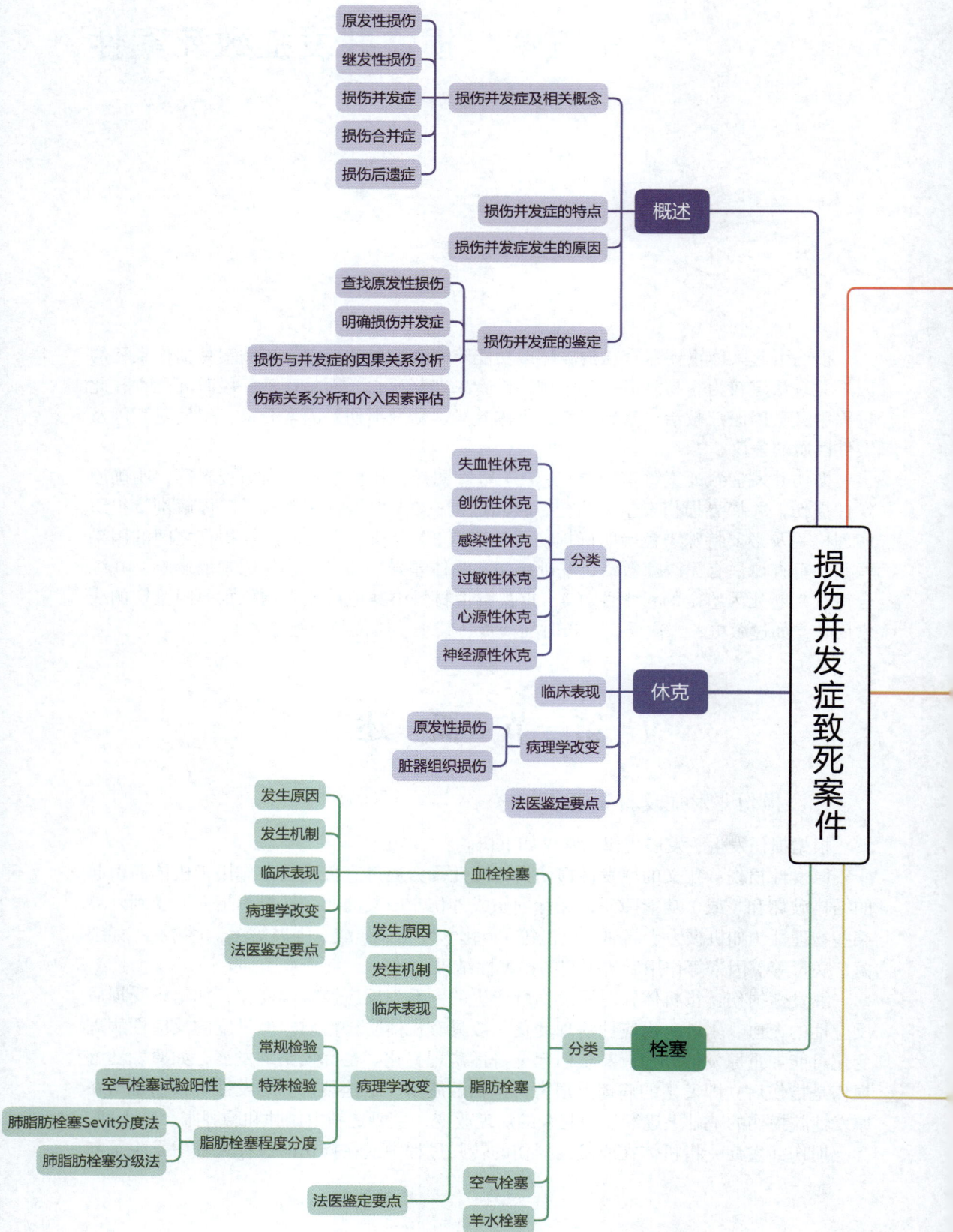

损伤并发症致死案件

- 概述
  - 损伤并发症及相关概念
    - 原发性损伤
    - 继发性损伤
    - 损伤并发症
    - 损伤合并症
    - 损伤后遗症
  - 损伤并发症的特点
  - 损伤并发症发生的原因
  - 损伤并发症的鉴定
    - 查找原发性损伤
    - 明确损伤并发症
    - 损伤与并发症的因果关系分析
    - 伤病关系分析和介入因素评估

- 休克
  - 分类
    - 失血性休克
    - 创伤性休克
    - 感染性休克
    - 过敏性休克
    - 心源性休克
    - 神经源性休克
  - 临床表现
  - 病理学改变
    - 原发性损伤
    - 脏器组织损伤
  - 法医鉴定要点

- 栓塞
  - 分类
    - 血栓栓塞
      - 发生原因
      - 发生机制
      - 临床表现
      - 病理学改变
      - 法医鉴定要点
    - 脂肪栓塞
      - 发生原因
      - 发生机制
      - 临床表现
      - 病理学改变
        - 常规检验
        - 特殊检验
          - 空气栓塞试验阳性
        - 脂肪栓塞程度分度
          - 肺脂肪栓塞Sevit分度法
          - 肺脂肪栓塞分级法
      - 法医鉴定要点
    - 空气栓塞
    - 羊水栓塞

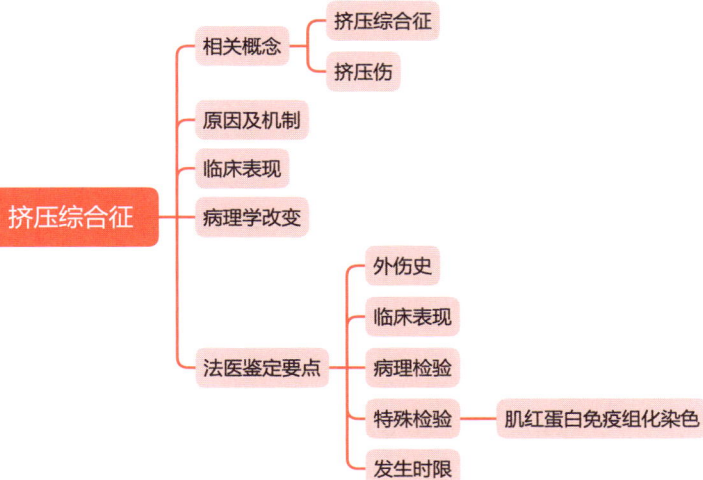

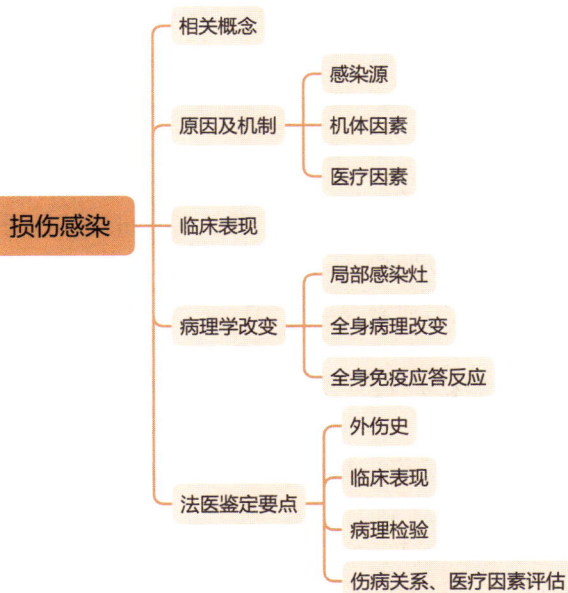

原发性损伤之间存在直接因果关系的一种或几种不良后果。

损伤合并症：指在原发性外伤转归过程中机体存在与之不相关的另一种或几种独立的疾病或病理过程。损伤合并症与原发性损伤之间无直接因果关系。

损伤后遗症：是指机体损伤后导致的疾病，由于疾病本身的恶化或由于治疗不及时或不当所引起的某种组织、器官的缺损或者功能上的障碍，而在原有疾病或者损伤已经痊愈后仍然会继续存在。

二、损伤并发症的特点和原因

1. 损伤并发症的特点
（1）损伤并发症发生在损伤的发生、发展或对损伤的医疗过程中。
（2）损伤并发症是与原发性损伤不同的另一种或几种不良后果。
（3）损伤并发症与原发性损伤有因果关系，但损伤并发症不是原发性损伤的必然结果。

2. 损伤并发症发生的原因
（1）原发性损伤因素：是引起损伤并发症的根本原因，包括损伤的原因、程度、类型、损伤作用时间长短等。
（2）伤者因素：包括个体差异、基础疾病、是否配合治疗等。
（3）医疗因素：治疗时机、治疗条件、医治措施等。

三、损伤并发症的法医学审查要点

1. 查找原发性损伤
原发性损伤有物理性、化学性、生物性损伤，实践中常见各类机械性损伤。
（1）大面积软组织损伤，需要考虑创伤性休克、脂肪栓塞、挤压综合征等；
（2）体位长时间制动，需要考虑肺动脉栓塞；
（3）创伤合并局部感染或长期昏迷，需要考虑感染性休克、多器官功能衰竭等。

2. 明确损伤并发症
损伤并发症的确认，需要依据临床资料、尸体解剖、组织病理检验及必要特殊染色等作出。
（1）临床资料：怀疑休克、急性呼吸窘迫综合征等查阅临床资料，是否符合临床诊断。
（2）尸体解剖：怀疑肺动脉栓塞，解剖时需要原位检查肺动脉或心肺联合提取，应注意查找栓子来源；怀疑空气栓塞，解剖时需要进行心内空气试验。
（3）特殊染色：怀疑脂肪栓塞需要脂肪特殊染色；怀疑挤压综合征时，需要进行肾小管中肌红蛋白免疫组化染色等。

3. 损伤与并发症的因果关系分析
损伤与并发症常有以下几种因果关系。
（1）损伤是并发症发生的直接原因。例如血管破裂致失血性休克，大面积软组织损伤致脂肪栓塞等。

（2）损伤是并发症发生的根本原因。例如颅脑损伤致意识障碍长期卧床，下肢深静脉血栓形成，致肺动脉栓塞。

（3）损伤作为并发症发生的启动因素，存在部分因果关系。例如创伤导致感染，但感染发生还取决于个体抵抗力、创口污染程度、病原体种类、医疗因素等。

（4）损伤与并发症发生无关。例如有些并发症并非损伤所致，而是医疗过错等导致的。

4.伤病关系分析和介入因素评估

对疾病参与程度应遵循临床学原则和规范，从损伤并发症的原因、机制、程度和疾病的性质等多方面综合评定伤病关系。

损伤并发症的介入因素，指那些干扰原发性损伤与并发症转归的因素。常见的有社会客观条件、加害者的主观因素、受伤者的主观因素、医疗失误等。

相关内容详见第八章中伤病关系分析相关内容。

第二节　休　克

一、概　念

休克：是机体有效循环血容量减少、组织灌注不足，细胞代谢紊乱和功能障碍的病理过程。

二、分　类

休克根据引起的原因可以分为以下几类（表5-2-1）。

表5-2-1　休克的分类

分类	原因	机制	特征
失血性休克	大失血	大失血致有效循环血量降低	血管破裂及较多失血
创伤性休克	严重外伤	失血、疼痛、脏器功能障碍等因素	大面积挫伤、骨折、颅脑损伤等
感染性休克	感染	细菌内、外毒素致有效循环量减少、微循环障碍、血浆渗出	感染灶及全身炎症反应
过敏性休克	过敏	全身过敏反应致毛细血管扩张和通透性增高，有效循环血量降低、微循环障碍、血浆渗出	全身过敏反应
心源性休克	心功能障碍	心脏射血或充盈障碍致急性循环衰竭	心功能障碍
神经源性休克	神经功能障碍	中枢或外周神经功能障碍致血管扩张	中枢或外周神经损伤，多伴有疼痛，无特异性改变

三、临床表现

休克主要表现为意识模糊或昏迷，面色苍白，出冷汗，口唇、肢端发绀，脉搏细速，血压低于基础血压 30%，脉压差小于 4kPa。

四、病理学改变

1. 原发性损伤

失血性休克有血管或脏器破裂，伴大量血液流失；创伤性休克、神经源性休克常有大面积挫伤、骨折、脏器损伤等；感染性休克有感染灶及脓毒血症等；过敏性休克常有全身过敏性反应等。

2. 脏器组织损伤

（1）肾：大体可见呈苍白色，皮髓分界不清。镜下，肾小球毛细血管扩张空虚，可伴透明血栓形成；近曲小管上皮水样变，间质水肿。

（2）肺：镜下观察肺间质水肿，肺泡腔充满水肿液，局灶出血，部分死者可见肺透明膜形成。

（3）心脏：大体检验心腔空虚。镜下观察心肌横纹欠清、嗜酸性变等早期缺血改变。

（4）肝脏：镜下观察肝窦空虚，可有肝小叶中央性水肿。

（5）脑：镜下观察神经元缺血性固缩或肿胀，胶质细胞肿胀，毛细血管通透性增加致弥漫性脑水肿。

五、休克的法医学审查要点

1. 有导致休克的外伤或病因。

2. 有休克临床表现。

3. 病理学改变。大体检验，皮肤、黏膜苍白，尸斑浅淡，肝、肾等脏器苍白，大血管、心腔空虚。镜下观察肺淤血水肿、肺透明膜形成、局灶性出血，肺间质血管内常见微血栓和白细胞聚集现象；肝脏小叶中央性细胞变性坏死、肾小管变性、坏死；缺血缺氧性脑病改变。

4. 排除其他并发症死因。休克为创伤早期常见的损伤并发症，但有时也可合并脂肪栓塞综合征、呼吸窘迫综合征等。故鉴定休克时要排除上述并发症的发生。

【案 例】

汤某，男，43 岁。打斗过程中被他人用钝器多次击打腿部，伤后 1 小时死亡。解剖检验：尸斑淡，双眼睑结膜、唇颊黏膜、双肺、肝脏、肠管表面、胃黏膜苍白，双下肢大面积软组织擦挫伤及多处不规则创口，双小腿多发性粉碎性骨折，局部碎骨片杂乱，肌肉大面积挫伤、出血，局部挫碎，余死者头、颈、胸、腹部未见致命性损伤，心、脑、肺、脾及肾等多脏器部分间质血管空虚。心脏左冠状动脉前降支距开口 2cm 处见管壁粥样硬化斑块伴管腔狭窄Ⅲ级，未见急性心肌缺血改变。肾脏未见管型形成。肺、脑、肾苏丹Ⅲ特殊染色均未见脂滴。结合案发现场见血泊，死者衣物沾有大量血迹，综合分析，汤某系肢体遭受严重损伤致创伤性休克死亡（图 5-2-1）。（盐城市公安局彭明琪提供）

a. 案发现场血泊

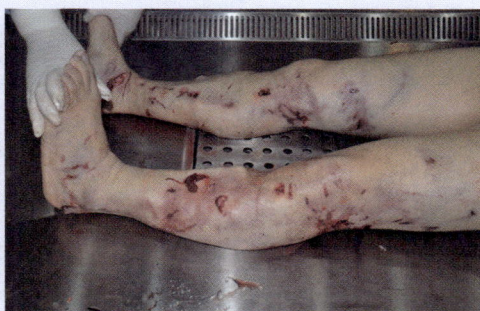

b. 双下肢多处挫裂创、粉碎性骨折伴大面积挫伤

图 5-2-1　创伤性休克

案例解析： 本案死者损伤主要集中于双下肢，非脑、心脏等重要脏器的毁损，现场血泊估算出血量尚未达失血性休克标准，因此是否系外伤导致死亡常是该类案件办理的争议点和关键点。该案死者双下肢广泛软组织损伤伴多发性粉碎性骨折，全身脏器呈贫血改变，符合以创伤、失血为主的休克改变。肺、脑、肾脂肪特殊染色阴性，肾脏未见明显管型，故可以排除因脂肪栓塞、挤压综合征死亡。因此本例鉴定为创伤性休克死亡依据充分。根本死因为钝器多次打击双下肢。

创伤性休克的鉴定难点在于此损伤并发症多发生在外伤后 48 小时之内，部分伤者死亡过程迅速，尚未进行临床救治，无血压、脉搏等临床休克指标支持，需要通过尸体征象、死亡过程等综合判断。同时大面积软组织损伤在早期也可引起或合并失血性休克、脂肪栓塞、急性呼吸窘迫综合征等其他并发症，需加以鉴别。当多种损伤并发症合并发生时，可加速死亡过程。

【案　例】

张某，女，23 岁。某日自感不适在无证诊所看病。查体：T 38.9℃，P 90 次 / 分，诊断：上呼吸道感染。用先锋霉素加入 5% 葡萄糖盐水静脉滴注，30 分钟后寒颤、抽搐，血压下降，抢救无效死亡。解剖检验：会厌、喉头中度水肿，双肺膨隆，脑、肺、肝等脏器淤血。镜下，会厌、支气管黏膜下层及胃黏膜底层见较多嗜酸性粒细胞。硫堇特殊染色显示肥大细胞脱颗粒现象。心血 IgE 浓度达 220IU/ml。鉴定系静脉滴注药物致过敏性休克死亡（图 5-2-2）。

案例解析： 该案系非法行医案件，查明死因，明确是否为用药致死是此类案件办理的关键。死因鉴定时需注意以下几点：（1）案情调查，包括现病史，过敏史，本次用药及药物批次，死亡过程及临床表现；（2）系统尸体检验，查找过敏性休克的特殊病理学改变，例如喉头水肿，双肺淤血、多脏器嗜酸性粒细胞、肥大细胞增多等；（3）必要时开展特殊检验，包括血清 IgE、类胰蛋白酶等过敏指标检验，肥大细胞特殊染色、

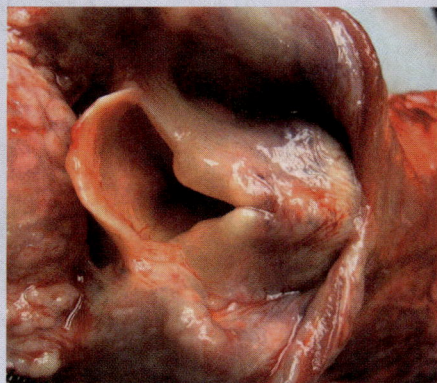

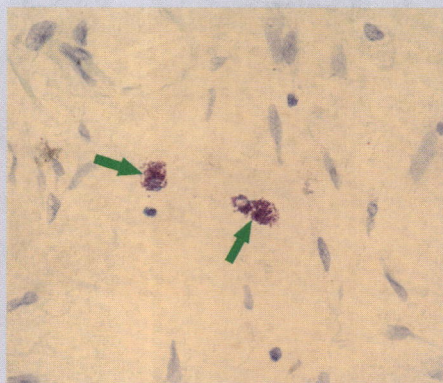

a. 喉头会厌黏膜水肿　　　　　　b. 硫堇染色，示肥大细胞脱颗粒改变（↑）

图 5-2-2　药物过敏性休克（中山大学竞花兰提供）

类胰蛋白酶免疫组化染色等；（4）排除其他死因。实际检验中怀疑过敏性休克致死案件应尽早进行尸体检验，尽早提取血液标本及时送检。部分案件血清 IgE 含量不高并不能排除严重过敏反应，需结合上述几点综合判断。

第三节　栓　塞

一、概　念

栓塞：是循环血液中出现不溶于血液的异常物质，随血流运行至远处阻塞血管的现象。

栓子：阻塞血管的异常物质。

栓塞分类，按栓子的种类性质，可以分为血栓栓塞、脂肪栓塞、气体栓塞、羊水栓塞、肿瘤细胞栓塞、寄生虫栓塞、异物栓塞、感染栓塞等（表 5-3-1）。

表 5-3-1　栓塞分类及特点

	血栓栓塞	脂肪栓塞	空气栓塞	羊水栓塞
原因	静脉系统来自下肢静脉（如长期活动受限或下肢损伤），或右心附壁血栓（如大面积外伤后的损伤并发症等）；动脉系统来自心脏（如风湿病或动脉瘤）	长管状骨骨折或大面积软组织损伤形成脂滴	空气静脉注射；头颈、胸部外伤；胎盘早剥子宫静脉破裂	分娩期子宫壁内静脉窦破裂

续表

	血栓栓塞	脂肪栓塞	空气栓塞	羊水栓塞
栓子运行途径	静脉系栓子顺血流经右心致肺动脉；动脉系栓子直接进入体循环	大部分通过静脉系统至肺组织，部分细小脂滴可通过肺组织进入动脉系统至脑等其他组织	回流至右心室并不断形成大量泡沫	经静脉系统回归至右心在进入肺循环，少量进入体循环
主要累及器官	肺（静脉栓子）；脑、肾、心、脾（动脉栓子）	大部分在肺；部分细小栓子可至脑等组织	心、肺	肺
栓塞致死量	不定，肺动脉栓塞要堵塞较大肺动脉管腔；脑动脉栓塞取决于堵塞部位及范围	9～20g	100ml	不定，并继发过敏性休克
致死机制	①神经反射性右心衰；②心、脑、肺梗死	肺栓塞致右心衰；脑梗死	急性心力衰竭	①肺栓塞致衰；②过敏性休克

二、肺动脉血栓栓塞

肺动脉血栓栓塞是血栓栓子堵塞肺动脉或其分支引起肺循环障碍的临床和病理生理综合征。肺动脉血栓栓塞具有起病急、进展快、死亡率高、死亡时间短暂等特点。

1. 发生原因
（1）创伤、手术，例如大面积软组织损伤；
（2）制动，例如长时间束缚；
（3）血栓性静脉炎、静脉曲张；
（4）肿瘤；
（5）其他：如妊娠、药物等。

2. 发生机制
血栓形成三要素如下：
（1）血管内皮损伤，例如机械性外力作用致血管内皮细胞损伤；
（2）血液高凝状态，例如大面积软组织损伤导致促凝因子的释放；
（3）血流缓慢或涡旋，例如失血性休克或外伤后活动受限，导致血流缓慢。

机械性损伤特别是骨折、软组织或器官损伤发生后，机体的凝血机制增强，血液处于高凝状态，伤者肢体制动导致血流缓慢，以及损伤引起局部的血管内皮细胞损伤，从而为血栓形成创造了有利的条件。

3. 临床表现
（1）症状：呼吸困难及气促、胸痛、晕厥、烦躁不安、咯血、咳嗽、心悸等。
（2）体征：呼吸系统体征，如呼吸急促、发绀等；循环系统体征，如心动过速，严重时可出现血压下降甚至休克，颈静脉充盈或异常搏动；其他方面，可伴发热。

4. 病理学改变
（1）大体可见肺动脉及其分支可见血栓栓子，血栓栓子呈类长条圆柱状，呈暗红色，或灰白与暗红色相间。
（2）镜下观察：根据脱落栓子检见部位，常见混合血栓和红色血栓。混合血栓主要显示为淡红色无结构的呈分支状或不规则珊瑚状的血小板梁和充满小梁间纤维蛋白网的红细胞，血小板梁边缘可有中性粒细胞附着。红色血栓主要显示为纤维蛋白网眼内充满红细胞和一定比例的呈均匀分布的少量白细胞。

5. 肺动脉血栓栓塞的法医学审查要点

（1）外伤史，多见于大面积软组织损伤或骨折，可伴有脏器损伤；可有长时间活动受限或卧床史。

（2）死亡迅速，典型的死亡临床表现为突发呼吸困难、胸痛、咯血、发绀、右心衰竭、低血压、肢端湿冷等。

（3）栓子发现、固定、提取：怀疑肺动脉血栓栓塞时，必须在解剖时对心、肺动脉原位检查，并照相固定；或心肺联合提取并固定后行心肺动脉检查。如尸解时单独提取心、肺，则会导致栓子的破坏。

（4）病理检验确证肺动脉管腔内血栓栓子，且进行病理组织检验，明确栓子种类。一般机械性损伤并发的血栓栓子多为混合血栓或右心附壁脱落的白色血栓，白色血栓肉眼可见明确的结构，镜下见典型的血小板梁结构，并伴白细胞浸润；混合血栓呈暗红色，质地较韧，镜下见血小板梁间有大量红细胞沉积。

（5）查找血栓栓子来源，明确死亡性质。

（6）肺动脉血栓栓子与死后肺动脉血凝块、濒死期鸡脂样凝血块鉴别（表5-3-2）。

表5-3-2　生前血栓与死后凝血块鉴别

	生前白色血栓	生前红血栓	死后凝血块	死后鸡脂样凝血块
肉眼观察	干燥	干燥或湿润	含体液较多	含体液较多
	部分发脆	弹性±	有弹性	有弹性
	表面不光滑	表面光滑	表面光滑、有折光	表面光滑、有折光
	部分粘附	不直接粘附	不粘附	不粘附
	灰色、灰白色或灰红色	暗红色	暗红色	黄色
镜检	血小板小梁相互连接呈网状，少许纤维素形成，其间网络红细胞，血小板梁周有白细胞浸润	主要为红细胞，少量纤维素、少数血小板	红细胞、大量纤维素、白细胞所组成	疏松纤维素，网络少量血细胞，偶尔见血小板

（7）合理评估其他因素，包括死者生前患有心功能不全、静脉炎等疾病或其他因素。

【案　例】

王某，男，31岁。在监管场所内遭同监犯人多次殴打，未予治疗，第7天死亡。尸表及解剖检验：四肢及腰背、臀部、会阴部等广泛皮下出血，部分深达肌层，左右肋骨多发性骨折。组织病理检验：心脏重300克，心肌及瓣膜无异常。右心室腔饱满，巨大血块充盈，并向右心流出道及肺动脉内延伸致肺动脉阻塞。镜下观察，肺动脉干内血块为细颗粒、伊红色物质呈团块状或条索状分布，其周围伴大量白细胞浸润，条索间有红细胞堆积。病理诊断：右心室巨大附壁血栓形成延伸并伴肺动脉混合血栓形成阻塞肺动脉。死因鉴定意见：王某系全身大面积挫伤、肋骨多发性骨折，右心室巨大附壁血栓形成阻塞肺动脉，致循环、呼吸功能障碍死亡。该案直接死因是附壁血栓阻塞肺动脉死亡；根本死因系外伤（全身大面积挫伤、肋骨多发性骨折）致死（图5-3-1）。（江苏省人民检察院顾晓生提供）

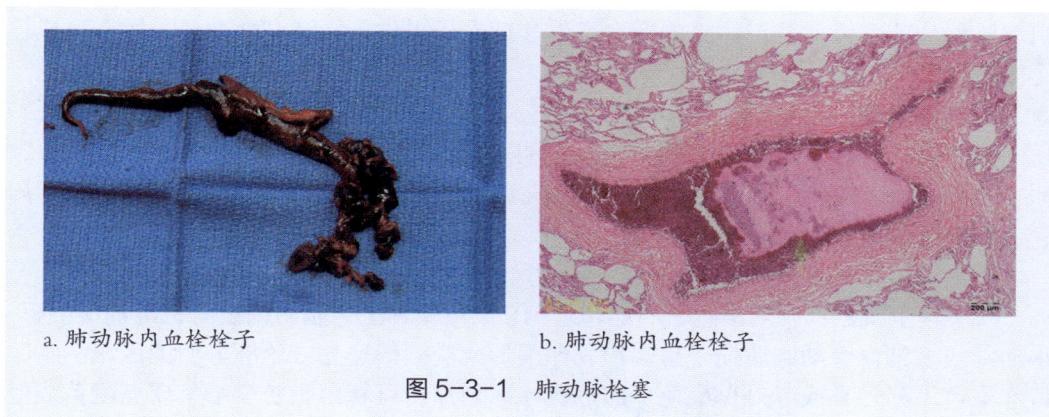

a. 肺动脉内血栓栓子   b. 肺动脉内血栓栓子

图 5-3-1　肺动脉栓塞

案例解析： 本案鉴定肺动脉栓塞直接致死不难，但判断肺动脉栓塞是由疾病或外伤引起是案件办理的关键。本案中死者无血管壁病变及血液凝血功能疾病等，排除自身疾病因素；王某被打致全身大面积挫伤、肋骨多发性骨折，可引起血管内皮损伤，血液黏稠度增高，血液流动性降低，是导致血栓发生的直接原因，为故意伤害致人死亡提供直接证据。

同类案件鉴定需注意以下几点：

（1）鉴定易错点：①解剖及镜下检验肺动脉栓子遗漏或被破坏，导致鉴定意见错误（假阴性）；②仅有镜下检见微小血管腔内血栓，无大体形态学支持，导致微循环栓塞误诊为肺动脉栓塞（假阳性）；③没有鉴别诊断死后凝血块与血栓栓子，导致鉴定意见错误（假阳性）。

（2）案件性质判断易错点：①没有查明肺动脉栓子的来源（附壁血栓、下肢深静脉血栓等），并根据血栓形成三要素（血管内皮损伤、血凝状况、血流动力）分析血栓形成的原因，导致案件性质不明或错误；②当死者存在心血管疾病等，需进行伤病关系分析；③部分死者伤后存在医疗救治过程，辩护人常以医疗介入因素作为辩点，鉴定人可从原发性损伤、伤后临床表现、病理检验、血栓性质、有无医疗过错等方面进行应对。

三、脂肪栓塞

脂肪栓塞是严重外伤例如长管状骨骨折、脂肪组织丰富的软组织挫压伤后，肺脏、脑等多器官脂滴堵塞微小血管腔的现象。

1. 发生原因

（1）长管状骨骨折；

（2）软组织大面积损伤；

（3）骨科手术，例如髋、膝关节置换术等；

（4）其他：如烧伤、乙醇中毒、感染、糖尿病合并高脂血症、结缔组织性疾病等。

2. 发生机制

机械性损伤致长管状骨骨折或软组织中大量脂肪组织坏死，形成脂滴进入静脉系统，随血液流动至肺脏、脑等组织堵塞微小血管腔，造成组织缺血缺氧及神经反射，引起脏器功能障碍死亡。休克的低血容量和低血压提供了脂滴在微循环滞留并形成栓子的机会。

3. 临床表现

（1）症状：神志不清、烦躁或昏迷，胸闷、呼吸困难，其他如心率加快等。

（2）体征：发热、意识障碍、可有皮肤瘀点斑疹、呼吸窘迫、进行性低氧血症等。

4. 病理学改变

（1）大体可见双肺萎陷，重量减轻，可伴有休克征象。

（2）镜下观察：常规染色，石蜡包埋 HE 染色切片上，脂肪因被有机溶剂所溶解，小动脉或毛细血管的脂肪栓子呈圆形、卵圆形或椭圆形透亮或轮廓分明的区域。脂肪特殊染色（苏丹Ⅲ或苏丹Ⅳ染色）需进行冰冻切片，血管内脂肪栓子呈现亮橙黄或橙红色小球。部分血管内脂肪栓子呈细长形甚至血管分叉处可见分支状，变形的脂肪栓子提示为生前栓塞。

5. 脂肪栓塞程度分度

（1）肺脂肪栓塞 Sevit 分度法：在 $15\mu m$ 厚的特殊脂肪染色组织切片上，用 10 倍物镜计数 $20 \sim 40$ 个栓子 / 视野，轻度脂肪栓塞小于 1 个栓子 / 视野；中度脂肪栓塞为 $1 \sim 3$ 个栓子 / 视野；重度脂肪栓塞大于 3 个栓子 / 视野。

（2）肺脂肪栓塞分级法：0 级为无脂肪栓子；1 级为寻找后才见到脂肪栓子；2 级为较容易见到脂肪栓子；3 级为脂肪栓子较多；4 级为致命性脂肪栓子。

6. 脂肪栓塞的法医学审查要点

（1）外伤史，多见于长管状骨骨折或大面积软组织损伤。

（2）伤后 $12 \sim 24$ 小时内出现发热、呼吸困难、进行性低氧血症、意识障碍等临床表现。

（3）尸检除原发性损伤外，HE 染色切片呈现小动脉或毛细血管腔内空泡透亮影。

（4）脂肪特殊染色，明确脂滴栓子，且评估脂肪栓塞达重度或 4 级。

【案　例】

臧某，男，55 岁。因纠纷被 5 人用橡胶棍、甩棍、砖块等物殴打致体表大面积损伤。伤后 1 小时送医就诊，查体 P137 次 / 分，R30 次 / 分，BP57/34mmHg，面色苍白。诊断：全身多发伤、休克。伤后 2 小时患者双侧瞳孔散大，对光反射消失，经抢救无效宣布死亡。原鉴定意见，臧某系创伤性休克致死。该案辩护意见认为臧某创伤性休克有救治的可能，其死亡原因是伤后未得到及时救治。检察机关在审查起诉阶段启动补充侦查，开展重新鉴定。解剖检验：死者胸腹部、四肢大面积皮下及肌肉组织出血、坏死。双肺萎陷，重量减轻，质软，表面苍白，切面未见明显淤血。镜下观察双肺间质动脉、小血管及毛细血管管腔内见类圆形、椭圆形或串珠样空泡。苏丹Ⅲ脂肪特殊染色，左、右肺各叶肺间质小动脉及肺泡隔毛细血管内有圆形、类圆形、长条形或不规则形的亮橙黄色脂滴，部分毛细血管内呈串球状排列。经评估属于重度脂肪栓塞。死因鉴定意见，臧某符合全身大面积软组织挫伤并发创伤性休克和重度肺脂肪栓塞死亡（图5-3-2）。

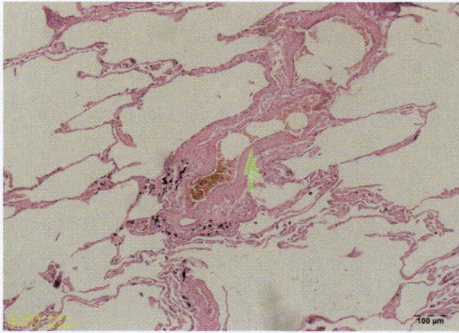

a. 肺间质细小动脉管腔内见类圆形串珠样空泡　　b. 肺间质细小动脉管腔内见类圆形亮橙黄色脂滴（苏丹Ⅲ染色）

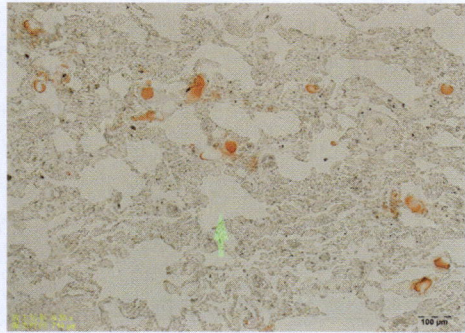

图5-3-2　肺动脉脂肪栓塞

案例解析：本案中，控辩双方的焦点在于死者伤后是否能获得及时治疗以阻断死亡的进程。控方启动重新鉴定，查明死者存在创伤性休克和肺动脉脂肪栓塞两种并发症，程度严重，且相互促进，病程进展快，死亡率高，且医疗行为无过错，强化了外伤致死的证据。涉及脂肪栓塞案件需要注意以下两点：（1）怀疑脂肪栓塞案件需尽快提取肺、脑等组织进行冰冻切片和脂肪特殊染色。常规石蜡包埋组织切片会将血管腔中脂肪栓子溶解在有机溶剂和石蜡中，呈现空泡透亮影，无法从形态学上确认脂滴成分（假阴性）；（2）在缺乏临床依据的案例，必须对肺中脂肪栓子程度进行定量分级，重度或达4级的脂肪栓塞可以作出死因意见。

四、空气栓塞

空气栓塞是指大量空气迅速进入血液循环或原溶于血液内的气体迅速游离形成气泡阻塞心血管血流的现象。

1. 发生原因

（1）机械性损伤致头颈或胸部大中静脉损伤；

（2）静脉注射空气；

（3）减压病；

（4）分娩或流产，子宫收缩致空气进入子宫壁静脉窦。

2. 发生机制

内源性减压病，外源性空气注射或通过头颈、胸部血管腔压力低于大气压的大中静脉破口进入循环系统至右心，空气与心腔内血液因心脏搏动形成大量细小泡沫，心脏收缩时血液不被有效排出、阻塞血液流动，迅速引起死亡发生。一般情况下迅速进入血液循环空气量100ml左右，即可导致急性右心衰。

3. 临床表现

（1）症状：呼吸困难、气促、咳嗽、昏迷等。

（2）体征：呼吸系统体征如呼吸急促、发绀；循环系统体征如心动过速，严重时心搏骤停；中枢神经体征如意识障碍等。

4. 病理学改变

（1）大体检验：需行空气栓塞试验，解剖时先在胸骨上开一小窗，避免切断静脉，暴露心包，将心包作一切口，向心包内注水没过心脏，然后切开右心室，发现有大量气泡从水中冒出，即证实空气栓子存在。

（2）镜下观察：空气进入血液循环，可致一些器官栓塞，血管腔中呈圆形或椭圆形空泡影。

5. 空气栓塞的法医学审查要点

（1）外伤史，头颈、胸部大、中静脉破裂，或者外源性气体注射口。

（2）症状急，常有胸部不适、呼吸困难、咳嗽、烦躁、昏迷，严重时心搏骤停突然死亡。

（3）右心、肺动脉、肺静脉存在血性泡沫，空气栓塞试验阳性。

（4）鉴别：空气栓塞与死后心腔气泡、腐败尸体中的腐败气泡鉴别。

【案　例】

杨某，男，51岁，某日因感胸部不适，其妻（乡村医生）给予臀部肌注"复方丹参"2支，其实为农药"速灭杀丁"。后杨某一直诉头晕、四肢乏力、臀部胀痛，曾到医院行臀部脓肿切开引流。第五日晚上，其妻见杨某没有死亡，又趁给杨某输液时，中途断开输液皮条连续两次用50ml注射器抽取空气注入静脉血管，致使杨某迅速死亡。解剖检验，打开胸腔后见两肺淤血水肿显著，浆膜下少许出血点，肺叶边缘钝圆。心脏冠状动脉内见大量气泡，心腔内积气约100ml。大脑表面多处血管内有串珠状气泡，结扎颅底血管后检查，发现椎动脉—基底动脉—大脑动脉环及其周围血管内有较多的气泡，血管壁色白，管腔内全为串珠状气泡充塞。扩大切开臀部切口，探查脓肿深度20cm以上，组织坏死，混有较多粘黄色脓液，有特殊的"芳香味"，经化验检出农药"速灭杀丁"成分。镜检，脑组织、肺组织血管腔内见圆形、类圆形、椭圆形空泡影（图5-3-3）。

案例解析： 因空气栓塞较隐匿，且空气栓塞实验系破坏性实验，不可重复，极易造成漏鉴或争议。故办理该类案件时需注意以下几点：（1）了解案情，查找空气进入

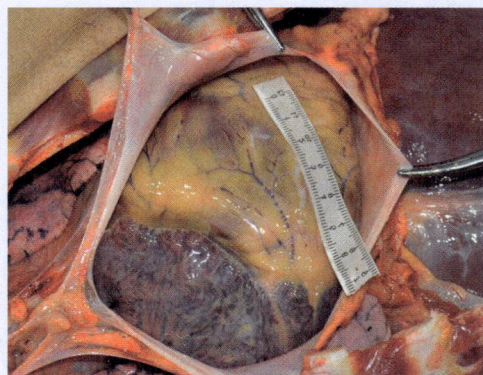

a. 心脏冠状动脉管腔内见串珠样气泡   b. 心腔内积气约 100ml

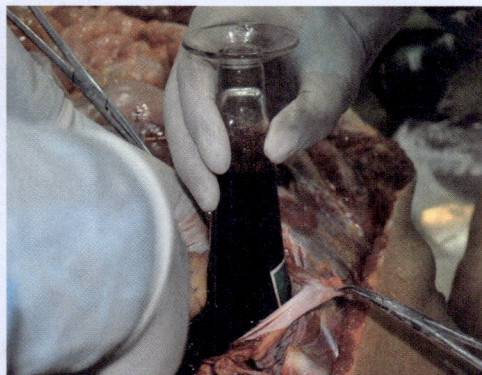

图 5-3-3 空气栓塞

的方式和途径，制定死因鉴定的完备方案（空气栓塞实验等）。（2）尽早解剖尸体，防止腐败气泡造成的假阳性。（3）尸体解剖切开颈静脉等近心大静脉可造成死后心腔气泡（假阳性），应上下腔静脉结扎后行空气栓塞实验。（4）冠状动脉、脑膜动脉等有时可见血液间断现象（假阳性），需加以鉴别。

第四节 挤压综合征

一、概　念

挤压综合征：指人体躯干四肢等肌肉丰富的部位受到长时间严重挤压，致局部受压组织缺血、挫伤、变性、坏死，肌浆溶解、肌红蛋白释放，出现以肌红蛋白尿、代谢性酸中毒、高钾血症和氮质血症等急性肾衰竭为主的综合征。

挤压伤：狭义的挤压伤是指人体肌肉丰满的部位受重物挤压一段时间后，筋膜间隔内的肌肉缺血、变性、坏死、组织间隙出血、水肿。广义的挤压伤，指人体被作用面较大的重物挤压所产生的一系列损伤性病理形态学和病理生理学变化。

二、原因及机制

大面积的肌肉挫伤、坏死，致肌浆溶解、血管通透性增高，并发微循环障碍、电解质紊乱、代谢性酸中毒、血液高凝状态和肌红蛋白血症等，引起以急性肾衰竭为主的全身多器官功能障碍综合征而死亡。

三、临床表现

有外伤史。局部疼痛、皮下出血，肢体肿胀，全身中毒及代谢紊乱。受伤24小时内无尿或少尿，尿液呈茶褐色，尿中检出肌红蛋白。血生化可有高钾血症、氮质血症。

四、病理学改变

1. 皮肤、肌肉：大体可见肢体肿胀区域皮肤张力增高，肌肉出血、坏死伴组织水肿。镜下观察横纹肌纤维变性、肿胀，横纹模糊不清或消失，肌纤维坏死、间质水肿明显，伴炎症细胞浸润或不同程度出血。

2. 肾：以大量肌红蛋白沉积在肾小管为特点的急性肾功能衰竭。大体可见肾脏肿胀，皮髓质交界不清，皮质发白，髓质暗红色。镜下观察肾小球、肾间质充血、肿胀，肾小管上皮细胞肿胀、脱落和坏死。近曲小管、远曲小管含有颗粒状或带状嗜酸性色素管型，粗细不等。坏死肾小管及周边组织有炎症细胞浸润。肌红蛋白免疫组化染色，肾小管中含有肌红蛋白管型，且病变达一定程度。

3. 心脏：心肌细胞缺血、坏死，心肌间质水肿。

4. 脑：脑水肿，神经元缺血缺氧性变性、坏死。

5. 肝：淤血、水肿，肝细胞变性、局灶性坏死。

6. 胃肠道：可有应激性溃疡、消化道出血。

五、挤压综合征的法医学审查要点

1. 有大面积肌肉挫伤或长期压迫史。

2. 尸体解剖见肢体肿胀，大面积肌肉出血、水肿、坏死。

3. 镜下可见肾小管，尤其远曲小管见分布广泛的混合管型或嗜酸性的蛋白管型。

4. 肌红蛋白免疫组化染色，证实为肾小管肌红蛋白管型。

5. 发生时限。大面积软组织挫伤短时间引起创伤性失血性休克或高血钾症致死；伤后 8 小时左右或早期死亡，多因失血性、创伤性休克和（或）脂肪栓塞死亡；48 小时以上，一般伤后 4 ~ 5 天，肾小管内见肌红蛋白管型，多为挤压综合征死亡。

【案　例】

张某，男，25 岁，因盗窃罪被判刑。某日在监管场所内被他人反复击打双腿。伤后出现少尿，伴头痛、恶心、胸闷、气促等，口唇紫绀。查体：血压 130/90 mmHg，脉搏 96 次 / 分；双下肢广泛瘀斑、肿胀。伤后第 3 日经抢救无效死亡。尸体检验：双下肢广发挫伤，出血深达肌层，部分肌肉组织水肿、坏死。镜下观察，骨骼肌变性、坏死，肾小球贫血，远曲小管内见蛋白管型。免疫组化示肾脏远曲小管肌红蛋白管型。死因鉴定，张某系被反复击打双下肢致挤压综合征死亡（图 5-4-1）。

案例解析：广泛软组织挫伤在刑事案件中较常见，但因发生的程度和时间不同而呈现不同的死因。实践中发现，伤后 8 小时以内的死亡，直接死因多为创伤性休克、脂肪栓塞等；典型的挤压综合征常在损伤 48 小时，甚至更长的时间形成。肾小管肌红蛋白管型免疫组化是鉴定挤压综合征的确证检验（与红细胞破裂导致的血红蛋白管型相鉴别）。

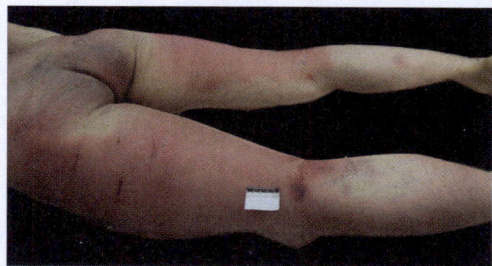

a. 双下肢广泛性软组织损伤

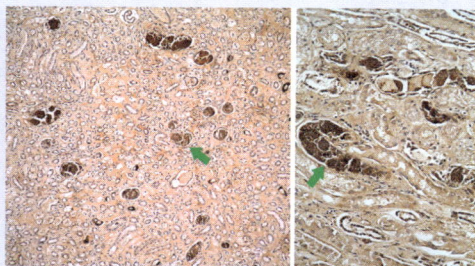

b. 远曲肾小管管腔内见肌红蛋白管型，呈棕褐色团块、粗颗粒状散在分布（↑），肌红蛋白免疫组化染色

图 5-4-1　挤压综合征（中山大学竞花兰提供）

第五节　损伤感染

一、概　念

损伤感染：是指损伤后创面受到外界病原体侵入或机体免疫力下降等而发生的创面化脓溃烂及脏器或全身多发感染为特征的并发症。

毒血症：病原菌仅在局部生长繁殖并产生毒素入血而引起全身症状。

菌血症：病原菌侵入血液而未在血中大量繁殖。

败血症：病原菌侵入血液并大量繁殖，产生机体严重中毒和损害。

脓毒血症：细菌侵入血液并繁殖，并在其他脏器中出现新的化脓病灶。

全身炎症反应综合征（SIRS）：指机体对不同原因的严重损伤所产生的系统性炎症反应，并至少具有以下 2 项临床表现：①体温 >38℃或 <36℃；②心率 >90 次/分；③呼吸急促、频率>20次/分，或过度通气、$PaCO_2$<32mmHg；④血液白细胞计数>12×10^9/L，或 <4×10^9/L，或未成熟中性粒细胞比例 >10%。

二、原因及机制

1. 感染源

（1）外来性感染源，由外界病原体污染、感染创面进入人体，引起全身感染。

（2）内源性感染源，由机体自身的常居菌（如消化道、呼吸道）进入邻近组织造成深部组织或全身感染。

2. 机体因素

（1）全身因素：伤者年龄、营养状况、自身免疫力、伤前自身疾患（如糖尿病、尿毒症）等。

（2）局部因素：如局部组织出血、水肿、坏死，免疫细胞因循环障碍无法到达伤口，易造成抗感染能力下降。

3. 医疗因素

包括治疗时机、治疗措施，必要时有无做病原体培养及针对性抗感染药物治疗，是否存在院内感染或创面院内污染等。

三、临床表现

局部浅表感染灶表现为红、肿、热、痛。全身脓毒症主要变现为骤起寒战，继而高热，头痛、头晕、恶心、面色苍白或潮红，神志淡漠烦躁或意识障碍。白细胞数明显增高，可有不同程度的酸中毒、氮质血症，代谢紊乱等。免疫力低下者部分临床症状可能不典型。

四、病理学改变

1. 局部感染灶。表现为变性、坏死、脓腔或溃疡形成等。

2. 全身病理改变。在病原菌和毒素作用下，实质脏器可出现不同程度变性、坏死。当病原菌播散至内脏器官或随血流栓塞到某些脏器并繁殖时，可形成炎症或新的脓肿灶。脓肿中央区有液化坏死，血管内见细菌生长团，周围区有大量炎症细胞浸润，时间较久的脓肿可见纤维组织增生反应，形成包裹。

3. 全身免疫应答反应。肝、脾、淋巴结肿大。镜下观察，脾脏髓质增生，脾小结反应中心扩大，有中性粒细胞浸润。

五、损伤感染的法医学审查要点

1. 有外伤史，创面形成感染灶。

2. 部分脏器感染，根据病原菌和发生部位的不同，可表现为脓肿、蜂窝织炎、各脏器炎症、脓毒血症、败血症等。

3. 尸体解剖时可无菌操作提取心血进行细菌培养。

4. 注意伤病关系、医疗因素评估。

第六节　多器官功能障碍综合征

一、概　念

多器官功能障碍综合征（MODS）：又称多器官衰竭，指在严重创伤、感染、失血等应激状态时，机体短时期内出现两个或两个以上器官或系统功能的衰竭。其特点是原发性因素启动 MODS 后，即使原发性因素消失，MODS 仍继续发展甚至引起死亡。肺脏、胃肠道、肝脏、肾脏等是 MODS 发生过程最早累及的器官。

二、原因及机制

休克、感染、损伤（包括创伤、外科手术等）是 MODS 三大主要致病原因。失控的全身性炎症反应综合征（SIRS）是发生 MODS 的共同前置通路。

三、临床表现

MODS 临床表现根据受累器官及程度表现不完全相同。可表现为心血管、呼吸、中枢神经、肝脏、肾脏、胃肠系统、凝血系统等功能障碍。

四、病理学改变

1. 肺：在 MODS 中常最先累及。可有不同范围、程度的充血、出血、水肿，部分区域肺泡膜形成。

2. 肝：肝细胞浊肿，部分嗜酸性变、脂肪性变、核固缩或肝细胞坏死，坏死灶周可见炎症细胞浸润。

3. 肾：肾小球充血或缺血，肾小管浊肿、透明性变或肾小管上皮细胞变性坏死，间质水肿。

4. 脑：脑组织水肿，神经元变性、坏死。

五、MODS 的法医学审查要点

1. 存在休克、感染、损伤等原因。

2. 发生时机。多数 MODS 出现在原发损伤之后数天至数周，但有些病例最早可在 72 小时左右出现。

3. 符合 MODS 的临床表现和临床诊断。

4. 多器官呈现变性、坏死、炎症细胞浸润等机体终末期病理学改变。

【案　例】

张某，男，35 岁。因寻衅滋事罪被判刑羁押。某日，张某因狂躁、自伤自残行为，被用电警棍制服，并多次（数小时至 10 余小时不等）被束缚于床上，长达 30 余小时。8 日后，该犯出现胸闷、呼吸困难等，经抢救无效死亡。急诊病历记载，张某入院时体温 36.5℃，脉搏 89 次/分，血压 117/70mmHg，烦躁，意识不清。白细胞 17.4×10^9/L。PCO_2 26mmHg、PO_2 83mmHg。CT 检查，双肺弥漫性片状影。血生化提示电解质紊乱，急性肾功能不全。死亡诊断：肾功能不全，高钾血症，急性肺水肿，肺部感染，急性呼吸窘迫综合征，全身多处软组织挫伤。尸体检验：双肺大部分肺泡腔内有多量散在红细胞分布，伴大量单核细胞、淋巴细胞浸润，部分肺泡壁内附有嗜伊红均质条索状物质（透明膜形成）；肝脏大部分肝细胞呈颗粒水泡变性，部分小叶中央区细胞呈碎屑状或凝固性坏死。胰腺部分实质灶性出血，胰包膜纤维组织结构消失，小血管壁结构消失，呈嗜伊红样均质变。肾脏部分肾小管细胞坏死伴炎细胞浸润，肾小管管腔内见多量红细胞和伊红均质样物管型堵塞。胃黏膜下点状、斑块状出血。病理诊断：弥漫性肺出血、肺水肿、肺透明膜形成；肾小管坏死；胃黏膜糜烂、出血；肝细胞颗粒水泡变性、中央区细胞变性坏死；胰腺灶性出血，外膜层血管、纤维组织坏死。结合张某临床表现有持续低氧血症、呼吸困难，水电解质紊乱，急性肾功能衰竭，急性肝、胰功能损害等改变，鉴定认为张某系肺、肾、肝、胰、胃等多器官、多系统衰竭死亡。另据检验，张某右上臂检见电流斑；臀部大片皮下出血深达肌层；死者胃肠空虚，胆囊高度淤胆，结合案情，死者在死前一段时间内曾多次、较长时间被约束带固定，极易导致双肺发生剧烈呼吸运动导致肺出血、水肿和肌肉缺血、缺氧损伤等，加之软组织损伤、电击等均可导致全身一系列病理生理改变。综上分析，张某符合肢体遭长时间约束固定、软组织损伤、电击、进食不足等所致的肺、肾、肝、胰、胃等多器官功能衰竭死亡。

案例解析： 本案的难点在于伤病关系的鉴别以及案件性质的确定。办案之初，临床诊断及部分案件当事人均认为张某系肺炎死亡。依据是：张某生前表现为呼吸困难，白细胞增高，胸部 CT 双肺斑块影，与肺部感染极为相似。但死者未出现发热过程，抗感染治疗效果不佳，病理检验证实不属于大叶性肺炎、支气管肺炎等改变，而是以肺出血伴反应性炎症改变的病理特征。同时临床资料和病理检验证实除肺以外，还存在肾、肝、胰、胃等多器官功能衰竭，因此死因鉴定为多器官衰竭而不是肺炎。通过病理生理机制分析，长时间束缚、电击、肌肉挫伤、较长时间未能进食等，都是导致上述脏器损害的原因，进而将外伤、束缚、长时间未进食与死亡之间建立因果关系，为办案部门确定案件性质提供关键证据。

【案 例】

死者张某，男，30 岁，2003 年某日 23 时许因入户盗窃，被值班保安马某与张乙（化名，隔壁公寓住户）、杨某（小区住户）殴打。次日上午 7 时 30 分张某被送医院抢救无效死亡。该案原鉴定认为"张某系外伤致创伤性、失血性休克死亡。生前患有肺炎对死亡有一定的影响"。另据介绍：杨某得知张某伤情严重可能死亡，为逃避法律责任，找马某顶罪。因张某死因中有自身疾病（肺炎）因素参与，故马某被以故意伤害罪仅判处有期徒刑四年，共同殴打者杨某、张乙未被追究刑事责任。

2019 年，检察机关在侦查办理某扫黑除恶案件时，发现张某被伤害致死案中存在"顶包"及公职人员徇私枉法情形，遂对该案重新立案侦查。

张某的死因成为该案办理及追究犯罪嫌疑人法律责任的关键。但张某死因存在以下疑点：

1. 审查发现原死因鉴定意见可能存在错误。经审阅鉴定意见书、病历资料，复阅病理切片后，审查发现证据存在矛盾：（1）原医院病历诊断的张某前颅凹颅底骨折、肺挫伤等损伤在原鉴定中并没有认定，存在矛盾；（2）根据病理切片中张某肺脏组织动脉管腔中存在大量透亮空泡影，疑存在脂肪栓塞，原鉴定意见可能存在错误。

2. 辩护意见认为张某系疾病死亡，提出无罪辩护。辩护人聘请法医专家辩护指出：

（1）死者生前抢救资料显示血压正常，不符合休克的临床诊断标准；（2）死者生前抢救时有低热、呼吸困难的肺炎临床表现；（3）有肺炎的病理学改变；（4）据走访了解，死者数月前曾因落水而得过感冒。因此辩护人否定了外伤因素，认为张某完全是肺炎疾病导致的死亡。

3. 检材限制。该案至今 16 年，所有脏器都已灭失，仅存 17 块蜡块组织。且脏器组织经石蜡包埋，已丧失脂肪特殊染色的条件，无法查明肺动脉管腔中空泡影是否为脂滴，丧失了诊断脂肪栓塞的最佳证据。

法医鉴定人调取张某生前抢救的病理资料，并对 17 块蜡块组织重新连续切片，启动重新鉴定：

1. 发现骨髓栓子成分，直接证明肺动脉骨髓栓塞，间接证明脂肪栓塞。（1）在肺动脉管腔内有骨髓和脂肪成分；（2）骨髓成分来源于右腿胫骨、腓骨的骨折；（3）间接证明肺动脉管腔内伴随骨髓栓子的透亮空泡影为脂滴栓子。

2. 得出外伤致死的依据。（1）证实肺动脉管腔内有骨髓、脂肪成分；且来源于右腿胫骨、腓骨的骨折；（2）栓塞已达致死程度；（3）栓塞本身会导致低热、呼吸困难，与临床表现吻合；（4）死亡过程较迅速，与该损伤并发症致死过程吻合。

3. 得出肺炎不足以致死的依据。（1）死者存在双肺部分肺组织细、小支气管周有淋巴细胞为主的炎症细胞浸润，呈散在、灶性分布，符合慢性细小支气管周围炎的病理学改变，其病变程度轻微，未达致死程度；（2）死者张某伤后的临床症状、体征和辅助检查结果与慢性灶性炎症的病理改变不符。生前救治病历资料血常规检验白细胞计数 $11.3 \times 10^9/L$（$4.0-10.0 \times 10^9/L$），中性细胞计数 $10.2 \times 10^9/L$（占白细胞 50% ～ 70%），与病理检验发现的散在以淋巴细胞为主的灶性炎症反应血象不符。（3）这些白细胞的增高可因大面积软组织损伤及应激反应所致。综上，重新鉴定意见认为，张某符合全身遭钝性物体反复多次作用造成大面积软组织挫伤、腓骨粉碎性骨折、心肺挫伤并发肺、脑等多器官骨髓、脂肪栓塞致急性呼吸功能障碍死亡（图 5-6-1）。

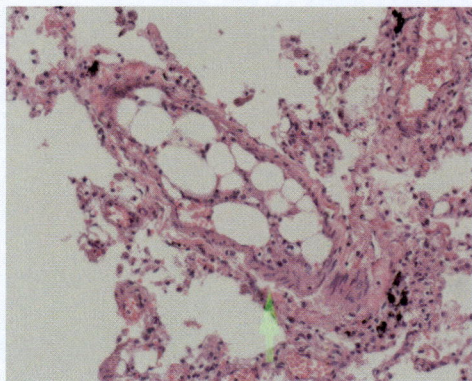

a. 右下肺动脉管腔内骨髓栓子　　　b. 左下肺动脉管腔内骨髓栓子

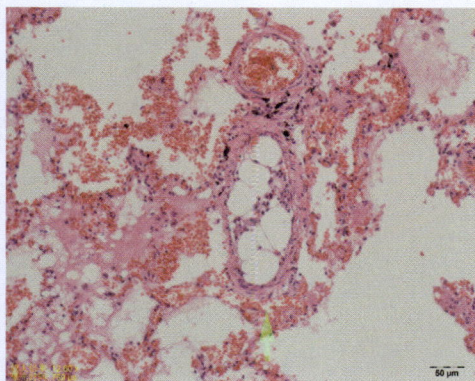

图 5-6-1　肺动脉骨髓、脂肪栓塞

法院最终采信重新鉴定意见，认定了张某被伤害致死的事实，杨某、张乙被追究法律责任。

案例解析：（1）该案原鉴定意见程序合法，从随案移送的鉴定材料看难以发现问题，但经实质审查复阅原病理切片，查明了原鉴定的错误。（2）厘清损伤、疾病在死因中的作用有助于案件的定罪量刑。该案死因鉴定伤病关系呈现三种不同的观点。首次鉴定认为张某系"外伤＋疾病"共同导致死亡（外伤为主）；辩护人意见认为张某系疾病死亡，与外伤无关；重新鉴定认为张某系外伤导致死亡，与疾病无关。伤病关系的分析需基于准确的法医病理检验、病历资料的分析及案情的调查等证据综合分析。

（顾晓生、方超）

第六章　中毒致死案件

　　法医实践中，中毒和中毒致死案件时有发生，部分案件因发生隐匿、筛查和检测毒物药物等困难，为认定犯罪嫌疑人和投毒作案过程增加了难度。中毒案件的鉴定离不开法医毒理和法医毒物分析，本章将从现场勘验、检材提取保存、毒物检测、结果解析等方面为中毒案件的办理提供法医学思路。

　　中毒致死案件审查要点：（1）审查判断中毒死亡的依据是否充分，审查中毒者的生前症状、体征，死后变化、检验发现及实验室定性、定量结果分析，与法医毒理学的一般规律是否一致；（2）审查检材提取、保存、送检、检验过程、结果评价是否科学规范，毒物摄入剂量是否足以致死，或者为人体正常饮食、服药绝不可能摄入、接触的剧毒物；（3）着重分析毒物进入体内的途径和形式，在机体内的代谢与分布，与案情反映的投放、接触毒物时间、手段等情况是否符合，疑点可否合理解释说明；（4）审查中毒以外的其他尸体征象，确认是否合并如机械性损伤、机械性窒息等其他致死因素。

第一节　毒物吸收、分布、转化、排泄和再分布

　　毒物：是指在日常接触条件下，以较小剂量进入机体后，能与生物体发生化学或物理化学作用，导致机体组织细胞代谢、功能和（或）形态结构损害的化学物质。

　　毒物与非毒物并无绝对的界限，其实，毒物与非毒物唯一的区别是它们的剂量，故毒物的概念是有条件和相对的。

　　毒物的吸收：是指毒物通过与机体的接触而经皮肤、黏膜、消化道、呼吸道等途径，穿透生物膜或膜屏障进入体内循环的过程。毒物进入机体主要以经口服在口腔黏膜及消化道内吸收，还可以经呼吸道吸入、经注射进入体内。其他不常见的途径，如将硫酸注射到受害人的头皮下；将毒物塞入阴道等。

　　毒物在人体中吸收的速度和量与毒物入体的途径相关。一般来说，毒物经静脉途径直接进入体循环，机体的毒性反应出现最快，影响程度也可能最严重。毒物进入机

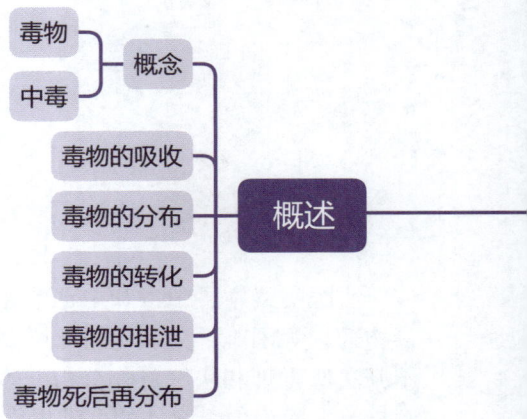

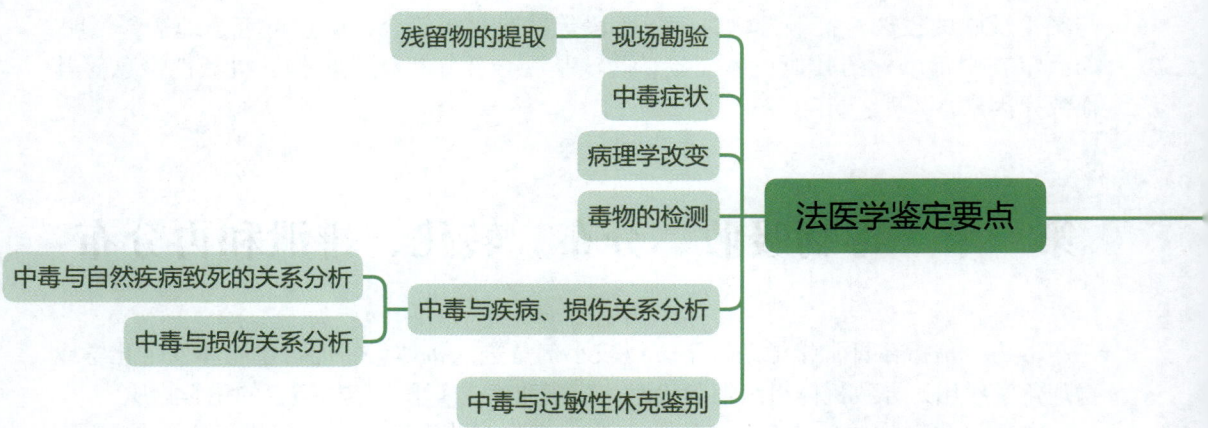

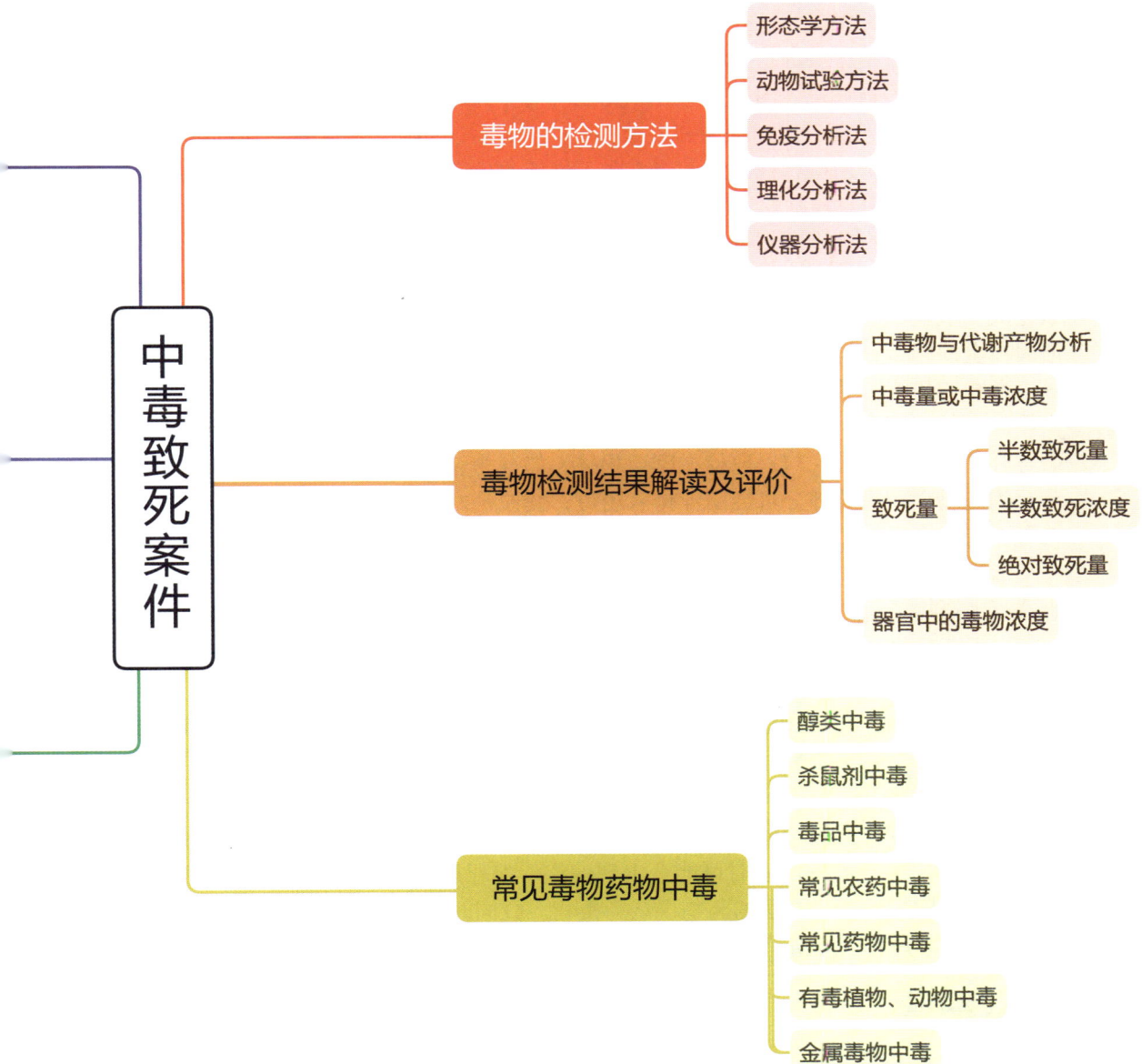

中毒致死案件

- 毒物的检测方法
  - 形态学方法
  - 动物试验方法
  - 免疫分析法
  - 理化分析法
  - 仪器分析法
- 毒物检测结果解读及评价
  - 中毒物与代谢产物分析
  - 中毒量或中毒浓度
  - 致死量
    - 半数致死量
    - 半数致死浓度
    - 绝对致死量
  - 器官中的毒物浓度
- 常见毒物药物中毒
  - 醇类中毒
  - 杀鼠剂中毒
  - 毒品中毒
  - 常见农药中毒
  - 常见药物中毒
  - 有毒植物、动物中毒
  - 金属毒物中毒

体的途径还可以影响毒物作用的性质，如苦杏仁苷从静脉进入机体没有毒性，而若口服，则可能经胃酸分解，释放出氢氰酸而引起中毒死亡。

毒物吸收快慢与吸收途径、毒物的性质、机体的状态（如胃肠道 pH 值、肺活量、皮肤黏膜完整性等）、是否饮用含酒精饮料、性别及个体体质等因素有关。

毒物吸收途径不同对解释中毒发生与否、推断毒物入体的时间、毒物分析检材的选择及判断中毒的性质等有密切联系。

毒物的分布：是指毒物吸收入体后，在体内随着血液循环很快分散到全身各器官组织的过程。毒物在机体内分布，并非完全均匀，其分布情况取决于毒物的理化性质（如脂溶性等）、与脏器组织的亲和力及组织的血流量。如，一氧化碳与血红蛋白具有高亲和力；砷可长期蓄积在毛发和指（趾）甲的角蛋白中；氰化物、有机磷农药及百草枯等在肺组织中有较高的浓度分布。

毒物的转化：是指毒物进入机体后，经细胞和组织内酶的作用，会发生氧化、还原、水解或结合等生物转化过程。如酒精氧化成乙醛并进一步氧化成乙酸，乙酸最后氧化成二氧化碳和水。有些毒物经过代谢只能在生物检材中检验其代谢物，如毒品海洛因在生物样品中很难检出原药，一般只能检出吗啡。

毒物的排泄：是指毒物从排泄器官和分泌器官以被动扩散或主动分泌的方式被排出体外，其速度及程度与毒物溶解度、挥发度、组织中的蓄积度、排泄器官的功能状态等有关。排泄的途径与提取检材密切相关，如毒物经肾排泄较慢的重金属，可能在肾蓄积；吗啡和铅等部分可经胆汁排入肠道，粪便是好检材；酒精等通过呼吸道排出就可以用快检仪吹气检验等。

毒物死后分布：中毒死亡当时毒物在尸体内的分布状态，用中毒死亡当时尸体组织器官中毒物（药物）的含量来表示。

中毒死后再分布：毒物在尸体内浓度改变的过程，特别是指心血中的毒物浓度变化。

由于死亡和尸检时间的间隔，所测得的毒物浓度往往并不能真实地反映死亡当时血液或器官内毒物的浓度。大量毒（药）物在尸体内可以发生死后再分布。如吗啡、乌头碱、地西泮、氯氮平、毒鼠强、氯胺酮、利多卡因、异烟肼等均存在死后再分布的现象。

心血是最容易受死后再分布影响的检材，单纯依靠心血中毒物浓度来判定摄入量或推断死亡的中毒血浓度有时可能会出现偏差。如死后心血内毒（药）物浓度增高，可能将生前服用的治疗剂量的药物误认为毒物。故同时取外周血或骨骼肌进行参照检验，并结合案情、现场情况及尸检所见等综合评定才有意义。

【案 例】

一名 41 岁女子食用从保健品市场买来的杏仁约 30 粒（重约 15g）后，20min 内逐渐感觉虚弱、麻木，继而呼吸困难、难以吞咽。随即拨打急救电话，赶到的医生发现患者躺在浴室地板上呻吟，对痛觉刺激无反应，发汗、皮肤苍白、颈部血管膨胀、张力减退等。在患者食入杏仁 5h 后，血液中氰化物浓度为 43.1μmol/L（非吸烟者正常值低于 15.8 μmol/L），血浆中硫氰酸盐浓度为 448 μmol/L（正常值为 172～344 μmol/L），患者经抢救无效死亡。

案例解析： 在临床上，苦杏仁苷具有抗肿瘤、镇咳平喘等作用。人体静脉注射苦杏仁苷，在体内分布快而广，24h 内大部分以原形从尿液中排出。口服苦杏仁苷仅有 8%～32% 以原型排出，在胃肠道中苦杏仁酶等的作用下，苦杏仁苷水解生成苯甲醛和氢氰酸。因此误服苦杏仁后的中毒症状同氰化物。

第二节　检材的提取、保存与送检

检材是判明是否为毒物或是否含有毒物的原始证据，因此检材的提取、保存和送检异常重要。

一、检材的提取

当分析目的不明确时，检材采集要考虑全面，需采集现场所有可疑的检材。作为毒物分析的检材，一般不允许在其中添加防腐剂。

急性死亡死因不明者，一般均需做系统的尸检，并提取合适、足量的检材以筛选可能的中毒毒物。若因故不能进行尸体解剖时，要先期抽取血液和尿液等备用。

1. 尸体解剖时主要检材的采集方法和注意事项如表 6-2-1 所示：

表 6-2-1　检材提取

提取部位	作用	提取方法	注意事项
胃及内容物	可疑急性中毒的尸体	先结扎胃的两端，取出，将全胃放在洗净的容器内，沿胃大弯侧剪开胃壁，检查胃内容物的性状	①将全部胃内容物倒入带内塞的广口塑料瓶中，操作时防止胃内容物流失，记录总体积、重量，以备计算胃内容物中毒物的总量；②胃内容物中发现残余药片、粉末、晶体或油滴等应分别提取并单独收集
肠及内容物	口服毒物迁延一段时间后才死亡，或已经洗胃抢救的案例	应将肠管分段结扎取出后分别取其内容物装瓶	注意污染
血液	重要检材，确定毒物浓度是否已达致死量	气体或具有挥发性毒物中毒的血液，取 10～15ml 于瓶（管）内，满至瓶口，并用瓶塞塞紧；尸检从心腔内采集心血，在切开胸腔、剪开心包膜后即自心房或心室内抽取血液，同时自锁骨下静脉、股静脉等收集周围血液，或自主动脉采取血样	①送检要快速；②不应从胸腔或腹腔内抽吸或掏取已被稀释或被胃肠内容物污染的血液；③取不到血液时，自小脑延髓池抽取脑脊液 50ml

续表

提取部位	作用	提取方法	注意事项
尿液	几乎对各种毒物检测均有价值	切开盆腔后用一次性注射器或专用吸管从膀胱抽吸尿液；如膀胱空虚，则应保留全部膀胱送检，取膀胱冲洗液作毒物检测	注意污染
玻璃体液	尸体腐败或污染的影响时可抽取	注射器从眼球前外侧方穿刺缓慢抽吸，每侧眼各可抽吸玻璃体液约2ml，供毒物检测用	
肾	检测金属毒物中毒		注意污染
脑	脂溶性毒物的良好检材，如酒精、巴比妥类		注意污染
胆汁	鸦片或海洛因中毒	将胆囊完整分离后取出，单独放入一容器内；或将肝的脏面置于取材台的一侧边缘，剖开胆囊，使胆汁流入其下方盛接的瓶（管）内	注意污染
粪便	疑为重金属中毒（如砷、汞或铅）案提取		注意污染
毛发和指甲	砷、铬中毒	毛发连同毛根拔下，指甲亦应完整拔下，不要剪取。	指甲中可能残留有毒（药）物粉末，重金属及滥用毒（药）物在毛发不同位置含量不同
骨骼	慢性铅中毒	取股骨中段	
尸体腐泥	在开棺或野外案件中可做检材提取		采集已腐脏器或所在部位的腐泥时，要同时采集可能污染尸体的装殓物品和周围不受腐尸浸染的棺木泥土等，以供检验中对照核查

2. 中毒途径不同，其毒物检材的选择和采集也不同。疑为通过注射途径投毒的案例，除一般提取胃及胃内容物、血、尿、肝、肾、脑等检材外，还要取注射部位的肌肉和距注射部位20cm以外（或对侧）的肌肉作为检材，一般切取 7 ~ 8cm 肌肉组织即可。怀疑毒物经阴道进入机体者，应取阴道和子宫组织作为检材。

部分毒物口服急性中毒死亡提取检材情况如表6-2-2所示：

表6-2-2　常见毒物口服急性中毒死亡提取的检材

毒物	胃及内容	血液	尿	肝	肾	肺	脑	胆汁
氰化物	★	▲		▲		+	+	
亚硝酸盐	★	▲						
盐卤	★							
砷	★	+	+	★	▲	+		
汞	★	▲	★	▲	★	+		
催眠安定药	★	▲	★	▲	▲	▲	▲	▲

续表

毒物	胃及内容	血液	尿	肝	肾	肺	脑	胆汁
生物碱	★	▲	+	▲	+	+	▲	▲
有机磷	★	+	+	▲	+	▲		
氨基甲酸酯	★	▲		▲	▲			
拟除虫菊酯	★	+	+	★	▲			
沙蚕毒素	★	+		▲	▲	▲	+	
百草枯	★	▲		▲	▲	▲		
磷化锌	★		+			▲	+	
氟乙酰胺	★	+	▲	+	▲			
敌鼠	★	▲	▲	★	▲	+		

注：★表示最佳检材，▲表示尚佳检材，＋表示欠佳检材。

二、检材的保存和送检

各种生物检材应分别盛装于单独容器内，不能加防腐剂，并及时送检，如不能及时送检者，需放入 –10℃以下低温冰箱内保存。

经甲醛液固定的器官组织，某些毒物（如金属毒物、巴比妥类、氯喹及亚硝酸盐等）仍有可能检出，但检验时需取所用甲醛液作为对照样品送验。

【案　例】

阮某，男，37 岁，患银屑病多年。某日 6 时许，无证行医人员刘某将自制含有雄黄的橘红色药膏（雄黄、灯心草、细辛，按一定比例粉碎，凡士林调和）110g 涂擦在阮某周身银屑病处并用塑料布包裹。晚 8 时许，阮某自觉周身疼痛。次日晚 8 时许，出现憋气，晚 10 时许因"呼吸困难 2h"住院，90 分钟后抢救无效死亡。尸检于死后 26 小时进行。提取心血、表皮和残留药膏经毒物分析，均检出砷元素，其浓度分别为 0.453μg/g、9735.3μg/g 和 89.4mg/g。法医鉴定认为死者为过量使用含有雄黄的药膏导致砷中毒死亡。

案例解析： 中毒途径的不同，检材的提取也不尽相同，该案中雄黄的主要成分为硫化砷，一定量可导致砷中毒，毒物是通过皮肤进入，因此表皮的提取特别重要，其含量也很高。心血的提取主要用于判断血中毒物是否已达致死浓度。

第三节　毒物的检验方法

毒物的检验方法主要有形态学方法、动物试验方法、免疫分析法、理化分析法和仪器分析法等。仪器分析法又包括光谱分析法、色谱分析法、质谱分析法及仪器联用分析法等。鉴定人员应根据分析目的、检材性状、毒物性质、含量高低、检验要求等选择合适的检验方法。目前理化实验室的主要检验方法为理化分析法和仪器分析法。

一、理化分析法

是指利用物质的物理或化学性质来达到分析目的的方法。这类方法主要用于希望通过简单操作就能迅速做出筛选判断的时候。但该方法只对纯物质有定性意义。

二、仪器分析法

仪器分析法是利用能表现出毒（药）物的某些物理或化学性质的仪器来达到分析目的方法，通过测量光、电、磁、声、热等物理量而得到分析结果。法医毒物分析应用较多的是光谱分析法、色谱分析法、质谱分析法和两谱联用技术。

法医毒物分析常用的几种仪器分析法：

1. 光谱分析法：利用毒（药）物对电磁辐射产生吸收或发射的原理确定结构和成分的方法。比如紫外光谱分析法、荧光光谱分析法、红外光谱分析法等。

2. 色谱分析法：利用不同毒（药）物与固定相和流动相之间作用力（分配、吸附、离子交换等）的差别而使其相互分离的方法。比如气相色谱法、液相色谱法、电泳法等。

3. 质谱分析法：利用不同质荷比的离子（分子或分子碎片等）获得毒（药）物分子量、结构、裂解规律特征信息的方法。如色谱—质谱联用仪器。

第四节　中毒的法医学鉴定

一、现场勘验及残留物的提取

中毒案例的现场勘验，主要是收集可供毒物检验用的检材及对分析中毒性质有意义的各种证物。提取残留物需注意如下要点：

1. 在现场注意采集有无剩余食物、饮料、药片、药粉或药水等，有无盛装过毒物的纸包、药瓶、碗、杯、安瓿和注射器等。对食物、饮料及药物观察其一般理化性状，有无特殊气味。注意器皿上的指纹。对投毒犯罪嫌疑人应及时采集其指甲垢等送检。采集的检材要正确包装、送检，并做好提取笔录。

2. 注意现场有无中毒者的呕吐物或排泄物（大、小便等），其在现场的分布位置，应分别予以记载和收集。注意现场有无清扫处理过呕吐物或排泄物的迹象。

3. 急性群体性中毒事件，对有怀疑的剩余食物如饭菜、饮料、水产、禽畜肉类以及油、盐等调味品，应迅速采样进行毒物检验，以期尽快查清中毒原因。

4. 如疑为有毒气体（如一氧化碳、硫化氢、砷化氢、磷化氢等）通过呼吸道吸入中毒，应立即进行现场勘验，采集气体进行毒物分析，注意检查有毒气体的来源、现场的通风情况。

5. 侦查人员应在周围寻找毒物来源。

二、中毒症状

1. 中毒症状的鉴别

不同的毒物具有不同的毒理作用，可反映出不同的中毒症状，根据某些症状的特点，常可推测为何种毒物中毒或哪一类毒物中毒。

（1）瞳孔缩小、肌纤维颤动、多汗和口吐白色泡沫等，是有机磷和氨基甲酸酯类农药中毒较特殊的中毒症状表现。

（2）呕吐物和呼气中有电石气臭味及口渴，是磷化锌中毒常见的症状。

（3）群体性食物中毒伴有低钾症候群（软瘫），则应考虑可溶性钡盐中毒的可能性。

（4）多数情况下，中毒症状仅能提示可能属于哪一类毒物中毒，如中毒者出现睡眠、昏迷，可能是催眠镇静药物或一氧化碳等中毒，并排除能引起剧烈抽搐、痉挛症状的毒鼠强、氟乙酰胺、番木鳖碱（士的宁）、异烟肼等中毒。

2. 常见中毒症状和体征及提示主要常见毒物（表6-4-1）

表6-4-1　中毒症状、体征及提示主要常见毒物

中毒症状、体征		提示主要常见毒物
短时间内迅速死亡		氰化物、有机磷农药、高浓度一氧化碳或硫化氢吸入等
散发特殊气味		有机磷、磷化锌、酒精、苯酚、来苏、氨水等
神经系统	昏迷	催眠镇静安定药、麻醉药、一氧化碳、硫化氢、酒精、有机磷、氰化物及某些毒品等
	抽搐	番木鳖碱（士的宁）、有机磷、有机氯、氟乙酰胺、毒鼠强、异烟肼、局部麻醉剂、马桑、莽草实等
	瘫痪	可溶性钡盐、肉毒杆菌毒素、一氧化碳、正己烷、乌头、蛇毒、河豚等
	发热、大汗	五氯酚钠等
消化系统	恶心、呕吐、腹痛、腹泻	强酸、强碱、金属盐类、有机磷、磷化锌、氟化物、多种有毒动植物等
呼吸系统	呼吸加快	颠茄类、番木鳖碱（士的宁）、咖啡因、甲醇、刺激性气体等
	呼吸减慢	鸦片、海洛因、一氧化碳、催眠药、酒精、豆薯子等
	肺水肿	刺激性气体、安妥、有机磷等
心血管系统	心律失常、心源性克、心脏骤停	乌头、氟乙酰胺、夹竹桃和心血管系统药物等
泌尿系统	少尿或无尿	升汞、四氯化碳、磷化锌、砷化氢、磺胺、蛇毒、鱼胆、斑蝥、雷公藤、关木通和其他金属盐类毒物
血液系统	凝血功能障碍、出血	敌鼠钠盐、溴敌隆、大隆、蛇毒、肝素等
皮肤黏膜	发绀	亚硝酸盐、氯酸盐、硝基苯、苯胺等
	黄疸	磷化锌、四氯化碳、氯仿、异烟肼、三硝基甲苯、可溶性铅盐、砷化物、某些毒蕈、苍耳、及己、望江南子、鱼胆等
	异常色素沉着、过度角化	慢性砷中毒

续表

中毒症状、体征		提示主要常见毒物
眼睛	瞳孔散大	阿托品、颠茄、曼陀罗、氰化物、酒精等
	瞳孔缩小	有机磷、氨基甲酸酯类、鸦片、海洛因、氯丙嗪等
	视力障碍	甲醇、钩吻、阿托品等

3. 临床上常易将中毒误诊为疾病的情况

（1）急性异烟肼、士的宁、毒鼠强、氟乙酰胺中毒，由于其强烈的抽搐而易误诊为癫痫、破伤风以及流行性脑脊髓膜炎等。

（2）急性砷化物（砒霜）中毒时，由于其强烈的上吐下泻而易误诊为霍乱、急性胃肠炎、细菌性痢疾等。

（3）慢性砷化物中毒时因皮肤变黑，易误诊为肾上腺皮质功能不全。

（4）急性可溶性钡盐（如氯化钡）中毒时，由于其血钾低和软瘫表现而易误诊为低血钾软病、周期性瘫痪等。

（5）敌鼠钠盐中毒时因其出血倾向，易误诊为过敏性紫癜、血友病、再生障碍性贫血等。

（6）将水银静脉注射投毒引起慢性中毒误诊为再生障碍性贫血。

（7）急性铅中毒时因强烈的腹绞痛而易误诊为急性胆囊炎、急腹症。

（8）将小剂量磷化锌多次投毒误诊为急腹症（急性胆囊炎或胃十二指肠溃疡急性穿孔），而进行剖腹探查。

（9）将氯化亚汞静脉注射投毒案例误诊为维生素 B1 过敏性休克。

（10）多种毒物中毒（如磷化锌、四氯化碳等）可致中毒性肝病，可误诊为急性暴发性黄疸型肝炎。

三、中毒尸体病理性改变

大部分中毒死亡的尸体，尤其急性中毒死亡的尸体大多无明显特殊病理性改变。例如，大剂量毒物迅速中毒致死的案例，特别是脑脊髓功能障碍性毒物所致急性中毒，尸检往往仅见肺、肝、脑等器官淤血、水肿，表现为一般急性血液循环障碍，而无特征性的病理变化。一次大剂量急性中毒而病程迁延或小剂量多次引起亚急性或慢性中毒，则病理变化较明显。

毒物中毒损害的组织器官，最常见的是中枢神经系统、肝和肾，其次为血液、心和周围神经等。

详细系统的尸体解剖能发现毒物所致的一些中毒性病理变化：

1. 胃肠：胃内容物有无特殊气味，胃内容物中可发现未溶解的残余药片或粉末。观察食管黏膜有无腐蚀、坏死变化，腐蚀性毒物如强酸、碱、酚等可引起胃黏膜的腐蚀、坏死，甚至穿孔引起弥漫性腹膜炎。经洗胃或服毒时间较长的中毒者，须关注十二指肠、空肠及其内容物。

2. 肝：肝是体内最主要的解毒器官，多种药物或毒物可致中毒性肝病。其中砷化物、汞、磷化锌、四氯化碳、氯仿、毒蕈、苍耳、黄药子、望江南子等可直接损害肝细胞，使之发生肝细胞水变性、脂肪变性，甚至中毒性肝坏死。

3. 肾：肾是排泄毒物的主要器官，多种药物和毒物可致肾损害引起中毒性肾病。例如氯化亚汞、砷化物、磷化锌、水杨酸盐、酚及其衍生物、磺胺类、毒蕈、雷公藤、蛇毒、蜂毒、鱼胆、斑蝥等。

4. 心：心腔内血液的颜色，在急性中毒致死时，常呈暗红色流动性。一氧化碳、氰化物中毒血液呈鲜红色，亚硝酸钠、氯酸钾等中毒血液呈暗褐色（巧克力色）。

5. 肺：刺激性气体（如二氧化硫、一氧化氮、氯及氨气、高浓度汞蒸气等）除可引起上呼吸道黏膜损害、急性喉头水肿外，尚可引起中毒性肺水肿，有的并发多发性漏出性出血或灶性片状出血，常合并中毒性肺炎，病变多呈灶状分布，有的可见肺泡壁等组织发生坏死，并有透明膜形成。

6. 其他：

（1）铅、砷、铊等重金属，某些药物（如呋喃类药物、异烟肼）、部分有机磷农药（如甲胺磷、敌敌畏、敌百虫等）中毒可引起周围神经病，其病变大多数是周围神经的轴索变性，继发髓鞘崩解。

（2）急性三氧化二砷或砷化氢中毒病程迁延时可引起肾上腺皮质萎缩，重量减轻，皮质变薄，皮质细胞的细胞质内类脂质显著减少。

（3）肾上腺皮质激素和雷公藤中毒可引起脾、淋巴结、胸腺等损害，使淋巴细胞凋亡、坏死，数目显著减少。

四、毒物的检验

定性分析：是确定检材中所含毒物的性质，即检材是否为某种毒物或者其中是否含有某种毒物，通常又称之为检出。检出的对象可包括毒（药）物在体内生成的代谢物。

定量分析：在于确定检材中某毒物的含量，通常称之为含量测定。定量分析必须在定性分析的基础上进行。

定性分析结果的准确性是毒物分析的关键。检验结果无论是否含有或是不是某一些毒（药）物，都必须具有无可置疑的可靠性。某些剧毒物中毒剂量非常小且绝不可能为人体正常成分或正常饮食、服药会摄入的物质，则不一定需要进行定量分析。当定性分析不足以判断案件性质时，需要进行定量分析。

五、中毒与疾病、损伤关系分析

1. 中毒与自然疾病致死的关系分析

因部分毒物中毒的临床表现与某些疾病的临床症状和体征极其相似或一致，有投毒他杀后伪称猝死的案件发生，有小剂量多次投毒造成生前长期患病假象的案件发生。故在法医实践中，对于突然死亡、死因不明的案件，通过现场勘验和尸体外表检查未发现机械性损伤或机械性窒息等暴力作用的征象，需进一步进行系统全面的尸体解剖和毒物检验，以鉴别是中毒致死或疾病猝死。

2. 中毒与损伤的关系分析

在法医实践中有时会遇到中毒与损伤并存的案例，有时需要判定中毒与损伤关系并明确死因。如经常发生的是酒精中毒与损伤并存，尤其发生在交通事故和酒后外伤死亡的案件。对于此类案件，在全面系统的尸体解剖和病理组织学检查基础上，要结合毒物定量检验结果和死前临床表现综合判定其死因。

第五节　毒物检验结果解读及评价

一、中毒物与代谢产物分析

大部分毒物是经吸收、分布后在体内细胞和组织内酶的作用下发生转化后排出体外，少数毒物完全不经过转化而直接被排出体外。

毒物在体内的转化是决定其毒作用强弱和持续时间的重要因素。有些毒物进入体内后迅速转化，毒物分析不能检出其原形，但可检出其代谢产物。应该注意的是，有的毒物在生物检材中可能仅能检出其代谢产物。

【案　例】

某出租屋中发现一名男子已死亡多时，死者身旁留有一个带有少许血迹的针筒。遂尸体解剖查明死因。毒物分析：在现场发现的针筒中检出海洛因成分，在死者血液中检出吗啡成分，尿液中检出单乙酰吗啡和吗啡成分；贴头皮剪取死者约3cm长头发，在头发中未检出单乙酰吗啡和吗啡成分。上述结果表明，死者系注射海洛因过量而死亡，头发分析结果则显示，死者在近3个月内并无海洛因滥用史。

案例解析： 海洛因吸食和注射吸收良好，可大量穿透血脑屏障，迅速产生作用。海洛因进入体内后代谢很快，迅速由其特征代谢物单乙酰吗啡进一步代谢为吗啡，因此，海洛因过量急死者（过量使用海洛因后15min内死亡者），一般血液中可同时检出单乙酰吗啡和吗啡成分；海洛因延缓死亡者，即使用后数小时内死亡者，则血液中单乙酰吗啡为痕量，吗啡为主要成分，但在尿液中同时含有单乙酰吗啡和吗啡成分。办理该类案件中可根据生物检材的检出成分判断死者的死亡原因及吸毒史。

二、中毒量

中毒量或中毒浓度：使机体发生中毒症状的毒物最小剂量或最低浓度。

三、致死量

致死量或致死浓度：致机体中毒死亡的毒物最小剂量或最低浓度。

半数致死量（LD_{50}）：指能引起一组受试实验动物半数中毒死亡的剂量。常用来表示急性毒性的大小，LD_{50} 越小，表示毒物的毒性越强，反之则毒性越低。与 LD_{50}

相似的毒性参数还有半数致死浓度（LC_{50}），是指能引起一组受试实验动物在经呼吸道接触毒物一定时间（一般固定为 2 小时或 4 小时）后，死亡一半动物所需的浓度（mg/m^3）。

绝对致死量（LD_{100}）：指能引起一组受试实验动物全部中毒死亡的最低剂量。由于同一群体中，不同个体对毒物的耐受性有差异，因此一般不用 LD_{100} 来进行毒物毒性高低和不同毒物的毒性比较。

最小致死量（MlD）：指能引起一组受试实验动物个别中毒死亡的最小剂量。

在人体体液或器官组织内检出某种毒物，仅仅表明存在某种毒物，是定性，这并不能据此断定其已经中毒或达到中毒死亡。判断是否中毒或中毒死的重要依据是进入体内毒物的量是否已达到或超过中毒量或致死量。凡是怀疑中毒或中毒死的案例，都应该尽可能进行毒物定量分析，并科学分析判断毒物定量分析的结果。

在法医鉴定实践中，一般根据毒物定量分析的结果，参照一些文献中该毒物的中毒量或致死量来判断是否中毒或中毒死。由于资料的来源不同，所以不同的文献对同一毒物的中毒量和致死量记载也有差异，且有时差异很大。文献中的口服量不能等同于被吸收入体内的毒物量；还可能由于两种以上的毒物中毒，而只考虑到和检验了一种，使另外的毒物在筛选检验时被漏检等。应该强调一点，无论何种毒物的中毒量或致死量均没有绝对值，只能说对成人某种毒物的致死量大概在什么范围内。

部分常见毒物致死量或致死浓度如下（表 6-5-1）：

表 6-5-1　部分常见毒物致死量或致死浓度

毒物名称	致死量 / 致死浓度	毒物名称	致死量 / 致死浓度
氰化物	2.5 ~ 4.1mg/kg（人）	$BaCO_3$	2 ~ 4g
甲醇	15.6 ~ 150mg/100ml（人血）	K_2CrO_4	5g
乙醇	400 ~ 500mg/100ml（人血）	巴比妥	5 ~ 20g
甲酚（来苏尔）	5 ~ 25mg/100ml（人血）	速可眠	1 ~ 5g
CO	60 ~ 70 COHb%	氯丙嗪	0.3 ~ 1.2mg/100ml（人血）
H_2S	－	盐酸三氟拉嗪	0.3 ~ 0.8mg/100ml（人血）
KOH	10 ~ 15g/人	安定	>2mg/100ml（人血）
H_2SO_4	3 ~ 6ml/人	利眠宁	>2mg/100ml（人血）
H_2NO_3	8 ~ 10ml/人	安眠酮	>3mg/100ml（人血）
HCl	10 ~ 20ml/人	眠尔通	>20mg/100ml（人血）
氟化物	3 ~ 20μg/ml（人血）	多虑平	>1mg/100ml（人血）
AS_2O_3	0.1 ~ 0.2g/人	苯丙胺	120 ~ 2000mg/人
$HgNO_3$	0.05 ~ 0.25g/人	甲基苯丙胺	>1000mg/人
$BaCl_2$	0.8 ~ 4g	麦角酰二乙胺 LSD	>0.1mg/100ml（人血）
大麻	2 ~ 10g/kg（人）	斑蝥素	30mg
鸦片 OPIE	2 ~ 5g/人	河豚毒素	0.5mg
吗啡	0.2 ~ 0.25g/人	敌敌畏	4.58mg/100ml（人血）50~70mg/kg（鼠）
度冷丁	1g/人	乐果	10.32mg/100ml（人血）245mg/kg（鼠）

续表

毒物名称	致死量/致死浓度	毒物名称	致死量/致死浓度
海洛因	0.6g/人	甲胺磷	6.55mg/100ml（人血）30mg/kg（鼠）
可待因	0.8g/人	敌百虫	625mg/kg（鼠）
可卡因	1.2g/人	马拉松	1400mg/kg（鼠）
士的宁	0.03~0.1g/人	杀螟松	250mg/kg（鼠）
马钱子碱	<3~10mg/人	辛硫磷	1976mg/kg（鼠）
钩吻（根或叶）	2~3g/人	氧乐果	50mg/kg（鼠）
乌头碱	2~3mg/人	溴氰菊酯	135mg/kg（鼠）
尼古丁	46~60mg/人（0.11~0.63mg/100ml）	氯氰菊酯	303mg/kg（鼠）
氯喹	0.4~1mg/100ml（人血）	杀虫双	342mg/kg（鼠）
喹宁	1~3mg/100ml（人血）	毒鼠强	0.1~0.3mg/kg（鼠）

四、器官中的毒物浓度

毒作用：毒物对机体所产生的损害总称。

毒物的蓄积器官：毒物在体内的蓄积部位，其毒物的浓度高于其他器官。毒物对蓄积器官不一定显示毒作用，如 DDT 主要在脂肪中蓄积，但对该组织无明显的毒性效应。

毒物的靶器官、靶组织：毒物可以直接发挥毒作用的器官或组织，如肾是镉的靶器官，脑是甲基汞的靶器官。全身性毒作用的常见靶器官有神经系统、循环系统、血液和造血系统、肝、肾、肺等。

效应器官：出现毒性效应的器官。可以是靶器官也可以不是靶器官。

这里应注意三者关系：蓄积器官是毒物浓度最高的器官，靶器官中的毒物浓度则决定了该毒物毒作用的强弱，效应器官是最终出现毒物效应的器官。蓄积器官、靶器官和效应器官可以是不同器官，如铅的蓄积器官是骨，靶器官和效应器官分别是造血系统和神经系统；番木鳖碱（士的宁）进入人体后主要蓄积于肝脏，中毒可引起抽搐和惊厥，靶器官是中枢神经系统，效应器官是肌肉。

【案　例】

某女，57岁。某晚与人共食鲜蕈约1000g，次日凌晨发生呕吐、腹痛及腹泻，并逐渐出现发热、黄疸、昏迷、抽搐、便血及皮下出血等症状，送医救治无效于进食毒蕈后7日死亡。经比对其所食鲜蕈为白毒伞。法医尸表检见其皮肤及巩膜显著黄染，口鼻腔有黄白色泡沫状液体流出，双下肢中度水肿。解剖见肝被膜皱缩，切面呈红黄相间的斑纹状；肾切面皮质轻度增宽，髓质淤血；左心室及室中隔内膜下条纹状出血；胃及小肠黏膜多数出血点；脑蛛网膜下隙水肿液积聚，小脑扁桃体疝明显。镜下见肝细胞广泛变性坏死，肾小管上皮细胞水样变性、脂肪变性坏死等。病理诊断：白毒伞中毒①中毒性肝病，急性红色肝萎缩；②中毒性肾病；③中毒性水肿，小脑扁桃体疝形成；④心肌浊肿，左心室内膜下条纹状出血；⑤胃肠充血、出血及水肿。（摘自《法医学杂志》1993 年第 9 卷第 4 期）

案例解析：毒蕈中毒，一般按其毒素对人体主要靶器官的损害分为肝损害型、神经精神型、胃肠炎型和溶血型。（1）本案属肝损害型毒蕈中毒，其中毒特点是潜伏期长，常为 6h 至数天。以肝损害最为严重，亦累及心、肾、脑等重要器官，多因肝功能严重衰竭而致死。（2）致病毒素主要是毒肽和毒伞肽。其毒性稳定，耐高温、干燥，因此一般烹调加工不被破坏。据测定 1g 鲜毒伞约可提取以上 2 种毒素 0.2 ～ 0.4 mg，毒伞肽的致死量小于 0.1mg/kg，所以 50g 的白毒伞足以致死。（3）毒肽作用快，主要靶器官是肝，对肾毒性较少，主要作用于细胞膜，消化道症状由毒肽引起。毒伞肽作用慢，其毒性比前者强，主要靶器官是肝、肾及脑。约有 60% 的毒伞肽经胆汁排出，排出的毒伞肽可经肠肝循环，再次吸收到达肝，这可能是引起迁延性中毒的根本原因。

第六节 常见毒物药物中毒

一、醇类中毒

醇类均具有显著麻醉作用，其作用随碳原子数目的增加而增加。其毒性大小与不同种类醇在体内的代谢特点有关。法医学实践中常见的有甲醇和乙醇中毒，尤以乙醇中毒最常见。

1. 乙 醇

乙醇俗称酒精，主要毒理作用是抑制中枢神经系统，低浓度时可加强某些兴奋性神经突触的功能，此时脑的抑制性控制作用被解除而表现出兴奋现象。

（1）常见死亡原因

①血液中乙醇浓度过高，中毒死亡。

②使血管扩张、血流增加，麻痹体温调节中枢，在寒冷环境下，体温可迅速下降，易于冻死。

③严重心脏病、肝炎、肝硬化、支气管肺炎及高血压病等患者，易引起中毒死亡。

④酒醉昏迷呕吐，呕吐物吸入呼吸道发生窒息死。

⑤酒后死于交通事故等。

（2）中毒症状

急性乙醇中毒一般指一次大量饮酒引起的暂时性神经精神障碍，较有意义的是急性中毒。分为兴奋期：主要表现为兴奋，多言；共济失调期：言语动作均失协调，表现为舌重口吃，语无伦次，步态蹒跚，容易摔跌；抑制期：进入深睡，摇撼不醒，失去知觉。

（3）中毒致死量

乙醇可经呼吸道吸收，经皮肤吸收很少。乙醇中毒浓度为 100 ～ 200mg/100ml（血），致死浓度为 400 ~ 600mg/ml（血），中毒量 75 ~ 80g，致死量 250 ~ 500g，幼儿致死量 25g。乙醇急性中毒多见于一次性大量饮酒所致。

（4）尸体检验

急性乙醇中毒死亡者，可见颜面潮红，眼睑水肿，全身各器官充血、水肿及点、灶性出血征象。饮酒后因其他原因死亡，可见与致死原因相符的尸体检验征象。

（5）检材提取

①尸体一般可同时提取周围静脉（股静脉或锁骨下静脉）血、心血、玻璃体液、尿液测定乙醇浓度，必要时检测其中乙醇非氧化代谢产物（EtG、FAEEs、EtS）浓度。

②溺死尸体因溺液进入肺内，心血被稀释，亦应提取周围血。

烧死尸体，接近体表部位因受热作用对乙醇浓度产生影响，应提取心血。

（6）乙醇中毒的法医学审查要点

①注意检验血液中乙醇浓度，是否可单独构成中毒死亡；

②分析与常见死亡原因的关系，判定死因；

③分析与机体状态的关系：年龄、饮酒时间长短、酒精过敏等；

④分析与其他因素的关系：寒冷、过热以及与其他药物联合应用时易中毒死亡。

（7）检验与判断依据

在检查酒后驾驶或醉酒时，一般选用呼吸酒精检验仪进行筛选（对于不具备呼气酒精含量检验条件的，应选用唾液酒精定性检验），阳性者再进行提取血、尿进一步进行乙醇定性和定量分析。检验与判断依据主要有 GB 19522《车辆驾驶人员血液、呼气酒精含量阈值与检验》、GA/T 842《血液酒精含量的检验方法》、GA/T 843《唾液酒精检验试纸条》、GA/T 1073《生物样品血液、尿液中乙醇、甲醇、正丙醇、乙醛、丙酮、异丙醇和正丁醇的顶空—气相色谱检验方法》等。

【案　例】

轿车与半拖车的卡车相撞后，在轿车的副驾驶位发现一具 20 岁左右的男性尸体。采集尸体玻璃体液和胸腔中的血液进行毒物分析。经气相色谱分析，测得血液中的乙醇浓度为 320mg/100ml，而玻璃体液中的乙醇浓度为 90mg/100ml。胃是完整的，里面充满液体和食物。血液和玻璃体液的乙醇浓度结果相差较大，可能的解释是乙醇从胃扩散进入胸腔，污染了从胸腔中采集的血液样本。

案例解析： 乙醇可发生死后再分布，当血液中的乙醇浓度与不易受乙醇死后再分布影响的脏器中乙醇浓度不一致时，应以后者为准。在处理交通事故案件中应注意案件中是否仅对尸体的血液进行乙醇检测，特别是心血中乙醇浓度特别高时，应考虑到乙醇死后再分布的情况。另外，生前饮酒和死后产生乙醇也需要进行鉴别，尿中代谢产物 5—羟（基）β—吲哚乙醇和 5—羟（基）吲哚—3—乙酸的比率升高，在排除服用乙醛抑制剂的情况，该比率 >15 提示生前饮酒，检血中同时检出乙醇和正丙醇，且乙醇/正丙醇 <20，须考虑乙醇由腐败产生或乙醇由血液腐败和外源性两部分组成。而生前饮酒和死后灌入乙醇的鉴别可通过尸体脏器或体液中乙醇非氧化

代谢产物检验和尿中 5—羟（基）β—吲哚乙醇和 5—羟（基）吲哚—3—乙酸的比值测定进行鉴别。

2. 甲　醇

甲醇为无色透明的易燃液体，有高度挥发性，具微弱乙醇香味。甲醇急性中毒多为误服甲醇代替乙醇作为饮料所致。

（1）中毒症状

临床上主要以视力障碍及神经系统症状突出，胃肠道症状也较常见，可并发胰腺出血。代谢性酸中毒为甲醇急性中毒的主要临床表现之一。

（2）中毒致死量

可经胃肠道、呼吸道和皮肤接触吸收。中毒量 5 ~ 10ml，10 ~ 20ml 以上可致失明，致死量为 30 ~ 60ml，致死血浓度为 71mg/dl，但有较大的个体差异。

（3）尸体检验

①口服中毒迅速死亡者，其尸检局部刺激征象较明显，可见胃黏膜充血、点状出血，胃内容物中可闻及甲醇气味。中毒病程迁延，病变则主要在脑及脑膜，表现为脑及脑膜淤血、水肿和点、片状出血等。

②吸入中毒死亡者，主要病变是肺弥漫性充血、水肿，点、片状出血。皮肤接触处可出现湿疹和皮炎等。

（4）检材提取

甲醇中毒者胃内容物、呕吐物、血、尿及脑、肝、肾等均可作为检材，眼房水和玻璃体液是很好的检材，注意检测尿中代谢产物甲酸和甲醛的含量。甲醇易挥发，死后 1 ~ 2 天内检验有价值。

（5）检验与判定依据

对于可疑甲醇中毒死亡者，根据接触史、临床表现及眼底检查，参考实验室分析和特殊检查，结合尸体征象、毒物分析可诊断。检验依据有 GA/T 1073《生物样品血液、尿液中乙醇、甲醇、正丙醇、乙醛、丙酮、异丙醇和正丁醇的顶空—气相色谱检验方法》等。

【案　例】

郭某，男，27 岁。工作时使用含有高浓度甲醇的"工业酒精"作清洗液，连续工作 12h 后出现全身乏力、不思饮食，卧床休息后无好转，继而出现恶心、呕吐等症状，虽经医院抢救，4 天后死亡。尸检见视网膜充血；心外膜瘀点、瘀斑，心包腔积液，心腔内血液暗红色，不凝固、呈流动性；支气管黏膜充血、出血，两侧肺瘀血、水肿及出血；两侧胸腔积液，胸膜瘀点、瘀斑；脑膜充血、脑水肿、脑垂体充血；肾充血、浊肿；胃肠黏膜充血。经毒物分析，死者心血、左胸腔积液、心包积液、胃内容物中甲醇浓度分别为 18.73mmol/L、16.23mmol/L、16.23mmol/L 和 20.60mmol/L。

案例解析：甲醇对视神经具有较强的毒害作用，也可使脑组织发生弥漫性病变，对肝、肾等也有毒害作用。甲醇中毒毒物分析主要依靠血液、尿液中甲醇及甲酸含量的测定。一般中毒死亡者经甲醇定性、定量分析及尿中检出超常量甲酸即可判定。对病因不明的昏迷及生前发生酸中毒者，在排除糖尿病等疾病后，结合 CT、MRI 检查和尸检结果，以及玻璃体液和血液、饮用酒的甲醇含量测定，综合分析其结论。

二、杀鼠剂中毒

杀鼠剂中毒多见于投毒、自杀或误服，本书重点介绍毒鼠强中毒。毒鼠强属于有机合成杀鼠剂，成品白色粉末、无味。通过消化道途径进入体内，偶有通过消化道外途径，如呼吸道以及注射等。

1. 中毒致死量

毒鼠强经胃肠吸收快，不能透过完整皮肤吸收。毒鼠强人的口服致死量为 5～12mg。口服中毒可即刻出现中毒症状，多数潜伏期为 10～30 分钟，死亡大多发生在中毒后半小时到 2 小时。

2. 中毒症状

（1）中毒早期有意识障碍，意识模糊、谵妄或昏迷，持续时间较短；抽搐发作缓解期可有不同程度的精神症状，兴奋、躁动等。

（2）最突出的症状为突发强直性、阵发性抽搐，类似"癫痫大发作"。

3. 尸体检验

（1）死亡急速者尸斑和尸僵显著，窒息征象较明显等。有时因抽搐咬伤舌，可在舌尖发现牙印痕或咬伤出血，多表现为新鲜出血。各器官组织多表现为淤血、水肿等急性死亡的病理变化。

（2）中毒病程长者可继发支气管肺炎及灶性肺出血，肝细胞水变性及灶性坏死，肾小管上皮细胞水变性等。

4. 检材提取

（1）剩饭菜、呕吐物、胃及胃内容。

（2）血、尿也是较好检材。因稳定性很高，体内代谢较慢，多以原型存留于组织器官内，中毒较长时间血、尿中仍有可能检出毒鼠强。

（3）对犯罪嫌疑人指甲或口袋布片进行毒鼠强毒物分析亦有价值。

5. 毒鼠强中毒的法医学审查要点

（1）毒鼠强中毒常出现肌肉痉挛和抽搐，有癫痫样抽搐反复发作，排除癫痫者，应考虑中毒的可能性。

（2）需注意与其他痉挛性毒物中毒（如氟乙酰胺、士的宁、异烟肼等）以及相关疾病相鉴别，毒物分析是鉴别的唯一途径，通常采用气相色谱/氮磷检测器（GC/NPD）及 GC/MS 检测。

（3）注意与氟乙酰胺、呋喃丹或其他毒药联合投毒的可能。

6. 检验与判定依据

检验与判定依据有 SF/Z JD0107014《血液和尿液中 108 种毒（药）物的气相色谱—质谱检验方法》、SF/Z JD0107003《血液、尿液中毒鼠强的测定 气相色谱法》等。

【案　例】

某男，63岁，农民。其因儿子致人重伤后逃跑，干警到其家中未捉拿到疑犯后，拟将其带到派出所询问，行100m后突然倒地、口吐白沫伴有抽搐，起身又走几步再次倒地，被家人抬回家中，约半小时后死亡。当时曾有邻居及家人称其有抽搐病史，死者家属认为其是被殴打致死。尸检见心包内有淡黄色液体约100ml，提取心、肺、肝送病理学检查。见心增大，重360g，心肌间质淤血。肺切面有泡沫状液体溢出，镜下部分肺淤血水肿，可见散在小灶性出血，部分肺泡呈气肿状。21天后再次尸检提取死者喉头、脑、脾及胃肠送检。舌尖有3处相邻的小灶性咬伤出血，结合其过去抽搐史曾考虑癫痫大发作致死，后从胃及胃内容物中检出毒鼠强，才确定为毒鼠强中毒。

案例解析：不同的毒物具有不同的毒理作用，可反映出不同的中毒症状，同时毒物的中毒反应又与某些疾病的症状相似，易引起误判。毒鼠强中毒常出现肌肉痉挛和抽搐，癫痫样抽搐反复发作，在排除癫痫疾病的前提下，应考虑中毒的可能性。该案中死者有抽搐病史，极易被误判为癫痫大发作致死，而毒鼠强的高稳定性也为案件的最终判断提供了依据。

三、毒品中毒

毒品分析包括体外毒品鉴定和体内毒品分析。体外毒品鉴定是对体外疑似毒品检材进行主要成分的定性、定量分析；体内毒品分析则是对疑似吸毒者的体液、组织和毛发等进行毒品及其代谢物的定性、定量分析。通过分析判明被验者是否吸毒、吸毒种类、吸毒程度和吸毒史，以及吸毒与死亡的关系。

毒品一般有三种分类方式，根据来源可分为天然毒品、半合成毒品和合成毒品三大类；根据药理或毒理作用可分为中枢神经抑制剂、中枢神经兴奋剂和致幻剂三大类，而国际公约中则将毒品分别归入麻醉药品、精神药品两大类。

1. 鸦片类

鸦片类药物是一类天然的或合成的、作用于鸦片受体的中枢神经抑制剂，依赖性最强，以吗啡中毒和海洛因中毒较多见，主要包括鸦片生物碱及其衍生物、哌替啶、美沙酮等。

吗啡为其主要的生物碱，有效成分含量最多。海洛因又名二乙酰吗啡，由吗啡经醋酸酐乙酰化制成，俗称"白粉"，其毒性作用和依赖性比吗啡更强。

美沙酮是鸦片受体激动剂，目前，美沙酮替代递减法是鸦片类药物依赖的常规戒毒方法之一，因此在涉毒事件鉴定中检出率较高。

（1）中毒症状

①急性中毒症状表现为中枢神经系统的深度抑制，典型症状为：呼吸深度抑制；瞳孔缩小；发绀；心率减慢、脉搏细弱、血压下降；皮肤湿冷，体温降低；骨骼肌松弛无力，下颚松弛，舌后坠常阻塞呼吸道，促发窒息；尿少或尿潴留；量大或静脉注射时可迅速陷入昏迷。

图 6-6-1　罂粟果

图 6-6-2　海洛因

②慢性中毒表现：消瘦、贫血、精神萎靡、便秘等。

（2）中毒致死量（表 6-6-1）

表 6-6-1　海洛因滥用死亡者组织及体液吗啡浓度（mg/L 或 mg/kg）

	血液	肌肉	肝	尿液
平均值	0.7	0.8	3.0	52
范围	0.2 ~ 2.3	0.1 ~ 2.0	0.4 ~ 18	14 ~ 81

（3）尸体检验

尸表检查：

①急性中毒死者，尸表仅呈一般窒息征象。尸斑青紫，尸僵持续时间较短，口鼻、呼吸道有泡沫液体溢出，有时呈血性；

②死亡早期可见典型的针尖样瞳孔缩小；

③注射方式吸毒者，查皮肤上有注射痕迹，静脉注射处可检见静脉发炎、局部皮肤呈条索状硬化等；

④慢性中毒死者，可见营养不良，显著消瘦、贫血、腹胀明显；

⑤鼻黏膜吸食者鼻腔内可检见毒品粉末。

尸体解剖：

①急性中毒死亡：呼吸系统：急性中毒死亡者常见显著肺淤血、水肿，气管及支气管腔内常有泡沫性液体；中枢神经系统：脑神经细胞不同程度的变性、坏死，灶性血管周围出血，急性脑水肿；消化系统：胃肠道携带毒品，可发现毒品包裹颗粒，可见胃、肠破裂出血；泌尿生殖系统：吸毒者易发生蛋白尿及尿潴留。

②慢性中毒死亡：呼吸系统：支气管肺炎、多发性肺脓肿的改变；中枢神经系统：可见多灶性神经细胞坏死，灶性软化；免疫系统：淋巴组织常见反应性增生、肿大，多见脾大；心血管系统：可出现缺血性心脏病、感染性心内膜炎、间质性心肌炎，常

发生心律失常和急性充血性心力衰竭死亡；消化系统：肝的病变明显，以慢性肝炎、肝硬化最常见；泌尿系统：睾丸萎缩。

③在吸毒死亡者病理组织学诊断中有特殊价值的是在器官组织内检出异物，特别是用偏振光显微镜检查时可见特殊的双折光异物，这些异物是毒品的添加剂。

（4）检材提取

①经口服者，取呕吐物、洗胃液、胃肠内容物。

②鼻吸食者用干拭子擦拭双侧鼻孔黏膜。

③注射者切取注射处皮肤、皮下组织及肌肉组织，并取非注射侧组织作对照。

④血液、尿液、胆汁为最好的检材。

⑤对长期阿片类毒品的滥用者，可用毛发作检材，以带毛根拔下头发为好，可推测滥用毒品的时间期限。

（5）鸦片类中毒的法医学审查要点

主要依赖案情调查、现场勘查、尸体解剖和毒物分析结果的综合分析。

（6）检验与判定依据

疑似鸦片生物碱的体外毒品鉴定可采用化学反应和薄层色谱法进行筛选试验，确证分析和定量分析应采用仪器分析方法。检验与判定依据主要有 SF/Z JD0107005《血液、尿液中 238 种毒（药）物的检验 液相色谱—串联质谱法》、GA/T 1607《法庭科学 生物检材中海洛因代谢物检验 液相色谱—质谱法》、GA/T 1618《法庭科学 生物检材中美沙酮检验 液相色谱—质谱法》、GA/T 1635《法庭科学 毛发、血液中吗啡和单乙酰吗啡检验 气相色谱—质谱法》、GA/T 1640《法庭科学 唾液中吗啡和 O^{6-}单乙酰吗啡检验 液相色谱—质谱法》。

【案 例】

陈某，30 岁，男性，吸食海洛因 6 年史，吸食 2 个月后成瘾。6 年来保持每日吸海洛因 0.5～0.8g。2004 年 12 月 4 日因出现流涕、淌眼泪、竖毛、心慌、烦躁不安等症状，吸食海洛因 0.25g 后即进住戒毒所，21 时给美沙酮 30mg 口服。12 月 5 日 15 时出现全身不适等戒断综合征，即给氯硝西泮 2mg，肌注，约 15min 后症状消失。12 月 5 日 21 时，美沙酮加量至 40mg/天。当天晚上，患者不停吸烟，后昏睡，鼾声如雷，于 12 月 6 日凌晨，护士发现患者口吐白沫，口唇紫绀，呼之不应，推之不动，针尖瞳孔，痛觉及神经系统反射消失，认定为鸦片类急性中毒，立即投入抢救，抢救成功后，患者供认 12 月 5 日晚，自肛门深处取出预先藏入的 0.5mg 海洛因，掺入烟卷中吸食而致中毒。美沙酮与高强度的海洛因同属人工合成的鸦片类化合物，故超过其耐受量而超量中毒。

案例解析： 鸦片类药物进入体内，基本都要经过体内代谢生成其他物质，因此生物检材内不一定能检验到原体，要通过检验其代谢物来反推其原体。而药物进入体内的时间长短、取材的部位等又影响着检出物的种类和含量，以及不同的药物可能有某些相同的代谢产物，因此要对检材的检验结果进行综合分析以确定进入体内的是何种物质。对滥用海洛因而言，单乙酰吗啡一般仅在滥用后 24 小时内存在，体液、组织分析常只能检验到吗啡，而头发分析可同时检验到单乙酰吗啡和吗啡，提供更为确凿的滥用海洛因的证据，且头发分析受时间限制少，可在吸毒后数月至一年内检出毒品或代谢物。

2.苯丙胺类

苯丙胺类药物系一类人工合成的非儿茶酚胺拟交感神经药，是苯丙胺及其衍生物的统称。根据药物化学结构及药理作用分为四类（表6-6-2、图6-6-3、图6-6-4）：

表6-6-2　苯丙胺类药物分类

分类	代表药物
兴奋型苯丙胺类	盐酸甲基苯丙胺的结晶体似冰样，称为"冰毒"
致幻型苯丙胺类	二甲氧基甲基苯丙胺和溴基二甲氧基苯丙胺
抑制食欲型苯丙胺类	具有抑制食欲作用，但又有一定成瘾性和滥用潜力，常见的有苯甲吗啉、苯双甲吗啉等； 以食欲抑制作用为主，精神作用较弱，临床可用作减肥药，如芬氟拉明及右旋芬氟拉明等
混合型苯丙胺类	兼具兴奋和致幻作用，最常滥用亚甲基二氧苯丙胺和亚甲基二氧甲基苯丙胺，兼具兴奋和致幻作用，是被称为"摇头丸"毒品的主要成分

图6-6-3　甲基苯丙胺（冰毒）

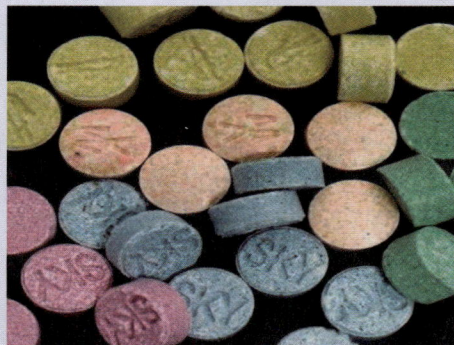

图6-6-4　摇头丸

（1）中毒症状

兴奋型苯丙胺及混合型苯丙胺类药物急性中毒症状表现为兴奋、不安、精神与体力均显活跃、动作快而不准、紧张、眩晕、意识紊乱；严重者可出现恐慌、狂躁、幻觉。可因高血压危象、循环衰竭及急性心律失常死亡。

（2）中毒致死量

苯丙胺类药物可经口服、吸入和静脉注射等途径吸收，口服后在胃肠道吸收迅速。甲基苯丙胺致死血浓度约4mg/L，致死量为20～25mg/kg体重。

（3）检材提取

尿是最佳检材，血液必不可少，肝中可检出代谢产物苯丙酮。毛发药物分析结果可提供苯丙胺类滥用或慢性中毒的有力证据。

（4）尸体检验

尸僵出现早且较强，多器官呈淤血、水肿改变，肝、肺等肉芽肿形成，指甲脆化；长期滥用死亡者体重减轻，营养不良，静脉注射滥用者在肺和肝中可见双折射结晶。

（5）苯丙胺类中毒的法医鉴定要点

有苯丙胺类药物接触史，中毒症状反映出中枢兴奋和交感神经兴奋的症状，存在精神症状，结合尸检及毒物分析作出鉴定。

（6）检验与判定依据

冰毒、摇头丸等苯丙胺类毒品可经有机溶剂直接提取后采用化学反应和薄层色谱法进行筛选试验，并用仪器分析方法进行确证分析和定量分析。尿样和血清可直接用免疫检验板进行筛选试验，其他体内检材则需要经提取后用仪器分析方法检验。检验与判定依据主要有 SF/Z JD0107005《血液、尿液中 238 种毒（药）物的检验　液相色谱—串联质谱法》、SF/Z JD0107014《血液和尿液中 108 种毒（药）物的气相色谱—质谱检验方法》、GA/T 1639《法庭科学　唾液中苯丙胺等四种苯丙胺类毒品和氯胺酮检验　液相色谱—质谱法》、GA/T 1634《法庭科学　毛发、血液中苯丙胺等四种苯丙胺类毒品检验　气相色谱和气相色谱—质谱法》、SF/Z JD0107024《尿液、毛发中 S（+）—甲基苯丙胺、R（−）—甲基苯丙胺、S（+）—苯丙胺和 R（−）—苯丙胺的液相色谱—串联质谱检验方法》等。

【案　例】

某男，39 岁。据某宾馆报案称，该男子当日凌晨 2 时开始出现呕吐不止、烦躁不安、神志不清、思维混乱、胡言乱语、呼吸困难、幻视幻听、磨牙出汗等症状，立即向当地派出所报案并急送医院救治。医生发现该男子裤裆内夹有黄色圆柱状固形物，外由安全套及透明胶带纸紧紧缠绕，共 41 个，其中 8 个破裂而仅残留安全套空壳。将上述包裹物剖开见每个包裹物中有直径为 0.4cm 的绿色或橙黄色药片 60 粒。经抢救无效，该男子于当日凌晨 5 时 20 分死亡。毒物分析：将死者裤裆内药物、胃肠内药物、胃肠内容物、心血及呕吐物经毒物分析，结果均检出甲基苯丙胺成分。鉴定结果表明该男系体内藏毒甲基苯丙胺导致急性中毒意外死亡。

案例解析：苯丙胺类入体后吸收良好，通过血液迅速分布于组织，主要经尿排泄，尿 pH 对苯丙胺类及其代谢物的分布和排泄影响较大，酸性尿可使原体药物的排出量增加。正常情况下，24 小时尿可排出摄入量的 70%，其中可有半数以上保持毒品原型，尿中浓度峰值于摄入后 10 小时内出现。体内检材以尿和毛发为主，当需判断是否为苯丙胺类毒品中毒致死时可选取血液作为检材。尿样是苯丙胺类滥用检验的首选检材，尿中苯丙胺类原体及其代谢物含量高，并主要以游离形式存在。当无尿液检材时或摄毒后间隔较长时间的情况下，可选取毛发检材进行分析，毛发中可检验苯丙胺类原形。头发药物分析结果可提供苯丙胺类滥用或慢性中毒的有力证据。

另甲基苯丙胺类药物中的苯丙胺、甲基苯丙胺具有旋光性，一般有两种异构体，右旋苯丙胺的中枢兴奋作用是左旋的 3～4 倍，右旋甲基苯丙胺的中枢兴奋作用也高于左旋（左旋一般作为药物处理），因此还需分辨它们属于哪种异构体。

3. 氯胺酮

氯胺酮属致幻剂，通常为白色粉末状，被称作"K粉"。2004年7月，国家食品药品监管局将氯胺酮制剂列入第一类精神药品进行管理（图6-6-5）。

图6-6-5　氯胺酮

（1）中毒症状

普遍的毒性反应包括眼球震颤、瞳孔散大、胸痛、呼吸抑制、血压上升、心跳过速、呕吐、流涎、情绪不稳、定向障碍、认知障碍、易激惹行为、幻觉、精神分离状态、中等肌张力增加和颤抖等。

（2）中毒致死量

氯胺酮可经鼻吸、口服、静脉注射、肌注、气雾法摄取等多种途径吸收。滥用氯胺酮70mg以上会导致中毒，200mg会产生幻觉，500mg将出现濒死状态，900mg足以致死。氯胺酮对人的致死量尚不能明确。

（3）尸体检验

①尸表见口服氯胺酮死亡者口角可能会见到呕吐痕迹，双手甲床可有轻度发绀。

②解剖尸体可见双肺膨满，叶间裂有散在的浆膜下出血点；心尖有散在出血点，胃肠胀气；肝被膜下有散在出血点；脑实质水肿，蛛网膜下腔淤血。

③镜下慢性氯胺酮中毒引起一定特征的心血管病变：以心肌间小血管为中心的心肌纤维化；脑、肾等其他器官的小血管存在一定程度管壁变性；小血管供血区域组织出现缺血、变性等改变。

（4）检材提取

尿液是氯胺酮及其代谢物分析检测的首选检材。血液中药物成分相对稳定。口服者取胃组织及胃内容物。长期滥用者提取毛发作为检材。

（5）氯胺酮中毒的法医鉴定要点

①详细调查案情，确证氯胺酮滥用史；

②及时提取相关检材进行氯胺酮定性定量分析；

③结合尸体检验特征加以鉴定。

（6）检验与判定依据

疑似氯胺酮毒品的体外检材可直接用采用化学反应或光谱法进行筛选试验，并用仪器分析方法进行确证分析和定量分析。尿样和血清可直接用免疫检验板进行筛选试验，其他体内检材则需要经提取后用仪器分析方法检验。检验与判定依据主要有 SF/Z JD0107004《生物检材中苯丙胺类兴奋剂、哌替啶和氯胺酮的测定》、GA/T 1614《法庭科学　生物检材中氯胺酮检验　气相色谱和气相色谱—质谱法》、GA/T 1639《法庭科学　唾液中苯丙胺等四种苯丙胺类毒品和氯胺酮检验　液相色谱—质谱法》等。

【案　例】

某女，32 岁，职员。自 2003 年 5 月起，多次出现头晕、胸闷和呼吸困难等症状，这些症状可自行缓解，但后期出现失眠、健忘症状，曾先后到医院诊治，做多项化验和心电图检查，均未查中异常结果。2003 年 9 月 11 日 21 时 30 分左右，在家中再次感到头晕，于当晚 22 时 18 分送到医院，终因抢救无效死亡，死者家属要求查明死因。经法医毒物分析检验，在死者心血及胃内容中均检出氯胺酮成分，含量分别为 3.8μg/ml 和 21μg/ml。侦查部门进行立案侦查，最终破获了一起投毒杀人案，犯罪嫌疑人（为死者丈夫，医生）因婚外恋而起杀妻之念，将从手术室盗取的氯胺酮先后多次投入死者食用的饮料中，最后造成其慢性中毒死亡。根据案情调查，本例被害人曾先后多次服用氯胺酮，其毒理作用造成神经及心血管系统功能障碍症状（包括头晕、失眠、心跳和呼吸突然停止等）的出现，尸体解剖中亦见心衰特征性改变（如肺淤血水肿、胸腔积液等），氯胺酮慢性中毒致死的最终死亡原因为心力衰竭。

案例解析：体内检材主要包括尿液、血液和组织，尿液是氯胺酮及其代谢物分析检验的首选检材。长期滥用氯胺酮者还可提取毛发作为检材。氯胺酮为手性毒（药）物，即结构互为镜像关系而又不能重合的一对毒（药）物，这对毒（药）物成为对映体，对映体各有不同的旋光方向：左旋、右旋、外消旋，分别用（-）、（+）、（±）符号表示，手性标记用 R/S 序列标记法。外消旋氯胺酮中的 S-（+）和 R（-）对映体有着不同的治疗和毒性作用。S-（+）—氯胺酮的镇痛作用是 R（-）—氯胺酮的 2～4 倍，而 R（-）—氯胺酮常导致幻觉和焦虑。因此，S-（+）—氯胺酮主要用在临床上，R（-）—氯胺酮成为被广泛滥用的精神活性物质，氯胺酮经代谢生产去甲氯胺酮和脱氢去甲氯胺酮，也具有手性。因此可根据对映体的毒物分析结果判断氯胺酮来源。本案检出 S-（+）—氯胺酮（主要用于临床），证实死者丈夫（医生）用临床药物进行投毒的行为。

四、常见农药中毒

农药是一类农业生产上用于杀虫、除草、杀鼠、杀菌以及促进或控制植物生长的化合物。在急性中毒中，农药中毒居于首位，在农药中毒中有机磷农药中毒占大多数，其中剧毒的甲胺磷和对硫磷中毒占有机磷农药中毒的大多数。

1. 有机磷农药

有机磷农药是含磷的有机化合物，我国最常见的有对硫磷、甲胺磷、敌敌畏、乐果、敌百虫等十多种。

（1）中毒症状

有机磷农药能经无损伤的皮肤、呼吸道、消化道进入体内，迅速分布到全身各组织器官并与组织蛋白牢固结合。有机磷杀虫剂中毒可导致三个时相的神经毒性作用，即急性胆碱能危象、中间综合征、有机磷迟发性神经病。

（2）尸体检验

①尸表观察：尸斑显著，呈暗紫红色，口唇及指甲明显青紫。

②尸体剖验：消化系统：口服大量有机磷中毒死亡者，切开胃后可闻到有机磷的特殊气味（大蒜味）；心血管系统：右心房及右心室轻度扩张，右心及大静脉内充满暗红色流动性血液；呼吸系统：气管及支气管腔内有多量白色泡沫状液体，肺水肿多较明显；中枢神经系统：软脑膜淤血水肿。

（3）检材提取

①口服中毒者取胃内容物、胃组织和血液为最佳；

②通过呼吸道吸入中毒者应提取肺和血液；

③注射投毒，应取可疑注射局部皮肤、皮下组织及肌肉送检；

④在现场勘查时，应注意提取呕吐物、洗胃液、剩余食物、可疑容器等同时送检。尸检时注意提取尿液、皮肤水疱内液送检。迁延死亡者可提取肝、肾等。

（4）有机磷农药中毒的法医学审查要点

①有下述检验所见，应怀疑有机磷农药中毒的可能：大汗、肌束颤动、瞳孔缩小、口吐白沫、衣着和呼吸气体有特殊气味、死亡较快，尸检时见上消化道糜烂、胃内容物表面有油状液，并散发出芳香味或大蒜味，四肢肌群挛缩，显著肺水肿等。

②在呕吐物、胃内容物、血及器官中检出有机磷化合物可确定，尿中二氯乙醇含量升高，是死者接触敌百虫或敌敌畏的证据。

③毒物分析结果是阴性时，还应根据案情、现场勘验、临床表现，结合法医学尸体解剖发现，进行综合评定。

（5）检验与判定依据

有机磷具有抑制体内胆碱酯酶活性的作用，可通过测定红细胞胆碱酯酶活性的方法初步判断是否是有机磷中毒。进一步的定性定量检验，需要用到色谱法或色—质联用法。检验与判定依据主要有 GA/T 1612《法庭科学 生物检材中乐果等八种有机磷类农药检验 气相色谱和气相色谱—质谱法》、SF/Z JD0107005《血液、尿液中 238 种毒（药）物的检验 液相色谱—串联质谱法》、SF/Z JD0107014《血液和尿液中 108 种毒（药）物的气相色谱—质谱检验方法》等。

【案　例】

一矿区女青年刘某被人杀死在家中。案发后，确定犯罪嫌疑人为任某。抓捕时任某从矿坑内踉跄走出，在坑口突然倒地，口吐白沫，四肢痉挛，身体扭曲。后被紧急送往医院抢救。到医院时，罪犯两眼瞳孔已明显缩小，呈昏迷状态，经抢救无效死亡。

尸检时闻及胃内容物蒜臭味，呈乳白色，胃黏膜有散在性出血点。提取其胃内容物和血液以及现场提取的农药瓶进行毒物检验。检材提取后经 GC-MS 分析，从送检的任某胃内容物、血液和农药瓶中均检出马拉硫磷和氰戊菊酯（速灭杀丁）。

案例解析：本案尸体征象明显，胃内容物、血液及农药瓶中均检出有机磷农药中毒成分，死因明确。但实践中若毒物分析结果是阴性时，应看检验过程中有无考虑以下两个问题：①检材提取、处理是否得当，特别是生前救治时已洗胃，解剖时再取胃内容物检验，其阴性结果的可能性大；②选用的分析方法是否灵敏，用传统的化学分析方法，不仅检材需要量大，而且灵敏度低，易出现阴性结果。

2. 百草枯

百草枯，又名克芜踪、对草快，对人畜毒性极大，无特效解毒药。

（1）中毒症状

①对皮肤、眼睛和口腔黏膜具有腐蚀性，引起皮肤干裂，眼睛接触后可引起结膜炎和角膜炎，损伤类似于碱性腐蚀；②呼吸道吸入者有鼻、喉部刺激症状；③肺和肾是百草枯损伤的靶器官，肺泡细胞具有主动摄取和蓄积百草枯的特性，中毒后肺部快速纤维化（不可逆），出现呼吸困难，肺水肿，直至呼吸衰竭而死亡。

（2）中毒致死量

百草枯可通过皮肤黏膜、胃肠道和呼吸道吸收。口服百草枯 3.0g（约 10ml），可引起中毒症状，成人口服致死量为 15ml 以上 20% 的溶液，而儿童为 4～5ml，最小致死血浓度为 1.2mg/L，肝组织的最小致死浓度为 0.2mg/kg。

（3）尸体检验

①消化道的损伤：口、咽、食管、喉和上部气管黏膜严重充血，并且可能覆盖有黄绿色上皮脱落，胃黏膜容易充血。

②肺损伤：在接触数天后，肺大面积纤维化，称为百草枯肺。双肺肺泡上皮细胞变性、脱落、坏死，肺泡腔内出血，纤维素渗出，肺泡透明膜形成。如存活稍长者，肺泡腔内渗出物开始机化，纤维细胞肥大，分泌胶原纤维，形成稀疏的纤维组织，可见 masson 体样纤维化结节形成。

（4）检材采取

常规取血液、尿液、粪便、肌肉组织和器官作毒物分析；注意提取浓度最高的肺和肾；提取尿液可进行快速筛检，但仅在百草枯浓度超过 1μg/ml 时有效。

（5）检验与判定依据

常用的百草枯检验方法为高效液相色谱法，此外化学法、薄层色谱法、液－质联用色谱法也可测定百草枯的含量。检验与判定依据主要为 GA/T 1629《法庭科学 血液、尿液中百草枯检验 气相色谱和气相色谱—质谱法》。

【案 例】

2021 年 10 月，主播"罗某某"在直播时喝下用饮料兑了百草枯农药的液体，然后继续直播，不过等待了一会后，她明显感觉到了身体不适，网友们也纷纷报警，罗某某自行拨打"120"后送到了医院抢救。抢救过程中，因摄入农药剂量大，经抢救无效死亡。

案例解析：百草枯入体后大部分以原型物随粪、尿排出，肺和肾中百草枯的浓度最高，病程迁延者仍可从其尸检器官中检出百草枯。当从血液、尿液、粪便、肌肉组织和器官中检出百草枯一般可作为百草枯中毒的直接证据。根据毒物分析结果，结合接触史、尸检病理所见，一般可作出鉴定。在隐匿式百草枯中毒案例需在临床和法医病理工作中注意与非典型性病毒性肺炎相鉴别。

五、常见药物中毒

药物（合成毒药物简称）是指经常涉及投毒、误服、自杀和医疗纠纷的化学合成或半合成的药品。主要有安眠镇静类药、麻醉药物、生物碱类药、解热镇痛抗炎药等。

检验药物通常需有定量分析结果，以确定浓度是否超过治疗剂量，是否达到中毒量或致死量。常在医疗纠纷中，有些需要在不同检材中进行同一认定，如针头中残留药物成分和输液管路中的药物成分是否为同一药物种类或同一药品批号。

1. 三唑仑

三唑仑具有抗焦虑、镇静、催眠、抗惊厥、抗癫痫及中枢性肌肉松弛作用，但药效比同类药强 45 ~ 100 倍，长期服用可导致依赖性，被列为第一类精神药品管理。

（1）中毒症状

一般为倦睡，但不引起深度睡眠，易被唤醒，言语如常，肌肉软弱，共济失调，大剂量时可导致昏迷，血压下降，呼吸、循环抑制，呼吸、心跳停止。

（2）尸体检验

①急性中毒者尸斑较显著，口唇、指甲发绀。内脏淤血、水肿明显，支气管内可有白色泡沫。心、肺表面可有点状出血。胃内可发现残存的药末或药片。膀胱内尿潴留。

②慢性中毒死亡者，尚可见皮疹、肝细胞坏死及胆汁瘀滞，肾小管上皮细胞变性、坏死。长期药物滥用过量死亡者，神经细胞退行性改变较明显，神经细胞变性、坏死，胶质细胞增生明显，淀粉样小体形成，有的可见脑内小血管炎改变。

（3）检材提取

尿、胃内容物、血液以及肝、肾、脑均可作为检材，其含量次序为肝 > 脑 > 血 > 肾 > 肺。

（4）三唑仑中毒的法医学审查要点

①有服药史，临床表现为倦睡，肌肉松弛，共济失调或突然昏迷等。

②毒物检测必须进行药物的定量检测，以区别正常治疗用量或中毒。

③注意该类药物与乙醇有协同作用，可增加对中枢的抑制，故应调查是否饮酒。

（5）检验与判定依据

检验与判定依据主要为 SF/Z JD0107005《血液、尿液中 238 种毒（药）物的检验液相色谱 / 串联质谱法》、SF/Z JD0107014《血液和尿液中 108 种毒（药）物的气相色谱—质谱检验方法》。

【案　例】

2020 年 7 月，方某、张某预谋将含有三唑仑成分的药物放入小丽所服中药中致其昏睡后，又使用七氟烷（吸入式麻醉剂）让小丽吸入后陷入昏迷状态。之后张某、方某先后与昏迷的小丽发生关系。2020 年 7 月 25 日，被告人方某、张某被抓获。经鉴定，小丽的送检头发与尿样中均检出麻醉剂三唑仑成分。

案例解析： 三唑仑因药效强、起效快，常用于迷奸犯罪。三唑仑在肝中代谢后，主要以代谢产物形式从尿中排泄，少量原型从尿中排出，可通过胎盘或者乳汁排出。三唑仑被归属于毒品名录，中毒致死者心血、尿液、粪便、肝、肾等毒物分析结果阳性是确定案件性质的主要依据。

2. 氯化琥珀胆碱

氯化琥珀胆碱为肌松药，近年来，将氯化琥珀胆碱装入飞镖的毒杀案件时常发生。氯化琥珀胆碱在体内迅速代谢，所以应注意有无体外检材的获取。其中毒症状以骨骼肌肌肉松弛为主要表现，作用快，中毒量大时可迅速死亡。

（1）中毒症状

常表现为急性肺淤血、肺水肿、急性呼吸功能衰竭，多在 10 分钟之内死亡。

（2）中毒致死量

中毒量与致死量较接近，有报道静脉注射剂量为 0.25mg，也有研究显示氯化琥珀胆碱肌肉注射致死量 20mg，静脉注射致死量 10mg。

（3）尸体检验

组织病理学检验可见多脏器的淤血、急性肺水肿、组织内围管性出血等非特异性的改变，在实践中要注意与心血管系统疾病猝死相鉴别。

（4）检材提取

死者心血以及疑是针眼周围的局部软组织等。

（5）氯化琥珀胆碱中毒的法医学审查要点

①此类案中检测出氯化琥珀胆碱成分是案件检验的关键。一般在现场可以发现弩箭箭针的存在，应做氯化琥珀胆碱的检验；如若现场没有遗留箭针，而针眼在 2 ～ 3 mm 左右时，应考虑有氯化琥珀胆碱中毒的可能。

②注意与猝死相鉴别：氯化琥珀胆碱中毒具有死亡迅速、致死量低的特点，而且死者多有尸斑严重、面部青紫、心肺表面出血点等表现，与心源性猝死、窒息死亡较相似。对于此类案件，一定要及时询问死者的身体健康情况，有无心脏或脑部疾病病史，是否存在心脑血管疾病的症状和体征，近期身体状况及表现。

（6）检验与判定依据

依据 GA/T 1919《法庭科学　琥珀胆碱和琥珀单胆碱　液相色谱—质谱和红外光谱法》；采用化学显色法、滴定法、液相色谱—质谱联用法检验氯化琥珀胆碱，生物检材以液相色谱—质谱联用法为主。

【案　例】

李某，男，25 岁，某日被发现死在村口，距现场 10m 处水沟内发现一弩机和一些可疑药箭（一般为乡下非法打狗所用），其中一支药箭被用过。尸表检查：死者左大腿根部外侧有一 0.1cm×0.1cm 针眼，深入肌层约 1.5cm，周围软组织出血；相对应的左裤口袋内有一 0.1cm×0.1cm 破洞。尸斑呈暗红色，口唇、甲床发绀。尸体解剖见肺、肝、脾等器官表面点、片状出血，切面淤血、水肿，未见其他损伤。经毒物分析，死者左大腿处针眼周围肌肉软组织中及药箭、残余液体中均检出琥珀胆碱成分。死亡原因为氯化琥珀胆碱中毒。

案例解析：氯化琥珀胆碱被注射后，在血浆中迅速被血浆胆碱酯酶水解，1 分钟内血浆中总量的 90% 已被水解，其余部分在肝中被水解。很少以氯化琥珀胆碱的分子形式从尿中排泄，仅有不到 2% 琥珀胆碱以原形从肾排泄。故要注意可能毒物分析时检验不到氯化琥珀胆碱，而以其代谢物为主。因此，实践中注意在尸表寻找可疑针眼，并提取周围组织进行检验。

六、有毒植物、动物中毒

有毒植物中毒的原因主要有：医源性或非法行医引起中毒最常见，如按民间流传偏方、单方治病或堕胎而中毒；因与食用植物外形相似，而误食有毒植物中毒；食物污染和食物加工处理不当。

1. 蛇　毒

毒蛇中的蛇毒毒性较强的有眼镜蛇、眼镜王蛇、银环蛇、金环蛇、蝰蛇、五步蛇、蝮蛇、竹叶青、烙铁头、海蛇等。蛇毒分为神经毒、血液循环毒（种类很多，成分亦十分复杂，主要影响心脏、血管及血液系统的有毒成分）。神经毒主要存在于眼镜蛇、金环蛇、银环蛇及海蛇的毒液中；血液循环毒主要存在于蝮蛇、蝰蛇、五步蛇的蛇毒中。眼镜蛇、眼镜王蛇及蝮蛇蛇毒既含神经毒也含血液循环毒。

（1）中毒致死量

不同种类的毒蛇，其每次放毒量不同，对人及小鼠的致死量也不同（表 6-6-3 ）。

（2）中毒症状

①局部症状：与蛇毒毒素有关，神经毒接触局部伤口处可呈蚁咬样微痛、麻木感、

表6-6-3　中国常见毒蛇咬伤死亡率及蛇毒致死量

毒蛇种类	小鼠 LD_{50}（mg/kg）	人致死量（mg/kg）	死亡率（%）
眼镜王蛇毒	0.34	12	100
眼镜蛇毒	0.53～0.71	15	8
银环蛇毒	0.09	1	23
金环蛇毒	2.4	10	30
蝮蛇毒	2.0	25	7
尖吻腹蛇毒	8.9	—	24
竹叶青蛇毒	3.3	100	1
蜂蛇毒	1.6	4.2	30
烙铁头蛇毒	—	—	8
海蛇毒	0.52	3.5	35

资料来源：覃公平：《中国毒蛇学》，广西科学技术出版社1998年版。

轻度红肿，麻木感向心性扩散，严重时可致肢体瘫痪；血液循环毒素接触局部伤口红肿疼痛明显，可变紫黑色，组织坏死，并迅速向四周蔓延。

②全身症状：神经毒素中毒会出现头痛、眩晕、流涎、恶心、胸闷、气促、听觉、视觉等消失，舌麻痹、言语不清等症状，且发展迅速；血液循环毒中毒全身症状为畏寒、发热、恶心、呕吐、全身肌肉酸痛、烦躁不安、全身多发性出血、便血、尿血、血压下降、休克等。

（3）尸体检验所见

①局部病变：咬伤局部皮肤有一对较深而粗的毒蛇牙痕。

②神经系统含神经毒及混合毒类毒蛇（如金、银环蛇或眼镜蛇）咬伤，脑脊髓及周围神经细胞广泛变性、坏死，呈急性肿胀、空泡变性、尼氏体消失等改变，脑淤血、水肿，有的可见多发性小灶性出血软化及小脑扁桃体疝形成。

③心：心外膜、心肌及心内膜下有斑点状或广泛性出血。镜检见心肌纤维肿胀，横纹模糊不清，有时出现肌溶小灶或心肌灶性坏死伴中性粒细胞浸润，间质淤血及灶性出血，有时呈间质性心肌炎改变。

④横纹肌：海蛇蛇毒对横纹肌有选择性损害作用。主要病变为横纹肌坏死，横纹模糊或消失，细胞质呈嗜碱性、无结构淡染的细块状。可引起低部肾单位肾病，导致急性肾衰竭而死亡。

⑤其他：可见其他器官组织出现坏死及炎症细胞浸润。

（4）检材提取

提取毒蛇咬伤部位组织、血液及器官，检测蛇毒抗原并观察病理变化。

（5）蛇毒中毒的法医学审查要点

应警惕用毒蛇或蛇毒他杀的案例，鉴定时需仔细检查体表毒蛇牙痕，提取咬伤的局部组织用免疫学方法检测蛇毒抗原。

（6）检验与判定依据

由于蛇毒主要毒性成分为毒性蛋白质、肽类化合物，检验难度大。现毒物分析常用的蛇毒检验方法为酶联免疫吸附法、毛细管区带电泳法、高效液相色谱法，毒物分析一般只作定性分析，且需以相应蛇毒作为对照。蛇毒检验至今无国家和部级的检验标准。

【案　例】

某女，38岁，因突发舌尖发麻、声音嘶哑、吞咽困难、视力模糊等症状被友人急送医院，抢救无效死亡。在医院体检见：神志清楚、精神差、口唇轻度发绀、瞳孔散大，直径约0.5cm。左臀部注射部位红肿，触之较硬，大小12cm×12cm。45分钟后出现口齿不清，55分钟后面色发绀、呼吸心跳停止、血压10/0kPa。解剖见左臀部有一注射针眼，局部无明显红肿。针眼处的皮肤肌肉进行取样检出银环蛇毒素成分。经查，其丈夫使用注射器将1ml银环蛇毒液注入该女左臀部，在其家中查获含有银环蛇毒毒素成分的器具。

案例解析：中毒案例中蛇毒摄入点不易被发现。法医应仔细检查体表毒蛇牙痕等。本案为蛇毒注射，非毒蛇咬伤，故注意注射针眼及周边组织异常改变，并取材检验，同时注意现场涉案工具搜集及残留毒液检测。

2. 乌　头

乌头含生物碱及乌头多糖，主要为中乌头碱及乌头碱、次乌头碱等。乌头属植物在我国民间与医界均有广泛应用，使用中出现中毒的报道屡见不鲜，是最常引起中毒的有毒植物之一。

（1）中毒症状

中毒症状出现的时间与乌头的性状及机体吸收有关。症状为流涎显著，唇舌及全身麻木，手足有特异的刺痛及蚁走感，尤以指尖为著，继而发展到颜面肌和四肢疼痛性痉挛，以及难以忍受的冷感。

（2）中毒致死量

生川乌3～5g，生草乌3～4g能致中毒死亡，纯乌头碱是极毒的生物碱，中毒量为0.2mg，致死量为3～5mg。

（3）尸体检验

常规病理检查常无特殊所见。一般尸表窒息征象较为明显，尸斑呈暗紫红色，口唇和指甲青紫。

（4）检材采取

乌头碱中毒吸收快，由肾排泄快，且量多。故检材以尿液及涎液为佳，迅速死亡者的呕吐物、胃内容物亦佳。死亡较晚者检材以肝、肾为佳。

（5）乌头中毒的法医学审查要点

①乌头属植物中毒具有较明显的地区性，多发生在盛产该植物的地区，多属意外

中毒，但自杀、他杀性质的也不少，必须有所警惕。

②特征性表现：乌头碱中毒有典型的口舌、四肢持续发麻症状。流涎、胃烧灼感有一定意义。心慌、心律失常、脉弱等心脏症状也较突出。

③由于常规尸检常无特殊发现，加之乌头碱易因腐败或在碱性溶液中提取时遭到分解破坏，如果毒物分析结果阴性时，不要轻易否定乌头属中毒。可采用高效液相色谱—质谱联用法进行鉴定。

（6）检验与判定依据

可通过形态学鉴定乌头。液相色谱/串联质谱法应用于乌头生物碱浓度非常低微，且易水解的生物检材。检验与判定依据有 SF/Z JD0107015《血液中 45 种有毒生物碱成分的液相色谱/串联质谱检验方法》等。

【案　例】

2009 年某日下午 3 时许，一名身患坐骨神经痛和腰椎间盘突出的 56 岁男子在购买药酒服用约 7ml 后，即出现呕吐、腹泻、全身麻木等症状，时隔 1 个多小时送至医院抢救，不治而亡。该男子从服药至死亡历时约 2h。解剖后取心血、尿液、胃内容物和其他生物检材及所喝药酒进行毒物分析，均检出乌头生物碱成分。服用的药酒中乌头碱的量达 4.1mg，已超过最小致死量 2mg。

案例解析： 不同品种的乌头，因所含生物碱的种类和量不完全相同，毒性差异较大，乌头原碱、乌头次碱的毒性远低于乌头碱原药，且无法区别是体内代谢产物，还是炮制或检材处理过程中水解产生，因此检测出乌头原碱、乌头次碱不能推定曾服用过剧毒的生乌头类药物，应对服用的可疑物品进行检测，进行综合判断。

七、金属毒物中毒

金属毒物指能够引起急、慢性中毒的金属单质及其化合物。常见的有毒金属元素包括砷、汞、铅、钡、铬、镉、镍等。含有毒金属元素的化合物，其中大部分为水溶性的无机化合物，少数为有机化合物。罪犯常将毒物混入食物或药物，有的则通过注射或塞入阴道等胃肠外途径投毒。金属毒物的检验，通常采用检验其金属元素的含量来实现。由于投毒隐匿性强，在中毒初、中期，可能被误诊为胃肠疾病就医治疗，这给案件的侦破工作带来很大困难，但由于金属毒物一般具有防腐作用，且不易分解破坏，故从已埋葬甚至高度腐败、骨化的尸体中取材仍有必要和价值，但必须提取尸体周围的土壤和棺木同时做砷的含量测定以作对照。

（褚建新、毛闽燕）

第七章 其他暴力致死案件

本章所称其他暴力，主要指除机械性损伤、机械性窒息以外，其他的暴力致伤因素，包括电流、高低温等。电击死（尤其水中电击死）由于特异性法医形态学证据隐匿或较少，在案情不明时可发生漏鉴误鉴，需引起重视。火场案件需重点鉴别烧死、死后焚尸，有助于判断案件性质。

其他暴力致死案件审查要点：（1）结合现场勘验和案发情况，确认有无导致电击、高低温致死的环境条件，审查确认有无意外、他杀的现场痕迹线索；（2）依据法医学原理及规律，重点审查死亡的特征性表现，如电击死的电流斑检验、生前烧死的热呼吸道作用综合征、细支气管碳末等，冻死的维希涅夫斯基斑、肌肉髂腰肌出血等，结合其他理化检验和全面尸体检验，排除中毒、机械性损伤、机械性窒息等其他致死方式，明确死亡原因鉴定是否科学规范；（3）基于损伤特征（如烧死、死后焚尸等），结合现场勘验、案情调查，综合判断案件性质。

第一节 电击致死案件

一、概　述

电击：电流通过人体迅即引起可感知的物理效应，称为电击。

电击伤：电流通过人体引起皮肤等组织器官的损伤及功能障碍，称为电流损伤或电击伤。

电击死：因电流作用而导致人体死亡。

1.电流对人体的作用：

（1）对组织的电生理改变

外部较强电压破坏细胞膜内外的跨膜电场，细胞膜通透性增加，细胞内成分漏出；电流使细胞膜本身结构去极化，导致细胞结构和代谢障碍，最终发生变性和坏死。

（2）对人体的损伤作用

直接的局部作用：电流传导途径上电能对组织细胞的直接损伤作用，又分为真性

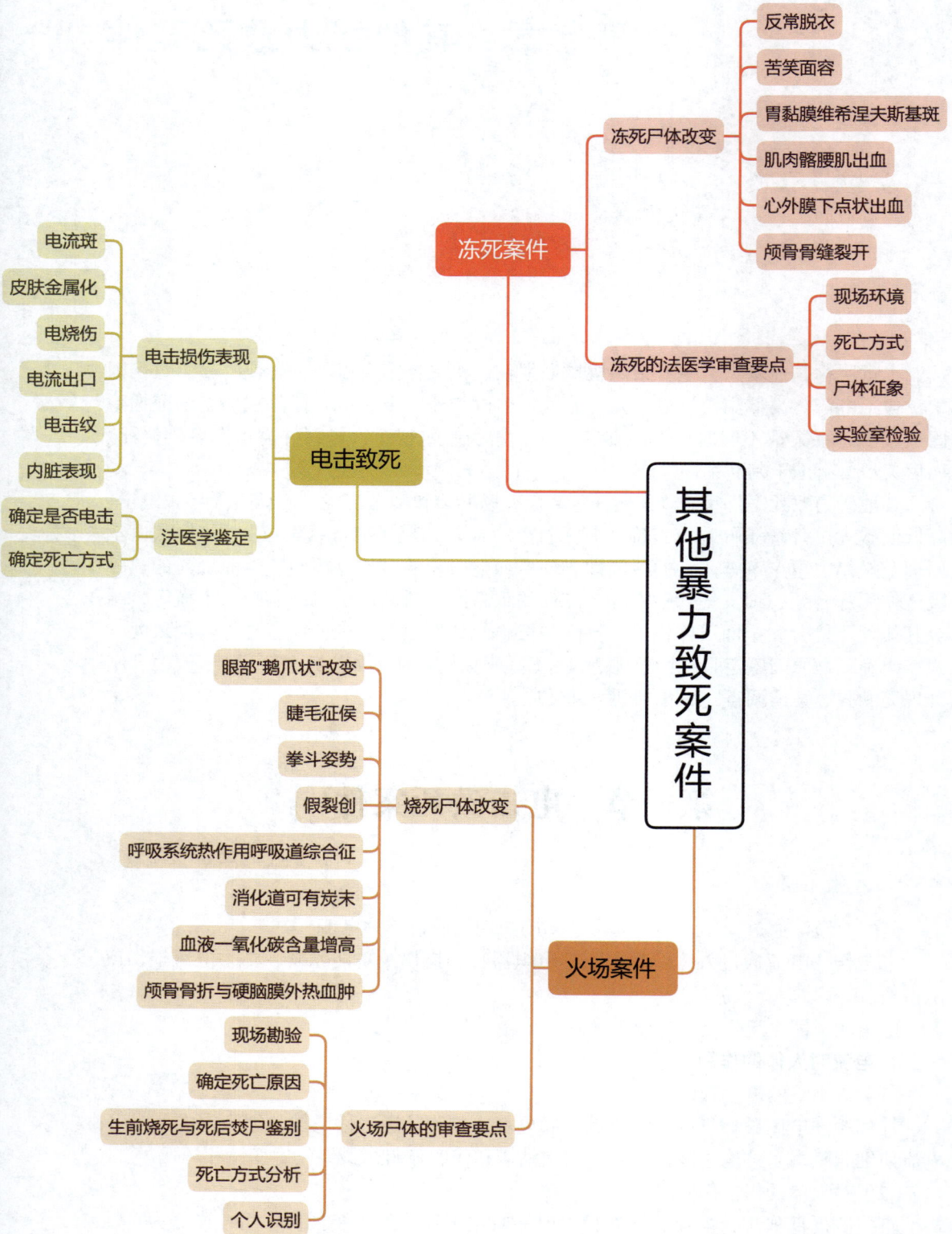

- 其他暴力致死案件
  - 电击致死
    - 电击损伤表现
      - 电流斑
      - 皮肤金属化
      - 电烧伤
      - 电流出口
      - 电击纹
      - 内脏表现
    - 法医学鉴定
      - 确定是否电击
      - 确定死亡方式
  - 冻死案件
    - 冻死尸体改变
      - 反常脱衣
      - 苦笑面容
      - 胃黏膜维希涅夫斯基斑
      - 肌肉髂腰肌出血
      - 心外膜下点状出血
      - 颅骨骨缝裂开
    - 冻死的法医学审查要点
      - 现场环境
      - 死亡方式
      - 尸体征象
      - 实验室检验
  - 火场案件
    - 烧死尸体改变
      - 眼部"鹅爪状"改变
      - 睫毛征侯
      - 拳斗姿势
      - 假裂创
      - 呼吸系统热作用呼吸道综合征
      - 消化道可有炭末
      - 血液一氧化碳含量增高
      - 颅骨骨折与硬脑膜外热血肿
    - 火场尸体的审查要点
      - 现场勘验
      - 确定死亡原因
      - 生前烧死与死后焚尸鉴别
      - 死亡方式分析
      - 个人识别

电流损伤和电烧伤。

间接的全身作用：电击后电流通过神经反射、体液因素或组织遭破坏后产生毒素等引起的损伤。

2. 电击损伤表现

（1）体表变化

①电流斑：系电流入口，为带电导体与皮肤接触产生的焦耳热及电解作用所造成的特殊皮肤损伤表现。皮肤角质层厚的部位，电阻大，电流通过时产热多，易形成典型的电流斑。

典型的电流斑一般呈圆形或椭圆形，色灰白或灰黄，质坚硬干燥，中心凹陷，形似火山口，与周围组织分界清晰（图7-1-1）。大小不一，其形态可反映电击时与人体接触的导体接触面形状，故借此可推测导体的部分特征。如接触电插头可形成成对的损伤。

光镜下表现：较有特征性的是表皮细胞发生极性化改变，电击伤处表皮基底层细胞及细胞核染色较深，纵向伸长或扭曲变形，排列紧密呈栅栏状、旋涡状、螺旋状或圆圈状，或伸长似钉样插入真皮中，有人称之为核流。由于电流的极性作用所致，细胞长轴与电流方向一致，但是，这种细胞核伸长的现象并非电流印痕所特有，也可见于皮肤烧伤边缘部、皮肤钝器损伤处、皮肤干燥处以及冻伤引起的水疱周围，不过变化程度不同，需加以鉴别。此外，还可在表皮角质层内见空泡形成。

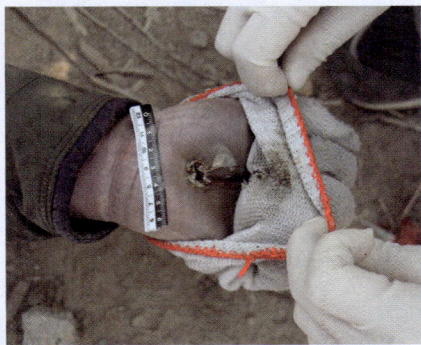

图7-1-1　典型电流损伤后电流斑（江苏省淮安市公安局刘军供图）

②皮肤金属化：因金属导体在高温下融化或挥发，金属颗粒在电场的作用下沉积于接触皮肤的表面及深部。接触不同的金属，金属颗粒量较大时，皮肤可呈不同颜色，一般接触高压电时明显，低压电流电击往往需放大镜或显微镜才能发现，有的甚至需借助特殊检测方法如附有X线能谱分析仪的扫描电镜检查（图7-1-2）。

③电烧伤：局部皮肤与高压电源之间的电弧、电火花可形成局部高温，使电流斑变黄甚至炭化变黑。局部衣物烧灼成孔洞，甚至随身金属受累及发生熔化。

④电流出口：电流出口系电流的轻度爆炸作用，可使组织发生破裂，常呈裂隙状，也具隆起的边缘，电流出口较电流入口组织破坏更严重，但无金属化现象。

⑤电击纹：高压电击时，皮肤表面可见树枝状花纹，主要由于皮下血管电击后麻

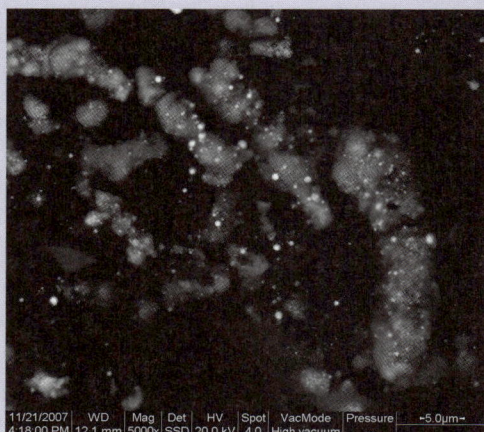

a. 损伤处皮肤上金属颗粒的扫描电镜观察   b. 损伤皮肤上金属颗粒的 X 射线能谱图示铜

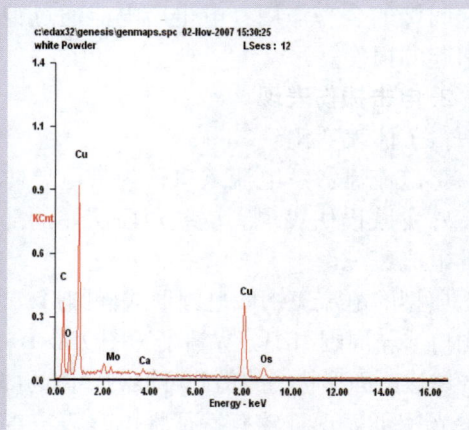

元素含量高

图 7-1-2   一例接触裸露铜导线电击死者的可疑电流斑检验（胡孙林提供）

痹、扩张或出血所致。

（2）内脏表现

电击死者常显示缺氧、窒息死亡的一般征象，如颜面部发绀，指甲青紫，尸斑呈暗红色，皮下、浆膜下和黏膜下点状出血，心血不凝固、暗红色、流动性，内部器官瘀血及肺水肿等。

二、电击死的死亡机制

1. 心室纤颤与心搏骤停（表 7-1-1）

表 7-1-1   引起心室纤颤所需时间及电流强度

电流强度（mA）	时间（s）
70 ～ 300	5
200 ～ 700	1
300 ～ 1600	0.3
500 ～ 2500	0.1
1800 ～ 8000	0.01

2. 呼吸停止与窒息

电流通过颈髓上部或脑干，可引起呼吸中枢麻痹，患者可立即昏迷，瞳孔散大或固定，呼吸、心搏骤停。高压电（特别是 1000V 以上）较易直接抑制延髓中枢，引起呼吸、心搏骤停。

3.其　他

当时未死者，可死于电击损伤的并发症，如继发性休克、感染、急性肾衰竭、脂肪栓塞等。若人在高处、水面，还可由于高坠、溺水导致死亡。

三、电击死的法医学审查要点

1.确定是否被电击

（1）案情调查和现场勘验。对同行者、目击者等应详细询问，同时勘验现场可疑的电击条件，并注意周围环境的变化如天气、湿度、电器物品变化等，判定死者生前是否可能为电流通路的一部分，必要时由专业人员进行检测或模拟。

（2）检查确认可疑电流损伤。典型电流斑是确认电击伤、电击死的重要依据；不典型电流斑易与皮肤的擦挫伤相混淆，必须结合组织学、扫描电镜等手段综合判断。部分低电压电击死者、水中触电者可无明显电流斑，故无电流斑并不能排除电击伤（死）（图7-1-3）。

图7-1-3　一男子鱼塘中电鱼时不慎被电击死亡，脚部角弓反张，全身无明显电流斑
（中山大学竞花兰提供）

（3）其他电击征象。皮肤金属化、电烧伤、电击纹、骨珍珠等均可作为确认电击死的依据。

（4）鉴别生前、死后电流损伤。电流斑的肉眼和显微镜下改变既可见于生前电击，也可见于死后电击，单纯从局部表现难以区分，必须结合案情、现场及系统尸体检验，必要时借助其他特殊检查手段如扫描电镜、放射免疫法测定等。

2.确定死亡方式

（1）意外电击死。电击死者多数为意外，电流损伤多数发生在四肢或身体露出部位。但因电流斑也可死后形成，需注意伪装制造意外电击现场的可能性。

（2）自杀电击死。案情调查可能自杀背景，一般保持原始电击现场及特殊设计的电路，多数较易识别。

（3）他杀电击死。现场常常伪装成其他死亡如缢死、服毒、溺死等，或意外电击死现场，须注意检查身体隐蔽部位有无电流斑及其他暴力痕迹。

应进行全面系统的尸体解剖检验，包括病理组织学检查和必要的理化检查，结合案情和现场，依据尸体上电流斑的位置、性状以及有无其他反常的迹象，再结合案情和现场，判断是意外、自杀或是他杀电击死，明确是生前电击死还是其他原因致死后伪装电击死。

【案　例】

葛某，男，28岁，某日在一变压器杆上进行清理作业时，不慎掉落，经抢救无效死亡。尸体检验头面、颈部皮下及肌肉未见出血，全身未见致命性机械性损伤，理化检验结果未见常见毒物；尸检其右手背及左大腿见局部皮肤软组织擦挫样改变，取左大腿损伤处皮肤组织病理检验，示表皮细胞融合变薄、排列致密呈栅栏状，细胞界限不清，部分表皮、真皮层分离，并见局部组织碳化，局部表皮细胞明显极性化改变，细胞核深染伸长等，符合电流斑特征。其他各器官病理检验未检见其他致死性病理形态学异常。结合案情及病理检验分析，葛某符合因遭受电击致急性呼吸、循环功能衰竭而死亡（图7-1-4）。（江苏省盐城市公安局亭湖分局李子乾提供）

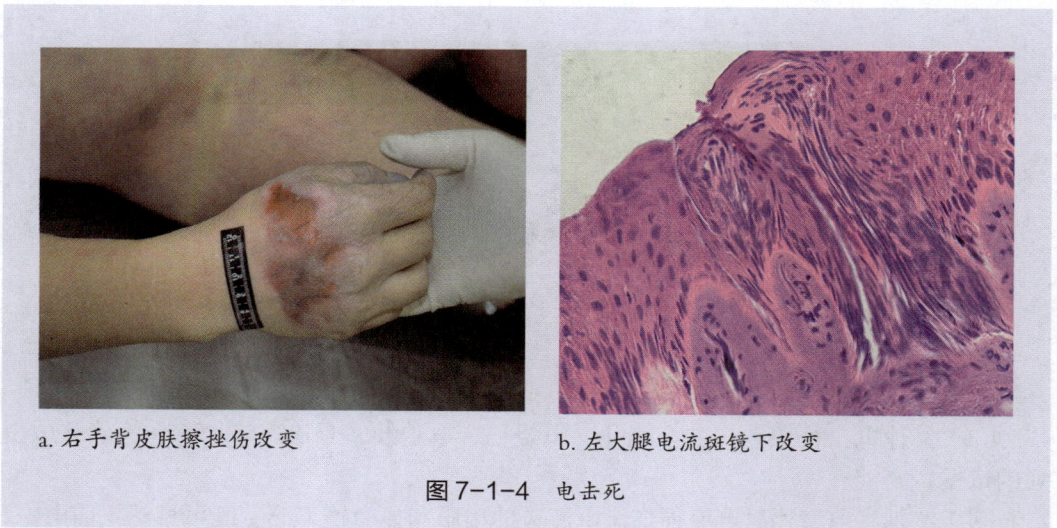

a. 右手背皮肤擦挫伤改变　　　　　b. 左大腿电流斑镜下改变

图7-1-4　电击死

案例解析：（1）该类案件鉴定时应当首先了解现场勘验及案件情况，有无触发电击损伤及死亡的条件，必要时由专业技术人员进行现场检测。本案发生于电气作业的现场，具备案发的条件和可能。但在未进行尸体系统全面检验前，无法判断是高坠死亡还是电击死。（2）应详细检查死者的衣物有无烧灼破损、随身金属物品情况等。（3）全面、完整的尸体检验十分必要，尤其注意身体隐蔽部位，仔细寻找电流斑或对可疑损伤部位进行组织学检验。该案件中由于高度怀疑电击死，故将大腿部可疑擦挫伤部位进行组织学检查，从而发现明显电流斑损伤特征。（4）应进行全面的各器官组织检验及理化检验等，以排除其他死因，及电击后诱发其他意外死亡。该案件排除机械性损伤致死，经检验未发现其他疾病、中毒等线索，进一步证实电击死结论。

第二节　火场案件

一、概　述

高温作用于体表所引起的损害程度，主要取决于温度的高低与作用时间。对皮肤烧伤深度的估计，医学临床上普遍采用三度四分法，但法医学烧伤还可见炭化现象（表7-2-1）。

烧伤面积比烧伤深度对机体的影响更为重要，估计烧伤面积较多采用中国九分法和手掌法。

表7-2-1　烧伤的深度估计及表现

烧伤程度	表现
Ⅰ度烧伤	红斑性烧伤，局部红肿干燥，不形成创面
Ⅱ度烧伤	浅Ⅱ度烧伤：局部红肿明显，有大小不一的水疱形成 深Ⅱ度烧伤：局部皮肤苍白或形成半透明痂皮，痂皮下细小红点
Ⅲ度烧伤	焦痂性烧伤，可见累及皮下的褐色焦痂，硬如皮革，下见粗大血管网
Ⅳ度烧伤	炭化，组织结构破坏，变硬变脆，外观黑色

二、烧死尸体的形态学改变

1. 体表改变

尸表可存衣物残片，皮肤可见各种程度的烧伤；眼部可见"鹅爪状"改变，称为外眼角皱褶；因双目紧闭睫毛仅尖端被烧焦，称为"睫毛征候"，可作为生前烧死的特征；"拳斗姿势"，四肢常呈屈曲状，但死后焚尸也可形成；高温使皮肤组织中水分蒸发而干燥变脆，发生顺皮纹的裂开，形成梭形创口称为"假裂创"。同时可有尸体重量减轻、身长缩短、骨破裂等，以及胸、腹壁破裂，内脏器官脱出等其他改变。

2. 内脏改变

（1）呼吸系统热作用呼吸道综合征。系火场中吸入的灼热火焰、空气等造成的呼吸道、肺损伤，此征象是生前烧死最确切的证据，呼吸道黏膜表面可见烟灰、炭尘沉积，有时与黏液混合形成黑色线条状黏痰；会厌、喉头、气管、支气管等黏膜充血水肿、出血、坏死，有时可形成水疱，严重者上述部位形成白喉样假膜，容易剥离（图7-2-1）。

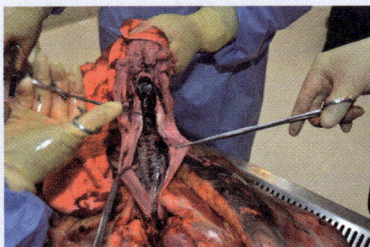

图7-2-1　一例生前烧死者的呼吸道改变（江苏省盐城市公安局亭湖分局李子乾提供）

（2）消化道。食管、胃内有时可见炭末，说明死者在火场中有过吞咽行为，比呼吸道的炭末沉积更具有价值。

（3）心脏及血液。火灾现场可产生大量的一氧化碳，与血液中的血红蛋白结合形成碳氧血红蛋白，因此生前烧死者内脏器官多呈鲜红色或樱红色。

（4）颅骨骨折与硬脑膜外热血肿。烧死尸体有时可见颅骨骨折、硬脑膜外热血肿等（图7-2-2、表7-2-2）。焚烧而导致的颅骨骨折一般为星芒状或裂隙状，骨折片向外翻，应注意与外伤性颅骨骨折鉴别。烧伤形成的硬脑膜外热血肿需与外伤性硬脑膜外血肿相鉴别，硬脑膜外热血肿外周部分受热凝固，附着在颅骨内板，联结较紧密，血肿内有时含有高温产生的空泡，血肿形成处的颅骨多被烧成焦炭状。但当机械性暴力与高温共同作用于头部时，鉴别时难度较大。一旦发现硬脑膜下血肿，则应为外伤所致。

图7-2-2　硬脑膜外热血肿热作用致硬脑膜血管及颅骨板障血管牵拉破裂，血液聚集于硬脑膜外间隙形成热血肿，附于颅骨上，由于血红蛋白变性血肿呈巧克力样（↑）；硬膜血管充盈（中山大学竞花兰提供）

表7-2-2　硬脑膜外热血肿与外伤性硬脑膜外血肿的鉴别要点

	硬脑膜外热血肿	外伤性硬脑膜外血肿
形成原因	高温作用，为死后形成	外力作用，均为生前形成
血肿部位	多在颅顶部	不一定，双颞部多见
范围	较大，重可达100g以上	血肿常局限
质地	脆	软，有弹性
形态	新月形，边缘锐利	多为纺锤形
血肿颜色	砖红色或暗红色	均为暗红色血肿
结构	松软，内含脂肪及气泡，蜂窝状	血肿致密而坚硬
与颅骨关系	与颅骨相贴，与硬脑膜粘连不紧密	血肿挤压颅骨，并与硬脑膜紧密粘连
血肿 HbCO 含量	含量高	无或低
伴发情况	头部无外伤，颅骨有烧焦、炭化，颅骨骨折外凸或星芒状	头部相应部位有外伤痕迹，常伴有颅骨骨折

三、火场尸体的法医学审查要点

火场中发现尸体，法医需参与现场勘查及负责尸体解剖，明确死亡原因、鉴别生前烧死与死后焚尸、确定死亡方式及完成尸体的个人识别。

1. 现场勘查

火灾现场勘查的重点是收集引火物、寻找起火点及寻找带有纵火痕迹的物证，如装有油类的容器、浇有油类的木柴、火柴、香烟头等物。必要时可采取现场空气样本、死者残留的衣服及部分现场灰烬，以备检测用。

2. 死亡原因

火场中死者除了火焰热作用导致死亡外，很大部分是因中毒致死，部分是因机械性损伤致死，也有可能是多种原因同时导致死亡。尸检时可采取组织和血液，检测一氧化碳、酒精或其他毒物，并可采取样本进行 DNA 分析。

3. 生前烧死与死后焚尸的鉴别

鉴别的主要依据是尸体上有无局部或全身的生活反应（表 7-2-3）。

表 7-2-3 生前烧死与死后焚尸的鉴别

	生前烧死	死后焚尸
皮肤	皮肤烧伤伴有生活反应	皮肤烧伤一般无生活反应
眼睛	眼睛有"睫毛征候"与"鹅爪状改变"	无此改变
呼吸道	气管、大支气管内可见烟灰、炭末沉着，呼吸道表现为"热作用呼吸道综合征"	烟灰、炭末仅在口鼻部 呼吸道无高温作用的表现
胃	胃内可查见炭末	胃内无炭末
HbCO	血液 HbCO > 40%	无或含量极低（吸烟者）
死亡原因	烧死、中毒或压砸等	机械性损伤、中毒或机械性窒息等

4. 死亡方式

（1）意外或灾害性烧死者最多见，自杀与他杀较少见。烧伤也可诱发原有疾病的发作而致猝死，也有因猝死者的烟头掉落引起火灾。

（2）焚尸灭迹以掩盖其杀人罪行者较常见。尸体常检见他杀痕迹：如机械性损伤、机械性窒息或检出毒物。出于纵火焚尸的目的，一般尸体周围焚烧最重，现场多经过伪装，且尸体解剖无生前烧死的特征，但可以发现导致死亡的机械性损伤、机械性窒息、中毒迹象。

（3）注意排除由建筑物倒塌所致的机械性损伤。结合案情调查、现场勘查、实验室检查等综合评定。

5. 个人识别

高温作用可使皮肤外形改变，原有体表的个人特征常被破坏，由于骨骼、牙齿和牙齿修复材料较耐焚烧，因而是个人识别最好的依据。

【案 例】

某日群众报警称某小区发生火灾，火灾扑灭后发现一具尸体，调查确认死者为潘某某，女，32岁，尸表及解剖检验见：尸体烧伤严重，全身大面积碳化，表皮开裂，体表附着大量炭灰，颅骨外板暴露，额顶部及两侧颞部前侧烧灼严重，左颞顶部见小片状颅骨外板碳化、稍内陷，伴细小裂缝，左侧头部硬脑膜外见较大面积血肿，颈部软组织未见明显异常，食管、胃内、气管、支气管未见异物及炭灰成分，黏膜无明显呼吸道烧伤改变，四肢屈曲呈拳斗姿势。病理组织学检验：左额顶枕叶、右顶叶局部蛛网膜下腔大量深染凝固性坏死样物质，左额顶叶局部蛛网膜下腔出血，脑组织淤血水肿。理化检验：血样中碳氧血红蛋白饱和度为5.2%（浓度低，未超过40%）。综上所述，死者潘某某全身严重烧毁，食管、胃内、喉头、气管及支气管未见炭末，碳氧血红蛋白饱和度为5.2%，结合案情及现场勘验情况，认为潘某某为颅脑损伤死亡，并于死后焚尸（图7-2-3）。（盐城市公安局彭明琪提供）

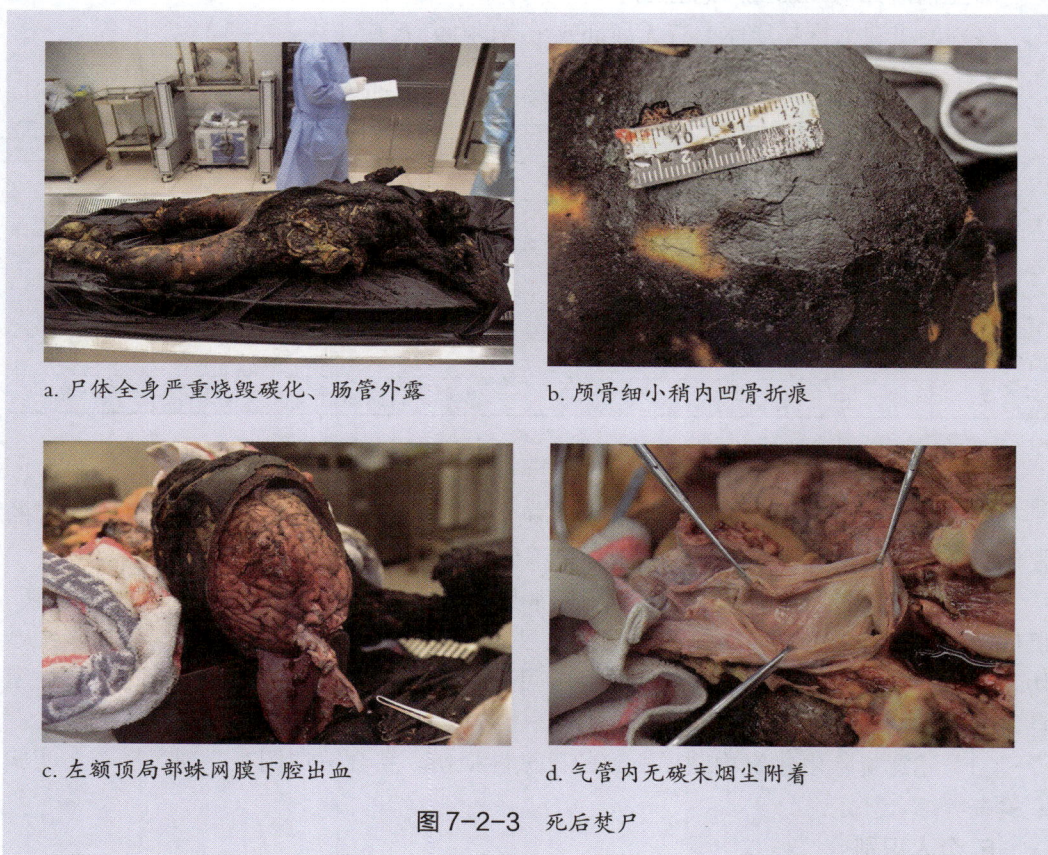

a. 尸体全身严重烧毁碳化、肠管外露

b. 颅骨细小稍内凹骨折痕

c. 左额顶局部蛛网膜下腔出血

d. 气管内无碳末烟尘附着

图7-2-3 死后焚尸

案例解析：（1）火场中发现尸体首要就是鉴别生前烧死与死后焚尸。尸检中特别应注意焚烧而致的"假裂创"与生前创伤、焚烧导致的骨破裂与外伤性颅骨骨折、硬脑膜外热血肿与硬脑膜外血肿等的鉴别。该案件中腹部烧毁严重，并致肠管暴露，腹壁部位的损伤可能被毁灭而不能被发现；检验发现的颅骨骨折内凹，与死后受高温烧灼引起的星芒状、外翻的颅骨破裂特征有明显区别。其硬脑膜外出血与颅骨相贴，无明显凝固及气泡，伴局部颅骨炭化，不排除外伤与高温共同作用可能，但同时有局部的蛛网膜下腔出血，提示外伤。（2）幼儿、老人及濒死者，生前烧死血中碳氧血红蛋白可比常人烧死时含量低；而吸烟者平时血液中亦可含有 8% ~ 10% 碳氧血红蛋白，故需注意鉴别。（3）机械性窒息和某些钝器伤特征在焚毁严重的尸体上可能难以发现，应注意检查。

第三节　冻死案件

一、概　述

冻死：指人体处于寒冷环境中，散热量超过产热量，超过人体体温调节的生理限度，物质代谢和生理功能发生障碍所引起的死亡。

1.冻伤的程度

冻伤的程度采用三度四分法。Ⅰ度冻伤（红斑）伤及皮肤浅层，局部红肿充血；Ⅱ度冻伤（水疱）伤及皮肤全层，局部红肿明显，伴有水疱形成，疼痛加剧；Ⅲ度冻伤（坏死）其中还可以分为重度和特重度冻伤，主要表现为组织坏死，可伤及皮肤、皮下组织、肌肉和骨骼。冻伤的面积计算方法参考烧伤。

2.冻伤的发生条件

气温寒冷是冻伤或冻死的主要条件；风速加快机体热的散失，促进环境温度的降低，是导致冻死的重要因素；水中散热的速度比在同样温度的空气中要快得多。此外，年龄、饥饿和疲劳、外伤或疾病、酒精或药物、个体对寒冷的耐受性差异以及精神状态的差别等会影响或促进冻死的发生。

二、冻死的过程和死亡机制

机体可表现为下列过程：

1.兴奋增强期

出现进行性寒战，心跳、呼吸增快，血压升高，以实现代偿。

2.兴奋减弱期

循环和呼吸功能出现减退，血压降低，意识障碍，可出现幻觉。

3.抑制期

心率、呼吸、血压进一步下降，对外界刺激不敏感，意识朦胧，可出现反常热感、反常脱衣现象。

4.完全麻痹期

各种反射渐消失，心跳、呼吸抑制，最终呼吸、循环中枢麻痹死亡。

三、冻死尸体表现

1.尸表改变

（1）反常脱衣。冻死尸体经常衣着单薄，呈蜷曲状。也有冻死前反而脱去衣服、裸露身体现象，称为反常脱衣。

（2）苦笑面容。冻死尸体面部表情似笑非笑，称为苦笑面容。

（3）尸斑鲜红。冻死者尸体尸斑多呈鲜红色，但内脏的血液仍呈暗红色。其他原因死亡的尸体，暴露在寒冷环境中或冰库冷藏后，尸斑亦可呈鲜红色，故尸斑鲜红色并非冻死的特有征象。另外其肢体未被衣物遮盖部分可有轻度、中度冻伤，呈紫红色或青紫色肿胀，与衣物遮盖部分有明显界线，其间可见水疱形成。

（4）其他表现。若因迷途受冻惊慌跌倒，或因酒醉摔跌，常在肢体及头面的突出部位形成多处擦伤和皮下出血。

2. 内部器官改变

（1）维希涅夫斯基斑。冻死者胃黏膜糜烂，胃黏膜下有弥漫性斑点状出血，沿血管排列，称为维希涅夫斯基斑，出现率有报道达85%，是生前冻死尸体较有价值的征象。

（2）肌肉髂腰肌出血。是冻死者相当特异的生活反应，镜下可见肌肉小血管充血，为漏出性出血。

（3）心外膜下点状出血。左心室血液呈鲜红色，右心室血液呈暗红色的特征性改变。失温达到体腔深部，可致各器官充血、灶性出血等。但所有改变均属于非特异性改变，死后冷冻尸体亦会出现。

（4）颅骨骨缝裂开。如颅内容物冻结，容积膨胀，可发生颅骨骨缝裂开。但其他死因尸体冰冻后，同样可发生颅骨骨缝裂开，故非冻死所特有，更不要误认为头部外伤。

（5）其他。胰腺周围有程度不一的脂肪坏死，常出现急性胰腺炎，肾小管上皮变性坏死，有血红蛋白管型形成等。

四、冻死的法医学审查要点

冻死的鉴定，应详细调查当地环境条件，进行系统尸体解剖，并进行毒物检测，排除他杀、自杀、中毒、疾病死亡后，才能确定为冻死。

1. 现场环境

勘查现场时，应详细调查当地的气象资料，记录现场温度与湿度，有无可致冻死的条件。

2. 死亡方式

注意排除死后抛尸伪装冻死的可能性。他杀常见于受虐待或被遗弃的老人、儿童，意外死亡多见于生前受外伤失血或醉酒状态的精神病患者、乞丐、流浪者。

3. 尸体征象

冻死者表现出的苦笑面容、反常脱衣现象、红色尸斑、冻伤、胃黏膜出血斑以及髂腰肌出血等，对确定冻死均有一定的参考价值。

4. 实验室检查

应提取血液及胃内容物进行毒物分析，排除中毒死亡的可能性。酒精和抑制神经系统药物能加速冻死的发生发展，在检验时应该注意。

【案　例】

某日江岸边发现男尸1具（约55岁）。尸体呈屈曲状；下身裸露，赤足。臀部下地面有被尿液浸湿的泥土，双足下地面泥土上有足蹬痕迹。全身干燥，无入水迹象。现场附近未见死者衣物及鞋袜等物，周围无他人留下的足迹及车痕。当天温度白天最高3℃，夜晚最低−5℃，湿度95％，北风4～5级，江边风速最高可达6m/s。尸体检验：头、颈、胸、腹部无损伤。臀部、大腿外侧、右侧髂前上棘有多处点片状皮肤擦伤，双下肢散在皮肤擦伤。解剖检验示胃部空虚，胃黏膜下可见维希涅夫斯基斑。理化检验等无异常。最终排除其他死因后确认冻死（图7-3-1）。

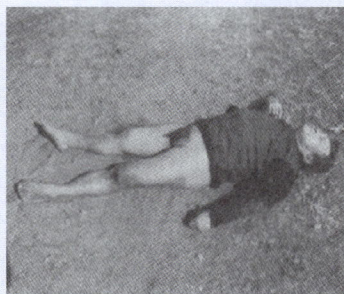

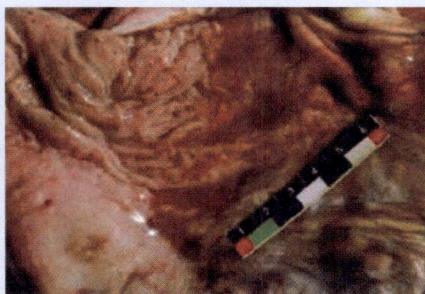

a.下身裸露的尸体　　　　b.胃黏膜维希涅夫斯基斑

图7-3-1　冻死图片

案例解析：（1）本案例现场周边条件显示，低温、潮湿、风速较大，有快速失温冻死的环境条件。在其他案例中也应注意及时调查了解环境情况。（2）尸体检验中，应注意辨别反常脱衣现象和强奸或抢劫杀人等恶性案件中的类似情形，防止误导侦查，特别是涉及女性尸体的；身体突出部位的擦伤或皮下出血，应结合尸体检验综合情况及现场情况，分析是否因惊吓、饥饿、醉酒等跌倒所致，与机械性外力损伤加以区别。（3）注意有无虐待、饥饿和饮酒的痕迹，以及精神异常的情况。（4）应当进行全面系统尸检及理化检验，排除其他致死原因。（摘自《中国法医学杂志》2012年第1期）

（谢洪彪、刘玉梅、洪翔、江南）

第八章 死亡原因分析

死亡原因是指导致死亡的疾病、暴力和衰老等因素。死亡原因分析是指通过详细的法医学检验，并加以综合分析，分清死亡原因的主次及相互关系。本章知识点包括死亡机制，损伤、疾病与死亡的关系分析及医疗因素介入，死因分析及鉴定意见表述，死亡方式等。

死亡原因分析审查要点：（1）通过图片、尸检记录等，确定致命伤和非致命伤，并判断损伤严重程度以及在死亡进程中的作用；（2）分析原发损伤、损伤并发症、医疗因素等与死亡后果之间的因果关系；（3）区分死亡原因、死亡机制以及死亡方式，通过死因分析及死因鉴定意见表述，审查直接死因、根本死因、辅助死因、死亡诱因、联合死因等是否准确。

第一节 死亡机制

死亡机制是指损伤或疾病引起的最终导致死亡的病理生理过程。死亡发生的速度不同，死亡机制可不同，一般将死亡快慢分为即时死亡、急性死亡、亚急性死亡、慢性死亡、应激性死亡等。

一、即时死亡及其常见机制

即时死亡是指损伤或疾病发生后数秒到一分钟之内发生的死亡，其发生机制是整个机体的毁坏、心脑功能即刻的不可逆终止。

常见机制：

1. 整个机体的毁损，如严重爆炸、坠机现场，机体支离破碎；

2. 全脑或心脏组织结构的严重破坏，如交通事故致头部轧碎、持械斗殴中，死者被刀刺穿心脏，造成心室腔破裂及大血管离断；

3. 脑干功能的急性麻痹或重度抑制，如吸入大量的高浓度剧毒气体（如氰化物、一氧化碳等）；

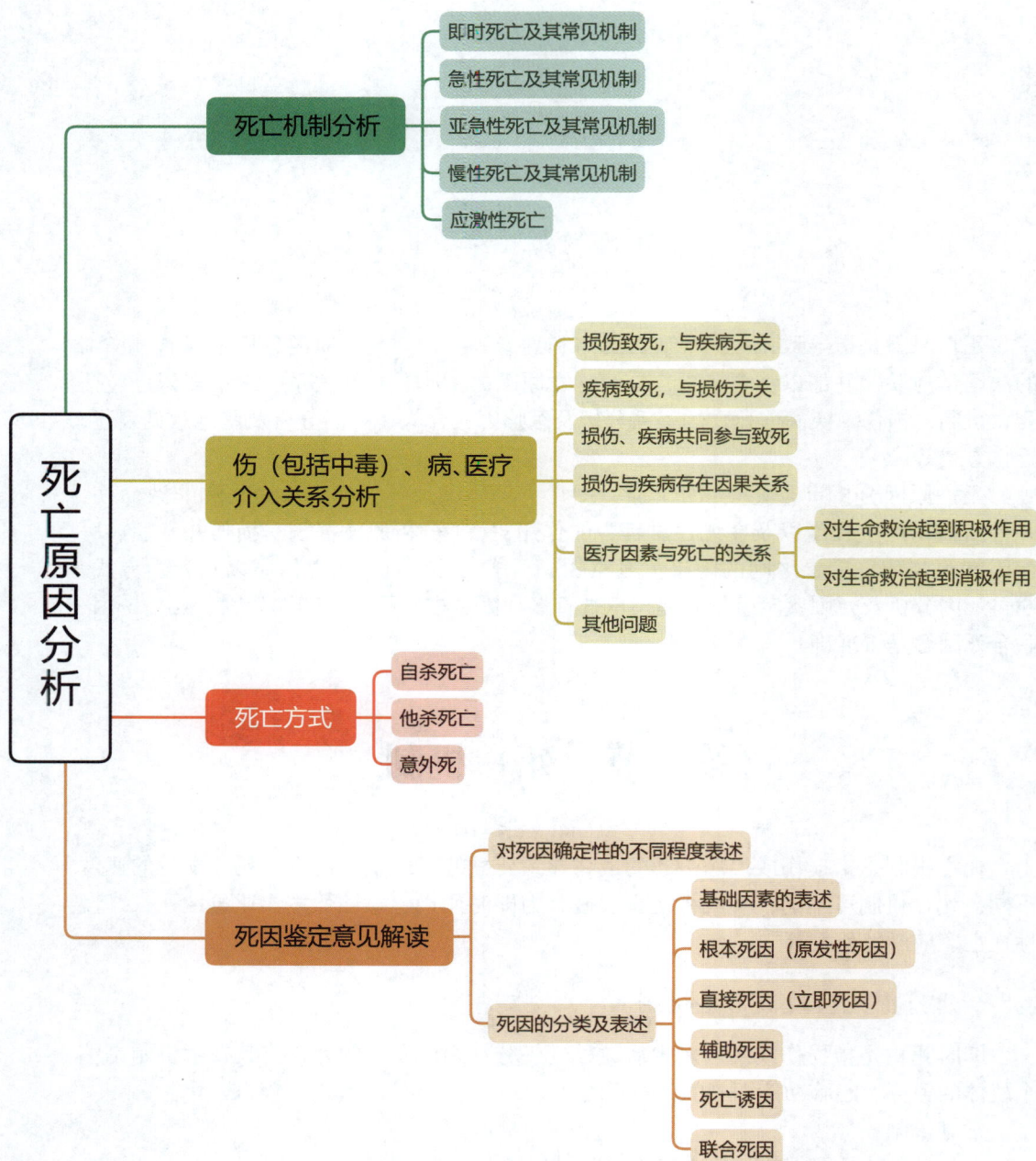

死亡原因分析

死亡机制分析
- 即时死亡及其常见机制
- 急性死亡及其常见机制
- 亚急性死亡及其常见机制
- 慢性死亡及其常见机制
- 应激性死亡

伤（包括中毒）、病、医疗介入关系分析
- 损伤致死，与疾病无关
- 疾病致死，与损伤无关
- 损伤、疾病共同参与致死
- 损伤与疾病存在因果关系
- 医疗因素与死亡的关系
  - 对生命救治起到积极作用
  - 对生命救治起到消极作用
- 其他问题

死亡方式
- 自杀死亡
- 他杀死亡
- 意外死

死因鉴定意见解读
- 对死因确定性的不同程度表述
- 死因的分类及表述
  - 基础因素的表述
  - 根本死因（原发性死因）
  - 直接死因（立即死因）
  - 辅助死因
  - 死亡诱因
  - 联合死因

4.反射性心脏骤停或心室纤颤，如冠心病急性发作时因心肌缺血所诱发的心室纤颤，压迫颈动脉窦，直接刺激迷走神经及其分支导致心脏骤停等。

【案　例】

某日王某骑自行车横过马路时，被过往的运载货车碾压头部，致头颅塌陷，脑组织迸出，当场死亡。经现场勘验、案件调查最终以交通肇事罪予以立案。

案例解析：法医在现场勘验中发现，但王某头颅塌陷，脑组织迸出，为绝对致命伤并即时死亡，死亡机制明确。

在推断死亡机制时，应结合现场勘验、案件调查综合分析，同时应注意鉴别致命外伤死亡与死后抛尸伪造命案现场，对无法解释的损伤或异常尸体现象应慎重，必要时复勘复检。

二、急性死亡及其常见机制

急性死亡是指损伤或疾病发作后几小时到24小时内发生的死亡。其中，因疾病而发生的急性死亡习惯上称为猝死。

常见机制：

1.中枢神经系统功能障碍，如道路交通事故致急性硬膜外或硬膜下血肿引起脑干功能障碍而死亡；

2.急性心力衰竭，如冠状动脉粥样硬化性心脏病继发急性心肌梗死、心脏破裂等；

3.急性循环衰竭，如急性失血性休克、创伤性休克、感染性休克、过敏性休克等；

4.急性呼吸衰竭，如常见的各种机械性窒息、病理性窒息或中毒性窒息等；

5.其他，如重度热射病引起的中枢神经系统急性功能障碍和心脏节律紊乱，低温引起的心脏传导阻滞伴发心室纤颤等。

【案　例】

李某，男，50岁，与人发生争执，在推搡过程中，突感胸痛、呼吸急促倒地，遂被送医救治。临床诊断为急性心肌梗死，经ICU救治3小时后死亡。尸体解剖，见心包积血、心脏破裂，破口周形成出血带，病理检查见急性透壁性心脏破裂，左冠状动脉前降支粥样硬化伴血栓形成，完全阻塞血管腔，死因鉴定认为，李某系急性透壁性心肌梗死致心脏破裂、心包填塞引起急性循环功能障碍死亡。此案中李某的死亡机制为急性循环功能衰竭（图8-1-1）。

案例解析：猝死是由于机体潜在的疾病或重要器官急性功能障碍导致的意外的突然死亡。往往是貌似健康的人，受轻微或轻度外力作用的损伤而诱发自身疾病突然死亡，双方当事人往往对死亡原因的认识持不同意见。本案家属诉死者既往体健，但经调取就医记录，证实李某有十余年的高血压病史、冠心病史，与尸体解剖发现的病理情况基本吻合，结合外伤轻微，认定李某死因系急性透壁性心肌梗死导致心脏破裂、

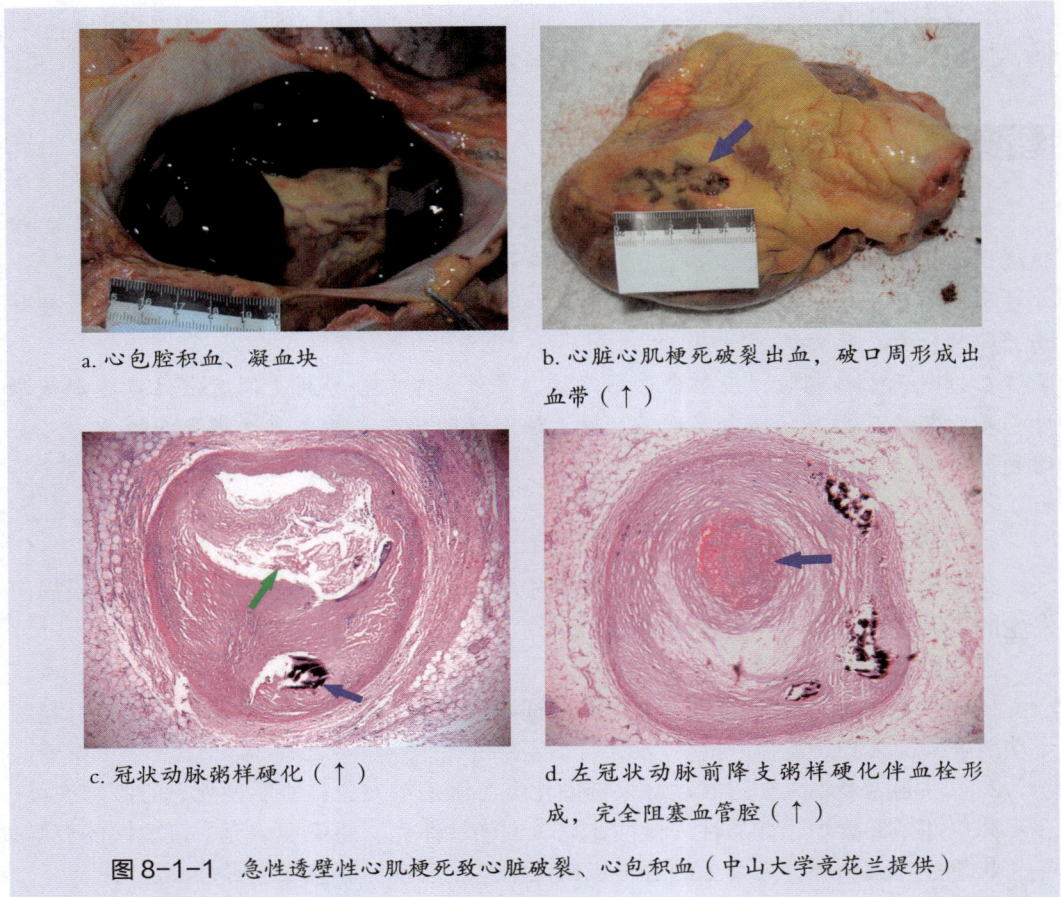

a. 心包腔积血、凝血块

b. 心脏心肌梗死破裂出血，破口周形成出血带（↑）

c. 冠状动脉粥样硬化（↑）

d. 左冠状动脉前降支粥样硬化伴血栓形成，完全阻塞血管腔（↑）

图 8-1-1　急性透壁性心肌梗死致心脏破裂、心包积血（中山大学竞花兰提供）

心包填塞致急性循环功能障碍死亡。

三、亚急性死亡及其常见机制

亚急性死亡是指损伤或疾病发生 24 小时后至第 2 ~ 3 周内发生的死亡。常见于损伤的并（继）发症或呈亚急性病程的疾病或中毒。

常见机制：

1. 内脏损伤引起的迟发性破裂出血，如外伤性迟发性脾破裂；

2. 外伤后继发感染或非感染性并发症，如颅脑外伤、胸腹部损伤导致化脓性脑膜炎、胸膜炎、腹膜炎等引起中枢神经系统、呼吸循环系统的功能衰竭，挤压综合征引起急性肾衰竭，急性呼吸窘迫综合征（ARDS）引起急性呼吸功能衰竭等；

3. 中毒、损伤、缺氧或某些疾病等引起体内水电解质紊乱、酸或碱中毒等。

【案　例】

王某，男，16 岁，因与同学课间打闹，被同学踢到胸腹部，未向他人诉不适，放学回家后偶诉腹痛。约1周后，王某在上体育课时，突感腹痛难忍，意识模糊，急送医院救治无效死亡。其家属对死因起疑，遂报案要求尸体检验。经法医尸体检验见腹腔大量积血，脾包膜挫裂伴实质挫碎出血，病理检验见脾窦内大量红细胞聚集，局部炎症细胞浸润，余未检见异常。根据尸体检验及损伤时间推断，结合案情调查，鉴定认为王某符合1周前外伤所致的迟发性脾破裂出血死亡。

案例解析：本案中，王某伤后1周死亡，符合亚急性死亡机制。（1）亚急性死亡机制因损伤与死亡有一定的时间间隔，认定时有一定的难度，必须把握原发性损伤，伤病发生发展过程，医疗救治情况，再结合案情，综合分析死亡原因；（2）本案中需考虑脾脏损伤时间、是否存在轻微外力即可发生破裂的病理性脾肿大等因素，通过组织病理学检验可鉴别；（3）在案情办理调查方面还应排除二次受伤的情况，如存在则需分析其在脾破裂中的参与程度。

四、慢性死亡及其常见机制

慢性死亡是指损伤或疾病发生3周以后才发生的死亡，有的可能在几个月、几年甚至更长时间后才死亡。

常见机制：

1. 外伤性癫痫大发作，如颅脑外伤后继发外伤性癫痫大发作可死于急性呼吸功能衰竭；

2. 迟发性脑出血，如常见的颅脑外伤后当时无明显症状或体征，数周、数月甚至数年后发生脑出血死亡，常引起出血原因的争论；

3. 代谢紊乱性疾病，如下丘脑、垂体的损伤或疾病引起的代谢紊乱性疾病（如尿崩症、糖尿病），死于多器官功能衰竭；

4. 心包腔或胸腔闭塞，如心包炎或胸膜炎广泛粘连致心包腔或胸腔闭塞，引起呼吸或循环功能衰竭；

5. 水、电解质紊乱，如常见的外伤性胰腺炎、肝胆损伤、胃肠道狭窄或梗阻等引起的水电解质紊乱；

6. 职业中毒和多次小剂量投毒导致重要器官功能的逐渐衰竭等。

【案　例】

王某，男，35岁，酒后与嫌疑人李某因家庭纠纷发生冲突，冲突过程中李某将王某打倒在地，并多次对王某头部踢打，导致王某昏迷不醒，后被邻居送至县医院救治。经县、市两地多家医院治疗，其病情有所好转，但治疗期间偶发癫痫症状，经脑电图及影像学检查确诊为外伤性癫痫，最后送至某县养老院疗养，但癫痫经常发作。一年后，王某因外伤性癫痫大发作而死亡。

案例解析：本案中死者受伤一年后死亡，但死亡机制较为清晰，伤后并发外伤性癫痫，并最终因癫痫大发作死亡，认定外伤致死因果关系明确。

类似案件，认定损伤导致慢性死亡需要从原发性损伤、损伤并发症、损伤机制等方面分析损伤的发生、发展、转归，明确外伤致死的因果关系，同时需排除其他自身疾病及介入因素。

五、应激性死亡

应激反应是机体在受到各种内外环境因素刺激时所出现的非特异性全身反应。其本质上是一种防御适应反应，但当应激源达到一定程度、持续一定时间，可导致机体功能代谢障碍及组织损伤，甚至死亡。

常见机制：

1. 机械性损伤是通过交感神经—肾上腺髓质系统和下丘脑—垂体—肾上腺皮质系统引起的异稳态负荷过重。

2. 受害人因受到伤害或合法权益得不到正当维护而引发的心理不良反应，出现心理应激，也可引起异稳态负荷过重。

分析应激原作用的强弱以及与死亡的关系，是法医学实践中的难点和重点，应慎重对待。

第二节　损伤、疾病、医疗介入因素与死亡的关系分析

一、概　念

伤病关系分析常涉及致命伤、绝对致命伤、条件致命伤等概念。

致命伤指生命器官（脑、心、肺等）遭受致命性损伤。死者虽患某种疾病，但疾病并不参与构成死因。致命伤又可分为绝对致命伤和条件致命伤两类。

绝对致命伤指无论在任何条件下，也无论对任何人，都毫无例外足以致死的损伤。法医实践较为常见且易于区分。例如头部离断、颅腔或胸腹腔爆裂、躯干离断、心脏及大血管破裂和脑干挫碎等。

条件致命伤指只有在某种条件下才能致命的损伤。可分为：

1. 个体致命伤：损伤发生在有特殊内在条件的个体，导致机体死亡，在其他个体则不会导致机体死亡，例如受伤者的年龄、畸形、过敏等状况；

2. 偶然致命伤：由于某些外在条件损害危及个体生命，成为致命伤，例如损伤后得不到及时的救治，或由于治疗措施不当等。

二、损伤、疾病与死亡的关系分析

本节损伤特指原发性损伤，损伤性疾病特指损伤并发症、损伤后遗症等，而疾病指既往伤/病。具体分析如下：

1. 损伤致死，与疾病无关

即死亡的发生单纯由损伤造成，无自然疾病或其他因素参与，损伤或损伤性疾病导致死亡，损伤是死亡的唯一原因，为完全因果关系。如脑、心、肺等生命器官遭到致命性损伤，死亡一般发生在损伤当时或伤后不久。若死者既往患某种疾病，但疾病并不参与构成死因。如交通事故导致开放性颅脑损伤死亡，死者即使患有其他严重疾病也与死因无关。

损伤 ➡ （损伤性疾病） ➡ 死亡

2. 损伤为主要原因，疾病为次要原因

即损伤和/或损伤性疾病为死亡主要原因，既往伤/病为次要原因，损伤及损伤性疾病与死亡之间具有直接因果关系。

损伤 ➡ （损伤性疾病）
既往伤/病
损伤为主要作用 ➡ 死亡

【案 例】

某男，46岁，与他人发生纠纷过程中被人用直径约8.0cm的竹竿击打腰部，伤后3小时发现死亡。尸体检验见死者左季肋部9.0cm×7.0cm皮下组织出血，左侧第8、9、10肋腋段骨折，第10、11肋后段骨折。脾脏重311g，体积略增大，色苍白，膈面见一处3.0cm×1.5cm包膜下出血，脏面见星芒状不规则破裂口，深达实质，伴局部凝血块附着。腹腔见积血及暗红色凝血块约2800ml。同时发现死者患有慢性肝炎、肝硬化伴门脉高压症，其食管下段静脉曲张、胃底静脉曲张，淤血性脾大。死者脾脏体表投影区域存在下胸壁软组织挫伤，3根肋骨骨折，同时伴有左侧第10、11肋后段骨折，说明左侧胸腹部所受作用力较大，可以导致外伤性脾脏破裂。外伤为脾破裂出血的主要原因。尸体解剖发现死者有慢性肝炎、肝硬化伴门脉高压症、淤血性脾大，脾脏脆性增加，其脾脏基础病变对脾破裂出血起辅助作用，为次要原因。[摘自《法医病理学》(第5版)]

案例解析：该案中损伤属于条件致命伤，外力直接作用部位损伤严重，并导致间接受力的临近部位出现骨折，反映外力作用强大，是导致脾脏破裂、出血，进而导致死亡的直接原因，起主要作用；死者患有慢性肝炎、肝硬化伴门静脉高压症、淤血性脾大，脾脏脆性增加，该基础疾病本身未达到致死程度，但可降低脾脏对外力的耐受程度，并减弱脾脏创口血液凝固作用，促进死亡的发生，起次要作用。

3. 损伤与疾病同等因果关系

即损伤和 / 或损伤性疾病与既往伤 / 病联合致死，难分主次。损伤与疾病同时存在，两者共同导致死亡。

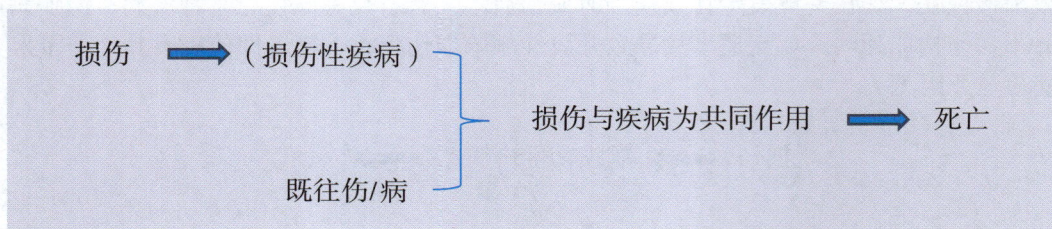

损伤 ➡ （损伤性疾病）

既往伤/病

损伤与疾病为共同作用 ➡ 死亡

【案　例】

陈某，男，70岁，因交通事故致严重闭合性颅脑损伤，诊治中发生急性心肌梗死，2周后，因多器官功能衰竭死亡。尸体检验发现其头枕部帽状腱膜下出血，左侧颅后窝线性骨折，左侧额叶、双侧颞叶蛛网膜下腔出血，左侧基底节点状脑出血、脑水肿；闭合性胸部损伤（左侧第4、5、6肋骨骨折，双侧胸腔积血约100ml）；重度冠心病：心脏增大，心重553g，左右心室壁及室间隔分别厚2.1cm、0.8cm、0.5cm，左冠状动脉前降支、旋支及右冠状动脉管腔狭窄Ⅳ级，左心室前壁心肌大面积坏死，乳头肌及室间隔灶性心肌细胞纤维化，右心室壁中度脂肪浸润，部分心肌细胞肥大及心肌细胞断裂，脑、脾等多器官小动脉管壁硬化，余未见明显异常。此案中陈某的死因为损伤和疾病共同作用，难分主次，导致死亡的发生。

案例解析： 此案中陈某交通事故导致严重的闭合性颅脑损伤，此损伤较为严重，结合其患有重度冠心病，左冠状动脉前降支、左冠状动脉旋支及右冠状动脉管腔狭窄Ⅳ级、治疗期间并发大面积心肌梗死，外伤和疾病共同参与到死亡过程中，且难分主次，为同等因果关系。此类案件因果关系在法医实践中较难认定，务必在收集完备资料之后，综合分析。

4. 疾病主要原因，损伤为次要原因

既往伤 / 病为主要死亡原因，损伤为次要死亡原因。实践中，常见于死者在自身心脑血管等严重疾病基础上，被较轻外力致伤死亡。因死亡较快、病情隐匿、伤情较轻，常常引发纠纷。

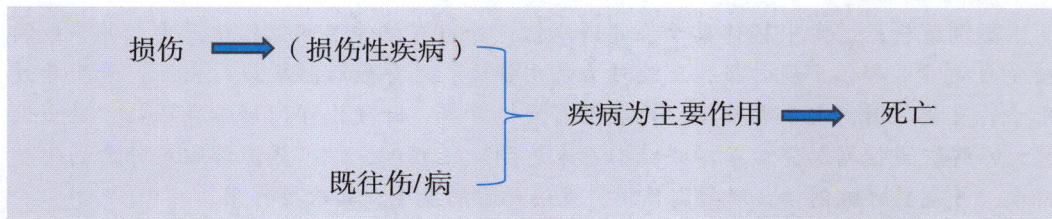

损伤 ➡ （损伤性疾病）

既往伤/病

疾病为主要作用 ➡ 死亡

【案　例】

田某，男，45岁，某日与邻居发生纠纷，头部被木棍打伤。次日早上田某起床后突然呼吸急促，数分钟后死亡。尸体检验，左顶叶局部脑挫裂伤，约3.0cm×3.5cm；左额叶星形胶质细胞瘤，边界不清，约5.5cm×6.0cm，病灶中央有少量黄色坏死物，小脑扁桃体疝形成，余未见损伤。此案中田某的死因疾病为主要作用，损伤为次要作用（图8-2-1）。

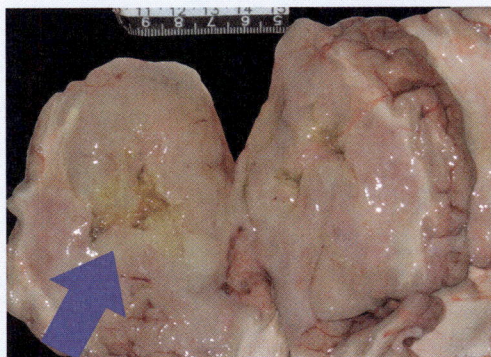

a. 切面见瘤体与正常脑组织无界线，病灶中央有少量黄色坏死物（↑）

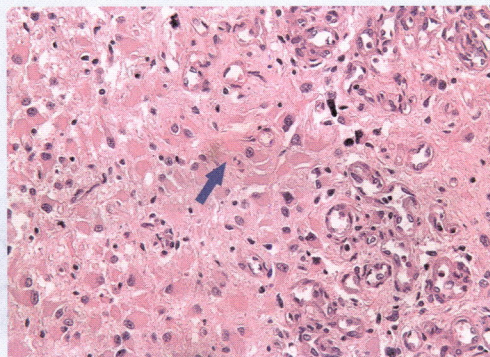

b. 瘤细胞胞浆丰富，核圆形或椭圆形（↑），神经细胞局灶性坏死

图8-2-1　左额叶星形胶质细胞瘤（中山大学竞花兰提供）

案例解析：此案中，田某的损伤为非致命伤，其死亡主因是胶质细胞瘤瘤体坏死，继发脑疝形成导致的死亡；脑组织局灶性挫裂伤可伴发脑水肿，促进脑疝的发生发展，起次要作用。

5. 疾病致死，与损伤无关或损伤为诱发因素

死亡是自然疾病造成的，与损伤无关或无直接因果关系。即自然疾病是死亡的唯一原因，虽有时损伤可与自然疾病并存，但死亡与损伤无关，或仅通过间接影响如伤后血压波动或发生机体应激等而诱发原发疾病发作死亡，此时的损伤在医学上属于间接因果关系。在法医学实践作中以冠心病、高血压性脑出血、自发性蛛网膜下腔出血等疾病常见。许多疾病致死病程较长，但进展迅速，尤其与某种损伤并存时，须与伤害致死相鉴别。

既往伤/病 ⟹ 死亡

【案　例】

王某，男，50 岁，曾在 2018 年被诊断为原发性高血压病合并动脉粥样硬化，未规范化治疗。2020 年 5 月 11 日，其在与朋友钓鱼时发生口角，引发肢体冲突，面部及左肩处表皮有轻微挫伤。事发后第三天，王某在家打扫卫生时，突然倒地，其家人遂送其急诊就医，诊断为主动脉夹层破裂，经抢救无效死亡。后经尸体检验，见其胸腔大量积血，升主动脉、主动脉弓及降主动脉的动脉壁分离，夹层形成并发现破裂口；心脏左冠状动脉前降支、右冠状动脉粥样硬化伴管腔狭窄Ⅲ级。病理检验可见主动脉夹层破裂出血，主动脉外膜与中膜分离，夹层内大量红细胞。分析此案中死亡的直接原因为自身疾病，与损伤无关。死因鉴定认为王某系主动脉夹层破裂大失血死亡（图 8-2-2）。

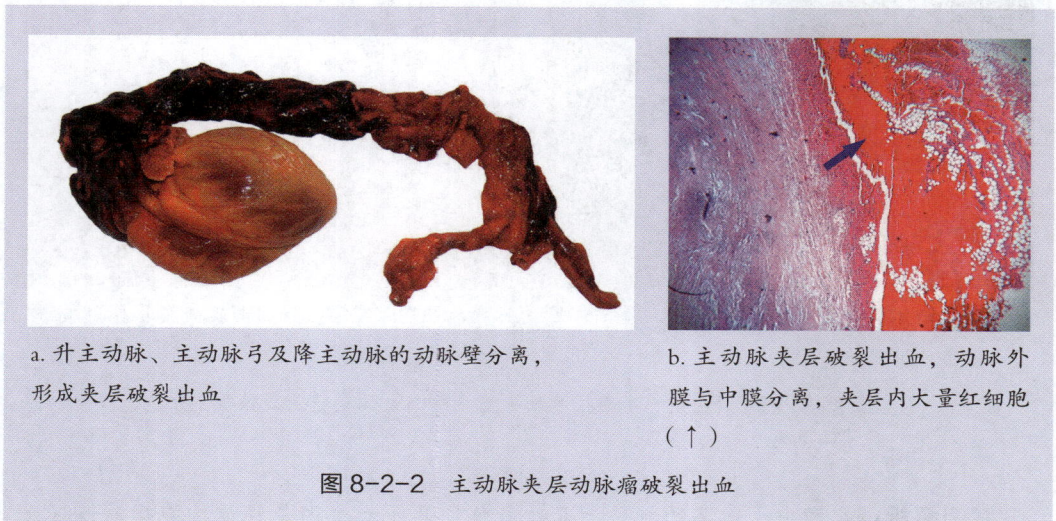

a. 升主动脉、主动脉弓及降主动脉的动脉壁分离，形成夹层破裂出血

b. 主动脉夹层破裂出血，动脉外膜与中膜分离，夹层内大量红细胞（↑）

图 8-2-2　主动脉夹层动脉瘤破裂出血

案例解析： 此案中，主动脉夹层破裂出血凶险，难以预防，可直接导致大失血死亡。死者虽于三日前有过肢体冲突，但损伤轻微，并有一定的时间间隔，故与王某的死亡无直接因果关系。

三、医疗因素与死亡的关系

损伤、疾病与死亡的关系复杂多变，医疗因素的掺杂，会使得死因分析更为困难。如果机械性损伤患者生前曾接受医疗诊治处理，在分析医疗因素和死亡的关系时，应首先明确诊疗过程是否存在违反诊疗规范的过错，如有医疗过错，再进一步分析该过错在患者死亡结局中是否起作用，起到何种作用，作用大小，才能分析死因。

【案　例】

卢某因交通事故，被机动车撞伤，导致严重的闭合性颅脑损伤，因在 ICU 气管插管后继发肺部感染，继而出现多器官功能衰竭死亡，鉴定认为外伤致颅脑损伤继发多器官功能衰竭死亡。交通事故为根本死因，多器官功能衰竭为直接死因，肺部感染为伤后并发症。

案例解析： 死者无基础疾病，交通事故后颅脑外伤严重，继发肺部感染，进而导致多器官功能衰竭死亡，外伤致死的因果关系明确；经专家鉴定，抢救病人必须气管插管，本案医方无医疗过错，医疗介入因素对卢某死亡无影响。

当案件存在医疗过失或过错影响死亡原因的，需对医疗过失或过错问题在鉴定书中作出说明，或另行委托启动医疗事故鉴定程序，鉴定时应注意病历资料的真实、完整、充分，基于诊疗规范，综合考虑患者病情的紧急程度、患者个体差异、当地的医疗水平、医疗机构与医务人员资质等因素。在对医疗行为有无过失或过错作出鉴定后，法医才能据此作出补充鉴定，切不可自行作出医疗过失或过错的评价，并在死因中分析其作用。

第三节　死因分析及鉴定意见表述

根据 GA/T 1968《法医学 死亡原因分类及其鉴定指南》，死因分析及死因鉴定意见应注意如下内容。

一、死因鉴定原则及分析方法

1. 死因鉴定原则

（1）全面原则

死因鉴定是建立在事实的基础上，在尸体检验客观所见的前提下，结合案情调查、现场勘验以及各种实验室检查结果，进行综合分析判断的意见。

（2）科学客观原则

应本着科学客观、实事求是的态度，依据尸体检验时的客观条件（发布的国家标准、行业标准或技术规范、公认或广泛采用的方法、仪器设备、环境等）开展死因调查和分析。在鉴定意见出具前上述客观条件持续稳定不变。

2. 死因分析方法

死因分析采用排除法，即通过系统全面的工作，在现场勘验、尸表检验、解剖检验、实验室检验、辅助检查、案情调查等多方面工作基础上进行综合分析，逐一对每一种致死可能性因素进行排除，在不能排除的因素中进行逻辑死因分析，最终确定符合或接近客观事实的死亡原因。一般包括如下内容：

（1）现场勘验：主要对现场整体状况、尸体整体状况、损伤情况、现场血迹、遗留致伤物等方面进行勘查。

（2）尸体检验：包括尸表检验、解剖检验、组织病理学检验等，按照 GA/T 147 中相关要求执行。怀疑因机械性窒息、中毒、机械性损伤、猝死死亡的尸体，按照 GA/T 150、GA/T 167、GA/T 168、GA/T 170 相关要求执行。新生儿尸体检验按照 GA/T 151 相关要求执行。

（3）实验室检验：

①特殊染色检验；

②毒物、药物检验；

③生物物证检验；

④生化检验；

⑤其他检验：如硅藻检验、金属残留物检验等。

（4）辅助检查：包括 CT、X 线、MRI 检验等辅助检查。

（5）信息收集：包括案件调查情况、生前临床表现、既往疾病史、职业特点、性格特点等与死亡过程有关的资料信息。

二、死亡原因分类

在疾病、暴力等因素作用于机体导致死亡的过程中，通过分析各因素在作用阶段、参与程度、作用机制等方面的逻辑关系，将死亡原因分为：根本死因、直接死因、辅助死因、联合死因、死亡诱因。

1. 根本死因

指引起死亡的原发性疾病或致死性暴力。

原发性疾病：即指自然性疾病（内源性因素）。

致死性暴力：是指机械性损伤、机械性窒息、电击或雷击、高低温损伤、外源性毒物中毒等（外源性因素）引起机体死亡的作用。

在自然性疾病致死的案例中，其死因与所患疾病一致。在暴力性死亡中，根本死因是指该项暴力，它可以通过某种机制或通过损伤后继发性病症而致死。

2. 直接死因

指直接引起的致命性的并发症。

致命性的并发症：通常指损伤或疾病所导致的并发症或继发合并症引起死亡的发生。如休克、栓塞、损伤合并感染、挤压综合征等。

3. 辅助死因

是根本死因之外的，本身不会致命，但在死亡过程中起到辅助作用的自然疾病或损伤。

4. 死亡诱因

指能诱发身体原有潜在疾病急性发作或迅速恶化而引起死亡的因素，包括各种精神情绪因素、劳累过度、吸烟、外伤、大量饮酒、性交、过度饱食、饥饿、寒冷、医疗穿刺与器械使用等。

5. 联合死因

又称合并死因，是指两种或两种以上的因素，互不联系，但共同作用导致死亡。即称为"多因一果"的情形，需判定各种因素的主次关系及相互关系，通常有以下几种情形：

（1）导致死亡的主次因素分析。对死亡起到主要作用的原发性疾病或暴力，常常被定义为主要死因，而在死亡起到次要作用的原发性疾病或暴力则称为次要因素或辅助死因。

（2）致死的共同因素分析。两种或两种以上难以区分主次的致死因素在同一案例中，这种情形相对少见，但较为复杂。

①疾病与疾病联合：几种自然疾病共同致死，一般在法律上没有争议。

②疾病与暴力联合：这种情况最容易发生法律争端，所以需要慎重衡量疾病与暴力各自的程度，确实无法区分比重时，可将疾病与外伤放在同等的位置。

③暴力与暴力联合：在某些案例中，有时存在多人对同一个体造成的两处以上致命伤，鉴定人应结合具体案例具体分析，不可生搬硬套。

【案　例】

某女驾驶一辆电动三轮车与货车发生碰撞，导致其枕部右侧头皮下血肿，外伤性蛛网膜下腔出血，左右胫腓骨骨折、骨盆骨折。在医院的诊治过程中，发现其既往患有原发性高血压病、高血脂、糖尿病等，在 ICU 脱离危险期后，行骨折内固定术，术后骨折愈合尚可。后并发肺部感染及褥疮，抗生素治疗无效，最终感染性休克、多器官功能衰竭死亡。

案例解析：本案中死者存在基础疾病、外伤及损伤并发症、医疗介入因素等。死亡原因分析需理清上述各因素在死亡中的主次及相互关系。交通事故导致继发感染性休克、多器官功能衰竭为主要死因；而其自身所患的原发性高血压病、高血脂、糖尿病等基础疾病虽不能单独致死，但在机体遭受外伤及损伤并发症时，可降低机体免疫力和耐受力，促进感染性休克、多器官功能衰竭，为次要死因。

三、死因鉴定意见不同程度的表述

法医病理学有关死因的鉴定意见规范表述暂未统一，但仍可根据对死因的确定程度分为肯定性鉴定意见、符合性鉴定意见、倾向性鉴定意见，不排除性鉴定意见、排除性鉴定意见，无法确定鉴定意见等。

1. 肯定性鉴定意见

指在尸体系统解剖、病理检验、毒物分析等基础上，结合现场勘验以及必要的辅助检查，具备充分必要的死因证据支持，并能够与案件事实相印证的死因鉴定意见。如枪击致重度开放性颅脑外伤，即刻死亡，其鉴定意见常表述为"某某系枪击头部致重度开放性颅脑损伤死亡"。

2. 符合性鉴定意见

指至少是建立在尸表检验水平的基础上，结合现场勘验及案情，具备较充分的死因证据支持、无明显反常和疑点的死因鉴定意见，其鉴定意见常表述为"某某符合被钝性物体击打躯干及四肢造成大面积皮下出血致挤压综合征死亡"。

3. 倾向性鉴定意见

指经过尸体检验至少是建立在尸表检验水平的基础上，结合现场勘验及案情，可以排除其他死因，且具有部分证据支持某种死因，但证据不充分的死因鉴定意见，其鉴定意见常表述为"交通事故导致某某闭合性颅脑损伤死亡的可能性大"。

4. 不排除性鉴定意见

指经过尸体检验至少建立在尸表检验水平的基础上，结合现场勘验及案情，可以排除其他死因，但不能排除某些死因可能性的死因鉴定意见，其鉴定意见常表述为"某某不排除被电击致死的可能性"。

5. 排除性鉴定意见

指经过尸体检验至少建立在尸表检验水平的基础上，结合现场勘验及案情，可以明确排除某些死因的死因鉴定意见，其鉴定意见常表述为"某某不符合机械性窒息死亡""某某四肢软组织损伤难以导致死亡"等。

6. 无法确定鉴定意见

指经过尸体检验至少建立在尸表检验水平的基础上，结合现场勘验及案情，表示不具备支持某些死因的证据，且无法排除任何死因可能性的死因鉴定意见，其鉴定意见常表述为"因尸体（失去检验鉴定条件的原因）丧失检验条件，某某死因无法认定（或死因不明）"。

四、死因鉴定意见不同逻辑层次的表述

死亡原因的逻辑层次简要如下：

根本死因 ➡ （直接死因）➡ 死亡机制 ➡ 死亡

根据死因分析查明的层次，进行如下表述。

1. 鉴定意见达死亡机制水平的表述

某某（系、符合、倾向于、不排除等）被××暴力作用/患××疾病（根本死因）导致（直接死因）致（死亡机制）死亡。

其鉴定意见常表述为："某某符合交通事故造成严重闭合性颅脑损伤导致继发性脑疝形成致中枢性呼吸循环功能障碍死亡"。其中，"交通事故造成严重闭合性颅脑损伤"为根本死因；"脑疝"为直接死因；"中枢性呼吸循环功能障碍"为死亡机制。

2. 鉴定意见达直接死因水平的表述

某某（系、符合、倾向于、不排除等）被××暴力作用/患××疾病（根本死因）导致（直接死因）死亡。

其鉴定意见常表述为："某某符合被钝性物体击打躯干及四肢造成大面积皮下出血致挤压综合征死亡"。其中，"钝性物体击打致大面积皮下出血"为根本死因；"挤压综合征"为直接死因。

3. 鉴定意见达根本死因水平的表述

某某（系、符合、倾向于、不排除等）（被××暴力作用/患××疾病，选填项）造成（根本死因）死亡。

鉴定意见常表述为："某某符合一氧化碳中毒死亡"。"一氧化碳中毒"为根本

死因。

五、多因一果死因鉴定意见的表述

1. 联合死因的表述

某某（系、符合、倾向于等）（死因1）合并（死因2）死亡。

其鉴定意见常表述为："某某系颅脑外伤合并机械性窒息死亡"。其中，"颅脑外伤"为死因1，"机械性窒息"为死因2。

2. 辅助死因的表述

某某死亡，×× 为辅助死因。

其鉴定意见常表述为："某某因酒精中毒死亡，其所患重度脂肪肝为辅助死因"。其中，"酒精中毒"为根本死因，"脂肪肝"为辅助死因。

3. 死亡诱因的表述

表述一：某某死亡，×× 为诱因。

其鉴定意见常表述为："某某因冠心病急性发作死亡，争吵、情绪激动为诱因"。其中"冠心病"为根本死因，"争吵、情绪激动"为诱因。

表述二：某某因（诱因）诱发（死因）死亡。

其鉴定意见常表述为："某某因争吵、情绪激动诱发冠心病急性发作死亡"。其中"冠心病"为根本死因，"争吵、情绪激动"为诱因。

六、死因鉴定意见表述注意事项

正确的死因鉴定、准确的死因鉴定意见表述是查明案件性质、确定案件罪责的基础。但要注意避免将死亡原因、死亡机制、死亡方式相互混淆。例如某鉴定意见表述为"张某系循环功能衰竭死亡"。其中"循环功能衰竭"仅是死亡的终末病理生理机制，属于死亡机制范畴，其对案件定性及办理无重要价值。因为外伤（如心脏刀刺伤、主动脉断裂等）或疾病（冠心病、风湿性心脏病等）最后都可转归为循环功能衰竭死亡。因此，法医或法律工作者在表述或审查死亡原因意见时，需分清死亡原因与死亡机制，防止案件办理错误。

第四节　死亡方式

死亡方式是指导致死亡的暴力行为方式或疾病自然转归。判断死亡方式是案件定性的重要依据，一旦误判，则可造成冤假错案。实践中，需要综合案情调查、现场勘验、尸体检验及其他材料综合分析判断。死亡方式常分为自杀死、他杀死、意外死、病死或自然死亡。

一、自杀死亡

自杀死亡是指蓄意的自己对自己施加暴力手段终止自己生命的行为。

【案　例】

2020 年，某县一名女性被家人发现死于家中，根据现场勘验，屋内较整洁，床头有大量安眠药及农药药瓶，尸表检验，衣物完整，双手前臂手腕处均有试切创，经走访调查，结合尸体检验排除他杀可能，毒物检验系中毒死亡。最后还原真相，罗某男友与其突然提出分手，因其接受不了刺激，割腕后服农药自杀，家属对死因无异议（图 8-4-1）。

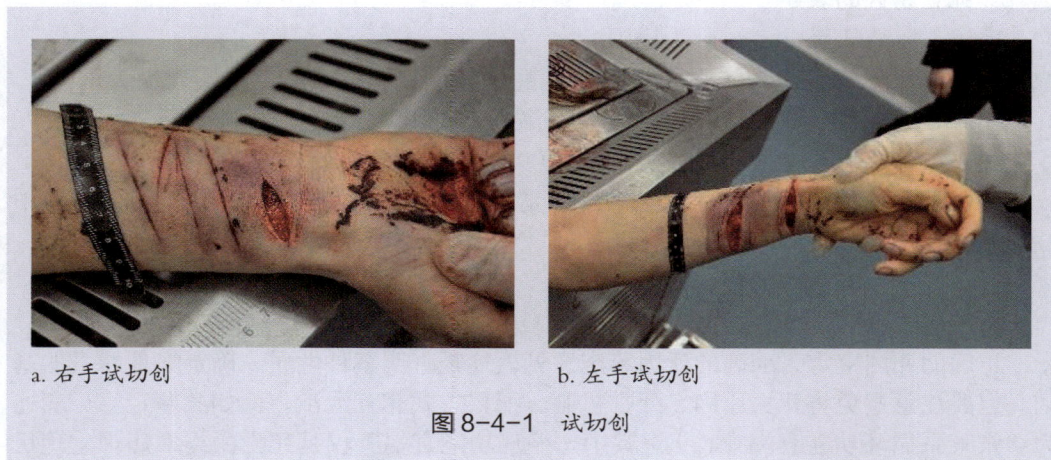

a. 右手试切创　　　　　　　　　　b. 左手试切创

图 8-4-1　试切创

案例解析：本案现场无搏斗痕迹，双手见多处试切创，未检见其他致死性外伤，结合现场勘验及案情调查，排除其他合理怀疑，认定为自杀。

【案　例】

某市儿童乐园人工湖内发现一男尸。尸检见胸部有 9 处单刃刺创伤，其中右胸部 1 处、剑突处 1 处、左胸部锁骨下至第 5 肋 18cm×8 cm 范围内 7 处，右胸部、剑突处 2 创口表浅至皮下，余 7 处均深入胸腔，均为左高右低纵斜形方向、呈左锐右钝，其中 3 处刺破心脏。

案情调查：在湖内打捞出死者的皮包，内有身份证、日记本等，证实死者系李某，21 岁，其日记以自传体小说的形式记述了李某的一些经历及厌世情绪，并于湖中打捞出一把单刃尖刀，再结合尸体检验，尸体全身 9 处刺创，无其他任何附加手段的损伤；心脏刺破 3 处，为绝对致命伤；9 处刺创范围集中，方向基本一致，反映刺击过程中体位相对固定；其中 2 处刺创浅表，尤其剑突下一处，下方无骨质衬垫，创腔浅表，类似于试切创。综上所述，该男性系锐器刺破心脏死亡，死亡性质属自杀，排除溺死。（摘自《法医学杂志》2007年第23卷第6期）

案例解析：（1）水中尸体，容易让人怀疑死后抛尸或溺死；（2）严重损伤的伤后行为能力判断：心脏破裂是绝对致命伤，多在伤后很快死亡，本例7处刺创深入胸腔，其中3处刺破心脏，自身完成9处刺创较为罕见，但心脏损伤后存活的案例亦多有报道，多为锐器所致。故在此类案件中，应注重案情调查、现场勘验、尸体检验及相关实验室检验综合分析后，排除其他死因后再认定死亡机制。

二、他杀死亡

他杀是指用暴力手段剥夺他人生命的行为，可分以下几种。

1. 非法他杀死

是蓄意地用暴力手段剥夺他人生命的行为，即通常所说的谋杀或故意杀人，是法医学实践中最常见的。实践中，常见他杀后伪装自杀、意外或自然疾病死亡，需通过案情调查、现场勘验、尸体检验、毒物检验和实验室检验等方法进行鉴别。

2. 合法他杀死

这是在法律允许范围内的剥夺他人生命的行为。比如在追捕在逃杀人犯的过程中犯人持枪拒捕而将其当场击毙；以及对越狱逃跑的囚犯鸣枪警告后仍不听劝阻而击毙囚犯的情况都属于合法他杀死。

3. 过失或故意伤害死

这种杀人有一部分是对他人实施伤害，但没有预谋杀人；另一部分则没有故意伤害的目的，而是由于过失原因或处置不当，最后在客观上造成了他人的死亡。如家庭纠纷、斗殴、虐待老人或儿童等，不是以杀人为目的，但行为有过失或伤害故意，造成的客观后果和主观动机不一致。

【案　例】

杨某，男，27岁，农民。1990年4月21日早上6时许被发现死在自家床上。据其妻证言，晚上约10点两人曾因琐事发生过口角，并引发肢体冲突。现场勘查发现死者仰卧于床上，床边放有一只农药瓶（标有强力仲丁威字样）和一只塑料小酒杯，瓶盖开启，瓶内剩有少量农药残液。发案后，未引起足够的重视，未进行系统尸体解剖，轻信死者妻子陈述，尸检见有中毒症状，胃内容物检验出农药仲丁威，便轻率地下了自杀的结论，未予立案侦查。后因死者弟弟对死因有怀疑而上访，经开棺系统尸体解剖，发现颈部深层肌肉出血，并从死者肝、胃、肾、膀胱中检出镇静催眠药物舒乐安定及其代谢产物而认定为他杀。

经查，杨某于六年前与朱某结婚，起初二人感情尚好，两年前，朱某与章某通奸，曾多次预谋杀杨某。4月20日早上，章某在当地药店买了20粒舒乐安定片，将其碾碎。由朱某在晚饭时将药粉拌入鸡蛋汤中给杨某吃下，夜里10时许，杨某昏睡后，章某用枕巾垫在杨某的颈部用手扼压，朱某则按住杨某的大腿，致杨某窒息死亡，后章某发现卧室书桌下放有农药，便将农药倒入塑料酒杯中往杨某嘴里灌了三杯，然后将药瓶和酒杯放在杨某睡的床头边，制造杨某因生气而服毒自杀的假象。（摘自《法医学杂志》1996 年第 12 卷第 1 期）

　　案例解析： 本案中死者为扼颈致死，为他杀。被罪犯伪装成服毒自杀，常规提取的胃及内容物检出农药仲丁威，但肝、肾、血、尿等组织及体液未检出相关毒物成分，符合死后灌药，因代谢停止，药物虽能入胃，但不能进入肝、肾等器官。故此类案件不仅要进行细致的现场勘验、也要进行全面、系统的尸体解剖及毒化检验。同时还要了解死者生前有无自杀、他杀因素，并考虑到隐蔽杀人手段的可能。

三、意外死

　　意外死是指未曾预料到的、非故意或过失的行为所造成的死亡。"意外"指的是没有预见到实施的行为在一般情况下会导致死亡，"非故意"是指不是以结束他人或自己的生命为目的。意外死又有以下几种。

1. 灾害死

　　指一切自然灾害（如水灾、火灾、地震、山崩、飓风、冰雹、海啸、泥石流、雪崩、雷击、火山爆发等）等所造成的死亡。

2. 意外事件死

　　是由人为的事件所造成，在客观上造成人身伤害和死亡，但是并非出于主观动机或过失，而是由于不能预见的原因引起的，包括交通意外、生产意外、医疗意外以及其他生活中的意外等。

3. 自伤、自残致死

　　有时候有些自伤、自残者出于某种目的对自己施行伤害行为或采取一些不正常姿势，但意外地超过了限度而发生的死亡，这也是一种意外死。

【案　例】

　　某女，27 岁，住某小区 12 楼。某日晚被发现倒卧于楼下绿化地内死亡。经查，死者在屋内从事服装加工。

　　现场勘查： 尸体头东脚西俯卧于楼下绿化地内，尸体周围的绿化地上及其上方 102 室外南侧的空调架上留有血迹。该女所居住的室门锁未见明显损毁痕迹，室内物品堆放凌乱，见较多布匹加工后的边角余料。在其中一个房间地上留有一卷胶带、一段绳子，南侧房通阳台的玻璃移门西侧敞开着。

　　尸体检验： 身长 159cm，外衣见多处杂乱分布的撕拉变形、破损痕迹。口周见透明封箱胶带捆扎三圈，其中最里层紧贴皮肤且泛乳白色，紧贴口腔处见呼吸所形成的泡沫气体痕，但黏于口腔处胶带已松动露出口腔，外围两层较松，左侧黏附有耳环样物。双手食指指甲远端见刮擦痕，两手掌侧及足底均有多量的灰尘。左侧腕部见有一粗一细两种粉红色布带捆扎，布料性状类似死者居室内废布料。

　　右顶部头皮条形挫裂创，深达颅骨，创角撕裂，创缘有表皮剥脱。右侧颞骨粉碎性凹陷性骨折，伴头皮下出血、颞肌出血。两侧睑结膜见少量的出血点，右侧颜面部见广泛性的皮肤挫擦伤，右侧颧骨、鼻骨等粉碎性骨折。右侧颈部见 4cm×3cm 的皮肤挫擦伤，伴小片状皮下出血，未检见扼、勒颈部痕迹，舌骨及甲状软骨未检见骨折，咽喉部、食管内无异物，气管及支气管腔内见多量的血性泡沫。左侧第 3～5 肋于锁骨中线处骨折，右侧第 6、7 肋于腋前线处骨折。心脏表面见有片状的出血斑点，肝、脾、右肾碎裂，并均见有凝血块形成。右侧上臂内侧、右侧腰际、右侧髂部见广泛性的皮肤挫擦伤，左侧上臂内侧见散在性的皮肤挫擦伤。左侧胫腓骨中段骨折。余未见异常。

死者的阴道提取物未检出精子成分。毒化检验未检出常见毒物、乙醇及毒品成分。

经查证，犯罪嫌疑人雇用两男子入室将死者束缚、恐吓以泄愤，因并非想谋财或伤害，故绑缚并不牢固，且实施恐吓后两男子已离开，向雇主交差。死者自行解脱所缚绳子，在极度惊恐的状态下试图爬窗逃生而意外坠楼。（摘自《法医学杂志》2005年第 21 卷第 4 期）

案例解析：高坠所致死亡在法医学实践中属于常见案件，然而由于高坠伤广泛多发，加之高坠暴力巨大、空中发生体位改变以及高坠阻隔物等，给案件定性、死亡方式的认定带来一定困难。本案死者（1）有被人非法拘禁的案情。（2）尸体检验发现口周有三层胶带绑扎，且紧贴口腔处有呼吸所形成的泡沫气体痕。腕部有索带绑扎，结扎方式本人难以形成，被强迫控制的迹象明显。（3）死者衣衫不整且有撕拉变形，其破损方式高坠难以解释。（4）死者系紧贴墙面坠地等，均使案件性质带有他杀的可疑。

经仔细勘查现场并结合死者损伤形态及分布分析，该女的死亡原因符合生前高坠，依据如下：（1）损伤均有明显的生活反应，损伤创口出血量多；（2）坠落起点的阳台处及室内未见有血迹，仅出现于坠楼处绿化上及较低几层的阳台外沿；（3）损伤外轻内重、广泛存在、巨大暴力形成；（4）未见有用高坠不能解释的损伤；（5）手掌及足底粘有灰尘。后经反复勘查现场发现，在阳台的铁栏杆上及阳台外的空调架子上留有攀爬痕迹，其中阳台铁栏杆上见留有 8 个死者指痕。更加证实了上述推断。

（侯现军、徐凯、郭永超、张俊涛、支敏、张福兵、李红兵、沈祺、潘兆虹、
张先进、张彦民、王强）

第九章　机械性损伤致伤物的推断与认定

　　机械性损伤致伤物的推断是基于损伤与现场情况，对致伤物的推测、预判；致伤物的认定是在致伤物推断的前提下，对已知的嫌疑致伤物是否为该损伤的致伤物的分析、认定。机械性损伤致伤物的推断与认定可以为案件侦查提供线索，是法律认定犯罪事实的重要环节。同时，遇到多人、多种工具、多种致伤方式共同导致被害人死亡时，在明确死因与致命伤的基础上，机械性损伤致伤物的推断与认定有助于分清各致伤行为人的法律责任，为定罪量刑提供证据。

　　机械性损伤致伤物的推断与认定审查要点：（1）了解法医学致伤物推断的原理，如擦伤的形态推断作用力的方向，创周组织、骨折损伤的轻重推断力的大小、致伤物质地等，从而审查致伤物推断的科学性；（2）进一步审查到案工具特征与损伤形态、衣着破损特征、附着物痕迹等的符合性，验证致伤物推断的准确性，发现可能疑点；（3）正确评估致伤物推断在案件办理中的作用，作出认定并确定案件事实时，应当结合案情如辨认笔录、附着物微量物证检验、DNA 检验等其他证据综合评判。

第一节　致伤物的推断

　　致伤物的推断是指根据损伤的形态特征，结合现场情况，对致伤物的类型、大小、质地、重量、作用面形状、作用方向及作用力大小等特点进行分析推断的过程。

　　机械性损伤中推断致伤工具是难点，因此在推断过程中要循序渐进，首先根据损伤形态推断致伤物类型，钝器伤中注意钝器锋利的棱边打击与锐器砍切伤区别，然后判断致伤工具的质地，接着通过损伤形态推断工具接触面的形态，最后根据生活经验与地域特色推断出致伤物。

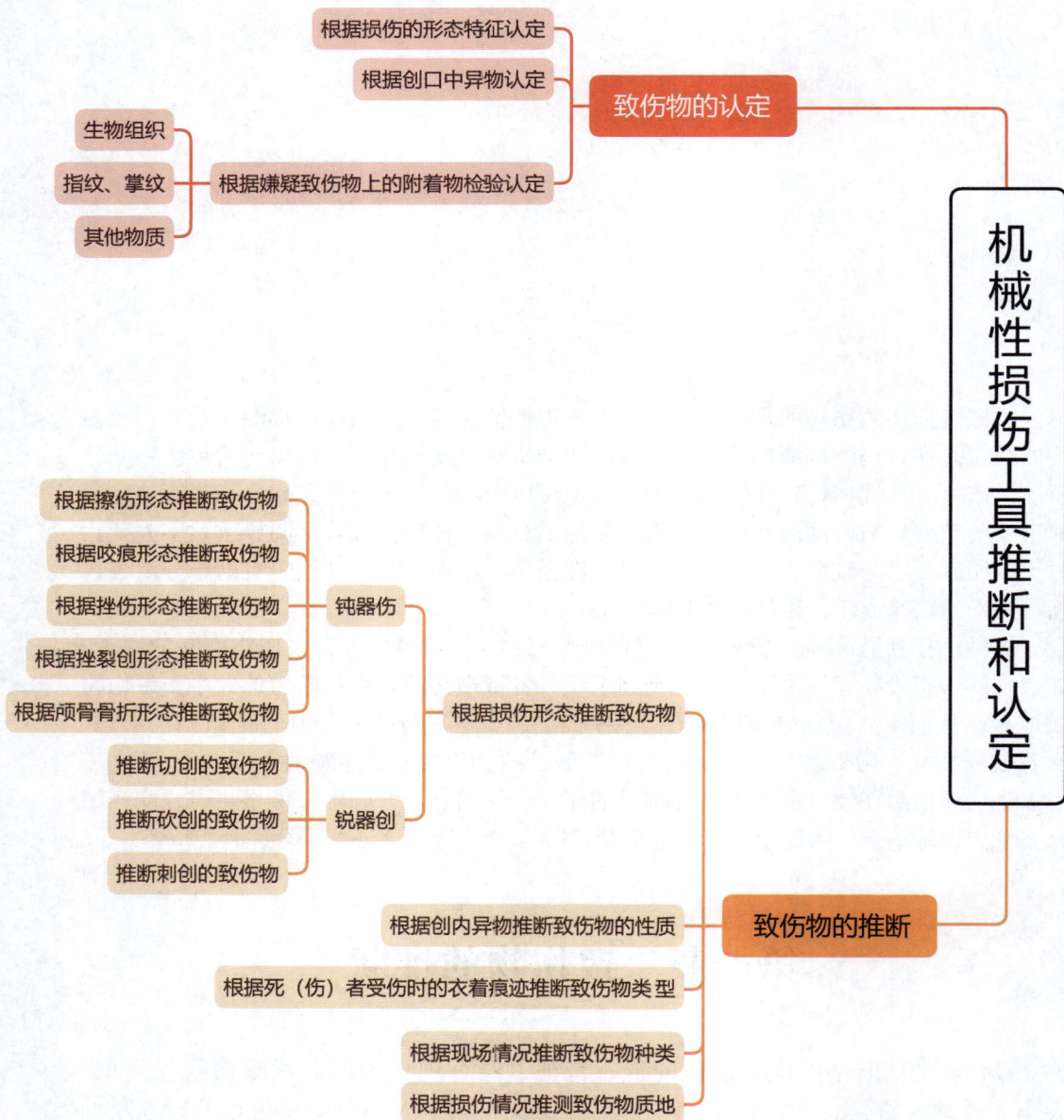

根据损伤的形态特征认定

根据创口中异物认定

致伤物的认定

生物组织

指纹、掌纹

其他物质

根据嫌疑致伤物上的附着物检验认定

机械性损伤工具推断和认定

根据擦伤形态推断致伤物

根据咬痕形态推断致伤物

根据挫伤形态推断致伤物 ── 钝器伤

根据挫裂创形态推断致伤物

根据颅骨骨折形态推断致伤物

根据损伤形态推断致伤物

推断切创的致伤物

推断砍创的致伤物 ── 锐器创

推断刺创的致伤物

根据创内异物推断致伤物的性质

致伤物的推断

根据死（伤）者受伤时的衣着痕迹推断致伤物类型

根据现场情况推断致伤物种类

根据损伤情况推测致伤物质地

一、根据损伤形态推断致伤物

1.钝器伤致伤物的推断

（1）根据擦伤形态推断致伤物

擦伤形态：皮肤呈点、条、片、梳或不规则状表皮层剥脱或缺损，有痂皮形成，可伴挫伤。

推断致伤物方法：①反映致伤物与人体接触面的特征；②可反映作用力方向；③若镶嵌或残留与接触面一致的碎屑、沙砾等，有助于致伤物推断。

（2）根据咬痕形态推断致伤物

咬痕形态：皮肤可见由断续牙齿印痕组成的两个相对的半弧形、锯齿状表皮剥脱及皮下出血损伤。

推断致伤物方法：①反映咬者牙齿排列的形态、大小和有无缺损情况；②根据区分上下颌咬痕可判断咬伤的位置和方向；③注意提取咬痕处的拭子备 DNA 检验。

【案 例】

刘某被他人强奸后杀害。其右肩胛部见两半弧形、锯齿状表皮剥脱，并相对呈圆形排列，中间见类圆形皮下出血（图 9-1-1）。

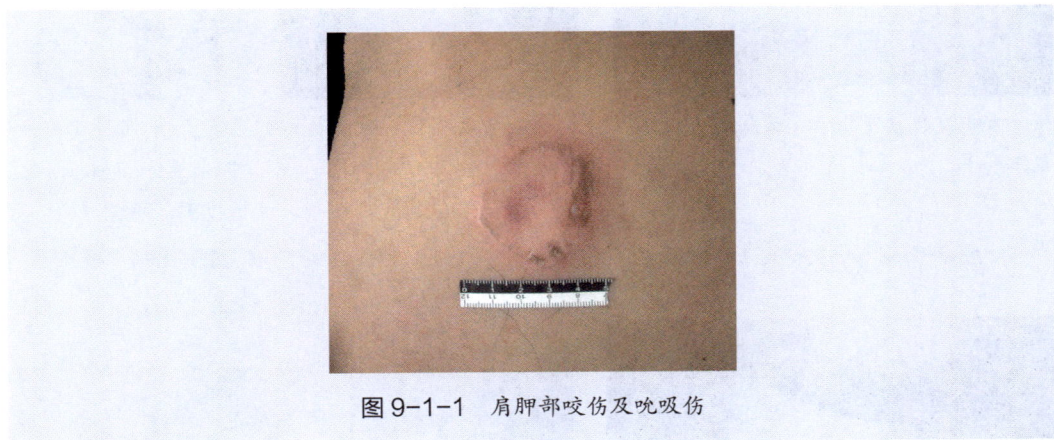

图 9-1-1 肩胛部咬伤及吮吸伤

案例解析：根据案件中右肩胛部两半圆形表皮剥脱形态特征与牙齿咬痕相符，推断为咬伤，中央区皮下出血为吮吸伤。根据咬痕、吮吸痕，可推测犯罪嫌疑人的行为意图，致伤物的认定可通过提取咬痕处的拭子备 DNA 检验，并根据犯罪嫌疑人的牙模比对完成。

（3）根据挫伤形态推断致伤物（表 9-1-1、图 9-1-2 至图 9-1-6）

挫伤形态：随着损伤时间变化，血管破裂致皮下或皮内出血呈点、条、片、梳或不规则状的暗紫红色、蓝褐色、绿褐色、黄绿色或黄色等改变。

表 9-1-1　致伤物推断

损伤特征	形态	致伤物种类
体表平行条状挫伤	①中空性皮下出血或"铁轨样"挫伤	①长条形钝器如圆柱形棍棒类
	②伴螺纹型花纹等	②有对应花纹的圆形棍棒类，如螺纹钢等
带状或线状皮肤挫伤	①带状皮下出血，出血区基本均匀（若两侧挫伤界限清晰，可推断致伤物接触面宽度）	①方柱形棍棒类
	②窄条状或线状挫伤，一侧或两侧边界不清	②方柱形棍棒以其棱边打击
印痕样损伤	挫伤与致伤物形态相似	反映致伤物接触面形态
圆形或弧形挫伤	①小圆弧挫伤伴表面擦伤	①指端伤
	②圆形或弧形挫伤	②圆形钝器，如圆形锤类等
长方形、正方形或类方形挫伤	创缘伴"∟""匚""口""一"形挫伤	方形钝器，如四方形铁锤或斧背等
类圆形或片状挫伤	挫伤处表皮剥脱不明显	软性钝物击打，如拳、肘、膝等
具有特殊花纹印痕的皮下或皮内出血	推断具有此类特殊花纹的致伤物所致如轮胎印痕等	

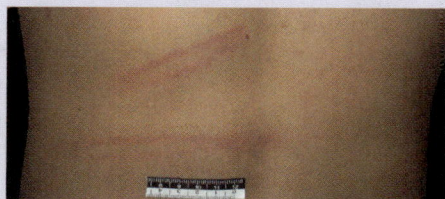

腰背部中空性皮下出血，致伤物为圆柱形棍棒

图 9-1-2　中空性皮下出血

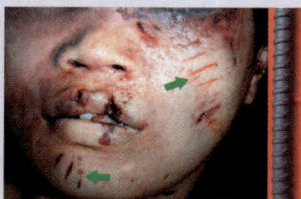

面部挫裂创损伤，致伤物为螺纹钢

图 9-1-3　挫裂创

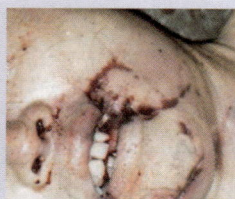

左嘴角处"匚"形擦挫伤，近嘴角处伴裂创，致伤物为方形斧背

图 9-1-4　擦挫伤

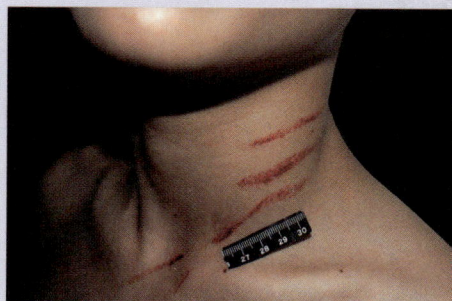

左颈部皮肤数条表皮剥脱伤痕，为指甲刮抓伤

图 9-1-5　刮抓伤

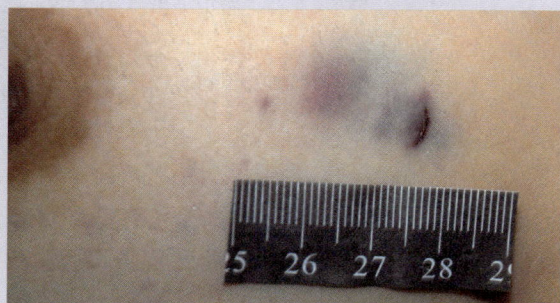

左胸见小圆弧状表皮剥脱伴一侧类圆形皮下出血，致伤物为指端

图 9-1-6　指端伤（中山大学竞花兰提供）

【案　例】

2018 年 7 月，高某在被抓捕过程中发生死亡。检验见，右胸第 5、6、7 肋腋前线处见多处条状平行擦伤，对应处见肌肉类圆形出血，腹腔积血约 3000 毫升，大网膜上卷包裹于右上腹；肝脏肋面见包膜星芒状破裂口，周围见一面积为 5cm×4cm 范围内损伤出血。衣着未见明显痕迹。死因鉴定意见：高某系右侧腹部受到钝性外力作用造成肝脏破裂出血，最终因失血性休克死亡。致伤物推断：胸腹部损伤系被质地较软的钝器（如拳脚、膝盖等）作用所致。经调查，死者系被他人用膝盖顶击腹部致肝脏破裂死亡（图 9-1-7）。

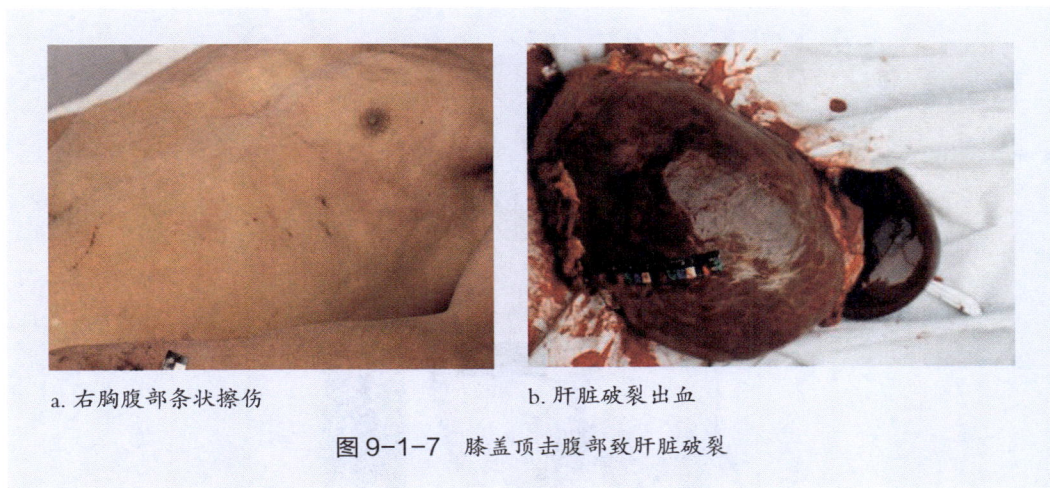

a. 右胸腹部条状擦伤　　　　　　　b. 肝脏破裂出血

图 9-1-7　膝盖顶击腹部致肝脏破裂

案例解析： 膝部损伤特点：因膝部质地软，无明显棱边、棱角，用力顶击时可形成外轻内重型损伤；本案死者仅见右胸部小条状擦伤，未见挫裂创及皮下出血，右胸腹部肌肉出血、肝脏包膜破裂，损伤呈外轻内重特征，反映外力作用较大，且致伤物具有接触面质地较软或作用面有衬垫物，结合案情推断致伤物为质地较软的钝器（如拳脚、膝盖等）。

（4）根据挫裂创形态推断致伤物（表 9-1-2、图 9-1-8 至 9-1-10）

挫裂创形态：创角钝，创缘不齐可伴挫伤带，创壁不整，创腔内可见组织间桥。

表 9-1-2　挫裂创致伤物方法推断

损伤特征	形态	致伤物种类
头皮条状挫裂创	挫裂创两侧挫伤带宽度一致	圆柱形棍棒类垂直打击
	挫裂创创缘两侧挫伤带一侧宽，一侧窄	圆柱形棍棒类偏侧击打
头皮或皮肤弧形挫裂创	弧形挫裂创可伴挫伤带	圆柱形棍棒或锤类一侧偏斜角度击打
角形挫裂创	"V""Y"形挫裂创	呈方形棱角钝器用角打击
带有方角的挫裂创	"L""匚""口""一"形挫裂创	方形钝器击打，如砖块、斧背、方锤等

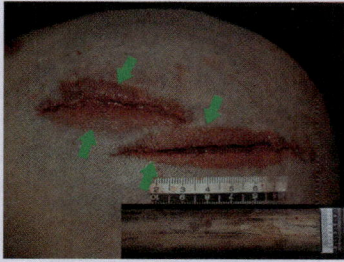

头部条形挫裂创,创周伴"镶边"样挫伤带(↑),宽度接近一致,为圆柱形木质棍棒垂直打击造成

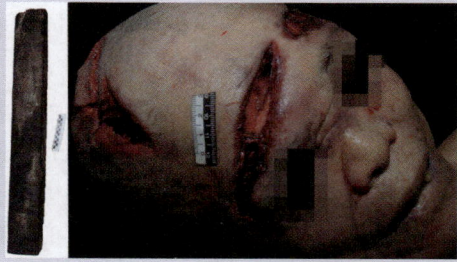

图9-1-8　头皮挫裂创

头部条形挫裂创,创缘平直,创周伴挫伤带较窄,为方形木质棍棒打击造成

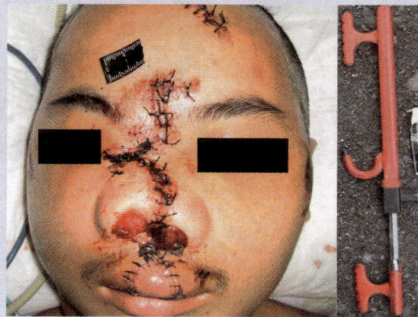

图9-1-9　头皮挫裂创

面部条形、圆弧形组合成的不规则挫裂创,为带有条形、圆弧的易于挥动的汽车方向盘锁打击造成

图9-1-10　面部挫裂创(中山大学竞花兰提供)

（5）根据颅骨骨折形态推断致伤物（表9-1-3）

骨折形态:骨质的断裂或不连续。法医学中根据形态常分为线性、凹陷性、穿孔性、粉碎性骨折等。

表9-1-3　颅骨骨折致伤物方法推断

损伤特征	形态	致伤物种类
单纯线状颅骨骨折	线状骨折	棍棒、面积较大的钝器、摔跌
舟状凹陷颅骨骨折	长条形凹陷状	圆柱形棍棒类
圆形凹陷或穿孔性骨折	圆形凹陷或穿孔性骨折	接触面为圆形的钝器,如铁锤、鹅卵石等
角形凹陷骨折	①长方形孔状骨折或塌陷折;②角形阶梯形凹陷骨折	①方形钝器垂直打击;②方形钝器偏侧打击
扇形凹陷或穿孔骨折	扇形凹陷或穿孔	方形钝器棱角打击

【案　例】

2015 年某日，李某被发现死于自家菜地里。检验见，顶枕部散在多个圆弧状挫裂创，散在分布，创口一定程度哆开，其中单个头皮挫裂创创口呈牙形，长度 2cm 左右，创缘欠齐，创周伴挫伤带，创腔内见组织间桥，创口深达颅骨致顶枕骨粉碎性骨折，伴颅骨片塌陷入颅内，另见枕部正中一类圆形凹陷性骨折。死因鉴定意见：李某系重型开放性颅脑损伤死亡。根据损伤形态特征推断为锤类钝器物，后经调查证实致伤物为羊角锤（图 9-1-11）。

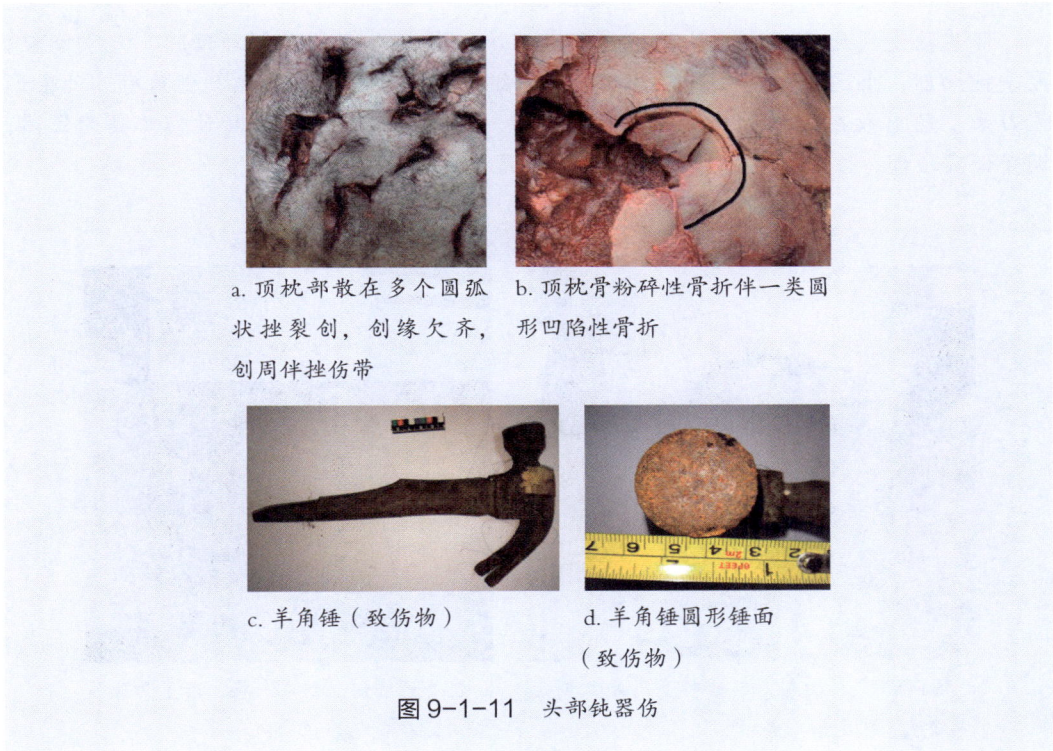

a. 顶枕部散在多个圆弧
状挫裂创，创缘欠齐，
创周伴挫伤带

b. 顶枕骨粉碎性骨折伴一类圆
形凹陷性骨折

c. 羊角锤（致伤物）

d. 羊角锤圆形锤面
（致伤物）

图 9-1-11　头部钝器伤

案例解析：（1）凶器的不同作用面会造成多种形态的损伤，要注意观察体表损伤形态特征将其分类，再逐步分析相互间的关联性；（2）本案羊角锤特点：多个作用面，整体有一定质量，前面有斧类刃缘，故能在头皮上造成皮瓣伤，后面为圆形锤面，可造成圆形、类圆形骨质损伤；（3）本案中死者头部多处呈月牙形，挫裂创，创口哆开，推断致伤工具作用面有刃缘，刃缘有一定厚度且质地坚硬；颅骨粉碎性骨折，边缘一类圆形凹陷性骨折，表现为小圆柱锤类钝器，推断致伤物符合具有一定质量且易挥动，带有类圆形特征的金属钝性物体，与羊角锤的锤面致伤特点相符。推断致伤物时，要对特征明显的损伤加以区分、归类，不能因损伤的多形性就作出系两种以上工具的结论，要根据损伤分布情况、严重程度及现场勘验等综合推断致伤物。

2. 锐器创致伤物的推断

（1）推断切创的致伤物

切创形态：创口呈长梭形、条状裂隙或不规则形，创缘齐，创壁平整，创腔内无组织间桥、创底较浅，一处创角可有拖刀痕。

推断致伤物方法：①鉴于锐器切划的过程，一般无法用创口长度来推断锐器刃长；②根据创缘皮瓣、创角拖刀痕等可综合判断切创的方向。

【案　例】

邢某被发现死于家中。检见死者颈部多次切割融合创伴双侧颈动脉、气管断裂，左手腕切创，上述创口创缘齐，创腔内未见组织间桥。颈部创口左侧创角有多处条形拖刀痕。颈前散在小片状挫擦伤，呈类圆形。后根据创伤形态推断致伤工具为锐器，调查证实颈部、左手腕致命性创口致伤物为菜刀（图9-1-12）。

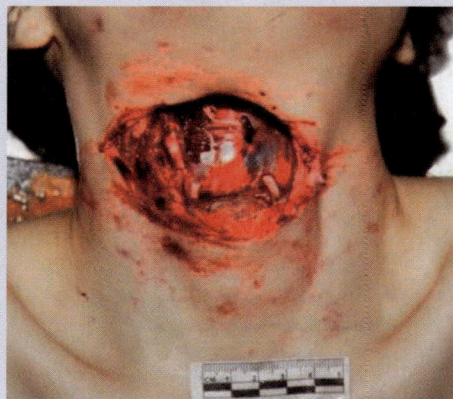 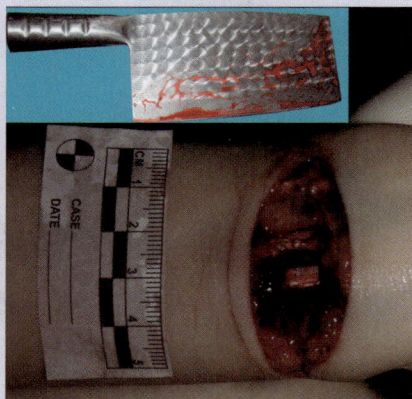

a. 颈前部多次切创，创缘整齐，左侧创角　　b. 左手腕切创，创口舟状，其下为致伤
拖刀痕，伴皮瓣形成　　　　　　　　　　　　工具菜刀

图9-1-12　菜刀切创

案例解析： 菜刀损伤多为锐器伤，可形成砍、切创，砍创特点为创口哆开明显，创腔深，易导致骨折或在骨质上形成砍痕；切伤则具有一般锐器伤形态特征，但创口浅，偶见骨质切痕，多无骨折等严重损伤。本案根据死者颈部小片状挫擦伤的形态，推测其为指端伤。颈部、左手腕创口形态，推断致伤工具为锐器，与菜刀致伤特征相符，根据颈部创口左低右高，左侧创角见多处拖刀痕，推测颈部创口为从右至左切割所致。

（2）推断砍创的致伤物

砍创形态：同锐器创基本特征，但创口较大，常伴有骨质损伤。

推断致伤物方法：①当砍器刃部全部砍入人体组织，两创角呈钝角，可通过创口长度推断砍器刃长；②当砍器致骨质楔形骨折或穿孔骨折，可推测砍器砍入部分的宽度。

【案　例】

2018 年某日早上，阿某被发现死亡。检验见，头部、左上臂见多处创口，创口长度在 1.2～7.2cm 不等，创角锐，创缘齐，部分创缘伴挫伤带，创口哆开，创内无组织间桥，创腔深达颅骨，伴颅骨粉碎性骨折。死因鉴定意见：阿某系重度颅脑损伤并失血性休克死亡。根据损伤形态调查后，证实致伤工具为长刃砍刀（图 9-1-13）。

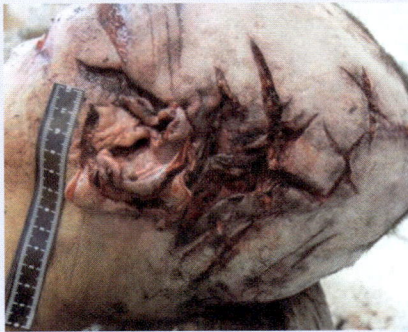

a. 左颞顶枕部多处砍创

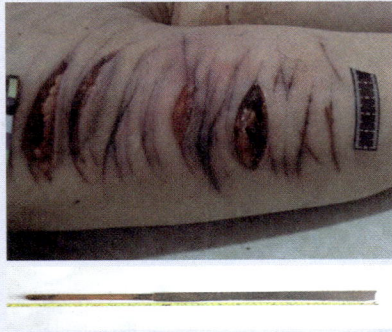

b. 左前臂多处砍创，部分砍创创缘伴挫伤带（砍器较钝）及长刃砍刀致伤物

图 9-1-13　头部、左上臂砍创

案例解析：致伤物推断：本案中死者头部、左上臂创口，呈创角锐，创缘齐，创内无组织间桥的锐器伤特征，部分创缘伴挫伤带，反映该锐器刃较钝；颅骨粉碎性骨折，可推断为具有一定质量且易挥动的锐器砍击形成，与长刃砍刀致伤特征相符。注意点：对于周围存在挫伤带，而无其他明显钝器伤特征的创口，致伤物不可直接认定为钝器，可能是刃口较钝的锐器，故需结合创口其他形态予以分析。

【案　例】

2010 年某日，杨某被人发现死于自家厨房后门外。检验见，左面部、左颈部多处创口，创口哆开，部分创角锐，创缘齐，创周未见明显挫伤带（砍器刃锐），创内未见组织间桥，创腔深达骨质伴左颈动、静脉及气管断裂。死因鉴定意见：杨某系失血性休克死亡。后根据创伤形态调查，证实致伤物为菜刀（图9-1-14）。

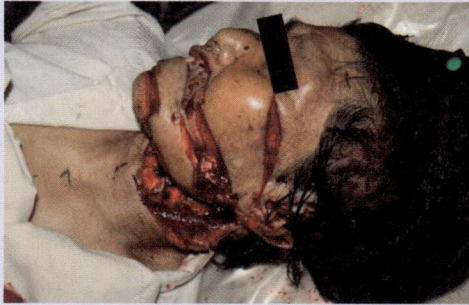

图9-1-14 左面部、左颈部多处菜刀砍创

案例解析：本案根据死者面部颈部创口哆开，创角锐，创缘齐，创缘未见明显挫伤带，创内未见组织间桥等特征，反映致伤物为锐器；结合面、颈部创口深，伴骨质砍痕，分析为有一定质量易挥动的锐器反复砍击所致，符合菜刀砍伤特点（创口哆开明显，创腔深达颅骨，在颅骨上形成砍痕及颅骨外板缺损），结合后期勘验调查，认定致伤物为菜刀。

（3）推断刺创的致伤物

刺创形态：同锐器创基本特征，创口小，创腔深。

推断致伤物方法：①根据刺创创角数量，分为单刃、双刃、三角形、类圆形刺器创等；②变异形刺创，当刺器刺入时身体或刺器相对转动或运动，形成与刺器截面差异较大的刺创口；③根据创口长度，可以估计扁平刺器的宽度或圆形刺器的直径。但如形成刺切创，可使创口延长；④刺创创腔深度可粗略反映刺器刺入部分的长度，但由于人体组织弹性、衣物厚度等影响，会造成一定的偏差（图9-1-15至图9-1-18）。

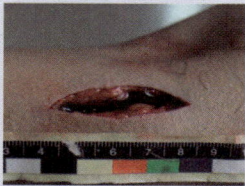

两侧创角锐，创缘齐，创周无挫伤带，创腔内无组织间桥

图9-1-15 双刃刺创

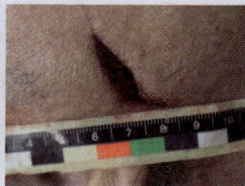

上角锐，下角为锐器切割所致

图9-1-16 刺切创

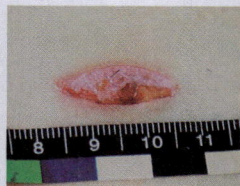

左侧创角锐，右侧创角钝，创缘齐，创腔内无组织间桥

图9-1-17 单刃刺创

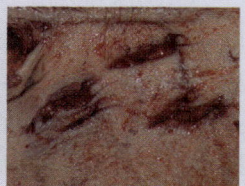

创口有多个创角形成，系锐器转换角度反复刺切形成

图9-1-18 变异形刺创

【案　例】

2012 年，杨某在路上被杀害。检验见，死者上身外穿一件灰色圆领短袖 T 恤，浸有大量血迹。T 恤衣左背部近腋下线缝处见一斜行破口，破口边缘断端整齐，一侧断缘纤维整齐，一侧断缘纤维呈毛刺状。体表创口一角锐，一角钝，钝角破口缘呈现钝性组织撕裂磨损状。据损伤特征及衣物破损口形态，推断致伤物为单刃刺器，刃背可能有锯齿。后与现场提取的黑柄刃背呈齿状的单刃匕首相符（图 9-1-19）。

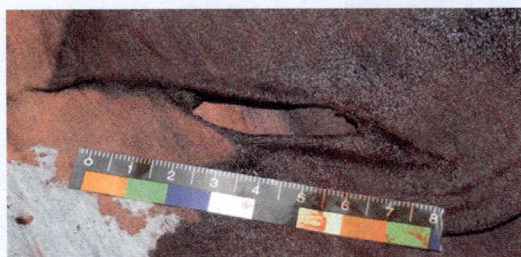

a. 衣物破口呈现一角整齐、一角断离纤维呈毛刺状

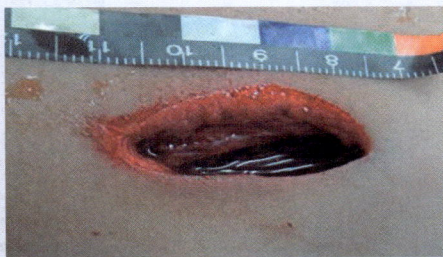

b. 体表创口一角锐，一角钝，钝角破口缘呈现组织撕裂磨损状

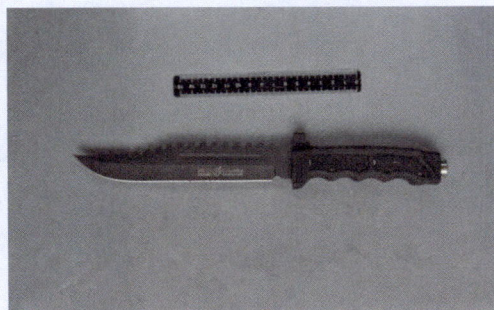

c. 现场提取一把刃背呈齿状的单刃匕首

图 9-1-19　单刃刺器

案例解析： 办案中死者衣物破口及体表创口均显示创角一锐一钝，且衣物与表皮钝性创角处均呈现不规则撕裂磨损改变，损伤特征反映该致伤物刃背存在凸凹不平的特性，符合单刃不规则钝背类锐器刺击形成，现场黑柄刀与此特征相符，为致伤物认定提供线索。推断此类具有特异性结构的致伤工具时，要客观全面地对衣着断缘及体表损伤进行检验，详细描述断缘及损伤形态特征；对损伤进行归类，找出能反映致伤物的典型损伤。

二、根据创内异物推断致伤物的性质

实践中可根据创内异物推断致伤物性质，具体见表 9-1-4、图 9-1-20。

表9-1-4   创内异物推断致伤物的性质

创内遗留物	致伤物性质
树皮、木屑等	木质
砖头碎屑、碎石块	砖石类
铁锈、油泥	金属钝器
泥沙、油垢、油漆残片	交通事故
火药、炸药颗粒沉着或火药烟晕沉着或弹头、弹片	枪弹损伤

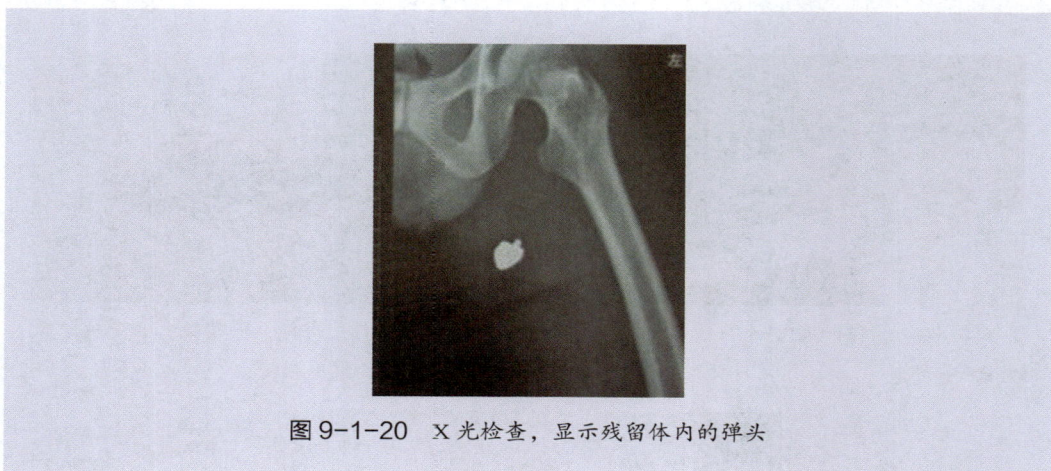

图9-1-20   X光检查，显示残留体内的弹头

三、根据死（伤）者受伤时的衣着痕迹推断致伤物类型

实践中可根据死（伤）者受伤时的衣着痕迹推断致伤物类型，具体见表9-1-5、图9-1-21。

表9-1-5   衣着痕迹推断致伤物类型

衣着痕迹	致伤物类型
损伤处衣着完整或仅见磨损	钝器
衣着破裂，边缘较整齐，无火药成分沉着或高温作用	锐器
衣着破裂，有火药成分沉着或高温作用	火器创
损伤部位或附近衣着沿原缝线撕裂	扭打拉扯；或巨大暴力，多见于高坠、交通事故等
衣着上车胎印痕、油垢、碎石、泥沙等	交通工具损伤

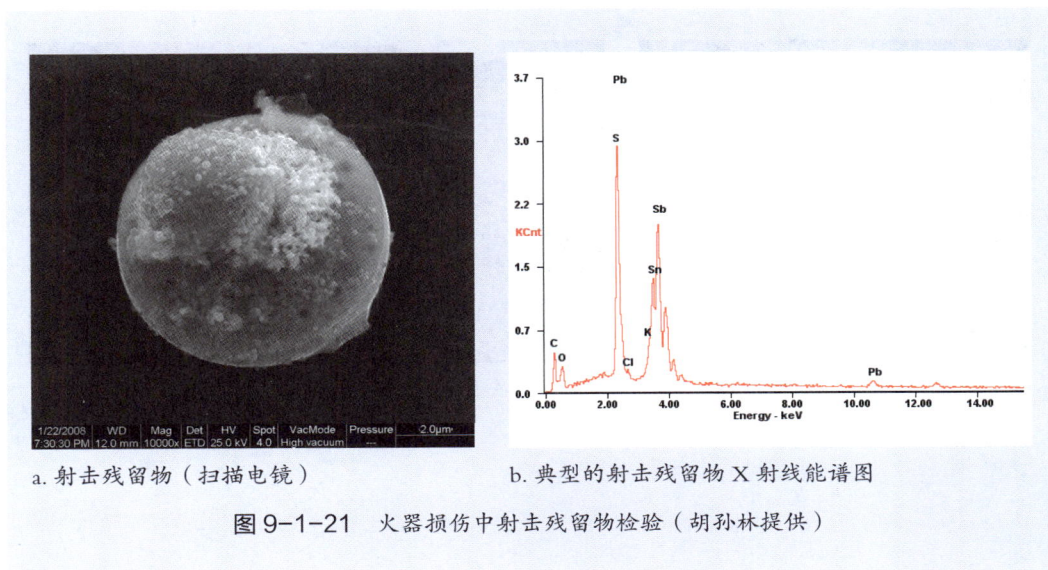

a. 射击残留物（扫描电镜）　　　　　　　b. 典型的射击残留物 X 射线能谱图

图 9-1-21　火器损伤中射击残留物检验（胡孙林提供）

四、根据现场情况推断致伤物种类

实践中可根据现场情况推断致伤物种类，具体见表 9-1-6。

表 9-1-6　现场情况推断致伤物种类

现场情况	致伤物种类
大量喷溅状血迹	锐器、火器等致大血管破裂
爆炸破坏痕迹、炸药残留物	爆炸损伤
弹壳、弹着点	枪弹损伤
现场遗留带有血迹或毛发的钝器、锐器	提示该钝器、锐器致伤

五、根据损伤情况推测致伤物质地

实践中可根据损伤情况推测致伤物质地，具体见表 9-1-7、图 9-1-22、图 9-1-23。

表 9-1-7　致伤物质地推断

损伤特点	质地
组织挫碎严重，常造成颅骨凹陷骨折、粉碎性骨折，骨折边缘有骨质压痕	金属类
擦伤、挫伤明显，多引起线性骨折	木质
有时可见竹节印痕	竹质
擦伤、挫伤明显，创口内常遗留泥沙或砖石碎末	砖石类

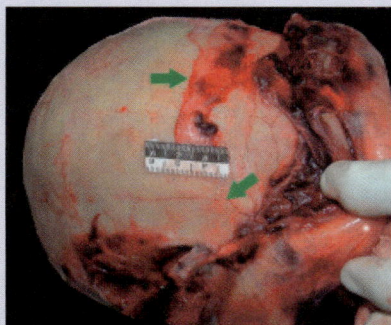

木质棍棒打击致额骨线性骨折（↑）

图9-1-22　额骨线形骨折

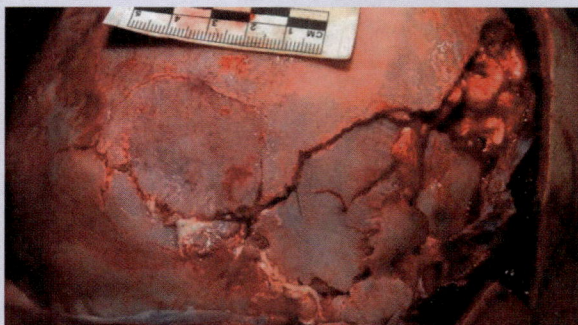

铁锤多次击打致颅骨粉碎性骨折

图9-1-23　颅骨粉碎性骨折

第二节　致伤物的认定

致伤物的认定：是指根据损伤的形态学特点与嫌疑致伤物进行比较，从而对嫌疑致伤物是否即为该损伤的致伤物进行分析推断和种类认定的过程。一般可通过损伤形态、创口中异物、嫌疑致伤物上的附着物等初步认定致伤物，但实践中需进一步进行DNA检验、能谱分析等最终认定致伤物。

一、根据损伤的形态特征认定

如果嫌疑致伤物在种类、形状、尺寸、质地等方面与损伤形态特征基本符合，同时嫌疑致伤物的某些特征（如咬痕的牙列特征、锐器的卷口或缺口、钝器接触面花纹、轮胎花纹、砖石表面特殊形状突起等）在损伤部位得以反映并相互吻合，一般可作为认定该致伤物的重要依据。

【案　例】

王某被发现倒于路边绿化带死亡。死因为重度闭合性颅脑损伤。其右上臂见网状皮内出血印痕。致伤物推断：与右上臂印痕形态相似的轮胎类物。经调查，花纹比对一致，确认致伤物为某类货车车轮（图9-2-1）。

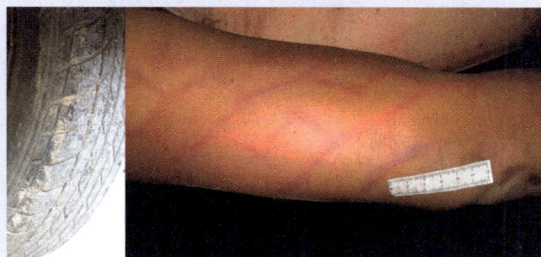

图 9-2-1　右上臂车轮碾压伤

二、根据创口中异物认定

1. 创口中残留碎片与致伤物缺损处形态比对认定致伤物。某些锐器进入人体遇到质地坚硬的骨骼，锐器刃口或脆弱部可折断残留在体内。

2. 对残留异物与致伤物进行理化分析认定致伤物。对残留在创口内的各种异物（如金属残片、木屑、碎砖石块、铁锈、油泥、漆片、火药或炸药残留物等）与嫌疑致伤物一起进行分析（如光谱分析、扫描电镜能谱分析、红外或紫外能谱分析等），来确定理化性质是否一致（图 9-2-2）。

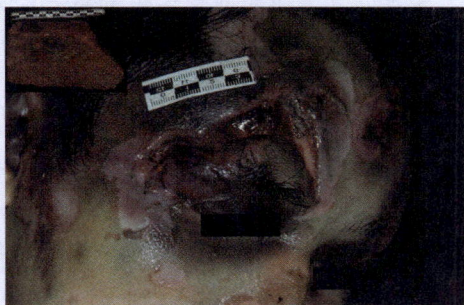

砖头棱边、棱角多次打击头部，形成右额部挫裂创，创腔内有碎砖屑；左上角红砖为致伤物

图 9-2-2　右额部挫裂创（中山大学竞花兰提供）

三、根据嫌疑致伤物上的附着物检验认定

1. 根据嫌疑致伤物附着生物组织认定致伤物。嫌疑致伤物的打击面或部位有时会附着被害人的血液、毛发、体液斑或组织碎片等，而致伤物的手持部位有时可留有犯罪嫌疑人的血液、体液斑等，可分段提取并进行 DNA 鉴定，为认定致伤物及其持有人提供证据，具体参见第十二章相关内容。

2. 根据嫌疑致伤物上指纹、掌纹比对认定致伤物。嫌疑致伤物上可能留有被害人及犯罪嫌疑人的指纹、掌纹。如果为血或汗液形成的指纹和 / 或掌纹，先图像固定指纹、掌纹以备指纹、掌纹鉴定，然后提取生物检材进行 DNA 鉴定。

3. 根据其他物质认定致伤物。现场或死者体内提取的弹头或弹壳可与嫌疑枪支射击后的弹头、弹壳进行弹痕比对进而认定或排除该枪支为致伤物。嫌疑致伤物上的织物纤维与死者的衣物进行比对，有助于认定致伤物。

【案 例】

某男，23 岁，与他人斗殴，被刺伤后不久倒地死亡。

尸体检验：死后 12h 尸检。面部见多处表皮剥脱和皮下出血。胸骨左侧第 5 肋间见一 2.1cm×0.8cm 的斜形创口，两侧创角锐，创腔内无组织间桥。一侧创缘距内侧创角 0.5cm 处见一长 0.2cm 的皮瓣；另一侧创缘距内侧创角 0.2cm、0.3cm 处分别见一锯齿状小皮瓣，距外侧创角 0.2cm 处见一长 0.3cm 的弧形皮肤缺损。

尸体解剖：在皮肤创口对应处的肋间肌见一长 2.1cm 的创口，创角锐，创周肌肉轻微出血。两侧胸腔积血，左侧 200ml，右侧 1 500ml。心包前方见一长 2.3cm 不规则椭圆形创口，相应部位右心室前壁有一长 1.5cm 创口，贯穿右心室全层，创缘不规则，见多处小锯齿状豁口，一侧创角锐利；另一侧创角处组织挫碎，形态不规则。死因鉴定：胸部脏器损伤致失血性休克死亡。

案例分析：本案死者死因明确，准确推断致伤物对澄清事实真相至关重要。死者胸部和心脏创口的形态不规则，创角锐，创缘大部分整齐，局部出现小的皮瓣或锯齿状的豁口，并见表皮缺损现象。创口没有发现砍、切伤痕，反映为捅刺，创口创缘对齐最大长度为 2.3cm，结合损伤特征分析认为致伤物系最大宽度约 2.3cm、带尖、具有一定硬度、较锋利的刺器。这种刺器不同于通常所见的匕首类刀具，其刃缘形态不规则，要推断出是某种具体的刺器十分困难。后经犯罪嫌疑人供认，当时使用的凶器是一块碎玻璃。检查犯罪嫌疑人右手，发现虎口区和中指末节指腹有细条形表皮剥脱，符合玻璃边缘接触所致。

本案致伤物的认定，通过尸检对损伤形态进行分析，推断致伤物的类型、质地等特征，与嫌疑致伤物在形状、尺寸、质地等方面基本符合，同时其特殊不规则形状造成的损伤，可作为认定该致伤物的重要依据。再结合嫌疑人供述、DNA 检验及现场勘验，认定致伤物。（摘自《法医学杂志》2010 年第 26 卷第 1 期）

（李杰、许刚、张宏星、唐晋）

第十章　损伤时间推断

损伤时间推断，是指在法医学中用形态学或者其他检测技术推测损伤形成的时间。其中包括生前伤与死后伤的鉴别和伤后存活时间的推断。科学、准确的损伤时间推断将有助于确定案件发生时间，进而对划定犯罪嫌疑人范围、重建犯罪现场等具有重要作用。

损伤时间推断审查要点：（1）推断损伤时间的方法；（2）当不同方法推断出的损伤时间之间存在差异或矛盾，是否有科学合理的解释；（3）当推断的损伤时间有悖原理方法或明显矛盾无法合理解释时，探寻可能原因，必要时重新鉴定或补充侦查；（4）着重注意生前伤、濒死期损伤与死后伤的鉴别。

第一节　生前伤与死后伤推断

一、概　述

1. 生前伤
指活体受暴力作用所造成的损伤。

2. 死后伤
指死后受暴力作用所造成的损伤。死后伤的发生可因多种情况导致，具体主要有：

（1）在被害人死亡后，罪犯为进一步泄愤、掩盖犯罪而故意追加的损伤。如变态杀人案中，罪犯割掉女性乳房和外生殖器等造成的损伤。又如投毒杀人后罪犯将被害人伪装成自缢导致的颈部损伤。

（2）在被害人死亡后，罪犯为藏尸或现勘人员、殡仪馆工作人员工作中搬运、翻动尸体所造成的损伤。

（3）在被害人死亡后，医护人员抢救时所造成的损伤。如心肺复苏造成的心胸部擦挫伤、肋骨骨折，甚至是肝、脾破裂等（图10-1-1）。

（4）在被害人死亡后，尸体可因外在环境中存在的各种动物造成相应损伤。常见如老鼠、蚂蚁、食尸类昆虫以及水中鱼虾对尸体造成的各种损伤（图10-1-2）。

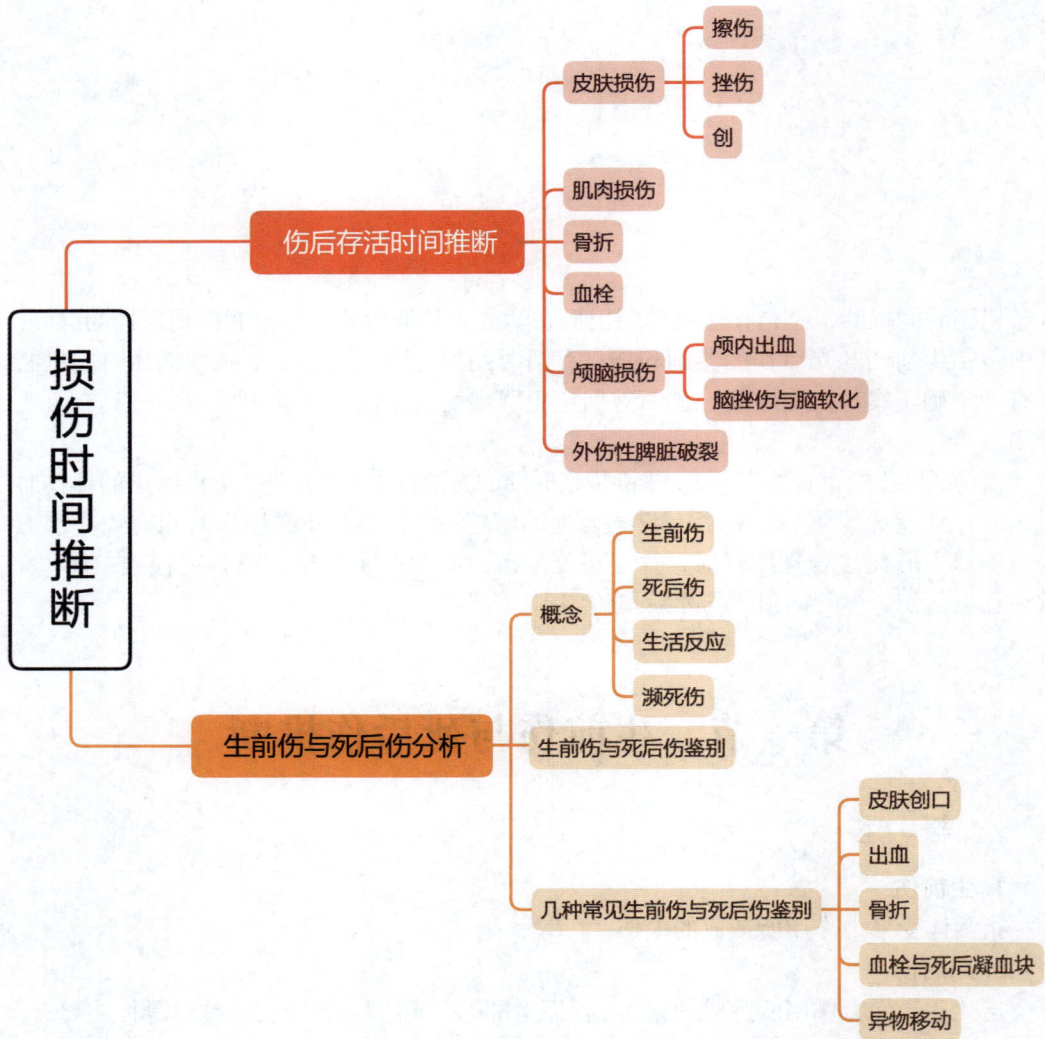

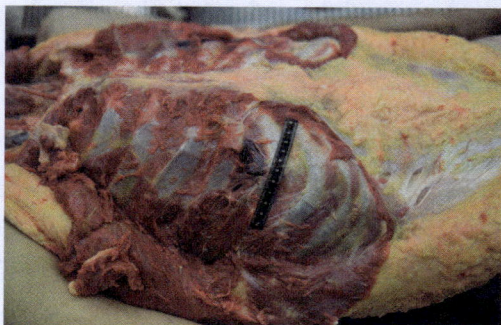

右侧 5、6 肋骨骨折合并肋间肌出血，骨折对应部位的皮下组织未见出血，结合抢救情况，该损伤符合医源性损伤特征。

图 10-1-1　医源性肋骨骨折

尸体躯干部位见大量孔洞穿透胸腹腔，孔洞系蛆虫啃噬形成。

图 10-1-2　死后蛆虫损伤

（5）其他各种情况造成的死后伤。

3. 生活反应

指当暴力作用于机体时，损伤局部及全身皆可出现一定的防卫反应。生活反应是确定生前损伤及推断损伤后存活时间的基础。

4. 濒死伤

指死亡前短时间内形成的损伤。需要注意的是，由于存活时间短，生活反应往往极不明显。因此，濒死伤与死亡后短时间内形成的死后伤难以通过有无生活反应进行鉴别。

二、生活反应观察方法与技术

机体的不同器官损伤后出现的生活反应各有特点。故在法医学中，针对不同部位的生活反应，其观察与判断的主要方法与技术如下：

1. 肉眼观察

在法医学实践中，许多损伤生活反应，如皮下出血、肿胀、感染、痂皮以及异物移动，通过肉眼观察即可确定。但需要注意的是，肉眼除存在对深部组织情况无法了解的明显缺陷外，有时也存在误判的可能。

2. 组织形态学（镜下）观察

这类方法是指在尸体解剖后，针对损伤部位取材，并通过组织化学、免疫组织化学以及扫描电镜等多种方法观察镜下组织形态改变的过程。如镜下观察出血位置血管破裂与红细胞分布情况、创内白细胞聚集等情况。组织形态学镜下观察结果对于生活反应的判断意义重大。

3. 分子生物学检测

针对组织损伤后损伤局部或全身相关分子的检测是近年来科学研究的热点。相关研究在皮肤、骨骼肌和脑部损伤较多，研究对象包括炎症介质、细胞因子、酶等多种分子。但限于相关研究仍以动物实验结果为主，以及影响因素众多的原因，除部分结果（如血液内碳氧血红蛋白对于生前烧死和死后焚尸鉴别中意义重大）具有重要实用价值外，大多研究结果的可靠性仍需进一步确定。

4. 法医影像学检查

近年来，以 CT 和 MRI 为核心的虚拟解剖技术在法医学的各项工作中发展迅速，在未来命案的案件办理中作用日益突出。目前，法医影像学在颅脑损伤（脑挫伤、脑血肿、脑梗死等）、骨损伤和体表软组织等的损伤时间推断研究方面均取得不少成果且实用价值明显。

三、生前伤与死后伤鉴别原则

在许多命案中，死者往往存在多种损伤。在这些损伤中，按严重程度可划为致命伤与非致命伤；而按损伤来源可划分为生前伤与死后伤。因此，对于命案中生前伤与死后伤鉴别是一个综合复杂的过程，应当遵循以下几点原则：

1. 规范的现场勘查，尤其是现场整体环境以及可疑致伤工具的寻找对生前伤与死后伤的鉴别具有十分重要的意义。

2. 选用科学、有效的方法与技术是确证生活反应的关键。目前，大多数生活反应的确定是以肉眼和镜下观察为主。法医影像学技术则在颅脑损伤和骨折损伤的判断中优势明显。而对于损伤后相关分子生物学检测结果一般仅作为参考。

3. 对于存在多处损伤的案件中，死亡原因与致命伤的判断要在系统分析相关损伤来源性质及其相互关系基础上，结合现场勘查与致伤工具等情况综合判断。

四、几种常见生前伤与死后伤鉴别要点

1. 皮肤创口

皮肤创口是指皮肤及其深部组织连续性中断所形成的裂口。由于皮肤是人体最外层的器官，在各类命案中往往首先遭到损伤。实践中，对于鉴别生前创口与死后创口无论是在实际工作需要还是相关科学研究中均居于首位（表 10-1-1）。

表 10-1-1　生前创口与死后创口鉴别（皮肤）

	生前创口	死后创口
肉眼观察	在创口愈合不同阶段可观察到创缘内结缔组织、肌肉和血管等软组织收缩、创周肿胀、创口出血、创口感染或痂皮等	创口创缘由于重力作用可外翻，死后短时间创可见轻微组织收缩，创周无肿胀，创口可有少量或没有出血，无创口感染或痂皮等
镜下观察	HE 染色下可见损伤灶性水肿，创口下软组织内可见红细胞大量出现于血管外，各类白细胞聚集，肉芽组织形成；免疫组化下可见损伤局部 Ig 蛋白、纤维连接蛋白等增加	创口下软组织内没有或仅少量红细胞出现于血管外，无灶性水肿、白细胞聚集、肉芽组织形成等；免疫组化下可见损伤局部纤维连接蛋白、Ig 蛋白等无明显变化
分子生物学检测	创口损伤局部或血液内炎症介质（组胺、五羟色胺等）、酶与细胞因子等可有变化	创口损伤局部或血液内炎症介质（组胺、五羟色胺等）、酶与细胞因子等变化不明显

【案　例】

2016 年 9 月 3 日，在某县村公所旁路坎下杂草丛里发现一具高度腐败的女尸，经辨认死者为官某。因尸体满足的条件有限，公安机关仅出具"不排除机械性窒息死亡"的鉴定意见。检察官和法官因对受害人官某是在原始现场死亡，还是在转运抛弃后死亡认定不清，从而对案件定性（以故意杀人罪定罪，还是以过失致人死亡定罪）存疑。

为了进一步确定相关情况，法医进行了复勘，发现官某系一人寡居，除使用的床上被褥翻折、棉絮外露外，余未见异常。推断此地为案发时的第一现场；官某尸体所在的村公所旁路坎下杂草丛应为案发时的第二现场；第一现场与第二现场距离约 1.5 公里，查验运送工具，犯罪嫌疑人余某是用两轮普通摩托车将官某进行转移的。

根据尸表检查、解剖检验和病理组织学诊断进一步分析后发现：（1）死者官某的尸体衣着检查呈床单包裹、松紧带固定、尼龙绳捆绑状态；（2）除口腔黏膜出血等窒息相关特征性损伤外，肋骨胸骨骨折、右足及部分右足趾组织缺失等均未见生活反应（图10-1-3）。

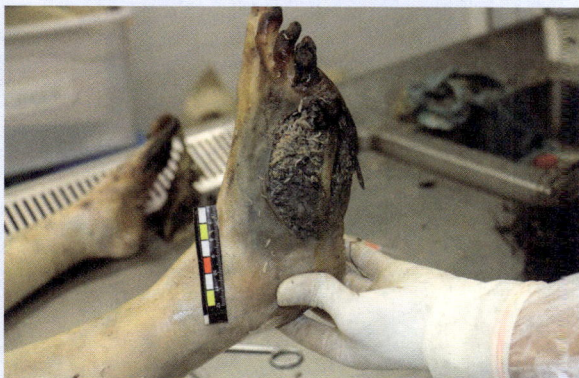

死者右足及部分右足趾组织缺失，缺失部位未见生活反应

图 10-1-3　死者右足

推断官某右足系在摩托车运动过程中被轮胎磨损，官某在被转移前就已经死亡（系死后抛尸），于是以"故意杀人罪"对犯罪嫌疑人余某提起公诉。（泸州市人民检察院王路艳、泸州市纳溪县人民检察院涂友才、泸州市叙永县公安局李思思提供）

案例解析：对于存在多种损伤类型的尸体和可能有多个现场的刑事案件，尸体检验的任务除了明确死因，还可根据尸体上不同损伤的特征与相关现场环境的关系来实现完整或局部的犯罪现场重建，帮助明确案件性质。在该案中，确定死者死亡发生于第一现场还是第二现场对案件定性具有重要作用。经过复勘现场和审查相关照片，检察法医最终通过观察到死者右足等部位未见生活反应解决了这一问题。

办理此类案件应注意：第一，即使在腐败的尸体上，仍可通过仔细观察一些关键变化，破解案件谜团。如本案中右足有无生活反应的确定。第二，法医检验结果需要同现场勘查相结合，切不能孤立地应用法医检验结果。

2. 出　血

出血是人体各器官组织重要的生活反应之一，是血液成分因血管破裂进入组织或器官腔隙的现象。出血在生前各种损伤中较为常见，特别是在机械性损伤致死的案件中尤为常见（图10-1-4）。人死亡后也可因各种原因（如组织损伤、重力作用及组织自溶等）造成血液成分进入组织或器官腔隙，有人称为"死后出血"。生前出血与"死后出血"可从出血来源、出血范围、出血量及出血周围情况相区别（表10-1-2）。

表 10-1-2　生前出血与"死后出血"鉴别

	生前出血	死后出血
出血来源	生前各种损伤导致血管破裂	死后损伤导致血管破裂、重力作用及组织自溶
出血部位	既可出现于损伤局部，也可经组织间隙流到远端疏松组织。如颅底骨折出血流入眼睑皮下组织	死后损伤出血一般较局限；尸斑出现于体表未受压处，可广泛存在；组织自溶出血出现于自溶器官。如胰腺头部自溶性出血
出血量	根据损伤暴力程度及损伤部位血供情况，出血量可大可小	死后损伤出血由于无心脏搏动输出压力，出血量一般较少；尸斑会随着死亡时间发展而变化；组织自溶出血量也较少
出血周围情况	出血周围可见皮肤擦挫伤、组织肿胀、炎症反应等现象	出血周围无皮肤擦挫伤、组织肿胀和炎症反应等现象

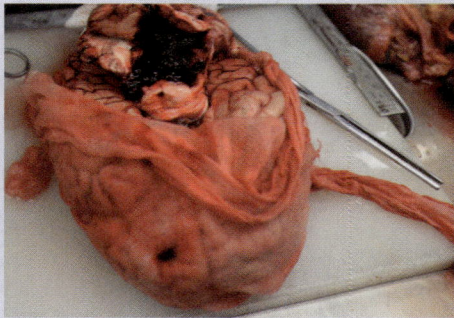

a. 脑干出血的大体观察　　　　　b. 脑干出血镜下观

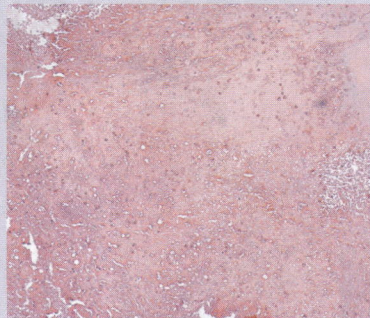

图 10-1-4　脑干出血（生前）（皖南医学院胡永良提供）

3. 骨　折

骨折在生前与死后均可形成。由于骨组织位于机体深部且属于质地坚硬组织，骨折发生必然伴随皮肤、肌肉等软组织损伤。因此，鉴别生前骨折与死后骨折（表10-1-3、图10-1-5）除从骨组织自身有无相应生活反应外，观察骨组织外周其他组织器官有无生活反应对其判断具有重要意义。

表 10-1-3　生前骨折与死后骨折鉴别

	生前骨折	死后骨折
骨骼自身生活反应	肉眼可见骨折部位有出血现象，一般量较大；镜下及影像学检查可见骨折愈合不同阶段见到骨髓水肿、骨膜反应和骨痂形成等生活反应	骨折部位肉眼未见或少量出血；镜下及影像学检查无骨髓水肿、骨膜反应和骨痂形成现象
骨骼周围组织生活反应	必然伴随着部分骨骼周围组织生活反应。如骨折对应处皮下出血、骨骼肌出血与开放性骨折处创口炎症反应等	排除骨骼周围组织遭受生前损伤的情况下，应无生活反应

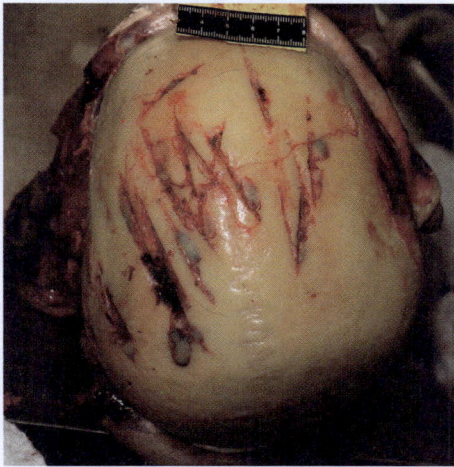

死者头部多处砍痕，骨折部位可见血迹浸染，系生前骨折

图 10-1-5　骨折

4. 血栓与死后凝血块

血栓是生前血管内皮损伤后的一种生活反应。因此，血栓是生前损伤的直接证据之一。正常情况下，人体死后血液会发生凝固形成血凝块。因此，在一些遭受暴力后发生猝死的案件中，鉴别血栓与死后凝血块（参见第五章表 5-3-2）对于生前伤和死后伤的确定具有关键作用。

5. 异物移动

人体在存活状态下，由于具备吞咽和吸入功能可将诸如水草、烟灰等异物摄入消化系统和呼吸系统。死后人体上述功能消失，因外在环境压力发生变化可致异物移动，但一般较难进入深部组织。因此，消化系统与呼吸系统深部组织内发现异物对于确定生前伤具有重要参考意义。实践中，生前与死后异物移动的鉴别主要存在于生前烧伤与死后焚尸、生前溺死与死后水中抛尸等案件中，其鉴别要点见相关章节内容。

【案 例】

2014 年 12 月，某市公安机关在一山崖下发现一具女尸（后经调查证实死者为吴某），悬挂在灌木丛中。尸体赤裸，头北脚南，面朝崖面，背朝外，呈侧卧状。同时，公安机关在另一地点的山林灌木丛中找到了死者衣物、挎包等随身物品。通过侦查，公安机关锁定陈某为犯罪嫌疑人。

一审时，犯罪嫌疑人陈某供述其作案经过主要为勒颈杀死吴某后，为掩盖罪行脱去死者衣服再抛尸。2015 年 12 月 24 日，市中级人民法院以故意杀人罪、盗窃罪判处陈某死刑。2016 年 3 月，省高院复核期间，陈某提出申诉：称真正杀害吴某的是余某，他是为余某扛罪。2016 年 11 月，省高院以事实不清，证据不足，裁定将本案发回重审。重审期间，市检察院法医对本案进行技术性证据审查。经综合尸检、现场勘验情况，审查认为：（1）死者颈部在左右下颌体下缘可见 8 处大小不等散在挫伤伴表皮剥脱区，颈部有三条索沟，呈环形，索沟边缘表皮剥脱明显；解剖检验见颈部深浅肌群出血，舌骨骨折。结合死者颜面部肿胀，双侧睑、球结膜出血，双手指甲发绀等窒息征象，原公安机关认定死者为机械性窒息死亡的鉴定意见正确。（2）现场勘验发现尸体赤裸位于荆棘丛内，其右肩、肘、腕部、左肘部及双侧肋弓处有散在划痕损伤，符合发现尸体位置与地面荆棘丛作用形成，系死后损伤。经进一步分析，上述死后擦挫伤范围相对局限（常规衣物覆盖部位如背臀部、腹部、下肢等部位无死后擦挫伤）。若系裸体抛尸，其体表应该存在与抛尸周围环境中的树枝、荆棘丛等接触形成的大范围死后擦挫伤。因此，尸体死后损伤情况与犯罪嫌疑人陈某一审供述存在矛盾。

通过进一步侦查，公安机关据此抓获另一犯罪嫌疑人余某。最终，余某对其犯罪行为供认不讳。经查证，作案过程系余某用绳从座椅背后勒压吴某，陈某则在座椅正面帮助控制吴某。吴某死后被抛尸山崖下。陈某在控制过程中被吴抓伤，血液洒落到吴某衣服上。陈某因担心吴某衣服血迹暴露自己，于次日上山脱掉吴某所穿衣物，并将衣物抛于另一地。（达州市人民检察院张军明提供）

案例解析：本案为一起重大刑事案件，一审中犯罪嫌疑人陈某被判处死刑，但在省高院复核期间，陈某却提出杀人者另有其人。因此，重新复核全案证据显得尤为必要。在后续审查中，检察法医人员在结合犯罪嫌疑人供述、现场勘查结果下，成功通过生前与死后尸表擦挫伤的不同特点，发现了一审中陈某供述的内在逻辑矛盾，从而为寻找到本案真正主犯提供了有效线索。

经对案件办理过程了解，本案前期遗漏案件主犯存在以下两点原因：（1）案件办理各阶段的承办人员均未对尸体赤裸及衣物破损原因足够重视（相关内容见第二章尸僵部分案例）；（2）审查起诉中，检察技术人员未参与技术性证据审查，导致未发现生前与死后皮肤擦挫伤相矛盾这一专业性较强的问题。

实践中，由于皮肤位于人体体表，是各种损伤的最早接触部位，其相关形态学改变对刑事案件中死亡原因与致伤方式等的判断具有重要作用。因此，案件承办人员及法医人员应对尸表情况予以重视。同时，对于重大刑事案中技术性证据（如死亡原因、

DNA 和刑事责任能力等的鉴定书）的审查，案件承办人员应当移送给检察技术人员进行专业判断。

第二节　伤后存活时间推断

伤后存活时间推断是在确定为生前伤的基础上，进一步通过运用损伤后各种生活反应的时间变化规律从而确定损伤发生至死亡时间间隔的过程。与生前伤、死后伤判断一样，伤后存活时间推断的基础是生活反应。

如前所述，生活反应观察与判断方法包括肉眼观察、组织形态学镜下观察、分子生物学检测和法医影像学。根据各种方法特点，一般认为，分子生物检测方法在损伤早期（<24 小时）有一定价值，组织形态学（尤其是免疫组织化学）方法在损伤中期（1 ~ 7 天）运用较好，而肉眼观察则对损伤晚期（>7 天）中有较多运用。同时，法医影像学在骨折、颅内出血等时间推断方面具有一定优势。

一、皮肤损伤

皮肤是人体的最大器官，包括表皮、真皮、皮下组织以及皮肤附件四部分。皮肤覆盖于机体表面，在各种外在机械暴力中往往最先受到冲击。因此，皮肤损伤发生最为广泛，对于伤后存活时间的推断意义重大。

1. 擦　伤

擦伤面常呈棕褐色或暗红色，死后表皮剥脱，呈蜡黄色。一般情况下，生前擦伤后局部修复随着损伤时间发生变化（表 10-2-1）。但需要注意的是，擦伤大小、深度、是否感染、损伤者年龄等都会对擦伤修复进度产生影响。

表 10-2-1　擦伤后局部修复与损伤时间变化

时间	局部修复情况
<2 小时	损伤区低于周围皮肤，局部有液体渗出，较湿润
3 ~ 6 小时	真皮毛细血管扩张，损伤表面渗出黄色的液体，开始干燥
12 ~ 24 小时	伤面逐渐形成痂皮
>24 小时	痂皮高于周边组织；镜下可见损伤边缘的上皮细胞体积增大，并形成明显的包浆突起。上皮细胞在痂皮下从周围逐渐向中央生长
3 天左右	痂皮从边缘开始剥离
5 ~ 7 天	不大的擦伤痂皮可完全脱落

2. 挫　伤

根据出血的不同位置及特点，挫伤可分皮内出血和皮下出血。皮下出血后组织间隙内血液血红蛋白会发生分解、吸收，皮肤颜色呈现出一定规律性变化（表 10-2-2）。据此，可进行相关损伤时间推断。

表 10-2-2　皮下出血皮肤颜色变化

时间	颜色变化情况
<24 小时	暗红色或青紫色
1～3 天	紫褐色：氧合血红蛋白变为还原血红蛋白和正铁血红素
4～7 天	绿色：转变为含铁血黄素及胆红素或橙色结晶
8～15 天	黄色：胆红素逐渐被氧化成胆绿素而逐渐被吸收
15～25 天	浅黄至正常色

3. 创

在实际应用方面，皮肤创口损伤时间推断主要以肉眼观察和镜下观察创口修复情况进行判断。皮肤类创口肉眼观察（表 10-2-3）改变有一定的时间规律。镜下观察内容可依据机体创口组织变化的一般性规律：伤后 1～3 天：炎症期改变；伤后 10～14 天：增生期改变；迁延数月：机化改建期（表 10-2-4）。同样需要注意，创口组织缺损大小、创缘是否对齐、是否存在感染与损伤者基础情况等都会影响创口损伤修复时间。

表 10-2-3　创口修复的肉眼观察与时间变化（皮肤）

时间	肉眼观察情况
<48 小时	创口红肿、渗出、凝血
2～3 天	创口收缩，创口边缘和创底的肉芽组织向创口生长
4～9 天	创口愈合
2～3 周	表皮组织覆盖或瘢痕形成
1～2 月	瘢痕致密，浅红色，突出皮肤表面

表 10-2-4　刭伤组织学改变与时间变化

时间	具体表现
4 小时	血管周围开始出现中性粒细胞。其数量在第 1 天达到高峰，2～3 天内维持于此水平，然后减少
12～24 小时	大量单核细胞或巨噬细胞随中性粒细胞之后进入外周区，约在伤后 48 小时达到高峰
2～4 天	成纤维细胞自附近的结缔组织向创口外周区移行；伤后 3～4 天，出现毛细血管芽，毛细血管持续增生直至伤后第 8 天
6 天	大量淋巴细胞达到高峰
8～12 天	炎性细胞、成纤维细胞和毛细血管减少，胶原纤维数量和体积增加
14 天	纤维增生达到高峰，此后创口的结缔组织逐渐成熟和收缩

近年来，通过对皮肤创口损伤局部分子检测进行损伤时间的推断较多，具有一定的参考价值。目前，国内外相关研究者发现损伤周围区域相关酶活性、组胺、K^+/Na^+比值、白三烯和纤维连接蛋白等均存在一定时间变化规律。

【案　例】

2018 年 10 月 10 日，某县村民彭某在树林里发现一具老年女性尸体（后经辨认，系王某），尸体右大腿有开放性骨折。大体观察，该损伤处肌肉组织呈暗红色改变，局部见血凝块附着。镜下检验局部肌肉软组织出血、坏死，伴有六量中性粒细胞、单核细胞浸润，少许淋巴细胞浸润。小血管扩张，血管周可见成纤维细胞分布，部分毛细血管内皮细胞肥大，管壁薄。创缘见大量中性粒细胞、单核细胞浸润，少许淋巴细胞浸润，及纤维素渗出。损伤组织内局灶性成纤维细胞分布，且炎症反应带明显可辨。

最终，鉴定机构根据法医学基本理论，结合送检皮肤创口组织病理改变情况，推断王某伤后存活时间 12 ～ 24 小时以上。（龚道银提供）

案例解析：该案件是根据死者皮肤的组织病理学时间变化规律推断伤后存活时间的典型案例。由于被检验皮肤组织存在大量炎症细胞（单核细胞、中性粒细胞），以及局灶性成纤维细胞分布，鉴定机构推断"伤后存活时间为 12 ～ 24 小时以上"与表 10-2-4 内容是相一致，为案件侦破提供重要线索。

二、肌肉损伤

肌肉损伤包括开放性和闭合性两种。前者存在于各种创口中，后者则可进一步分为肌肉挫伤和肌肉拉伤两种。闭合性肌肉损伤早期表现为肌肉组织水肿以及炎症反应，后期可发生灶性肌纤维坏死，并最终由瘢痕组织代替。在肢体缺血导致损伤中：一般认为缺血 30 分钟即可有肢体感觉和运动的功能障碍；缺血 2 ～ 4 小时组织会发生明显肿胀；缺血 4 ～ 6 小时肌肉开始坏死，并出现肌红蛋白尿。当循环恢复后 3 小时尿中肌红蛋白明显增高，且可持续 12 小时；缺血 12 小时以上肢体则发生不可逆的损伤。

当肌肉坏死范围较大时，可导致以出现肌红蛋白血症、高血钾症、一过性肌红蛋白尿以及急性肾功能衰竭为主要临床特征的挤压综合征的发生。严重挤压综合征可危及生命。在大面积肌肉损伤情况下，伤后 4 小时尿中开始出现肌红蛋白，8 小时左右达到高峰，持续 48 小时后开始减少。因此，一般认为肌肉损伤 4 小时后才会产生挤压综合征的发生。

三、骨　折

命案实践中，骨折发生也较为普遍。同时，由于骨骼质地较硬，骨折的存在往往反映暴力程度较大。骨折的损伤时间推断主要通过组织形态学和影像学进行确定。但需注意，除骨折本身严重程度、骨折断端对位情况、有无感染及机体自身基础情况对骨折愈合时间存在影响外，不同骨质类型（皮质骨与松质骨）、不同年龄（成人与儿童）的骨折修复时间也存在一定差异。骨折组织修复与影像学改变的一般时间规律如表 10-2-5、表 10-2-6。

表 10-2-5　骨折修复的组织学改变与时间变化

时间	组织形态学改变情况
1～4小时	骨折区血肿或水肿为主
5～24小时	骨折区软组织水肿达最高峰
24～48小时	骨折区出血凝固，肿胀减退
3～7天	骨折区血块机化
7～14天	骨样组织形成
14～21天	纤维性骨痂形成
1～2月	骨性骨痂及成熟骨板开始形成
2～3月	骨折断端连接愈合，骨髓腔封闭
>3月	骨质改建，骨髓腔逐渐开放

表 10-2-6　骨折影像改变与时间变化

时间	影像学改变情况
1～3天	骨皮质连续性中断，骨折断段可移位成角
1周内	无骨膜反应，骨折间隙无明显增宽
2～3周	骨膜反应出现，无骨痂生成
3～5周	骨折断端周围出现高密度增高的骨痂

四、血 栓

损伤局部发现血栓可证明为生前形成。血栓形成是机体局部血管内膜对暴力损伤的反应，对于推断损伤时间有重要作用。实践中，血栓损伤时间推断主要利用其机化时间规律进行（表 10-2-7）。在制作病理切片进行组织学观察时，注意在取血栓同时尽可能包括血管壁。

表 10-2-7　血栓机化改变与时间变化

时间	血栓机化改变情况
1～3天	血管内皮与血栓间无反应，白细胞、纤维素与血小板无形态变化，红细胞聚集于血管中心，周围较疏松
3～8天	成纤维细胞长入血栓内，毛细血管出芽，血栓的游离面被内皮细胞覆盖。血栓中心发生玻璃样变性，血栓中的白细胞核浓缩，单核细胞肿胀，核增大、透亮。由于血栓收缩，除血栓头部外，血栓与血管壁之间出现裂隙，其中可见松散聚集的红细胞
4～20天	血栓内嗜银纤维和胶原纤维增生，出现多数毛细血管，在玻璃样变的血栓中可见白细胞核碎片的阴影。在第8～17天后，单核细胞肿胀消退
2～4个月	在完全玻璃样变的血栓中，除结缔组织细胞成分外，尚见孤立的毛细血管、嗜银纤维、胶原纤维及弹力纤维，偶见成簇的胆固醇结晶裂隙。在血栓中央扩张的血管腔有新鲜血液流入
6～12个月	血栓中出现较大血管，完全再通。在这些血管腔中，有致密的、富于纤维的及缺少细胞的结缔组织，无血栓残留

五、颅脑损伤

1.颅内出血

颅内出血包括硬脑膜外血肿、硬膜下血肿和脑内出血。

（1）硬脑膜外血肿

硬脑膜外血肿多发生在外力直接作用部位，常合并有颅骨骨折。好发于颞部，单侧多见，其次见于顶部、额部、颅底等部位。硬脑膜外出血80%以上为急性，硬脑膜外出血如达70ml时将发生明显的颅内高压症状。而出血量在小脑幕上30ml或小脑幕下10ml则有明显脑压迫征象。急性死亡者见颅内硬脑膜外扁平状、红果酱样血肿，分布局限。受伤后3～4日内死亡者，血肿无包膜形成，易于剥离。受伤后4～10日以上死亡者，血肿呈黑红色，并有褐色液体，外面有褐色肉芽组织。

（2）硬膜下血肿

75%硬膜下血肿系头部外伤引起桥静脉、皮质血管、静脉窦破裂或脑皮质挫伤所致。硬膜下血肿既可见于冲击伤，也可见于对冲伤，额顶部最为多见，出血量达100ml左右可导致死亡。硬膜下血肿周围机化过程有一定的时间顺序，但其时间改变并不是绝对的（表10-2-8）。

表10-2-8 硬膜下血肿机化改变与时间变化

时间	硬膜下血肿机化改变
24小时内	红细胞形状完整，血肿周围有纤维蛋白网形成
36小时后	硬脑膜与血凝块之间有成纤维细胞出现
4天	硬脑膜与血凝块间有一由2～3层细胞形成的新生膜，红细胞的外形渐变模糊
5天	红细胞的外形更加模糊，硬脑膜边缘出现有含铁血黄素的巨噬细胞，新生膜越来越明显
7～8天	红细胞开始液化，膜的厚度达到12～14层成纤维细胞，肉眼已可见新生膜
11天	可见血块被许多从新生膜伸入的成纤维细胞条索分割成小岛，在血肿的蛛网膜侧，新生膜的形成比较缓慢，约一周才出现单层扁平细胞
14天	开始有成纤维细胞层出现，而此时血肿外侧的新生膜已达硬脑膜的1/3～1/2厚度
26天	外侧新生膜可与硬脑膜一样厚，而内侧新生膜则仅有其一半厚度
1～3个月	红细胞几乎全部液化，新生膜中细胞核越来越少，胶原纤维日渐发生透明变性，使新生膜变得很像硬脑膜，但在新生的结缔组织内有一些腔大而壁薄的血窦样结构
3～6个月	无原始红细胞，可有灶性再次出血，膜组织玻璃样化
>1年	无红细胞，与硬脑膜相似

（3）颅内血肿的影像学时间改变

CT和MRI在颅内血肿时间推断方面具有重要价值与优势。虽然不同类型颅内血肿在发生原因、病理表现上存在不同，但影像学表现上均是利用不同时期下血肿成分与密度的差异进行时间推断，具有一定的共同性。

在颅脑创伤形成颅内血肿等随着病程推移，CT表现有所不同，其严重程度和持续时间与年龄、外伤原因、作用方式等因素有关。但当前对血肿病程的判断主要分为急性、亚急性、慢性三个阶段，相关影像学表现如表 10-2-9。

表 10-2-9　CT 颅内血肿程期

分期	具体表现
急性血肿期	颅脑损伤最初的 7 天内，由于是新鲜出血血肿，故 CT 呈现为高密度团块状或斑片状影，较均匀一致，形态规整或不规整，边缘清楚锐利，脑水肿较轻。血肿 CT 值为 40～80HU 左右。增强 CT 扫描，血肿边缘无强化带。血肿小于 3cm 者，3～7 天后可完全吸收；血肿超过 5cm 者，则仅有少许吸收
亚急性期血肿期	颅脑损伤后 8～28 天内，因血肿逐渐从边缘呈向心性吸收，故 CT 表现为血肿中心高密度，周围密度逐渐降低；血肿外周脑水肿明显，与血肿边缘分界不清，血肿 CT 值为 30～50HU 左右。增强 CT 扫描，血肿外周有环状强化，能反映出血肿原有轮廓、大小
慢性血肿期	颅脑损伤后 4 周以上至数年，因血肿已完全吸收，骨 CT 呈均匀低密度区，常为软化灶，且不强化，脑水肿减轻或消失，无占位效应。CT 值为 20～30HU 左右，血肿小，吸收后，CT 表现则为阴性

在 MRI 方面，颅内血肿主要根据不同时期下血肿内血红蛋白及含铁的物理性状进行时间推断，具体体现为氧血红蛋白—脱氧血红蛋白—正铁血红蛋白—含铁血黄素的影像学转变过程（表 10-2-10）。

表 10-2-10　颅内出血及血肿程期 MRI 信号演变

程期	时间	T1 加权				T2 加权			
		中心层	周围层	边缘层	外周带	中心层	周围层	边缘层	外周带
急性早期	1 天以内	等	等	无	低	等	等	无	高
急性期	2～7 天	等	等	无	低	低	低	无	高
亚急性期	8～14 天	等	高	无	低	低	低	低	高
慢性早期	15～28 天	高	高	无	等	高	高	低	等
慢性期	4 周以上	高	高	无	等	高	高	低	等

2. 脑挫伤与脑软化

脑挫伤可分为冲击性脑挫伤、对冲性脑挫伤、中间性脑挫伤及疝性脑挫伤等。挫伤后组织改变与挫伤程度、出血量、部位及受伤时间等因素有关。在肉眼观察下，脑挫伤灶初期仅见出血。1～2 天后，出血灶的组织坏死逐渐明显，其颜色由红色变为紫蓝色。5 天以后开始液化，5～6 周液化到达高峰。此时，脑回表面凹陷，继而变为囊状，其中含有黄色或棕黄色透明液体。在镜下观察下，脑挫伤后组织形态学时间变化情况如表 10-2-11。

表 10-2-11　脑挫伤组织形态学改变与时间变化

时间	脑挫伤组织形态学改变情况
数分钟	脑挫伤周围组织发生水肿
<6 小时	可见白细胞渗出，神经元变性，轴突肿胀
6～12 小时	血管内皮细胞和外膜成纤维细胞增生，小胶质细胞增生，并可见巨噬细胞
8～10 天	可见星形细胞出现多核反应，持续较长时间
晚期	挫伤灶小者，可由星形胶质细胞和成纤维细胞代替，形成胶质纤维瘢痕；挫伤灶大者，可出现呈蜂窝状的小空腔，腔内有少量胶质纤维填充或完全空腔化

　　脑软化是脑组织损伤缺血后变性、坏死、液化，其范围以局限居多，也可见弥漫。脑软化灶常见于颅脑创伤后 7 ～ 28 天。

　　运用 CT、MRI 技术对脑软化的确定具有重要价值：CT 上呈较均匀的斑片状低密度影，CT 值约 20 ～ 40HU，边缘较清楚，轻度占位，无强化等。脑挫伤后出现的坏死和软化，MRI 显示为长 T2、长 T1 信号，压水系列呈高信号。坏死液化部分成脑脊液样信号，脑软化灶 T1 像呈稍低于正常皮质信号，脑组织轮廓依稀可辨。在 T2 及压水像上稍低于脑组织信号为瘢痕组织。

六、外伤性脾破裂

　　外伤性脾破裂可发生在腹部闭合性损伤，也可发生在腹部开放性损伤。根据外伤与破裂发生的时间关系，其可分为急性脾破裂和迟发性脾破裂。司法实践中，外伤后迟发性脾破裂造成死亡的案件易引起纠纷。

　　外伤性迟发性脾破裂的损伤时间推断一般是根据机体创口组织变化的一般性规律进行（表 10-2-4）。有部分学者针对脾破裂出血区域边缘组织学变化时间规律进行了专门研究，可供参考（表 10-2-12）。

表 10-2-12　脾破裂出血区域边缘组织改变与时间变化

时间	脾破裂出血区域边缘组织改变情况
0 ～ 6 小时	出血区周边可见纤维素性渗出
7 ～ 12 小时	可见中性粒细胞浸润
1 ～ 3 天	中性粒细胞数量维持在较高水平，然后减少。同时，脾破裂 1 天时，出血区边缘开始出现 SMA 阳性细胞，1 ～ 2 天时，SMA 阳性细胞呈网状分布；2 ～ 3 天时，出血区域边缘肌成纤维细胞增生明显，可见大量 SMA 阳性细胞
3 ～ 14 天	可见明显肉芽组织生成
>14 天	产生纤维化瘢痕组织

　　在影像学方面，利用脾破裂后血肿不同时间 CT 值的不同也可对损伤时间进行推断。急性期外伤性脾脏内血肿的密度一般高于或等于脾脏的密度，CT 值达 50HU 左右；亚急性期血肿在 10 天左右，其密度低于脾脏密度，CT 值在 30HU 左右；慢性期血肿的密度明显低于脾脏密度而呈低密度，其 CT 值接近水的 CT 值。

【案　例】

　　2011 年 4 月 7 日，常某（男，14 岁）在教室内被同学鞠某打中腹部两拳。4 月 12 日下午 3 点许，常某突发腹痛就医被诊断为脾破裂，并于当晚行脾脏切除手术。在后续案件办理过程中，办案机关因对脾脏损伤时间存疑，遂委托某鉴定机构进行损伤时间推断。

　　鉴定主要过程：1.腹部 CT（4 月 12 日）阅片：脾脏密度不均，境界不清，周围有积液征象。肝脏周边也可见腹腔积液征象；2.病理检验主要见：送检 4 块脾脏组织。

其中一块脾被膜破碎、缺损，表面有纤维素样物覆盖。挫碎区内有大量红细胞堆积、炎症细胞浸润（中性分叶核细胞为主，偶见单核细胞）、纤维素沉着及条索状血小板梁结构，但未见成纤维细胞增生。另三块脾脏组织被膜完整，未见出血及炎症细胞浸润等（图 10-2-1）。

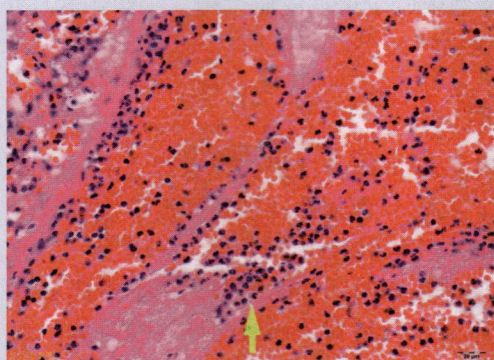

脾脏损伤区内可见有大量红细胞堆积、炎症细胞浸润，以中性分叶核细胞为主

图 10-2-1　脾脏

根据上述结果，推断脾脏出血时间约为 8～12 小时，损伤时间与 4 月 7 日的外伤史（伤后 5 天）不吻合。后期通过调查发现，常某腹痛当日上午（4 月 12 日 10 时 50 分许）曾在与另一同学庄某打闹中左腹部磕撞到桌角。碰撞是本次脾脏破裂发生真正原因。

在该案件办理中，法医根据脾脏损伤病理学变化规律，还原了客观事实，对造成损伤结果的行为人进行了准确的定责，有效避免了错案发生。（江苏省人民检察院顾晓生、方超提供）

案例解析：该类案件首先要明确脾脏破裂的性质，判断外伤或疾病导致破裂出血的原因。当确定为外伤性脾破裂后，要通过推断脾脏破裂的损伤时间，还原案件事实，为认定犯罪嫌疑人和致伤行为提供科学依据。此外需要强调的是，虽然该类案件办理中法医鉴定结果是关键证据，但承办人员如果在早期进行完整、充分的案情调查，往往可发现相关疑点，对避免错案发生具有十分重要的意义。

【案　例】

2012 年 2 月，陈某（男，77 岁）被人发现死于自家客厅地面上。尸表检验可见头面部有多处挫裂创。全身体表有约 5% 的皮下出血，出血多浅表。右胸第 4、5 肋骨折，骨折断端伴内外侧肋间肌出血。尸体解剖见右心室附壁血栓、双侧肺动脉栓塞。据此，公安鉴定机构出具了陈某系全身多处软组织损伤继发右心室附壁血栓形成、双侧肺动脉血栓栓塞死亡的鉴定意见。市检察院在审查逮捕时，审查发现陈某的死亡时间与损伤时间不吻合，遂委托某机构重新鉴定。

重新鉴定过程：右心室心腔内可见灰白色球状附壁血栓形成，富弹性，并向双侧肺动脉内延伸，沿右心流出道剪开右心室及肺动脉，见双侧肺动脉内有暗红色、红白相间血栓阻塞，血栓易脱落。肺动脉内血栓固定后断面大部分呈灰白色，小部分呈褐色。镜检示血栓的一侧大部分由大量纤维蛋白交织成网状，内见条索状血小板梁伴炎性细胞聚集；在血栓小部分的另一侧，则由大量红细胞堆积，其间可见少量纤维蛋白、血小板层状分布并伴炎细胞团块状聚积。另外，病理检验显示陈某存在冠状动脉粥样硬化性心脏病，肺脏、肝脏、脾脏贫血，脑、肾、肝、脾，实质脏器细小动脉硬化等。

死者右额部挫裂创创口已结痂，不易剥离，创周软组织挛缩；额部挫裂创镜检示创腔内有大量崩解的红细胞、坏死组织附着，创中央带见大量崩解的红细胞及坏死组织细胞，并伴变性坏死的炎细胞附着带形成。创周可见大量变性坏死的中性粒细胞、单核细胞、大单核细胞、少量淋巴细胞及吞噬细胞浸润；有较多纤维母细胞增生，部分纤母细胞已向梭形及细条索形的纤维细胞过渡，有些切片区创周带可见少量毛细血管增生（图10-2-2）。含铁血黄素染色显示损伤周边带深层组织内有少量灶性点状蓝色阳性颗粒。上述反应符合5～7天皮肤挫裂创愈合规律。

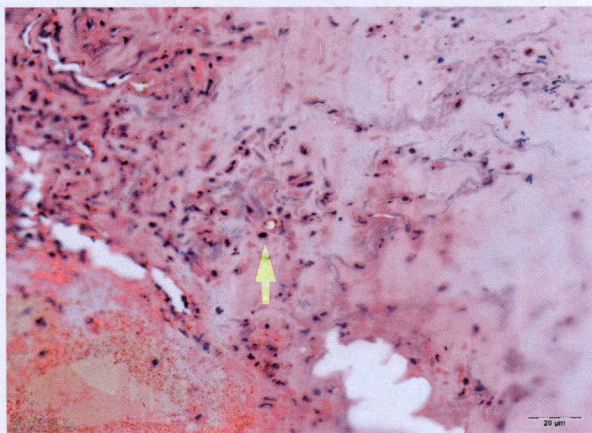

额部挫裂创 HE 染色，创周边带见纤维母细胞及毛细血管增生

图10-2-2 额部挫裂创

最终，重新鉴定的机构出具了陈某系右心室附壁血栓形成并阻塞肺动脉死亡。全身软组织损伤、胸部损伤、失血等是导致右心附壁血栓形成的始动和根本原因，冠心病和一定时间的未进食、进水对血栓形成有辅助促进作用。（江苏省人民检察院顾晓生、方超提供）

案例解析： 本案的疑点在于致伤时间与死亡时间不吻合。据犯罪嫌疑人供述，其

于7日前入室用钝器击打被害人四肢、头部致被害人当场倒地死亡，后离开现场。但公安机关发现尸体当日进行检验，推断死亡时间仅1日左右，与致伤时间不符。办案核心问题：（1）死者是否被7日前外伤殴打致死，死因与上述外伤之间是否存在因果关系。（2）7日前外伤与1日前死亡之间间隔6日左右，此期间是否有其他人进入现场导致被害人死亡。

　　该案的死者额部创口损伤时间推断是办理该案的关键。此额部创口除可见炎症细胞外，已经可见纤维母细胞增生、毛细血管增生以及含铁血黄素的形成，反映伤后存活时间较长。根据创口组织学一般的修复规律，原鉴定机构确定皮肤挫裂创形成达5～7天是合理的。在确定损伤时间的基础上，则可将死者前期非致命性损伤与血栓间因果关系，以及在死亡原因中作用联系起来。即死者损伤发生后，继发了血栓形成导致最终死亡。结合现场血迹显示，死者伤后曾在室内地面爬行过一段时间，现场勘验及案情调查排除第二人进入现场的可能。最后通过上述证据认定：被害人7日前被致伤，因损伤严重，处于重度昏迷状态（被犯罪嫌疑人误认为已经死亡）；案发几日后被害人曾短暂苏醒，并爬行于地面进行挣扎，但终因外伤、长期未进食、进水，而继发右心室附壁血栓形成并阻塞肺动脉死亡。该案通过确定额部创口伤后存活时间解决案件争议焦点（死亡原因及其过程），较为成功，值得借鉴。

（李忠华、陈朗、李骢、陈猛、张宏星）

第十一章 命案现场分析

　　命案现场分析是通过对命案现场的勘验调查获取一定信息，利用血迹分析、行为分析等专门方法，对犯罪行为过程及犯罪嫌疑人进行分析判断，从而实现对整个犯罪过程的重现。命案现场分析不仅能为侦查提供方向、线索，也在诉讼审判环节，基于各种信息、证据汇总甄别的基础上，为查明犯罪过程、认定罪犯提供方法论。本章通过血迹分析、损伤行为分析等，探讨命案现场分析/命案现场重建（包括犯罪时间、犯罪空间、犯罪行为、犯罪目的、犯罪嫌疑人数、犯罪嫌疑人刻画、侦查实验等）在办案中的运用。

　　命案现场分析审查要点：（1）运用血迹分析、行为分析等命案现场分析、重建的原理方法，审视案件中现场勘查、尸体检验与鉴定、死亡时间及致伤物推断的科学性；（2）通过命案现场重建与其他案情材料反映的案件过程比较，检验有无矛盾和疑点；（3）对无法通过法医现场分析理论或现有案情解释的疑虑必要时复验复勘、补充侦查案情等。

第一节 血迹分析

一、概　述

　　血迹分析主要是利用生物学、数理化等专门知识，对现场获取的血迹证据进行分析，结合现场的其他证据，包括尸体上的损伤、衣物、凶器等，判断当事人在现场的活动轨迹，还原案件发生过程。

二、血迹的分类

1. 滴落状血迹
（1）滴落状血迹：血滴在重力作用下自由滴落于物体上形成的血迹。
（2）形态特征：
①角度：血滴垂直接触时，血迹呈圆形或类圆形；血滴斜向接触时，血迹呈椭圆形。
②接触面：光滑的接触面血迹呈类圆形或椭圆形；粗糙的接触面会造成血滴破裂，导致血迹不规则甚至溅散。

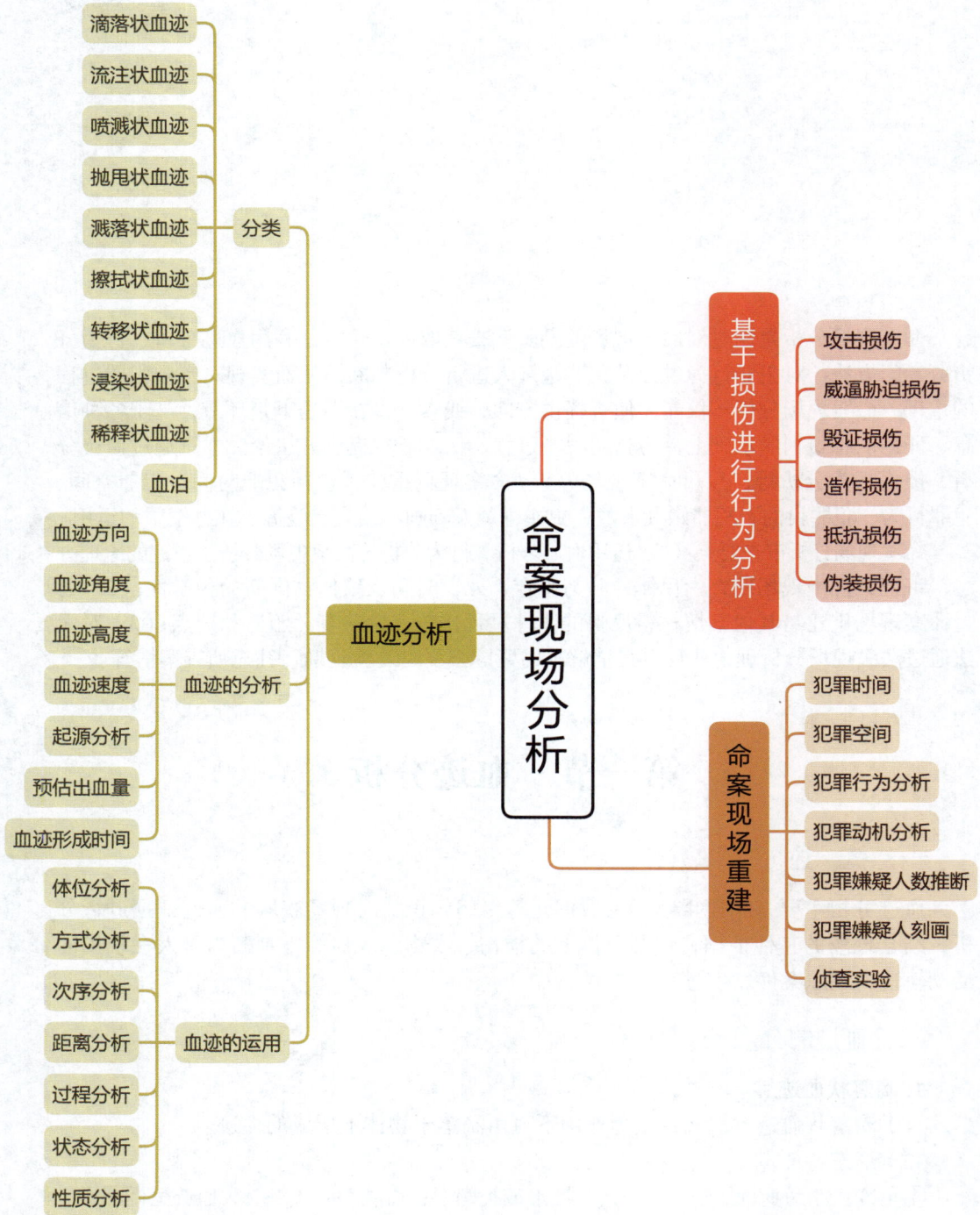

命案现场分析

- 血迹分析
  - 分类
    - 滴落状血迹
    - 流注状血迹
    - 喷溅状血迹
    - 抛甩状血迹
    - 溅落状血迹
    - 擦拭状血迹
    - 转移状血迹
    - 浸染状血迹
    - 稀释状血迹
    - 血泊
  - 血迹的分析
    - 血迹方向
    - 血迹角度
    - 血迹高度
    - 血迹速度
    - 起源分析
    - 预估出血量
    - 血迹形成时间
  - 血迹的运用
    - 体位分析
    - 方式分析
    - 次序分析
    - 距离分析
    - 过程分析
    - 状态分析
    - 性质分析
- 基于损伤进行行为分析
  - 攻击损伤
  - 威逼胁迫损伤
  - 毁证损伤
  - 造作损伤
  - 抵抗损伤
  - 伪装损伤
- 命案现场重建
  - 犯罪时间
  - 犯罪空间
  - 犯罪行为分析
  - 犯罪动机分析
  - 犯罪嫌疑人数推断
  - 犯罪嫌疑人刻画
  - 侦查实验

③运行状态：一定高度下，运动状态的血迹在运动方向一侧有溅散状的血迹，其大小和范围与运动速度、滴落高度和血量大小成正比；静止状态血迹溅散呈四周均匀分布。

【案 例】

2015年11月，某地居民室内床上发现一具女尸，颈部被切开。公安机关侦查发现床上被褥、卧室及与之相连通厨房的地面有大量血迹，厨房血足迹方向不一，卧室内血足迹朝向床，相伴有连续滴落状血迹及静止滴落状血迹（图11-1-1）。厨房发现带血的刀具一把，上有死者郑某指纹。（衢州市柯城公安分局提供）

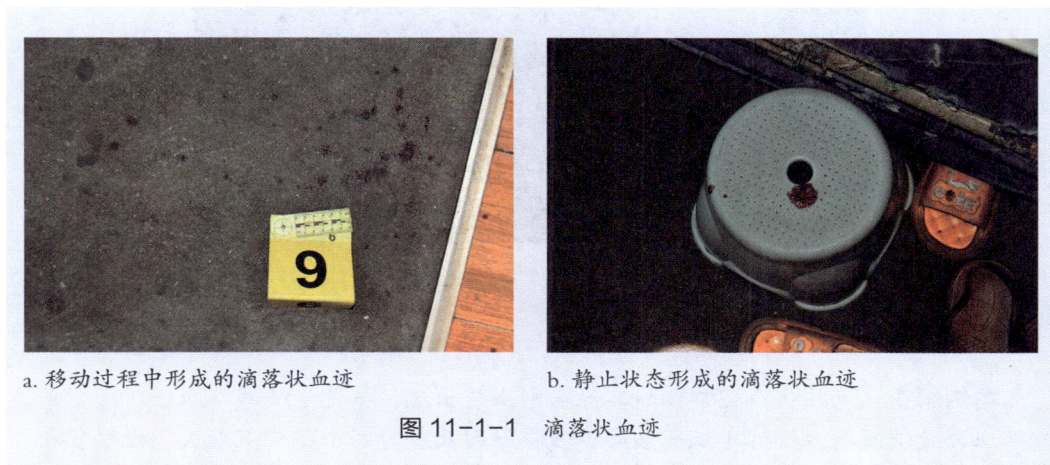

a. 移动过程中形成的滴落状血迹　　　b. 静止状态形成的滴落状血迹

图11-1-1　滴落状血迹

案例解析： 在办理一起死亡案件中，首先要判断案件性质是自杀还是他杀。该案中在厨房及卧室地面发现较多量血迹，而尸体所在的床上相对较少，结合连续滴落状血迹及血足迹均指向卧室，考虑为死者在移动至床上前已经受伤并大量失血，根据血迹形态判断死者的移动轨迹，带血刀具仅遗留有死者指纹，案件现场未发现其他人痕迹，结合死者郑某颈部创口的形态特征等因素，判断死者郑某为自杀，其活动轨迹为在厨房利用刀具切割自己颈部后移动至卧室床上。

2. 流注状血迹

（1）流注状血迹：一定量的血液在重力和接触面的影响下，沿物体表面自上向下流动形成的血迹。

（2）形态特征：血迹呈条柱状，上端较下端宽度更粗，上端较下端颜色更淡，其长度、粗细及颜色与血量和接触面的倾斜度、光滑度相关。

【案 例】

2014年5月，某市公安局于当地一出租房发现一具男尸（系被害人王某），公安机关现场勘查后发现其身体上有多处刺切创，多集中于两侧前臂及双手（抵抗伤），致命伤位于右胸前一处创口。在尸体头部右上侧纸箱表面，发现流柱状血迹（图11-1-2）。（衢州市柯城公安分局提供）

图 11-1-2　流柱状血迹

案例解析： 流柱状血迹常伴随其他类型血迹出现，多见于喷溅状血迹。该案中流柱状血迹是喷溅状血迹落于纸箱表面，在接触面及重力两个因素下形成。检察官在办案时应特别注意尸体上的流柱状血迹，可推断受创时的体位和姿势等。

3. 喷溅状血迹

（1）喷溅状血迹：血液从人体动脉血管破裂处喷溅形成的血迹，动力源于动脉血压。

（2）形态特征：

①鲜红色，在垂直接触面上一般呈均匀分布的小圆点，在非垂直接触面上呈椭圆形。

②若动脉较粗也可见条带状血迹，呈波浪状，起始端较末端粗。

③喷溅状血迹有一定出血量且非水平接触面，常伴流柱状血迹。

④因心脏搏动，可见到成组的间断喷溅状血迹。

【案　例】

2017年，某市公安局，被害人孙某某，左侧颈动脉被锐器离断，血液在动脉压力作用下向外喷射，于墙面形成喷溅状血迹（图11-1-3），分布较均匀，伴流柱状血迹。（衢州市柯城公安分局提供）

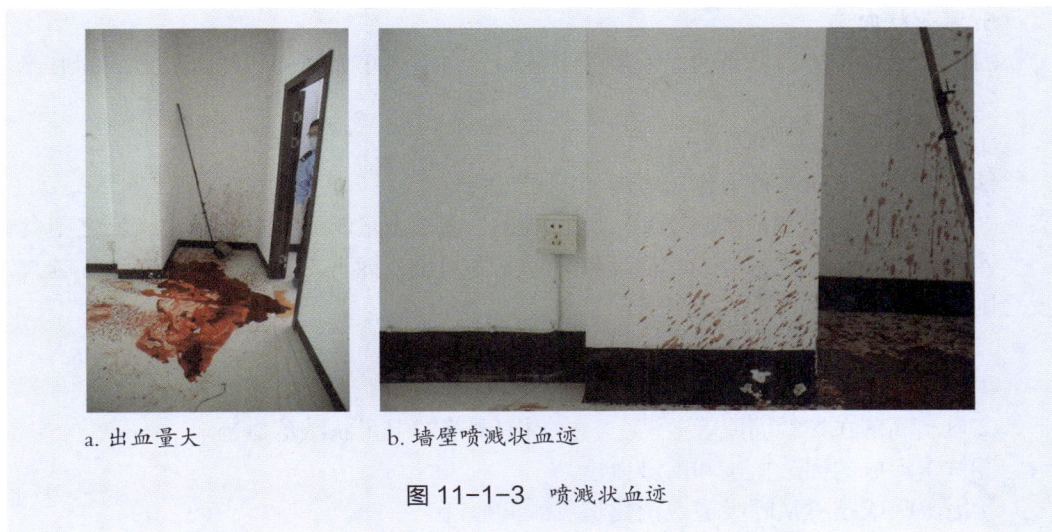

a. 出血量大　　　　b. 墙壁喷溅状血迹

图 11-1-3　喷溅状血迹

4. 抛甩状血迹

（1）抛甩状血迹：带血的物体运动时，血液抛甩在接触面形成的血迹，多见于挥摆沾血的器械、肢体等。

（2）形态特征：

①弧线形分布，自起点从圆形至椭圆形渐变。弧线的形状与血量、角度以及作用力呈正相关。

②部分抛甩状血迹与抛甩方向相反，例如，犯罪嫌疑人挥动物体过头顶，血滴被抛甩至背部。

③部分抛甩状血迹因物体运动突然停止导致其上附着的血液向前继续抛甩。

【案　例】

某地命案中，被害人李某，手臂部受伤后甩动导致血液飞落墙面上呈抛甩状血迹（图 11-1-4）。（衢州市柯城公安分局提供）

图 11-1-4　抛甩状血迹

5.溅落状血迹

（1）溅落状血迹：暴露的血液遭受足够的外力形成小血滴向四周溅散形成的血迹。

（2）形态特征：

①椭圆形血迹。

②血迹运动方向与外力作用方向相反或成角分布。

③被撞击血量越大，血迹越大，反之则小；撞击力量越大，血迹越小，反之则大。

④被撞击血量越大，血迹的范围越大，反之则小；撞击力量越大，血迹范围越大，反之则小。

（3）溅落状血迹分类：

①物体打击形成的血迹。

②血滴滴落在接触面或者血液上，向周围溅落的卫星状溅落血迹。

③枪击形成的回溅血迹和前溅血迹。

④因呼吸或咳嗽从呼吸道或消化道飞溅的血迹。

【案　例】

某地命案中，原有血泊遭受踩踏后向周围溅射，血迹溅落方向与外力运行方向成角（图11-1-5）。（衢州市柯城公安分局提供）

图11-1-5　溅落状血迹

【案　例】

某地枪击自杀案件，死者鲁某右手持枪射击自身颅脑的右侧颞部，右手前臂的溅落状血迹以及枪支上的溅落血迹，符合开枪时创口形成的回溅血迹（图11-1-6）。（衢州市公安局提供）

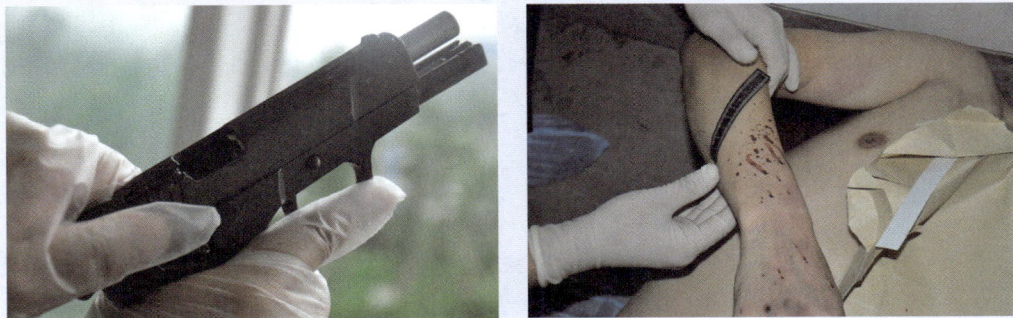

a. 枪支上回溅血迹　　　　　　　　b. 右手前臂溅落血迹

图 11-1-6　枪击形成的回溅血迹

6. 擦拭状血迹

（1）擦拭状血迹：带血物体以涂抹、剐蹭、拖拽等切向运动方式直接与接触面形成的血迹。

（2）形态特征：擦拭状血迹的形态极不规则，部分可能出现血迹漂移端特点（羽毛状分界、条痕、减少的血量、溢出）。

【案　例】

某地命案中，受害人背靠墙面，带血衣物擦蹭墙面形成的擦拭状血迹（图 11-1-7）。（衢州市柯城公安分局提供）

图 11-1-7　擦拭状血迹

7. 转移状血迹

（1）转移状血迹：带血物体直接接触未带血物体留下的血迹。

（2）形态特征：通常表现为移动、击打、擦拭，直观可辨别是手指、手掌、足、鞋、纺织物、凶器等血印记。

【案　例】

某地命案中，被害人余某脚穿蓝绿色拖鞋踩踏血泊后行走至水泥地面上，致转移状血迹"血脚印"形成（图 11-1-8）。（衢州市柯城公安分局提供）

a. 鞋底上血迹　　　　　　　　b. "血脚印"转移血迹

图 11-1-8　转移状血迹

8. 浸染状血迹

（1）浸染状血迹：血液在有吸附性的物体（如布料、纸张、土等）上所形成的血迹。

（2）形态特征：血液表面被吸收，无固定形态，面积较大，浸染状血迹呈均匀扩散状并可以通过毛细作用或者血液浸润使原来浸染面积扩大，多见于创口出血浸染相应部位的衣物。

【案　例】

某命案中，被害人徐某被割喉已经大量失血后，移动至床边，趴到床上，颈部持续失血致被褥存在浸染状血迹（图 11-1-9）。（衢州市柯城公安分局提供）

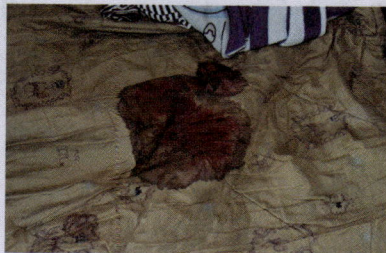

图 11-1-9　浸染状血迹

9.稀释状血迹

（1）稀释状血迹：血液与其他液体混合后形成的血迹，呈淡红色，常见其他液体为水。多见于犯罪嫌疑人清理案发现场。

（2）形态特征：

①均匀稀释的稀释状血迹呈淡红色。

②不均匀稀释的稀释状血迹，中间较周缘颜色深。

10.血　泊

（1）血泊：一定量的血液凝集于接触面形成的血迹，形状不固定，通常为血液滴落或流柱而成，与受害者大量出血相关。

（2）形态特征：

①通常为类圆饼形，具有较明显的中间厚、边缘薄的特点。

②当血量较大且未完全干燥时，可能会出现血清分离所形成的中间暗红、边缘淡黄的特点以及硬血壳。

【案　例】

在某命案中，被害人曾某左侧颈动脉被菜刀切割离断，造成大量失血，于身下地面形成大面积血泊（图11-1-10）。（衢州市公安局提供）

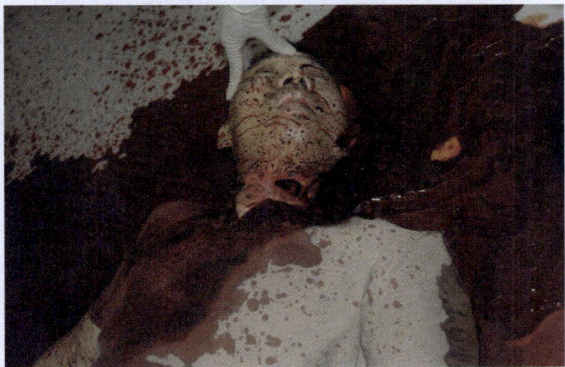

图 11-1-10　血泊

三、血迹的分析

1.方　向

（1）血迹方向：血液在与接触面接触前的运动方向。

（2）两个类型：

①圆形血迹的边缘：适用于滴落状血迹。

a.静止状态下，滴落状血迹在水平接触面上呈圆形，边缘光滑或均匀溅散（图11-1-11）。

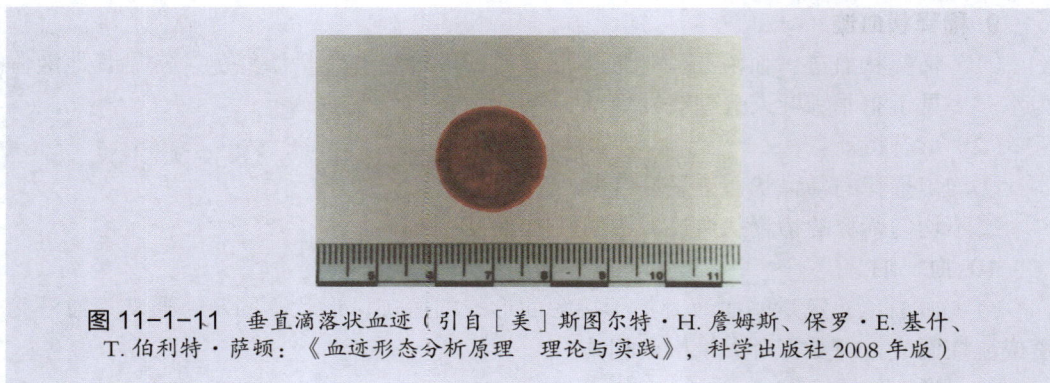

图 11-1-11　垂直滴落状血迹（引自［美］斯图尔特·H.詹姆斯、保罗·E.基什、T.伯利特·萨顿：《血迹形态分析原理　理论与实践》，科学出版社2008年版）

b. 运动状态下，滴落状血迹在水平接触面上呈成类圆形，一侧边缘有溅散，溅散方向即运动方向（图11-1-12）。

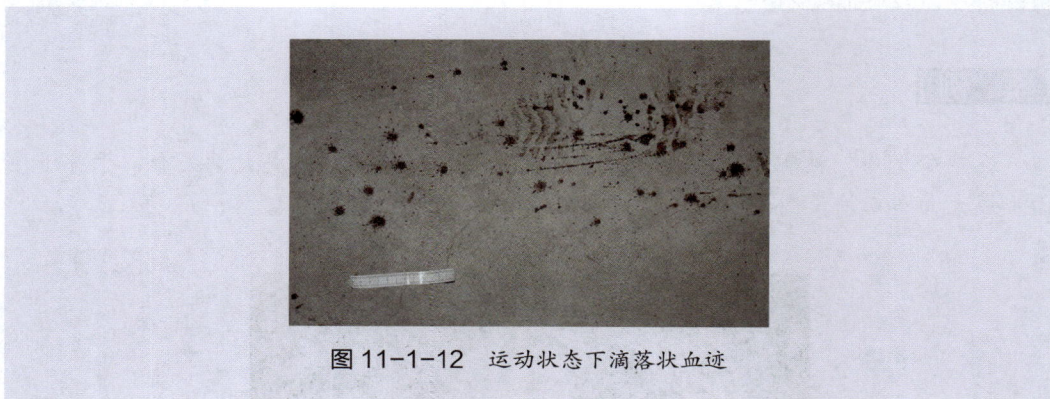

图 11-1-12　运动状态下滴落状血迹

②椭圆形血迹尖端：适用于喷溅状、抛甩状以及溅落状血迹。

a. 血液与接触面撞击时非呈直角时，血迹呈椭圆形，其中一端逐渐变细变长，指向血液运动方向。

b. 因撞击速度快、角度小或者接触面材质粗糙等原因，椭圆形尖端会溅散为间断的圆点形血迹（图11-1-13）。

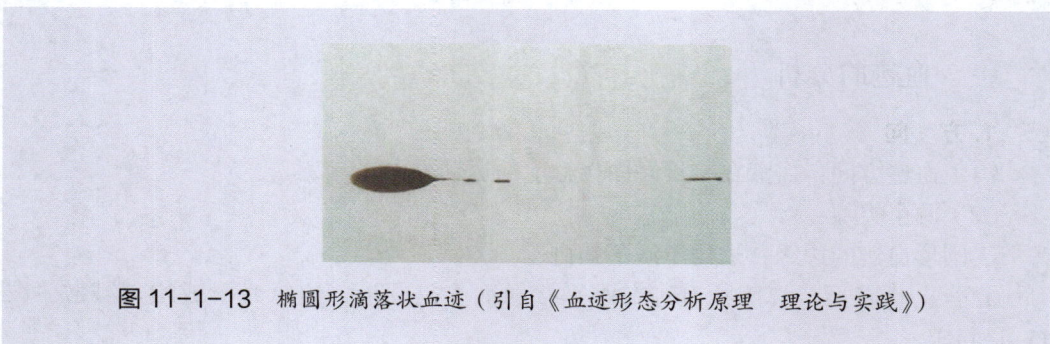

图 11-1-13　椭圆形滴落状血迹（引自《血迹形态分析原理　理论与实践》）

2.角　度

（1）血迹角度：血液撞击接触面，运行方向与其形成的夹角，夹角范围 0 ~ 90°。

（2）在血迹宽度不变的情况下，长度随撞击接触面时角度变化而变化，测量血迹的宽度及长度，依据三角函数可以计算出撞击角度（图 11-1-14）。撞击角度 =arcsin（宽 / 长）。测量血迹宽度及长度参照标准椭圆的长短轴测量。

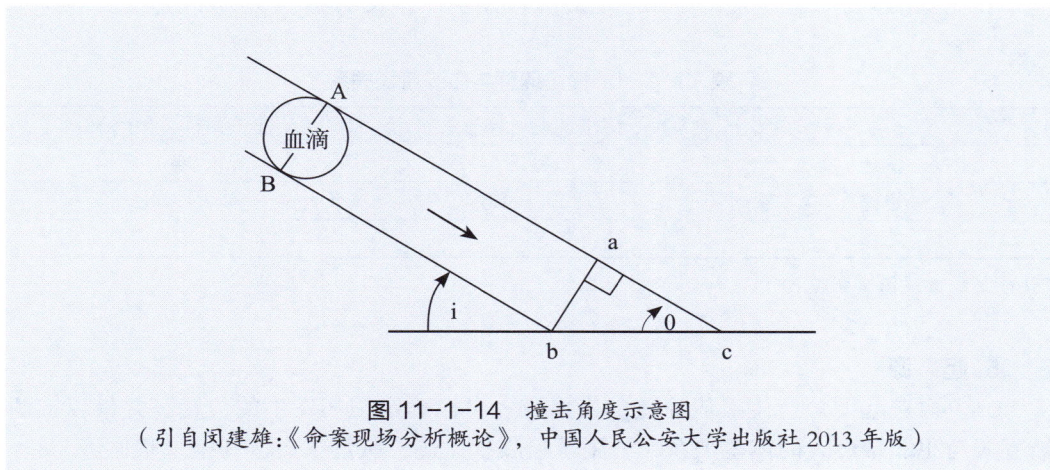

图 11-1-14　撞击角度示意图
（引自闵建雄：《命案现场分析概论》，中国人民公安大学出版社 2013 年版）

3.高　度

（1）血迹高度：血液到接触面的直线距离，适用于滴落状血迹。

（2）在重力及空气阻力的共同作用下，滴落血迹的面积大小与滴落距离成正相关。滴落血滴的大小不仅仅与高度相关，还与接触面的材质、血滴体积的大小等相关。

（3）学者根据血液滴落高度和血迹直径大小的关系，制成了血滴落直径与高度的相关曲线图（图 11-1-15）。

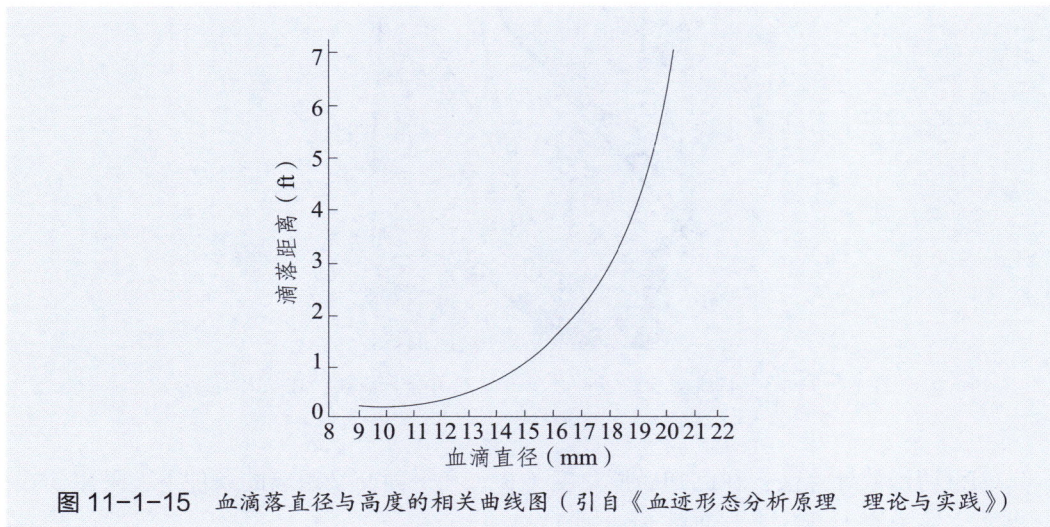

图 11-1-15　血滴落直径与高度的相关曲线图（引自《血迹形态分析原理　理论与实践》）

实际案件中，因血量差异、接触面材质不同等影响因素，由血迹大小推断血液高度需慎重。

4. 速　度

（1）撞击速度：物体撞击或者其他外力作用在血源或创口上的速度，而非血液飞行速度，可分为低速、中速与高速三种。

（2）撞击速度与血迹直径存在一定的对应关系，如表 11-1-1 所示：

表 11-1-1　撞击速度与血迹直径关系

	撞击速度（m/s）	血迹直径（mm）
低速	<1.5	>4
中速	1.5 ~ 7.5	1 ~ 4
高速	>30	<1

（引自《命案现场分析概论》）

5. 起　源

（1）血迹起源：产生对应血迹的出血点，可以确定损伤发生的位置，并借以推断被害人与犯罪嫌疑人的体位关系，适用于喷溅状血迹、溅落状血迹和抛甩状血迹。

（2）判断血迹起源的方法：依据血迹的方向、角度以及高度来确定。

①拉线测量法：通过测量多处血迹的运动方向，利用拉线法延伸其来源方向，最终交叉区域可以确定为血迹起源（图 11-1-16）。

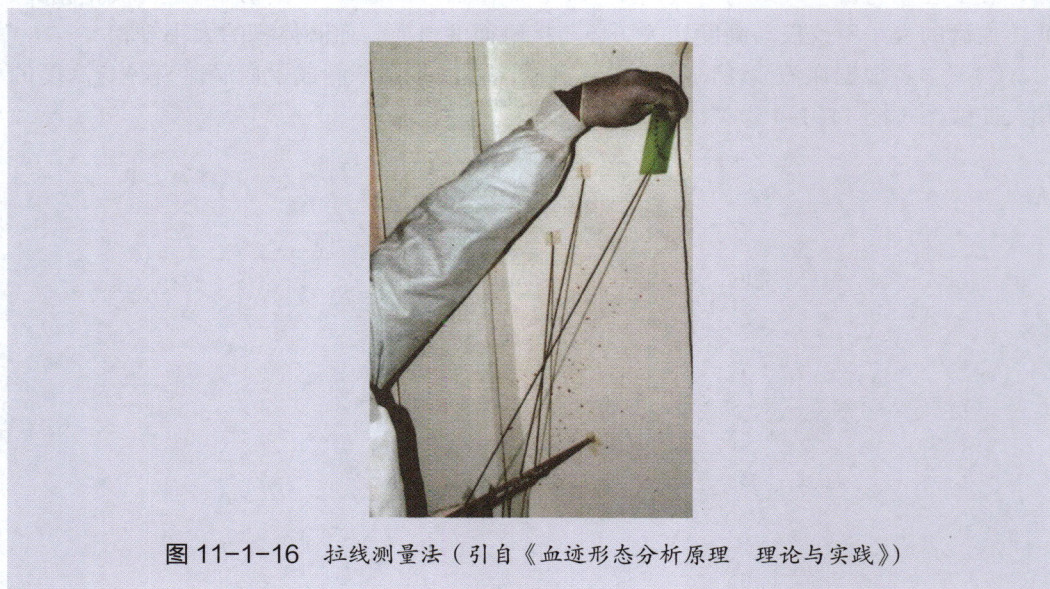

图 11-1-16　拉线测量法（引自《血迹形态分析原理　理论与实践》）

②正切函数计算法：在已知碰撞角度（β）和平面交叉距离的条件下，采用公式：高度（立体距离）=tgβ × 平面距离（图 11-1-17）。

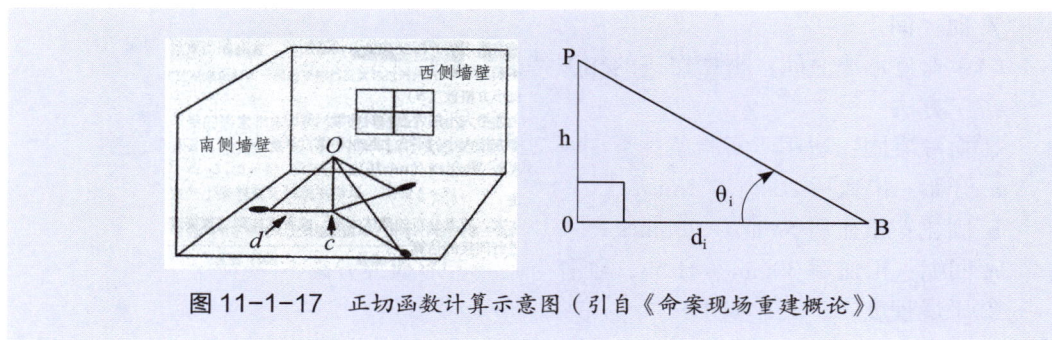

图 11-1-17 正切函数计算示意图（引自《命案现场重建概论》）

③绘图法：通过绘制平面图，将三维空间的血迹投射至同一平面，绘制不同血迹的运行路线，两次或多次形成的血迹交叉点（区域）即在该位置的上方。

④计算机软件处理法：由加拿大渥太华刑事计算中心设计的 BackTrack™（踪迹回放）软件可以模拟血液运行的相关条件，在录入现场血迹的原始数据后，使用标准方程和动力学原理计算血滴运行规律，可以对出血源进行精确估算。

6. 预估出血量 [*]

（1）预估出血量：对现场血迹进行出血量的科学估算。

（2）估算方法：血液密度 1.05 ~ 1.06kg/L，血液重量与体积一比一换算。基础系数 4.167（血迹由干燥血迹转化为血液的系数）。

①非吸附性接触面血迹估算：适用于玻璃、瓷砖等不能吸收血液的接触面。

预估血量 = 收集干燥血迹重量 × 4.167

②吸附性接触面血迹估算：适用于织物、纸张、木材等可吸收血液接触面。

预估血量 =(A–B) × 4.167

A：沾血检材干燥后称重

B：相同面积不沾血检材干燥后称重

③吸附性接触面统计估算：适用于只能部分截取或者需要精确估算的吸附性接触面。将血迹接触面分为面积一样大小的小方格：预估血量 =（A–B）× N × 4.167

N：沾血小方格数

A：1 个方格大小的沾血检材干燥后称重

B：1 个方格大小的不沾血检材干燥后称重

④照片间接估算法：适用于血迹面积过大、接触面过多、无法到达现场等。

预估血量 =b/a × c

a：照片重量

b：照片上有血部分重量

c：截取与 a 相同面积、材质与现场相同且不沾血的接触面，将血液直接沾附获得血量

---

[*] 闵建雄：《命案现场分析概论》，中国人民公安大学出版社 2006 年版。

7. 时　间

（1）血迹形成时间：根据血迹的相关特征判断血迹形成的时间。

（2）方法

①血液凝固：适用于实验条件下 1 ~ 2 滴血液。

a. 开始：出血后 10s ~ 1.5min；

b. 固化：出血后 5min ~ 20min；

c. 回缩：出血后 30min ~ 1.5h，血清与血液有形成分分离。

②干燥程度

血迹中水分随时间的变化而流失，逐渐风干。血迹的周缘首先风干，逐渐向中间发展。风干血迹中间的部分可能会因人为活动或者自动脱落，形成圆环（图 11-1-18）。非水平的风干血迹存在浓厚区。影响血液凝集与干燥的因素很多，其中比较重要的是血量、温度、湿度以及载体的质地。

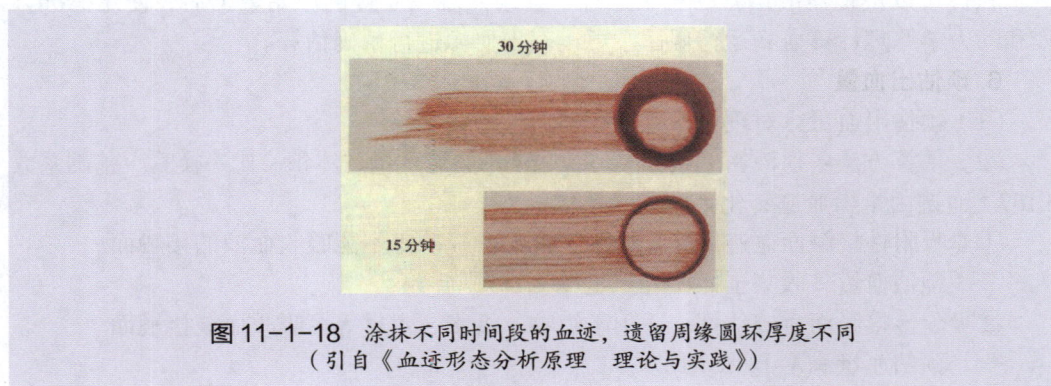

图 11-1-18　涂抹不同时间段的血迹，遗留周缘圆环厚度不同
（引自《血迹形态分析原理　理论与实践》）

③血迹的颜色

血迹颜色仅可以初步判断血迹形成时间。一般血迹颜色变化：红色—红褐色—绿色—深褐色—黑色。

血量、环境、接触面等因素都将影响血迹颜色的变化。例如低温下血迹颜色呈粉红色，血液腐败变成淡绿褐色乃至污绿色（图 11-1-19）。（衢州市柯城公安分局提供）

图 11-1-19　血泊在一段时间后呈红褐色

④在实验室条件下还可以用血迹中红细胞酶活性及血红蛋白含量推断血迹形成时间，尚未直接应用于实际案件。

四、血迹的运用

1. 体位分析

（1）体位分析：根据出血部位、血迹类型等，推断犯罪嫌疑人和被害人所处的状态和出血者当时所处的状态。

（2）抛甩状血迹能够推断出被害人遭受击打时的体位状态、持械者的打击方式等。

（3）流柱状血迹在接触面的流动方向可以反映接触面的材质、受害人出血后或者死亡后的位置变化情况。

（4）溅落状血迹：打击造成的溅落状血迹可以推断出受害者遭受打击时的体位状态。枪击造成的前溅及回溅血迹可以推断遭受枪击时受害者的体位形态。

（5）喷溅状血迹可以推断受害者动脉破裂时的位置及体位。

【案　例】

某自杀案件中，死者郑某某割颈自杀，大量血液积聚成血泊，周围存在大量溅落血迹，并有践踏涂抹痕迹，考虑为死者在割颈后低头在原地停留一段时间后离开（图11-1-20）。（衢州市柯城公安分局提供）

图 11-1-20　地面血迹分布

2. 方式分析

（1）方式分析：根据现场遗留的血迹的特点推断人体损伤时的状态。

（2）接触状血迹可以直接反映物体的形态特征，如人体或凶器的形状，可以直接或间接推断作案方式。

（3）抛甩状血迹能够推断出犯罪嫌疑人的打击方式及打击次数。

（4）打击形成的溅落状血迹的可以推断犯罪嫌疑人的打击方式；枪击造成的前溅及回溅血迹可以推测子弹射入方式；二次作用溅落血迹可以推断打击工具或打击速度。

【案　例】

　　某命案中，死者舒某某被发现上半身覆被，面部朝下，头部朝向床头，右侧及前侧墙面发现大量溅落状血迹及抛甩状血迹，血迹向右向后，右侧额部及左侧枕部存在挫裂创，考虑为钝器多次击打所致（图11-1-21）。（衢州市公安局提供）

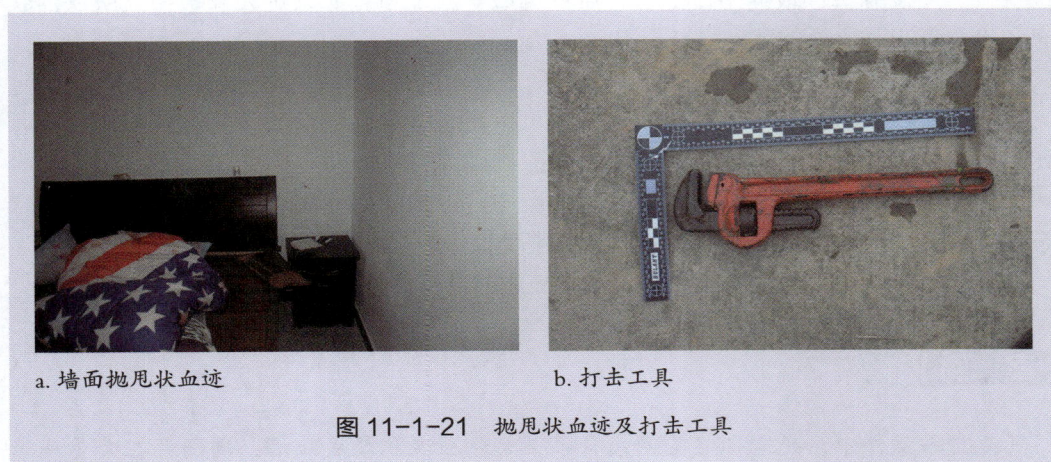

a.墙面抛甩状血迹　　　　　　　　　　b.打击工具

图11-1-21　抛甩状血迹及打击工具

3.次序分析

　　（1）次序分析：多种致命性损伤的次序可以通过伤害造成后被害人的行为能力和血迹的形态特征来推断。

　　（2）掩盖型血迹

　　①套改血迹：外层血迹完全掩盖内层血迹，常见为血泊、流柱状血迹、擦拭状血迹覆盖较小的血迹。根据周围血迹分布规律状况进行分析判断。

　　②重叠血迹：外层血迹部分掩盖内层血迹，主要体现外层血迹形态特征。

　　（3）交叉血迹：两条及以上血迹交叉形成。特点：

　　①交叉点处上层血迹的方向指向后形成血迹。

　　②交叉点上的纤维倒伏方向指向后形成血迹。

　　③上层条形血迹在交叉点两边明显，下层的条形血迹被截断。

　　④交叉点上的血迹浓度与后形成血迹的浓度接近并延续。

　　（4）独立血迹

　　血迹形成规律：喷溅→涂抹血迹、滴落血迹、流柱状血迹→血泊；喷溅血迹较高的优先形成。

【案　例】

　　某地命案中，被害人李某某被犯罪嫌疑人先致伤颈部造成喷溅状血迹，后在原有喷溅状血迹上覆有滴落血迹（图11-1-22）。（绍兴市新昌县公安局提供）

图 11-1-22　血迹分布情况

4. 距离分析

（1）距离分析：根据现场血迹形态特征，对现场上的人（犯罪嫌疑人和被害人）和相关物品进行空间位置确定。

（2）枪击造成的回溅状血迹：近距离枪击（包括自杀和他杀），持枪手会出现回溅血迹。

①不同的持枪射击姿势，回溅血迹在射击手分布及形态不同，可以反推射击时的姿势。

②存在回溅血迹的枪支，大概率推断为射击枪。

【案　例】

某地枪击自杀案件，死者鲁某右手持枪射击自身颅脑的右侧颞部，枪支上的回溅血迹考虑为射击枪，且枪支射击时距离创口较近（图 11-1-23）。（衢州市柯城公安分局提供）

图 11-1-23　射击枪

5. 过程分析

（1）过程分析：通过现场血迹的形态特征推断被害人和犯罪嫌疑人的活动过程。

（2）部分推断方法：

①溅落状血迹：二次作用形成的溅落血迹可以推断凶器及打击速度。

②擦拭状血迹可以推断嫌疑人是否有意识地掩饰、伪造现场，区分作案动机、与被害人关系、是否惯犯等。

③稀释状血迹大部分是嫌疑人所为，可以推断嫌疑人目的在于伪造现场。

【案　例】

某命案中，床头墙面上遗留有犯罪嫌疑人的血手印，考虑为犯罪嫌疑人作案后左手扶墙站立于床上。嫌疑人到案后的交代符合上述情况（图 11-1-24）。（衢州市公安局提供）

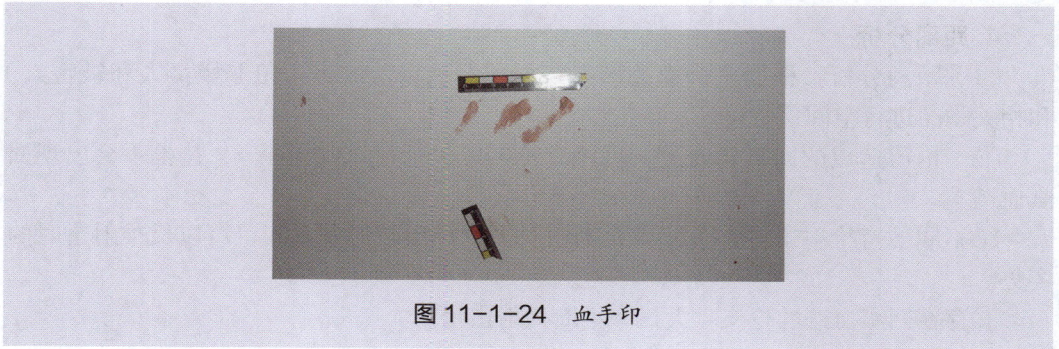

图 11-1-24　血手印

6. 状态分析

（1）状态分析：通过现场血迹推断被害人受伤（死）后的运动状态或者嫌疑人的运动状态。

（2）有无行为能力：

①有行为能力：连接成线状的滴落状血迹反映人体伤后行走的状态。

②无行为能力：a. 损伤部位位于人体重要器官处，且损伤性质严重、广泛，可立即致命的。b. 出血量大，血迹分布集中，表明被害人受伤后无明显行为活动或活动范围较小。c. 身体位于血泊中。

（3）特殊溅落状血迹：血滴滴落在接触面或者血液上，向周围溅落的卫星状溅落血迹。相关条件需要足够高度、固定位置和一定时间，可以推断对人体躺卧、倚坐、站立三种姿态，结合损伤部位，对人体状态作出一定判断。

【案　例】

某命案中，客厅至室内有连续呈线状滴落状血迹，反映被害人董某的伤后行走状态（图 11-1-25）。

图 11-1-25 客厅滴落状血迹

7. 性质分析

（1）性质分析：通过现场血迹的形态特征判断死亡性质，识别是否为伪装现场。

（2）部分血迹性质分析：

①流柱状血迹的血迹流动方向判断是否为自残、自伤。

②枪击造成的前溅及回溅血迹可以推测是自杀或是他杀。

【案 例】

某枪击案件，死者鲁某右手持枪射击自身颅脑的右侧颞部，右手前臂的喷溅状血迹，符合开枪时创口的回溅血迹形成，符合右手持枪射击自身颅脑右颞自杀（图 11-1-26）。（衢州市公安局提供）

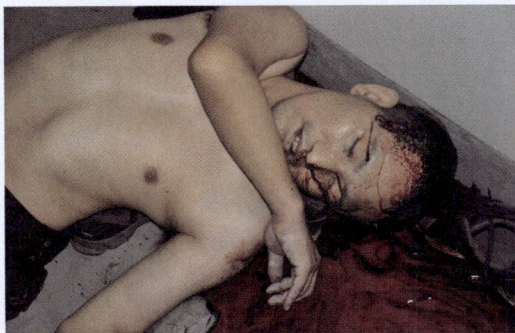

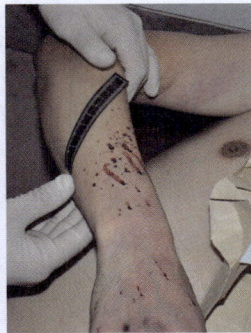

a. 倒地血泊   b. 右前臂血迹分布

图 11-1-26 枪击自杀

第二节 损伤行为分析

一、概 念

损伤行为分析：通过对尸体的损伤进行逻辑分析，推断被害人活动和行为的变化以及还原损伤形成的过程，分析犯罪目的，对犯罪嫌疑人进行刻画等。

1. 意外损伤行为

因现场特殊环境导致的损伤或犯罪嫌疑人（被害人）非主观行为导致的损伤。

2. 故意损伤行为

犯罪嫌疑人（被害人）有目的性的在人体上形成的损伤。

常见的损伤行为有攻击损伤、威逼胁迫损伤、毁证损伤、造作损伤、伪装损伤五种基本类型。

二、攻击损伤

攻击损伤：犯罪嫌疑人针对被害人实施的故意的、致命性攻击行为，本质上就是杀人行为，也包括被害人对犯罪嫌疑人的反击行为。

攻击损伤的分析可以用于犯罪过程重建、犯罪嫌疑人人数推断和犯罪目的的推断。

1. 犯罪嫌疑人人数推断

大部分犯罪嫌疑人在攻击行为的过程中工具只有一种（除非发生意外而临时转换），通过攻击损伤分析损伤工具的数量，可以对犯罪嫌疑人数量进行推断。部分案件中存在损伤工具的转换，犯罪嫌疑人在攻击行为过程中使用多种工具及方法致伤被害人，其第二种工具常见于就地取材。

2. 犯罪目的推断

（1）目的在人：为达到报复、发泄等目的，攻击损伤的致命性明显，可以见到额外的致命性损伤。

（2）目的在财：通过杀人行为达到获取物质钱财的目的，攻击损伤行为较单一，目的在于使受害人失去行为能力，不一定致命。

（3）目的在性：通过杀人行为达到满足性需求的目的。攻击损伤除了致命性或者控制受害人行为能力，常伴有性侵犯的攻击损伤。

（4）目的转换：犯罪目的会因现实情况相互转换或合并，攻击损伤可以表现为复杂性和多样性。

3. 被害人反击行为

被害人对犯罪嫌疑人进行反击，导致被害人身上遗存犯罪嫌疑人的证据，例如被害人抓伤犯罪嫌疑人，指甲间遗存犯罪嫌疑人组织。

【案　例】

　　某命案中，被害人孙某被犯罪嫌疑人利用菜刀割颈，颈部见一处长约 10cm 创口，颈部浅、深肌群部分离断，气管离断，左侧颈动脉见一处破口，为典型的致命性攻击伤（图 11-2-1）。（衢州市公安分局提供）

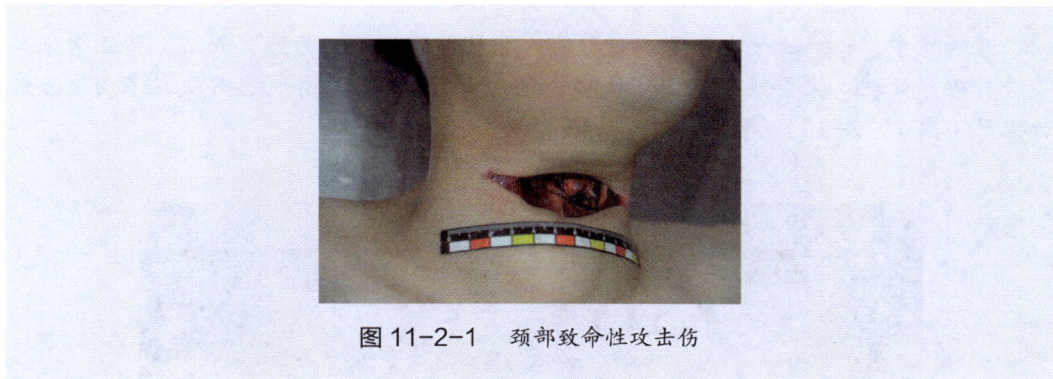

图 11-2-1　颈部致命性攻击伤

三、威逼胁迫损伤

1. 威逼胁迫损伤

为迫使行为对象服从其意愿而对被害人实施的损伤。

2. 威逼胁迫损伤的特点

（1）损伤工具：大部分为锐器，部分为其他。

（2）损伤程度：大部分轻微，损伤位置一般在人体的重要部位，通常表现为浅表的轻微损伤。

（3）特殊目的：威逼胁迫被害人作出某个行为（脱衣、开门等）。

3. 威逼胁迫损伤分析的意义

有助于现场重建、犯罪动机分析及犯罪嫌疑人刻画。

现场重建：威逼胁迫损伤存在对应的后续行为，可以完善现场重建过程。

犯罪动机分析：威逼胁迫损伤多存在于目的在性、目的在财的案件，目的在人的案件较少出现。

犯罪嫌疑人刻画：威逼胁迫损伤多见于犯罪嫌疑人与被害人为陌生关系。少部分熟人关系的威逼胁迫损伤，后果大部分杀人。

四、毁证损伤

1. 毁证损伤

犯罪嫌疑人通过毁损尸体、消灭罪证行为导致的损伤。最常见是碎尸，利于抛尸或毁尸，其次是焚烧尸体的某些部位，达到销毁证据，隐匿尸源的目的。

2. 特殊毁证损伤

（1）剥脸皮，犯罪嫌疑人毁损被害人容貌目的在于其不能被识别。

（2）挖眼球，犯罪嫌疑人因迷信，以为被害人眼球能留存其面貌。

（3）自伤行为：犯罪嫌疑人为防止指纹留于现场，毁坏自身指纹，甚至是手指。

3. 毁证损伤分析的意义在于提示犯罪嫌疑人与被害人存在一定程度关系

【案　例】

某命案中，犯罪嫌疑人王某在致被害人张某某死亡后，为毁尸灭迹，将死者张某某进行碎尸处理，主要毁证损伤位于四肢大关节及胸腹部，并将各尸块在不同地点进行抛尸（图 11-2-2）。（衢州市公安分局提供）

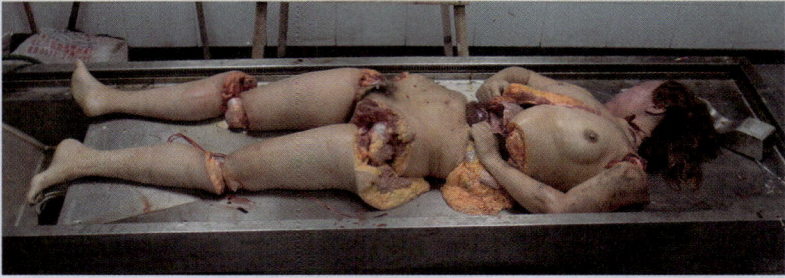

图 11-2-2　毁证损伤

五、造作损伤

1. 造作损伤

犯罪嫌疑人故意自伤，目的在于伪装欺骗，以便逃脱侦查。最常见的是伪装成受害者。

2. 造作损伤特点

（1）损伤位置：犯罪嫌疑人自己可以达到或利用工具造成，常见于单一侧身体分布和方向一致。

（2）损伤程度：①损伤程度相较于被害人更轻微。②严重程度不一致，大部分轻微、少部分严重，与现场情况不符。

（3）"自伤"特征：部分损伤存在犹豫、慢速、试切等特点。

（4）特殊造作损伤：委托他人造成的损伤，损伤程度较轻微，不致命。

3. 造作损伤分析可以直接明确犯罪嫌疑人

六、抵抗损伤

1. 抵抗损伤

在攻击行为时，被害人所做出的保护自己的行为而造成的损伤。常见于上肢前臂及手部。

2. 抵抗损伤分类

（1）主动抵抗损伤：被害人主动反击或为制服犯罪嫌疑人造成的损伤，多见于争夺致伤物，常见损伤位于手掌。

（2）被动抵抗损伤：被害人为避免自己重要部位受创而造成的损伤，多见于用手或手臂阻挡致伤物。常见损伤位于前臂外侧或手背。

3. 抵抗损伤的分析有助于明确被害人行为能力和行为心理

（1）行为能力：抵抗损伤表明被害人遭受攻击时存在一定的行为能力。

（2）行为心理：主动抵抗提示犯罪嫌疑人相比于被害人不具有压倒性优势；被动抵抗则提示相反。

【案　例】

某命案中，被害人赵某因用左臂阻挡犯罪嫌疑人劈砍导致左前臂创口（图 11-2-3）。（河北省检察院提供）

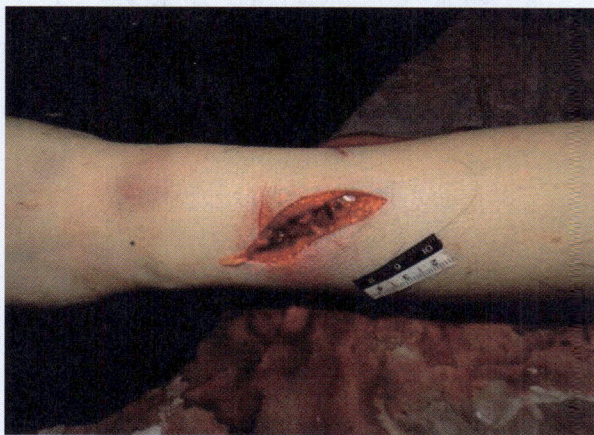

图 11-2-3　左前臂抵抗损伤

七、伪装损伤

1. 伪装损伤指犯罪嫌疑人或其他人为逃避侦查而实施的损伤。

2. 伪装损伤分为两类。

（1）伪装死亡性质：伪装成自杀或意外造成的损伤，犯罪嫌疑人大部分与被害人关系密切。

（2）伪装犯罪动机：杀人后伪装犯罪动机，混淆侦查方向，目的在人、财、性之间转换，如将杀人泄愤伪装成抢劫杀人。

3. 大部分伪装损伤是死因方式的伪装造成，对同一种死亡原因进行不同形成方式的伪装，比如勒死后伪装缢死、颅脑损伤伪装成高坠，部分伪装是犯罪嫌疑人伪装成被害人对自己的损伤，即造作损伤。

4.伪装损伤特点：

（1）损伤发生时间矛盾。主要体现在生前伤和死后伤的区别。

（2）损伤严重程度矛盾。犯罪嫌疑人对自己的伪装损伤往往轻微或不致命。

（3）损伤特征矛盾：被害人尸体上出现不属于伪装死因的尸体特征。例如溺死尸体出现勒死才能出现的颈部肌群出血等现象。

第三节　命案现场重建

一、概　述

命案现场重建：在一起命案中，通过对现场勘查获得的信息，对犯罪嫌疑人及犯罪过程进行分析判断，还原命案犯罪现场场景。

1.命案现场重建内容

犯罪时间、犯罪空间、犯罪行为、犯罪目的、犯罪嫌疑人人数、犯罪嫌疑人刻画、侦查实验。

2.命案现场重建要素

（1）被害人情况：被害人的个人信息、人际情况和生前活动。

（2）现场物品变化：现场原始性遭到破坏的程度。

（3）痕迹和物证：犯罪嫌疑人和被害人遗留在现场的痕迹或物证，与个体或行为有关联性。

（4）尸体情况：法医对现场和尸体进行勘查的情况。

二、犯罪时间

犯罪时间是犯罪嫌疑人实施犯罪活动从开始到结束的时间段。

1.犯罪时间特点

（1）被害时间在犯罪时间内。

（2）发现时间在犯罪时间后。

（3）侦查时间在犯罪时间后。

2.判断犯罪时间的依据

（1）直接明确型

①根据现场摸排访问对象的证言进行判断，比如邻居听到异响的时间。

②根据现场上能直接表明时间信息的物品进行判断，比如摔坏的闹钟、信箱的报纸等。

（2）大致确认型

根据现场中物品随时间流逝而变化的规律进行判断，比如犯罪现场的饭菜变质程度会随着时间呈现不一样的变化。

（3）明方向型

根据被害人或者事主的生活习惯和被犯罪事件打断、中止的状态进行推断，比如吃了一半的饭菜等，推断犯罪时间段。

（4）根据尸体现象进行推断

推断方法：尸检→死亡时间→犯罪时间（具体方法请参考本书第二章）。

①尸冷：人在死亡后人体产热能力消失，体温随时间降低，尸体逐渐冷却，直到和环境温度一致才会停止。尸体温度一般采取测量尸体直肠温度，需要注意尸体所处环境，比如水中尸体。

②尸僵：尸僵是一种死后的肌肉强直现象，死亡后不同时间，尸僵程度随之变化。需要注意不一样的季节环境影响下尸僵的时间有所不同的，比如炎热的夏季尸僵持续时间就比寒冷的冬季要短很多。

③尸斑：人在死亡后血液流动停止，在重力作用下发生坠积、扩散而形成，不同时间段，尸斑的形态及颜色均不同。三个阶段：坠积期→扩散期→浸润期。

④尸体胃内容物：食物的消化过程：口腔（咀嚼）→食道→胃部→小肠（含十二指肠）→大肠→肛门。一般人的食物消化过程时间大致相同，法医主要是通过检查尸体胃内容物来确定死亡时间。

⑤法医昆虫学：在尸体的不同时间段出现的昆虫种类不同，同类昆虫在不同时间段呈现不同的形态。例如在夏季，人体死亡1小时后就可以在眼角、鼻孔、口唇、暴露的创口和阴部见到蝇卵，甲虫则较后出现。

⑥晚期尸体现象：较于早期死后变化继续发展变化形成。

a.尸体腐败：尸臭、尸绿、腐败气泡和水泡、泡沫器官、腐败静脉网、巨人观；

b.白骨化；

c.干尸；

d.尸蜡；

e.鞣尸。

三、犯罪空间（包括现场活动轨迹：进入现场、活动及作案、离开现场及转移）

犯罪空间是指犯罪嫌疑人实施主要犯罪的场所，也就是物理意义上的现场。犯罪空间包括空中—地面（水面）—地下（水下）。

1.犯罪空间分析要点

（1）分析犯罪空间是否为第一现场，若非第一现场，则需根据信息推断第一现场方位及所具备特征。

（2）若是第一现场，分析有无其他现场。

（3）犯罪空间与犯罪嫌疑人之间的关系。

2.犯罪空间分析依据

（1）现场摸排获得的信息。

（2）犯罪空间的地理位置和周边环境的关系。

（3）犯罪空间发现的痕迹及物证。

（4）尸体检验所提供的各种信息。

3. 犯罪空间的特点

（1）常规情况下，犯罪嫌疑人必然要身在的场所。

（2）犯罪嫌疑人进出犯罪空间留有痕迹，包括痕迹、物证、证人证言等。

（3）案件与犯罪嫌疑人必然有联系，联系程度决定嫌疑程度。

（4）特殊情况下，某些痕迹、物证和证人证言等，可以直接证明犯罪事实。

4. 获取犯罪嫌疑人出入现场的方位、侵入方式和行走路线的方式

（1）确定现场方位及周围环境。

（2）现场建筑物的平面及立体结构。

（3）疑为进出方位的痕迹、物证，比如窗口手脚印等。

（4）现场遗留痕迹的朝向，比如物品倒伏方向、血迹拖擦方向等。

（5）证人证言。

（6）现场侦查实验。

（7）监控视频。

5. 犯罪空间的掩盖

（1）破坏犯罪空间：

①破坏，以灭除犯罪行为痕迹为目的，对现场进行清理或破坏。

②伪造，以伪造犯罪空间为目的，对现场进行伪装处理，误导侦查方向。

（2）转移犯罪空间：

犯罪嫌疑人作案后转移犯罪空间，比如杀人移尸或抛尸案件。

四、犯罪行为分析

犯罪行为是犯罪嫌疑人实施的具有社会危害性和触犯法律且应受刑罚处罚的行为（表11-3-1）。

表11-3-1　命案中行为类型、重建阶段和行为种类的关系

	行为种类	行为类型
重建阶段		
接触阶段	控制行为	威逼行为、捆绑行为、卸装行为
杀人阶段	杀人行为	攻击行为、抵抗行为
处置阶段	附加行为	发泄行为、加固行为、毁证行为、愧疚行为、伪装行为
离开阶段		

注：表格引自《命案现场分析概论》。

1. 犯罪行为阶段

进入→接触→杀人→处置

2. 犯罪行为分类

（1）控制行为：在接触阶段，犯罪嫌疑人为限制被害人人身自由的行为，常见的

行为类型有捆绑、威逼和卸装三种。

①捆绑行为：利用捆绑物品束缚行为对象的行为。

②威逼行为：为迫使行为对象服从其意愿而对被害人实施的行为。

③卸装行为：是指犯罪嫌疑人胁迫被害人脱去衣着的行为。

（2）杀人行为：在杀人阶段，犯罪嫌疑人剥夺被害人的生命的行为，常见的行为类型有攻击和抵抗两种。

①攻击行为：犯罪嫌疑人针对被害人实施的故意的、致命性攻击行为，本质上就是杀人行为。

②抵抗行为：在攻击行为时，被害人所作出的保护自己的行为，表现为抵抗伤。

（3）附加行为：在处置阶段，犯罪嫌疑人对被害人实施的行为，常见的有发泄、加固、毁证、愧疚以及伪装五种。

①发泄行为：犯罪嫌疑人为了发泄或满足某种心理情感而对被害人所实施的行为。

②加固行为：犯罪嫌疑人为确保某种结果发生而针对被害人所实施的行为。

③毁证行为：犯罪嫌疑人通过毁损尸体，消灭罪证的行为。

④愧疚行为：犯罪嫌疑人在杀人后，出于愧疚心理对尸体所实施的行为。

⑤伪装行为：犯罪嫌疑人为掩盖罪证、躲避侦查，针对被害人故意实施的行为，主要分为死因伪装、方式伪装、动机伪装、被害伪装、身源伪装五个方面。

（4）反常行为：犯罪现场出现了违背一般犯罪活动规律的行为。

反常行为的特征：主体多样性；行为矛盾性；侦查误导性。

五、犯罪动机分析

按照我国刑法学教科书的定义，所谓犯罪动机就是指刺激、促使犯罪人实施犯罪行为的内心起因或思想活动。

1. 犯罪动机分类（不包括精神病）

（1）目的在人：通过杀人行为达到报复、发泄等目的。

（2）目的在财：通过杀人行为达到获取物质钱财的目的。

（3）目的在性：通过杀人行为达到满足性需求的目的。

2. 犯罪动机判断要素

（1）特定征象：

①对象：被害人的身份。

②场所：能够反映职业和功能的特殊场所。

③工具：犯罪嫌疑人的特殊工具。

④体位：尸体最后呈现的姿势。

⑤位置：特殊位置所遗留的痕迹特征。

⑥损伤：特殊损伤能反映犯罪嫌疑人特殊心理。

（2）作案人数：通过作案人数判断犯罪动机。

（3）控制行为：多见于目的在财和性的案件中。

（4）杀人行为：通过攻击时间、攻击方式来判断犯罪动机。

（5）附加行为：通过行为顺序、发泄行为、伪装行为来判断犯罪动机。

3. 影响动机因素

多重动机；临场变化；故意伪造；系列案件。

六、犯罪嫌疑人数推断

犯罪嫌疑人数是指实施完成犯罪行为的人数，命案中指直接实施杀人行为的人数。

1. 基本原理

犯罪嫌疑人行为方式的相对差异性和相对稳定性。

2. 犯罪嫌疑人数判断要素

（1）死亡原因：一般犯罪嫌疑人的杀人方式有其特异性，致人死亡的原因也有其差异性。

（2）犯罪工具：通过致伤特征和数量推断人数。

①犯罪工具来源可分为犯罪嫌疑人自带或取自案发现场两类，自身携带的工具可以判断犯罪人数的多少。

②犯罪工具处置可分为滞留现场、带离现场和丢弃隐藏三种情况。

③犯罪工具意外是指犯罪嫌疑人使用工具时，工具受损等意外情况，犯罪嫌疑人因此使用其他工具。

④加固行为是指犯罪嫌疑人为了确保杀死被害人，先后使用两种以上的工具。

⑤工具稳定性指犯罪嫌疑人杀人过程中使用工具的种类数量的相对稳定性，局限于特定的场所和时间内。

（3）行为方式：犯罪嫌疑人使用工具攻击被害人的行为方式，包括攻击的身体部位、打击方向、攻击次数、击打力量等。

（4）时间空间同步性：犯罪嫌疑人对被害人实施杀人行为时，在时间和空间位置上同步。

（5）其他信息：

①捆绑：捆绑方式、打结方式存在个体差异性。

②移尸：一般情况下，单人行凶拖尸体，两人及以上行凶抬尸体。

③血迹：通过DNA检验人数，血迹形态不同指向不同人员。

④足迹：在排除无关人员的情况下，血足迹和单人足迹具有人数指向重要意义。

七、犯罪嫌疑人刻画

犯罪嫌疑人刻画是指根据犯罪现场的信息，对犯罪嫌疑人的体貌特征、心理状态、智能条件，行为习惯等人身条件，进行分析刻画，得出合乎逻辑的判断，缩减排查对象范围。

1. 犯罪嫌疑人刻画内容

（1）判断是否适用犯罪嫌疑人刻画：犯罪现场获取的信息是否足够。

（2）犯罪嫌疑人刻画的具体项目：年龄、性别、利手、身高、职业、住址、婚姻教育、家庭、前科、人际关系、性格等。

2. 犯罪嫌疑人刻画步骤

刻画信息收集→刻画信息评估→行为特征分析→犯罪嫌疑人刻画报告→侦查。

3. 犯罪嫌疑人与被害人关系

犯罪嫌疑人与被害人的关系是犯罪嫌疑人刻画的重要内容（表 11-3-2）。就人际熟识程度而言，将人与人之间的关系分为陌生、单方熟悉，双方一般熟悉、双方很熟悉四种类型。

表 11-3-2　10 种行为类型与犯罪嫌疑人被害双方关系

行为阶段	行为类型	关系指向价值
控制行为	捆绑行为	陌生居多
	威逼	陌生居多
	卸装	陌生居多
杀人行为	攻击	多数难定
	抵抗	多数难定
附加行为	发泄	熟识居多
	加固	多数难定
	毁证	熟识居多
	愧疚	肯定熟识
	伪装	肯定熟识

注：表格引自《命案现场分析概论》。

八、侦查实验

侦查实验是为了查明案情，验证案件中的某些事实情节是否存在或可能发生而进行的一种模拟演示，可以适用于侦查、起诉和审判阶段。

1. 侦查实验的证明任务

（1）被害人或证人在拟定条件下的观察情况。

（2）限定时间内案件相关人某种行为完成情况。

（3）某种现象发生需要的条件。

（4）限定条件下，某种行为是否能产生某种痕迹。

（5）限定条件下，工具与痕迹的对应情况。

（6）某种痕迹发生变化的条件。

（7）某件事件的发生条件。

2. 侦查实验的作用

（1）确定案件成立可能性。

（2）判断对命案现场重建的准确性。

（3）核实被害人陈述、证人证言、犯罪嫌疑人供述、辩解。

3. 侦查实验的程序

（1）严格履行批准手续。

（2）地点和时间条件应与案件相同或近似。

（3）使用工具、物品的规格型号、发挥作用、使用方式应与案件相同或近似。

（4）反复多次进行侦查实验。一是反复多次地使用同样的方法进行实验。二是充分利用各种方法反复进行实验。

（5）侦查实验要严格保密。

（6）禁止一切足以造成危险、侮辱人格和有伤风化的实验。

（7）侦查实验记录。利用笔录、照相、绘图或录音、录像等方法进行记录。

【案　例】

2019 年 6 月 7 日 15 时许，张某某（男，48 岁）报警称王某某（男，45 岁）死在自己租住房内（图 11-3-1）。

1. 现场为一幢四层三间农村自建房，有围墙，一层楼房及平台被分成多个房间用于出租。中心现场位于主楼一层西南侧房间，房门朝南开。进门东南角处有不规则血泊（2 号），血泊中有一单刃刀刃（擦拭血迹 1 号）。租房门东侧墙面上有一处喷溅状血迹（10 号），与南墙相接，延伸至地面。租房门西侧喷溅形成流柱状血迹（9 号），高 1.6 米，宽 0.3 米，门后高位有抛甩状血迹，低位有喷溅状血迹，低位有带血蹬踏痕迹（花纹与死者鞋子相同）。房间东侧有一化妆桌，化妆桌南侧地面有不规则血泊（3 号），血泊中有一把菜刀（4 号）。租房靠南墙有一大理石灶台，下层地面脸盆中提取榔头一把。灶台南侧圆凳上脸盆内附不规则血迹（8 号）。租房中间有一火锅桌，中间有不规则状血迹（5 号），火锅桌东沿地面有滴落状血迹（6 号），6 号血迹中有一把刀柄。

2. 尸检情况：死者衣物破口边缘欠整齐，撕裂状，内侧破口较长。头额部有一创口，创底见颅骨弧形凹陷；左右枕部、下枕部各见一创口，左右枕部创口创底颅骨线性骨折；左耳下、左面部各见一创口，呈条状，创壁完整。左颈部有三处条状创口。面部、胸腹腰背部、四肢等处有擦伤、挫伤，双上肢可见类圆形、卵圆形状痕迹。死者心血中未检出常见的杀虫剂农药、安眠镇静药及毒鼠强成分，检出乙醇成分含量为 204mg/ml。

3. 人身检验：张某某脖子上有掐痕，左脸、脖子处干涸流淌状血迹，右手手掌处血迹予以提取。

4. DNA 检验：现场提取的血迹、作案工具榔头、刀具上所提取的血迹、提取的张某某手掌上血迹，左侧脖子血迹，鞋子上血迹等均为被害人王某某所留。（浙江省绍兴市柯桥区公安局提供）

案例解析：起诉环节现场分析要点：

1. 关于三种工具作用先后次序、作用地点的分析

（1）王某某头枕部、面部、颈部创伤，创口呈条状，创腔内未见组织间桥，创壁完整；左颈部创口造成左颈部总动脉破裂，尸表及内部脏器呈失血改变，为主要致命伤；结合租房门西侧喷溅形成流柱状血迹高度分析，系在站立位遭受菜刀砍击形成。

（2）头额部创口创壁欠完整，创底见颅骨外板弧形骨质凹陷，双上肢类圆形、卵圆形状损伤，符合锤类钝器致伤特征，可由圆形或者类圆形接触面的榔头打击可形成。

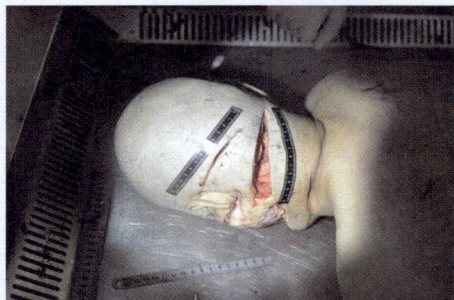

a. 枕部创口

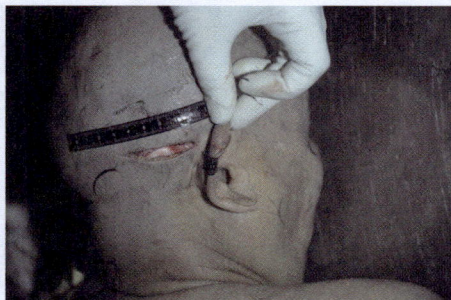

b. 右枕部创口

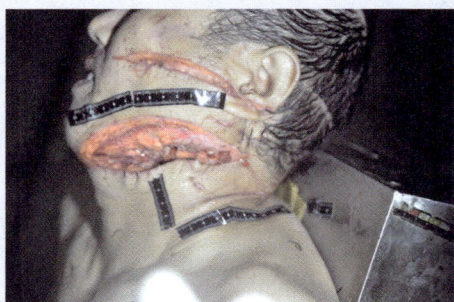

c. 面颈部创口

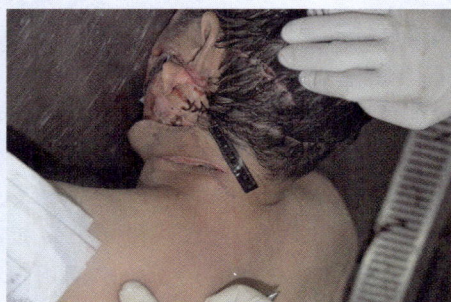

d. 左颈部创口

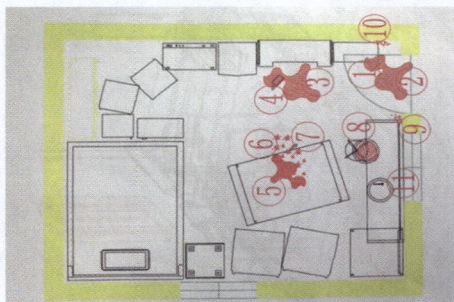

e. 现场绘制图

f. 现场实景图

g. 现场实景图

h. 现场实景图

图 11-3-1　尸检及现场图片

（3）衣物破口与腹部短条状创口对应，系锐器刺击形成。

（4）身体多处擦挫伤，符合钝性外力作用形成，身体碰擦地面等硬物可形成。

根据损伤特点及死亡原因分析，死亡方式为他杀。结合案情，考虑王某某携带榔头进入现场租房内，被张某某抢夺后，使用榔头钝性击打王某头部、双上肢等处；遭王某某掐颈反抗，张某某使用单刃锐器尖端捅刺被害人王某某腹部，未及深入人体即发生刀刃与刀柄分离，现场遗留刀刃附近为作用地点；最后，张某某在租房门后使用菜刀连续砍击王某某头面部、颈部致死亡。

2. 关于菜刀砍击是否为一个连贯的加害行为的分析

（1）现场血迹分布支持菜刀砍击是一个连贯行为。租房进门位置地面上可见大量血泊，喷溅状、抛甩状和溅落状等血迹集中分布于门后及邻近墙壁上，租房其他部位未见菜刀砍击形成的特征性的喷溅状、抛甩状血迹。张某某菜刀砍击的行为局限在租房进门位置。

（2）被害人王某某损伤特征支持菜刀砍击是一个连贯行为。王某某创口集中分布在左侧颈部和左侧后枕部，创口基本平行，创腔前深后浅或者左深右前，创口走形方向一致，符合张某某持握菜刀以同一方式、同一方向连续砍击形成。

3. 关于倒地后是否存在菜刀砍击的加害行为的分析

（1）王某某倒地位置的血泊及周围血迹符合死后或濒死期形成，且租房内除上述进门位置外，未见菜刀砍击形成的特征性的喷溅状、抛甩状血迹，从血迹分析角度不支持倒地后有加害行为。

（2）执法记录仪显示，王某某最终俯卧位倒地，头部朝向左侧，左后枕部贴靠地面。结合现场条件，张某某只能位于王某某的身体左侧，此时菜刀砍击，难以形成王某某左枕部从左到右方向的创口。

（3）王某某鼻尖部未见擦伤，上唇部擦伤明显不在一个平面上，不符合王某某失去抵抗能力倒地后，头部处于相对固定状态下，菜刀继续加害时，面部与地面摩擦形成的衬垫性损伤。

4. 关于王某某没有锐器抵抗伤的合理解释

锐器作案而人体未遗留抵抗伤，在法医学实践中并不少见。王某某没有锐器抵抗伤并不能够得出在遭受菜刀砍击时已无抵抗能力的结论。综合推测，无抵抗伤与张某某砍击行为突然、迅速，且第一刀即命中其颈部，致其颈动脉断裂大出血，从而瞬间丧失抵抗能力有关。同时，也和王某某手掐张某某颈部，而未放置于面前，未呈保护性姿态有关。

另外，一击命中后，王某某势必呈低头、俯身，捂压颈部喷血的创口等保护性条件反射，此时正好暴露其后枕部、承受张某某连续砍击。以上推测正好能够解释进门处邻近墙壁上高低位喷溅状血迹的形成原因，或者说血迹特征也能够印证以上推测。

（洪翔、杨超）

第十二章　DNA 在案件中的运用

DNA 遗传理论、检测技术自 20 世纪 80 年代被引入法医物证鉴定以来，发展迅速。目前，其已取代 ABO 血型、HLA 型、血清学、酶学等传统检验，在刑事、民事等司法领域发挥着重大作用，成为个体识别、亲缘关系认定、犯罪嫌疑人排查、致伤物认定等的核心证据。但由于 DNA 基础理论专业性较强，且证据链涉及现场勘验、物证提取、检材保存流转、DNA 检验、结果解读与运用等多环节，某一环节的疏漏均可导致错案的发生，需要引起重视并加以预防。

DNA 在案件中的运用审查要点：（1）审查 DNA 证据检材提取、保存、检验等过程是否科学规范；（2）结合案情其他证据材料，进一步正确解读检验鉴定结果，必要时审查现场勘验笔录、物证保存流转记录、原始检验图谱等，判断检材提取有无遗漏，检材有无污染、混淆，检测方法是否科学；（3）对于与案件其他材料反映明显矛盾难以解释的疑点，必要时复勘、复验或补充侦查，以正确查明事实。

第一节　DNA 基础知识

一、基本概念

基因：指含有遗传信息的一段 DNA 序列。

基因座（基因位点）：是在染色体上基因的一个特定位置。

等位基因：（群体中）每个基因座上可以有多个存在 DNA 一级结构差异的基因，这些有差异的基因互称为等位基因，如 D7S820 基因座的等位基因在荧光图谱中可有 5、6、7、8、9、10、11、12、13、14。

基因型：指（个体的）基因座上等位基因的组合。若组合成对且相同则该基因表型称为纯合子，不同时称为杂合子。例如，D7S820 的基因型 7/12 为杂合子，基因型 13/13（或 13）为纯合子。

短串联重复序列（STR）：是当前最常用的 DNA 遗传标记，以 2 ~ 6 个碱基为核心序列单位串联重复的 DNA 序列，该核心单位重复次数在个体间存在高度差异。

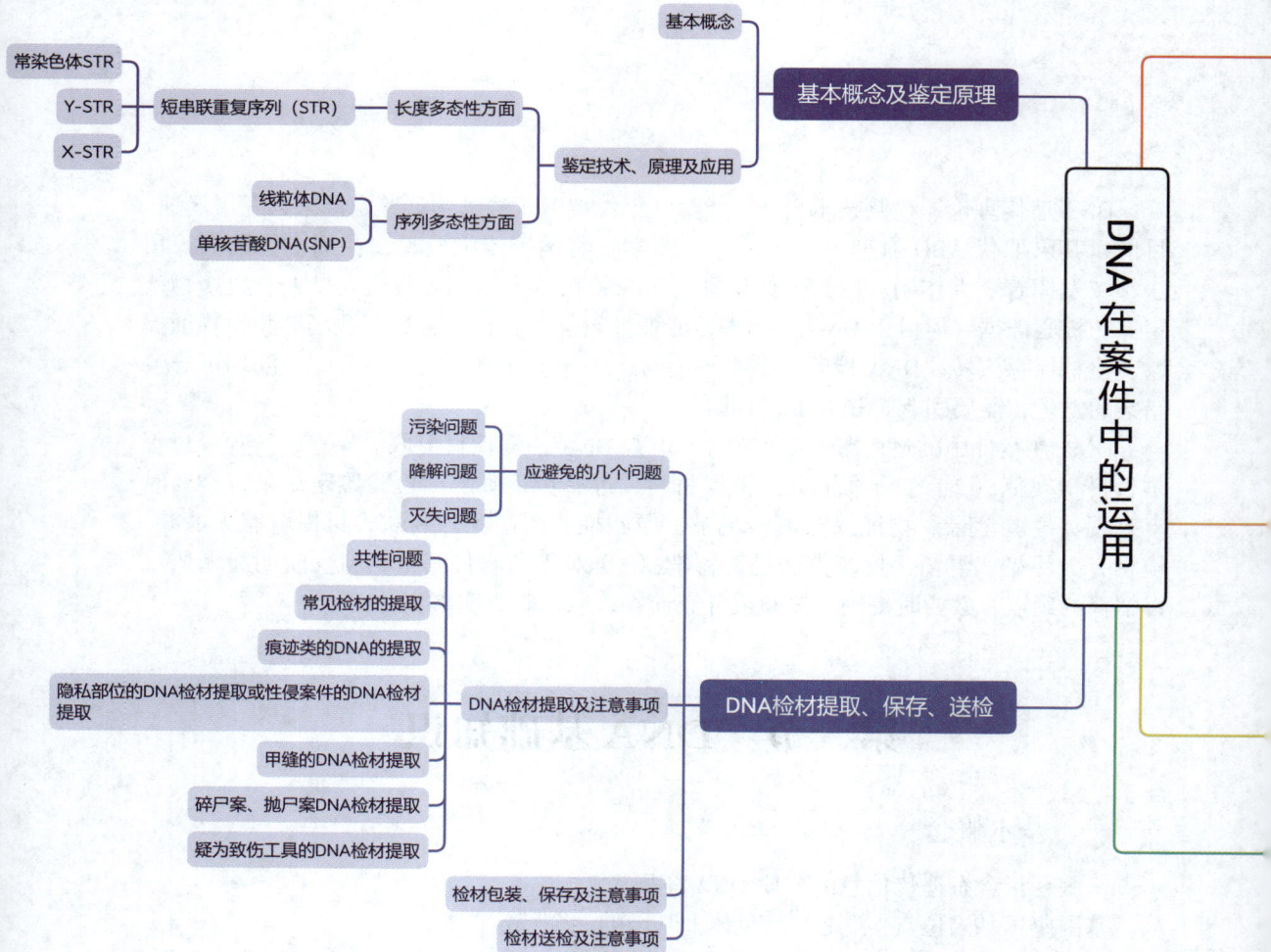

基本概念

短串联重复序列（STR）── 长度多态性方面

常染色体STR
Y-STR
X-STR

线粒体DNA
单核苷酸DNA(SNP) ── 序列多态性方面

鉴定技术、原理及应用

基本概念及鉴定原理

污染问题
降解问题
灭失问题 ── 应避免的几个问题

共性问题
常见检材的提取
痕迹类的DNA的提取
隐私部位的DNA检材提取或性侵案件的DNA检材提取
甲缝的DNA检材提取
碎尸案、抛尸案DNA检材提取
疑为致伤工具的DNA检材提取 ── DNA检材提取及注意事项

检材包装、保存及注意事项
检材送检及注意事项

DNA检材提取、保存、送检

DNA在案件中的运用

常用DNA检验方法
- 可疑斑痕检验
  - 血痕检验
  - 精斑检验
  - 唾液斑检验
- DNA检验
  - 常染色体STR、Y染色体STR的检验
    - DNA提取、纯化
    - PCR扩增反应
    - PCR扩增产物检测
    - DNA图谱分析（PCR结果判读）
  - 线粒体DNA检验
  - 其他方法
    - X染色体STR
    - 单核苷酸多态性（SNP）

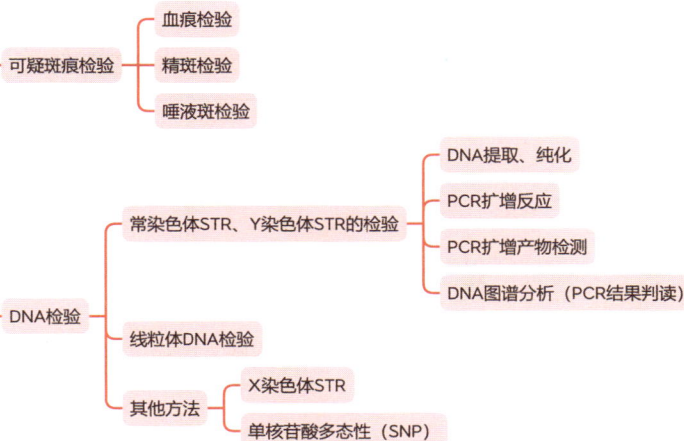

DNA在命案中的运用及结果解读
- 个体识别（同一性认定）
  - 支持
  - 排除
  - 不排除
- 亲权鉴定
  - 三联体（或二联体）鉴定
  - 同胞、隔代间亲缘鉴定
- 族系鉴定
  - 父系排查（依赖Y-STR检测）
  - 母系排查（依托线粒体DNA检测）

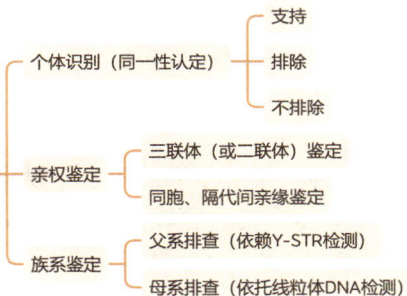

微量DNA、混合DNA检测的相关问题
- 低模板DNA（微量DNA）问题
- 混合DNA问题

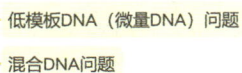

遗传突变问题、容错性问题
- 遗传突变问题
- "容错"问题

STR 等位基因以其核心序列单位的重复次数来命名。

1. 位于非蛋白质编码区的基因座，用 D##S### 方式命名，如 D19S433，分型图谱显示为 14/15，见图 12-1-1。

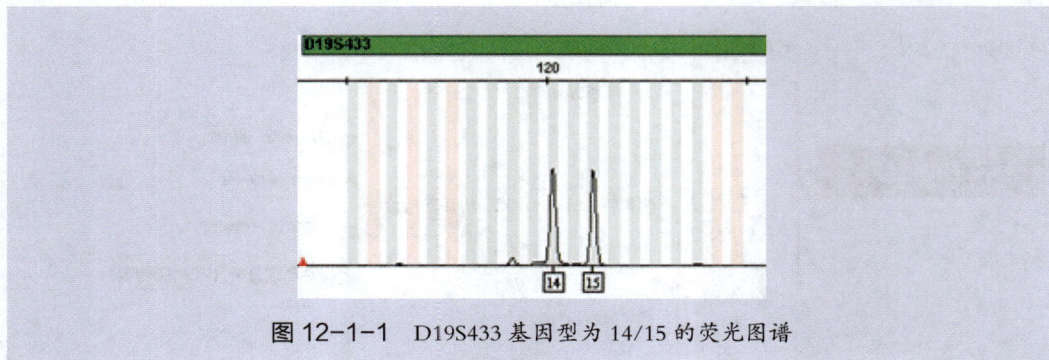

图 12-1-1　D19S433 基因型为 14/15 的荧光图谱

其中：

D 表示 DNA；

19 表示第 19 号染色体（此数字为常染色体编码，也可以是性别染色体 X 或 Y）；

S 表示单拷贝序列；

433 表示第 19 号染色体第 433 号基因座（此数字代表该遗传标记的发现分类顺序）；

14/15 表示该 433 号基因座等位基因的核心重复序列分别重复了 14 次、15 次。

2. 位于蛋白质编码区的基因座，直接用该基因名命名，如 TPOX，是指 2 号染色体甲状腺过氧化酶基因第 10 内含子。分型数据也表示相应等位基因的核心重复序列的重复次数。

常染色体 STR：存在于人类 22 条常染色体上的短串联重复序列，遵循孟德尔分离和自由组合定律，子代每个基因座上成对的等位基因，分别来自父亲和母亲。法医学意义：常用于个体识别和亲子鉴定。

Y 染色体 STR（Y-STR）：存在于人类 Y 染色体上的短串联重复序列，遵循父系单倍体遗传规律，只遗传给子代男性。法医学意义：用于推断男性同一父系关系。

X 染色体 STR（X-STR）：存在于人类 X 染色体上的短串联重复序列，具有伴性遗传特征，母亲可将两条 X 染色体上的等位基因随机遗传给子女，父亲 X 染色体上的等位基因只能遗传给女儿。法医学意义：一般用于父（母）缺如的复杂亲缘关系鉴定。

线粒体 DNA（mtDNA）：存在线粒体中，遵循母系遗传规律，通过卵细胞将遗传信息传给所有子代。法医学意义：用于推断同一母系关系。

单核苷酸序列（SNP）：指人群中正常个体在基因组水平上特定部位单个碱基的变异引起的 DNA 序列态性，多表现为二等位基因。

个体识别：是指通过检测，对 DNA 等遗传标记特异性进行同一性比对，依据每一个体一般只有一套独有且终生保持稳定的基因组，判断检材与检材或检材与样本是否属于同一个体的过程。

个体识别能力（DP）：也称个体识别概率，是指一个群体中两个随机个体的遗传标记表型不同的概率，是评价检验所使用的遗传标记系统识别无关个体能力大小的指标。使用的遗传标记数越多，DP 值越高，累积个体识别能力（TDP）越强。

亲权鉴定：是指通过检测，根据 DNA 等遗传标记的遗传规律来判断子女与父母之间或其他疑似亲属之间是否存在血缘关系的过程。刑案侦查也常用此技术来判别某一检材的生物特性与可疑父母或其他亲属之间的血缘关系，继而明确调查对象。

似然率（LR）：是指在同一证据条件下（如现场 DNA 与某犯罪嫌疑人 DNA 分型一致），在控方（或原告）、辩方（或被告）双方不同假设条件下的概率之比。即：LR= 控方假设的概率 / 辩方假设的概率。控方假设是指该 DNA 证据是犯罪嫌疑人所留，而辩方假设是指该 DNA 证据是犯罪嫌疑人之外与案件无关的未知人员由于偶然因素所留，即非犯罪嫌疑人所留。

若 LR 大于 1，则支持控方（或原告）假设，LR 越大，越支持控方（或原告）假设；理论上 LR 大于 1000，即表示"极强烈支持"，实际案例一般都要求在 10000 以上。反之，LR 小于 1，则支持辩方（或被告）假设。

随机匹配概率（PM）：是指在某个人群中随机抽取一个人具有该特定 DNA 分型的概率；PM 值越小，说明该人群中遇到该特定 DNA 分型个体的可能性越小，越支持不是偶然事件。

PM 与 LR 之间互为倒数关系。PM 它不是指犯罪嫌疑人无罪概率，也不是指犯罪嫌疑人以外人的有罪概率。实践中，DNA 证据强度分析常用似然率（LR）来表达该证据真实性的大小。

亲权指数（PI）：LR 在亲权鉴定领域，称亲权指数（PI），为判断两个个体之间具有某种亲缘关系的两种假设的概率比，即 PI= 概率 1［假设孩子的生父（或生母）基因是被检测男子（或女子）提供］/ 概率 2［假设孩子的生父（或生母）基因是被检测男子（或女子）之外的随机男子（或女子）提供］。PI 值越大于 1，越支持亲权关系成立，即认为被检测男子（或女子）是孩子的生父（或生母）。

检案中常用累积亲权指数 CPI（或称累积父权指数）来判断。当 CPI ≥ 10000 支持有亲权关系假设，CPI ≤ 0.00001 排除亲权关系假设。

非父排除概率（PE）：否定父权关系还可用非父排除概率（PE）来解释，它是孩子的非亲生父亲的男子，能够被某个遗传标记系统排除的概率。这个指标用于评估某一遗传标记系统在亲权鉴定案件中的实用价值。当非生父的某男子被控为有争议的父亲（AF）时，理论上可以根据鉴定的遗传标记予以否定，但如果遗传标记的鉴别能力较差，无关个体相同基因型的机会较高，就不能确定或排除 AF 与孩子具有亲生关系。遗传标记系统的多态性程度越高，排除非亲生父亲的效能越高。

实践中，常用多个遗传标记（相互独立）的累积非父排除概率（CPE）来鉴别，标记越多，CPE 越高，鉴定能力越强。

二、鉴定技术

法医检案常用的 DNA 遗传标记或技术，长度多态性方面有短串联重复序列（STR），包括常染色体 STR、性染色体 Y-STR 和 X-STR；序列多态性方面有线粒体 DNA，单核苷酸 DNA（SNP）（表 12-1-1）。

其中常染色体 STR、Y-STR 的应用最为普及，常染色体 STR 具有识别、认定能力；而 Y-STR、线粒体 DNA 有排除能力，但认定能力远远不足，仅可确定家族关系，多数情况下作为常染色体 STR 的补充。

表 12-1-1   常用鉴定技术用途及原理汇总

鉴定类型	个体识别	亲缘关系		
		三联体/二联体	同胞/跨代（祖孙）	家（族）系
常用技术（遗传标记）	常染色体 STR	常染色体 STR	常染色体 STR（Y-STR、X-STR 及线粒体 DNA 等作补充）	Y-STR 或线粒体 DNA
遗传理论（鉴定原理）	每一个体只有一套常染色体基因组，为其独有且终生保持稳定（同卵多胞胎、骨髓移植者、奇美拉现象等除外）	①常染色体 STR 遵守孟德尔遗传定律，即每对同源染色体的其中一条来自父亲，另一条来自母亲。基因层面，即常染色体每个基因座上的等位基因成对出现，分别来自父方和母方。②Y染色体只有男性拥有，遵守父系遗传，即父亲只能传儿子。③线粒体 DNA 为母系遗传，即母亲可传所有子代。④X-STR 随 X 染色体遗传，即儿子的只来自母亲，女儿的分别来自父亲和母亲（父亲的只能给女儿，母亲的可随机给出）。		

注：混合 DNA、微量 DNA 进行个体鉴别时可能需借助 Y-STR、线粒体 DNA 等技术。

第二节   DNA 检材

DNA 检材的提取和后期 DNA 模板的制备对 DNA 检验鉴定至关重要。

DNA 检材多来自案件相关的现场勘查、人体检验或人身检查；检材的获取、保管等必须在合法前提下，严格执行相关规定、规范，并制作勘查笔录、检查记录等，应重视这方面审查。

鉴定意见书中的每份检材须具有唯一性编码，并能追溯，在上述勘查笔录、检验记录中都可找到相应来源。

一、DNA 证据链

需要予以重点关注并杜绝在 DNA 检材的提取、保管、送检等过程中发生以下问题：

1. 污染问题

DNA 检测技术灵敏度极高，DNA 模板量在 100pg（$=10^{-7}$mg）时即可能被检出。当其他人源 DNA 混入或检材间交叉污染且被检出，对该检材将是毁灭性的影响，可能造成冤错案，也可能使犯罪分子逃脱罪责。同样，规范执行不彻底、安防措施不到位，使 DNA 证据面临严重质疑，而 DNA 污染问题始终是合理怀疑的最可能缺口。

提取检材时使用的试剂应经过去核酸处理，转移用载体应经过无菌处理，封装用容器、非一次性器械应保持洁净，一次性器械禁止重复使用；提取检材时使用的试剂应标明有效期，并在有效期内使用；应分别提取、独立包装、统一编号；对于提取到的检材，应恰当保管、及时送检。

2. 降解问题

是除污染之外另一个关注点，生物物证最佳保存环境是干燥和低温，防止腐败质变是关键，其中潮湿、高温、紫外线及消毒剂等是最常见的破坏因子，受之影响 DNA 分子发生解构，因而可能无法检出 DNA 分型。很多积案或复核案件正是生物检材保管不善，检材因霉变等造成检测失败，才使案件调查无法深入展开，陷入停顿。

3. 灭失问题

遗漏、丢失甚至替换、伪造在物证保管领域时有发生，DNA 证据也不例外，不可掉以轻心。

【案　例】

1994 年 6 月美国橄榄球明星辛普森的前妻 Nicole 及其男友被害于 Nicole 家中，辛普森成为该案主要嫌疑人而被逮捕。警方在案发现场和辛普森家、车辆等处提取了生物检材，包括血迹、手套等及辛普森血样。经检验，现场有血迹与辛普森血样的 DNA 相匹配，辛普森家的手套、车辆上的血痕检出辛普森和两名死者的混合 DNA。因此，控方团队指控辛普森不仅有作案时间、动机，左手有伤且拒捕，还有铁证"现场血迹的 DNA，除了与两被害人相同外，其余的均与辛普森相同，其错配的可能性小于 1/1000 万，汽车上血迹经证明来自辛普森、Nicole 及其男友"等，但辩方团队围绕生物检材的收集、保管及检验过程提出了一系列"合理怀疑"，强烈质疑 DNA 证据的可靠性。经过"世纪审判"，1995 年 10 月陪审团宣布辛普森无罪。

案例解析： 本案是 DNA 检验领域的"典范"，对生物物证的提取、保管、检验等全过程的规范化操作有重大警示作用。(1) 控辩双方主要争议点："是否能保证生物物证采样、保管等过程没被辛普森 DNA 污染"。(2) 辩方通过对"证物污染""证物丢失""采样遗漏""检验遗漏""取证警探的品行""物证栽赃可能""实验室检测能力及污染"等的强烈质疑，最终帮助辛普森成功脱罪。(3) 启示：质疑 DNA 证据的收集、保管问题比质疑检验结果的有效性更易进行、对整个证据体系破坏性更大，需要引起警示。

二、DNA 检材提取及注意事项

1.DNA 检材提取的一般规则

(1) DNA 检材的提取应以笔录、拍照等形式予以固定；提取记录、包装物标识应详细，并和勘验笔录、检查记录等对于检材的描述应保持一致。

（2）根据生物检材的本身性状和载体物的不同，选择相适宜的提取方式，包括原物整体提取、局部提取（如用剪、切、刮、挖、锯等方法）、转移式提取（抽取、擦拭、吸附、粘附等形式）。另外，多需在所取检材附近取材作空白对照。

（3）DNA检材应分别提取、足量提取，单独包装。

（4）每份检材的提取所用器械、试剂、包装物等保持洁净、无菌。

（5）检材提取人应严格执行现场勘验规范，做好个人防护。

2. 常见检材的提取

案件中比较多见的血液、血痕、组织、精斑、毛发、唾液斑等以相应常规方式提取即可。

对于活体检材，一般采集静脉血 1 ～ 3ml 或指尖、耳垂血 0.2ml，装入 EDTA 抗凝消毒管，同时取 0.5ml 静脉血或 0.2ml 指尖、耳垂血直接涂于医用消毒纱布或采样卡上，自然晾干；或在被检者清水漱口后，用纱布或口腔拭子提取颊黏膜上皮细胞，自然晾干；或拔取带有完整毛囊的毛发 5 ～ 8 根；以上检材均需用纸袋包装后于室温阴凉干燥处或 –20℃保存。目前实际案件中，基于建库考虑，多直接采用 FTA 卡采集血样或唾液。

现场的可疑斑痕（血痕、精斑等），附着在类似衣裤、地毯、床单上的斑痕，可将有斑痕部位连同周边无斑痕部位的一部分剪下，纸袋包装后常温保存；附着在类似衣柜、墙壁、地面、刀、斧上的血迹，可以用手术刀片仔细刮取，或用蒸馏水浸湿的洁净纱布块或纱线擦拭提取，自然晾干后纸袋包装常温保存。现场可疑毛发用镊子分别提取，禁止多根毛发混装，置于纸袋内常温保存。含有唾液斑的检材如烟头、果核、口香糖等用镊子提取，纸袋包装后常温保存；可疑留有唾液斑的杯子、茶具等均整件提取或用湿润的棉拭子或纱布擦拭其边缘部位，同时取就近处作空白对照。

对新鲜尸体，可提取心腔血，同时制备血痕，纸袋包装后常温保存，也可取肌肉组织浸泡于 75% 乙醇中备检；对腐败尸体，尽量提取相对新鲜的组织，包括指甲、软骨、深部肌肉组织、毛发等；白骨化的尸体全部提取。以上检材置于洁净容器密封包装、–20℃冷冻保存、冷藏送检。

3. 痕迹类 DNA 检材的提取

此类痕迹物证较为微量，多为触、摸所留，如指掌纹、赤脚印、咬痕、吻痕、捂压痕、扼痕等，提取要视所在载体不同性状作选择：

（1）表面光洁、渗透性差的，如金属器物（手把、铁丝等）、瓷砖、乳胶墙面、塑料（电线、薄膜等）、人体皮肤等处，常用湿润棉拭子、小片纱布擦拭提取，也可用剪切等方法。

【案　例】

2005 年某市，2 名年轻女子被害于某临街棋牌游戏房的卧室（地面有大面积血泊）。客厅瓷砖地面发现的多枚成趟潜血"穿袜足印"，被认为是犯罪嫌疑人所留，用干、湿棉签分别擦拭提取送检，其中 2 枚足印检出微量混合型分型（常染色体 STR

分型不完整，Y-STR 较完整），该分型除含死者 DNA 外，不排除含有现场其中一个饮料瓶口上的 DNA 分型（该常染色体 STR 及 Y-STR 分型完整）。随后在对可能进出该游戏房人员的排查中，发现附近经营理发店的沈某 DNA 与该饮料瓶口上的 DNA 一致，因此确定沈某为嫌疑犯。已逃至外地的沈某被抓获后供认犯罪事实。

案例解析：（1）经联苯胺显现的"穿袜足印"DNA 的鉴定难点：①足印 DNA（汗液或脱落细胞）本身量微；②联苯胺对 DNA 的影响；③游戏房其他人员 DNA 混杂及其他污染问题；④可能涉及微量、混合分型问题。（2）应对措施：据以上难点和不确定性，对每枚足印①用湿棉签、干棉签先后反复擦拭提取 DNA；②磁珠法制备、纯化 DNA 模板；③分别进行常染色体 STR、Y-STR 检测；④足迹 DNA 为微量混合型且分型不完整，故设置容错方案。通过比对发现与现场一饮料瓶口的 DNA 有关联性。

（2）表面粗糙、易渗透的，如木质器物、织物（手套、衣帽、绳索等）、砖石、锈蚀金属器物等，可用真空吸附、粘贴、刮挖、剪切等方式提取。

【案　例】

某伤害致死案，犯罪嫌疑人用木柄铁质榔头击打死者头部后将榔头抛入航道，数天后被打捞到。对该榔头的 DNA 检验，考虑到水浸泡和水道污染物等影响，尝试着进行了两种取材、纯化工作：首先，对榔头表面（包括木柄部分）多部位分别擦拭取材，分别用 Chelex 法和硅珠法纯化；其次，再针对在木柄可能被血溅到部位用手术刀片切挖出细裂纹内的木片，硅珠法提纯。最后，只在多个裂纹内检出死者 DNA，其他取样部位未能获得结果。

案例解析：复杂或疑难检材的提取，要预设可能性，方案要有针对性。如本案，浸泡过的检材，表浅部位的 DNA 被水液稀释、分解而不能检出，但浸润在深部的 DNA 因所处微环境相对稳定，被稀释、分解的过程较缓慢，则有可能被检出。

4. 隐私部位 DNA 检材提取或性侵案件 DNA 检材提取

（1）注意隐私保护。

（2）口、颈、胸部（乳）、下腹部及阴部（阴道、阴茎、肛门）等处，对 DNA 可能存留部位，以干或湿的棉拭子、小片纱布擦拭提取为宜。

5. 指甲缝等处 DNA 检材提取

因有缠斗、抓摸、抵抗等行为，常在被害人、犯罪嫌疑人的指甲上或甲缝内留有对方的 DNA，视指甲长短可用剪取或以湿棉纱线沾擦。

6. 碎尸案、抛尸案 DNA 检材提取

需注意室内、野外等不同现场环境下，对可能存留生物检材的显著部位、隐蔽部位（如管道、坑池等）作出预判，全面收集 DNA 证据。

（1）现场尸体、血迹、组织碎块或碎屑的常规性收集、取样。

（2）致伤物、碎尸工具、包裹物、捆扎物、转运工具等器物上 DNA 的收集、提取。

7. 疑为致伤工具的 DNA 检材提取

对工具可能的持握部位、"袭击"部及附近可能粘附、浸染被害人血液的部位等可作分区处理，分别取样；甚至可将工具拆解，对隐蔽区取样，如图 12-2-1。

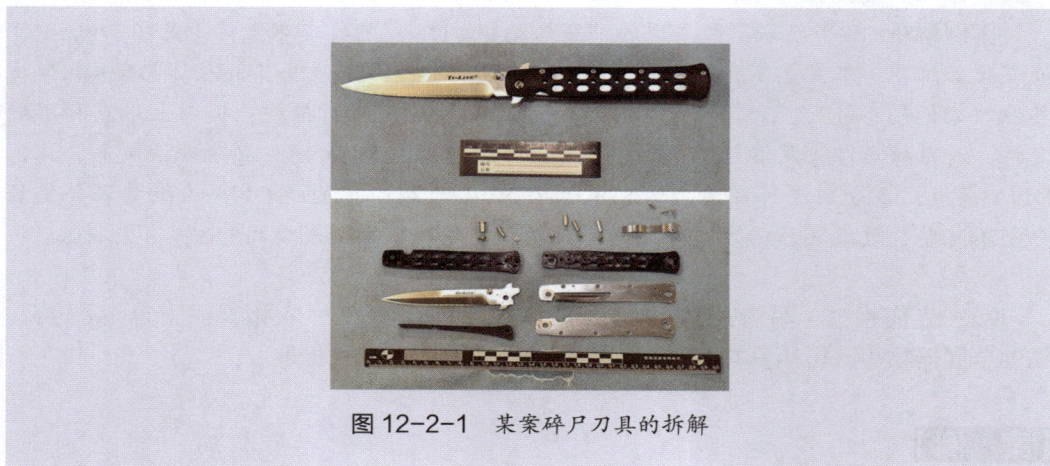

图 12-2-1 某案碎尸刀具的拆解

【案 例】

某地一农户室内一对老夫妻被杀，法医鉴定均为螺纹钢反复击打头部致死，但中心现场勘查没有发现类似工具。警方对邻近院落的河道作抽水搜查，4 天后发现一截插入淤泥的螺纹钢。在实验室，对该段螺纹钢初判后，对粘附淤泥部分凉风适度吹干，削去外层淤泥后分段刮擦取材，硅珠法制备模板 DNA，在插入淤泥端的 2 个区段（为较理想的击打部位，如图 12-2-2）检出被害女性完整常染色体 STR 分型，遂确定该螺纹钢为本案作案工具，后破案确认。

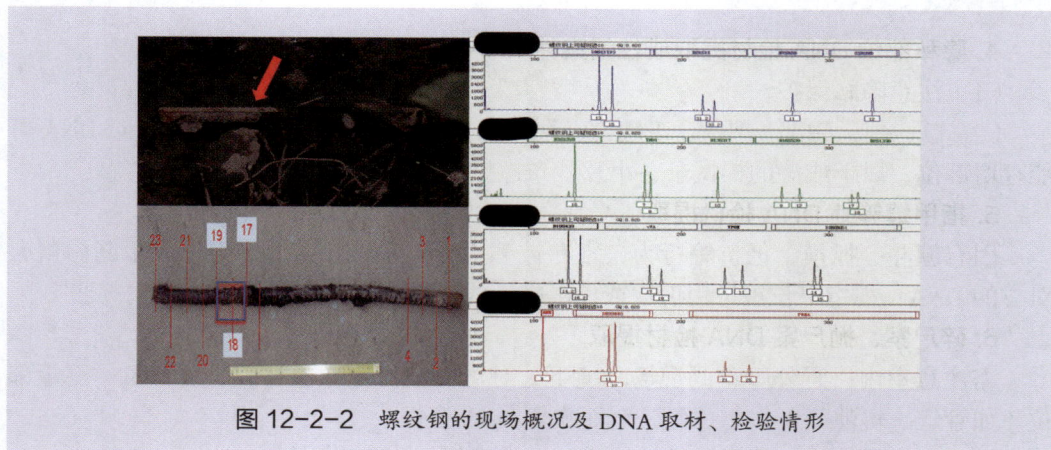

图 12-2-2 螺纹钢的现场概况及 DNA 取材、检验情形

案例解析：（1）本案检验不确定因素多：①铁质工具，多日浸泡；②污泥中污染

物多、腐植酸等PCR抑制物多；③取材难度较大。（2）检验成功因素有：①合理分区、分段、深部取材；②尽可能减少了异物干扰；③增加转移取材量，并用硅珠法提纯、浓缩（考虑该提取物中污染物、抑制物多，不适用Chelex法）。（3）本次检验缺憾：当时没有考虑男性DNA被女性DNA覆盖可能，未继续追踪男性被害人的DNA，如Y-STR。

三、检材的包装、保存

1.包装物的要求：牢固、洁净；一物一袋，其标贴内容应能如实反映该物证提取内容，如名称、提取部位等。

2.非液体类检材或液体检材制斑后，忌塑料袋密封包装，宜干燥后纸袋包装，于低温干燥环境下存放。

3.液体类宜用瓶、管封装、低温冷冻存放。

4.高温、紫外线、潮湿、霉变等环境不宜存放生物检材。

四、检材的送检

安全送检，及时送检，规范送检，确保检材完整，防止检材受损（污染、降解等）、遗失、调换。委托要求明晰。

第三节　DNA检验

鉴定文书对检验过程的描述应包括对生物检材、样本的检验方法、执行标准（GA/T 765、GA/T 766、GA/T 383等）、使用的主要设备和主要试剂，包括前期试验（预试验、确证试验）、DNA模板制备、DNA多态性检验（PCR体外扩增试验、电泳、图谱分析）等。

一、前期试验

1.血痕检验

预检验：联苯胺试验或鲁米诺荧光试验，阳性结果（翠绿色或蓝色荧光）提示可能是血，阴性结果可排除是血。现场勘查，出于减少对DNA破坏的考虑，一般推荐鲁米诺荧光试验。

确证试验：主要是抗人血红蛋白（Hb）试验，阳性结果（金标试纸法应显现质控线、反应线）提示为人血，阴性结果可排除是人血（仅显现质控线）。

【案　例】

某女在家中被杀。排查时发现附近村子一男子失踪，继后在对该男子家中搜查时发现，室内凉挂着的白衬衣的衣襟衣袖等处有数处很浅色可疑斑痕（该衣前一日曾被其妻用 84 消毒液浸泡、漂洗过），抗人 Hb 试验呈阴性；因考虑该男子有重大作案嫌疑，继续 DNA 检测得到完整被害女子 DNA 分型，锁定该嫌疑犯。

案例解析：抗人 Hb 等试验虽高灵敏度，但仍有一定检测阈值，有假阴性出现可能，尤其面对陈旧性血痕或某些洗涤过的血痕。预试验或确证试验呈阴性的重要检材，可根据案件调查需要，尝试继续后续 DNA 检验。

2. 精斑检验

预试验：酸性磷酸酶（ACP）检验，反应液呈现红色为阳性反应，提示可能为精斑，但特异性较差，有假阳性或假阴性可能。

确证试验：多采用抗人精 PSA（前列腺特异性抗原，p30）检测，阳性结果（金标试纸法应显现质控线、反应线）提示为人精斑（主要为前列腺液），阴性结果则可排除（仅显现质控线）。进一步确诊，可涂片使用显微镜检验精子。

3. 唾液斑检验

唾液斑的证明主要通过检查淀粉酶和口腔黏膜脱落上皮细胞。显微镜下发现口腔黏膜脱落上皮细胞，结合淀粉－碘试验阳性结果，可判断为唾液斑。但实际案例中，因灵敏度低、耗材量较大，多数情况已很少开展这方面检验。

二、模板 DNA 的制备（提取、纯化）

对常染色体、Y 染色体、线粒体 DNA 等任何类型的 DNA 检验来说都是很关键一步。

1. 模板 DNA

目前，检案常用的提取、纯化方法有 Chelex 法、硅珠法、磁珠法等、有机溶剂法、FTA 卡法、自动化工作站等，应视生物物证本身、载体类型、抑制物存在等差异灵活选用。兰州市公安局杨鑫等曾报道采用 IQ 磁珠法（Promega）和 Chelex 法对福尔马林固定后肋软骨 DNA 提取的不同效果，IQ 法所有基因座均成功获得分型，而 Chelex 法未得任何分型结果。

精斑的二步消化法（或称差异裂解法）：适用于涉性案件中分离出精子，以去除混合斑中女性成分（如阴道上皮细胞）对精子 DNA 分型的影响。分离精子，也可用激光捕捉方法直接抓取。

【案　例】

某强奸案，对阴道拭子做了抗人精 PSA 试验呈阳性，未做精子镜检，直接二步消化处理，沉渣的 DNA 检测所获分型与嫌疑人 DNA 分型一致。

案例解析：（1）精斑的二步消化法：精斑通过二步消化裂解、离心等处理，上清液可检测女性 DNA（建议离体的现场精斑做此检测，以确定是否与被害者关联），沉淀物检测精子 DNA。但如消化不彻底，沉淀物中仍可检出男女混合 DNA。（2）实际案例阴道拭子的精斑检验可参考表 12-3-1，作分析判断。

表 12-3-1　强奸案精斑检验的分析概况

	PSA 检测	精子检出	精子 DNA	强奸案的实际可能情形		可加试项目
精斑检验	−	−	−	未插入		−
	+	−	−	插入	未射精或用避孕套等	阴茎上或套外检女性 DNA
		−	−		射精　无精症者	1. 阴茎上检女性 DNA
		±	±		射精　少精症者	2. 阴道拭子 Y-STR
		+	+		射精　正常者	

2. DNA 定量

PCR 获得理想分型图谱的最佳 DNA 模板量在 1.0ng 左右，通常在 0.5 ~ 2.5ng 间，但国内实际案例中较少开展此项定量分析。量过高会出现非模板添加（+A 不全）、OL 峰、拔起峰等；过低则会出现随机扩增现象（峰高失衡、丢峰），通常将模板量低于 100pg 的称为低模板 DNA。

三、DNA 多态性检验

1. 扩增反应（PCR）

试剂盒：应选用能满足检测要求（如常染色体 STR、Y-STR、线粒体 DNA 等）并经认证的商品化试剂盒。但不同试剂在扩增能力、效率等方面存在差异，在有降解、混合或低模板 DNA 可能时，可以考虑选用扩增能力强、效率较高或受干扰小的试剂，如 Yfiler、MiniFiler 等。

【案　例】

ABI 公司曾报告了对一例"二战"期间尸骨使用不同试剂盒检测。如图 12-3-1，Identifiler 试剂未得到任何分型，而 MiniFiler 试剂所得分型图谱极为理想。

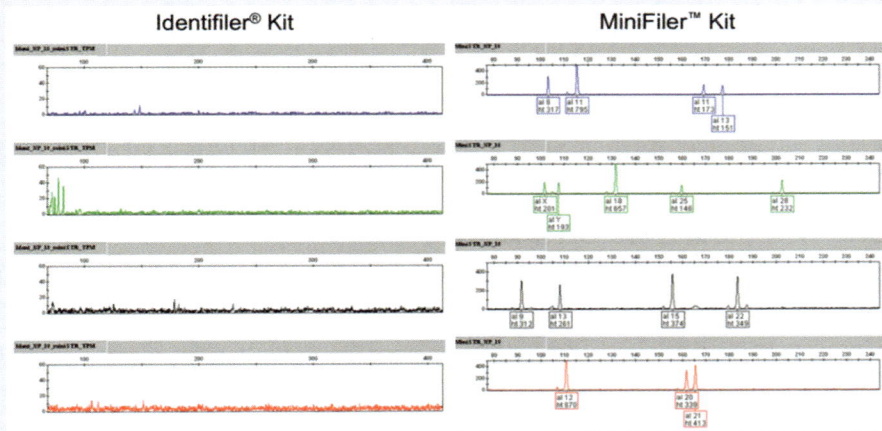

图 12-3-1　Identifiler 与 MiniFiler 试剂荧光图谱比较

案例解析：对陈旧性尸骨的检验，涉及降解，DNA 分子以小片段居多，不易被常规检出，之前多用线粒体 DNA、MiniFiler 来检测。多年来，公安系统 DNA 实验室对该类检材有着较深入研究和较多检测经验，模板 DNA 制备能力有很大提升，用一般常染色体 STR 检测试剂盒也多能获得较理想的 DNA 分型。

对照物设置：主要用于实验阶段污染和扩增试剂有效性的监控。阴性对照的正常情形是各基因座无任何峰型，出现异常则提示实验存在污染；而阳性对照出现分型不理想或分型失败，提示扩增试剂有效性降低或失效。

扩增体系、参数的选择与调整：商用试剂盒有其推荐的扩增体系、热循环参数、退火时间等，但当碰见困难检材，如低模板 DNA，有时需要缩小反应体系、增加热循环次数、延长退火时间等手段获取可供分析的分型图谱。图 12-3-2 为低模板 DNA 优化前后的图谱（局部），可以发现优化前有峰值低、扩增随机效应（不均衡、丢峰）明显，而优化后分型质量优秀。

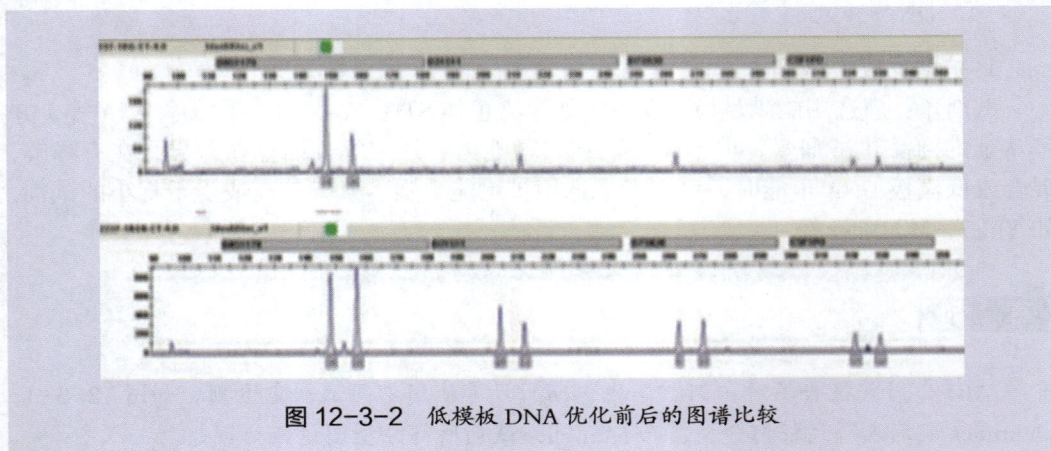

图 12-3-2　低模板 DNA 优化前后的图谱比较

2. 电泳（PCR 扩增产物检测）

（1）常用认证的商品化毛细管电泳仪，如 AB13100、3500 系列，上述仪器应运行正常，毛细管、电泳缓冲液等在合理、有效使用范围。

（2）每一板电泳应配置不少于 2 个 Ladder（尽可能保证一次电泳配置 1 个 Ladder）。

3. DNA 分型（图谱分析/PCR 结果判读）

（1）DNA 鉴定报告中所列的基因座分型已数值化，但常隐含了实际检测中的人工干预成分，因此原始图谱分析是否正确对鉴定结果有重要影响，审查要重视这一环节。

（2）图谱分析应基于 Ladder 等位基因峰、内标峰都标定正确，且阴、阳参照物分型正常，是 DNA 审查的重要环节。

（3）注意 stutter 峰、非模板添加（+A 不全）、"OL"峰、拔起峰（pull-up 现象）、电流峰、随机扩增等现象对分型结果的干扰。

【案　例】

审查某命案 DNA 文书时发现"邓某数据"D8S1179 12/12、D21S11 29/29⋯⋯D5S818 10/11、FGA 20/23 与该案另一人员数据一致，但未将"邓某数据"参与比对分析，倒查后确认为手工输入错误，实际数据为 D8S1179 10/10、D21S11 28/31⋯⋯D5S818 11/11、FGA 22/23。审查时调阅原始图谱认为该图谱质量较差，存在"污染"可能、拔起等，与实际数据不能完全符合，即要求对邓某样本重新检测，复核确认上述实际数据（图 12-3-3）。

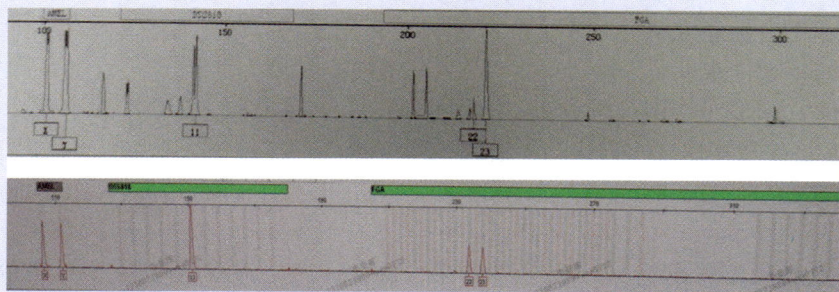

图 12-3-3　"邓某数据"复核前后的图谱比较（局部）

案例解析： DNA 分型数据的核查是审查难点，仅凭文书所报告的数值难以去评价该数据的质量，这需要查阅原始检测图谱等内部材料。

四、常见检验类型

1. 常染色体 STR 检验
（1）可直接用于确定人、物、案（人与物、物与物、案与案、人与案）之间的关联性（或同一性）。
（2）可直接用于认定三联体或二联体间的亲缘关系。

2. Y 染色体 STR 检验
（1）可用于确定父系家族关系（个别位点可存在突变），相应缩小侦查范围，最后可通过染色体 STR、指纹等确定嫌疑人员或被害者身份。
（2）涉性犯罪案中，可通过混合峰数量分析，帮助确定嫌疑人数。
个体的多数 Y 基因座分型图谱为单峰型（图 12-3-4），少数为双峰型。如多个基因座出现多峰型，则要考虑多个男性混合。
法医学意义：轮奸等涉性案件常利用 Y-STR 的单倍型特征来推断男性涉案人数。
（3）混有或可能混有嫌疑男性 DNA 时，可用于辅助、加强 DNA 分析。

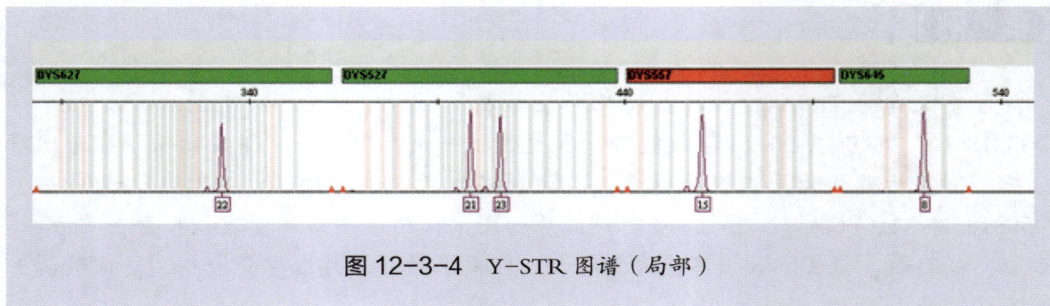

图 12-3-4　Y-STR 图谱（局部）

3. 线粒体 DNA 检验

线粒体 DNA（mtDNA）不同于常染色体 STR、Y-STR，其拷贝数多，检测灵敏度高，对样本质量和需求量要求不高，因此尤其适用于脱落的毛发、陈旧骨骼、核 DNA 检测失败的生物检材。

线粒体 DNA 多态性绝大部分位于其控制区内，对该控制区的两个高变区（HV Ⅰ 和 HV Ⅱ）通过 PCR 扩增和序列检测，根据 ISFG（国际法医遗传学会）标准，以人类线粒体 DNA 参考序列（Homo sapiens mitochondrion NCBI Reference Sequence NC0129201，也称剑桥参考序列）为参考，确定并记录每个样本在检测区内与参考序列相比出现碱基差异的位置和类型，即为其序列分型结果，如 16126 C、16169 T/A（与 STR 分型很不一样）。

法医学意义：mtDNA 为母系遗传，凡属同一个母系的后代，在没有突变情况下，mtDNA 序列都是相同的，因此在母系亲缘关系鉴定中具有应用价值，而在个体识别中的意义主要在于排除同一性。在案件调查中，可通过确定的母系关系（个体间存在一定突变、个体存在异质），缩小侦查范围。

第四节　检验结果论证及鉴定意见表述

根据所检测遗传标记的遗传学规律，对所得检验结果（基因分型）进行相关统计学指标的计算和基于计算结果的分析论证。

统计学计算所采用的遗传学计算方法和遗传学基础数据（基因频率）等参考《DNA 鉴定文书规范》等相关标准。

DNA 证据具有高度科学性、概然性，经对涉案生物检材 DNA 的检测、数据检索、比对，通过个体识别、亲权鉴定等方式，可确定与案件相关的人员、物品、场所及相互间联系，为调查提供线索，为诉讼提供证据。

一、个体识别（同一性认定）

1. 支　持

两样本间共有的 STR 分型数据都完全匹配，一般通过计算似然率 LR（或随机匹配概率 PM）来说明两者同一性强度。一般都要求 LR ≥ 10000 来"支持"两者来源同一（相应增加遗传标记检测，LR 值会增大，DNA 证据力也会更强。实践中，我们一般将 LR 大于全球总人口数作为"同一性"判断的"共识"或意思表达，但本质上 LR 仍只是概率计算出的证据强度值，表明已有足够强度支持控方假设）。鉴定意见通常表述为"×× 检材在 ×（基因座名称）等 × 个基因座上检出的 STR 分型与 ×× 相同，其似然率为 ×××"或"支持两者源于同一个体，LR 值为 ×××"。

2. 排　除

两样本只要有一个基因座的 STR 分型不一致，即可"排除"两者来源同一。鉴定意见通常表述为"×× 检材检出的 STR 分型与 ×× 不同，排除两者来自同一个体"。

3. 不排除

两样本现有分型数据相匹配，但 LR 在 1 ~ 10000 间，支持强度不足时，一般以"不排除"来说明两者关系。实际案件中，一般会考虑增加遗传标记的检测，来实现"支持"或"排除"目的。

当某人 STR 分型都能在一混合样本的 STR 分型中找到时，可简单认为"不排除"该人是混合样本的来源之一或该混合基因型"包含"该人的 DNA 分型（相反，若有 3 个或 3 个以上基因座分型在混合基因型中找不到相应等位基因，则可排除嫌疑人是该混合样本的来源）。混合样本的 LR 算法比较复杂，分析需谨慎。

二、亲权鉴定

1. 三联体（或二联体）鉴定

三联体鉴定指父、母、子三人共同鉴定，并根据孟德尔遗传定律，判断三份样本是否符合父—母—子三联体遗传规律。三联体鉴定的准确度最高，可作确定性判断。

二联体鉴定指父（或母）与子（或女）两人取样鉴定，并根据孟德尔遗传定律，判断两份样本是否符合父/母—子二联体遗传规律。

鉴定结果一般分支持、排除、不排除三种：

（1）支持：符合 DNA 遗传规律（子代基因座上的等位基因都能在父或母相应基因座基因型中找到来源），需计算累积亲权指数 CPI 来说明亲缘关系的强度，CPI ≥ 10000 支持亲缘关系的存在。鉴定意见通常表述为"×× 与 ×××、×× 具有亲缘关系，累积亲权指数为 ×××"或"×××、×× 是 ×× 的生物学父亲、母亲，累积亲权指数为 ×××"。

（2）排除：考虑到遗传过程中个别基因突变的存在，一般在 3 个以上基因座不符合遗传规律，CPI ≤ 0.00001 时，才考虑亲缘关系排除。鉴定意见通常表述为"×× 与 ×××（或 ××）不具有亲缘关系"或"×××（或 ××）不是 ×× 的生物学父亲（或母亲）"。

（3）不排除：仅有 1 个或 2 个基因座不符合遗传规律或者 CPI 支持强度不足时（0.00001 ~ 10000），用"不排除"可能更客观。实际检案，常会通过增加其他基因座或其他遗传标记系统的检测，向"支持"或"排除"靠拢。

【案　例】

申琴等报道了一对同胞兄弟与一名女孩是否存在亲权关系的案例（因鉴定需要，后补充女孩亲生母亲血样）。4人血样采用 PowerPlex21 系统检测了 20 个常染色体 STR 基因座和 1 个性别基因座，又用 Investigator Argus-12 试剂检测了 12 个 X-STR 基因座。二联体情形下（女孩生母未参与），被检父 1、被检父 2 与女孩在 20 个常染色体 STR 基因座的分型结果均符合孟德尔遗传规律，被检父 1 和女孩的累积亲权指数为 46054.26（>10000），被检父 2 和女孩的累积亲权指数为 2548233.92（>10000）。三联体情形下（女孩生母参与），被检父 2 未见不符合遗传规律的基因座，累积亲权指数为 926920119.87（>10000）；被检父 1 除 D3S1358 外（表 12-4-1），无其他不符合遗传规律的基因座，如考虑 D3S1358 发生了基因突变，其累积亲权指数为 74153.61（>10000）。补充检测 12 个 X-STR 基因座后，被检父 2、女孩及其生母三联体仍符合遗传规律，支持了被检父 2 是女孩的生物学父亲；但被检父 1、女孩及其生母三联体在 DXS8378、DXS10134、DXS10135、DXS7423、DXS10146、DXS10079、DXS10148 7 个基因座不符合遗传规律，故排除被检父 1 是女孩的生物学父亲。（摘自《法医学杂志》2014 年第 30 卷第 1 期）

表 12-4-1　被检父 1、被检父 2、女孩及其生母的 D3S1358 基因座分型

STR 基因座	被检父 1	被检父 2	女孩	生母
D3S1358	16,17	15,16	15,16	16,17

案例解析：（1）一般在三联体或二联体鉴定中，累积亲权指数 CPI ≥ 10000 时支持亲缘关系存在，而本案无论是二联体鉴定还是三联体鉴定的 CPI 都大于 10000，难以排除"被检父 1 是女孩生物学父亲"。（2）如被检父 2 不在检测范围，从形式上 D3S1358 极可能被认为是遗传突变（一级），而发生误判。（3）对存在 3 个以下基因座不符合遗传规律的，增加相应基因座或其他遗传标记的检测是最有效的亲缘鉴定解决方案。

2. 同胞、隔代间亲缘鉴定

仍主要通过对常染色体 STR 的检测来作判别，而可增加的符合相应遗传规律的 Y-STR、X-STR、线粒体 DNA 等遗传标记检测，仅起辅助判断作用。这类鉴定常多用于民事领域，刑事领域的应用相对较少。

（1）生物学同胞关系鉴定

包括全同胞（指具有相同的生物学父亲和生物学母亲的多个子代个体）和半同胞（指同父异母或同母异父个体）关系鉴定。

根据《生物学全同胞关系鉴定实施规范》及应用《ITO 法和判别函数法在同胞关系鉴定中的应用》文献，计算出常色体 STR 基因座的状态一致性评分（ibs）与累计状态一致性评分（IBS）、全同胞指数（FSI）或半同胞指数（HSI）等，或可结合同胞

（或半同胞）—无关个体判别函数来判断争议个体间的同胞关系，一般多出具倾向认定意见或排除意见。

【案 例】

因法定继承纠纷，对杨某某与唐某某进行血缘关系鉴定。采集二人末梢血，分别提取 DNA，进行常染色体 STR、X-STR、mtDNA 分型（表 12-4-2 至表 12-4-4），经计算状态一致性评分（ibs）与累计状态一致性评分（IBS）、全同胞指数（FSI）、半同胞指数（HSI）等，倾向认为杨某某与唐某某为同母异父的半同胞姐妹。（案例由石彰森提供）

表 12-4-2 杨某某、唐某某的常染色体 STR 分型结果及状态一致性评分

STR 基因座	杨某某	唐某某	ibs
D19S433	13/14	13/14	2
D5S818	10/12	10/13	1
D21S11	29/32.2	30/31	0
D18S51	15/22	13/17	0
D6S1043	12/13	12/13	2
D3S1358	16/18	16	1
D13S317	11/12	11/13	1
D7S820	8/11	11/13	1
D16S539	9/11	10	0
CSF1PO	9/12	12	1
Penta D	9/11	11/12	1
vWA	16/17	15/20	0
D8S1179	10/12	13/15	0
TPOX	8	8	2
Penta E	18.4	17/18.4	1
TH01	7/8	7	1
D12S391	18/19	19/23	1
D2S1338	23	17/23	1
FGA	19/22	23/24	0
D4S2366	9/11	11	1
D6S477	13/15	13/15	2
GATA198B05	17/21	17/22	1
D15S659	15/16	12/17	0
D8S1132	19/21	19/20	1
D3S3045	9/13	9/13	2
D14S608	10/11	7/10	1
D17S1290	10/19	15/17	0

续表

STR 基因座	杨某某	唐某某	ibs
D3S1744	18/21	18/21	2
D2S441	10/11	10/14	1
D18S535	12/14	9/15	0
D13S325	21/22	19/21	1
D7S1517	19/26	24/26	1
D10S1435	12	12	2
D11S2368	21/22	19/21	1
D19S253	7/12	7	1
D1S1656	13/15	15/17	1
D7S3048	20	19/20	1
D10S1248	12/13	12/13	2
D5S2500	16/17	10/17	1

累计状态一致性评分（IBS）=ibs1+ibs2+ibs3+…ibsn=38

表 12-4-3　X-STR 分型结果

X-STR 基因座	杨某某	唐某某
DXS6795	13	13
DXS6803	11/12.3	11/12
DXS6807	14/15	14/15
DXS9907	13/15	12/15
DXS7423	14	15/16
GATA172D05	8/11	8/11
DXS101	23/24	24/27
DXS9902	10/11	10
DXS7133	9/10	9/10
DXS6810	18	18/19
GATA31E08	10/12	11/12
DXS6800	16/21	16/21
DXS981	13.3/14	13/13.3
DXS10162	19	18/19
DXS6809	31/35	33/35
GATA165B12	9/11	9
DXS10079	16/20	16/22
DXS10135	21/30	20/30
HPRTB	12/13	12/13
DXS8378	11	11/12
DXS7132	14/15	12/14

续表

X-STR 基因座	杨某某	唐某某
DXS7424	15/17	15/17
DXS10134	34/36	32/36.2
DXS10159	23/27	23
DXS6789	16/17	16/21

表 12-4-4　线粒体分型结果

被鉴定人	HV I
杨某某	16110T 16171C 16222T 16361C
唐某某	16110T 16171C 16222T 16361C
被鉴定人	HV II
杨某某	73G 86T 263G 309.1C 310.1C 489C
唐某某	73G 86T 263G 309.1C 310.1C 489C

案例解析：（1）参照《生物学全同胞关系鉴定实施规范》中19个必检基因座基础上补充检验20个STR基因座对应的生物学全同胞关系鉴定IBS阈值和鉴定意见，如果 IBS ≥ 42，则可以倾向于认为两名被鉴定人为全同胞。杨某某与唐某某的39个常染色体STR系统，累计状态一致性评分（IBS）为38，小于全同胞阈值42，大于无关个体阈值31。（2）应用《ITO法和判别函数法在同胞关系鉴定中的应用》文献要求的15个基因座分别计算全同胞—半同胞—无关个体的判别函数得到半同胞指数（HSI）为34.949、全同胞指数（FSI）为31.943、无关个体指数为32.316，倾向半同胞关系。（3）应用《用ITO法计算两个体间的血缘关系机会》方法计算杨某某与唐某某间的全同胞指数为 1.33×10^{-2}、半同胞指数为 3.32×10^{1}，半同胞指数大于全同胞指数，倾向为半同胞关系。（4）同一父亲的两个女儿每个X-STR基因座应有一个来自父亲相同的等位基因。杨某某与唐某某25个X-STR基因座的分型结果在DXS10134与DXS7423两个基因座等位基因不相同，倾向杨某某与唐某某不是来自同一父亲的遗传。（5）杨某某与唐某某的mtDNA与标准序列相比，在nt15971-nt16410与nt29-nt320的碱基片段发生的替换、插入与缺失的序列一致。不排除杨某某与唐某某来自同一母系。（6）综合分析上述常染色体、性染色体与线粒体的结果，在排除外源干扰的前提下，倾向于认为杨某某与唐某某为同母异父的半同胞姐妹。

（2）隔代关系鉴定

隔代鉴定主要是对有争议的祖父母与被检孩子之间是否存在生物学祖孙关系进行鉴定，只有在确定生母基因、生父基因后，才可根据《生物学祖孙关系鉴定规范》等计算出祖孙关系指数（GI）与累积祖孙关系指数（CGI）来判定相互关系。

【案 例】

陈小某诉陈某某等继承纠纷一案，需对陈某某、盛某某与陈小某之间是否存在生物学祖孙亲缘关系进行鉴定。经对陈某某、盛某某、陈小某、陈小某之母曾某某常染色体 STR 检测，得到 DNA 分型结果。根据中国汉族人群的等位基因频率分布计算相关祖孙关系指数（GI 值）与累积祖孙关系指数（CGI 值）（表 12-4-5）。（案例由石彰森提供）

表 12-4-5　陈某某、盛某某、陈小某、曾某某的常染色体分型结果及祖孙指数

STR 基因座	盛某某	陈某某	曾某某	陈小某	祖孙指数（GI 值）
D19S433	13/13	14/14	13/13	13/13	2.1617
D5S818	10/11	11/12	9/11	9/10	1.3055
D21S11	29/32.2	29/31	30/30	29/30	1.9448
D18S51	12/16	13/22	16/17	16/17	1.2364
D6S1043	12/14	12/14	11/13	11/14	3.0469
D3S1358	16/17	16/16	16/16	16/17	1.2124
D13S317	8/10	8/10	10/11	8/11	1.7397
D7S820	11/12	10/10	11/12	11/11	0.7203
D16S539	9/9	9/13	11/11	9/11	2.6408
CSF1PO	10/12	11/12	11/11	11/12	1.3565
Penta D	12/13	9/11	9/13	9/13	1.0732
vWA	14/18	14/20	14/18	14/20	13.0208
D8S1179	10/16	11/13	12/15	15/16	3.3921
TPOX	8/8	11/11	11/11	8/11	0.9735
Penta E	15/18.4	16/16	16/19	15/16	3.3245
TH01	7/9	6/9	7/9	7/9	0.9519
D12S391	19/22	18/19	19/26	19/26	2.1570
D2S1338	23/24	23/24	23/25	23/25	2.0517
FGA	21/24	20/23	21/22	21/23	1.1176

案例解析：（1）根据孟德尔遗传定律，孩子的全部遗传基因分别来源于其亲生父母双方，因此，孩子在每个基因座必定有一个等位基因源自其祖父母。（2）检测的盛某某、陈某某、曾某某与陈小某的 19 个 STR 基因座和 Amelogenin 性别基因座；盛某某、陈某某的基因型符合作为陈小某亲生祖父母的遗传基因条件，参考《生物学祖孙关系鉴定规范》，经计算累积祖孙亲权指数为 81268.5250，支持盛某某、陈某某与陈小某之间存在祖孙亲缘关系。

三、族系鉴定

Y-STR、线粒体 DNA 为分别遵守父系遗传和母系遗传等非孟德尔遗传规律的遗传

标记，在刑案侦查中常被作为常染色体 STR 的补充或补救，可当作犯罪嫌疑人排查的手段（缩小侦查范围）或证据补强之用。

族系鉴定只能证明父系或母系等族群关系，不具有个体识别能力，但有排除能力，一般出具"不排除"或"排除"意见。

1. 父系排查（依赖 Y-STR 检测）

两检测对象的 Y-STR 分型，若相同，则认为"不排除"两者来自同一个体或同一父系（或认为两者来自同一父系家族）；若有不同，则可"排除"两者来自同一个体，若有 3 个以上不同，则可"排除"两者来自同一父系，而仅 1 个或 2 个不同，则不确定来自同一父系。

【案　例】

甘肃省白银市 1988 年至 2002 年的 14 年间有 11 名女性被害案，警方通过指纹、DNA 等检验、检索、串并，确认该系列案存在一"杀人狂魔"，但久侦不破。直到 2016 年，在公安部组织的疑难命案积案侦破攻坚战中，对该系列案的原有生物物证另行 Y-STR 检测，数据库检索发现与高氏家族某成员的 Y-STR 数据高度一致，侦查范围随之缩小至高氏家族男性成员，最终通过指纹、DNA 锁定嫌疑犯为该家族成员高某勇。

案例解析：（1）Y-STR 不具备个体认定能力，但可以确定是否属于某个父系家族。（2）近年来，随着 Y-STR 数据库的建立，Y-STR 在圈定人员调查范围方面明显优于常染色体 STR，侦查机关通过这类"点（检材）—面（家族）—点（个体）"方式侦破了诸多案件，包括陈年积案。

2. 母系排查（依托线粒体 DNA 检测）

两检测对象的线粒体 DNA 序列若相同，则认为"不排除"两者来自同一个体或同一母系；若有 3 个以上不同，则可"排除"两者来自同一个体或同一母系；而仅 1 个或 2 个不同，则不确定来自同一个体或同一母系（因为存在突变、异质现象）。

【案　例】

某日，刘某某被人杀死在家中，现场提取刘某某手中毛发 1 根，与李某某血样进行 DNA 检验，判断二者是否符合母系遗传关系（表 12-4-6）。采用磁珠法提取毛发 DNA、聚苯乙烯二乙烯基苯树脂法提取血样 DNA，扩增线粒体 DNA HVR Ⅰ区 15998 ~ 16400 区间片段。扩增产物经纯化后进行测序、检测、分析。

表 12-4-6　DNA 检验结果（部分）

检材	HVR Ⅰ（15998 ~ 16400）				
刘某某手中毛发	16111 T	16129 A	16223 T	16257 A	16261 T
李某某血样	16111 T	16129 A	16223 T	16257 A	16261 T

由上，刘某某手中毛发与李某某血样在检出的 mtDNA HVR Ⅰ区 16000～16370 区间序列相同，不排除二者来源于同一母系。（山东省青岛市公安局提供）

案例解析：（1）线粒体 DNA 与 Y-STR 一样，不具备个体认定能力，但可以确定是否来源于同一个母系家族。（2）线粒体 DNA、Y-STR 等，不能作为独立证据运用，应结合其他证据发挥作用。

第五节　微量 DNA、混合 DNA 检测的相关问题

一、低模板 DNA（微量 DNA）问题

1. 低模板 DNA 应在专门洁净空间区域提取，预防其他微量 DNA 零星混入。

2. 单纯低模板 DNA 检验最常见的是随机扩增现象，多出现峰失衡、丢峰（甚至检不出）等情形，每次扩增后所得图谱多可能不相一致。

3. 混合样本中的低模板 DNA，有可能完全被掩盖而不被检出。

4. 实践中，常需要优化扩增条件、平行扩增或改用其他优势试剂等来解决扩增的随机现象。但多数案件检材量极少，可能无法进行二次扩增，但如果条件允许，一般建议要二次以上平行扩增。

5. 低模板 DNA 分析，一般需要多组图谱，综合分析。

6. 比对时，应注意个别基因座的容错性，要谨慎排除；比中有肯定价值。

二、混合 DNA 问题

1. 混合 DNA 分型包含某人的分型时，即便控方假设概率不变，但随着多种混合组成的增加，辩方假设概率显然增大，LR 会随之变小，因此混合 DNA 证据的证明力变弱，不太利于指控。

当混合分型数据（3 个或 3 个以上基因座）中不包含某人分型时，才考虑排除该人为混合 DNA 的提供者。

2. 多数情况下，混合 DNA 的峰高或峰面积与混合样本中该组分的所占比例正相关。当考虑为两个体混合，且峰高比差异比较明显时，根据峰均衡性原则、高峰与低峰差值比，对该基因座可以尝试拆分推测两个体的等位基因型。

【案　例】

图 12-5-1 为某强奸案擦拭物上的混合 DNA 图谱，D19S433 可拆分型为 13/14.2 和 14/15，TH01 可拆分型为 8/11 和 9/11 或 8/9 和 11/11（vWA 同理），D18S51 可拆分型为 14/14、14/16 或 14/14 和 16/16。该案犯罪嫌疑人 DNA 分型：D19S433 为 14/15，vWA 为 14/17，TH01 为 9/11，D18S51 为 14/14，在混合图谱中均表现为相对偏高峰型。

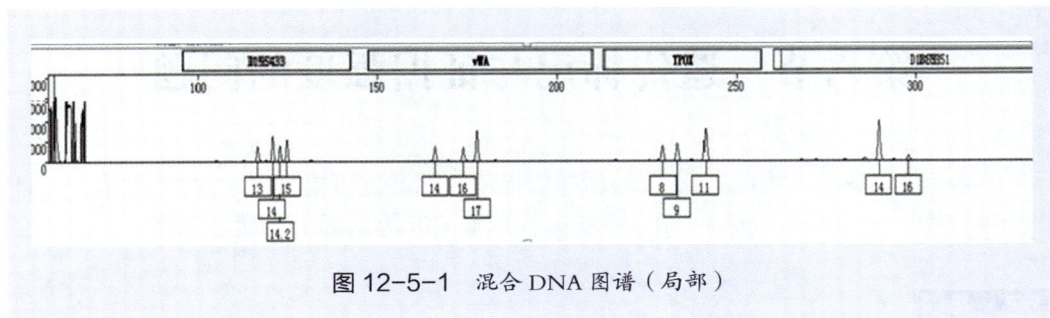

图 12-5-1　混合 DNA 图谱（局部）

案例解析：（1）混合 DNA 的拆分，应基于图谱完整，并满足峰高比要求。（2）当图谱中混合峰高比大于 70% 时，拆分会比较困难。（3）若是三人或以上混合，则不建议拆分。

3.有研究称当两样本浓度比低于 1∶20 时，浓度低的常染色体 STR 多不能正常表达（检出）。当男性涉案且未被检出常染色体 STR 时，可尝试借助 Y-STR 等其他更灵敏的遗传标记来辅助鉴别（据报告 Y-STR 分型的灵敏度，男女细胞比例可达 1∶2000）。

【案 例】

　　某农场一独居老年妇女在家中被杀害，颈部有切划伤、勒索沟，在现场血泊边找到一段沾血电线。对该电线提取模板 DNA 后，用常染色体 STR 试剂（ABI-Identifiler）扩增，电泳图谱显示与死者 DNA 分型一致，未发现有他人 DNA 分型峰或混杂峰。但因为怀疑该段电线可能为勒颈之物，改用 Y-STR 试剂（ABI-Yfiler）扩增，获得了清晰的 Y-STR 图谱，依此开展排查，发现同村一男子有重大嫌疑（案发后还曾协助警方做过外围调查工作），抓获后很快供认。

　　案例解析：个案实践中常遇到某一重要物证因常染色体 STR 检验没有获得认定性或指向性鉴定意见而证据价值欠足，如何在该物证上获取案件的"蛛丝马迹"，深入做强证据作用，需要对现场、物证、致伤方式有一定认识。分析该物证可能的持用方式，判断最可能被接触部位（区域），再根据实际情形调整提取及检测方案。

4.短期内有输血史者、异体骨髓移植或造血干细胞移植者、某些基因突变者，其血液、口腔拭子等样本可能会检出混合型，应对这类人的血液、口腔拭子及毛发等同步采集并检测。

第六节   遗传标记与证据强度的问题

一般而言，相应增加基因座或增加遗传标记的检测，可提高 DNA 的识别能力，证据的稳定性、证明力（似然率 LR、累积亲权指数 CPI 等指标）会随之提高。

【案 例】

某案中的一无名男尸（疑父）与一对母子，用 Identifiler 试剂盒（含 D8S1179 等 15 个 STR 基因座）检测，三人符合"三联体"亲缘关系。在将该母子的上述 DNA 数据导入本地数据库检索时，发现与其他三名男子也符合"三联体"亲缘关系，累积亲权指数 CPI 都在 1.25×10^4 以上；后增加对 PentaD、PentaE、D12S391、D6S1043、D19S253 的检测，其中两名男子因有 3 个以上基因座不符予以排除，而另一名男子仅 2 个基因座不符，继续增加基因座检测才得以排除（表 12-6-1）。

表 12-6-1   增加 STR 基因座检测前后不同的鉴别能力

试剂	基因座	母亲	儿子	父源基因	疑父	男子1	男子2	男子3
ID 试剂盒	Amel	X	X/Y	Y	X/Y	X/Y	X/Y	X/Y
	D8S1179	14/16	12/16	12	12/14	12/13	12/15	12/14
	D21S11	31.2/32.2	31/31.2	31	29/31	30/31	30/31	30/31
	D7S820	11/12	10/12	10	8/10	10/11	8/10	8/10
	CSF1PO	10/12	10/12	10 或 12	10/12	10/13	11/12	11/12
	D3S1358	16	16	16	16	16/17	16	15/16
	TH01	7/9	7/9	7 或 9	7/9	9	7/9	6/9
	D13S317	8/11	8/11	8 或 11	11/12	11	11/12	11
	D16S539	10/13	11/13	11	11/12	9/11	11	9/11
	D2S1338	19/22	22/23	23	19/23	17/23	23/24	20/23
	D19S433	14.2/16.2	14/16.2	14	14	13/14	14/14.2	14/15.2
	vWA	17/19	14/17	14	14/16	14/17	14/18	14
	TPOX	8/9	9/11	11	8/11	8/11	11	11
	D18S51	13/14	13/14	13 或 14	13/14	13/14	14/15	13/22
	D5S818	11/12	11/12	11 或 12	11/12	10/12	11/12	10/12
	FGA	25/26	24/25	24	24/25	23/24	23/24	22/24
+++	PentaD	9/11	11	11	10/11	13	11/13	11/12
	PentaE	11/21	21	21	18/21	16/17	11/16	13/19
	D21S391	20/23	21/23	21	21	18/19	20/21	19/20
	D6S1043	12/20	12/19	19	17/19	18/20	14	13
	D19S253	10/15	13/15	13	13/15	12/13	13	7/11

注：红色数字代表父源基因，涂灰部分表示不能提供父源基因。

案例解析：随着 DNA 数据库的建立、扩展，亲缘关系鉴定的不确定性有所提高，无名尸体查认及全国范围打拐、寻亲活动中的亲权确认要考虑其中的相对不确定性，因此采用比个体识别更多的基因座或加入其他遗传标记来鉴别很有必要，建议"三联体"鉴定采用 20 个以上基因座，"二联体"鉴定采用 30 个以上基因座。

第七节　遗传突变问题、容错性问题

一、遗传突变问题

1. 亲缘鉴定中，有时可见子代的某个 STR 基因座的等位基因与亲代（父或母）对比出现核心重复序列的变异（丢失或获得）。多数为一个核心重复序列变异，称一步突变，约占突变的 90% 以上；还可见二步、三步突变。

【案　例】

某三联体亲子关系的检测，共检测了 20 个 STR 基因座，发现 D8S1179 的等位基因不符合孟德尔遗传规律，其分型：儿子 12/17，母亲 12/14，父亲 14/16，显然儿子的 17 可考虑来自父亲 16 的一步突变，经计算 CPI 远大于 10000，故支持三者亲缘关系（后增加的基因座检测结果均符合遗传规律）。

案例解析：（1）遗传过程中发生个别基因突变，是人类进化历程的一部分，鉴定时可遇见。（2）相邻两代之间一般认为有 3 个或 3 个以上 STR 基因座不符合遗传规律时，才考虑排除亲缘关系；1 个或 2 个不符合时常相应增加基因座或其他遗传标记（Y-STR、线粒体 DNA、SNP 等）的检测来确定或排除相互关系。

2. 常染色体 STR 及 Y-STR 的遗传突变率基本一致，在 0.1% ～ 0.4% 间；线粒体的遗传突变率相对稍高，还存在异质性。

3. 子代获得的 STR 突变终生不变，不会影响子代的个体识别。

二、"容错"问题

基于 DNA 存在遗传突变、现实例外（同卵双胞胎、多胞胎等及"奇美拉"嵌合现象）及现有技术手段局限所致的"失衡""丢失"等，对 DNA 证据的实际应用要考虑一定的容错性。

1. 低模板 DNA，扩增的随机现象比较明显，其参与比对或数据库检索，应考虑容错可能，综合分析，谨慎排除。

2. Y-STR 在男性家族个体间有突变，家族及人员排查时常需考虑容错可能。

【案　例】

　　某区 10 多年前一强奸杀人命案，在近期的积案会战中，阴道拭子重新检测，获"嫌疑人"常染色体 STR 和 Y-STR。进行 DNA 数据库检索，常染色体 STR 没有匹配结果，但 Y-STR 预设了一个基因座可容错，检索出与内地某姓氏的 Y-STR 高度疑似。即赴当地排查，后发现与该姓氏同族的另一支的 Y-STR 完全一致，继而在该旁支中梳理排摸，很快确定该案疑犯并抓获，常染色体 STR 比对一致。

　　案例解析：（1）Y 数据库不可能包含所有家族支系、旁系分型。（2）实案检索时允许 1～2 个基因座的容错，并以此逐步缩窄调查范围是相对经济的有效经验。

　　3. 线粒体 DNA 既要考虑族系的个体间有遗传突变，也要考虑个体组织间的异质现象，"排除"须慎重。

（周建东、林宇新、范哲、赵诗哲、初巧红）

伤害案件中法医学鉴定证据审查要点

伤害案件中最常见的鉴定是人体损伤程度鉴定，人体损伤程度鉴定意见往往是这类案件定罪的关键证据。本篇以人体损伤程度鉴定为中心介绍相关法医学知识点，冀望能够达到以点带面的效果。人体损伤程度鉴定涉及大量法医学知识和临床专业知识，对于法律工作者来说，全面的理解和运用存在一定的困难。本篇旨在帮助法律工作者更好地理解《人体损伤程度鉴定标准》的含义、更简便地找到相关基础专业知识、更容易地理解鉴定中的专门性问题、更娴熟地运用人体损伤程度鉴定意见，从而使其对案件更容易地达到内心确信，同时这也是目前检察系统法医工作者努力的目标之一。

2014 年之前，人体损伤程度鉴定标准有《人体重伤鉴定标准》《人体轻伤鉴定标准（试行）》《人体轻微伤的鉴定》三个标准。为进一步加强人身损伤程度鉴定标准化、规范化工作，"两院三部"组织专家对上述三个标准中各条款内容进行修订、整合及补充，发布《人体损伤程度鉴定标准》以替代上述三个标准，新标准自 2014 年1 月 1 日起实施。本篇以《人体损伤程度鉴定标准》为引领，综合部分法医学及临床医学的专业知识，辅以案例对专门知识点进行解析，分总论和分则两部分。总论主要围绕人体损伤程度鉴定的鉴定原则、鉴定时机、伤病关系、因果关系以及常见损伤进行分析介绍；分则主要围绕损伤程度鉴定审查、致伤物及损伤机制审查、鉴定时限审查进行介绍，希冀能够深入浅出地帮助法律工作者理解专门性知识。另外，目前对于人体损伤程度鉴定中极个别问题的理解仍然存在一定差异，故在实际工作中，法律工作者对鉴定意见的审查，理应做到多方参考，必要时对疑难、复杂的问题与相关法医工作者进行沟通，加强对专业知识的理解，减少认识上的差异，提升办案质量。

第十三章　人体损伤程度鉴定总论

《人体损伤程度鉴定标准》适用于《中华人民共和国刑法》及其他法律、法规所涉及的人体损伤程度鉴定，规定人体损伤程度鉴定的原则、方法、内容和等级划分，具体有范围、规范性引用文件、术语和定义、总则、损伤程度分级、附则，以及附录A、附录B、附录C。其中，前三部分主要是一些概念性的定义；总则提纲挈领地介绍了人体损伤程度鉴定中需要注意和运用的基础性规范，对人体损伤程度鉴定有着根本性的意义；损伤程度分级部分是各部位损伤鉴定的具体条款，是整个鉴定标准的主体；附则规定了一些在鉴定过程中需要注意的具体事项以及对损伤程度分级部分中未说明的事项进行补充说明；规范性附录A规范了损伤程度等级划分原则，规范性附录B规范了功能损害判定基准和使用说明，资料性附录C列出了人体损伤程度鉴定常用技术，需要注意的是，规范性附录是具有强制性的。

人体损伤程度鉴定审查要点：(1)正确理解鉴定原则；(2)严格把握临床治疗终结等鉴定时机问题；(3)准确区分损伤行为与损害后果的因果关系；(4)准确理解常见损伤的意义。

第一节　鉴定原则

司法鉴定是指在诉讼活动中鉴定人运用科学技术或者专门知识对诉讼涉及的专门性问题进行鉴别和判断并提供鉴定意见的活动。人体损伤程度鉴定是司法鉴定中法医类鉴定的一个具体鉴定项目，所以人体损伤程度鉴定一定具备司法鉴定的共有属性，也要遵循司法鉴定的基本原则。

首先，人体损伤程度鉴定要遵循合法性原则。鉴定工作应遵循的法规，既包括实体法如刑法，也包括程序法如刑事诉讼法，既有国家相关法律、法规，也有部门规章及规范性文件。其次，人体损伤程度鉴定要遵循独立性原则。法医鉴定人在开展人体损伤程度鉴定过程中不受外界的干扰，独立自主地对鉴定事项作出科学判断，提出鉴定意见并对鉴定意见负责。再次，人体损伤程度鉴定标准要遵循客观性原则。鉴定原

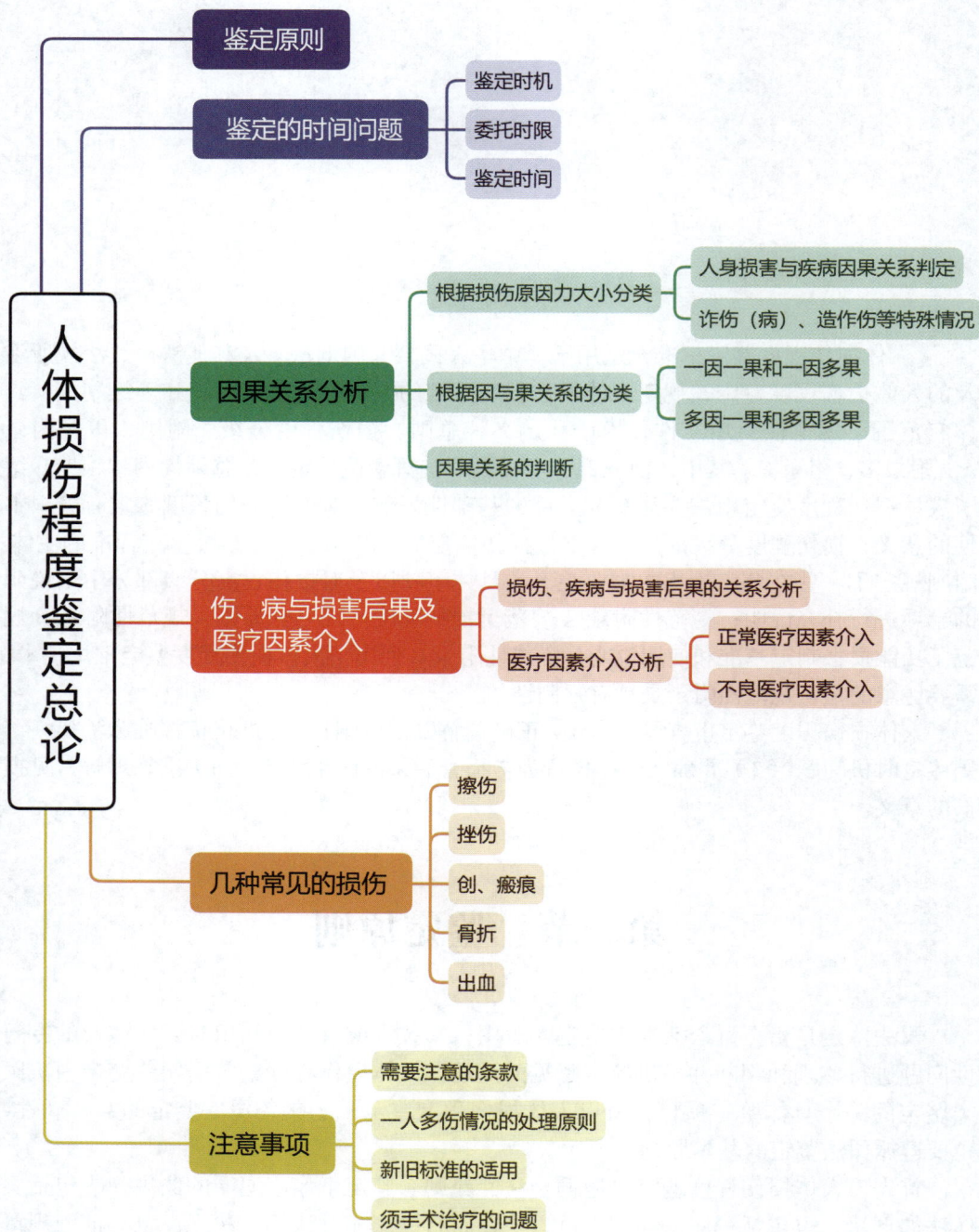

人体损伤程度鉴定总论

- 鉴定原则
- 鉴定的时间问题
  - 鉴定时机
  - 委托时限
  - 鉴定时间
- 因果关系分析
  - 根据损伤原因力大小分类
    - 人身损害与疾病因果关系判定
    - 诈伤（病）、造作伤等特殊情况
  - 根据因与果关系的分类
    - 一因一果和一因多果
    - 多因一果和多因多果
  - 因果关系的判断
- 伤、病与损害后果及医疗因素介入
  - 损伤、疾病与损害后果的关系分析
  - 医疗因素介入分析
    - 正常医疗因素介入
    - 不良医疗因素介入
- 几种常见的损伤
  - 擦伤
  - 挫伤
  - 创、瘢痕
  - 骨折
  - 出血
- 注意事项
  - 需要注意的条款
  - 一人多伤情况的处理原则
  - 新旧标准的适用
  - 须手术治疗的问题

则是指司法鉴定活动必须遵循客观规律，反映案件事实，摒弃主观臆断，使鉴定过程实现真实、准确、可靠。最后，人体损伤程度鉴定要遵循公正原则，以实现公平、正义为价值追求，秉持公正，不得有徇私、偏袒，是鉴定工作中最高准则和核心原则。最后，由于人体损伤程度鉴定是一个具体的鉴定项目，有其自身的特殊性，故也应遵循自身具有的鉴定原则，这也是本节的主要讨论内容。

一、损伤程度等级划分原则

损伤程度等级从重到轻共五个级别，分别是重伤一级、重伤二级、轻伤一级、轻伤二级和轻微伤。重伤一级和重伤二级属于法律意义上重伤的范畴，一级更重；轻伤一级和轻伤二级属于法律意义上轻伤的范畴，一级更重。

1. 重伤一级

各种致伤因素所致的原发性损伤或者由原发性损伤引起的并发症，严重危及生命；遗留肢体严重残废或者重度容貌毁损；严重丧失听觉、视觉或者其他重要器官功能。

2. 重伤二级

各种致伤因素所致的原发性损伤或者由原发性损伤引起的并发症，危及生命；遗留肢体残废或者轻度容貌毁损；丧失听觉、视觉或者其他重要器官功能。

3. 轻伤一级

各种致伤因素所致的原发性损伤或者由原发性损伤引起的并发症，未危及生命；遗留组织器官结构、功能中度损害或者明显影响容貌。

4. 轻伤二级

各种致伤因素所致的原发性损伤或者由原发性损伤引起的并发症，未危及生命；遗留组织器官结构、功能轻度损害或者影响容貌。

5. 轻微伤

各种致伤因素所致的原发性损伤，造成组织器官结构轻微损害或者轻微功能障碍。

以上损失程度的五个级别中，重伤二级是重伤的下限，与重伤一级相衔接，重伤一级的上限是致人死亡；轻伤二级是轻伤的下限，与轻伤一级相衔接，轻伤一级的上限与重伤二级相衔接；轻微伤的上限与轻伤二级相衔接，未达轻微伤标准的，不鉴定为轻微伤。

【释义】损伤程度等级划分原则既是划分等级的标准，也是开展人体损伤程度鉴定时需要遵循的基本原则，尤其是在损伤后果处于临界状态时，更需要用划分等级原则来进行具体判断。

二、鉴定原则

1. 遵循实事求是的原则，坚持以致伤因素对人体直接造成的原发性损伤及由损伤引起的并发症或者后遗症为依据，全面分析，综合鉴定。

【释义】损伤程度鉴定应有明确因果关系的原发性损伤、损伤并发症及损伤后遗症作为鉴定的依据。对于存在多种损伤的或者存在伤病关系的，应对损伤（疾病）逐一分析，最终给出综合鉴定意见。

原发性损伤：损伤直接所致的机体组织结构的破坏或功能障碍，即损伤直接导致的损害结果，如骨折、脑挫裂伤等。

损伤并发症：是指一种损伤引起另一种疾病或综合征的发生，或合并发生了几种疾病或综合征，即损伤结果又引发的其他损害后果，如失血性休克、挤压综合征等。

损伤后遗症：损伤病人在恢复期过后遗留的症状与体征或者功能障碍，即损伤在恢复后仍然遗留的损害结果，如外伤导致智能障碍。

【案　例】

王某，男，52岁，因与邻居刘某发生肢体冲突。伤后第二日自诉面部疼痛不减，遂就医。X线片提示其右侧颧骨凹陷，某地公安遂以颧骨骨折为依据鉴定为轻伤二级，并以故意伤害案件立案。本案犯罪嫌疑人刘某称案发时只殴打了王某头顶靠左颞部，并未对王某面部进行攻击，对鉴定意见不服。技术性证据审查时发现，王某就医后，除拍摄X线片外，还拍摄过头面部照片及CT，其头面部照片显示右侧颧骨皮肤未见异常，CT提示王某左侧颞顶部软组织挫伤；面部右侧颧骨局部凹陷、无骨折线，右侧颧部未见软组织挫伤。故审查意见认为，王某右侧颧部无软组织损伤，其右侧颧骨骨折非受伤当日形成，不宜对该损伤评定损伤程度，认为王某左侧颞顶部软组织挫伤为轻微伤。

案例解析：本案中影像学特征与损伤本身不相符，显然鉴定时将其作为技术性证据使用存在重大问题。此鉴定违反了上述鉴定的基本原则，鉴定是否实事求是，其损伤行为与事实后果是否存在因果关系存疑。

2. 对于以原发性损伤及其并发症作为鉴定依据的，鉴定时应以损伤当时伤情为主，损伤的后果为辅，综合鉴定。

【释义】在鉴定或者审查鉴定时应注意收集完整鉴定材料，尤其是原始的病历记录，包括手术记录、麻醉记录、护理记录、临床影像学资料、病理资料等。以此了解损伤部位、性质、程度，是否危及生命，单一的诊断证明或检查报告作为唯一鉴定依据时须慎重。

3. 对于以容貌损害或者组织器官功能障碍作为鉴定依据的，鉴定时应以损伤的后果为主，损伤当时伤情为辅，综合鉴定。

第二节　鉴定的时间问题

一、鉴定时机

1. 以原发性损伤为主的，伤后即可鉴定。

法医学实践中原发性损伤最为常见，如肢体离断、外伤性血气胸、腹腔实质性脏器破裂、空腔性脏器穿孔等，原则上损伤后即可进行鉴定。

2. 以损伤所致的并发症为主要鉴定依据的，在伤情稳定后进行鉴定。

损伤并发症有时比原发性损伤更严重，如脂肪栓塞综合征、休克以及挤压综合征等，以此类并发症作为主要鉴定依据的，应在伤情稳定后进行。

【案　例】

钱某，男，32 岁，2018 年 3 月 18 日，在下班途中被机动车撞伤，急诊就医，被诊断为右股骨干骨折、右胫腓骨骨折。伤后第二日，出现呼吸急促，胸闷咳嗽，痰中带血，体温 39℃，心率 123 次／分；体检见头颈部皮肤皮下出血点密集；胸部 CT 可见典型的暴风雪状阴影；血气检验：pH 为 7.37、二氧化碳分压为 28mmHg、氧分压为 50mmHg，血液中发现脂肪滴，符合完全型脂肪栓塞综合征诊断标准，故依据《人体损伤程度鉴定标准》第 5.12.2.f）"损伤引起脂肪栓塞综合征（完全型）"之规定，评定为重伤二级。

案例解析： 本案被鉴定人钱某因交通肇事致右股骨干骨折及右胫腓骨骨折，伤后两天出现呼吸急促、体温升高、脉搏加快、低氧血症和双肺斑片状阴影，其骨折导致完全型脂肪栓塞综合征的因果关系明确。在实际检案中，既有原发性损伤又有并发症的，在损伤程度评定时，既要考虑原发损伤适用标准的问题，又要考虑并发症损伤适用标准的问题。

3. 以容貌损害或者组织器官功能障碍为主要鉴定依据的，在损伤 90 日后进行鉴定；在特殊情况下可以根据原发性损伤及其并发症出具鉴定意见，但须对有可能出现的后遗症加以说明，必要时应进行复检并予以补充鉴定。

【案　例】

赵某，女，25 岁，2016 年 9 月 10 日，被他人用硫酸泼洒致面部大面积化学性灼伤，经多次手术治疗至 2017 年 12 月 15 日病情稳定，治疗基本终结。2017 年 12 月 17 日，法医学查体见其双侧眉毛缺失，双侧耳廓缺失，小口畸形，双侧鼻翼部分缺损，颈颌瘢痕粘连，颈部固定平视前方，不能后仰及旋转（颈颌粘连中度以上），被鉴定人上述情况符合"重度容貌毁损"的情形，予以认定。依据《人体损伤程度鉴定标准》

5.2.1.a）"容貌毁损（重度）"、附录 B2.2 容貌毁损之规定，评定为重伤一级。

案例解析： 本案被鉴定人赵某被他人用硫酸毁容，其鉴定在治疗终结后，距离损伤日期大于 90 日，符合《人体损伤程度鉴定标准》中对容貌损害鉴定时机的要求。

【案　例】

王某，男，34 岁，2020 年 3 月 5 日，因纠纷被他人用刀砍伤左腕、左膝。其左腕处创口长度为 8.7cm，创缘整齐，创深至骨膜，肌腱断裂向外抽出，活动性出血不止；左膝关节处创口长约 5.5cm，创缘整齐，创深至骨质，肌腱断裂，局部活动性出血。经急诊清创探查、血管神经吻合、肌腱修补术，术中发现其左腕部桡侧腕屈肌、拇短展肌腱、拇短伸肌腱、拇长展肌腱、肱桡肌及左膝股中间肌等肌腱断裂并行肌腱修补术；左腕部桡动脉、桡动脉腕掌支、腕背动脉弓、桡静脉，头静脉及左膝上内侧动脉等血管断裂，并行血管吻合术；左腕部桡神经终浅支、前臂后皮神经，前臂外皮神经及左膝髌丛神经等神经损伤，并行神经吻合术，其术后愈合尚可。2020 年 3 月 9 日，某县公安局物证鉴定室依据《人体损伤程度鉴定标准》5.9.4.c）"四肢重要血管破裂"之规定，评定王某的伤情为轻伤二级，如遗留关节功能障碍，可在损伤 90 日后补充鉴定。2020 年 6 月 10 日，在审查起诉阶段，被害人王某诉其出现左手腕部功能障碍，左下肢走行不便，申请补充鉴定。后经补充鉴定，王某遗留的关节功能障碍未达到轻伤二级的损伤程度，故认定其最终的损伤程度依旧以原发性损伤即"四肢重要血管破裂"为主要鉴定依据，评定为轻伤二级。

案例解析： 本案被鉴定人王某被人砍伤腕关节及膝关节，其中，腕关节重要血管破裂伴以神经肌腱断裂，其血管破裂，神经、肌腱断裂均属于原发性损伤，损伤后即可鉴定。因外伤可能造成腕关节功能障碍，故需在损伤 90 日后进行复检并补充鉴定。

4. 疑难、复杂的损伤，在临床治疗终结或者伤情稳定后进行鉴定。

临床治疗终结（临床医疗终结）：原发性损伤及其与之确有关联的并发症已经临床一般医疗原则所承认的治疗和必要的康复，症状消失或者稳定，体征相对固定，达到治愈或好转要求，经评估其组织器官结构破坏或功能障碍难以继续恢复。

伤情稳定：损伤或损伤引发的并发症经过治疗，症状和体征基本稳定。

【案　例】

2015 年 2 月 14 日，李某被他人打伤胸部、头面部，伤后感到胸闷、头痛。诊断为：胸外伤，右眼钝挫伤，右侧面部多处软组织挫伤。2015 年 2 月 15 日，某市公安局物证鉴定室依据《人体损伤程度鉴定标准》5.2.5.c）"面部软组织挫伤"之规定，评定李某的损伤程度为轻微伤，因其右眼钝挫伤可能涉及右眼功能障碍，可在其治疗终结后补充鉴定。之后，李某逐渐感右眼不适，右眼视野呈进行性下降，并多次就医。至 2015 年 10 月 28 日治疗终结，李某右眼视野半径降至 5°。2016 年 2 月，经该市公安局物证鉴定室法医学检查复查见李某右眼视野半径为 6°，并根据李某就医病历排除了其再次受伤及自身疾病等因素，最终依据《人体损伤程度鉴定标准》5.4.2.c）"一眼视野半径 10° 以下（视野有效值 16% 以下）"之规定，评定为重伤二级。

案例解析：实际检案中，对于病程较长的疑难、复杂损伤，应待被鉴定人临床治疗终结或伤情稳定后再予鉴定，且需要充分考虑外伤与损伤结果的因果关系。

5.《人体损伤程度鉴定标准》中对鉴定时机的规定是一个笼统的规定，如"以容貌损害或者组织器官功能障碍为主要鉴定依据的，在损伤 90 日后进行鉴定"，标准中没有制定具体鉴定项目的鉴定时限，而在诸如 GA/T 1970《法医临床学检验规范》、SF/T 0111《法医临床检验规范》、SF/Z JD0103004《视觉功能障碍法医学鉴定规范》、SF/Z JD0103001《听力障碍法医学鉴定规范》、SF/Z JD0103009《人体前庭、平衡功能检查评定规范》、SF/Z JD0103005《周围神经损伤鉴定实施规范》、SF/T 0096《肢体运动功能评定》、SF/Z JD0103012《嗅觉障碍的法医学评定》等检验规范中对具体部位功能障碍的鉴定时机有相关规定，涉及具体问题时可以依照执行。

二、委托时限

公诉案件，根据《公安机关办理伤害案件规定》第十八条规定，公安机关受理伤害案件后，应当在 24 小时内开具伤情鉴定委托书，告知被害人到指定的鉴定机构进行伤情鉴定。自诉案件，目前无相关委托时限要求。

三、鉴定时间

鉴定机构在受理鉴定后，需要根据鉴定的具体情况在一定时间内完成鉴定，《人民检察院鉴定规则（试行）》《公安机关鉴定规则》《司法鉴定程序通则》等对受理后的鉴定时间作出了相关规定。具体鉴定时间见表 13-2-1：

表 13-2-1　鉴定时间

类型	时限
鉴定时间	《人民检察院鉴定规则（试行）》： 具备鉴定条件的，一般应当在受理后十五个工作日以内完成鉴定；特殊情况不能完成的，经检察长批准，可以适当延长，并告知委托单位。
	《公安机关鉴定规则》： 鉴定机构应当在受理鉴定委托之日起十五个工作日内作出鉴定意见，出具鉴定文书。法律法规、技术规程另有规定，或者侦查破案、诉讼活动有特别需要，或者鉴定内容复杂、疑难及检材数量较大的，鉴定机构可以与委托鉴定单位另行约定鉴定时限。
	《公安机关办理伤害案件规定》： 具备即时进行伤情鉴定条件的，公安机关的鉴定机构应当在受委托之时起 24 小时内提出鉴定意见，并在 3 日内出具鉴定文书。 对伤情比较复杂，不具备即时进行鉴定条件的，应当在受委托之日起 7 日内提出鉴定意见并出具鉴定文书。 对影响组织、器官功能或者伤情复杂，一时难以进行鉴定的，待伤情稳定后及时提出鉴定意见，并出具鉴定文书。

续表

类型	时限
鉴定时间	《司法鉴定程序通则》： 司法鉴定机构应当自司法鉴定委托书生效之日起三十个工作日内完成鉴定。 鉴定事项涉及复杂、疑难、特殊技术问题或者鉴定过程需要较长时间的，经本机构负责人批准，完成鉴定的时限可以延长，延长时限一般不得超过三十个工作日。鉴定时限延长的，应当及时告知委托人。 司法鉴定机构与委托人对鉴定时限另有约定的，从其约定。 在鉴定过程中补充或者重新提取鉴定材料所需的时间，不计入鉴定时限。

第三节　因果关系分析

　　损伤行为与损害后果的因果关系分析认定是刑法、刑事诉讼法上对专门性证据的要求，也是法医学鉴定的前提。通过损伤行为与损害后果的因果关系的分析，执果索因这样的思辨过程，"寻找唯一证据链""排除合理怀疑"，才是事实因果关系探究分析认定的内涵。即从事实真相的角度探究损伤行为与受害人所受到的损害后果是否存在因果联系。

一、根据损伤原因力大小分类

1. 人身损害与疾病因果关系判定

　　本部分所说人身损害与疾病之间的关系是指本次加害行为与自身疾病（陈旧损伤）对损害后果之间的关系，根据 SF/T 0095《人身损害与疾病因果关系判定指南》，按照损害与疾病的原因力大小，分为完全作用、主要作用、同等作用、次要作用、轻微作用和没有作用六种类型。参与程度具体如下：

　　（1）完全作用（完全原因）：外界各种损害因素直接作用于人体健康的组织和器官，致组织和器官解剖学结构的连续性、完整性破坏，和／或出现功能障碍，现存的后果／疾病完全由损害因素造成；96%～100%（建议100%）。

　　（2）主要作用（主要原因）：外界各种损害因素直接作用于人体基本健康的组织和器官，致组织和器官解剖学结构的连续性、完整性破坏，和／或出现功能障碍，现存的后果／疾病主要由损害因素造成；56%～95%（建议75%）。

　　（3）同等作用（同等原因）：既有损害，又有疾病。损害与疾病因素两者独立存在均不能造成目前的后果，两者互为条件，相互影响，损害与疾病共同作用致成现存后果，且所起的作用基本相当；45%～55%（建议50%）。

　　（4）次要作用（次要原因）：既有损害，又有疾病。疾病在前，是主要原因；损害在后，为次要原因。损害在原有器质性病变的基础上，使已存在疾病的病情加重；16%～44%（建议30%）。

　　（5）轻微作用（轻微原因）：既有损害，又有疾病。疾病在前，是主要原因；损害在后，为轻微原因。损害在原有器质性病变的基础上，使已存在疾病的病情显现；

5%～15%（建议10%）。

（6）没有作用（没有因果关系）：外界各种损害因素作用于人体患病组织和器官，没有造成组织和器官解剖学结构连续性、完整性破坏及功能障碍，不良后果完全系自身疾病所造成，与损害因素之间不存在因果关系；0%～4%（建议0%）。

2. 特殊情况

在法医学实践中常常会遇到被鉴定人为了逃避惩罚或为了获得更多的利益，有诈伤、诈病、造作伤的情况，因损伤与实际的损害后果，不存在因果关系，应引起重视。此外，在人身伤害案件中的攻击伤，不存在刑法上的因果关系。上述情况皆不宜评定损伤程度。

诈伤（病）：为了达到某种目的，身体健康的人假装或伪装成患有某种伤或疾病。可根据其有明确目的和动机，缺少病理学基础，临床检查不配合，临床症状与体征矛盾，临床表现与临床转归不符，属无因果关系类型。多见于伪聋、伪盲、伪装神经功能障碍等，现有医院检查可以进行区分，具体案例见各分则。

造作伤：为了达到某种个人目的，自己或授意他人对自己身体造成损伤或故意扩大和加重原有损伤。可通过案情调查、资料审查、现场勘查、损伤检查、衣着的检查、事件重建，综合分析判断被鉴定人的损伤是否为造作伤，如为造作伤则不存在刑法上的因果关系。

【案　例】

张某，2020年5月17日被他人砍伤右上臂下段，致右侧肱骨不完全性骨折（未达骨髓腔），右侧肱三头肌肌肉和肌腱断裂，右上臂后侧皮神经损伤。经治疗4个月后，2020年9月28日检查，其右上臂下段遗留9.8cm瘢痕，肘关节无功能障碍。2020年11月5日及2020年11月13日复查，其瘢痕比2020年9月28日有延长，瘢痕长度超过10cm，且在延长部分可见两组新增缝合瘢痕，属造作伤（图13-3-1）。

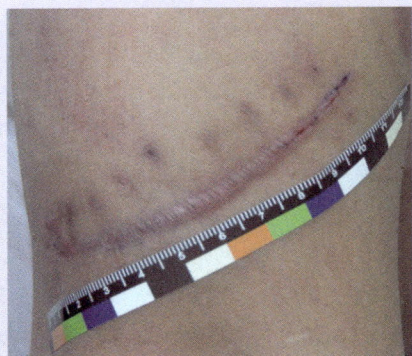

a. 2020年9月28日　　b. 2020年11月13日

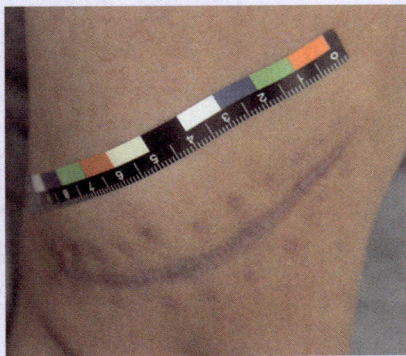

图13-3-1　瘢痕及标志点位

案例解析：《人体损伤程度鉴定标准》5.9.4.1）规定"肢体一处创口或者瘢痕长度10.0cm以上"，评定为轻伤二级，达到故意伤害罪的追诉标准。本案中张某的瘢痕长度增加且多出了两组缝合针眼，造作痕迹明显，据此可认定张某人为延长的伤口系造作伤。故仍然认定张某"右上臂下段遗留9.8cm瘢痕"，依据《人体损伤程度鉴定标准》5.9.5.a）"肢体一处创口或者瘢痕长度1.0cm以上"之标准，评定为轻微伤。

【注意】主动攻击可能造成自身损伤，其不属于诈伤或造作伤。判断自伤还是被伤首先需要确定致伤方式，然后结合其他证据判断形成该损伤的根本原因。

二、根据因与果关系的分类

根据因与果的关系可分为：一因一果、一因多果、多因一果、多因多果等情形。

1. 一因一果和一因多果的情形

一因一果的情形：在法医学实践中，一因一果是最容易进行鉴定的，一般无争议。即损伤行为与损害后果具有直接因果关系，不仅满足时间过程连续性与先因后果顺序性，还具有排他性。

一因多果情形：与一因一果相似，只不过出现多个损害后果，需要对多个后果分别分析，综合鉴定。如道路交通事故伤，损伤类型多样，部位不同，既有肢体残缺，又有组织器官功能障碍，就是典型的此类情况。

2. 多因一果和多因多果情形分析

即损伤与既往伤、病和（或）医疗因素共同参与，且损伤行为与损害后果具备因果关系，可按损伤与既往伤、病和（或）医疗因素各自作用分清主次，最后综合分析再鉴定损伤程度。对于多因多果则更为复杂，是由上述多种原因造成多种不同损伤结果。

【案　例】

2018年5月26日，张某左眼被他人用拳头击伤，遂感左侧面部疼痛加重，局部逐渐肿胀。眼眶CT检查提示：双侧眼球对称，大小、形态正常。球内未见异常密度，球后间隙清晰。视神经及眼外肌形态、轮廓、密度未见异常。眼眶各壁骨质未见异常。面部左侧眼睑增厚。诊断为左眼睑肿胀。2018年9月3日至市医院就医，自诉三个月前受伤，近一个月来视力下降。检查视力：右眼0.8、左眼：眼前手动。体格检查见左眼角膜透明，晶状体位置正常，左眼虹膜后粘连，视网膜呈灰白色隆起，左眼黄斑水肿。初步诊断：左眼视网膜脱离；2018年10月9日右眼前节及眼底未见明显异常，左眼视网膜几乎完全脱离，视网膜高度隆起，视乳头及黄斑不能窥及。右眼压为14mmHg、左眼压为6mmHg。

案例解析：（1）根据受伤当日拍摄的张某正面照中左眼部确实遭受到外力的击伤，三个月后被鉴定人张某左眼出现视网膜脱离，结合案情、眼科检查发现其左眼虹膜后粘连，左眼黄斑水肿，左眼视网膜脱离；但检查其右眼视力正常，眼底正常，无高度近视，无高血压、糖尿病等自身疾病所致眼底病变，说明被鉴定人张某左眼视网膜脱离与 2018 年 5 月 26 日被人击伤左眼部有一定的因果关系。

（2）根据病历资料记载，被鉴定人张某外伤当日入院后摄 CT 片示双侧眼球对称，大小、形态正常。球内未见异常密度，球后间隙清晰。视神经及眼外肌形态、轮廓、密度未见异常。眼眶各壁骨质未见异常。左侧眼睑增厚。说明其左眼部遭受外力击打，但眼底未见有明显异常。自从 2018 年 5 月 26 日外伤到 9 月 3 日确诊"左眼视网膜脱离"3 个月余期间，张某未有连续就诊和诊疗过程记录。故认为被鉴定人张某左眼部外伤后未能规范治疗，使左眼伤后继发炎症感染等因素，导致并发左眼视网膜脱离。

综合以上分析，根据《人体损伤程度鉴定标准》鉴定原则，被鉴定人张某左眼视网膜脱离，其损伤为次要因素或诱发因素，而外伤后未能规范治疗使左眼伤后继发炎症感染为主要因素，属多因一果情况。

三、因果关系的判断

根据 SF/T 0095《人身损害与疾病因果关系判定指南》，人体损伤程度鉴定中的因果关系包括：

1. 若损伤与损害后果之间存在直接因果关系，为完全作用或主要作用，宜按照《人体损伤程度鉴定标准》相关条款评定损伤程度；

2. 若损伤与其他因素对损害后果存在同等因果关系，为同等作用（同等原因），则参见《人体损伤程度鉴定标准》的伤病关系处理原则，降低等级评定损伤程度；

3. 若损伤相较于其他因素对损害后果为次要作用或轻微作用，则只说明因果关系，不评定损伤程度；

4. 若损伤与损害后果之间不存在因果关系，为没有因果关系，则不评定损伤程度；

5. 在损伤程度鉴定中的伤病关系判定，不宜评定参与程度。

【案　例】

张某在某饭店就餐，酒后，张某与该店员工赵某发生纠纷，被赵某用拳头打伤左面部，伤后被急诊送往医院，途中又发生车祸，救护车侧翻，张某被撞出车外。张某被送到医院后查体，BP88/60mmHg，GCS 评分 12 分，意识障碍，呈浅昏迷，双侧瞳孔等大对光反射迟钝，颈项强直，病理征未引出；CT 显示：左面部软组织肿胀，右侧枕部可见骨折，左侧额部见高密度团块影，脑室系统向健侧移位，诊断为闭合性重度颅脑损伤，第 3、4 颈椎呈半脱位。行急诊开颅术，术后治疗效果较好，不久后痊愈出院。就赵某打伤张某的损伤程度，鉴定机构仅针对"左侧面部挫伤"依据《人体损伤程度鉴定标准》5.2.5.c）之规定，评定为轻微伤。

案例解析： 根据现场监控，证人证言，结合病历资料，张某被赵某击打部位为面部，经医院检查仅存在软组织肿胀，即面部挫伤。其他损伤与赵某的打击无关，故就赵某打伤张某的案件，其他损伤不宜评定损伤程度。

第四节　伤、病与损害后果关系及医疗因素介入

法医实践中，损伤、疾病与损害后果的关系一直备受关注，出现有鉴定意见争议在所难免，甚至酿成缠诉、缠访案件，引发社会公众的不满，影响司法形象。伤、病与损害后果关系分析成了损伤程度鉴定的重点、难点，加上医疗因素介入，使得分析伤情程度更为复杂。

一、损伤、疾病与损害后果的关系分析

损伤与其所导致损伤性疾病存在因果关系，损伤与既往伤/病不存在因果关系。本节损伤特指原发性损伤，损伤性疾病特指损伤并发症、损伤后遗症等，疾病特指与本次损伤无关的既往伤/病。

1. 损伤导致损害后果，与既往伤/病无关，应依据本标准相应条款进行鉴定。

损伤 ➡ （损伤性疾病）➡ 损害后果

2. 损伤为主要作用的，既往伤/病为次要或者轻微作用的，应依据本标准相应条款进行鉴定。

损伤 ➡ （损伤性疾病）┐
　　　　　　　　　　　├ 损伤为主要作用 ➡ 损害后果
既往伤/病 ┘

【案　例】

陈某与他人因积怨矛盾，发生肢体冲突，被他人打伤面部口唇，致口唇黏膜挫裂，两枚牙齿根折。经医院口腔科检查，牙槽骨轻度吸收，存在牙周疾病。但其所受外力足以导致两枚牙齿根折。故本案例中，损伤为陈某牙齿根折的主要原因，而既往病仅为轻微作用，陈某的损伤程度依据《人体损伤程度鉴定标准》5.2.4.q)"牙齿脱落或者

牙折 2 枚以上"之规定，评定为轻伤二级。

3. 损伤与既往伤 / 病共同作用的，即二者作用相当的，应依据本标准相应条款适度降低损伤程度等级，即等级为重伤一级和重伤二级的，可视具体情况鉴定为轻伤一级或者轻伤二级，等级为轻伤一级和轻伤二级的，均鉴定为轻微伤。

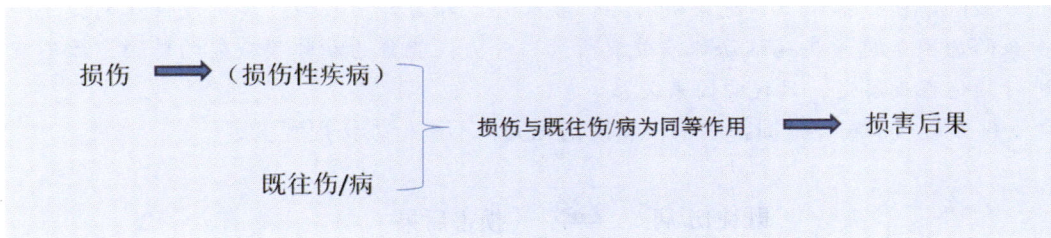

【案 例】

王某与他人发生纠纷，被踢伤左侧胸腹部，伤后剧烈腹痛，急诊送往医院，CT示胸左侧第 9 肋骨骨折；腹部脾大突出肋缘 4cm、脾脏破裂。在全麻下行脾脏全切术。经病理学检验，其脾脏淤血、肿大，质地变脆；镜下脾窦淤血明显，诊断为脾肿大。

案例解析： 本案中，王某胸左侧第 9 肋骨骨折，说明其所受外力足够大，但其脾脏肿大突出肋缘、脾脏质地变脆，证实其自身疾病也较为严重。故认为，其脾脏破裂并手术切除的后果是外力及其既往疾病同等作用所致，损伤程度应降级评定。

4. 既往伤 / 病为主要作用的，损伤为次要作用的，不宜进行损伤程度鉴定，只说明因果关系。

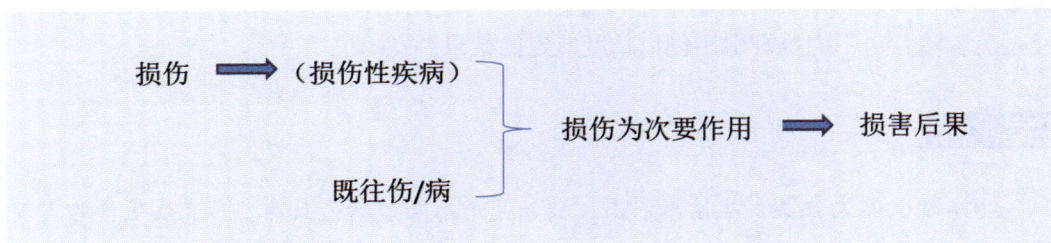

5. 既往伤 / 病为主要作用的，损伤为轻微作用的，不宜进行损伤程度鉴定，只说明因果关系。

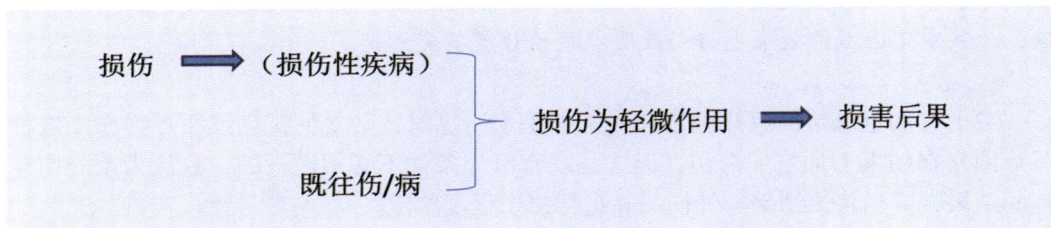

【案 例】

陈某与其大哥因家庭事务引发纠纷，胸部被对方拳击数次，伤后即出现头晕、头痛、呕吐，继而昏迷。经医院检查，CT检查提示：弥漫性蛛网膜下腔出血，余未见异常；脑血管造影提示：大脑基底动脉和大脑后动脉交叉处动脉瘤破裂。

案例解析： 本案中，陈某被打部位非头部，外力作用轻微。其弥漫性蛛网膜下腔出血的原因是自身疾病脑动脉瘤破裂所致，外力仅能作为动脉瘤破裂的诱因，故不宜进行损伤程度鉴定，只说明因果关系。

6. 既往伤/病导致损害后果，与损伤无关，不进行损伤程度鉴定。

既往伤/病 ➡ 损害后果

二、医疗因素介入分析

医疗因素介入是法医学实践中较为常见的情况，在评定损伤程度时，需要对医疗因素介入的程度和时机进行分析。在伤害案件中应如何把握，一直是鉴定中颇具争议的难点，总结以下几点注意事项。

1. 正常医疗因素介入

伤者在受伤后就近得到医疗正常救治，存在正常医疗因素介入。这种医疗因素介入可有两种结果：一是医疗因素介入对鉴定损伤程度不造成影响；二是医疗因素介入对鉴定损伤程度有加重影响。

（1）不造成影响的医疗因素介入。这种医疗因素的介入不改变外伤与损伤后果之间的因果关系。如肢体离断伤，不论离断肢体是否再植成功都不影响对其损伤的鉴定。再如面部创口，伤后即可用创口进行鉴定，一旦使用创口鉴定出损伤等级，即使后续经过美容治疗也不应推翻引用创口长度鉴定的结果。

【案 例】

2016年王某与汪某发生情感纠葛，被汪某用水果刀割伤面部。后经法医检验发现其面部左侧两处创口长度分别为5.2cm、2.1cm，面部右侧创口长度为4.0cm。损伤后某鉴定机构以面部创口长度，依据《人体损伤程度鉴定标准》第5.2.3.a）"（面部）多个创口或者瘢痕长度累计10.0cm以上"之规定，评定为轻伤一级。2020年王某经过多次整容术后面容明显改善，此事引发汪某一方的不满，对过去的鉴定提出质疑。显然，此案中不因医疗效果良好而改变原损伤程度鉴定意见。

（2）有加重影响的医疗因素介入。如手术治疗时，必要的扩创或医疗损伤，这种医疗因素在结果上加重了损伤，但这是现有医疗条件下必须进行的，故认为系外伤导致的结果，应当将该结果与外伤一并进行损伤程度鉴定。

2. 不良医疗因素介入

这种医疗因素直接参与损伤后果的形成，介入时中断或改变了外伤对损伤后果发生的进程，成为损伤后果的成因之一，在鉴定或者审查鉴定时需要对这个医疗因素进行具体分析。一般有两种形式：一是出现医疗事故；二是出现过度医疗。

（1）出现医疗事故的情况

医疗事故会将本没有那么严重的损伤后果变得更加严重，从而出现一个加重过的损伤结果。

（2）出现过度医疗的情况

过度医疗会将损害后果进一步加重，会影响鉴定结果，导致鉴定结果更加严重。

【案　例1】

2018年王某因交通事故导致其颅内出血，并行开颅术，审查病历材料发现，未见硬膜下血肿，未出现脑组织压迫所表现的相应症状和体征，且手术记录也未见颅脑严重血肿情况。后经询问主治医师，其陈述王某出现过颅脑高压症状，向患者家属告知病情的严重后果时，家属要求开颅手术治疗。此案中，手术适应症的评估，缺乏科学性，其实际的损伤程度，未达到重伤二级的范畴，故不能因开颅术作为鉴定的依据。

【案　例2】

付某，女，因口角与他人发生抓扯，导致面部多处损伤。受伤后立即拍照，照片显示付某面部多处抓痕，有渗血、无活动性出血；左眼角1处创口，有活动性出血。受伤后到某私立整形医院就诊，该医院对其左面部3处抓痕进行清创缝合，并使用肉毒素治疗，后形成愈合瘢痕；其他抓伤损伤未处理，愈合后未形成瘢痕；左眼角创口包扎治疗，愈合后未形成明显瘢痕（图13-4-1）。

由于案件可能存在过度医疗问题，组织多学科专家进行会诊，专家一致认为医院对付某3处抓伤的处理存在过度医疗的情况。一是医院治疗的3处损伤为抓伤，自愈不会形成瘢痕，清创缝合非抓伤的必要医疗手段。比照面部其他未清创缝合的抓伤部位，均未形成瘢痕。二是医院在清创缝合后立即使用肉毒素会减低面部肌肉收缩功能，导致面部软组织下垂，会拉扯缝合部位的软组织，从而导致愈合不良。三是付某眼角创愈合后未形成明显瘢痕，说明其自身非瘢痕体质，3处抓伤形成的瘢痕的主要原因是医院的治疗方式。综合专家意见，认为其左面部3处缝合抓伤遗留瘢痕为过度医疗后形成，不宜进行损伤程度鉴定；应以左眼角创及面部划伤4.0cm以上，评定为轻微伤。（重庆市人民检察院王泓杰提供）

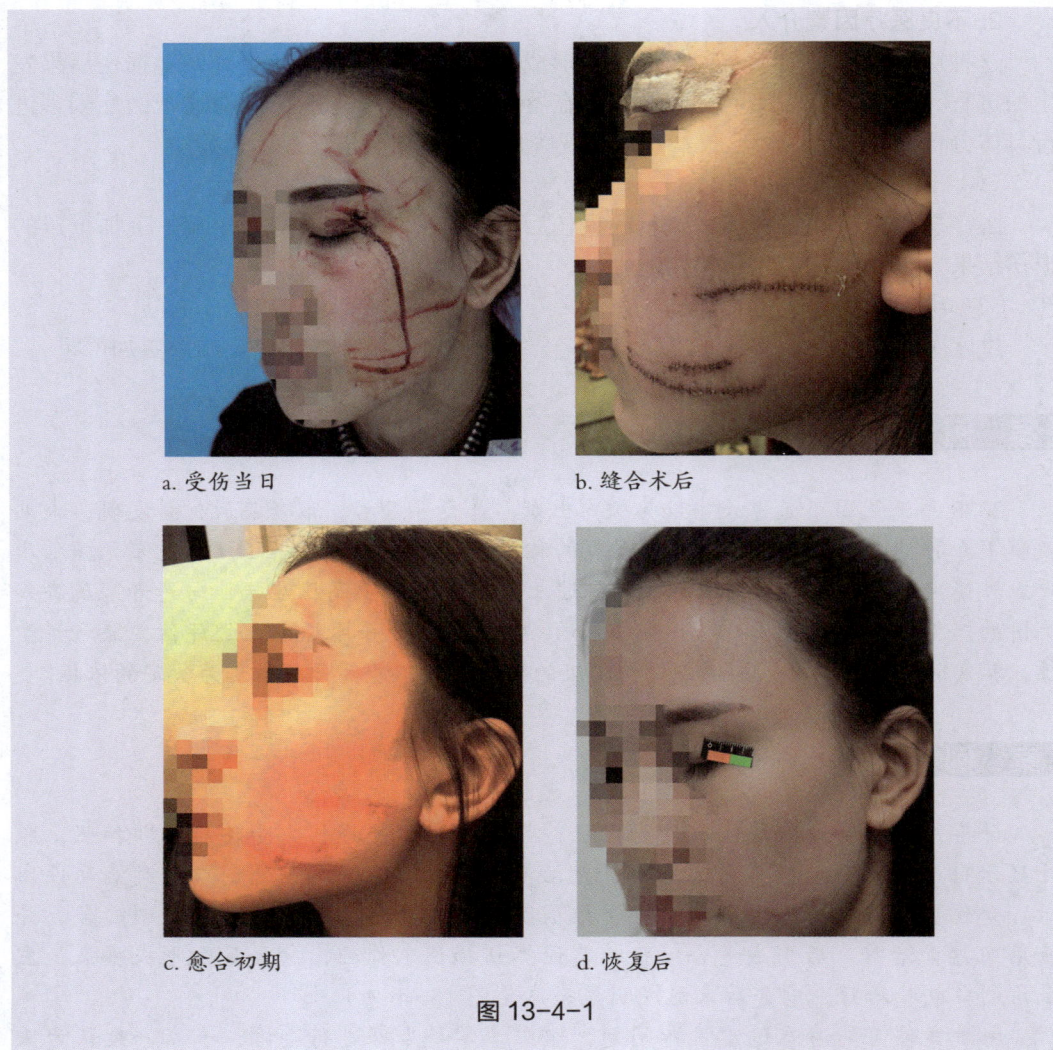

a. 受伤当日

b. 缝合术后

c. 愈合初期

d. 恢复后

图 13-4-1

第五节 几种常见的损伤

本节主要描述法医临床几种常见的损伤如擦伤、挫伤、创和瘢痕、骨折、出血等，以供参考。

一、擦 伤

擦伤是指钝性致伤物与体表摩擦挤压造成的以表皮剥脱为主要改变的损伤，又称表皮剥脱。擦伤多发生于钝器打击、坠落、交通事故等。具体可分为抓痕、划痕、擦痕、压擦痕等。

1. 擦伤的形态

典型的擦伤呈点状、条状、片状、梳状或不规则状，大小不等、形态不一，常可反映致伤物表面的特征及力的作用方向。单纯擦伤，仅见表皮层剥脱或缺损，常不伴有明显出血。在伴有真皮损伤时，可出现渗血，擦伤创面呈棕褐色或暗红色，有痂皮形成。擦伤可单独存在，亦可与挫伤、挫裂创及其他损伤并存。因此，常可真实地反映出某些致伤物的特殊痕迹，在案件侦查和致伤物的认定上颇为重要。

2. 擦伤的法医学意义

（1）擦伤所在部位常标志暴力的作用部位。

（2）擦伤的游离皮瓣可指示力的作用方向。

（3）擦伤的形状可用于推断致伤物接触面形状。

（4）擦伤局部组织的炎症反应或者痂皮形成，有利于推断损伤时间。

（5）根据擦伤的分布位置、形态特征等，可推断案件的性质或犯罪嫌疑人的意图。

【案　例】

肖某，因"被人打伤 4 小时"就诊。被人打伤后跌倒致右膝、右小腿中上段外侧、左膝内侧、左手背疼痛，可见多处大小不等皮肤青紫伴表皮剥脱，无肢体活动障碍。伤后 5 天，左手背外侧见 0.7cm×0.3cm 皮肤青紫伴结痂，左膝内侧见 7cm×2.5cm 皮肤青紫伴结痂，右膝外前下方见 3cm×1.5cm 皮肤青紫伴结痂，右小腿中上段前外侧在 12cm×6cm 范围内见皮肤青紫伴条片状结痂。其擦伤面积累计达 20.0cm² 以上，挫伤面积累计达 15cm² 以上（经计算未达体表 6%），其损伤依据《人体损伤程度鉴定标准》第 5.11.4.a）"擦伤面积 20.0cm² 以上或者挫伤面积 15.0cm² 以上"之规定，评定为轻微伤。

二、挫　伤

挫伤是指由钝器作用造成的以皮内或（和）皮下组织出血为主要改变的闭合性损伤。挫伤常见于钝器打击、碰撞、坠落及交通损伤，也可见于枪弹损伤。

1. 挫伤的原因及机制

法医学实践常见的是表皮软组织挫伤（表 13-5-1），挫伤也可发生在内部器官，如脑、心、脾、肺、肝、肾、肠系膜或胃肠浆膜面，表现为被膜或浆膜下出血，器官实质内血肿。两者挫伤形成机制可以不同，内脏器官挫伤有时可以由间接暴力所致，如脑的对冲性损伤、腹壁受钝器打击致胃肠壁或腹膜后的挫伤等。

表 13-5-1　皮下出血与皮内出血鉴别

表皮软组织挫伤	皮下出血	皮内出血
部位及深度	多在眼眶周围、面颊部、乳房、股内侧、会阴等处皮下组织疏松，血管丰富，受力后不仅血管易发生破裂、出血，且出血量较多而范围较广，聚集于皮下	多贴近骨骼的皮肤如头面部较易形成，或者由于致伤物表面有相间的小棘，打击时导致皮肤内血管被压而急剧变形破裂、出血，聚集在真皮层内

续表

表皮软组织挫伤	皮下出血	皮内出血
形　态	常呈片状，边界不清，容易扩散而改变形状	由于真皮组织致密，血管为细小分支，故出血量较小，不易扩散，出血多局限，可与致伤接触部位棘突部位相一致
颜色变化	出血量较多，早期在体表颜色为鲜红色，随着时间增加，颜色进一步变为暗紫色至绿褐色、黄褐色，1～2周可恢复为正常肤色	出血量较少，颜色变化基本同左，小挫伤可能恢复得更快，约一周左右恢复正常肤色
伴有表皮损伤	可伴有不同程度的表皮剥脱、局部肿胀或炎症反应，可根据表皮愈合情况判断新旧伤	同左
法医学意义	可推断暴力点，判断损伤形成时间及推测嫌疑人意图	可推断暴力点及致伤物形态

2. 法医学意义

（1）根据皮下出血后的皮肤颜色，推测损伤形成时间，鉴别新旧伤。随着受伤后时间的延长，血肿在组织酶作用下崩解，红细胞膜破裂，血红蛋白经过化学变化发生颜色的改变。血红蛋白分解物质包括含铁血黄素、胆红素和胆绿素，皮下出血的颜色，由于血红蛋白分解而呈一系列变化。通常早期皮下出血为鲜红色，1～3天由红色转变青紫色，3～9天从青紫色转成绿色，之后逐渐呈黄褐色，经过2周颜色才完全消退，而小挫伤可在一周左右完全消失，但球结膜下出血始终保持红色。

若挫伤合并表皮剥脱，皮肤的表皮与真皮剥脱，真皮外露，可伴有真皮下血管破裂等。一般损伤后透明的组织液渗出，经过一段时间，表皮剥脱处可形成黄色或黄褐色的痂皮，痂皮一般7～12天脱落而痊愈，不留瘢痕。法医学实践中，也可以根据伴发的表皮剥脱的颜色鉴别新旧伤。

（2）根据皮内出血的形态，推断致伤物。由于真皮组织致密，血管为细小分支，故出血量较小，不易扩散，出血多局限，可与打击物的打击面或与体表接触部的特征一致。如道路交通事故损伤中机动车轮胎上具有特定的纹路特征，若在检查时发现体表皮肤，尤其是较为平坦的部位形成这种花纹，即轮胎印迹，可推断损伤系机动车车轮碾轧所致。

【案　例】

潘某，因"右面部击打伤约9小时"就诊。查体见右侧眼眶周围青紫，双侧瞳孔等大等圆。颅脑CT示：右侧颌面部软组织肿胀；余（－）。伤后1天查体：右眼眶可见约7.5cm×7.0cm青紫肿胀，右球结膜充血，右下颌部可见5.0cm×2.5cm青紫肿胀。潘某面部多处软组织挫伤，依据《人体损伤程度鉴定标准》第5.2.5.c）"面部软组织挫伤"之规定，评定为轻微伤。

三、创、瘢痕

1. 创、瘢痕的形成

创指黏膜、皮肤或被膜的破裂，可伴有神经、血管、肌肉、肌腱等损伤或断裂。创由创口、创缘、创角、创壁、创底、创腔六个部分组成，根据致伤物的不同分为钝器创和锐器创（表13-5-2）。创口通过结缔组织修复，伤口收缩和（或）上皮组织再生达到愈合，较小创口，一般1~2周即能将创面覆盖。在法医临床上，创口愈合留下的瘢痕，也作为损伤后的鉴定依据，瘢痕愈少，局部功能愈好，但存在感染、异物以及个体差异等因素，造成损伤和炎症反应强烈，会使胶原纤维生成增多，瘢痕形成明显，甚至形成瘢痕疙瘩（表13-5-3）。少数人因个人的体质关系，可形成瘢痕疙瘩。

表13-5-2 锐器创与钝器创伤的鉴别

	创口形状	创缘	创壁	创角	创腔	创底
锐器创	常呈线状、纺锤状	光滑，不一定伴有擦伤、挫伤，出血较多	平滑，两创缘之间无组织间桥	多尖锐	较深	较光滑
钝器创	不规则，如线状、棱状、类圆状、椭圆形、星芒状或不规则形	粗糙，呈锯齿状，或细波浪状。常伴有擦伤、挫伤，出血少	凹凸不平，两创壁之间常有组织间桥	多为圆钝、常有撕裂现象	较浅	凹凸不平

表13-5-3 瘢痕分类

瘢痕名称	特征
浅表性瘢痕	瘢痕浅表，局部平软，与皮下组织无粘连
增殖性瘢痕	瘢痕肥厚，质地较硬，常突出皮肤表面。多因伤口感染或异物刺激，肉芽组织生长过多所致
萎缩性瘢痕	瘢痕菲薄，表面平坦，易发生磨损破溃，与深部肌肉、肌腱、神经、血管连接紧密，具有一定的收缩性。常见于皮肤大面积缺损，特别是创面深达皮下脂肪层的损伤
凹陷性瘢痕	瘢痕低于皮肤表面，瘢痕与周围的肌肉、神经、血管，甚至骨膜相粘连。常见于皮下深部组织缺损的严重损伤
瘢痕疙瘩	瘢痕质地较硬，边缘隆起，增生明显，并超出原有的创面，向周围正常皮肤扩张，多与瘢痕体质有关

2. 法医学意义

（1）根据创及瘢痕的以上特点可以大致判断损伤的性质和致伤物的种类。但在法医临床学鉴定中，要注意损伤治疗过程中是否进行清创处理等医疗因素的影响，综合评估后再进行鉴定。

（2）通过创愈合后形成的瘢痕颜色，大致推断损伤的时间。瘢痕早期（1~6个月），由于肉芽组织中新生毛细血管数目较多，颜色较红；中期（6~18个月），随着纤维结缔组织增多，毛细血管数目减少，瘢痕颜色逐渐变成棕色；晚期（大于18个月），随着纤维结缔组织进一步增多，毛细血管数目进一步减少，瘢痕一般呈白色。

3.鉴定注意事项

（1）由于皮肤属于一种组织器官，有其特有的器官功能，尤其是面颈部皮肤还兼有容貌功能，故在使用皮肤瘢痕鉴定时应注意按照标准中关于以容貌损害或者组织器官功能障碍为主要鉴定依据的规定，在损伤90日后进行鉴定，在特殊情况下可以根据原发性损伤及其并发症出具鉴定意见，但须对有可能出现的后遗症加以说明，必要时应进行复检并予以补充鉴定。

（2）若测量创口时已出现血痂，注意排除血痂影响；伤后创口周围软组织可有肿胀，对测量准确度有一定影响，可待组织肿胀消退后进行测量。测量时应为标准解剖姿势，避免在皮肤松弛/紧张状态下测量。

（3）对创口或者瘢痕的测量应使用标准的测量工具，以确保准确度；对弧形、弯曲、分支、交叉等形态的创口或者瘢痕，应当分段测量累加长度，或用无弹性细线准确比对创口，再测量线长以获得创口实际长度；因医治需要扩创的，以扩创后的长度计算；对盲管创、贯通创的创道长度大于创口长度的，以创道长度计算，创口长度不累加。

【案　例】

陈某，因"左前臂被刀砍伤致出血、疼痛2小时"入院治疗。左前臂中上段桡侧可见一大小约8cm×3cm的裂口，边缘整齐，深及肌层，创面渗血明显，无喷射样出血，左腕部及左手指活动稍受限，左手指感觉可、血循环可，左桡动脉搏动可，即行清创缝合术。伤后1月，左前臂中上段桡背侧见遗留一9.7cm×0.1cm斜行皮肤瘢痕。左上肢各关节活动可，感觉正常。陈某左前臂伤后遗留瘢痕长度超过1cm，未达10cm，依据《人体损伤程度鉴定标准》5.9.5.a）"肢体一处创口或者瘢痕长度1.0cm以上"之规定，评定为轻微伤。

四、骨　折

骨折是指骨的完整性和连续性中断。骨折是由创伤和骨骼疾病所致，后者如骨髓炎、骨肿瘤所致的骨质破坏，受轻微外力即发生的骨折，称为病理性骨折。法医学实践中以创伤性骨折多见。

1.骨折的机制（表13-5-4）

表13-5-4　骨折的机制分类

分类	特征
直接暴力	暴力直接作用于受伤部位造成骨折，常伴有不同程度的软组织损伤。如小腿受到撞击，于撞击处发生胫腓骨骨干骨折
疲劳性骨折	长期、反复、轻微的直接或间接损伤可致肢体某一特定部位骨折。如远距离行军易致第2、3跖骨及腓骨下1/3骨干骨折，称为疲劳性骨折，也可称为应力性骨折

2. 骨折的形态及程度

（1）根据骨折处皮肤、黏膜的完整性分类（表13-5-5）：

表13-5-5　骨折闭合性、开放性骨折

名称	特征
闭合性骨折	骨折处皮肤或黏膜完整，骨折端不与外界相通
开放性骨折	骨折处皮肤或黏膜破裂，骨折端与外界相通骨折处的创口可由刀伤、枪伤由外向内形成，亦可由骨折尖端刺破皮肤或黏膜从内向外所致

（2）根据骨折的形态分类（表13-5-6）：

表13-5-6　骨折形态分类

名称	形态特征
横形骨折	骨折线与骨干纵轴接近垂直
斜形骨折	骨折线与骨干纵轴呈一定角度
螺旋形骨折	骨折线呈螺旋状
粉碎性骨折	骨折线两条以上
青枝骨折	发生在儿童的长骨，受到外力时，骨干变弯，但无明显的断裂和移位
嵌插骨折	骨折片相互嵌插，多见于股骨颈骨折，即骨干的密质骨嵌插入松质骨内
压缩性骨折	骨折片局部下陷，多见于颅骨
骨骺损伤	骨折线经过骨骺，且断面可带有数量不等的骨组织

3. 法医学意义

（1）根据骨折形成的时间可分为新鲜性骨折和陈旧性骨折。新鲜性骨折与陈旧性骨折是相对而言，目前没有严格的时间界定，一般新鲜性骨折是指2~3周内的骨折。在法医学实践中，根据骨折的时间判断新旧伤是最常见的工作之一（表13-5-7）。

表13-5-7　新鲜性骨折与陈旧性骨折鉴别

	新鲜性骨折	陈旧性骨折
临床表现	局部疼痛、软组织肿胀和功能障碍，出现畸形、异常活动或产生骨擦音或骨擦感	局部仍存在轻微肿胀和疼痛，骨折部位多已固定
影像学特征	X线片：对明显骨折可见骨折线，对位可或断端锐利	X线片：骨折线模糊，局部有骨痂形成或断端圆钝，不锐利
	CT：对早期、不典型病例以及复杂的解剖部位，CT显示较好，可清晰判断骨折的形态，骨折线清晰、锐利，无新生骨痂影，可伴明显软组织肿胀、关节积液等	CT：骨折线模糊、圆钝，有的可见骨痂形成
	MRI：软组织层次显示效果好，可看到明显骨髓水肿、骨挫伤等改变	MRI：骨髓信号正常

【案　例】

2016 年 5 月 22 日，张某与邻居王某因宅基地发生肢体冲突，致被害人张某腰部受伤。CT 提示：第 2、3 腰椎右侧横突骨折，断端稍错位；MRI 提示：第 2、3 腰椎骨折处，有长 T1，长 T2 信号，有骨髓水肿表现，符合新鲜骨折影像学特征，故依据《人体损伤程度鉴定标准》第 5.9.4.d）"椎骨骨折"之规定，评定其损伤程度为轻伤二级。

（2）根据骨折的部位、形态及程度，推断力的作用点、作用力方向甚至打击次数及顺序（表 13-5-8）。

表 13-5-8　根据骨折的部位、形态及程度，推断力的作用点、作用方向及打击次数

根据骨折的部位、形态及程度	常见特征
推断力的作用点	如颅骨线状骨折，其内板骨折为最严重处；粉碎性骨折的碎骨片最多处；凹陷骨折的凹陷最明显处；嵌插骨折的相互嵌插处、套环状或阶梯状骨折的最深处等
推断作用力方向	如根据颅骨骨折，骨外板压缩性骨折为垂直方向着力；套环状骨折或同心圆性骨折为垂直方向着力；四肢骨折，断端成角的方向等
推断打击次数及其顺序	如颅骨粉碎性骨折的碎骨片重叠错位，表明为多次打击；线状骨折有两条以上骨折线互相截断，截断数可提示遭受的打击次数；粉碎性骨折的碎骨点凹陷最深处是最先发生的骨折

【案　例】

徐某，因争执被他人从正面用右脚踢了一脚，约 50 分钟后 X 光检查示：右侧第 10 肋腋段骨折，断端稍错位。18 天后 CT 检查示：右侧胸部第 10 肋骨腋段、第 12 肋骨背段骨折，见骨痂生长。1 个月后 CT 检查发现：右侧第 10、12 肋陈旧性骨折。某鉴定机构依据《人体损伤程度鉴定标准》5.6.4.b）"肋骨骨折 2 处以上"之规定，评定为轻伤二级。

检察院法医审查发现：两人正面相对而立，正面的踢踹行为难以形成右侧肋骨腋段、背段骨折。遂调取影像资料复阅，徐某事后 50 分钟 X 光检查，右侧第 10 肋腋段骨折，骨折周围已有明显骨痂形成，即陈旧性骨折，非本次所致；徐某事后 18 天后 CT 示其右侧第 12 肋背段骨折，骨折处周围骨痂包围，且骨折处髓腔已再通，即陈旧性骨折，该处损伤亦不是本次所致。通过审查发现，徐某 2 处肋骨骨折均系陈旧性损伤，且损伤部位与打击方向不符，本次伤害行为无因果关系。（重庆市梁平区人民检察院提供）

案例解析：在实践中，骨折损伤，须注意排除陈旧性骨折，尤其是肋骨骨折，在鉴定、审查过程中，承办人需要了解案件的基本情况，查阅影像学检查原件，判断伤害行为与损伤后果是否存在关联，避免盲目相信检验报告。

五、出　血

出血是指血液流出血管或心脏外的现象。

1. 出血的分类（表 13-5-9、表 13-5-10）

表 13-5-9　按照出血机制分类

名称	出血的机制特征
破裂性出血	心脏、血管破裂而引起的出血。多见于机械性损伤所致；血管壁被周围的病变侵蚀，如肿瘤、炎症等；心脏或血管壁本身病变，如心肌梗死
漏出性出血	血管壁内皮细胞间隙的扩大和血管基底膜的损伤，使血管壁的通透性升高引起的出血。常为全身性，见于某些败血性传染病、中毒、维生素 C 缺乏

表 13-5-10　按照出血部位分类

部位	名称	特征
内出血	体腔积血	血液积聚于体腔内者，如腹腔积血、心包积血
	组织内积血	发生于组织内的出血，量大时形成血肿
	皮肤、黏膜、浆膜出血	少量出血在局部形成瘀点，较大的出血灶形成瘀斑
外出血	外伤性活动性出血	损伤导致人体动静脉血管破裂出血流出体表，严重时可出现失血性休克等

2. 病理性后果

无论什么类型的出血，对机体的影响，取决于出血量、出血速度和出血部位。如破裂性出血的出血过程迅速，若短时间内丧失循环血量的 20%～25% 时，即可发生失血性休克；脑出血，尤其是脑干出血，可因重要神经中枢受压致死。漏出性出血过程比较缓慢，出血量较少，一般不会引起严重后果。但如漏出性出血广泛时，如肝硬变时因门静脉高压发生的广泛性胃肠黏膜漏出性出血，可因一时的多量出血导致低血容量性休克。

3. 法医学意义

（1）根据出血的情况，可以推断损伤时间，判断新旧伤。

在法医学实践中，组织内血肿形成初期表现为高密度的凝血块，周围有低密度的坏死、水肿脑组织环绕。4～5 天后血开始液化，变为棕褐色陈旧血液，2～3 周后血肿表面可见薄膜形成，其内为黄色液体，形成囊性变周围有含铁血黄素沉着，根据出血后的变化或血肿的吸收转归，在影像学上有特征性的影像学改变，有助于推断耗损时间，进行新旧伤鉴别（具体可参考相关章节）。

（2）根据出血部位，推断致伤方式、成伤机制。

法医实践中根据打击部位，例如，头部的冲击伤与对冲伤，当颅骨受暴力作用，撞击脑组织而引起脑挫伤出血，颅脑损伤局部血肿形成，常为冲击伤和对冲伤所形成。根据作用力不同，其成伤机制可分为加速性损伤、减速性损伤。可根据脑出血部位及严重程度，推断致伤方式，成伤机制，有助于推断案情。

（3）外伤性出血与自发性出血的鉴别。

外伤性出血：是指外界暴力作用机体，造成组织、器官内的血管破裂出血，即外伤导致的出血。在实践中较为常见，若创伤范围小，机体凝血功能无异常，愈后一般较好。

自发性出血：各种疾病如高血压病、凝血功能障碍、血管瘤、动静脉血管畸形、血管壁炎症纤维化或者玻璃样变性，肿瘤破裂出血等均可导致机体组织、器官自发生性出血，也称为非外伤性出血。

以脑出血为例，可以根据脑出血的部位，出血的特征，鉴别外伤性还是高血压性脑出血（表13-5-11）。

表13-5-11　外伤性脑出血与高血压性脑出血的鉴别

鉴别点	外伤性脑内出血	高血压性脑出血
外伤史	一般有明确的外伤史，损伤部位软组织挫伤明显甚至发生骨折	无外伤史
好发部位	血肿位于对冲伤、冲击伤或中间性脑挫裂伤的发生部位	多位于基底节区，血肿多单发、边界清楚，不伴有脑挫裂伤
出血特征	多与脑挫裂伤和蛛网膜下腔出血同时存在，血肿为多发或单发，血肿周围有卫星形小出血灶或血肿周围蓬松。外伤性脑内血肿多为脑内小血管破裂出血所致，因此出血量相对较小	由于血管内压力较高或破裂血管口径相对较大，故出血量多较大，常破入脑室

第六节　几点注意事项

一、几个需要注意的条款

1.《人体损伤程度鉴定标准》6.4 本标准未作具体规定的损伤，可以遵循损伤程度等级划分原则，比照本标准相近条款进行损伤程度鉴定。

在现实实践中人体损伤形态多样且复杂，有可能会出现标准中没有的损伤情形。若遇到这种情况，可根据损伤程度等级划分原则，且比照本标准中损伤相近的条款进行具体分析，综合评定。注意事项：（1）应当严格适用本条款，必要时应当请相关专家论证后使用。（2）应根据损伤的实际情况，可比照本标准相近条文，甚至可以在分析说明中比照多条相近条文进行综合分析评定。

2.《人体损伤程度鉴定标准》6.3 反应性精神病、癔症等，不宜评定损伤程度。

反应性精神病：由于剧烈或持续的精神紧张性刺激直接引起的，其临床表现的主要内容与精神创伤密切相关，并伴有相应的情感体验，容易被人所理解，致病因素一旦消除或环境改变，并经适当的治疗，精神状态即可恢复正常，所以，反应性精神病的预后是良好的，且一般不再复发。

癔症：是由精神因素，如生活事件、内心冲突、暗示或自我暗示，作用于易病个体引起的精神障碍。癔病的主要表现有分离症状和转换症状两种。癔症的症状是功能性的，因此心理治疗占有重要的地位。该病预后一般较好，60%～80% 的患者可在一年内自行缓解。

【案　例】

王某与邻居赵某向来不和，并多次发生言语冲突，被骂"狐狸精""小三"等污言秽语。2018 年 11 月 15 日，因赵某菜园白菜被偷，咒骂王某，继而双方发生肢体冲突。王某面部、手背被抓伤。王某回家后越想越气，常常幻听邻居赵某在其窗口下咒骂她。经精神卫生中心确诊，王某系反应性精神病。本案中，王某所患的反应性精神病不宜评定损伤程度。

3.《人体损伤程度鉴定标准》6.5 盲管创、贯通创，其创道长度可视为皮肤创口长度，并参照皮肤创口长度相应条款鉴定损伤程度。

盲管创、贯通创，其创道长度可视为皮肤创口长度，并参照皮肤创口长度相应条款进行鉴定损伤程度。其在实践中，对盲管创、贯通创的判定应以客观的临床检测技术手段为依据，比如可借助超声、MRI 技术测量盲管创的深度，避免个人主观因素干扰，以及手动测量的误差。

4.《人体损伤程度鉴定标准》6.7 骨皮质的砍（刺）痕或者轻微撕脱性骨折（无功能障碍）的，不构成本标准所指的轻伤。

骨皮质的砍（刺）痕和轻微撕脱性骨折在临床医学中被认为是骨折，但是不构成本标准中所指的轻伤。

【案　例】

彭某，因"刀砍伤左小腿疼痛出血活动障碍 2+小时"入院治疗。左小腿中上段外侧见长约 5cm 的横行皮肤裂口，深及肌层，创口少许渗血，肢端感觉稍麻木，左足背动脉可扪及。X 片示：左胫骨中段不全骨折，骨折线未穿透骨皮质。急诊局麻下予以清创探查缝合术，术中见：左小腿中上段前侧见长约 5cm 创口，深及骨质，骨皮质部分断裂。出院诊断：1. 左小腿刀砍伤、2. 左胫骨中上段不全骨折。伤后 3+月，左小腿中上段前侧见 6.4cm×0.2cm 皮肤瘢痕。其肢体一处瘢痕长度达 1.0cm 以上，未达 10cm，依据《人体损伤程度鉴定标准》5.9.5.a)"肢体一处创口或者瘢痕长度 1.0cm 以上"之规定，评定为轻微伤。

彭某左胫骨中上段不全骨折，为骨皮质的砍痕，根据《人体损伤程度鉴定标准》附则 6.7 "骨皮质的砍（刺）痕或者轻微撕脱性骨折（无功能障碍）的，不构成本标准所指的轻伤"，及 5.12.5.a)"身体各部位骨皮质的砍（刺）痕"之规定，评定为轻微伤。综上，彭某的损伤程度评定为轻微伤。

5.《人体损伤程度鉴定标准》6.16 组织器官缺失是指损伤当时完全离体或者仅有少量皮肤和皮下组织相连，或者因损伤经手术切除的。器官离断（包括牙齿脱落），经再植、再造手术成功的，按损伤当时情形鉴定损伤程度。

6.《人体损伤程度鉴定标准》6.18 本标准所涉及的体表损伤数值，0 ~ 6 岁按 50% 计算，7 ~ 10 岁按 60% 计算，11 ~ 14 岁按 80% 计算。

二、一人多伤情况的处理原则

一人多伤在法医学实践工作中较为常见，存在不同部位，不同类型损伤，应当详细、全面地分析，鉴定损伤程度。

1. 同一个体多个部位相互独立的同类型创口或瘢痕，可以累加比照相关部位数值规定高的条款进行评定。

【案　例】

李某遭他人持械打击，致头面部多处挫裂伤，临床行清创缝合及药物对症等治疗。目前分别遗留前额部、左颧骨处 2.5cm、0.5cm 条状瘢痕，遗留左顶部、后枕部 4.3cm、2.1cm 条状瘢痕，其部位及形态与伤时的创口一致。其面部瘢痕共计 3cm，头部瘢痕共计 6.4cm，依据《人体损伤程度鉴定标准》附则 6.17 条之规定"对于两个部位以上同类损伤可以累加，比照相关部位数值规定高的条款进行评定"。其中，又因头皮累计瘢痕数值（8cm）规定高于面部累计瘢痕数值（6cm），则李某头部、面部共计 4 条瘢痕累计评定时需采用《人体损伤程度鉴定标准》5.1.4.a）"头皮创口或者瘢痕长度累计 8cm 以上"之规定。故本案中，李某头面部损伤后遗留多处瘢痕，累计长度已达 8.0cm 以上，评定为轻伤二级。

2. 同一个体多部位不同类型的损伤，应当全面分析，综合鉴定。若出现多人造成一人多部位损伤时，如需分辨每个人造成损伤情况，应另行委托成伤机制分析与致伤物推断鉴定。

【案　例】

马某，因外伤致"面部擦挫伤 $3.5cm^2$、左侧眼眶壁（上壁、内侧壁）骨折"。其伤情分别依据《人体损伤程度鉴定标准》5.2.5.c）"面部皮肤擦伤，面积 $2.0cm^2$ 以上"、5.2.3.g）"两处以上不同眶壁骨折"之规定，评定其面部损伤程度为轻微伤，其左眼眶损伤程度为轻伤一级，综合评定马某的损伤程度属于轻伤一级。

三、新旧标准的适用

目前，适用人体损伤程度鉴定的《人体损伤程度鉴定标准》是由最高法、最高检、公安部、司法部、国安部在 2013 年 8 月 30 日发布，从 2014 年 1 月 1 日起施行，对于涉及新旧标准适用的问题总体上采取从旧兼从轻的刑法原则，具体适用内容最高法在《关于执行〈人体损伤程度鉴定标准〉有关问题的通知》（法〔2014〕3 号）中作出了相关规定：

1. 致人损伤的行为发生在 2014 年 1 月 1 日之前，尚未审判或者正在审判的案件，需要进行损伤程度鉴定的，适用原鉴定标准。但按照损伤标准不构成损伤或者损伤程度较轻的，适用损伤标准。

2. 致人损伤的行为发生在 2014 年 1 月 1 日之后，需要进行损伤程度鉴定的，适用损伤标准。

3. 2014 年 1 月 1 日前已发生法律效力的判决、裁定，按照当时的法律和司法解释，认定事实和适用法律没有错误的，不再变动。当事人及其法定代理人、近亲属以损伤标准的相关规定发生变更为由申请再审的，人民法院不予受理。

对于 2014 年 1 月 1 日前已发生法律效力的判决、裁定，当事人及其法定代理人、近亲属以根据原鉴定标准鉴定意见存在错误为由申请再审的，人民法院应当依法审查处理。需要进行重新鉴定的，依照原鉴定标准进行。

四、须手术治疗的问题

《人体损伤程度鉴定标准》的部分条款涉及"须手术治疗"，但鉴定标准中未明确相关的手术指征，如何判断，在司法鉴定实践中存在较大的争议。编者认为，"手术指征"的判断，应当以最新版本的《临床诊疗指南》及《临床技术操作规范》为依据。

（侯现军、徐凯、郭永超、张俊涛、陈爽、马莉莉、冯喜晨、王泓杰、
刘明君、苏文生、张阿众、张先进、张彦民、王强）

第十四章　颅脑、脊髓损伤

本章以损伤程度鉴定视角，依据《人体损伤程度鉴定标准》及其他专业知识和相关规范，详细介绍了案件中涉及颅脑损伤程度鉴定相关知识点。本章分六节介绍颅脑损伤，主要包括头皮损伤、颅骨损伤、脑损伤、脑外伤性疾病、外伤后智能减退、外伤后精神障碍、外伤后瘫痪和脊髓损伤等内容。

头部可分为颅与面两部分。颅部由颅顶、颅底和颅腔三部分组成。颅顶又分为额、顶、枕区和颞区，并包括其深面的颅顶诸骨；颅底有内、外面之分，内面分为颅前窝、颅中窝和颅后窝三部分，颅底有许多重要的孔道，是神经、血管出入颅的部位；颅的内腔为颅腔，容纳脑及其被膜、相应的血管、神经、脑脊液。面部有视器、位听器、口、鼻等器官。

颅脑、脊髓损伤审查要点：（1）掌握头皮损伤鉴定的法医学审查要点；（2）掌握颅骨骨折鉴定的法医学审查要点；（3）掌握脑损伤鉴定的法医学审查要点；（4）掌握脑外伤性疾病鉴定的法医学审查要点；（5）掌握脊髓损伤鉴定的法医学审查要点。

第一节　头皮损伤

头皮结构自表及里由皮肤、皮下组织、帽状腱膜、帽状腱膜下层、骨膜组成。《人体损伤程度鉴定标准》中涉及头皮损伤的条款有 8 条，损伤程度从轻微伤至重伤二级（表 14-1-1）。

表 14-1-1　头皮损伤鉴定条款

条款序号	条款内容	损伤程度
5.1.2.a）	头皮缺损面积累计 75.0cm² 以上	重伤二级
5.1.3.a）	头皮创口或者瘢痕长度累计 20.0cm 以上	轻伤一级
5.1.3.b）	头皮撕脱伤面积累计 50.0cm² 以上；头皮缺损面积累计 24.0cm² 以上	轻伤一级
5.1.4.a）	头皮创口或者瘢痕长度累计 8.0cm 以上	轻伤二级

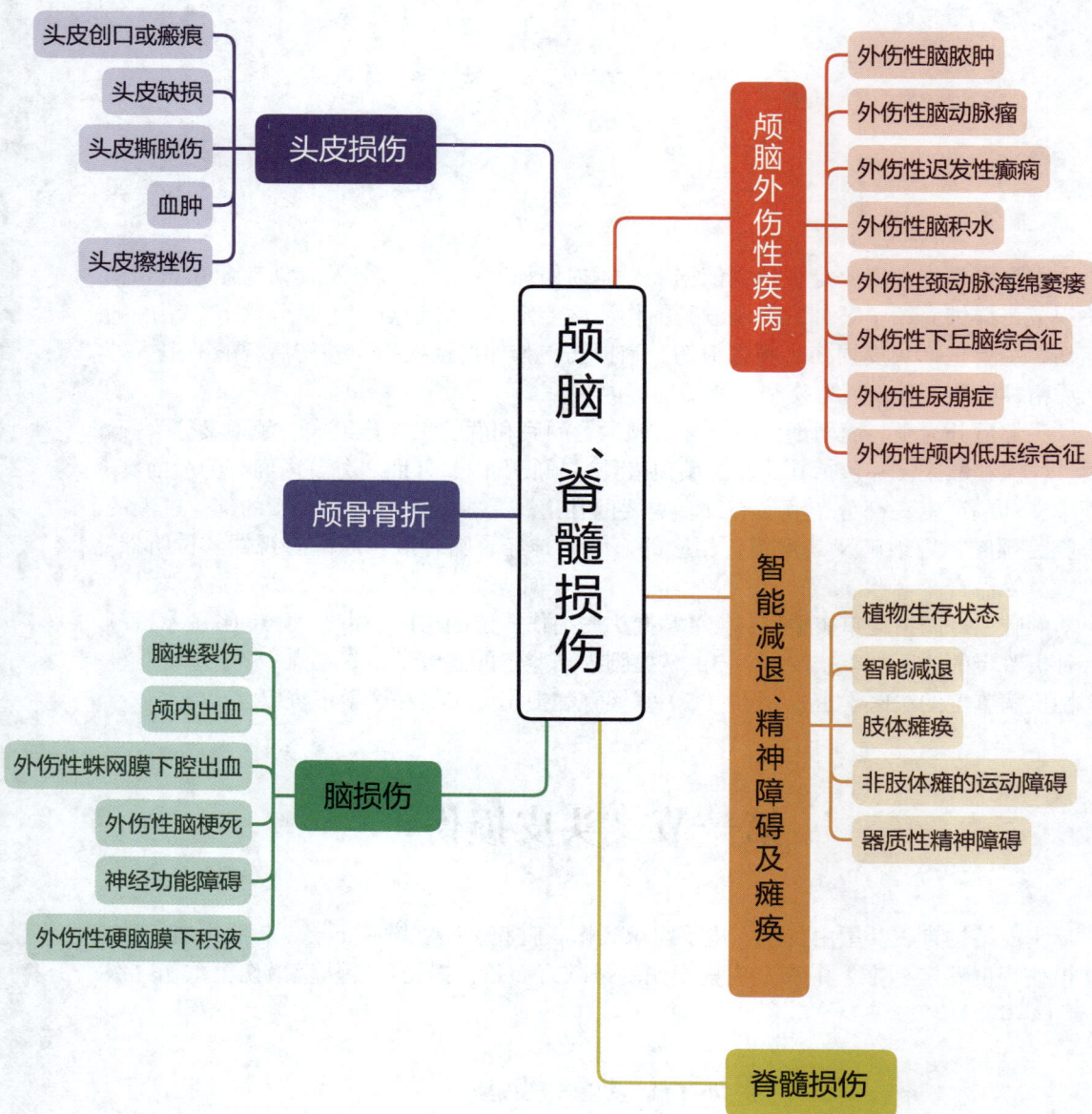

头皮创口或瘢痕
头皮缺损
头皮撕脱伤 — 头皮损伤
血肿
头皮擦挫伤

颅脑、脊髓损伤

颅骨骨折

脑挫裂伤
颅内出血
外伤性蛛网膜下腔出血
外伤性脑梗死 — 脑损伤
神经功能障碍
外伤性硬脑膜下积液

颅脑外伤性疾病
外伤性脑脓肿
外伤性脑动脉瘤
外伤性迟发性癫痫
外伤性脑积水
外伤性颈动脉海绵窦瘘
外伤性下丘脑综合征
外伤性尿崩症
外伤性颅内低压综合征

智能减退、精神障碍及瘫痪
植物生存状态
智能减退
肢体瘫痪
非肢体瘫的运动障碍
器质性精神障碍

脊髓损伤

条款序号	条款内容	损伤程度
5.1.4.b)	头皮撕脱伤面积累计 20.0cm² 以上；头皮缺损面积累计 10.0cm² 以上	轻伤二级
5.1.4.c)	帽状腱膜下血肿范围 50.0cm² 以上	轻伤二级
5.1.5.b)	头皮擦伤面积 5.0cm² 以上；头皮挫伤；头皮下血肿	轻微伤
5.1.5.c)	头皮创口或者瘢痕	轻微伤

一、头皮创口或者瘢痕

1. 损伤程度审查要点

（1）临床表现：

①受伤部位皮肤全层破裂，有明显的疼痛、出血。

②受伤部位可伴有皮下软组织、局部肌肉、血管等组织断裂，甚至颅骨骨折。

（2）法医学检查：按照 GA/T 1970《法医临床学检验规范》5.2 体表损伤，或 SF/T 0111《法医临床检验规范》7.2 体表损伤的检验规范进行。

（3）鉴定意见审查：损伤致头皮部位出现创口或者瘢痕遗留，即可评定为轻微伤；当头皮创口或者瘢痕长度累计达 8.0cm 以上，则评定为轻伤二级；当头皮创口或者瘢痕长度累计达 20.0cm 以上，则评定为轻伤一级。

出现跨部位的创口或瘢痕时，可按照《人体损伤程度鉴定标准》附则 6.17 的规定，将不同部位的创口或瘢痕累加，比照相关部位数值规定高的条款进行鉴定。

2. 致伤物判断及损伤机制审查

（1）致伤物：根据创的形态特征来推断致伤物种类。钝器创一般呈不规则形，创角较钝，可多于两个，创缘、创壁不整齐，创腔内一般有组织间桥；锐器创一般创口规整，创角锐利，创缘、创壁整齐，创腔内无组织间桥。

（2）损伤机制：锐器、钝器作用于体表，导致至少包括皮肤全层的组织器官破裂而形成创。

3. 鉴定时限审查

以创口为鉴定依据的损伤后即可鉴定；以瘢痕为鉴定依据或者同时涉及面部损伤、可能影响容貌的，需待损伤 90 日后进行。

【案　例】

马某，被他人打伤致左头皮血肿、左额部创口。经治疗，左侧额部遗留 5cm 瘢痕，其中 2.5cm 在发际线内、2.5cm 在发际线外（图 14-1-1）。其左侧头皮血肿依据《人体损伤程度鉴定标准》5.1.5.b）"头皮下血肿"之规定，评定为轻微伤。其左侧额部发际线内 2.5cm 瘢痕依据《人体损伤程度鉴定标准》5.1.5.c）"头皮创口或者瘢痕"之规定，评定为轻微伤。其左侧额部发际线外 2.5cm 瘢痕依据《人体损伤程度鉴定标准》5.2.5.a）"面部软组织创"之规定，评定为轻微伤。综上，马某的损伤程度为轻微伤。

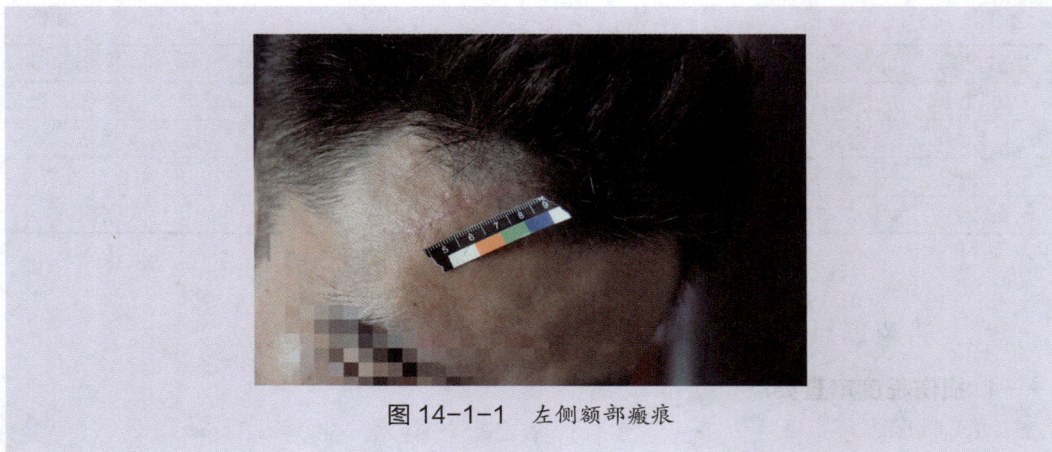

图 14-1-1   左侧额部瘢痕

案例解析：本案被鉴定人马某左侧额部 5cm 瘢痕，分别属于头皮瘢痕和面部瘢痕，但两部位瘢痕长度都未达轻伤二级的标准。《人体损伤程度鉴定标准》附则 6.17 条规定"对于两个部位以上同类损伤可以累加，比照相关部位数值规定高的条款进行评定"。其中，又因头皮瘢痕数值（8cm）规定高于面部瘢痕数值（4.5cm），则马某两部位瘢痕累计评定需采用《人体损伤程度鉴定标准》5.1.4.a）"头皮创口或者瘢痕长度累计 8cm 以上"之规定，本案中马某的瘢痕累计长度不足 8cm，因此其损伤程度综合评定为轻微伤。

二、头皮缺损

头皮缺损是指外伤造成帽状腱膜以外头皮全层缺损，须手术治疗或头皮永久性缺损。可由损伤直接造成，也可因创面皮肤感染坏死所致。

1. 损伤程度审查要点

（1）临床表现：疼痛、出血，体表皮肤全层及部分皮下软组织片状缺失，或者仅有少量组织相连。

（2）法医学检查：按照 GA/T 1970《法医临床学检验规范》5.2 体表损伤，或 SF/T 0111《法医临床检验规范》7.2 体表损伤的检验规范进行。

（3）鉴定意见审查：头皮缺损需审查缺损面积是否达到标准。缺损面积累计 $10.0cm^2$ 以上、$24.0cm^2$ 以下，评定为轻伤二级；$24.0cm^2$ 以上、$75.0cm^2$ 以下，评定为轻伤一级；$75.0cm^2$ 以上，评定为重伤二级。

植皮成活不影响对皮肤缺损的认定。

2. 致伤物判断及损伤机制审查

（1）致伤物：根据皮肤缺损的形态、部位等判断。

（2）损伤机制：遭受机械性损伤致皮肤撕脱、撕裂、严重挫裂或皮肤全层从身体移除；或因化学腐蚀、高低温损伤及其他损伤后，皮肤感染坏死等造成。

3. 鉴定时限审查

头皮因机械性损伤、物理化学损伤等原因直接缺失的，伤后即可检查鉴定；因伤后感染坏死所致的皮肤缺损的，宜待伤情稳定后进行。

三、头皮撕脱伤

头皮撕脱伤是指头皮自帽状腱膜下撕脱。

1. 损伤程度审查要点

（1）临床表现：

①剧烈疼痛、流血；受钝性剧烈暴力牵拉、撕扯作用；

②大片状的头皮组织与皮下软组织剥离，可形成皮瓣或全层撕脱；

③大面积撕脱伤止血困难，可导致失血性休克。

（2）法医学检查：按照 GA/T 1970《法医临床学检验规范》5.2 体表损伤，或 SF/T 0111《法医临床检验规范》7.2 体表损伤的检验规范进行。

（3）鉴定意见审查：头皮撕脱伤需审查撕脱面积是否达到标准。撕脱面积 20.0 cm^2 以上、50.0cm^2 以下，评定为轻伤二级；50.0cm^2 以上，评定为轻伤一级。合并其他并发症者，应结合损伤情况全面分析后综合鉴定。

需注意，本条款所指撕脱伤的部位专指头皮，其他部位的撕脱伤依照其他条款鉴定；本条款限定损伤方式为撕扯；头皮撕脱的面积是指损伤当时头皮撕脱的面积。

2. 致伤物判断及损伤机制审查

（1）致伤物：多见于车祸伤和生产机器的机械损伤，不排除徒手也可造成。

（2）损伤机制：强大钝性暴力致皮肤过度牵张，超过皮肤弹性限度而撕裂。

3. 鉴定时限审查

一般头皮撕脱伤在损伤后鉴定；若损伤较重的，应优先救治，可待伤情稳定后鉴定。

四、血　肿

钝性暴力打击头部导致皮下或帽状腱膜下闭合性出血，从而形成皮下血肿或者帽状腱膜下血肿。

1. 损伤程度审查要点

（1）临床表现：

①头皮疼痛、肿胀。

②部分严重者可能伴有昏迷等其他症状。

（2）法医学检查：按照 GA/T 1970《法医临床学检验规范》5.2 体表损伤，或 SF/T 0111《法医临床检验规范》7.2 体表损伤的检验规范进行。

（3）鉴定意见审查：损伤致头皮下出现血肿，即可评定为轻微伤；血肿形成部位在帽状腱膜下，且血肿范围达 50.0cm^2 以上，则评定为轻伤二级。

2. 致伤物判断及损伤机制审查

多由钝性暴力直接打击形成。

3. 鉴定时限审查

损伤确定后尽快鉴定。

【案　例】

魏某，因"殴打伤致头痛、头昏1+小时"入院。神志清楚，自主体位，查体合作，头颅五官无畸形，左头顶部头皮肿胀明显，可扪及鸡蛋大小血肿，头皮未见裂伤，触压痛明显，双侧瞳孔等大等圆，直径约3.0mm，对光反射灵敏。头颅CT提示：1. 左侧顶部头皮血肿（图14-1-2）；2. 颅内未见明显异常征象。出院诊断：1. 头皮血肿；2. 轻型颅脑伤。鉴定时自诉头皮肿胀已消除。法医检查所见：被鉴定人魏某步入检室，神清语晰，对答切题，查体合作，一般情况可。左颞顶部见1.5cm×0.6cm头皮红色改变，未见瘢痕，触感较周围头皮稍硬。魏某因伤致头皮血肿，神志清楚，头皮未见裂伤，依据《人体损伤程度鉴定标准》5.1.5.b）"头皮下血肿"之规定，评定为轻微伤。

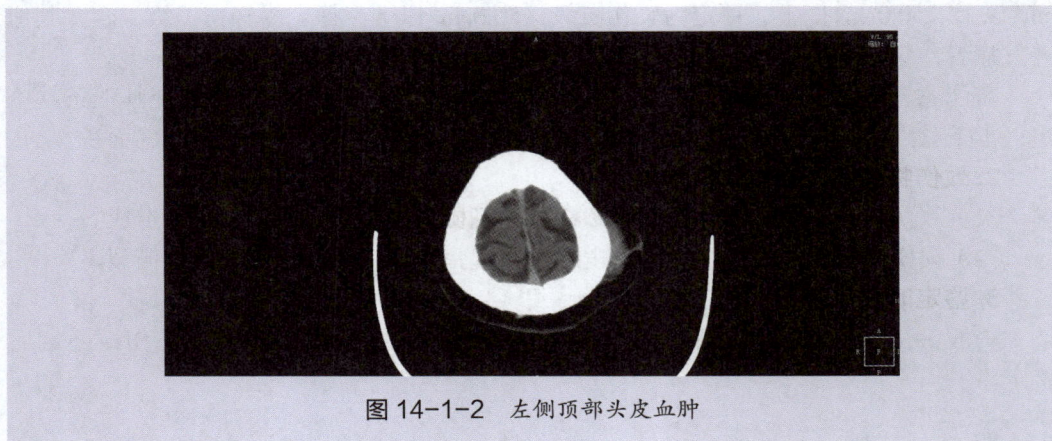

图 14-1-2　左侧顶部头皮血肿

五、头皮擦挫伤

1. 损伤程度审查要点

（1）临床表现：受伤部位出现表皮缺失或表皮翻卷，有明显的疼痛，真皮暴露，可伴渗血、渗液。

（2）法医学检查：按照GA/T 1970《法医临床学检验规范》5.2体表损伤，或SF/T 0111《法医临床检验规范》7.2体表损伤的检验规范进行。

（3）鉴定意见审查：损伤致头皮出现挫伤，即可评定为轻微伤；如系擦伤，则需达到面积$5.0cm^2$以上，才能评定为轻微伤。

2. 致伤物判断及损伤机制审查

通常由钝器损伤造成；锐器在特殊条件下也可造成。

3.鉴定时限审查

损伤后尽快鉴定。

【案　例】

周某，因"打伤致头部疼痛 2 小时"就诊。感头部疼痛。体格检查：颅脑大小正常，双侧瞳孔等大等圆，对光反射灵敏，右侧额部肿胀及压痛。CT 检查提示右侧额颞部软组织肿胀（图 14-1-2）。初步诊断：右侧额颞部软组织擦伤。伤后 1 天，法医检验所见：步入检查室，神清合作，对答切题，一般情况可；右额颞部见 4.9cm×3.5cm 头皮青紫肿胀、其内见 3.1cm×2.5cm 头皮擦伤。目前右额颞部头皮擦伤面积已达 5cm^2 以上，依据《人体损伤程度鉴定标准》5.1.5.b）"头皮擦伤面积 5.0cm^2 以上；头皮挫伤"之规定，评定为轻微伤。（重庆市九龙坡区人民检察院田贵兵提供）

第二节　颅骨骨折

脑颅骨包括额骨、颞骨、顶骨、枕骨、蝶骨及筛骨，构成颅腔，容纳脑。颅骨骨折按骨折发生的部位分为颅盖骨折和颅底骨折，按骨折处是否与外界相通又分为闭合性骨折和开放性骨折。开放性颅骨骨折可并发颅内积气或颅内感染。《人体损伤程度鉴定标准》中涉及颅骨骨折的条款有 7 条，损伤程度从轻伤二级至重伤二级（表 14-2-1）。

表 14-2-1　颅骨骨折鉴定条款

条款序号	条款内容	损伤程度
5.1.2.b）	开放性颅骨骨折伴硬脑膜破裂	重伤二级
5.1.2.c）	颅骨凹陷性或者粉碎性骨折，出现脑受压症状和体征，须手术治疗	重伤二级
5.1.2.d）	颅底骨折，伴脑脊液漏持续 4 周以上	重伤二级
5.1.2.e）	颅底骨折，伴面神经或者听神经损伤引起相应神经功能障碍	重伤二级
5.1.3.c）	颅骨凹陷性或者粉碎性骨折	轻伤一级
5.1.3.d）	颅底骨折伴脑脊液漏	轻伤一级
5.1.4.d）	颅骨骨折	轻伤二级

1.损伤程度审查要点

（1）临床表现：

①疼痛、出血、头皮肿胀。

②意识障碍、呕吐、眩晕等。

③颅底骨折可以出现视觉嗅觉功能障碍的症状体征，颞骨骨折可以出现听力障碍的症状体征。

④合并颅脑损伤的可以出现病理征阳性、瘫痪等颅脑损伤症状。

（2）法医学检查：按照 GA/T 1970《法医临床学检验规范》5.13.2 脑颅骨骨折，或 SF/T 0111《法医临床检验规范》7.3 颅骨损伤的检验规范进行。

（3）鉴定意见审查：首先明确颅骨骨折需骨折达颅骨板障层。颅骨单纯线性骨折时，可评定为轻伤二级。颅骨骨折为凹陷性或粉碎性骨折时，评定为轻伤一级；若凹陷或粉碎性骨折伴有脑受压症状和体征，达到手术指征且行手术治疗，则评定为重伤二级。

颅骨骨折类型为颅底骨折时，若伴有脑脊液漏，评定为轻伤一级；当脑脊液漏持续时间达到 4 周以上，则评定为重伤二级。颅底骨折伴面神经或者听神经损伤，并引起相应神经功能障碍时，也评定为重伤二级。

颅骨骨折若为开放性骨折，并且伴有硬脑膜破裂时，评定为重伤二级（表 14-2-1）。需注意：

①颅骨凹陷、粉碎性骨折出现脑受压症状一般是指损伤后出现意识障碍、头痛、头晕、呕吐等，脑受压、颅压增高体征是指瞳孔变化、对光反射迟钝或消失、颈项强直、失语、肢体瘫痪、腱反射亢进、病理征阳性、四肢肌张力改变等，必须行手术治疗的。

②颅底骨折（颅中窝骨折）造成面神经损伤表现为同侧周围性面瘫；颅底骨折造成听神经损伤表现为同侧听觉功能障碍、听力减退等。遗留的面、听神经功能障碍的比照相应条款评定。

③开放性颅骨骨折是指头皮、颅骨、硬脑膜同时破裂，脑脊液流出，脑组织与外界相通的骨折。通过口鼻等部位也可造成开放性颅骨骨折。

2. 致伤物判断及损伤机制审查（表 14-2-2）

表 14-2-2 颅骨损伤致伤物与损伤机制

	致伤物	损伤机制	损伤结果
锐器伤	常见刀具等	直接砍刺作用	颅骨外板或者全层骨折，开放性骨折等
钝器伤	棍棒、砖头、徒手等	机械性暴力直接作用颅骨，力量超过颅骨弹性变化能力，导致颅骨出现变形损坏。暴力继续传导，可造成颅底骨折	单纯内板骨折，线性骨折，凹陷性骨折，粉碎性骨折，开放性骨折等颅底骨折
火器伤	子弹、弹片等	直接穿过颅骨	孔状骨折

3. 鉴定时限审查

单纯颅骨骨折，损伤确定后即可鉴定，适用 5.1.2.d）需持续出现脑脊液漏 4 周后才能进行鉴定，其他损伤伤情稳定后鉴定。

【案 例 1】

李某，被他人用酒瓶打伤左侧头部，致左侧颅骨凹陷性骨折，未出现脑受压症状和体征，四肢大关节活动未见异常。医院急诊手术未见硬脑膜破裂。李某颅骨凹陷

性骨折，未出现脑受压症状和体征，硬脑膜未破裂，依据《人体损伤程度鉴定标准》
5.1.3.c）"颅骨凹陷性或者粉碎性骨折"之规定，评定为轻伤一级。

【案 例 2】

唐某，被他人砍伤左侧头部，致左侧头皮破损，颅骨凹陷性骨折，未出现脑受压
症状和体征，四肢大关节活动未见异常。医院急诊手术见骨折部位硬脑膜被骨折片扎
破。唐某颅骨凹陷性骨折，硬脑膜破裂，依据《人体损伤程度鉴定标准》5.1.2.b）"开
放性颅骨骨折伴硬脑膜破裂"之规定，鉴定为重伤二级。（重庆法医验伤所提供）

案例解析： 上述两个案例中，伤者的损伤均属颅骨凹陷性骨折且均未出现脑受压
症状和体征，主要区别点在于案例中的唐某颅骨损伤属开放性颅骨骨折且伴有硬脑膜
的破裂，故二者的损伤评级相差较大，因此，在此类案件鉴定时应特别注意完整收集
病历资料，确认是否属于开放性颅骨骨折以及硬脑膜是否破裂。

第三节　脑损伤

本节所述脑损伤特指《人体损伤程度鉴定标准》中涉及的脑损伤，包括脑挫裂伤、
颅内出血、外伤性脑梗死、外伤性硬膜下积液及神经功能症状等，涉及的条款有 8 条，
损伤程度从轻微伤至重伤二级（表 14-3-1）。

表 14-3-1　脑损伤鉴定条款

条款序号	条款内容	损伤程度
5.1.2.f）	外伤性蛛网膜下腔出血，伴神经系统症状和体征	重伤二级
5.1.2.g）	脑挫（裂）伤，伴神经系统症状和体征	重伤二级
5.1.2.h）	颅内出血，伴脑受压症状和体征	重伤二级
5.1.2.i）	外伤性脑梗死，伴神经系统症状和体征	重伤二级
5.1.3.e）	脑挫（裂）伤；颅内出血；慢性颅内血肿；外伤性硬脑膜下积液	轻伤一级
5.1.4.e）	外伤性蛛网膜下腔出血	轻伤二级
5.1.4.f）	脑神经损伤引起相应神经功能障碍	轻伤二级
5.1.5.a）	头部外伤后伴有神经症状	轻微伤

一、脑挫裂伤

1. 损伤程度审查要点

（1）临床表现：

①疼痛、呕吐、意识障碍；

②病理征、脑膜刺激征阳性；

③生命体征异常；

④其他局灶性的症状和体征，如失语、失聪等。

（2）法医学检查：按照 GA/T 1970《法医临床学检验规范》5.3 颅脑损伤，参照 SF/T 0111《法医临床检验规范》7.4 颅脑和脊髓损伤的检验规范进行检查。

（3）鉴定意见审查：明确脑挫（裂）伤的诊断，审查是否伴有神经系统症状和体征。如为单纯脑挫（裂）伤，评定为轻伤一级；如脑挫（裂）伤后出现神经系统症状和体征的，则评定为重伤二级。

颅脑损伤者在病历中常见格拉斯哥昏迷评分（GCS 评分）。其原理是对伤者的运动、言语、睁眼反应进行评分，从而评估伤者的昏迷程度。轻型损伤 13 ~ 15 分，伤后昏迷时间 <20 分钟；中型损伤 9 ~ 12 分，伤后昏迷 20 分钟至 6 小时；重型损伤 3 ~ 8 分，伤后昏迷 >6 小时，或在伤后 24 小时内意识恶化并昏迷 >6 小时。可作为判断伤者意识障碍的客观依据之一。

2. 致伤物判断及损伤机制审查（表 14-3-2）

表 14-3-2　脑挫裂伤损伤机制

	冲击伤	对冲伤	中间性损伤
发生部位	发生在外界暴力在头部着力点部位的脑皮质表面或浅层挫裂伤	发生在外界暴力在头部着力点对侧部位的脑皮质表面或浅层挫裂伤	脑深部损伤
发生原理	外界暴力直接作用所致	外界暴力造成颅脑和颅骨相对运动所致	外界暴力造成旋转运动所致
与加速性损伤的关系	一般会造成冲击伤	可不造成对冲伤	可能造成
与减速性损伤的关系	可造成冲击伤	一般会造成对冲伤	可能造成

3. 鉴定时限审查

一般损伤确定后即可鉴定。

【案　例】

庞某，因车祸致头部损伤 6 小时，感头痛、头晕入院。查体配合，右侧头部清洁纱布覆盖，打开可见长约 5cm "U" 形伤口。头部 CT 提示：左侧顶叶少许脑挫裂伤，右顶部皮下局限性肿胀并头皮裂伤。出院诊断：1. 闭合性脑挫裂伤；2. 头皮撕脱伤伴皮瓣形成。鉴定时步入检查室，神志清楚，对答切题，查体合作，一般情况可。左顶枕部 2cm×0.5cm 瘢痕，无毛发生长，余检查（－）。其颅脑损伤依据《人体损伤程度鉴定标准》5.1.3.e）"脑挫（裂）伤"之规定，评定为轻伤一级；其左顶枕部瘢痕依据《人体损伤程度鉴定标准》5.1.5.c）"头皮创口或者瘢痕"之规定，鉴定为轻微伤。综上，庞某的损伤程度为轻伤一级。（重庆法医验伤所提供）

二、颅内出血

《人体损伤程度鉴定标准》中颅内出血包括硬脑膜外出血、硬脑膜下出血和脑内出血，不包括蛛网膜下腔出血。

1. 损伤程度审查要点
（1）临床表现：
①疼痛、意识障碍；
②脑受压征；
③瞳孔变化，颅内压增高；
④生命体征变化。

（2）法医学检查：按照 GA/T 1970《法医临床学检验规范》5.3 颅脑损伤，参照 SF/T 0111《法医临床检验规范》7.4 颅脑和脊髓损伤的检验规范，结合 SF/T 0112《法医临床影像学检验实施规范》5.1 颅内血肿量进行检查。

（3）鉴定意见审查：明确颅内出血类型（硬脑膜外出血、硬脑膜下出血、脑内出血），审查是否伴有脑受压症状和体征。单纯颅内出血或慢性颅内血肿，不伴有脑受压症状和体征的，评定为轻伤一级；伴有脑受压症状和体征时，则评定为重伤二级；

2. 致伤物判断及损伤机制审查
一般为钝性暴力作用，导致颅内血管破裂，出现硬膜外、硬膜下或者脑内出血。

3. 鉴定时限审查
损伤确定后即可鉴定。

三、外伤性蛛网膜下腔出血

法医临床学中一般将外伤性蛛网膜下腔出血归入颅内出血中，但《人体损伤程度鉴定标准》将其单列。

1. 损伤程度审查要点
（1）临床表现：
①疼痛、意识障碍；
②脑受压征；
③脑膜刺激征。

（2）法医学检查：按照 GA/T 1970《法医临床学检验规范》5.3 颅脑损伤，参照 SF/T 0111《法医临床检验规范》7.4 颅脑和脊髓损伤的检验规范，结合 SF/T 0112《法医临床影像学检验实施规范》5.1 颅内血肿量进行检查。

（3）鉴定意见审查：明确外伤性蛛网膜下腔出血的诊断，审查是否伴有脑受压症状和体征。单纯外伤性蛛网膜下腔出血，不伴有脑受压症状和体征的，评定为轻伤二级；伴有神经系统症状和体征时，则评定为重伤二级。

2. 致伤物判断及损伤机制审查
一般为钝性暴力作用，导致颅内血管破裂，出现蛛网膜下腔出血。

3. 鉴定时限审查

损伤确定后即可鉴定。

【案　例】

张某，61岁，被人用拳脚击打面部。当日入院治疗，平车推入病室。查体见意识模糊，口齿不清，瞳孔对光反射灵敏，颈强直。头部 CT 提示：左额部头皮血肿、左额顶部蛛网膜下腔出血。故张某外伤后左额顶部蛛网膜下腔出血，且伴有意识模糊、口齿不清、颈部强直阳性等神经系统症状和体征，符合《人体损伤程度鉴定标准》5.1.2.f)"外伤性蛛网膜下腔出血，伴神经系统症状和体征"之规定，评定为重伤二级。

四、外伤性脑梗死

1. 损伤程度审查要点

（1）临床表现：

①外伤疼痛，颅内可无明显痛感；

②多数受伤当时无明显意识障碍，在椎－基底动脉系统梗死或者大面积梗死时可以出现意识障碍；

③脑梗死部位和范围的不同，可出现不同局灶症状。

（2）法医学检查：按照 GA/T 1970《法医临床学检验规范》5.3 颅脑损伤，参照 SF/T 0111《法医临床检验规范》7.4 颅脑和脊髓损伤的检验规范进行检查。

（3）鉴定意见审查：外伤性脑梗死，需伴有神经系统症状和体征，才能评定为重伤二级；如确诊外伤性脑梗死，但未伴有神经系统症状和体征的，可根据损伤情况按照其他相应条款进行鉴定。

2. 致伤物判断及损伤机制审查

一般为钝性暴力作用头颈部所致。损伤机制尚不统一，可因脑动脉及其分支受到压迫、牵拉、扭曲，造成脑血管的狭窄、痉挛而导致脑缺血性梗死；或者因外伤出现附壁血栓，导致脑梗死；也可由血管痉挛导致。

3. 鉴定时限审查

损伤明确后即可鉴定。

【案　例】

王某，男，49岁，出租车驾驶员。2018年1月4日凌晨2时许下客后与客人发生纠纷，反复被人推搡并被拉推倒地。后王某站起、行走，回到驾驶室，约7分钟左右从驾驶室出来行走不稳、瘫倒，由路人报警。

伤后入院体检：左侧偏瘫（左侧上、下肢肌力0级，肌张力低）。头颅血管造影提示：右侧大脑中动脉 M1 段中段以远未见显影；头颈部核磁共振血管成像提示：右侧额颞顶叶大片急性脑梗塞；颈部血管彩超：右侧颈动脉窦前壁靠颈内动脉起始段内中膜毛糙、局限性增厚，较厚处 2.8mm，左侧颈动脉窦部内中膜毛糙，较厚处 1.2mm。经治疗后 2018 年 1 月 19 日出院。出院时情况：神志清楚，言语较清晰，四肢肌张力正常，左上肢肌力 3 级，左下肢肌力 4+级，右侧肢体肌力正常。左侧痛触觉较对侧减退，右侧腕部压痛，活动稍受限，双侧病理征阴性。出院诊断：急性脑梗死（右侧大脑半球）；右侧大脑中动脉闭塞；颈部血管斑块。

2018 年 5 月 2 日，甲鉴定机构认为：王某颈部无明显外伤，头枕部外伤轻微，脑梗塞部位在右额颞顶区，伤后 30 分钟内出现左肢乏力，结合颈部血管彩超发现既往有颈内动脉硬化，故首次鉴定意见为王某脑梗塞与外伤无直接因果关系，不宜进行损伤程度评定。

2018 年 6 月 27 日乙鉴定机构调取了监控视频，查看后认为：王某有反复被推搡及较强力量拉推倒于地，未发现王某右颈部直接暴力打击，倒地时头部未着地，且王某存在右颈动脉粥样硬化斑块等自身病变，故无法区分自身病变及外力对右大脑中动脉闭塞的主次作用，以共同作用认定为宜。王某目前遗留左侧轻度面瘫，左上肢肌张力稍增高，左下肢肌张力正常，腱反射（++），病理征（－），左侧肢体肌力 Ⅴ－级，右侧肢体肌力 Ⅴ级。CT 片示右颞顶叶软化灶形成。故王某目前损伤程度依据《人体损伤程度鉴定标准》总则 4.3.2"损伤与既往伤／病共同作用的，即二者作用相当的，应依据本标准相应条款适度降低损伤程度等级，即等级为重伤一级和重伤二级的，可视具体情况鉴定为轻伤一级或者轻伤二级，等级为轻伤一级和轻伤二级的，均鉴定为轻微伤"。据此，王某的损伤程度依据 5.1.2.i）"外伤性脑梗死，伴神经系统症状和体征"之规定，由重伤二级降级评定为轻伤二级为宜。

2019 年 4 月 9 日，经重庆市司法局专家委员会对王某重新行超声检查示：右侧颈动脉窦部前壁靠颈内动脉起始段内中膜毛糙、局限性增厚，较厚处 1.9mm。右侧颈外动脉起始段内中膜局限性增厚，较厚处 1.7mm。左侧颈动脉窦部至颈外动脉起始段内中膜毛糙，较厚处 2.0mm。复查超声提示：右侧颈动脉窦部前壁靠颈内动脉起始段粥样硬化斑块（软斑）；右侧颈外动脉起始段粥样硬化斑块（软斑）；左侧颈动脉窦部粥样硬化斑块（软斑）。

专家委员会分析意见如下：

1. 王某存在颈动脉粥样硬化斑块，系自身疾病，与外伤无关。

2. 王某伤后入院体检右侧大脑中动脉闭塞、右侧额颞顶叶脑梗死的诊断成立。

3. 王某有明确的颈部外伤史。调取 2018 年 1 月 4 日案发监控视频分帧显示：在魏某等四人，对王某殴打的整个过程中，王某颈部被人扼颈共八次。打后即出现行走不稳等表现。

4. 对比两次颈部血管彩超检查：王某受伤当时右侧颈动脉窦部起始段为 2.8mm，目前检查右侧颈动脉窦部起始段为 1.9mm，两次相差 0.9mm，符合血管损伤表现，表明受伤当时其颈部动脉血管有损伤出现。

综上所述，王某有明确的外伤史，其颈部的外伤与损害后果（右侧大脑中动脉闭塞、脑梗死等后果）之间存在因果关系（从时间及病理变化）。其梗死的后果系自身疾病与外伤共同作用所致。依据《人体损伤程度鉴定标准》总则 4.3.2 伤病关系处理原则，及损伤程度分级 5.1.2.i）之规定，降级评定王某的损伤程度为轻伤二级为宜。（重庆市沙坪坝区人民检察院周万红提供）

案例解析： 本案鉴定重点涉及外伤性脑梗死与自身疾病引起的脑梗死进行鉴别，重庆市司法局专家委员会的鉴定意见更为客观、科学。

1. 外伤性脑梗死与自身疾病引起的脑梗死应主要从被鉴定人自身情况（年龄、血压、血液生化检查包括血液黏稠度、血液动力学等）、损伤机理、伤后出现脑梗死的时间和辅助检查等方面加以鉴别。

外伤性脑梗死：由于头部和颈部外伤引起的脑梗死称为外伤性脑梗死。多见于青少年，均有明确头部和颈部外伤史，神经系统体征多出现在伤后一天以内。而伤后 14 天或立即出现症状者较少见，超声、脑血管造影，CT 或核磁共振等检查，可以帮助确诊。外伤性脑梗死的发病机制与动脉内膜和中层损伤及血管痉挛有关。头颈部外伤时，头颈部突然的伸屈活动，造成颈部血管的牵拉，使血管壁挫伤或内膜和中层受损，一方面直接形成创伤性血栓；另一方面可反射性地引起血管痉挛。血管痉挛本身为血栓形成提供可能。血管损伤、痉挛、管腔狭窄或血栓形成出现脑缺血改变，血栓扩大或血栓脱落，栓塞了颈内动脉、基底动脉、椎动脉、大脑前动脉、大脑中动脉或大脑后动脉，从而引起脑梗死。

2. 甲鉴定机构在本例鉴定中未要求委托机关提供足够的案发时王某遭受暴力特别是颈部遭受暴力的案件材料和视频资料，故不清楚王某在本案中遭受的暴力，得出王某外部受伤不明显的结论，所以更无法解释王某右大脑中动脉闭塞为什么在王某遭受暴力后很短时间内发生以及两者之间的关系。这就是甲鉴定机构没有对外伤性因素和自身疾病因素进行分析导致鉴定意见错误的原因。

3. 乙鉴定机构鉴定意见虽然正确，但乙鉴定机构及鉴定人对王某遭受暴力特别是颈部遭受暴力视频未进行分帧查看，对王某颈部遭受暴力的了解不够完整，且对其血管损伤没有复查颈部血管彩超予以对比，致使王某颈部遭受暴力及血管受损的客观证据不足，鉴定意见缺乏说理性。

五、神经功能障碍

1. 损伤程度审查要点

（1）临床表现：根据不同的受损神经，出现不同的功能障碍。

①嗅觉功能减退或者丧失。

②视觉功能减退或者丧失；上睑下垂，瞳孔散大，直接、间接对光反射均迟钝或消失；向下凝视时复视，可伴有代偿头位；眼球内斜，外展受限，向伤侧凝视时复视。

③听力减退或者丧失。

④睑裂闭合不全，鼻唇沟变浅或消失，示齿口角偏向健侧，舌前 2/3 味觉丧失；咽反射消失或减退，舌后 1/3 味觉丧失。

⑤软腭运动障碍，声带麻痹而声嘶。

（2）法医学检查：按照 GA/T 1970《法医临床学检验规范》5.3 颅脑损伤，或 SF/T 0111《法医临床检验规范》7.4 颅脑和脊髓损伤的检验规范进行检查。

（3）鉴定意见审查：明确脑神经损伤的诊断，并伴有相应神经功能障碍，可评定为轻伤二级。注意需与自身疾病相鉴别。

2. 致伤物判断及损伤机制审查

一般为钝性暴力作用所致。颅神经（又称脑神经）经颅底的孔、裂等出颅，因此，颅神经损伤多因颅底骨折引起。颅前窝骨折累及筛板时 可引起嗅神经损伤，累及视神经管可引起视神经损伤；颅中窝骨折累及颞骨岩部可使面神经和听神经受损，累及海绵窦或眶尖部可致动眼、滑车或外展神经受损，累及圆孔、卵圆孔时可引起三叉神经损伤；颅后窝骨折累及颈静脉孔及舌下神经孔可引起舌咽神经、迷走神经、副神经和舌下神经损伤。另外，颅脑损伤时脑组织在颅腔内的移动引起的牵拉与撕裂、出血或血肿压迫以及颅内高压等也可造成颅神经损伤。

3. 鉴定时限审查

确定外伤后出现神经系统功能障碍即可鉴定。

六、外伤性硬脑膜下积液

1. 损伤程度审查要点

（1）临床表现：表现为颅内压增高症状和局部脑受压。

（2）法医学检查：按照 GA/T 1970《法医临床学检验规范》5.3 颅脑损伤，参照 SF/T 0111《法医临床检验规范》7.4 颅脑和脊髓损伤的检验规范，结合 SF/T 0112《法医临床影像学检验实施规范》5.1 颅内血肿量进行检查。

（3）鉴定意见审查：确诊外伤性硬脑膜下积液，即可评定为轻伤一级。

需注意，硬膜下积液可演变为慢性硬膜下血肿，要重点关注外伤与硬膜下积液及其演变的慢性硬膜下血肿之间的关系。

2. 致伤物判断及损伤机制审查

一般为钝性暴力作用所致，在头部外伤时脑在颅腔内移动，造成脑表面及视交叉池、外侧裂池等处的蛛网膜撕裂，脑脊液经瓣膜破口进入硬膜下腔却不能回流，可随伤者挣扎、屏气、咳嗽等用力动作而不断流出。

3. 鉴定时限审查

损伤确定后即可鉴定，如出现其他并发症、后遗症，一般在治疗终结后更为合适。

【案　例】

崔某，被他人打伤头部，医院检查发现右侧额颞顶部硬膜下积液、右侧颞叶挫裂伤伴血肿形成、蛛网膜下腔少量出血，无明显神经系统症状体征，经保守治疗方案治愈。被鉴定人右侧颞叶脑挫裂伤伴血肿形成、右侧额颞顶部硬膜下积液，依据《人体损伤程度鉴定标准》5.1.3.e）"脑挫（裂）伤；颅内出血；外伤性硬脑膜下积液"之规定，评定为轻伤一级；其蛛网膜下腔少量出血，依据《人体损伤程度鉴定标准》

5.1.4.e）"外伤性蛛网膜下腔出血"之规定，评定为轻伤二级。综上，崔某的损伤程度为轻伤一级。

案例解析：急性硬脑膜下积液的表现与急性、亚急性硬脑膜下血肿相似，应注意鉴别，急性硬脑膜下积液时原发性脑损伤一般较轻，病情的进展比硬脑膜下血肿缓慢，主要表现为颅内压升高与脑受压的局限性体征。

第四节   颅脑外伤性疾病

《人体损伤程度鉴定标准》中涉及颅脑外伤性疾病的条款有 8 条，损伤程度从轻伤一级至重伤二级（表 14-4-1）。

表 14-4-1   颅脑损伤并发症及后遗症鉴定条款

条款序号	条款内容	损伤程度
5.1.2.j）	外伤性脑脓肿	重伤二级
5.1.2.k）	外伤性脑动脉瘤，须手术治疗	重伤二级
5.1.2.l）	外伤性迟发性癫痫	重伤二级
5.1.2.m）	外伤性脑积水，须手术治疗	重伤二级
5.1.2.n）	外伤性颈动脉海绵窦瘘	重伤二级
5.1.2.o）	外伤性下丘脑综合征	重伤二级
5.1.2.p）	外伤性尿崩症	重伤二级
5.1.3.f）	外伤性脑积水；外伤性颅内动脉瘤；外伤性脑梗死；外伤性颅内低压综合征	轻伤一级

一、外伤性脑脓肿

1. 损伤程度审查要点

（1）临床表现：主要表现为感染征象和脑膜炎刺激征。

①全身急性感染征象：高热、寒战、头痛、恶心、呕吐等。

②脑膜刺激征：颈强直、克尼格征阳性等

③脑脊液检查：腰穿可见脑脊液压力增高、脑脊液混浊，白细胞明显增多，多为多形核细胞、蛋白增高、球蛋白反应阳性、糖和氯化物降低，细菌培养阳性。

④影像学检查早期可无异常所见，MRI 早期可显示脑膜炎的蛛网膜下腔扩张和弥漫性脑水肿。此外，化脓性脑膜炎渗出液与邻近脑实质相比呈高信号。

⑤脑脓肿严重时伴有恶心呕吐或高热谵妄、颈项强直、血白细胞升高等脑膜脑炎的表现。

（2）法医学检查：按照 GA/T 1970《法医临床学检验规范》5.3 颅脑损伤，参照 SF/T 0111《法医临床检验规范》7.4 颅脑和脊髓损伤的检验规范进行检查。

（3）鉴定意见审查：确诊外伤性脑脓肿，即可评定为重伤二级。

需注意排除非本次外伤引起的感染，尤其是出现闭合性颅脑损伤的情况下。另外，脑外伤可出现除外伤性脑脓肿以外的症状体征，鉴定时需注意区别鉴定以及条款竞合的情况。

2. 致伤物判断及损伤机制审查

钝器、锐器、火器均可造成。颅脑外伤后，尤其是颅脑开放性外伤后，更易发生颅内的化脓性炎症，即脑脓肿。

3. 鉴定时限审查

单纯的外伤性脑脓肿出现后即可认定，如出现其他并发症、后遗症，一般在治疗终结后更为合适。

二、外伤性脑动脉瘤

1. 损伤程度审查要点

（1）临床表现：可出现脑受压的临床表现，动脉瘤破裂可出现脑出血的临床表现，脑血管造影可显示动脉瘤。

（2）法医学检查：参照 GA/T 1970《法医临床学检验规范》5.16.11 血管损伤的检验规范进行检查。主要检查脑动脉瘤与外伤的关系，以及手术治疗是否达到手术指征。

（3）鉴定意见审查：明确外伤性脑动脉瘤的诊断，其中未进行手术治疗而自愈的，评定为轻伤一级；达到手术指征且经手术治疗的，评定为重伤二级。

2. 致伤物判断及损伤机制审查

一般为钝性暴力。暴力作用在颅脑时，真性脑动脉瘤一般为脑动脉壁部分受损变薄、变弱，膨出形成动脉瘤；假性动脉瘤一般为脑动脉全层破裂，周围形成血肿，血肿外层机化形成假性动脉瘤。另外，可形成真假混合性脑动脉瘤。

3. 鉴定时限审查

单纯的外伤性脑动脉瘤出现即可鉴定；须手术治疗的，待治疗终结后鉴定。

三、外伤性迟发性癫痫

1. 损伤程度审查要点

（1）临床表现：可表现为癫痫大发作、癫痫小发作、癫痫局灶性发作和精神运动性癫痫等。

①外伤性癫痫早期以全面性发作为主，晚期多以部分性发作或部分性发作继发全面性发作为主。

②脑电图检查可以反映脑损伤部位、相邻部位和（或）对冲性部位局限性慢波、尖慢波、棘波或棘慢综合波等。

（2）法医学检查：依据《人体损伤程度鉴定标准》附录 B.1.6 外伤性迟发性癫痫应具备的条件规范的规定，按照 GA/T 1970《法医临床学检验规范》5.3.7.11 外伤性癫痫或 SF/Z JD0103007《外伤性癫痫鉴定实施规范》的检验规范进行检查。

（3）鉴定意见审查：确诊外伤性迟发型癫痫，即可鉴定为重伤二级。

需注意癫痫和癔症的区别（表 14-4-2）：

表 14-4-2　癫痫和癔症的区别

	癫痫	癔症
发作的场合	单独或有人在场，睡眠或白天	常在情感失常及有人在场
抽搐	常典型发作，可有舌咬伤、跌伤	常为古怪的，很少咬舌
抽搐时面容	发绀或苍白	无变化
尿失禁	常见	很少
发作时角膜反射	消失	存在
发作时跖反射	巴宾斯基征阳性	跖反射阳性
脑电图	发作时异常，发作间期可不正常	发作时可异常，但非阵发性

2. 致伤物判断及损伤机制审查

锐器、钝器、火器均可造成。脑组织损伤后引起的瘢痕使得神经元突触机械性扭曲，同时胶质增生，血脑屏障、血液循环和生化环境改变，引起神经元兴奋性增高、膜电位平衡与稳定性紊乱。

3. 鉴定时限审查

应在损伤 90 日后，根据外伤迟发性癫痫确诊时间来确定。

四、外伤性脑积水

1. 损伤程度审查要点

（1）临床表现：

①急性外伤性脑积水主要为颅内压增高，具体表现为持续性头痛、呕吐、视物不清，甚至浅昏迷。

②慢性外伤性脑积水主要为精神症状、步态障碍及尿失禁，病人有进行性加重的精神症状，表情淡漠、语言单调、记忆力减退、反应迟钝，进而出现步态不稳、尿失禁和木僵状态。

（2）法医学检查：按照 GA/T 1970《法医临床学检验规范》5.3 颅脑损伤，参照 SF/T 0111《法医临床检验规范》7.4 颅脑和脊髓损伤的检验规范进行检查。

（3）鉴定意见审查：明确外伤性脑积水的诊断，其中未行手术治疗而自愈的，评定为轻伤一级；达到手术指征且经手术治疗的，评定为重伤二级。

需注意外伤性与非外伤性脑积水的鉴别。

2. 致伤物判断及损伤机制审查

目前认为急性脑积水的主要原因有：①凝血块直接阻塞脑脊液循环通路或蛛网膜颗粒被红细胞阻塞致脑脊液吸收障碍；②脑水肿、颅内血肿、脑疝、脑膨出等可压迫脑脊液循环通路、蛛网膜下腔或静脉窦，使脑脊液吸收或回流受阻；③损伤直接阻塞室间孔、导水管、第四脑室正中孔使脑脊液不能回到蛛网膜下腔而形成急性梗阻性脑积水；④外伤致颅内高压，使蛛网膜下腔与矢状窦压力差减小，引起脑脊液吸收减少。

慢性脑积水多因脑脊液吸收障碍和蛛网膜纤维变性所致，因为蛛网膜增厚纤维变性、室管膜破坏及脑室周围脱髓鞘病变，导致脑脊液吸收减慢。早期有一个脑脊液压力增高阶段，当高压使脑室系统扩张后，压力下降，扩大的脑室系统与颅内压形成动态平衡。

3. 鉴定时限审查

鉴定轻伤一级，外伤性脑积水确诊即可鉴定；鉴定重伤二级，需在治疗终结（手术治疗）后。

五、外伤性颈动脉海绵窦瘘

1. 损伤程度审查要点

（1）临床表现：主要体现在眼部功能异常和头痛等。

①头痛、颅内出血和鼻出血；

②搏动性突眼、眼结膜充血和水肿、眼球运动障碍、进行性视力障碍；

③颅内血管杂音；

④神经功能障碍。

（2）法医学检查：按照 GA/T 1970《法医临床学检验规范》5.3 颅脑损伤，参照 SF/T 0111《法医临床检验规范》7.4 颅脑和脊髓损伤的检验规范进行检查。

（3）鉴定意见审查：确诊外伤性颈动脉海绵窦瘘，即可评定为重伤二级。

2. 致伤物判断及损伤机制审查

颈动脉海绵窦段或其分支因外伤破裂直接或间接与静脉交通，形成的动、静脉瘘，常因颅底骨折而致，有时也可因穿透伤或飞射物直接损伤颈部血管造成。

3. 鉴定时限审查

确诊后即可鉴定。

六、外伤性下丘脑综合征

1. 损伤程度审查要点

（1）临床表现：

①颅脑器质性损伤后出现睡眠、意识障碍，多为嗜睡；

②体温调节障碍，高热或体温过低；消化道出血；

③循环呼吸紊乱、糖代谢紊乱等临床表现。

（2）法医学检查按照 GA/T 1970《法医临床学检验规范》5.3 颅脑损伤，参照 SF/T 0111《法医临床检验规范》7.4 颅脑和脊髓损伤的检验规范进行检查。

（3）鉴定意见审查：确诊外伤性下丘脑综合征，即可评定为重伤二级。

2. 致伤物判断及损伤机制审查

下丘脑器质性损伤可出现严重的自主神经功能紊乱症状和体征。单纯的下丘脑损伤较少见，多伴有脑其他部位的脑挫伤或血肿，颅底骨折和脑在颅腔内的剧烈晃动是致伤的主要原因。

3. 鉴定时限审查

确诊外伤性下丘脑综合征后即可鉴定。

七、外伤性尿崩症

1. 损伤程度审查要点

（1）临床表现：常见症状为多尿、烦躁、极度口渴、大量饮水、低比重尿与低渗尿。

（2）法医学检查：按照 GA/T 1970《法医临床学检验规范》5.3 颅脑损伤，参照 SF/T 0111《法医临床检验规范》7.4 颅脑和脊髓损伤的检验规范进行检查。

（3）鉴定意见审查：确诊外伤性尿崩症，即可评定为重伤二级。

2. 致伤物判断及损伤机制审查

颅脑器质性损伤，如视上核或视上核—垂体束损伤后，出现尿崩症，分为暂时性尿崩症和持久性尿崩症。

3. 鉴定时限审查

确诊外伤性尿崩症后即可鉴定。

八、外伤性颅内低压综合征

1. 损伤程度审查要点

（1）临床表现：出现体位性头痛、恶心、呕吐、眩晕，而神经系统检查无阳性体征。

①头痛，特点是平卧头低位时头痛减轻或消失，直立时加重，在头外伤后 1 ~ 2 小时出现，常见于前额及后枕部，严重时可遍及全头并向颈、肩、背、下肢放射。在伤后 2 ~ 3 天后头痛最为明显。

②恶心、呕吐、眩晕常发生于头位变动、剧烈头痛之后，可出现头昏目眩、恶心呕吐，严重时可出现意识障碍。

③自主神经功能紊乱，可有脉搏细速、血压偏低、畏光、乏力、厌食、失水及颈僵等表现，面颈部皮肤可有阵发性潮红，同时可有厌食、乏力等表现。

④神经系统查体多无阳性体征，有个别患者因脑组织失去脑脊液的托浮和衬垫作用，使脑神经直接受到挤压或牵扯可出现瞳孔不等大及外展神经麻痹。

（2）法医学检查：按照 GA/T 1970《法医临床学检验规范》5.3 颅脑损伤，参照 SF/T 0111《法医临床检验规范》7.4 颅脑和脊髓损伤的检验规范进行检查。

（3）鉴定意见审查：确诊外伤性颅内低压综合征，即可评定为轻伤一级。

2. 致伤物判断及损伤机制审查

外伤性低颅内压综合征的发病机制尚未阐明，脑脊液的产生减少或吸收流出过多可能与外伤性低颅内压综合征的发生有密切关系。

3. 鉴定时限审查

确诊外伤性低颅内压综合征后即可鉴定。

第五节　智能减退、精神障碍及瘫痪

《人体损伤程度鉴定标准》中涉及智能减退、精神障碍及瘫痪的条款有 6 条，损伤程度为重伤二级和重伤一级（表 14-5-1）。

表 14-5-1　智能减退、精神障碍及瘫痪鉴定条款

条款序号	条款内容	损伤程度
5.1.1.a)	植物生存状态	重伤一级
5.1.1.b)	四肢瘫（三肢以上肌力 3 级以下）	重伤一级
5.1.1.c)	偏瘫、截瘫（肌力 2 级以下），伴大便、小便失禁	重伤一级
5.1.1.d)	非肢体瘫的运动障碍（重度）	重伤一级
5.1.1.e)	重度智能减退或者器质性精神障碍，生活完全不能自理	重伤一级
5.1.2.q)	单肢瘫（肌力 3 级以下）	重伤二级

一、植物生存状态

1. 损伤程度审查要点

（1）临床表现：生命体征存在，无主观运动和意识思维活动。

（2）法医学检查：按照 GA/T 1970《法医临床学检验规范》5.3 颅脑损伤，或 SF/T 0111《法医临床检验规范》7.4 颅脑和脊髓损伤的检验规范进行检查。

（3）鉴定意见审查：损伤后持续性植物生存状态至少 90 日以上，鉴定时仍为植物生存状态，可评定为重伤一级。

2. 致伤物判断及损伤机制审查

各种外界严重暴力以及外伤后，导致严重缺血缺氧性脑病等，经过一段时间后仍缺乏意识活动，丧失语言，而仅保留无意识的姿态调整和运动功能的状态。

3. 鉴定时限审查

损伤 90 日后根据具体伤情确定，宜在持续植物生存状态 12 个月后鉴定。

【案　例】

张某，因"车祸致头部外伤 18 小时"入院，诊断：（1）创伤性重型开放性颅脑损伤；（2）左侧额颞顶骨多发骨折；（3）左侧硬膜外血肿；（4）双侧额颞顶部硬膜下出血；（5）多发脑挫裂伤；（6）深昏迷；（7）去皮层状态。头部 CT 提示双侧额颞部颅骨内板下见弧形稍高密度影，边界欠清，较宽处约 0.8cm；另双侧额顶颞叶脑沟内见铸型高密度影；双侧额叶及左侧颞叶少许积气影；大脑镰及小脑幕密度增高；左侧额颞顶骨见多发线样透亮影，部分断端分离；左侧额枕顶颞部软组织肿胀，少许积气。经

多次手术治疗，现患者昏迷，气管切开，吸氧，刺痛无反应，心率、血压、呼吸尚平稳，生活不能自理。法医检查：卧床被动体位，呼之不应，刺痛无反应，不能配合检查。鼻部插有鼻饲管，气管插管在位，左上臂见深静脉置管，外阴部套有塑料袋。左眼睑可见启闭，眼球可见活动；双侧额颞顶部脑组织膨出，颅骨缺失。余检查（－）。目前，张某呈植物生存状态12+月，依据《人体损伤程度鉴定标准》5.1.1.a）"植物生存状态"之规定，评定为重伤一级。（重庆法医验伤所车宇提供）

二、智能减退

1. 损伤程度审查要点

（1）临床表现：主要表现为不同程度的智能减退，体现在 IQ 下降。

（2）法医学检查：依据《人体损伤程度鉴定标准》附录 B.1.1 智能减退的规定，按照 GA/T 1970《法医临床学检验规范》5.3 颅脑损伤，参照 SF/T 0111《法医临床检验规范》7.4 颅脑和脊髓损伤的检验规范，结合 GB/T 31147《人身损害护理依赖程度评定》进行检查。

（3）鉴定意见审查：明确由颅脑损伤所致智能减退达到重度，生活完全不能自理，可评定为重伤一级。

2. 致伤物判断及损伤机制审查

大脑受到器质性的损害从而造成认识活动的持续障碍以及整个心理活动的障碍。

3. 鉴定时限审查

治疗终结后。

三、肢体瘫

1. 损伤程度审查要点

（1）临床表现：肢体活动障碍；相应肌肉萎缩；神经性疼痛等。

（2）法医学检查：依据《人体损伤程度鉴定标准》附录 B.1.4 肌瘫（肌力）的规定，按照 GA/T 1970《法医临床学检验规范》5.3 颅脑损伤，或 SF/T 0111《法医临床检验规范》7.4 颅脑和脊髓损伤的检验规范进行检查。

（3）鉴定意见审查：明确由颅脑损伤所致单肢瘫（肌力 3 级以下），评定为重伤二级；四肢瘫（三肢以上肌力 3 级以下），评定为重伤一级；偏瘫、截瘫（肌力 2 级以下），并伴大便、小便失禁时，评定为重伤一级。

2. 致伤物判断及损伤机制审查

一般为脑、脊髓严重损伤引起四肢出现瘫痪。大脑、脊髓严重损伤引起肢体所有肌肉瘫痪，即全肌瘫。

3. 鉴定时限审查

一般在损伤 90 日后鉴定，病情复杂的在治疗终结后进行鉴定。

【案　例】

左某，刀刺伤背部致疼痛、出血 1+ 小时。伤后即下肢肢体感觉活动障碍，背部可见一长约 2cm 皮肤裂口，深度未探及，剑突下皮肤感觉丧失，左右下肢肌力 0 级。初步诊断：多处软组织挫裂伤，胸椎脊髓损伤。胸部 CT 示：右侧血气胸，右肺压缩约 10%；胸 2、3、6 椎体、胸 3 椎体左侧下关节突、胸 6 椎体棘突及胸 7 椎体双侧上关节突骨折，椎体及椎管内积气，椎管内可疑积血，胸背部软组织积气。胸椎 MRI 示：胸 6～7 节段长度约 1.8cm 脊髓不连续、局部缺如，考虑脊髓损伤、断裂，胸 6 棘突及胸 7 双侧上关节突骨折。经治疗后患者病情稳定，一般情况可，诉大便一直未解，小便留置尿导管。双下肢感觉运动障碍，胸部感觉平面位于 T6。

鉴定时左某平躺于床上，神清，语利，对答切题，查体合作。背部脊柱对应处见 2.8cm+7.1cm "⌐" 形手术瘢痕；双下肢肌力 0 级，肌张力降低，肌肉轻度萎缩；胸 6 椎体平面以下触觉、痛觉丧失，腹壁反射、膝反射、跟腱反射未引出；着尿片，大小便失禁。被鉴定人左某胸椎脊髓横断伤伴截瘫诊断成立，且大便、小便失禁，依据《人体损伤程度鉴定标准》5.1.1.c）"偏瘫、截瘫（肌力 2 级以下），伴大便、小便失禁"之规定，评定为重伤一级；其胸椎多处骨折，依据《人体损伤程度鉴定标准》5.9.3.b）"二节以上椎体骨折；三处以上横突、棘突或者椎弓骨折"之规定，评定为轻伤一级；其右侧血气胸，右肺压缩约 10%，依据《人体损伤程度鉴定标准》5.6.4.f）"胸腔积血；胸腔积气"之规定，评定为轻伤二级。综上，左某的损伤程度为重伤一级。（重庆市九龙坡区人民检察院田贵兵提供）

四、非肢体瘫的运动障碍

1. 损伤程度审查要点

（1）临床表现：主要表现为肌肉张力增大，痉挛性，深反射亢进，浅反射减弱，出现病理性反射，小脑性共济失调、不自主运动或震颤等。

（2）法医学检查：依据《人体损伤程度鉴定标准》附录 B.1.5 非肢体瘫的运动障碍的规定，按照 GA/T 1970《法医临床学检验规范》5.3 颅脑损伤，或 SF/T 0111《法医临床检验规范》7.4 颅脑和脊髓损伤的检验规范进行检查。

（3）鉴定意见审查：确诊非肢体瘫的运动障碍达到重度，可评定为重伤一级。

2. 致伤物判断及损伤机制审查

非肢体瘫的运动障碍是指锥体系、锥体外运动系受到损伤，出现肢体随意运动障碍。

3. 鉴定时限审查

损伤 90 日后鉴定，病情疑难复杂的在治疗终结后进行鉴定。

五、器质性精神障碍

1. 损伤程度审查要点

（1）临床表现：

①急性精神障碍以意识障碍为主。

②慢性精神障碍主要表现为认知障碍、人格障碍和精神病性症状。

③生活自理能力障碍，主要包括以下五项：进食，翻身，大、小便，穿衣，洗漱，自主行动。

（2）法医学检查：依据《人体损伤程度鉴定标准》附录 B.1.2 器质性精神障碍的运动障碍的规定，参照 GA/T 1970《法医临床学检验规范》5.3 颅脑损伤，或 SF/T 0111《法医临床检验规范》7.4 颅脑和脊髓损伤的检验规范，结合 GB/T 31147《人身损害护理依赖程度评定》进行检查。

（3）鉴定意见审查：明确器质性颅脑损伤，并由此引发的精神障碍，达到生活完全不能自理，可评定为重伤一级。

2. 致伤物判断及损伤机制审查

颅脑损伤，导致颅脑器质性病变，进而影响精神状态，出现精神障碍。

3. 鉴定时限审查

损伤 90 日后鉴定，病情疑难复杂的在治疗终结后进行鉴定。

第六节　脊髓损伤

《人体损伤程度鉴定标准》中涉及脊髓损伤的条款有 3 条，损伤程度为轻伤一级和重伤二级（表 14-6-1）。

表 14-6-1　脊髓损伤鉴定条款

条款序号	条款内容	损伤程度
5.1.2.r）	脊髓损伤致重度肛门失禁或者重度排尿障碍	重伤二级
5.1.3.g）	脊髓损伤致排便或者排尿功能障碍（轻度）	轻伤一级
5.1.3.h）	脊髓挫裂伤	轻伤一级

1. 损伤程度审查要点

（1）临床表现：

①局部疼痛，损伤局部有明显压痛、叩痛。脊髓感觉支配区出现疼痛，感觉减退、消失，过敏等。

②骨折、脱位等致脊柱生理弧度改变，进而出现脊柱畸形。

③可出现感觉功能、运动功能障碍。

④脊髓损伤可引起神经反射异常，包括躯体运动反射和内脏自主神经反射。

（2）法医学检查：依据《人体损伤程度鉴定标准》附录 B.1.7 肛门失禁和 B.1.8 排尿障碍的规定，按照 GA/T 1970《法医临床学检验规范》5.11 脊髓损伤，或 SF/T 0111《法医临床检验规范》7.4 颅脑和脊髓损伤的检验规范进行检查。

（3）鉴定意见审查：确诊脊髓挫裂伤，即可评定为轻伤一级；当脊髓损伤致排便或者排尿功能轻度障碍时，评定为轻伤一级；若脊髓损伤致重度肛门失禁或者重度排尿障碍，则评定为重伤二级。

2. 致伤物判断及损伤机制审查

致伤物：钝器、锐器，交通事故等。

损伤机制：脊髓器质性损伤导致肛门失禁或者排尿障碍，不包括消化系统损伤（如肛管本身损伤）或泌尿系统（如尿道损伤）损伤等。

3. 鉴定时限审查

脊髓挫裂伤后即可鉴定；伴功能障碍的须在损伤 90 日后鉴定。

【案 例】

李某，因"被窃贼开枪击中颈部 1+ 小时"入院。平车推入病房，强迫体位，神志嗜睡，精神差，表情痛苦，急性病容，语言、对答、反应无法查，查体不合作；口腔内可见气管插管，颈部可见多处不规则皮肤挫裂伤，双下肢感觉及运动丧失，肌力 0 级，肌张力不高，双上肢感觉减退，手指、手腕及肘部运动丧失，乳头上两横指以下感觉丧失，双侧对称，病理反射及生理反射均未引出。脊柱、胸部 CT 示：颈 5/6 棘突间隙金属异物，颈 5 椎体骨折，骨折块向椎管移位，颈 5 椎体后方颈髓损伤，颈前区软组织肿胀、破损、积气。诊断为：1.枪击伤；2.颈 5/6 棘突间隙金属异物；3.颈 5 椎体骨折伴颈髓损伤。

经治疗后四肢不能活动，大小便失禁。法医检查见：右颈部上段中外侧遗留三处瘢痕，总长 16cm，其中单条最长 7.4cm。胸骨柄、乳头以下痛、触觉消失；双侧腹壁反射消失。双侧提睾反射消失。四肢肌力低（左上肢 0～1 级，右上肢近端 1～2 级，远端 0～1 级；双下肢 0～1 级）；四肢肌张力增高，腱反射存在，右侧踝阵挛（+），病理征（+）。李某脊髓损伤，依据《人体损伤程度鉴定标准》5.1.1.b）"四肢瘫（三肢以上肌力 3 级以下）"、5.1.2.r）"脊髓损伤致重度肛门失禁或者重度排尿障碍"之规定，分别评定为重伤一级、重伤二级；脊柱损伤，依据《人体损伤程度鉴定标准》5.9.4.d）"椎骨骨折或者脊椎脱位（尾椎脱位不影响功能的除外）；外伤性椎间盘突出"之规定，评定为轻伤二级；遗留颈项部瘢痕，依据《人体损伤程度鉴定标准》5.11.3.b）"单个创口或者瘢痕长度 10.0cm 以上；多个创口或者瘢痕长度累计 15.0cm 以上"之规定，评定为轻伤二级。综上，李某的损伤程度综合评定为重伤一级。（重庆法医验伤所赵敏珠提供）

（王泓杰、胡安全、王俪霖）

第十五章 面部损伤

根据《人体损伤程度鉴定标准》附录 B.2.3 之规定，面部范围是指前额发际下、两耳屏前与下颌下缘之间的区域，包括额部、眶部、鼻部、口唇部、颏部、颧部、颊部、腮腺咬肌部。

本章依据《人体损伤程度鉴定标准》及其他专业知识和相关规范，详细介绍案件中涉及面部损伤后进行损伤程度鉴定相关专业知识，从解剖结构对面部损伤进行分类，第一节主要介绍面部相关损伤，包括面部软组织损伤、面神经、颌面骨骨折与损伤所致张口困难 4 类；第二节主要介绍眼附属器损伤；第三节主要介绍鼻损伤；第四节主要介绍口腔损伤。

面部损伤审查要点：(1)掌握面部软组织损伤鉴定的法医学审查要点；(2)掌握鼻损伤鉴定的法医学审查要点；(3)掌握口腔损伤鉴定的法医学审查要点。

第一节 面部相关损伤

本节面部相关损伤主要讨论面部软组织损伤、面神经、颌面骨骨折、损伤所致张口困难 4 类。

一、面部软组织损伤

《人体损伤程度鉴定标准》中涉及面部软组织损伤主要以面部创口、瘢痕、色素异常、腮腺、腮腺总导管、颌下腺、舌下腺等损伤为鉴定依据，损伤程度从轻微伤至重伤一级。

1. 容貌毁损

《人体损伤程度鉴定标准》中涉及容貌毁损的条款有两条，损伤程度为重伤二级和重伤一级（表 15–1–1）。

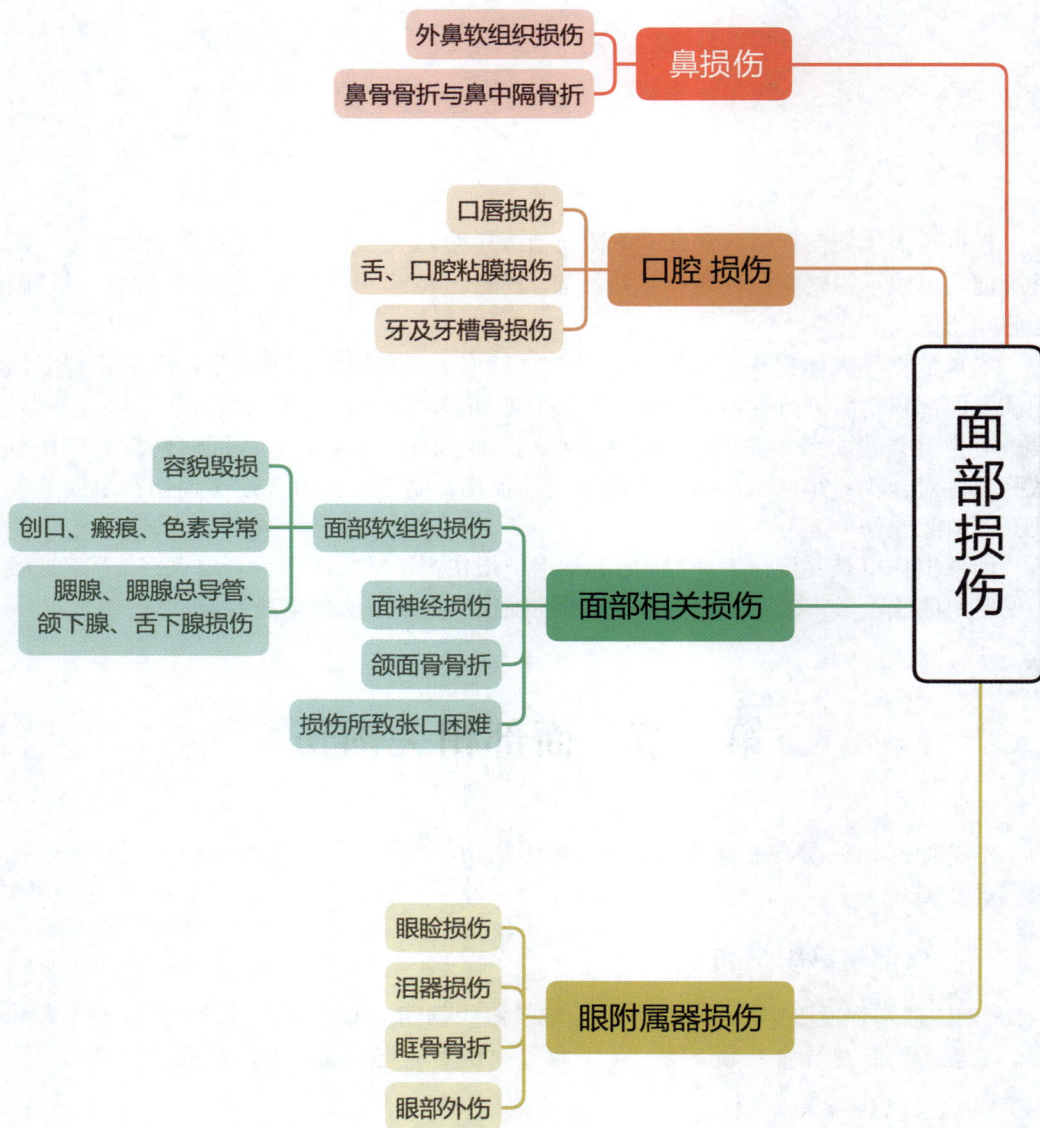

表 15-1-1　容貌毁损鉴定条款

条款序号	条款内容	损伤程度
5.2.1.a)	容貌毁损（重度）	重伤一级
5.2.2.q)	容貌毁损（轻度）	重伤二级

（1）损伤程度审查要点

①临床表现：

a. 面部瘢痕畸形。

b. 眉毛缺失；眉毛部分缺失；双睑外翻或缺失；眼睑外翻或者部分缺失；外耳缺失；耳廓部分缺失；鼻缺失；鼻翼部分缺失；上、下唇外翻或者小口畸形；唇外翻或者小口畸形；颈颏粘连；颈部瘢痕畸形。

②法医学检查：依据《人体损伤程度鉴定标准》附录 B.2.2 容貌毁损的规定，按照 GA/T 1970《法医临床学检验规范》5.2 体表损伤，或 SF/T 0111《法医临床检验规范》7.5 面部损伤的检验规范，结合进行检查。

③鉴定意见审查：鉴定时应遵循从形态学和功能学两个方面进行整体评估、综合评价的原则。重度容貌毁损，评定为重伤一级；轻度及中度容貌毁损均评定为重伤二级。检验时应确定损伤部位、大小、性状、颜色、范围，同时，可取伤前照片进行比对检验。损伤检验时须拍摄附加比例尺的彩色照片。

（2）致伤物判断及损伤机制审查

机械性损伤、高温或化学性液体（高温或化学性气体）烧灼、生物因素（感染）等作用于面部，愈合后形成瘢痕畸形，严重的致面部组织结构和功能异常，严重影响容貌。

（3）鉴定时限审查

容貌毁损在损伤 90 日后进行鉴定；在特殊情况下可以根据原发性损伤及其并发症出具鉴定意见，但须对有可能出现的后遗症加以说明，必要时应进行复检并予以补充鉴定。疑难、复杂的损伤，在临床治疗终结或者伤情稳定后进行鉴定。

【案　例】

谭某，被人泼洒硫酸致面部大面积化学性灼伤，1+ 年以来经多次手术治疗，现治疗基本终结。法医检查见颜面部皮肤严重瘢痕畸形，散在的色素沉着，质地较硬，双侧眉毛缺失，小口畸形，双眼睑外翻，鼻缺失。被鉴定人的损伤程度符合"重度容貌毁损"的情形，依据《人体损伤程度鉴定标准》5.2.1.a）"容貌毁损（重度）"、附录 B2.2 容貌毁损之规定，评定为重伤一级。

2. 面部皮肤创口、瘢痕或色素异常等

《人体损伤程度鉴定标准》中涉及面部皮肤创口、瘢痕或色素异常等损伤的条款有 13 条，损伤程度从轻微伤至重伤二级（表 15-1-2）。

表 15-1-2　面部皮肤创口、瘢痕或色素异常等鉴定条款

条款序号	条款内容	损伤程度
5.2.2.a)	面部条状瘢痕（50% 以上位于中心区），单条长度 10.0cm 以上，或者两条以上长度累计 15.0cm 以上	重伤二级
5.2.2.b)	面部块状瘢痕（50% 以上位于中心区），单块面积 6.0cm² 以上，或者两块以上面积累计 10.0cm² 以上	重伤二级
5.2.2.c)	面部片状细小瘢痕或者显著色素异常，面积累计达面部 30%	重伤二级
5.2.3.a)	面部单个创口或者瘢痕长度 6.0cm 以上；多个创口或者瘢痕长度累计 10.0cm 以上	轻伤一级
5.2.3.b)	面部块状瘢痕，单块面积 4.0cm² 以上；多块面积累计 7.0cm² 以上	轻伤一级
5.2.3.c)	面部片状细小瘢痕或者明显色素异常，面积累计 30.0cm² 以上	轻伤一级
5.2.4.a)	面部单个创口或者瘢痕长度 4.5cm 以上；多个创口或者瘢痕长度累计 6.0cm 以上	轻伤二级
5.2.4.b)	面颊穿透创，皮肤创口或者瘢痕长度 1.0cm 以上	轻伤二级
5.2.4.d)	面部块状瘢痕，单块面积 3.0cm² 以上或多块面积累计 5.0cm² 以上	轻伤二级
5.2.4.e)	面部片状细小瘢痕或者色素异常，面积累计 8.0cm² 以上	轻伤二级
5.2.5.a)	面部软组织创	轻微伤
5.2.5.b)	面部损伤留有瘢痕或者色素改变	轻微伤
5.2.5.c)	面部皮肤擦伤，面积 2.0cm² 以上；面部软组织挫伤；面部划伤 4.0cm 以上	轻微伤

（1）损伤程度审查要点

①临床表现：损伤部位皮肤有明显的疼痛、出血；损伤局部可见创口或愈合后的瘢痕。

②法医学检查：依据《人体损伤程度鉴定标准》附录 B.2.3 面部及中心区的规定，按照 GA/T 1970《法医临床学检验规范》5.2 体表损伤，或 SF/T 0111《法医临床检验规范》7.5 面部损伤进行检查。

③鉴定意见审查：面部软组织损伤程度评定应注意损伤的形式、面积、区域是否符合条款规定。可从以下几类损伤分型进行对照审查：

a. 创口：

损伤致面部软组织出现创口，即可评定为轻微伤；当单个创口长度达到 4.5cm 以上，或者多个创口累计 6.0cm 以上时，则可评定为轻伤二级；当单个创口长度达到 6.0cm 以上，或者多个创口累计 10.0cm 以上时，则可评定为轻伤一级。

b. 色素异常：

面部的各种损伤后只要遗留色素改变，即可评定为轻微伤；色素异常的皮肤面积达到 8.0cm² 以上时，可评定为轻伤二级；明显色素异常，且面积达 30.0cm² 以上时，可评定为轻伤一级；显著色素异常，面积累计达面部 30% 及以上者，评定为重伤二级。

c. 瘢痕：

面部的各种损伤后只要遗留瘢痕，即可评定为轻微伤。

面部片状细小瘢痕的面积达到 8.0cm² 以上时，可评定为轻伤二级；达 30.0cm² 以

上时，可评定为轻伤一级；达面部 30% 及以上者，评定为重伤二级。

面部块状瘢痕单块面积 3.0cm² 以上或多块面积累计 5.0cm² 以上，可评定为轻伤二级；单块面积 4.0cm² 以上或多块面积累计 7.0cm² 以上时，评定为轻伤一级；单块面积 6.0cm² 以上或多块面积累计 10.0cm² 以上，且块状瘢痕 50% 以上位于面部中心区时，可评定为重伤二级。

面部条状瘢痕单条长度达到 4.5cm 以上或多条累计 6.0cm 以上时，可评定为轻伤二级；单条长度达到 6.0cm 以上或多条累计 10.0cm 以上时，评定为轻伤一级；当单条长度 10.0cm 以上或多条长度累计 15.0cm 以上，且条状瘢痕 50% 以上位于面部中心区时，可评定为重伤二级。

d. 其他损伤：

当面部受伤方式为面颊部与口腔的穿透伤时，需在口腔黏膜侧发现对应的创口以证实穿透创的存在，其次皮肤一侧的创口或瘢痕长度需达 1.0cm 以上时，才能评定为轻伤二级。如皮肤一侧的创口或瘢痕达到轻伤一级及以上的其他条款的规定时，则按其他相应条款评定。

面部软组织存在挫伤，即可评定为轻微伤；面部皮肤如为擦伤，则需面积达 2.0cm² 以上，才能评定为轻微伤；面部的划伤也需长度达 4.0cm 以上时，才能评定为轻微伤。上述面部的挫伤、擦伤、划伤如遗留瘢痕或色素异常，则按瘢痕及色素异常的相应条款进行评定。

（2）致伤物判断及损伤机制审查

钝器、锐器、高温或化学性液体（高温或化学性气体）、生物因素（感染）等均可造成面部皮肤组织的损伤；面部皮肤组织的损伤多为钝器、锐器直接暴力作用所致，也可见于高温或化学性液体（高温或化学性气体）的烧灼和烫伤。

（3）鉴定时限审查

以面部皮肤擦伤、面部软组织挫伤、面部划伤、面部创口等为鉴定依据的伤后即可进行鉴定；以瘢痕、显著色素异常等为主要鉴定依据的，需在损伤 90 日后进行鉴定。在特殊情况下可以根据原发性损伤及其并发症出具鉴定意见，但须对有可能出现的后遗症加以说明，必要时应进行复检并予以补充鉴定。疑难、复杂的损伤，在临床治疗终结或者伤情稳定后进行鉴定。

【案　例】

李某，年龄：9 岁，因"被人砍伤面部"。法医检查见：额部（发际线下、非中心区）见 4.8cm×（0.1～0.2）cm 条状瘢痕。该伤情依据《人体损伤程度鉴定标准》5.2.3.a）"面部单个创口或者瘢痕长度 6.0cm 以上"及 6.18 条"本标准所涉及的体表损伤数值，0～6 岁按 50% 计算，7～10 岁按 60% 计算，11～14 岁按 80% 计算"之规定，评定为轻伤一级。

案例解析：进行损伤程度鉴定时，若涉及《人体损伤程度鉴定标准》中有关体表损伤数值，应特别注意被鉴定人的年龄，全面分析后综合鉴定。

3. 腮腺、腮腺总导管、颌下腺、舌下腺等损伤

唾液腺包括腮腺、颌下腺及舌下腺三对大唾液腺和分布在口腔黏膜的众多小唾液腺，各有导管通向口腔，排出唾液。

《人体损伤程度鉴定标准》中涉及腮腺、腮腺总导管、颌下腺、舌下腺等损伤的条款有 2 条，损伤程度为轻伤二级和轻伤一级（表 15-1-3）。

表 15-1-3　腮腺、腮腺总导管、颌下腺、舌下腺损伤鉴定条款

条款序号	条款内容	损伤程度
5.2.3.o）	腮腺总导管完全断裂	轻伤一级
5.2.4.r）	腮腺、颌下腺或者舌下腺实质性损伤	轻伤二级

（1）损伤程度审查要点

①临床表现：瘘口唾液不断流出、唾液流量加快、唾液分泌过多。

②法医学检查：按照 GA/T 1970《法医临床学检验规范》5.2 体表损伤、5.6.7 腭、舌、口底组织、咽、唾液腺，参照 SF/T 0111《法医临床检验规范》7.5 面部损伤的检验规范进行检查。

③鉴定意见审查：一侧腮腺总导管完全断裂，即可评定为轻伤一级；明确腮腺、颌下腺或者舌下腺有实质性损伤，即可评定为轻伤二级。

（2）致伤物判断及损伤机制审查

唾液腺及腮腺总导管的损伤多为直接暴力作用所致，如锐器的砍切、剪刺等。

（3）鉴定时限审查

腮腺、颌下腺、舌下腺实质性损伤和腮腺总导管完全断裂的伤后即可进行鉴定。

二、面神经损伤

面神经为第 Ⅶ 对颅神经，从茎乳孔出颅腔后，其主干穿过腮腺，然后分为五个末梢支：颞支、颧支、颊支、下颌缘支和颈支，前 4 个分支的主要功能是支配颜面部表情肌的运动，颈支分布于颈阔肌。面神经另有个分支鼓索神经参加到舌神经中，分布于舌体部，司理味觉。此外，还有分支到颌下腺及舌下腺，司理唾液分泌。

《人体损伤程度鉴定标准》中涉及面神经损伤的条款有两条，损伤程度为轻伤一级和重伤二级（表 15-1-4）。

表 15-1-4　面神经损伤鉴定条款

条款序号	条款内容	损伤程度
5.2.2.p）	面神经损伤致一侧面肌大部分瘫痪，遗留眼睑闭合不全和口角歪斜	重伤二级
5.2.3.p）	面神经损伤致一侧面肌部分瘫痪，遗留眼睑闭合不全或者口角歪斜	轻伤一级

1. 损伤程度审查要点

（1）临床表现

①面瘫是面神经损伤最主要的临床表现，分为静态和动态两种表现。静态表现为伤侧额纹消失，鼻唇沟变浅，口角下垂，牵向健侧，不能闭眼；动态表现为皱眉不能、

鼓腮漏气，张口时口角偏向健侧，说话时唾液从口角滴漏，角膜反射消失。

②CT检查可以发现面神经管骨折、听小骨脱位以及颞骨岩部骨折等情况。神经电生理检查可以客观评价面神经损伤的程度。

（2）法医学检查

依据《人体损伤程度鉴定标准》附录 B.2.4 面瘫（面神经麻痹）的规定，按照 GA/T 1970《法医临床学检验规范》附录 A.1.1.7 面神经，或 SF/T 0111《法医临床检验规范》7.4.2.5 面神经，SF/Z JD0103005《周围神经损伤鉴定实施规范》5.12 面神经损伤的检验规范进行检查。

（3）鉴定意见审查

面神经 5 个分支中 2 支及以下支配的一侧颜面肌肉瘫痪，遗留眼睑闭合不全或者口角歪斜，评定为轻伤一级；面神经 5 个分支中 3 支以上支配的一侧颜面肌肉瘫痪，遗留眼睑闭合不全和口角歪斜时，评定为重伤二级。

眼睑闭合不全是指平视闭目时部分眼球暴露；口角歪斜是指口唇中线偏离面部中线 0.7cm 以上（静态时健侧口角偏离中线）。

2. 致伤物判断及损伤机制审查

车祸、钝器打击、锐器砍刺、火器伤等均可致面神经损伤，可分为开放性损伤和闭合性损伤，面神经在颊部走行表浅，容易受到损伤。腮腺部和咬肌部软组机的损伤以及颞骨骨折均可导致面神经损伤，其中 80% 为颞骨骨折所致。

3. 鉴定时限审查

在损伤 90 日后进行鉴定；疑难、复杂的损伤，在临床治疗终结或者伤情稳定后进行鉴定。

三、颌面骨骨折

1. 颌骨骨折

颌骨根据解剖部位分为上颌骨、下颌骨。上颌骨是构成颜面部中 1/3 的最大骨骼，左右成对，外形不规则，骨体内部中为上颌窦，借上颌窦裂孔开口于中鼻道。下颌骨的位置突出，所占面积广，易受到损伤，骨折发生率高。下颌骨是面部唯一能活动的骨骼，是颞下颌关节的重要组成部分。

《人体损伤程度鉴定标准》中涉及颌骨骨折的条款有 3 条，损伤程度从轻微伤至轻伤二级（表 15-1-5）。

表 15-1-5　颌骨骨折鉴定条款

条款序号	条款内容	损伤程度
5.2.4.o)	鼻骨粉碎性骨折；双侧鼻骨骨折；鼻骨骨折合并上颌骨额突骨折；鼻骨骨折合并鼻中隔骨折；双侧上颌骨额突骨折	轻伤二级
5.2.4.t)	颌骨骨折（牙槽突骨折及一侧上颌骨额突骨折除外）	轻伤二级
5.2.5.h)	上颌骨额突骨折	轻微伤

（1）损伤程度审查要点

①临床表现：损伤局部可见红肿、疼痛、功能障碍。上颌骨骨折累及眶下壁时，

眶内及眶周组织出血、水肿，形成特有的"眼镜征"，表现为眶周瘀斑，睑及球结膜下出血，严重者可有眼球移位和复视。下颌骨骨折时，由于疼痛和升颌肌群痉挛，可导致张口受限。此外，骨折处还可见牙龈撕裂，变色及水肿。骨折可发生移位若骨折未予复位，会遗有面部的畸形，导致咬合关系错乱。

②法医学检查：按照 GA/T 1970《法医临床学检验规范》5.6 口腔损伤、5.13.3 面颅骨骨折，或 SF/T 0111《法医临床检验规范》7.5.2 面颅骨检验的检验规范进行检查。

③鉴定意见审查：明确一侧上颌骨额突骨折的诊断，即可评定为轻微伤；双侧上颌骨额突骨折，或一侧上颌骨额突骨折伴鼻骨骨折，评定为轻伤二级；除牙槽突骨折及一侧上颌骨额突骨折以外的颌骨骨折，评定为轻伤二级。

需注意，上、下颌骨损伤者，应注意观察、检验是否伴有牙折或牙齿脱落；若损伤累及颞下颌关节，应注意有无张口受限。

（2）致伤物判断及损伤机制审查

车祸、钝器打击、锐器砍刺等均可致颌骨骨折。颌骨骨折可以发生在直接外力作用的部位，也可以发生在远离受力部位的结构薄弱区，骨折可以是单侧骨折，也可以是双侧骨折或多发骨折。下颌骨的髁状突颈部、下颌角部、颏孔部、正中联合部等处骨质比较薄弱，受外力作用时容易发生骨折。

（3）鉴定时限审查

颌骨骨折伤后即可进行鉴定，但须对有可能出现的后遗症加以说明，必要时应进行复检并予以补充鉴定。

【案　例】

罗某，因"4 小时前被他人拳击伤到鼻部，顿觉鼻部疼痛、出血（量约 100ml）"就诊。无视力减退及耳闷、耳鸣、听力减退等症，无昏迷及呕吐，专科情况：右侧鼻部及面部软组织肿胀，右侧鼻根部扪及轻微骨擦音，鼻中隔向右侧偏曲。头部 CT 平扫示：（1）右侧鼻部及面部软组织肿胀；（2）右侧上颌骨额突骨折；（3）颅内未见明显外伤性改变。被鉴定人罗某右侧上颌骨额突骨折，依据《人体损伤程度鉴定标准》5.2.5.h）"上颌骨额突骨折"之规定，评定为轻微伤。

案件解析： 注意本案中罗某的损伤为单侧上颌骨额突骨折，若损伤为双侧上颌骨额突骨折，则应该依据《人体损伤程度鉴定标准》5.2.4.o）"双侧上颌骨额突骨折"之规定，进行损伤程度评定。

2. 颧骨骨折

颧骨左右各一，近似菱形，位于颜面的外上部，为上颌骨与脑颅骨间的主要支架，对于构成面部外形具有重要作用。颧骨由颧骨体部和颧骨三个突起构成。颧骨体部有三个面：①颊面隆凸，朝前外侧；②颞面凹陷，朝后内侧，为颞窝的前外侧壁；③眶面平滑而凹陷，参与眶外下壁的构成。颧骨三个突起：①额蝶突向上，接额骨颧突形成颧额缝，后连蝶骨大翼的颧骨缘；②上颌突向内下方，与上颌骨的颧突相接形成颧上颌缝；③颧突向后，与颞骨颧突相接构成颧弓。

《人体损伤程度鉴定标准》中涉及颧骨骨折的条款有一条，损伤程度为轻伤二级（表 15-1-6）。

表 15-1-6　颧骨骨折鉴定条款

条款序号	条款内容	损伤程度
5.2.4.u）	颧骨骨折	轻伤二级

（1）损伤程度审查要点

①临床表现：颧骨眶壁骨折时，眶周皮下、眼睑和结膜下可出现出血性瘀斑。颧骨骨折移位后，可发生复视、张口疼痛和开口受限、面部畸形。

②法医学检查：按照 GA/T 1970《法医临床学检验规范》5.6 口腔损伤、5.13.3 面颅骨骨折，或 SF/T 0111《法医临床检验规范》7.5.2 面颅骨检验的检验规范进行检查。

③鉴定意见审查：明确颧骨骨折诊断，即可评定为轻伤二级。

（2）致伤物判断及损伤机制审查

车祸、钝器打击、锐器砍刺等均可致颧骨骨折。颧骨和颧弓是面侧部比较突出的部分，易遭受外力而发生骨折。

（3）鉴定时限审查

颧骨骨折伤后即可进行鉴定，但须对有可能出现的后遗症加以说明，必要时应进行复检并予以补充鉴定。

【案　例】

齐某，因"头部外物击打 1 小时"就诊。查体见左侧眼眶青紫肿胀，左侧颧弓处明显青紫肿胀。头部 CT 示：左侧额颞部软组织肿胀，左侧颧弓骨折，颅内未见明显外伤性改变。诊断：（1）左侧颧弓骨折；（2）左额颞部多处皮肤软组织挫伤。该损伤依据《人体损伤程度鉴定标准》5.2.4.u"颧骨骨折"之规定，评定为轻伤二级。（重庆市九龙坡区人民检察院田贵兵提供）

四、损伤所致的张口困难

颞下颌关节是口腔、颌面部的主要关节，由颞骨的下颌关节凹、下颌骨髁状突及关节盘、关节囊和关节韧带组成，具有转动、滑动功能，并能左右协同统一活动，完成咀嚼、语言、表情变化等动作；颞下颌关节损伤是引起张口困难的主要原因。

《人体损伤程度鉴定标准》中涉及损伤致张口困难的条款有 3 条，损伤程度从轻伤二级至重伤二级（表 15-1-7）。

表 15-1-7　损伤致张口困难鉴定条款

条款序号	条款内容	损伤程度
5.2.2.o）	损伤致张口困难Ⅲ度	重伤二级
5.2.3.n）	损伤致张口困难Ⅱ度	轻伤一级
5.2.4.s）	损伤致张口困难Ⅰ度	轻伤二级

1. 损伤程度审查要点

（1）临床表现：颞下颌关节损伤最常见的表现是局部疼痛，张闭口活动受限。损伤早期张闭口受限是由于软组织肿胀、疼痛或关节脱位所致，晚期主要是由于关节融合、强直导致。

（2）法医学检查：依据《人体损伤程度鉴定标准》附录 B.2.5 张口困难分级的规定，按照 GA/T 1970《法医临床学检验规范》5.6 口腔损伤，或 SF/T 0111《法医临床检验规范》7.5.2 面颅骨检验的检验规范进行检查。

（3）鉴定意见审查：张口困难属于功能性障碍，应明确损伤与张口困难发生的因果关系后，依据张口困难分级进行评定。

2. 致伤物判断及损伤机制审查

常见于颌面部钝器和（或）锐器伤。颞下颌关节位置表浅，无咀嚼肌覆盖，易受侧方的直接暴力打击而损伤。但颞下颌关节损伤更多见于间接暴力作用，如来自同侧和对侧的下颌骨体部或下颌骨角部的水平方向和垂直方向的外力作用，有时损伤后颞下颌关节囊内出血难以吸收，可以造成颞下颌关节纤维性强直或关节纤维进一步骨化导致颞下颌关节的骨性强直。此外，骨折移位、软组织缺损、升颌肌群损伤以及关节邻近瘢痕挛缩等也可导致张口受限。

3. 鉴定时限审查

损伤 90 日后鉴定，必要时可待治疗终结后鉴定。

第二节　眼附属器损伤

本节所讨论内容包括眼附属器损伤，眼附属器损伤包括眼睑损伤、泪器损伤、眶骨骨折、眼部外伤 4 类。眼球萎缩或者缺失见视器视力损伤章节。

一、眼睑损伤

眼睑位于眼球前面，不仅具有保护眼球的功能，同时还有呈现颜面仪表的作用。眼睑自外向内分五层，分别为皮肤层、皮下组织层、肌层、睑板层、结膜层。眼睑因其皮下组织疏松、皮肤菲薄、血管丰富，易形成眼睑肿胀及皮下出血。

《人体损伤程度鉴定标准》中涉及眼睑损伤的条款有 10 条，损伤程度从轻伤二级至重伤二级（表 15-2-1）。

表 15-2-1 眼睑损伤鉴定条款

条款序号	条款内容	损伤程度
5.2.2.e)	眼睑缺失相当于一侧上眼睑 1/2 以上	重伤二级
5.2.2.f)	一侧眼睑重度外翻或者双侧眼睑中度外翻	重伤二级
5.2.2.g)	一侧上睑下垂完全覆盖瞳孔	重伤二级
5.2.3.d)	眼睑缺失相当于一侧上眼睑 1/4 以上	轻伤一级
5.2.3.e)	一侧眼睑中度外翻；双侧眼睑轻度外翻	轻伤一级
5.2.3.f)	一侧上眼睑下垂覆盖瞳孔超过 1/2	轻伤一级
5.2.4.g)	眼睑缺损	轻伤二级
5.2.4.h)	一侧眼睑轻度外翻	轻伤二级
5.2.4.i)	一侧上眼睑下垂覆盖瞳孔	轻伤二级
5.2.4.j)	一侧眼睑闭合不全	轻伤二级

1. 损伤程度审查要点

（1）临床表现：

①眼睑挫伤：主要表现为眼睑水肿、表皮剥脱、皮下出血或血肿等。出血、水肿一般在伤后数日至 2 周内逐渐吸收。眼睑挫伤预后良好。

②眼睑裂伤：根据损伤部位、深浅和性质不同，眼睑裂伤的表现也不同：A.若累及提上睑肌可引起上睑下垂；B.若累及眉毛或额肌可造成眉毛缺损或移位畸形；C.如伤及泪小管、泪囊、内眦韧带可导致溢泪和眼外形改变；D.如愈合后瘢痕收缩，将造成不同程度的眼睑畸形，甚至眼睑外翻、眼睑闭合不全。

③眼睑缺失：是指眼睑的全层缺损，小的缺损呈切迹状，大的缺损为全层眼睑缺损。

（2）法医学检查：依据《人体损伤程度鉴定标准》附录 B.2.1 眼睑外翻的规定，按照 GA/T 1970《法医临床学检验规范》5.4.2 眼附属器损伤的检验规范进行检查。

（3）鉴定意见审查：

①眼睑缺失：眼睑缺损未达 1/4，评定为轻伤二级；眼睑缺失相当于一侧上眼睑 1/4 以上未达 1/2，评定为轻伤一级；眼睑缺失相当于一侧上眼睑 1/2 以上，评定为重伤二级。

②睑外翻：指睑缘向外翻转离开眼球，睑结膜常有不同程度的暴露，常合并眼睑闭合不全。一侧眼睑轻度外翻，评定为轻伤二级；一侧眼睑中度外翻或双侧眼睑轻度外翻，评定为轻伤一级；一侧眼睑重度外翻或者双侧眼睑中度外翻，评定为重伤二级。

③上睑下垂：一侧上眼睑下垂覆盖瞳孔未达 1/2，评定为轻伤二级；一侧上眼睑下垂覆盖瞳孔超过 1/2 未达全覆盖，评定为轻伤一级；一侧上睑下垂完全覆盖瞳孔，评定为重伤二级。

④眼睑闭合不全：是指上、下眼睑不能完全闭合，导致部分眼球暴露。一侧眼睑闭合不全，评定为轻伤二级。眼睑缺损和睑外翻常伴眼睑闭合不全，多种损伤同时存在时，应根据损伤情况全面分析后综合评定。

2. 致伤物判断及损伤机制审查

机械性损伤、高温或化学性液体（高温或化学性气体）、生物因素等均可造成眼睑皮肤损伤，在日后修复过程中眼睑皮肤瘢痕形成、色素改变，甚至引起眼睑缺损、内翻、外翻或其他畸形。常见的致伤物为锐器、钝器、高温或化学性液体（高温或化学性气体）等。

3.鉴定时限审查

在损伤 90 日后进行鉴定；在特殊情况下可以根据原发性损伤及其并发症出具鉴定意见，但须对有可能出现的后遗症加以说明，必要时应进行复检并予以补充鉴定。

二、泪器损伤

泪器由泪腺和泪道两部分组成，泪腺包括基础泪腺（睑泪腺）和反射泪腺（眶泪腺），泪道由骨性泪道和膜性泪道构成，前者包括泪囊窝、骨性鼻泪管，后者包括泪点、泪小管、泪囊和膜性鼻泪管。泪器损伤以泪小管、泪囊及鼻泪管等泪道损伤多见，泪腺损伤少见。

《人体损伤程度鉴定标准》中涉及泪器损伤的条款有 4 条，损伤程度由重伤二级至轻伤二级（表 15-2-2）。

表 15-2-2　泪器损伤鉴定条款

条款序号	条款内容	损伤程度
5.2.2.i)	一侧鼻泪管和内眦韧带断裂	重伤二级
5.2.3.h)	双侧泪器损伤伴溢泪	轻伤一级
5.2.3.i)	一侧鼻泪管断裂；一侧内眦韧带断裂	轻伤一级
5.2.4.k)	一侧泪器损伤伴溢泪	轻伤二级

1.损伤程度审查要点

（1）临床表现：泪器损伤的典型体征为溢泪，可伴有眼睑肿胀、淤血，眼睑皮下气肿等；合并感染可并发泪囊炎，泪囊黏液囊肿、泪囊瘘、鼻泪管狭窄等，也会因内眦部黏液脓性分泌物回流至结膜囊内而导致慢性结膜炎，此时如有角膜损伤，容易引起角膜溃疡，进而影响视觉功能。

（2）法医学检查：按照 GA/T 1970《法医临床学检验规范》5.4.2 眼附属器损伤的检验规范进行检查。

（3）鉴定意见审查：明确一侧泪器损伤的诊断，同时伴有溢泪，评定为轻伤二级；若损伤为双侧泪器伴溢泪，则评定为轻伤一级。

一侧鼻泪管断裂或一侧内眦韧带断裂，均可评定为轻伤一级；若为一侧鼻泪管和内眦韧带的同时断裂，则评定为重伤二级。

2.致伤物判断及损伤机制审查

常见的钝器、锐器等均可导致泪器损伤。钝器（如棍棒、砖块等打击）、锐器（刀、剪刀等剪刺）可直接作用于泪腺和泪道，导致泪腺和泪道损伤，常伴有眼睑和颌面部损伤。

3.鉴定时限审查

在损伤 90 日后进行鉴定；在特殊情况下可以根据泪器的原发性损伤及其并发症

出具鉴定意见，但须对有可能出现的后遗症加以说明，必要时应进行复检并予以补充鉴定。

三、眶骨骨折

眼眶位于头颅前部、正中线两侧，介于颅骨和面骨之间，额骨、颧骨、上颌骨、泪骨、筛骨、蝶骨和颚骨共 7 块骨构成，大致呈四面锥形。眼眶分为眶尖、眶顶、眶内壁、眶外壁、眶底。眶骨骨折根据骨折的部位不同分为眶内壁骨折、眶外壁骨折、眶顶骨折、眶底骨折、眶尖骨折等。眶内壁由筛骨板构成，筛骨板菲薄，受到外力作用极易骨折。

《人体损伤程度鉴定标准》中涉及眶骨骨折的条款有 4 条，损伤程度由重伤二级至轻微伤（表 15-2-3）。

表 15-2-3　眶骨骨折损伤鉴定条款

条款序号	条款内容	损伤程度
5.2.2.h）	一侧眼眶骨折致眼球内陷 0.5cm 以上	重伤二级
5.2.3.g）	两处以上不同眶壁骨折；一侧眶壁骨折致眼球内陷 0.2cm 以上	轻伤一级
5.2.4.f）	眶壁骨折（单纯眶内壁骨折除外）	轻伤二级
5.2.5.d）	眶内壁骨折	轻微伤

1. 损伤程度审查要点

（1）临床表现：局部可见淤血、肿胀、出血、水肿等限制眼肌活动或合并眼球运动神经损伤等可导致眼球运动障碍和双眼复视；眶内出血，水肿可导致眼内压力增高，眼球突出；眶骨骨折致眶内容体积改变或球后脂肪垫的机化、萎缩可导致眼球后退，眼球内陷。

（2）法医学检查：按照 GA/T 1970《法医临床学检验规范》5.4.2 眼附属器、5.13.3 面颅骨骨折，或 SF/T 0111《法医临床检验规范》7.5.2 面颅骨检验的检验规范，结合 SF/T 0112《法医临床影像学检验实施规范》5.2 眶壁骨折进行检查。

（3）鉴定意见审查：框骨骨折应注意框内壁骨折与其他框壁骨折的区分。

两眼上、下、内、外眶骨骨折应注意眶内壁骨折与其他眶壁骨折的区分。8 个框壁中，单侧或双侧眶内壁骨折，不论损伤类型和数量，均评定为轻微伤。除开眶内壁外的其他眶壁骨折，评定为轻伤二级；

8 个框壁中两处以上不同眶壁骨折（除双侧眶内壁同时骨折外），评定为轻伤一级；

一侧眶壁骨折致眼球内陷 0.2cm 以上时，评定为轻伤一级；内陷 0.5cm 以上，评定为重伤二级。

2. 致伤物判断及损伤机制审查

眼眶骨折常见于交通事故、拳打脚踢、棍棒打击及爆炸伤等。直接和间接暴力均可形成眼眶骨折，直接暴力造成的骨折位于外力作用的部位，间接暴力所致骨折为外力传导所致，位于外力远达的部位，如眼眶外上方受外力作用导致眶尖部骨折等。

3. 鉴定时限审查

以眶骨骨折为主要鉴定依据的，伤后即可进行鉴定；但须对有可能出现的后遗症加以说明，必要时应进行复检并予以补充鉴定。

【案　例】

孟某，因"被人打伤致左侧面部疼痛2小时"入院。左眼肿胀、青紫，周围组织肿胀明显，左眼视力正常，球结膜稍显充血。双侧鼻腔少许血迹，无活动性出血。张口活动无受限，咬合关系正常。诊断：（1）左侧眼眶下壁、左侧眼眶外侧壁骨折；（2）左侧面部软组织挫伤。

鉴定时阅医院CT片：左侧上颌骨骨折（累及左眼眶下壁），左侧上颌窦积液（血），左侧颧骨骨折（累及左眼眶外侧壁）。孟某因外伤致左眼眶下壁、眶外侧壁骨折，依据《人体损伤程度鉴定标准》第5.2.3.g）"两处以上不同眶壁骨折"之规定，评定为轻伤一级。（重庆市丰都县人民检察院何寨寨提供）

案例解析：关于眶壁骨折的鉴定可参考2014年12月15日最高人民法院研究室《关于"眶壁骨折"伤情等级鉴定问题的答复》（法研〔2014〕171号）：

人骨性眼分四个壁，分别为外壁、内壁、眶顶（上壁）、眼底（下壁），临床常见骨折为底（即上颌窦上壁）与内壁（骨纸板）骨折。《人体损伤程度鉴定标准》第5.2.5.d）条规定，内壁骨折为轻微伤是指单侧或双侧眶内壁骨折，不论损伤类型（线性、粉碎）和数量，均应当认定为轻微伤的范畴。第5.2.4.f）条规定，眶壁骨折（单纯眶内壁骨折除外）为轻伤二级，是指单侧或双侧除内壁外的其余三壁只要有同一壁的骨折，应当认定为轻伤二级，如单侧或双侧眶下壁骨折，条文中的单纯内壁骨折中的"单纯"是指仅存在内壁骨折的情况，该伤情属于第5.2.5.d）条规定的范畴，第5.2.3.g）条规定，两处以上不同眶壁为轻伤一级，是指眼眶四壁中只要有两处不同眶壁的骨折，当认定为轻伤一级，如单侧内壁骨折合并下壁骨折的情况，或一侧内壁骨折伴对侧下壁骨折的情况。

四、眼部外伤

《人体损伤程度鉴定标准》中眼部外伤包括挫伤、眼部外伤后影响外观，条款有一条，损伤程度为轻微伤（表15-2-4）。

表15-2-4　眼部挫伤、眼部外伤后影响外观鉴定条款

条款序号	条款内容	损伤程度
5.2.5.e）	眼部挫伤；眼部外伤后影响外观	轻微伤

1. 损伤程度审查要点

（1）临床表现：疼痛、肿胀、青紫，形成血肿者可触及波动感，可伴有皮肤擦伤；

（2）法医学检查：按照 GA/T 1970《法医临床学检验规范》5.2 体表损伤，或 SF/T 0111《法医临床检验规范》7.2 体表损伤的检验规范进行检查。

（3）鉴定意见审查：伤后检查见眼部挫伤或眼部外伤后影响外观，均可评定为轻微伤。如伴有视器视力的损害，则按视器视力损伤的相应条款进行评定。

2. 致伤物判断及损伤机制审查

存在钝性外力引起，砖头、拳头、球类、跌撞、车祸及爆炸的冲击波等损伤史。暴力的大小和受伤的部位决定了新鲜挫伤的范围和程度。

3. 鉴定时限审查

以本条款为鉴定依据的，伤后应尽早鉴定。

【案　例】

谭某，因"面部损伤 1+小时"就诊，自诉被他人殴打致面部损伤，伴右眼视物模糊。查体见右侧眼眶青紫、压痛。诊断为面部软组织伤。鉴定时自诉右眼疼痛、视力正常。法医检查见右上眼睑有 4.6cm×1.6cm 紫红色挫伤（图 15-2-1）。依据《人体损伤程度鉴定标准》5.2.5.e）"眼部挫伤；眼部外伤后影响外观"之规定，评定为轻微伤。

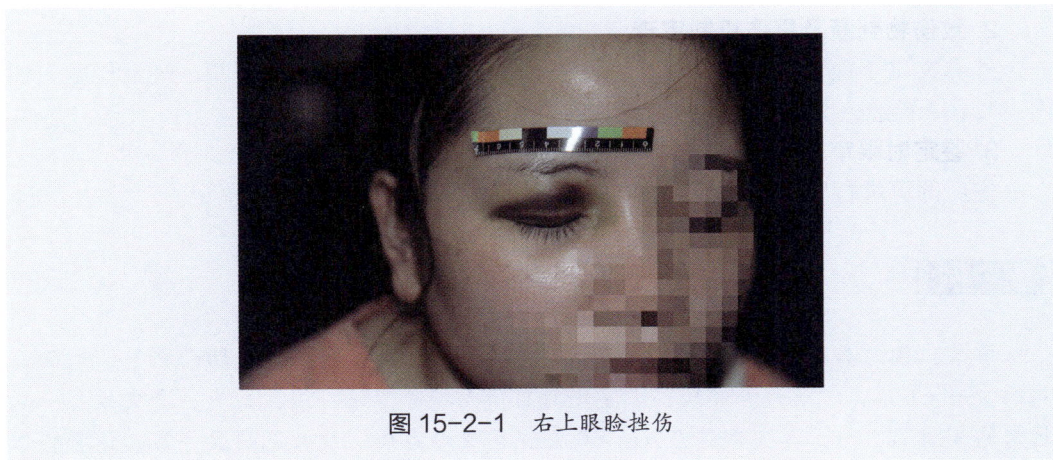

图 15-2-1　右上眼睑挫伤

第三节　鼻损伤

本节所讨论的鼻损伤包括外鼻软组织损伤、鼻骨骨折与鼻中隔骨折两类。

一、外鼻软组织损伤

外鼻突出于颜面中央，上端位于两眶之间，称鼻根；下端向前突起，称鼻尖；两者之间为鼻梁，鼻梁两侧为鼻背；鼻尖两旁的半圆形隆起部分称鼻翼；鼻翼与面颊交界处为鼻唇沟。外鼻软组织的形态和结构改变直接影响容貌和鼻腔的通气功能。

《人体损伤程度鉴定标准》中涉及外鼻软组织损伤的条款有 3 条，损伤程度从轻伤二级至重伤二级（表 15-3-1）。

表 15-3-1   外鼻软组织损伤鉴定条款

条款序号	条款内容	损伤程度
5.2.2.j）	鼻部离断或者缺损 30% 以上	重伤二级
5.2.3.k）	鼻部离断或者缺损 15% 以上	轻伤一级
5.2.4.n）	鼻尖或者一侧鼻翼缺损	轻伤二级

1. 损伤程度审查要点

（1）临床表现：闭合性损伤表现为局部疼痛、软组织肿胀和淤血，严重的可合并鼻骨骨折；开放性损伤可见创口，如处理不当，可造成外鼻缺损或功能障碍。

（2）法医学检查：按照 GA/T 1970《法医临床学检验规范》5.2.4.3 鼻部离断或缺损，或 SF/T 0111《法医临床检验规范》7.5 面部损伤的检验规范进行检查。

（3）鉴定意见审查：鼻部软组织损伤主要以鼻部离断或者缺损情况进行评定。鼻尖或者一侧鼻翼缺损，评定为轻伤二级；鼻部离断或者缺损 15% 以上，评定为轻伤一级；鼻部离断或者缺损 30% 以上，评定为重伤二级。

2. 致伤物判断及损伤机制审查

外鼻突出于面部中央，易遭受直接暴力的损伤，一般的锐器切割、钝器压砸、撞击、咬伤、烧伤（包括化学伤）、冻伤等均可致外鼻软组织损伤。

3. 鉴定时限审查

伤后即可进行鉴定；若涉及容貌毁损则按照容貌毁损相关条款鉴定。

【案 例】

谭某，因"鼻部砍伤半小时"就诊，查体：鼻尖缺失伴出血，切面平整，切面面积约 1cm×1cm。诊断为鼻部砍伤。鉴定时自诉无特殊不适。法医检查：鼻尖缺损（缺损未达 15% 以上），鼻尖部见 0.7cm×0.6cm 类圆形瘢痕，余未见明显异常。该损伤依据《人体损伤程度鉴定标准》5.2.4.n）"鼻尖或者一侧鼻翼缺损"之规定，评定为轻伤二级。（重庆市长寿区人民检察院胡安全提供）

二、鼻骨骨折与鼻中隔骨折

鼻骨左右成对，中线处相接，上接额骨鼻部，外缘接左右两侧上颌骨额突，下缘以软组织与鼻外侧软骨相接，其上部窄而厚，下部宽而薄。鼻骨属于外鼻的一部分，与额骨鼻部及上颌骨额突共同构成外鼻的骨性支架。

鼻中隔将鼻腔分为左右两侧，鼻中隔属于鼻腔的一部分，构成鼻腔内侧壁，主要由鼻中隔软骨、筛骨正中板及梨状骨组成。其软骨膜及骨膜外覆有黏膜，鼻中隔前下部分的黏膜内，有黎氏动脉丛，是鼻出血的好发部位，称"易出血区"或称黎氏区。鼻中隔结构的完整性对于保证鼻腔正常的共鸣及通气等生理功能具有重要意义。

《人体损伤程度鉴定标准》中涉及鼻骨骨折、鼻中隔骨折的条款有两条，损伤程度为轻伤二级、轻微伤（表15-3-2）。

表15-3-2　鼻骨骨折与鼻中隔骨折鉴定条款

条款序号	条款内容	损伤程度
5.2.4.o）	鼻骨粉碎性骨折；双侧鼻骨骨折；鼻骨骨折合并上颌骨额突骨折；鼻骨骨折合并鼻中隔骨折；双侧上颌骨额突骨折	轻伤二级
5.2.5.g）	鼻骨骨折；鼻出血	轻微伤

1. 损伤程度审查要点

（1）临床表现：鼻骨骨折可伴局部软组织肿胀、鼻梁偏斜或骨折侧鼻背塌陷，有时可触及骨擦感，伤及鼻黏膜时可有鼻出血，擤鼻后可出现伤侧下眼睑及颜面部皮下气肿及捻发感。鼻中隔损伤常伴鼻痛、鼻出血、鼻塞等症状；鼻塞严重者可引起嗅觉功能减退；鼻中隔大穿孔者说话时有鼻音。

（2）法医学检查：按照 GA/T 1970《法医临床学检验规范》5.13.3.2 鼻骨骨折，或 SF/T 0111《法医临床检验规范》7.5.2.2 鼻骨骨折的检验规范，结合 SF/T 0112《法医临床影像学检验实施规范》5.3 鼻区骨折进行检查。

（3）鉴定意见审查：伤后鼻出血或一侧鼻骨单纯线性骨折，评定为轻微伤；明确有鼻骨粉碎性骨折、双侧鼻骨骨折、鼻骨骨折合并上颌骨额突骨折、鼻骨骨折合并鼻中隔骨折时，可评定为轻伤二级。

需注意，由于生理发育的原因，成人鼻中隔完全平直者较少，多有不同程度的偏曲，因此，外伤性鼻中隔偏曲认定，需要以鼻中隔骨折或鼻中隔软骨脱位为病理基础。

2. 致伤物判断及损伤机制审查

各种外界暴力均可致鼻骨、鼻中隔骨折。此外，人体在摔跌时外鼻碰撞于硬性地面或其他物体上也可造成鼻骨骨折；由于鼻骨上部窄而厚，较坚固，下部宽而薄，又缺乏支撑，故鼻骨骨折多累及鼻骨下部。鼻部软组织损伤或鼻骨骨折可伴有鼻中隔损伤，鼻中隔血管破裂时可引起鼻中隔血肿，严重的鼻部外伤可导致鼻中隔黏膜撕裂、鼻中隔穿孔、鼻中隔软骨骨折、鼻中隔软骨脱位，甚至鼻中隔偏曲。

3. 鉴定时限审查

损伤确定后即可进行鉴定。

【案　例】

张某，因"打伤鼻部肿痛出血1小时"。查体：鼻背部肿胀，左侧明显塌陷，鼻中线向右偏曲，双鼻背压痛，双鼻腔黏膜急性充血，鼻中隔不规则偏曲，双侧中下鼻甲充血肿胀，鼻顶部及中下鼻道狭窄。CT检查提示双侧鼻骨、鼻中隔骨折，鼻部软组织肿胀。经手术治疗后，出院诊断为：（1）双侧鼻骨骨折；（2）鼻中隔骨折；（3）鼻部挫裂伤；（4）外伤性鼻出血。经法医检查，被鉴定人张某双侧鼻骨骨折，其中右侧鼻骨呈粉碎性骨折，鼻中隔骨折，依据《人体损伤程度鉴定标准》5.2.4.o）"鼻骨粉碎性骨折；双侧鼻骨骨折；鼻骨骨折合并鼻中隔骨折"之规定，评定为轻伤二级（图15-3-1）。

案例解析：鼻在面部的位置相对突出，日常生活中在摔跌、碰撞等情况下，易造成鼻骨骨折，鉴定时应注意新鲜骨折和陈旧性骨折鉴别。鼻区新鲜骨折的鉴别应根据案情资料提供的致伤方式、鼻部外伤证据及病历记录的鼻部伤情（如新鲜鼻区骨折多伴有鼻出血），必要时结合影像学随访结果，全面分析，综合判定。

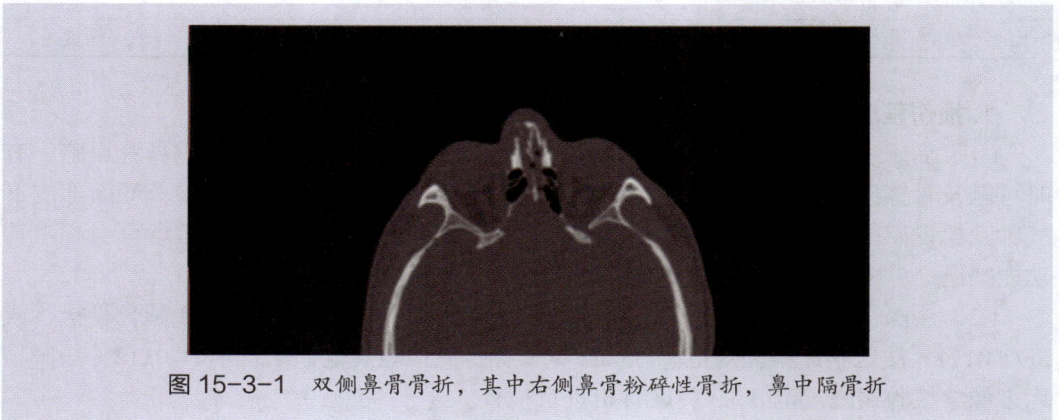

图 15-3-1　双侧鼻骨骨折，其中右侧鼻骨粉碎性骨折，鼻中隔骨折

第四节　口腔损伤

本节所讨论口部损伤，包括口唇损伤、舌损伤和口腔黏膜破损、牙损伤和牙槽骨骨折3类。

一、口唇损伤

口唇是指上下唇和口裂周围的面部组织，上至鼻孔底线，下至颏唇沟，两侧至唇面沟，口唇的唇红与皮肤交界处称为唇缘。口唇是容貌的重要组成部分，并参与进食、表情和言语活动。

《人体损伤程度鉴定标准》中涉及口唇损伤的条款有3条，损伤程度从轻伤二级至重伤二级（表15-4-1）。

表 15-4-1　口唇损伤鉴定条款

条款序号	条款内容	损伤程度
5.2.2.1)	口唇离断或者缺损致牙齿外露3枚以上	重伤二级
5.2.3.1)	口唇离断或者缺损致牙齿外露1枚以上	轻伤一级
5.2.4.c)	口唇全层裂创，皮肤创口或者瘢痕长度1.0cm以上	轻伤二级

1. 损伤程度审查要点

（1）临床表现：口唇肿胀，唇黏膜破裂，可见出血，唇全层破裂，创口哆开明显，由于口轮匝肌的收缩，初期易造成组织缺损的假象。

（2）法医学检查：按照 GA/T 1970《法医临床学检验规范》5.6 口腔损伤，或 SF/T 0111《法医临床检验规范》7.5.6.2 牙齿的检验规范进行检查。

（3）鉴定意见审查：口唇全层裂创是指口唇穿透创后，皮肤一侧的创口或者瘢痕长度达 1.0cm 以上时，可评定为轻伤二级，口内黏膜处创口长度不是评定的条件。口唇离断或者缺损致牙齿外露 1 枚以上，评定为轻伤一级；外露 3 枚以上，评定为重伤二级。

需注意，一般自然状态下，口唇放松状态时，前牙以能露出 2～3mm 为宜。如果唇在自然状态下露出了半个牙齿或整个牙冠甚至牙龈，叫作开唇露齿。法医鉴定时，根据口唇损伤当时离断或者最终缺损情况，如果口唇放松状态时，前牙露出 >0.4cm 即视为露齿。

2. 致伤物判断及损伤机制审查

钝器打击、锐器砍刺等均可致口唇损伤，口唇损伤常为直接损伤，多伴有口腔颌面部其他结构的损伤。

3. 鉴定时限审查

口唇全层裂创、创口伤后即可进行鉴定；致牙齿外露者，在损伤 90 日后鉴定。

【案　例】

谭某，因"被人打伤致面部疼痛、出血 40＋分钟"就诊。检查：头部、面部疼痛伴下唇出血，下唇外侧可见长约 3cm 挫裂口，内侧可见约 1cm 穿通挫裂口，出血，创缘不齐。伴头昏，无呕吐，无昏迷。出院诊断：下唇皮肤软组织穿通伤。伤后 2 日经法医检查见：左侧近嘴角处上、下唇黏膜青紫。下唇皮肤见 2.1cm 缝合创，下唇内黏膜见 0.7cm 缝合创，两处创口位置对应，证实其下唇皮肤软组织穿通伤诊断成立。被鉴定人谭某因外伤致下唇全层裂创（下唇穿透创），依据《人体损伤程度鉴定标准》5.2.4.c）"口唇全层裂创，皮肤创口或者瘢痕长度 1.0cm 以上"之规定，评定为轻伤二级。（重庆市丰都县人民检察院何寨寨提供）

二、舌损伤、口腔黏膜破损

《人体损伤程度鉴定标准》中涉及舌损伤、口腔黏膜破损的条款有 3 条，损伤程度分别为轻微伤、轻伤二级和重伤二级（表 15-4-2）。

表 15-4-2　舌损伤、口腔黏膜破损鉴定条款

条款序号	条款内容	损伤程度
5.2.2.m）	舌体离断或者缺损达舌系带	重伤二级
5.2.4.p）	舌缺损	轻伤二级
5.2.5.i）	口腔黏膜破损；舌损伤	轻微伤

1. 舌损伤

舌位于固有口腔中，由黏膜和肌肉组成，具有参与语言、吞咽、咀嚼及味觉的功能。舌分为舌体、舌根，舌体前端狭窄称为舌尖。舌系带位于舌下正前方，如舌损伤后形成瘢痕挛缩，引起舌系带缩短，可以影响舌体的运动导致口齿不清。

（1）损伤程度审查要点

①临床表现：舌损伤的临床表现主要为舌的裂伤与舌缺损，舌缺损范围和部位直接影响舌的功能障碍程度，舌组织缺损范围越大，功能障碍越重，当舌体肌肉组织缺失较多，发音时空气会从口腔侧方逸出，使齿擦音变得不清晰，舌后 1/3 舌背组织的缺损，可致舌腭无法接触，吞咽压力下降，吞咽困难。若损伤致舌的纵向长度缺失大于 1/2，会严重影响舌的功能。

②法医学检查：按照 GA/T 1970《法医临床学检验规范》5.6 口腔损伤，或 SF/T 0111《法医临床检验规范》7.5.6.2 牙齿的检验规范进行检查。

③鉴定意见审查：单纯的舌损伤不伴有缺损时，评定为轻微伤。舌缺损未超过舌系带位置时，评定为轻伤二级；舌体离断、缺损，超过舌系带位置时，评定为重伤二级。

（2）致伤物判断及损伤机制审查

咬伤、锐器砍刺等均可致舌损伤，多见于咬伤。舌损伤可以单独发生，也可以伴下颌骨及颌下部组织损伤。单纯舌损伤多见于咬伤，可被他人咬伤，也可被自身牙列咬伤，继发性的舌损伤常常由下颌骨骨碎片、牙或义齿引起。

（3）鉴定时限审查

单纯的舌损伤伤后即可鉴定。

【案　例】

高某，因"舌体被咬伤伴疼痛"就诊。查体：伸舌居中，舌尖处约 1cm×0.5cm 舌体缺损伴活动性出血。诊断：舌体咬伤。法医检查：张口正常，伸舌居中，舌尖处见 0.7cm×0.4cm 的舌体缺损，依据《人体损伤程度鉴定标准》5.2.4.p）"舌缺损"，评定为轻伤二级。（重庆市长寿区人民检察院胡安全提供）

2. 口腔黏膜破损

口腔黏膜指覆盖在整个口腔内部，呈粉红色柔软而湿润的组织，向外和皮肤相连，向内和消化道黏膜相连，在结构或功能上，和皮肤、消化道黏膜具有部分共同特点。

（1）损伤程度审查要点

①临床表现：口腔黏膜损伤部位的出血、红、肿、疼痛等，以及对各种刺激敏感性增加，如冷、热、辣等。

②法医学检查：按照 GA/T 1970《法医临床学检验规范》5.6 口腔损伤，或 SF/T 0111《法医临床检验规范》7.5.6.2 牙齿的检验规范进行检查。

③鉴定意见审查：口腔黏膜破损早期较易判断，只要客观存在黏膜破损即可评定

为轻微伤。

需注意，外伤性口腔黏膜破损应与口腔黏膜疾病相鉴别，如与口腔溃疡相鉴别。

（2）致伤物判断及损伤机制审查

口腔黏膜破损多见于钝器打击面部，牙齿作为衬垫挤压导致的口腔黏膜破损，也见于自身牙齿咬伤以及锐器直接损伤等。

（3）鉴定时限审查

口腔黏膜损伤恢复较快，口腔黏膜损伤后应尽早进行鉴定，以免损伤恢复后难以进行损伤评定。

三、牙及牙槽骨损伤

《人体损伤程度鉴定标准》中涉及牙和牙槽骨损伤的条款有4条，损伤程度从轻微伤至重伤二级（表15-4-3）。

表15-4-3　牙及牙槽骨损伤鉴定条款

条款序号	条款内容	损伤程度
5.2.2.n）	牙齿脱落或者牙折共7枚以上	重伤二级
5.2.3.m）	牙齿脱落或者牙折共4枚以上	轻伤一级
5.2.4.q）	牙齿脱落或者牙折2枚以上	轻伤二级
5.2.5.j）	牙齿脱落或者缺损；牙槽突骨折；牙齿松动2枚以上或者Ⅲ度松动1枚以上	轻微伤

1. 牙损伤

牙是人体最坚硬的器官，嵌于上、下颌骨的牙槽内，排列成弓形，分别为上牙弓和下牙弓。人类一生有两组牙，即乳牙和恒牙，前者共20枚，后者28～32枚，人类一般在6～13岁乳牙逐渐由恒牙替代。恒牙非疾病或损伤不易脱落，脱落后一般不能再生。

（1）损伤程度审查要点

①临床表现：部分牙脱位时牙松动、移位、疼痛、咬合障碍。完全牙脱位时牙缺失或牙槽窝内无牙，局部牙龈和牙槽窝可有撕裂、出血、红肿，常伴有牙槽骨骨折。

牙折根据牙折的部位不同，可分为：

a. 冠折：如折线不穿过牙髓腔，仅部分牙冠缺损，常为切角或切缘缺损。如牙本质暴露，会出现牙本质过敏症状，对酸、冷、热等刺激有疼痛感觉。

b. 根折：牙松动并有触动感，折线越接近牙颈部，其松动度越大。

c. 冠根联合折：牙松动并有触动感，但与根部相连，可有明显咬合痛或压触痛。

②法医学检查：按照GA/T 1970《法医临床学检验规范》5.6口腔损伤，或SF/T 0111《法医临床检验规范》7.5.6.2牙齿的检验规范进行检查。

③鉴定意见审查：牙齿脱落或者缺损，牙槽突骨折、牙齿松动2枚以上或者Ⅲ度松动1枚以上，评定为轻微伤。牙齿脱落或者牙折2～3枚，评定为轻伤二级；牙齿脱落或者牙折4～6枚，评定为轻伤一级；损伤致牙齿脱落或者牙折共7枚以上，评

定为重伤二级。

需注意，牙折为冠折时须暴露牙髓腔才能认定。条款中牙齿脱落或折断包括恒牙、乳牙和固定义齿中的种植牙等，不包括损坏后无须手术更换和修复的义齿。

（2）致伤物判断及损伤机制审查

牙损伤多为暴力直接作用所致，常见原因有摔跌、打击、碰撞等。牙齿遭受外力作用，可引起牙体硬组织、牙周组织、牙髓组织等损伤。上颌前牙及牙槽骨位置突出，直接外力作用发生损伤的机会相对较多，间接外力作用时（如外力撞击颏部），损伤多发生在磨牙。牙损伤常伴有牙龈撕裂、牙槽骨骨折等，单独牙与牙槽骨损伤多见于前牙区，特别是切牙区。

（3）鉴定时限审查

伤后即可进行鉴定；经治疗无法保留的，待其治疗终结后鉴定。

【案　例】

邓某，30岁，因"前牙撞伤1-小时"就诊，检查：42牙位空虚，牙槽窝内血凝块填塞，未见渗血，周围牙龈红肿；41、31牙冠完整，叩痛，Ⅰ°松度，唇侧牙龈稍红肿，龈沟渗血。诊断：41、31创伤性急性牙周炎，42创伤性牙脱位。法医检查：张口正常，伸舌居中；42牙烤瓷牙填充；41、31牙Ⅰ°松度，依据《人体损伤程度鉴定标准》5.2.5.j）"牙齿脱落或者缺损；牙槽突骨折；牙齿松动2枚以上或者Ⅲ度松动1枚以上"之规定，评定为轻微伤。

案例解析： 法医学鉴定时首先应确定损伤前牙齿的状况，排除被鉴定人原有的蛀齿、牙周炎以及牙齿原本松动等。如存在严重牙周炎等既往病变，受到轻微外力也可导致牙齿脱落，应进行伤病关系分析，再进行损伤程度的评定。

2. 牙槽骨骨折

牙槽骨是颌骨包绕牙根的部分，借牙周膜与牙根紧密相连，牙槽骨、牙周膜具有支持与固定牙齿的作用，牙槽窝是容纳牙根的骨窝，牙槽突是牙槽骨包围容纳牙根的突起部分，牙槽嵴是牙槽骨在牙槽窝上方的游离端。牙槽骨分为固有牙槽骨、密质骨、松质骨。

（1）损伤程度审查要点

①临床表现：

a. 单纯牙槽突骨折可伴有明显的活动，摇动伤牙可见同部位的几颗牙齿伴随移动；骨折片因打击方向不同而发生不同方向的移位，牙齿也随之移位，并出现咬合错位。

b. 牙槽骨骨折常伴有牙松动、牙折或牙脱落以及相邻软组织（唇、颊及牙龈）的撕裂、肿胀。

c. 牙槽骨骨折可以是单条骨折线、多条骨折线或粉碎性骨折。

②法医学检查：按照GA/T 1970《法医临床学检验规范》5.6口腔损伤，或SF/T 0111《法医临床检验规范》7.5.2面颅骨检验的检验规范进行检查。

③鉴定意见审查：单纯的牙槽突骨折，评定为轻微伤。

（2）致伤物判断及损伤机制审查

牙槽骨骨折常见于车祸、打击、火器伤、坠落伤等，多由外力直接打击引起。当外力作用于牙冠时，在牙的带动下，牙槽骨可在其基底部发生骨折并与颌骨体分离。牙槽骨骨折常与牙损伤同时发生，以上颌前牙部多见，一般多限于牙槽突的骨折，此外，上、下颌骨骨折时也可伴发牙槽骨骨折。

（3）鉴定时限审查

损伤后即可进行鉴定。

【案　例】

彭某，因"被人打伤头面部6小时"就诊。体格检查：11牙位空虚，牙槽窝内见血凝块，未见渗血，周围牙龈红肿，21、12牙叩不适。CT检查示：11牙位空虚，周围软组织肿胀，对应部位牙槽突骨折，余未见明显异常。诊断：牙外伤脱落。鉴定时自诉无其他不适。法医检查见：右上中切牙烤瓷牙填充，余未见明显异常。被鉴定人彭某因外伤致牙脱落、牙槽突骨折，依据《人体损伤程度鉴定标准》5.2.5.j）"牙齿脱落或者缺损；牙槽突骨折"之规定，评定为轻微伤。（重庆市长寿区人民检察院胡安全提供）

（王泓杰、胡安全）

第十六章　视器视力损伤

　　《人体损伤程度鉴定标准》中关于视器视力损伤程度的鉴定，主要以各种伤害所致视器本体损伤、视器或视路损伤所导致的视觉功能障碍以及眼球运动障碍三方面的损伤结果作为鉴定依据。本章依据上述三方面的分类，介绍《人体损伤程度鉴定标准》中涉及视器视力损伤后进行损伤程度鉴定的相关专业知识和相关规范。

　　眼球由眼球壁及眼内容物两部分组成。眼球壁由外、中、内三层膜构成。外层膜包括角膜和巩膜，角膜占外层的前 1/6，巩膜占后 5/6。中间膜为葡萄膜，由虹膜、睫状体、脉络膜组成。最内层是视网膜。眼球内容物由晶体和玻璃体组成。外界光学刺激通过眼球的折射后聚焦在视网膜上，激活视网膜上的感光细胞形成生物电信号通过神经系统传至大脑的视觉中枢。这种视觉信息的传导路径称为视路。其中视器损伤（即眼的构造损伤）包括：眼球损伤、眼附器损伤、外伤性眼部疾病；视路损伤（即视觉传导路径损伤）包括：视神经损伤、视交叉损伤、视束及外侧膝状体损伤、视放射及视中枢损伤、视皮质损伤。视器和视路的损伤都可能引起视觉功能障碍和眼球运动功能障碍。视觉功能障碍又分为视力障碍和视野缺损。运动功能障碍包括斜视、复视。

　　视器视力损伤审查要点：（1）掌握视器损伤鉴定的法医学审查要点；（2）掌握视力功能障碍鉴定的法医学审查要点；（3）掌握斜视、复视鉴定的法医学审查要点。

第一节　视器损伤

　　由于视器结构性损伤多伴随有暂时或永久的视觉障碍或眼球运动障碍，在鉴定时，需根据视器损伤是否导致视觉、运动功能障碍而综合考虑条款的引用。

　　《人体损伤程度鉴定标准》中涉及视器损伤的条款有 6 条，损伤程度分别为轻伤二级和轻伤一级（表 16-1-1）。

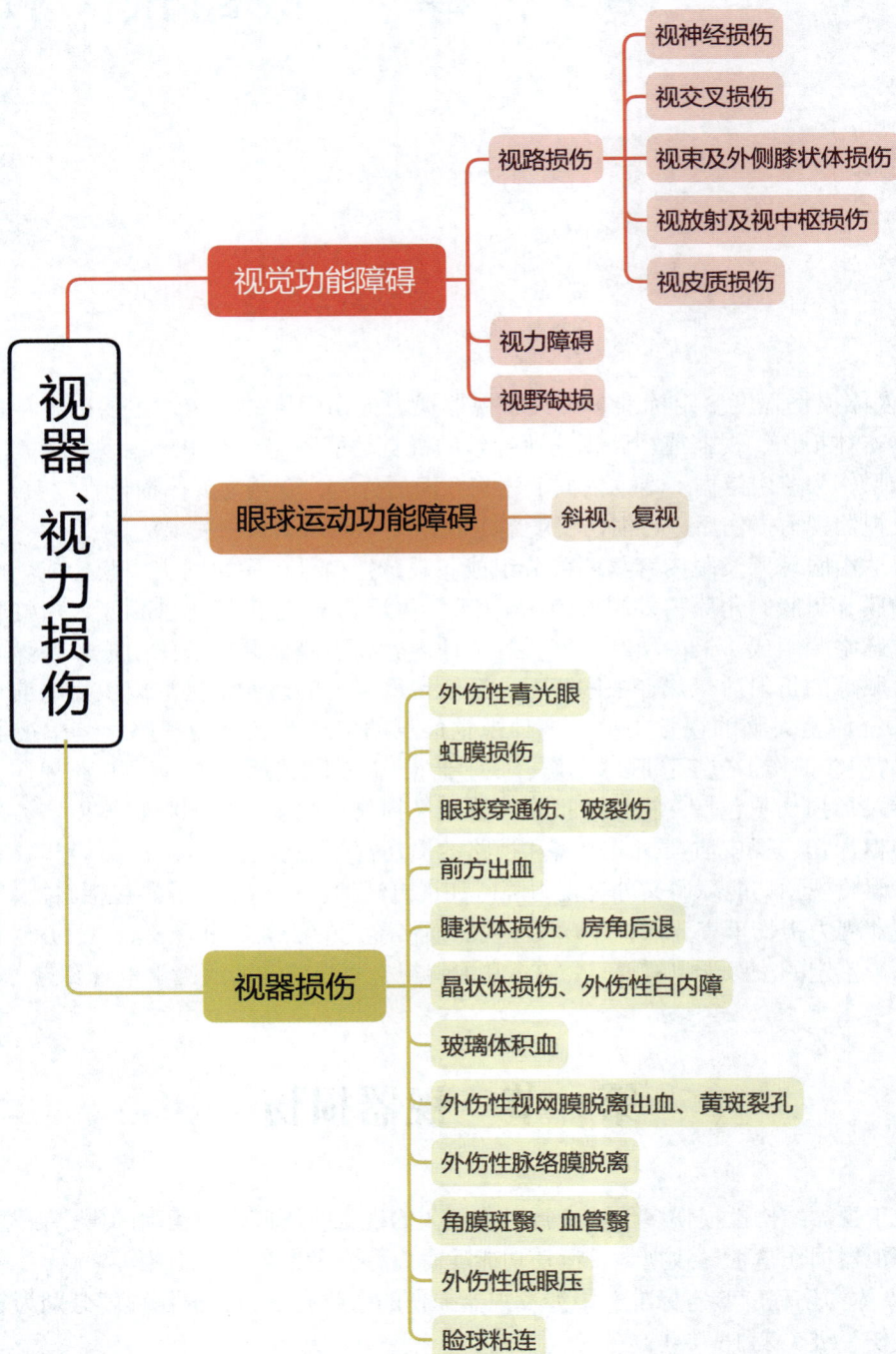

视器、视力损伤

视觉功能障碍
- 视路损伤
  - 视神经损伤
  - 视交叉损伤
  - 视束及外侧膝状体损伤
  - 视放射及视中枢损伤
  - 视皮质损伤
- 视力障碍
- 视野缺损

眼球运动功能障碍
- 斜视、复视

视器损伤
- 外伤性青光眼
- 虹膜损伤
- 眼球穿通伤、破裂伤
- 前方出血
- 睫状体损伤、房角后退
- 晶状体损伤、外伤性白内障
- 玻璃体积血
- 外伤性视网膜脱离出血、黄斑裂孔
- 外伤性脉络膜脱离
- 角膜斑翳、血管翳
- 外伤性低眼压
- 睑球粘连

表 16-1-1　视器损伤鉴定条款

条款序号	条款内容	损伤程度
5.4.3.a）	外伤性青光眼，经治疗难以控制眼压	轻伤一级
5.4.3.b）	一眼虹膜完全缺损	轻伤一级
5.4.4.a）	眼球穿通伤或者眼球破裂伤；前房出血须手术治疗；房角后退；虹膜根部离断或者虹膜缺损超过 1 个象限；睫状体脱离；晶状体脱位；玻璃体积血；外伤性视网膜脱离；外伤性视网膜出血；外伤性黄斑裂孔；外伤性脉络膜脱离	轻伤二级
5.4.4.b）	角膜斑翳或者血管翳；外伤性白内障；外伤性低眼压；外伤性青光眼	轻伤二级
5.4.4.c）	瞳孔括约肌损伤致瞳孔显著变形或者瞳孔散大（直径 0.6cm 以上）	轻伤二级
5.4.4.e）	睑球粘连	轻伤二级

一、外伤性青光眼

青光眼是指眼内压过高，从而导致视觉功能损伤，出现视神经、视野、视力的一系列损害，由外伤导致的青光眼，即为外伤性青光眼。

1. 损伤程度审查要点

（1）临床表现：眼压升高，视力障碍，可在眼部受伤后几个月或几年发生；可伴前房角后退，前房积血，晶状体脱位等导致眼压升高的症状。

（2）法医学检查：按照 GA/T 1970《法医临床学检验规范》5.4 视器视力损伤、GA/T 1582《法庭科学 视觉功能障碍鉴定技术规范》，或 SF/ZJD103004《视觉功能障碍法医鉴定规范》的检验规范进行检查。

（3）鉴定意见审查：确诊外伤性青光眼后，经治疗后，眼压得以控制的，评定为轻伤二级。经治疗后难以控制眼压的，评定为轻伤一级。若遗留视觉功能障碍的，待医疗终结后再行复检，依据视觉功能（视力、视野）检查结果补充评定损伤程度。

需注意，鉴定时应排除被鉴定人青光眼既往史。对于眼部钝挫伤后出现一过性眼压增高但很快恢复正常且未遗留明显视觉功能障碍后遗症的，不能认定为外伤性青光眼。

2. 致伤物判断及损伤机制审查

眼部外伤如拳头打击或石子等硬物撞击眼部导致眼部出现前房积血、晶状体损伤、眼内出血等致使眼房水循环障碍、眼压升高的症状，从而引起视乳头损害和视野缺损，造成外伤性青光眼。

3. 鉴定时限审查

（1）诊断为外伤性青光眼即可进行鉴定；治疗后出现眼压难以控制的，可补充鉴定。

（2）损伤导致视觉功能障碍的，在治疗终结（损伤 90 日）后依据相关条款进行评定。

【案　例】

秦某，因"殴打伤后头昏头痛 1 小时"就诊。右侧眶周肿胀、压痛，右眼视物模糊。既往无高眼压相关病史。头颅 CT 提示右侧眼眶内侧壁骨折，伴眶内多发积气。

眼科就诊，右眼视力 0.1，左眼视力 0.6；眼压：右 21mmHg，左 20mmHg。右眼眼睑肿胀，结膜充血，角膜透明，前房深度正常，丁达尔效应 Tyn（－），瞳孔圆形，直径约 3mm，对光反射迟钝，晶体轻度混浊，未扩瞳下眼底未见明显异常，左眼（－）。伤后 5 天右眼视力下降视物重影。伤后 15 天右眼视力下降视物重影，矫正视力右眼 0.5－、左眼 1.0，右眼球无明显凹陷，运动基本正常，结膜－，角膜下方点状混浊，前房深，瞳孔圆，对光反射存在，晶体混浊。双眼图像视诱发电位（PVEP）检查示：左眼 P100 波潜伏期及振幅正常；右眼 P100 波潜伏期正常，其振幅降低。伤后 3+ 月眼科检查：矫正视力：右眼 0.2，左眼 0.8，眼压：右 23mmHg，左 20mmHg。伤后 4+ 月眼科检查：矫正视力：右眼 0.2，左眼 0.7，眼压：右 26mmHg，左 21mmHg。伤后 7+ 月检查：突眼仪检查示右眼球较左眼球后退 0.1cm（右眼 1.3cm，左眼 1.4cm），眼压：右 30mmHg，左 20mmHg，矫正视力：右 0.4，左 0.6。诊断：外伤性青光眼。双眼图像视诱发电位（PVEP）检查示：右眼 P100 潜伏期正常范围，幅值降低；左眼 P100 潜伏期和幅值正常范围。秦某既往无高眼压相关病史，目前无证据支持其伤后致鉴定期间有再次外伤史。伤后检见面部及右眼眶周肿胀、压痛，右眼睑肿胀，结膜充血，对光反射迟钝，视物模糊、视力下降症状、体征，伤后及目前图像视诱发电位（PVEP）均提示右眼异常；右眼眼压增高超过正常范围，影响视力，外伤性青光眼诊断成立。依据《人体损伤程度鉴定标准》5.4.4.b）"外伤性青光眼"之规定，评定为轻伤二级。

案例解析：在此类检案中，应注意排除自身疾病，伤前存在青光眼疾病患的，通常双眼均存在病变。对于眼部钝挫伤后出现一过性眼压增高但很快恢复正常且未遗留明显视觉功能障碍后遗症的，不能认定为外伤性青光眼。此类病患病程较长，需要注意排除二次受伤的情况。

二、虹膜损伤（包括瞳孔括约肌损伤）

虹膜俗称"黑眼球"，是位于角膜和晶状体之间的薄膜，呈扁圆形环状。其中间的小圆孔称为瞳孔。虹膜的根部附着在睫状体前面的中央，构成前房角后壁的一部分。虹膜内环绕瞳孔排列的平滑肌，称为瞳孔括约肌（缩瞳肌），收缩时使瞳孔缩小；瞳孔旁呈放射状排列的平滑肌称瞳孔开大肌（散瞳肌），收缩时使瞳孔开大。虹膜损伤分为虹膜挫伤及虹膜裂伤。

1. 虹膜挫伤

主要分为损伤性瞳孔缩小、损伤性虹膜睫状体炎和损伤性瞳孔散大。

（1）损伤程度审查要点

①临床表现：眼部充血、压痛、视力减退，畏光等；暂时性的或永久性的及规则或不规则的瞳孔散大、变形，对光反射迟钝、消失；外伤导致虹膜睫状体炎时，出现视力减退、视物模糊、眼红、疼痛、畏光等。可见，房水混浊及角膜后沉着物，并可继发青光眼、白内障、眼球萎缩等。

②法医学检查：按照 GA/T 1970《法医临床学检验规范》5.4 视器视力损伤、GA/T 1582《法庭科学 视觉功能障碍鉴定技术规范》，或 SF/ZJD 103004《视觉功能障碍法医鉴定

规范》的检验规范进行检查。

③鉴定意见审查：虹膜内瞳孔括约肌挫伤致瞳孔散大或显著变形，评定为轻伤二级。

需注意，鉴定时应排除伤眼前原有瞳孔异常改变。损伤性虹膜睫状体炎需与前葡萄膜炎相鉴别。

（2）致伤物判断及损伤机制审查

①损伤性瞳孔缩小：遭受钝性外力作用后，支配瞳孔括约肌的副交感神经纤维受刺激，致急性瞳孔痉挛性缩小，多可于短期内恢复正常。

②损伤性瞳孔散大：眼部遭受钝性外力打击后，可因外力传递，波及瞳孔括约肌及睫状肌，支配瞳孔括约肌的神经损伤及肌肉损伤，出现瞳孔散大。

（3）鉴定时限审查

损伤性瞳孔散大或显著变形，应在治疗终结（损伤90日）后进行鉴定。

2. 虹膜裂伤

虹膜裂伤可分为虹膜及瞳孔括约肌撕裂伤、虹膜根部断离、损伤性无虹膜症。

（1）损伤程度审查要点

①临床表现：伤眼肿痛，视力下降，单眼复视，畏光等。虹膜根部断离、缺损时，瞳孔可变形呈"D"字形或双瞳；可出现单眼复视的情况；当虹膜与睫状体连接处圆周完全分离时，呈现无虹膜状态；常伴有前房积血及晶状体脱位。

②法医学检查：按照GA/T 1970《法医临床学检验规范》5.4视器视力损伤、GA/T 1582《法庭科学 视觉功能障碍鉴定技术规范》，或SF/ZJD 103004《视觉功能障碍法医鉴定规范》的检验规范进行检查。

③鉴定意见审查：瞳孔括约肌撕裂致瞳孔散大或显著变形，评定为轻伤二级。

虹膜全周360度，每90度为一个象限，一眼虹膜根部离断或者虹膜缺损超过1个象限时，评定为轻伤二级；当一眼虹膜完全缺损时，则评定为轻伤一级。

需注意，虹膜裂伤常合并前房积血，玻璃体腔出血或晶状体脱位等。

（2）致伤物判断及损伤机制审查

致伤物：砖头、拳头、球类、撞跌、车祸及爆炸冲击波。

损伤机制（表16-1-2）：

表16-1-2 虹膜损伤机制

	虹膜及瞳孔括约肌挫伤、撕伤	虹膜根部断离	损伤性无虹膜症
钝性作用力	较小	较大	强大
损伤机制	虹膜组织、瞳孔括约肌的挫伤或撕裂	眼球瞬时受压变形，其与睫状体相连处所受外力若超过其生理弹性限度，即可发生两者的分离	眼球破裂伤，导致虹膜根部全周与睫状体分离，虹膜完全脱失

3. 鉴定时限审查

治疗终结（损伤90日）后进行鉴定。

【案　例】

蒋某"眼部受伤8+小时"入院治疗。当时右眼流血、疼痛、视物不见，右眼视力：光感；下方角膜巩膜处裂伤，伤口处大量血凝块，巩膜窥不清，虹膜经穿通伤口脱出嵌顿，瞳孔、晶体、玻璃体及眼底血凝块遮挡窥不清。完善检查后手术治疗。伤后6-月，右眼视力30cm手动、左眼视力0.8；右眼下方角膜瘢痕，余角膜透明，前房清，深度可，3点至6点、6点半至9点半位虹膜根部离断，虹膜粘连，瞳孔变形。伤后7-月查体：双眼睑无畸形，双眼瞬目正常，双眼眼位正，眼球各向活动可；右眼晶状体明显混浊，下方虹膜根部离断，瞳孔变形，下方角膜可见缝线；左眼角膜明，晶状体混浊，眼底可见。右眼眼压16mmHg，左眼眼压15mmHg。右眼矫正视力眼前手动（光感）；左眼矫正视力1.0。眼图像视诱发电位（PVEP）：（60/15'）左眼P100波潜伏期延迟，其振幅正常，右眼未能诱导出明显波形；闪光视诱发电位（FVEP）提示双眼均能诱导出FVEP各波形。诊断：右眼球穿通伤：1.眼角巩膜裂伤；2.右眼虹膜根部离断。蒋某外伤史明确，致其右眼球穿通伤、右眼角巩膜裂伤、右眼虹膜根部部分离断超过1个象限，右眼瞳孔变形，依据《人体损伤程度鉴定标准》5.4.4.a）"眼球穿通伤或者眼球破裂伤；虹膜根部离断或者虹膜缺损超过1个象限"之规定，评定为轻伤二级。其眼外伤后视力损害，右眼盲目4级（光感），依据《人体损伤程度鉴定标准》5.4.2.a）"一眼盲目3级"之规定，评定为重伤二级。综上，蒋某的损伤程度评定为重伤二级。（重庆法医验伤所唐任宽提供）

案例解析：《人体损伤程度鉴定标准》附录B.4.1盲及视力损害分级由重到轻分为盲（盲目5级）、盲（盲目4级）、盲（盲目3级）、重度视力损害（视力损害2级）、中度视力损害（视力损害1级）、轻度或无视力损害。《人体损伤程度鉴定标准》损伤程度分级相关条款规定，当视力损害达到"一眼盲目3级"可评定为重伤二级；当视力损害达到"双眼盲目4级"或"一眼眼球萎缩或者缺失，另一眼盲目3级"可评定为重伤一级。本案被鉴定人眼部外伤后一眼（右眼）视力为光感（眼前手动），查询该分级其视力损害分级为盲目4级，达到重伤二级、未达重伤一级鉴定标准，因此适用《人体损伤程度鉴定标准》5.4.2.a）"一眼盲目3级"之规定，评定为重伤二级。

三、眼球穿通伤、破裂伤

1. 损伤程度审查要点

（1）临床表现：

①眼球穿通伤：伤后视力立即减退，伴有疼痛及刺激症状；创口较大者可伴眼压降低及眼内出血，眼内容物脱出等；眼前部穿孔可见伤口，前房可变浅或消失，发生瞳孔的变形变位；穿孔累及晶状体，可致外伤性白内障；易并发眼球感染，引起眼内炎或化脓性全眼球炎，可致眼球萎缩及摘除缺失；

②眼球破裂伤：剧烈疼痛，流泪，视力严重障碍，甚至全盲，眼部眼睑痉挛淤血，不愿睁眼，眼眶内组织损伤水肿；可见明显眼球裂口；眼内压可降低，可致前房及玻

璃体大量积血；若出现眼球严重变形、萎缩，有化脓性眼内炎、视力无法挽救而疼痛不止的绝对期青光眼、有交感性眼炎威胁而视力恢复无望的情况，则可能行眼内容物剜除术或眼球摘除术致眼球缺失。

（2）法医学检查：按照 GA/T 1970《法医临床学检验规范》5.4 视器视力损伤、GA/T 1582《法庭科学 视觉功能障碍鉴定技术规范》，或 SF/ZJD 103004《视觉功能障碍法医鉴定规范》的检验规范进行检查。

（3）鉴定意见审查：眼球穿通伤及破裂伤一经确诊即可评定为轻伤二级。

2. 致伤物判断及损伤机制审查

（1）眼球传穿通伤：锐器刺伤致眼球全层穿孔性损伤，破裂处一般发生在外力直接作用点；

（2）眼球破裂伤：钝性外力致眼球全层破裂，破裂处可发生在外力直接作用部位，也可远离打击点。

3. 鉴定时限审查

明确诊断后即可鉴定。如出现严重视力障碍，在治疗终结后可补充鉴定。

【案 例】

唐某，被拳头击伤左眼，当时左眼不能视物，由 120 接入院急诊科就诊。右眼义眼、左眼光感。右眼义眼在位；左眼眼睑肿胀，结膜充血，下方球结膜大片鲜红色出血，角膜较透明，4 点至 5 点钟方向、近瞳孔缘处可见一长条形较规则裂伤，向下方延长，超过结膜约 1cm，伤口全长共约 1.5cm，闭合尚可，未见明显房水流出及眼内容物脱出，前房内、伤口对应角膜缘处可见状出血，前房深度正常，角膜后沉着物 KP（-），丁达尔效应 Tyn（-），瞳孔欠圆，直径约 3mm，对光反射可，晶体透明，眼内结构小瞳下窥不清。眼压：右眼 -，左眼 14mmHg。诊断：（1）左眼穿通伤：角膜裂伤，巩膜裂伤，前房积血，结膜下出血；（2）右眼义眼；（3）前房积血（已吸收）。由于未能收集到唐某受伤之前的准确视力记录，仅对其左眼受伤当时情况进行伤情评定。唐某外伤致左眼穿通伤，依据《人体损伤程度鉴定标准》5.4.4.a）"眼球穿通伤"之规定，评定为轻伤二级。前房积血量少，经治疗自行吸收，未达到"前房出血须手术治疗"的标准，不作评定。（重庆市法医学会提供）

案例解析： 在眼球穿通伤、破裂伤时，如伴有视觉功能的损伤或出现眼球的萎缩、摘除等，参照其他条款综合认定。注意，眼球穿通伤及破裂伤都需明确是眼球的全层破裂。

四、前房出血

眼部遭受外力作用后，伤眼的虹膜睫状体血管破裂使前房内出现积血。前房积血大多由虹膜血管通透性增加或虹膜、睫状体血管破裂所引起，导致血液在前房积聚。少量的积血可自行吸收，并不造成严重的损害，但大量积血所带来的并发症、病变可能会严重影响视功能。

1. 损伤程度审查要点

（1）临床表现：可在受伤当时出现；继发性前房出血可在伤后3～7天出现；伴有疼痛、流泪、畏光、视力下降等症状；少量出血时，血细胞不凝而沉积于前房下角，可见红色新月形积血；大量积血可因血液凝固而遮蔽瞳孔，导致视力明显障碍。还可因眼压过高及房水循环受阻而导致青光眼。伴有角膜损伤时可出现角膜血染。

（2）法医学检查：按照 GA/T 1970《法医临床学检验规范》5.4 视器视力损伤、GA/T 1582《法庭科学 视觉功能障碍鉴定技术规范》，或 SF/ZJD 103004《视觉功能障碍法医鉴定规范》的检验规范进行检查。

（3）鉴定意见审查：前房积血少量时一般可自行吸收。当积血多、吸收慢，伴眼压升高经药物治疗后5～7日不能控制，或者出现凝血块不能自行吸收、消散，或者估计很可能遗留角膜血染等严重后遗症的，需进行手术治疗。经前房冲洗术及凝血块清除术后，才能评定为轻伤二级。

需注意，前房积血多伴有房角后退、虹膜及睫状体等结构损伤。

2. 致伤物判断及损伤机制审查

（1）致伤物：拳头、球类、撞跌、车祸及爆炸冲击波，最常见于拳击。

（2）损伤机制：多见于眼部钝挫伤，当受到外力作用时，眼部的虹膜睫状体血管壁的弹性不能抵抗该外力，致血管壁的完整性破坏，血液溢出，并进入前房；或睫状体组织直接遭到损伤，也可导致血液溢入前房。

3. 鉴定时限审查

（1）少量前房积血（Ⅰ度），应待临床医疗终结以后，进行鉴定。

（2）若伴有角膜血染及继发性青光眼等，外伤后3～6个月进行鉴定。

五、睫状体损伤、房角后退

睫状体是位于虹膜后外方的环形增厚部分，其功能是产生房水，并靠睫状体的环形肌与纵行肌舒张和收缩，来调节晶状体曲度。眼部在遭受外部钝挫伤后，以睫状体损伤为主的器质性损伤可出现睫状体解离、脱离，房角后退。损伤程度分为睫状体撕裂致房角后退和睫状体解离、脱离。

1. 损伤程度审查要点

（1）临床表现：

①睫状体解离、脱离：因睫状体与巩膜突分离，前房与脉络膜上腔沟通，形成睫状体解离；睫状体与巩膜分离，但未与巩膜突分离，前房不与脉络膜上腔沟通，形成睫状体脱离。表现症状为视力下降、视物变形、前房变浅、外伤性低眼压。

②房角后退：眼球因钝挫伤导致睫状体的环形肌与纵行肌分离，虹膜根部随着环形肌向后移位，纵行肌仍附着在巩膜突上，致使房角加宽变形。常伴有前房出血，少数可因房水排出受阻继发青光眼。

（2）法医学检查：按照 GA/T 1970《法医临床学检验规范》5.4 视器视力损伤、GA/T 1582《法庭科学 视觉功能障碍鉴定技术规范》，或 SF/ZJD 103004《视觉功能障碍法医鉴定规范》的检验规范进行检查。

（3）鉴定意见审查：确诊睫状体脱离（包括解离）、房角后退，即可评定为轻伤二级。

2. 致伤物判断及损伤机制审查

（1）致伤物：砖头、拳头、球类、撞跌、车祸及爆炸冲击波。

（2）损伤机制（表16-1-3）：

表16-1-3　睫状体损伤机制

	房角后退	睫状体解离、脱离
致伤机制	轻微钝性外力作用，前方的外力将房水压向前房角，使睫状体撕裂，虹膜和睫状体向后移位所致	强力打击时，眼球发生剧烈形变，前后径缩短，角膜及前部巩膜突然向后移位，赤道部代偿性扩张，当扩张回弹时对睫状体的牵拉导致睫状体解离、脱离

3. 鉴定时限审查

（1）确诊为房角后退、睫状体脱离，伤后即可进行鉴定。

（2）睫状体脱离可引起持续性低眼压，需治疗终结（损伤90日）后进行鉴定。

【案　例】

张某，因"右眼被异物击伤后4小时"入院治疗。伤后立即出现右眼红、眼痛、流泪，伴视力急剧下降，右眼睑稍肿胀，结膜明显充血，前房积血，右眼视力（VOD）0.02、左眼视力（VOS）0.8。前房混浊伴积血，2点至7点虹膜根部前方可见血凝块遮挡。眼部B超示双眼玻璃体混浊；超声生物显微镜（UBM）示全周睫状体脱离，局部虹膜根部离断，全周睫状体上腔可探及狭长的腔隙，其内可见点状及条带状的强回声斑。视诱发电位（VEP）示右眼潜伏期正常范围，幅值降低，左眼潜伏期未见明显异常。经手术治疗后，右眼睫状体上腔未见明显腔隙；视诱发电位（VEP）提示右眼幅值降低；眼部B超未见明显异常。右眼视力（VOD）0.06、左眼视力（VOS）0.8，双眼光定位准确。伤后3+月，双眼启闭正常，眼部各方向活动好，右眼球结膜轻度充血，右瞳孔不圆，散大呈斜椭圆形，向鼻下方移位，对光反射消失，右角膜透明，双眼矫正视力：左0.6，右眼光感；双眼眼压：左18mmHg，右16mmHg。术后晶体逐渐混浊出现并发性白内障，右眼外伤术后视力下降4月，感视物模糊及畏光，为行右眼白内障手术再次入院就诊。张某右眼外伤致前房积血，虹膜根部离断，睫状体脱离，依据《人体损伤程度鉴定标准》5.4.4.a）"前房出血须手术治疗；虹膜根部离断或者虹膜缺损超过1个象限；睫状体脱离"之规定，评定为轻伤二级。其外伤后继发白内障，依据《人体损伤程度鉴定标准》5.4.4.b）"外伤性白内障"之规定，评定为轻伤二级。伤后3+月遗留右眼视力下降，经检测为盲目4级（右眼光感），依据《人体损伤程度鉴定标准》5.4.2.a）"一眼盲目3级"之规定，评定为重伤二级。综上，张某的损伤程度评定为重伤二级。（重庆法医验伤所李剑波提供）

六、晶状体脱位、外伤性白内障

晶状体位于玻璃体前面，周围有晶状体悬韧带与睫状体相连，呈双凸透镜状，是眼球屈光系统的重要组成部分，其调节屈光的能力随年龄增长而逐渐减退。当外伤造成晶状体悬韧带断裂时，晶状体发生位置异常，导致晶状体脱位。当外伤造成晶状体因各种原因发生部分或全部混浊，可形成外伤性白内障。

1. 晶状体脱位

晶状体借助睫状韧带与睫状体的连系而固定在睫状突中间，当眼球受到震荡或钝挫伤，引起韧带断裂时，即可导致晶状体脱位。

（1）损伤程度审查要点

①临床表现：

a. 晶状体不全脱位：晶状体部分脱离原位，瞳孔内可见半脱位的晶状体，眼底可见双重眼底影像；有单眼复视症状；晶状体脱位处前房变浅，可见虹膜震颤。

b. 晶状体完全脱位：晶状体完全脱离原位，晶状体脱入前房形成晶状体前脱位时，可见晶状体在前房内如油滴状，前房加深，引起眼压升高及继发性青光眼；晶状体脱入玻璃体内形成晶状体后脱位时，瞳孔区晶状体缺如，脱位的晶状体在玻璃体中可呈圆球形、边缘黑暗的油滴状；可无症状或引起眼压升高，以及晶状体蛋白溶解而产生葡萄膜炎；有虹膜震颤现象；晶状体脱入眼球外结膜下，此时瞳孔区晶状体缺如，在眼球外可见透明圆形的晶状体，此时常伴有角膜、巩膜裂伤的其他表现。

②法医学检查：按照 GA/T 1970《法医临床学检验规范》5.4 视器视力损伤、GA/T 1582《法庭科学 视觉功能障碍鉴定技术规范》，或 SF/ZJD 103004《视觉功能障碍法医鉴定规范》的检验规范进行检查。

③鉴定意见审查：晶状体脱位及半脱位确诊后即可评定为轻伤二级。

需注意，晶状体的脱位可合并前房积血，玻璃体积血、外伤性视网膜脱离等。

（2）致伤物判断及损伤机制审查

①致伤物：砖头、拳头、球类、跌撞、车祸伤等。

②损伤机制：眼球突然遭受钝挫伤后，压力迫使眼球变形，眼球中间段的水平直径扩大，房水冲击晶状体，随后，由于反弹力作用，玻璃体回跳冲击晶状体，如此晶状体前后部反复震动，将晶状体悬韧带扯断，引起晶状体半脱位或完全脱位。

（3）鉴定时限审查

①晶状体脱位诊断明确即可进行鉴定。

②伴有严重视力障碍的，可在治疗终结（损伤 90 日）后进行补充鉴定。

2. 外伤性白内障

外伤性白内障是由于各种外伤（挫伤、穿透伤、电热作用、异物等）导致晶状体混浊并有明显的视力障碍。

（1）损伤程度审查要点

①临床表现：晶状体混浊；视力障碍，异物所致白内障还可出现夜盲、视野缩小，甚至失明；伴有晶状体异位时可引起继发性青光眼或晶状体过敏性眼内炎。

②法医学检查：按照 GA/T 1970《法医临床学检验规范》5.4 视器视力损伤、GA/T 1582《法庭科学 视觉功能障碍鉴定技术规范》，或 SF/ZJD 103004《视觉功能障碍法医鉴定规范》的检验规范进行检查。

③鉴定意见审查：确诊外伤性白内障，可依据相应条款鉴定为轻伤二级。

需注意，当外伤性白内障对视觉功能影响不明显时，应结合《人体损伤程度鉴定标准》附录 A 损伤程度等级划分原则进行综合评定。

（2）致伤物判断及损伤机制审查

①致伤物：存在钝性外力引起，砖头、拳头、球类、跌撞、车祸及爆炸的冲击波等；或刀、针、剪刺伤史。

②损伤机制（表 16-1-4）：

表 16-1-4　白内障损伤机制

	钝挫伤	眼球穿孔伤	眼部爆炸伤	电击伤
致伤机制	①瞳孔缘部虹膜色素上皮破裂脱落，附贴在晶状体前表面，称 Vossius 环混浊，相应的囊膜下出现混浊；②纤维和缝合的结构受到破坏，液体向着晶状体缝合间和板层流动，形成放射状混浊；③受伤后晶状体囊膜完整性受到影响，渗透性改变，可引起浅层皮质混浊，形成绕核性白内障	穿孔伤时，可使晶状体囊膜破裂，房水进入皮质，引起晶状体很快混浊	爆炸时气浪可对眼部产生压力，引起类似钝挫伤所致的晶状体损伤。爆炸物本身或掀起的杂物也可造成类似于穿孔伤所致的白内障	触电引起晶状体前囊及前囊下皮质混浊

（3）鉴定时限审查

①外伤性白内障影响视力，诊断明确即可进行鉴定。

②白内障手术后仍严重视力障碍的，可在治疗终结（损伤 90 日）后进行补充鉴定。

【案 例】

周某，因"面部被拳头打伤 1+小时"就诊。左侧面颊及鼻部肿痛，左眼视物模糊，鼻腔可见血液残留。CT 检查：左侧颌面部、眼睑及鼻部软组织肿胀，双侧鼻骨骨折。伤后 1 个半月，左眼晶状体明显混浊，视力 R1.0,L0.15。左眼外伤后 5 个月余，左眼角膜透明，晶体中央部混浊，未扩瞳下眼底窥不清，扩瞳后眼底未见明显异常；裸眼视力：R1.0，L0.05；矫正视力：R1.0，L0.4。临床诊断：左眼外伤性白内障。经鉴定，周某左眼外伤性白内障诊断成立，依据《人体损伤程度鉴定标准》5.4.4.b）"外伤性白内障"之规定，评定为轻伤二级。其双侧鼻骨骨折，依据《人体损伤程度鉴定标准》5.2.4.o）"双侧鼻骨骨折"之规定，评定为轻伤二级。综上，周某的损伤程度评定为轻伤二级。（重庆九龙坡区人民检察院田贵兵提供）

案例解析：外伤性白内障未行白内障手术治疗的，一般不以视力障碍程度作为鉴定依据，应根据《人体损伤程度鉴定标准》5.4.4.b）"外伤性白内障"之规定，评定为轻伤二级。若经白内障手术后，仍遗留严重视力障碍者，可在明确病因后，再依据视觉功能障碍条款补充鉴定。注意，外伤性白内障需与年龄相关性白内障，代谢性白内障，先天性白内障等鉴别。

七、玻璃体积血

玻璃体是透明的凝胶体，容积约4ml，是眼内屈光间质的重要组成部分。玻璃体本身无血管，不发生出血。眼球遭受钝性暴力作用时，眼球挫伤后引起的发生血管挫伤性反应，使血液进入玻璃体，可引起玻璃体积血。

1. 损伤程度审查要点

（1）临床表现：可见玻璃体内点状、条索状、絮状伤出血。伤者自觉眼前黑影漂浮物或"红色烟雾"。少量出血时可自行吸收。出血量较多时，在受伤一段时间后，由于血液成分进入玻璃体，还可能出现玻璃体的变性、液化。玻璃体变性机化使得新生血管及增生组织牵拉，玻璃体出现脱离并最终导致视网膜脱离。

（2）法医学检查：按照GA/T 1970《法医临床学检验规范》5.4 视器视力损伤、《法庭科学 视觉功能障碍鉴定技术规范》，或 SF/ZJD 103004《视觉功能障碍法医鉴定规范》的检验规范进行检查。GA/T 1582

（3）鉴定意见审查：玻璃体积血确诊后即可评定为轻伤二级。

需注意，外伤性玻璃体积血应与内眼血管性疾病相鉴别，如视网膜血管瘤、视网膜血管扩张症等。

2. 致伤物判断及损伤机制审查

（1）致伤物：砖头、拳头、球类等；或刀、针、剪等。

（2）致伤机制：玻璃体无血管，不会发生出血。玻璃体积血是玻璃体周围结构出血致血液流入玻璃体所致。可由视网膜血管破裂出血进入玻璃体内，其次是脉络膜出血突破视网膜到达玻璃体内，睫状体损伤流入玻璃体腔内，玻璃体后脱离时视盘毛细血管破裂出血进入玻璃体腔。

3. 鉴定时限审查

无视觉功能影响者，玻璃体积血确诊后即可鉴定。

八、外伤性视网膜脱离、外伤性视网膜出血、外伤性黄斑裂孔

视网膜为眼球后部最内层的组织，结构精细、功能复杂，血供丰富。主要作用是将经过眼睛的屈光系统折射后，汇聚在视网膜上的光学信号转化为生物电信号，通过视神经传导至大脑枕叶的视觉中枢形成视觉。其通过视神经与大脑相通，内面与玻璃体连附，外面与脉络膜紧邻。因此，玻璃体、脉络膜、神经系统的损伤均可累及视网膜。视网膜损伤都有不同程度的视力、视野障碍。

1. 外伤性视网膜脱离

（1）损伤程度审查要点

①临床表现：视力下降等、周边部视网膜受损导致视野缺损；

②法医学检查：按照 GA/T 1970《法医临床学检验规范》5.4 视器视力损伤、GA/T 1582《法庭科学 视觉功能障碍鉴定技术规范》，或 SF/ZJD 103004《视觉功能障碍法医鉴定规范》的检验规范进行检查。

③鉴定意见审查：确诊外伤性视网膜脱离即可认定为轻伤二级。

需注意，急性眼外伤后视网膜脱离可不立即发生，可结合伤后当时的病历资料，及伤后检查所见进行损伤时间判断。同时，若伤者自身存在高度近视、无晶体眼、视网膜格子样变性、玻璃体切割术后、先天性脉络膜缺损、马凡综合征等，应行伤病关系分析。

（2）致伤物判断及损伤机制审查

①致伤物：砖头、拳头、球类、跌撞；或刀、针、剪等。

②损伤机制：视网膜裂孔形成后变性而液化的玻璃体经裂孔进入视网膜下形成视网膜脱离；由于玻璃体牵拉易形成锯齿缘断裂，伴有玻璃体牵拉的裂孔形成后，液化的玻璃体经裂孔进入视网膜下形成视网膜脱离；眼外伤后玻璃体出血，形成玻璃体内及玻璃体视网膜交界面的纤维增生膜，形成牵拉性视网膜脱离。眼外伤后脉络膜血管损伤引起的视网膜下出血所致出血性视网膜脱离。

（3）鉴定时限审查

①认定为外伤性视网膜脱离，伤后即可进行鉴定。

②遗留视觉障碍者，在治疗终结（损伤 90 日）后进行鉴定。

【案 例】

杨某，男，66 岁，自述既往眼部因外伤后导致右眼视力差（左眼视力无病历资料，视力情况不详），2019 年 1 月再次与他人发生打架致左眼受伤。伤后当时检查：右眼视力眼前手动，左眼视力 0.12，瞳孔散大，直径 0.8cm。行眼部 CT 检查提示：左侧眼睑肿胀，左侧眼眶内侧壁骨折，左眼内直肌肿胀迂曲，左侧眼眶内积气，左侧筛窦积血。行眼部 B 超检查提示：左眼玻璃体中度混浊，左眼视网膜脱离，左眼脉络膜脱离。2019 年 1 月至 2021 年 3 月期间，杨某历经多次眼部手术治疗，首次手术中见：左眼脉脱型视网膜脱离，9 点至 12 点位可见 1 巨大裂孔，1 点至 3 点周边网膜可见 1 裂孔等。诊断为：左眼眼球钝挫伤；左眼视网膜脱离；左眼脉络膜脱离；左眼玻璃体积血。治疗终结后，杨某查体见右眼光感，左眼视力 0.08，左眼矫正 0.1（视力中度损害）。依据《人体损伤程度鉴定标准》5.4.4.a）"玻璃体积血；外伤性视网膜脱离；外伤性脉络膜脱离"、5.4.4.c）"瞳孔括约肌损伤致瞳孔显著变形或者瞳孔散大（直径 0.6cm 以上）"之规定，评定为轻伤二级。

案例解析： 杨某外伤史明确，有可以导致左眼瞳孔散大、左眼玻璃体积血、左眼视网膜及脉络膜脱离的暴力基础。但杨某既往眼部有受伤史，目前右眼因外伤后视力差，委托单位无法核实其左眼伤前近期视力，不能确定其左眼视力减退情况，故本案不宜以杨某视力的损伤程度为依据进行损伤程度鉴定，而宜以杨某的原发性视器损伤（左眼玻璃体积血、左眼外伤性视网膜脱离、左眼外伤性脉络膜脱离、左眼瞳孔散大）为依据进行鉴定较为准确。

2. 外伤性视网膜出血

（1）损伤程度审查要点

①临床表现：疼痛、肿胀、视力下降等。

②法医学检查：按照 GA/T 1970《法医临床学检验规范》5.4 视器视力损伤、GA/T 1582《法庭科学 视觉功能障碍鉴定技术规范》，或 SF/ZJD 103004《视觉功能障碍法医鉴定规范》的检验规范进行检查。

③鉴定意见审查：确诊外伤性视网膜出血，即可认定为轻伤二级。

需注意，外伤性视网膜出血要与糖尿病、视网膜网静脉炎等自身疾病所致视网膜出血相鉴别。

（2）致伤物判断及损伤机制审查

①致伤物：砖头、拳头、球类、跌撞；或刀、针、剪等。

②损伤机制：外力作用致视网膜浅层、深层血管损伤或脉络膜血管损伤引起的视网膜下出血。

（3）鉴定时限审查

①确诊外伤性视网膜出血，伤后即可进行鉴定。

②遗留视觉障碍者，在治疗终结（损伤 90 日）后进行鉴定。

【案　例】

李某，因"殴打伤 2 小时"于 2019 年 3 月 24 日就诊。口鼻出血，双眼青紫。伤后在多家医院多次检查 CT 提示左眼眶内侧壁骨折，骨折段向筛窦塌陷。2019 年 4 月 1 日眼底照相提示左眼视网膜出血。2019 年 7 月 8 日复查：左眼角膜明，前房清，颞上分支静脉走形出血较前吸收。2020 年 9 月 9 日复查：右眼视力矫正无助→0.9−，左眼视力矫正无助→0.8；眼压：右 15.3mmHg，左 19mmHg；眼球突出度测量：左 15，右 15；双眼结膜无充血，角膜透明，角膜后沉着物 KP（−），丁达尔效应 Tyn（−），前房中深，虹膜纹理清，瞳孔圆，晶体透明，眼底视乳头边界清，黄斑中心凹反光弱。双眼图像视诱发电位（PVEP）提示双眼 P-VEPP100 波潜伏期延迟，振幅轻度降低；右眼 P-VEPP100 波潜伏期延迟，振幅较对侧眼降低。双眼光相干断层扫描成像术（OCT）检查提示右眼黄斑中心凹形态可；左眼黄斑中心凹形态可，神经上皮层层间可见点状高反射信号。

第一次甲鉴定机构鉴定：

李某，左眼部外伤 19 天。视力：右 1.0，左 0.8。左眼外观未见明显异常。阅 CT 片提示左眼眶内侧壁骨折，骨折段向筛窦塌陷，左侧筛窦积液；左眼周软组织肿胀。

阅 B 医院眼底照相提示左眼视网膜出血。李某因外伤致全身多处软组织伤、左眼眶内侧壁骨折、左眼视网膜出血等。依据《人体损伤程度鉴定标准》5.4.4.a）"外伤性视网膜出血"之规定，评定为轻伤二级。

第二次乙鉴定机构鉴定：

李某，左眼被拳头击伤 9+月。视力：右 1.0，左 1.0；黄斑颞上方小面积点状出血灶（微动脉旁）。复查眼底影像提示双眼视盘变清，色正，左眼颞上分支静脉 2 级分支阻塞，火焰状出血灶，双眼黄斑中心凹反光减弱；荧光造影提示左眼颞上方分支静脉显影延迟，颞上方视网膜可见大片出血荧光遮蔽灶，其间可见微动脉瘤高荧光点数个，后期可见片状荧光渗漏及节段性血管管壁荧光着染，右眼视网膜散在微动脉瘤高荧光点 3 个。诊断：左眼视网膜分支静脉阻塞；右眼糖尿病视网膜病变？分析说明：李某视网膜分支静脉阻塞系视网膜静脉分布区内视网膜表层出血、视网膜水肿，以颞上支阻塞最常见，多见于高血压、动脉硬化的老年人。被鉴定人李某系老年男性，外伤后查体见左眼肿胀等，CT 示左侧眶内侧壁骨折，但眼眶检查未见眼内结构外伤性改变，外伤导致视网膜分支静脉阻塞的依据不足，左眼视网膜分支静脉阻塞不宜进行损伤程度鉴定。李某外伤致左侧眶内侧壁骨折，依据《人体损伤程度鉴定标准》5.2.5.d）"眶内壁骨折"之规定，评定为轻微伤。其双眼青紫，依据《人体损伤程度鉴定标准》5.2.5.e）"眼部挫伤"之规定，评定为轻微伤。综上，李某的损伤程度评定为轻微伤。

专家委员会咨询意见：

由于两次鉴定意见不一致，办案部门将鉴定提交专家委员会咨询。专家委员会委员查体：李某双眼正位眼，眼球运动正常，瞳孔对光反射效应好，前房、晶体、玻璃体（－），视盘边界清晰，左眼视网膜颞上方有少许片状陈旧性出血，眼底动脉无硬化表现。余（－）复阅多次 CT 片提示左侧眼眶周围软组织轻度肿胀，左侧眶内侧壁凹陷性骨折，凹陷程度大于 1.0cm，并可见眼眶内软组织突入凹陷内，临近内直肌稍增粗。

眼底照相单提示左眼视网膜出血；眼底荧光造影：左眼底颞上支动脉出血。

光相干断层扫描成像术（OCT）检查提示右眼黄斑中心凹形态可；左眼黄斑中心凹形态可，神经上皮层层间可见点状高反射信号。

经审阅所提供的病历及影像学资料，结合目前情况检查，分析意见如下：

李某有外伤史，伤后当日入院查体：左眼肿胀，枕部肿胀、触痛，左手中指屈曲活动障碍，左侧下胸部压痛，腰椎各棘突压痛等；CT 检查：左侧眼眶内侧壁凹陷性骨折，邻近内直肌增粗，左侧眼球周围软组织肿胀。

李某左眼视网膜出血与 2019 年 3 月 24 日外伤关系分析：

① 2019 年 4 月 1 日（外伤后第 8 天）眼底照相发现李某左眼视网膜片状出血。

②目前，无证据支持李某 2019 年 3 月 24 日至 2019 年 4 月 1 日期间有左眼部再次外伤史。

③未发现李某既往存在眼部疾病的证据，亦未发现李某存在严重高血压病、糖尿病等慢性疾病致眼底血管硬化、病变的证据。故李某左眼视网膜出血符合 2019 年 3 月

24 日外伤所致。

综上所述，李某 2019 年 3 月 24 日外伤致左眼钝挫伤（左眼眶内侧壁凹陷性骨折伴内直肌挫伤，左眼底视网膜出血）诊断成立，曾行相关对症支持治疗。

目前李某主要遗留双眼矫正视力：右 0.9-，左 0.8；左眼视网膜颞上方有少许片状陈旧性出血等。故李某外伤后左侧眼眶内侧壁凹陷性骨折，伴眼眶内软组织突入凹陷内，临近内直肌增粗出血，依据《人体损伤程度鉴定标准》5.2.4.f）"眶壁骨折（单纯眶内壁骨折除外）"之规定，属于轻伤二级。其外伤导致视网膜出血，依据《人体损伤程度鉴定标准》5.4.4.a）"外伤性视网膜出血"之规定，属于轻伤二级。其左侧眼眶周围软组织轻度肿胀，依据《人体损伤程度鉴定标准》第 5.2.5.e）"眼部挫伤"之规定，属于轻微伤。综上，李某的损伤程度评定为属于轻伤二级。（重庆市司法鉴定专家委员会提供）

案例解析：本案的争议焦点是视网膜出血是自身疾病引起的还是外伤后导致的，专家委员会的鉴定意见更为客观、科学、全面。

眼部损伤程度鉴定是法医鉴定的难点之一，特别是区分自身疾病和外伤的因果关系。本案的鉴定要点是视网膜出血是自身疾病（如高血压病、糖尿病等慢性疾病致眼底血管硬化、病变等）引起的还是外伤后导致的。视网膜出血与多种自身疾病或病理基础相关，外伤只是可能的原因之一，需注意伤病关系的分析和判断。需要充分审阅案件相关病历资料及客观检查报告对其进行损伤程度鉴定。

甲鉴定机构鉴定意见为轻伤二级，虽然与专家委员会的意见一致（仅根据 CT 片结果：左眼眶内侧壁骨折），但在鉴定时未分析视网膜出血与外伤、疾病的关系，出现一系列错误：未对被鉴定人李某是否存在高血压病、糖尿病等慢性疾病进行检查；未对被鉴定人李某的双眼目前情况进行检查；未全面分析、综合评定。

乙鉴定机构在鉴定时虽分析了视网膜出血与外伤的关系，但未对被鉴定人李某是否存在高血压病、糖尿病等慢性疾病进行检查，特别是没有发现李某既往存在眼部疾病的证据，亦未发现李某存在严重高血压病、糖尿病等慢性疾病致眼底血管硬化、病变的证据等，简单地将视网膜出血归结为自身疾病上（查体见：左眼肿胀等，CT 示左侧眶内侧壁骨折，但眼眶检查未见眼内结构外伤性改变，外伤导致视网膜分支静脉阻塞的依据不足，左眼视网膜分支静脉阻塞不宜进行损伤程度鉴定），从而导致鉴定意见不客观、不科学、不公正。

3. 黄斑裂孔

（1）损伤程度审查要点

①临床表现：视网膜出血、玻璃体分离后，视网膜局部挫伤坏死和玻璃体牵拉所致视网膜脱离及黄斑裂孔视物变形、视力下降、中心注视点为暗点等。

②法医学检查：按照 GA/T 1970《法医临床学检验规范》5.4 视器视力损伤、GA/T 1582《法庭科学 视觉功能障碍鉴定技术规范》，或 SF/ZJD 103004《视觉功能障碍法医鉴定规范》的检验规范进行检查。

③鉴定意见审查：确诊外伤性黄斑裂孔，即可认定为轻伤二级。

需注意，外伤性黄斑裂孔要与高度近视及多种玻璃体视网膜病变导致的黄斑裂孔相鉴别。外伤性黄斑裂孔多发生在伤后 2～4 周，多同时存在玻璃体后脱离，结合伤后当时的病历资料，及伤后检查所见进行损伤时间判断。

（2）致伤物判断及损伤机制审查

①致伤物：砖头、拳头、球类、跌撞；或刀、针、剪等。

②损伤机制：玻璃体机化后产生的牵引作用所致；继发于黄斑部损伤形成的黄斑囊样水肿破裂形成；黄斑部视网膜出血。

（3）鉴定时限审查

①确诊为外伤性黄斑裂孔，伤后即可进行鉴定。

②遗留视觉障碍者，在治疗终结（损伤 90 日）后进行鉴定。

九、外伤性脉络膜脱离

脉络膜位于视网膜和巩膜之间，其主要作用是营养视网膜外层，阻断透入巩膜进入眼内的光线，以保证成像清晰。脉络膜损伤常由于眼球受钝性力挫伤或受到震荡所致。

1. 损伤程度审查要点

（1）临床表现：常合并睫状体脱离。通常在 1～2 周内自行消失；波及黄斑区时出现视力减退。脱离在后极部可有轻度视力下降和视物变形，相应部位出现视野缺损；长期脉络膜脱离视力视野障碍不易恢复，可并发低眼压，继发青光眼。

（2）法医学检查：按照 GA/T 1970《法医临床学检验规范》5.4 视器视力损伤、GA/T 1582《法庭科学 视觉功能障碍鉴定技术规范》，或 SF/ZJD 103004《视觉功能障碍法医鉴定规范》的检验规范进行检查。

（3）鉴定意见审查：确诊脉络膜脱离即可认定为轻伤二级。

2. 致伤物判断及损伤机制审查

（1）致伤物判断：多继发于各种内眼手术后或眼外伤后。

（2）损伤机制：当手术或外伤时，眼内压突然下降，脉络膜血管扩张，从脉络膜血管壁渗出的浆液至脉络膜并使脉络膜上腔积液而发生脱离。

3. 鉴定时限审查

（1）确诊为外伤性脉络膜脱离，伤后即可进行鉴定。

（2）遗留视觉障碍者，在治疗终结（损伤 90 日）后进行鉴定。

十、角膜斑翳、血管翳

角膜系无血管的透明纤维膜，位于眼球壁最前端 1/6。正常角膜高度透明、表面光滑，有折光功能，并含有丰富的感觉神经，对眼球有支持、保护的作用。

1. 损伤程度审查要点

（1）临床表现：眼部异物感，疼痛、流泪，畏光、视力下降；可有前房出血、眼压升高和角膜内皮损伤、角膜血染；角膜遭受钝性作用力后，可出现角膜基质水肿混浊，形成斑翳、白斑、云翳；角膜的损伤易继发感染，导致角膜溃疡，可在损伤后因新生血管的长入而形成角膜血管翳。

（2）法医学检查：按照 GA/T 1970《法医临床学检验规范》5.4 视器视力损伤、GA/T 1582《法庭科学 视觉功能障碍鉴定技术规范》，或 SF/ZJD 103004《视觉功能障碍法医鉴定规范》的检验规范进行检查。

（3）鉴定意见审查：角膜外伤后形成斑翳、血管翳即可认定为轻伤二级。

2. 致伤物判断及损伤机制审查

角膜斑翳及血管翳的形成与角膜的损伤密切相关，角膜损伤分为：角膜上皮剥脱、角膜挫伤、角膜穿通伤、角膜异物，不同损伤程度致伤机制不同（表 16-1-5）。

表 16-1-5　角膜损伤致伤物及致伤机制

	角膜上皮剥脱	角膜挫伤	角膜穿通伤	角膜异物
致伤物	钝器作用、如车祸及爆炸的冲击波；高速飞行异物擦伤	钝器作用、高压气、液体作用	高速飞行的异物；刀、剪；拳击，足踢	非金属异物有石、沙、玻璃、瓷器、塑料、睫毛等；金属异物有铁、铜、铝和锌等
致伤机制	致伤物沿切线方向作用于角膜，造成角膜上皮剥脱，使角膜上皮细胞层和前弹力层分离	角膜遭受钝性外力作用，造成角膜急剧内陷，使角膜内皮和后弹力层破裂	角膜全层裂开，伴或不伴有眼内容物的脱出，锐器直接刺伤或切割伤可致角膜破裂	①机械性损伤角膜；②在角膜组织内通过化学反应、毒性反应及继发感染损伤角膜，如铁质沉着症及铜质沉着症

3. 鉴定时限审查

（1）角膜斑翳、血管翳确诊后即可鉴定。

（2）若以角膜瘢痕及伤后视力情况进行鉴定，鉴定时限应为伤后 3 ~ 6 个月。

十一、外伤性低眼压

外伤性低眼压通常见于眼球破裂伤或睫状体受损或外伤性房角后退等情况。伤后眼压显著下降，一般低于 8mmHg 以下。暂时性的一过性眼压降低可逐渐恢复，视功能可恢复正常。顽固性外伤性低眼压则眼压长期低于正常。

1. 损伤程度审查要点

（1）临床表现：视力下降、视物变形；前房变浅，视盘、视网膜、脉络膜、黄斑水肿，可致晶体混浊；眼球变短，严重者永久性视功能损害。

（2）法医学检查：按照 GA/T 1970《法医临床学检验规范》5.4 视器视力损伤、GA/T 1582《法庭科学 视觉功能障碍鉴定技术规范》，或 SF/ZJD 103004《视觉功能障碍法医鉴定规范》的检验规范进行检查。

（3）鉴定意见审查：外伤导致的顽固性低眼压，并有视觉功能损害才能依据 5.4.4.b）评定为轻伤二级。外伤所致的一过性低眼压，并未导致视觉功能损害则不能依据该条款评定。

2. 致伤物判断及损伤机制审查（表 16-1-6）

表 16-1-6 外伤性低眼压致伤物及损伤机制

致伤物及致伤机制损伤部位	睫状体解离/脱离	前部增殖性玻璃体视网膜病变	睫状体损伤	多次手术或眼内炎	大范围的脉络膜、视网膜切开或切除
致伤物	拳击等	拳击等	撕裂、切割、异物损伤等	光凝、冷凝、环扎等	手术切开脉络膜或视网膜切除

3. 鉴定时限审查

损伤 3 ~ 6 个月以后进行鉴定。

十二、睑球粘连

眼睑属于眼附属器，位于眼球最前面，对眼球起保护作用。眼部外伤可导致眼睑与球结膜、角膜发生黏着，无法分离，引起眼球运动受限及视力障碍。

1. 损伤程度审查要点

（1）临床症状：

①可见损伤所致瘢痕粘连，严重者出现大范围粘连，严重破坏眼睑结构；

②眼球运动受限；

③视力障碍，可伴复视；

④可伴有角膜新生血管、角膜白斑甚至眼球萎缩等不同程度的角膜静止性病变。

（2）法医学检查：按照 GA/T 1970《法医临床学检验规范》5.4 视器视力损伤、GA/T 1582《法庭科学 视觉功能障碍鉴定技术规范》，或 SF/ZJD 103004《视觉功能障碍法医鉴定规范》的检验规范进行检查。

（3）鉴定意见审查：睑球粘连一经确诊即可评定为轻伤二级。

需注意睑球粘连是否伴随其他视觉功能损害或眼球运动功能损害。

2. 鉴定时限审查

在治疗终结（损伤 90 日）后进行鉴定。睑球粘连如系眼睑的缺失、外翻、覆盖瞳孔等损伤造成，影响面容外观时，应按照面部损伤鉴定标准予以鉴定。

第二节　视觉功能障碍

《人体损伤程度鉴定标准》中涉及视觉功能损伤的条款有 12 条，损伤从轻微伤至重伤一级。其中 5.2.2.d）属于面部损伤条款，为方便与视觉功能损伤条款中的 5.4.1.a）比较，特放在本章节中（表 16-2-1）。

表 16-2-1 视觉功能损伤鉴定条款

条款序号	条款内容	损伤程度
5.4.1.a)	一眼眼球萎缩或者缺失，另一眼盲目 3 级	重伤一级
5.4.1.b)	一眼视野完全缺损，另一眼视野半径 20° 以下（视野有效值 32% 以下）	重伤一级
5.4.1.c)	双眼盲目 4 级	重伤一级
5.2.2.d)	一侧眼球萎缩或者缺失	重伤二级
5.4.2.a)	一眼盲目 3 级	重伤二级
5.4.2.b)	一眼重度视力损害，另一眼中度视力损害	重伤二级
5.4.2.c)	一眼视野半径 10° 以下（视野有效值 16% 以下）	重伤二级
5.4.2.d)	双眼偏盲；双眼残留视野半径 30° 以下（视野有效值 48% 以下）	重伤二级
5.4.3.c)	一眼重度视力损害；双眼中度视力损害	轻伤一级
5.4.3.d)	一眼视野半径 30° 以下（视野有效值 48% 以下）；双眼视野半径 50° 以下（视野有效值 80% 以下）	轻伤一级
5.4.4.f)	一眼矫正视力减退至 0.5 以下（或者较伤前视力下降 0.3 以上）；双眼矫正视力减退至 0.7 以下（或者较伤前视力下降 0.2 以上）；原单眼中度以上视力损害者，伤后视力降低一个级别	轻伤二级
5.4.4.g)	一眼视野半径 50° 以下（视野有效值 80% 以下）	轻伤二级
5.4.5.a)	眼球损伤影响视力	轻微伤

【案 例】

周某，外伤后查体见左额部皮肤裂伤，渗血，左眼睑稍肿胀，双侧瞳孔光反射灵敏。其自诉外伤后致其左眼视力严重下降，无法视物。经影像学检查其颅脑、双侧眼眶均未见明确异常，双眼角膜、晶体、瞳孔等未见异常，双眼视盘、黄斑区扫描均未见明显异常，眼底检查未见异常等，徒手检查及检眼镜检查均未发现视器损伤。伤后多次进行视力检查时，视力情况不稳定：右眼 0.25 ~ 0.8，左眼眼前手动 ~ 0.25，经治疗后行视觉诱发电位检查未见明显异常，伪盲检查不配合。结合法医学检查时其右眼 0.8，左眼 0.2，且未发现造成其双眼视力下降的原发性损伤，考虑存在伪盲情况，不宜进行视力损伤程度鉴定。

案例解析：外伤造成视器、视路损伤后遗留视觉功能障碍的，应待医疗终结后行视觉相关辅助检查复检，依据视觉功能（视力、视野）检查结果，结合案件材料、病史资料和影像资料等综合分析评估损害后果，依据相应条款进行损伤程度评定。认定为损伤导致的视觉功能障碍，其障碍程度应与原发性损伤或损伤导致的并发症、后遗症的性质、程度相吻合，同时排除伪盲及本身疾病或病理基础的影响。

一、视路损伤

1. 视神经损伤

视神经从视盘起至视交叉前角止，负责传导视觉冲动。它损伤可由异物导致撕裂伤，也可因神经附近骨折或出血造成压迫性损伤。还可因眼球受力极度旋转，挤压以及眼球的穿通伤造成。

临床症状和体征：视力进行性下降或视力即刻丧失；视野损伤；相对性传入性瞳孔障碍阳性；对光反射异常。

【案 例】

晏某，25 岁，被人打伤头面部致右眼失明，多次转院治疗。伤后检查提示：右眼视力光感、左眼 0.8，右眼视乳头色淡、眼底视盘苍白，瞳孔对光反射迟钝，闪光视觉诱发电位检查右眼 P2 峰时轻度延迟，右眼视神经厚度及视盘未见异常。诊断为右眼视神经损伤，右侧头皮血肿。在伤后 4 个半月检查右眼视力 0.01、左眼视力 1.0+。图形视觉诱发电位检查：右眼 P2 波潜伏期正常范围，幅值降低，右眼视神经厚度变薄，杯盘比增大。伤后 6 个月及 14 个月两次复查无明显变化。鉴定时，其右眼对光反射迟钝，右眼眼底视盘苍白，左眼视力 1.0，右眼视力 0.02（盲目 3 级），依据《人体损伤程度鉴定标准》第 5.4.2.a）"一眼盲目 3 级"之规定，评定为重伤二级。（重庆市法医学会提供）

案例解析：被鉴定人晏某有明确右侧头部外伤史，伤后右眼视神经及视盘开始出现损伤改变，4 个半月之后损伤改变逐渐稳定，符合外伤致视神经损伤的病理改变过程，鉴定时遗留严重视力障碍。《人体损伤程度鉴定标准》附录 B.4.1 盲及视力损害分级由重到轻分为：盲（盲目 5 级）、盲（盲目 4 级）、盲（盲目 3 级）、重度视力损害（视力损害 2 级）、中度视力损害（视力损害 1 级）、轻度或无视力损害。本案被鉴定人眼部外伤后右眼视力 0.02，查询该分级其视力损害分级为盲目 3 级。

2. 视交叉损伤

视交叉位于脑底面，其伸向前外的部分称视神经，连接眼球，伸向后外的纤维束称视束。视交叉损伤即可由外伤直接导致也可因各种原因压迫致血供不足或附近骨骼骨折而导致损伤。

临床症状和体征：视野缺损，双颞侧偏盲。

3. 视束及外侧膝状体损伤

交通事故等造成大脑顶叶、颞叶及枕叶损伤，可引起视束及外侧膝状体损伤。

临床症状和体征：不对称的同侧性偏盲；视束的后段、外侧膝状体或视放射区下部可导致明显的同侧偏盲，不伴有黄斑回避。

4. 视放射及视中枢损伤

交通事故，坠落和拳击伤等造成大脑颞顶叶受损时，可引起视放射及视中枢损伤。

临床症状和体征：视放射区的前环可致不对称的上象限盲，视放射区的内部可致轻度不对称的下象限盲，视放射受损产生象限性偏盲，视放射区的中部可致轻度不对称的同侧性偏盲；视放射区的后部可致对称的同侧性偏盲，伴有黄斑回避；距状裂的前部可致对侧眼新月形区盲；距状裂的中部可致对称的同侧性偏盲，伴有黄斑回避和对侧颞侧新月形区回避；视放射受损表现为一致性的双眼瞳孔同侧偏盲，可伴有黄斑回避、无视神经萎缩及无 Wernicke 偏盲性瞳孔强直，可伴有失读等大脑损害症状。

5. 视皮质损伤

交通事故等造成颅脑外伤后，可因大脑的枕叶受损，引起视皮质损伤。

临床症状和体征：双眼全盲；瞳孔对光反射正常、眼底正常；VEP 检查异常。

二、视力障碍

光线通过眼球的角膜、房水、晶状体、玻璃体的折射，落在视网膜上，引起视网膜细胞兴奋，产生视觉冲动，冲动沿视神经传到大脑皮层的视觉中枢，引起视觉。外伤导致此过程中的任一环节的损害，都可能对视力造成影响甚至失明。

法医学检查：依据《人体损伤程度鉴定标准》附则 B.4.1 盲及视力损害分级的规定，按照 GA/T 1970《法医临床学检验规范》5.4 视器视力损伤、GA/T 1582《法庭科学视觉功能障碍鉴定技术规范》，或 SF/ZJD 103004《视觉功能障碍法医鉴定规范》、SF/ZJD 0103010《法医临床学视觉电生理检查规范》的检验规范进行检查。目前鉴定实践中以最佳矫正远视力作为评定指标，必要时视觉电生理检查（如诱发电位 VEP、视网膜电图 ERG 等）、伪盲或伪装视力降低检验。

【案　例】

王某，既往双眼视力 1.0，外伤致头面部流血入院治疗。检查见左额部散在皮肤裂伤，部分伤口深达肌肉；左眼充血、肿胀，视力可，眼球能活动，左上眼睑贯通伤。先后三次就左眼球行相关手术，术中见角膜、巩膜裂伤，眼球内容物脱出与伤口粘连、玻璃体积血。多次视力复查左眼仅有光感。伤后 90 日复查左眼角膜缝线存留，瞳孔变形，对光反射迟钝，无晶体，硅油在位，上方虹膜缺失，视网膜平伏，右眼矫正视力 1.0，左眼矫正视力 0.15；神经电生理检查提示左眼 P100 潜伏期延迟，幅值降低；眼科光相干断层扫描成像术（OCT）检查提示左眼黄斑生理性凹陷消失，视网膜小波浪样皱褶、层间结构不清。王某因外伤致眼球破裂诊断明确，依据《人体损伤程度鉴定标准》5.4.4.a）"眼球破裂伤"之规定，评定为轻伤二级。治疗后左眼矫正视力 0.15，为中度损害，依据《人体损伤程度鉴定标准》5.4.4.f）"一眼矫正视力减退至 0.5 以下"之规定，评定为轻伤二级。综上，王某的损伤程度评定为轻伤二级。（重庆法医验伤所唐任宽提供）

三、视野缺损

由外伤导致视觉神经传导路上某些部位伤而引起的视野异常缩小、变形和缺失，称为外伤性视野缺损。外伤性视野缺损的原因有单纯来自眼部的损伤、颅脑损伤及来自眼和颅脑的合并损伤。

法医学检查：依据《人体损伤程度鉴定标准》附则 B.4.1 盲及视力损害分级的规

定，按照 GA/T 1970《法医临床学检验规范》5.4 视器视力损伤、GA/T 1582《法庭科学 视觉功能障碍鉴定技术规范》，或 SF/ZJD 103004《视觉功能障碍法医鉴定规范》、SF/ZJD0103010《法医临床学视觉电生理检查规范》的检验规范进行检查（表 16-2-2）。

表 16-2-2　视野缺损的程度

视野缺损分级	视野度数（直径）
轻度缺损	小于 120°
中度缺损	小于 60°
重度缺损	小于 20°
极重度缺损	小于 10°
接近完全缺损	小于 5°

视力障碍、视野缺损两者性质、临床表现、检查方法均不同，若双眼分别存在视力障碍与视野缺损，可据下表折算后再行评价，但值得注意的是，折算得出的相当关系与现行条款不一定一一对应（表 16-2-3）。

表 16-2-3　视力障碍与视野缺损相应关系

视力损害分级	视野缺损分级
轻度或无视力损害	轻度缺损或无缺损
中度视力损害（视力损害 1 级）	轻度缺损或无缺损
重度视力损害（视力损害 2 级）	中度缺损
盲（盲目 3 级）	重度缺损
盲（盲目 4 级）	极重度缺损
盲（盲目 5 级）	接近完全缺损

【案　例】

刘某被他人打伤头面部，逐渐感右眼不适，右眼视野呈进行性下降，并多次就医。伤后 8+ 月治疗终结，刘某右眼视野半径降至 6°。伤后 1 年，经该市公安局物证鉴定室法医学检查见刘某右眼视野半径为 8°，其一眼伤后视野半径 10° 以下，并根据李某就医病历排除了其再次受伤及自身疾病等因素，依据《人体损伤程度鉴定标准》5.4.2.c）"一眼视野半径 10° 以下（视野有效值 16% 以下）"之规定，评定李某的损伤程度为重伤二级。

第三节　眼球运动功能障碍

外力作用导致支配眼球调节运动的神经、肌肉损伤，从而造成一眼或双眼眼球发生眼位异常和运动功能障碍，进而影响视力。法医损伤程度鉴定中常见为眼的斜视、复视。

《人体损伤程度鉴定标准》中涉及外伤性斜视和复视的条款有一条，损伤程度为轻伤二级（表 16-3-1）。

表 16-3-1　外伤性斜视和复视鉴定条款

条款序号	条款内容	损伤程度
5.4.4.d）	斜视；复视	轻伤二级

斜视即眼位不正，眼位异常即属斜视。外伤致一条或多条眼外肌或其支配神经损伤（麻痹），可致眼球在某一方向或某几个方向的运动受限。外伤后斜视多为非共同性、恒定性、获得性斜视，但隐性和显性均可见，偏斜方向与受累眼外肌相关而表现不同。

复视即存在眼位异常，或虽不存在明显眼位异常但存在眼肌麻痹等因素时，可导致双眼视物重影。

一、损伤程度审查要点

1. 临床表现：眼位异常、视物重影；眼部外伤后可伴有畏光、流泪、眩晕、恶心、呕吐症状。

2. 法医学检查：依据《人体损伤程度鉴定标准》附录 B.4.1 盲及视力损害分级的规定，按照 GA/T 1970《法医临床学检验规范》5.4 视器视力损伤、GA/T 1582《法庭科学 视觉功能障碍鉴定技术规范》，或 SF/ZJD 103004《视觉功能障碍法医鉴定规范》的检验规范进行检查。

3. 鉴定意见审查：确定外伤致斜视或复视评定为轻伤二级。

需注意，虹膜根部断裂、晶体脱位或半脱位等眼外伤引起单眼复视，不属于本条款规定情形。还应与先天性斜视、陈旧性斜视等自身疾病进行鉴别。

二、致伤物判断及损伤机制审查

1. 眼眶损伤，眼外肌肌肉或肌腱内出血，致眼外肌肿胀、失去收缩力而呈现一定程度的迟缓。

2. 眼眶骨折时，眼外肌嵌顿或疝入骨折裂口，引起外伤性斜视。

3. 外展神经、动眼神经、滑车神经损伤，导致相应的眼肌麻痹，引起为眼球运动障碍即斜视。

4.眶部外伤，可致眼球在眶内发生移位，使神经肌肉系统损伤，当滑车脱离、移位时，可以表现为外伤性斜视。

5.眼外肌肌腱断裂致眼球运动障碍。

6.外伤后眼外肌瘢痕性收缩与粘连可以引起眼球运动障碍。

三、鉴定时限审查

在治疗终结（损伤 90 日）后进行鉴定。

【案 例】

刘某，面部外伤后视物重影，右眼视物欠清。右眼视力（VOD）0.5、左眼视力（VOS）0.6；33cm 光照，左眼注视，右眼向上方斜视 <15°，右眼注视，左眼位正。右眼向外、向下转动受限。眼部 X 线计算机体层（CT）平扫示：右侧眼球后方软组织挫伤水肿可能，右侧内直肌损伤可能，右侧眼球较左侧稍凸出。后因视物重影，右眼视物欠清多次复查。伤后 13 天复视检查提示疑为右眼动眼神经麻痹。伤后 15 天 CT 眼眶平扫检查提示右侧视神经增粗、毛糙，炎性改变。伤后 7-月复视检查提示右眼动眼神经不全麻痹。伤后 1+年复查提示双眼复视存在，右眼为受伤肌肉（支配神经）所在眼。综上分析，被鉴定人刘某伤后提示右眼动眼神经不全麻痹，右侧内直肌损伤可能，存在视物重影（复视），与外伤具有相关性，依据《人体损伤程度鉴定标准》5.4.4d)"复视"之规定，评定为轻伤二级。

（田贵兵、胡军、张杰、李剑峰）

第十七章 听器听力损伤

《人体损伤程度鉴定标准》中涉及的听器听力损伤的条款主要可以分三部分：听器损伤条款、听力功能损伤条款和前庭功能障碍条款，伤情从轻微伤到重伤二级均有涉及，本章对三部分损伤的鉴定要点进行了归纳，其中对部分条款适用的注意事项进行了阐述。

耳是听觉和平衡觉器官。耳的结构分为外耳、中耳和内耳三部分。外耳包括耳廓和外耳道，中耳包括听小骨和鼓室等，外耳和中耳由鼓膜分隔；内耳有前庭、耳蜗半规管等。其中外耳道骨部、中耳、内耳在颞骨以内。当外伤造成听器或相关神经损伤时，可引起听力减退以及平衡功能障碍。

听器听力损伤审查要点：（1）掌握听器损伤鉴定的法医学审查要点；（2）掌握听觉功能障碍鉴定的法医学审查要点；（3）掌握前庭平衡障碍损伤鉴定的法医学审查要点。

第一节 听器损伤

《人体损伤程度鉴定标准》中涉及耳廓损伤的条款有 5 条，损伤程度从轻微伤至重伤二级（表 17-1-1）。

表 17-1-1 耳廓损伤鉴定条款

条款序号	条款内容	损伤程度
5.2.2.k）	耳廓离断、缺损或者挛缩畸形累计相当于一侧耳廓面积 50% 以上	重伤二级
5.2.3.j）	耳廓离断、缺损或者挛缩畸形累计相当于一侧耳廓面积 30% 以上	轻伤一级
5.2.4.l）	耳廓创口或者瘢痕长度累计 6.0cm 以上	轻伤二级
5.2.4.m）	耳廓离断、缺损或者挛缩畸形累计相当于一侧耳廓面积 15% 以上	轻伤二级
5.2.5.f）	耳廓创	轻微伤

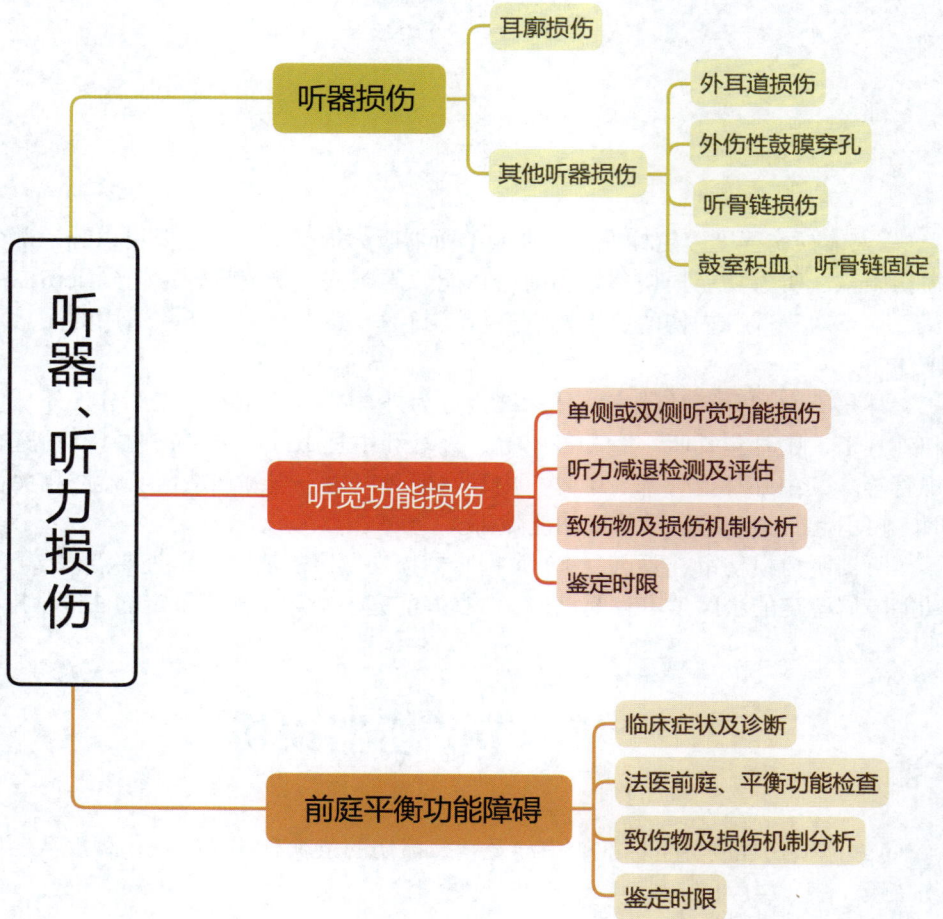

一、耳廓损伤

耳廓大部分以弹力软骨为支架，覆以皮肤构成。皮下组织少，富含血管神经，较为敏感。耳廓具有对声波收集放大作用，兼有部分判定声源方位的作用。由于其突出外露，易受到外力作用导致创伤、离断或者缺失，在不良愈合的情况下也有可能出现挛缩畸形，导致听力的下降和面部容貌的影响。

1. 损伤程度审查要点

（1）临床表现：轻微损伤表现为青紫、肿胀、疼痛，伴有擦伤或者血肿；耳廓裂创、缺损时，轻者可表现为一小创口，重者可出现耳廓大部分离断或缺失，以及畸形愈合。

（2）法医学检查：按照 GA/T 1970《法医临床学检验规范》5.2.4.4 耳廓损伤的测量、5.5.2 外耳，或 SF/T 0111《法医临床检验规范》7.5.4.1 耳廓及其耳廓缺损的检验规范进行。

（3）鉴定意见审查：外伤致耳廓出现创口即可评定为轻微伤；当创口或遗留的瘢痕长度累计达 6.0cm 以上时，评定为轻伤二级。

损伤如导致耳廓发生离断、缺损或者挛缩畸形，则需要根据损伤面积来评定。当损伤面积达到一侧耳廓面积 15% 以上时，评定为轻伤二级；30% 以上时，评定为轻伤一级，50% 以上则评定为重伤二级。

2. 致伤物判断及损伤机制审查

对于耳廓损伤，主要通过外伤史及临床表现来推断致伤物的特征和损伤机制（表17-1-2）。

表 17-1-2　耳廓损伤致伤物判断及损伤机制

	挫伤、挫裂创	规则创口	离断或缺失
致伤物	主要为钝器，如砖头、拳头、棍棒及啃咬等	主要为锐器，如刀、针、剪等	钝器、锐器、车祸、爆炸、啃咬等
损伤机制	主要表现为钝器对耳廓表面撞击形成。如未出现开放性创口，表现为挫伤；如形成的开放性创口，表现为挫裂创	主要表现为锐器的尖端对耳廓进行切割、剪、刺等作用，一般出现相对规则的创口	主要表现为外力导致部分或全部耳廓离断，甚至缺失

3. 鉴定时限审查

创口及离断伤后即可鉴定；其余条款，损伤 90 日后鉴定。

【案　例】

王某，因"刀割伤致左耳廓疼痛出血 1+ 小时"入院治疗。检查见左耳廓下部离断性裂伤，部分软骨断裂，在耳根处与面部皮肤相连，裂伤深达外耳道，离断面轻度污染，可见活动性出血，离断下段血供稍差。予以清创缝合术。伤后 3+ 月，左颊部至左

耳背见一条形瘢痕，其中面部大小为 5.1cm×0.2cm，左耳前瘢痕大小为 4.9cm×0.2cm
（图 17-1-1），左耳背侧瘢痕大小为 2.9cm×0.2cm（图 17-1-2），以上瘢痕均色淡红，
质地稍硬。王某面部损伤遗留瘢痕 5.1cm，依据《人体损伤程度鉴定标准》5.2.4.a）"面
部单个创口或者瘢痕长度 4.5cm 以上"之规定，评定为轻伤二级。耳廓外伤后遗留瘢
痕长达 7.8cm，依据《人体损伤程度鉴定标准》5.2.4.1）"耳廓创口或者瘢痕长度累计
6.0cm 以上"之规定，评定轻伤二级。综上，王某的损伤程度评定为轻伤二级。

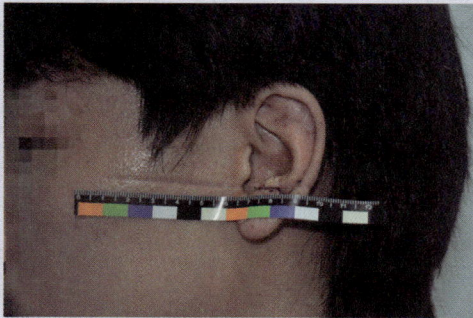

图 17-1-1　左耳前侧及左颊部瘢痕

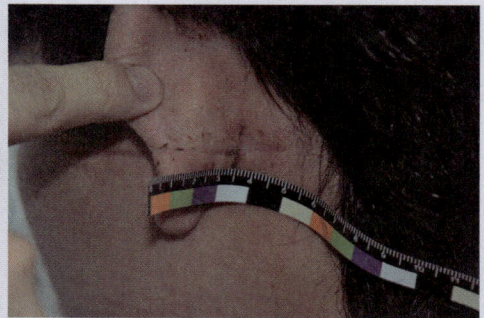

图 17-1-2　左耳背侧瘢痕照

【案　例】

　　闫某被咬伤致左侧耳廓疼痛出血伴部分缺失 10+分钟，120 送院医治。左耳肿胀
明显，左上 1/4 耳廓、耳后沟见横断裂伤，伤口不规则，耳廓部分缺失，耳廓软骨外
露，伤口存活动性出血，右侧耳廓无畸形、裂伤（图 17-1-3）。伤后 3+月进行鉴定，
左耳廓部分缺失，创口已愈合（图 17-1-4）。经测算，左侧耳廓缺失面积为一侧耳廓

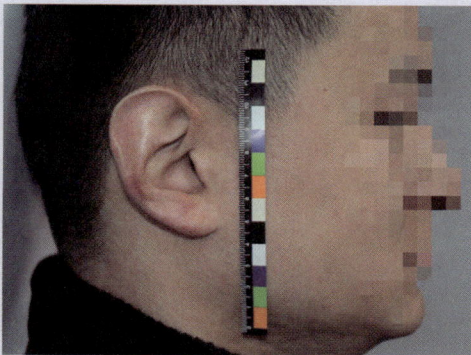

图 17-1-3　右侧耳廓照

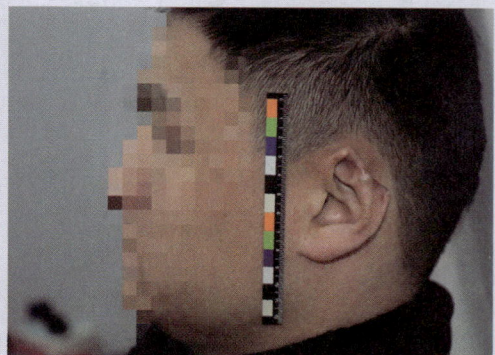

图 17-1-4　左侧耳廓损伤照

面积的 20.7%，未达 30%，依据《人体损伤程度鉴定标准》5.2.4m）"耳廓离断、缺损或者孪缩畸形累计相当于一侧耳廓面积 15% 以上"之规定，评定为轻伤二级。（重庆市梁平区人民检察院张寰提供）

【案　例】

　　周某，因"被他人咬伤致右侧耳廓疼痛、流血 1+ 小时"入院治疗。专科检查：右侧耳廓有一约 4cm 的伤口，部分耳廓组织缺失，可见外露显露的耳廓软骨，边缘欠规则，有明显活动性出血。急诊行"右侧耳廓软骨膜清创缝合术"，术中见其右侧耳廓有一约 4cm 的伤口，部分耳廓组织缺失，可见外露显露的耳廓软骨，边缘欠规则，有明显活动性出血。伤后 4-月，右耳廓部分缺失，创口已愈合。经测算，右侧耳廓缺失面积为左侧耳廓面积的 10.62%。余未见明显异常。周某被咬伤致右耳廓部分缺失，缺失面积相当于左侧耳廓面积的 10.62%，未达一侧耳廓面积 15% 以上，依据《人体损伤程度鉴定标准》5.2.5.f）"耳廓创"之规定，评定为轻微伤。（重庆市梁平区人民检察院张寰提供）

二、其他听器损伤

　　《人体损伤程度鉴定标准》中涉及耳廓以外听器损伤的条款有 6 条，涉及外耳道、鼓膜、鼓室、听骨链，损伤程度从轻微伤至轻伤一级（表 17-1-3）。

表 17-1-3　耳廓以外听器损伤鉴定条款

条款序号	条款内容	损伤程度
5.3.3.b）	双耳外耳道闭锁	轻伤一级
5.3.4.a）	外伤性鼓膜穿孔 6 周不能自行愈合	轻伤二级
5.3.4.b）	听骨骨折或者脱位；听骨链固定	轻伤二级
5.3.4.e）	一耳外耳道横截面 1/2 以上狭窄	轻伤二级
5.3.5.a）	外伤性鼓膜穿孔	轻微伤
5.3.5.b）	鼓室积血	轻微伤

1. 损伤程度审查要点

（1）临床表现：

①外耳道损伤：外耳道外 1/3 为软骨部，内 2/3 为骨性部分。外耳道外 1/3 皮肤损伤，颞骨骨折波及外耳道内 2/3 的骨性部分，乳突手术后遗症等均可造成外耳道狭窄或闭锁。外耳道狭窄或者闭锁，可引起传导性耳聋。

②外伤性鼓膜穿孔：鼓膜是位于外耳道与中耳之间的半透明的薄膜，呈浅漏斗状，凹面向外，厚约 0.1mm，经过外耳道传来的声波能引起鼓膜的震动传导声音。因其薄、敏感的特性，硬物直接戳击、气压作用、骨折牵扯等外伤以及耳部损伤造成的炎症等，都可能引起鼓膜穿孔。较小的鼓膜穿孔可在一个月左右愈合，而较大的穿孔或继发感染者也可遗留穿孔，影响听力。

③听骨链损伤：听骨链位于中耳鼓室内，由锤骨、砧骨和镫骨三块听小骨相互衔接而成，其功能为将鼓膜感受到的声波传入内耳。听骨链损伤多因头、耳部遭受暴力打击或爆震伤造成。

④鼓室积血、听骨链固定：外伤鼓室损伤可导致鼓室积血，外伤导致鼓室内积血继发感染或者血肿机化、纤维素渗出等，可造成听小骨之间遗留粘连，使听骨链固定，丧失传导功能。

（2）法医学检查：按照 GA/T 1970《法医临床学检验规范》中关于听器听力，或 SF/T 0111《法医临床检验规范》中关于耳损伤的检验规范进行。

（3）鉴定意见审查：

①确诊外伤导致鼓膜穿孔或鼓室积血，均可评定为轻微伤。其中，外伤所致的鼓膜穿孔 6 周以上不能自行愈合的，评定为轻伤二级。

②损伤导致听骨骨折、脱位或听骨链固定均评定为轻伤二级。

③损伤后，外耳道因各种原因发生狭窄，达一侧外耳道横截面 1/2 以上时，评定为轻伤二级；如损伤致双侧外耳道均发生闭锁，则评定为轻伤一级。

2. 致伤物判断及损伤机制审查（表 17-1-4、表 17-1-5）

表 17-1-4　外耳道损伤致伤物判断及损伤机制

	外界暴力	化学腐蚀	物理高温
致伤物	钝器、锐器	化学试剂等	高温等
损伤机制	外力作用导致外耳道损伤，出现畸形愈合或者骨片嵌顿导致外耳道堵塞	化学试剂腐蚀外耳道后，出现畸形愈合，导致外耳道堵塞	高温灼烧外耳道皮肤后，出现畸形愈合，导致外耳道堵塞

17-1-5　鼓膜损伤致伤物判断及损伤机制

	直接暴力	间接暴力
致伤物	牙签、针状物、细小棍棒等	致伤方式可为掌掴、爆炸震荡、跳水等
损伤机制	外物直接作用鼓膜导致破裂	外力导致外耳道压强突破鼓膜生理限制导致破裂
特征表现	常伴有出血，破裂部位不定，可有多个破口	出血一般较少，破口多位于紧张部前下方，多为一个破口

听骨链损伤一般为外界暴力引起头部加速、减速运动直接导致听骨链、鼓室损伤，也可由外物、骨折碎片等直接作用于听骨链导致损伤。

3. 鉴定时限审查

原发性损伤确诊后即可鉴定；涉及损伤后遗症的，可在后遗症确诊后鉴定。

【案　例】

郑某，女，44 岁，被打伤致头部疼痛 1 小时到医院就诊。检查见左侧鼓膜前下方见一长形小孔，边缘有血性分泌物。纯音听阈均值左耳 57dB HL、右耳 11dB HL；诊断为左耳鼓膜穿孔。50 天后复查提示左侧鼓膜前下方陈旧性血痂，鼓膜未完全愈合。

55 天后复查提示左侧鼓膜前下方陈旧性血痂，鼓膜未完全愈合。伤后 5 个月对其损伤程度进行鉴定。鉴定当天复查见双耳鼓膜完整，标志清晰；纯音听阈左耳 21dB HL、右耳 12dB HL。郑某左侧外伤性鼓膜穿孔 55 日未愈合，超过 6 周，依据《人体损伤程度鉴定标准》5.3.4.a）"外伤性鼓膜穿孔 6 周不能自行愈合"之规定，评定为轻伤二级。其功能障碍愈合后听力减退未达到 41dB HL，依据《人体损伤程度鉴定标准》5.3.5.c）"外伤后听力减退"之规定，评定为轻微伤。综上，郑某的左耳损伤程度评定为轻伤二级。（西南政法大学戴浩霖提供）

【案 例】

邹某与向某因收缴电费问题发生口角纠纷，向某报警求助，当警察来到现场，邹某声称其左耳被向某打伤，但向某坚决否认，警方随后将邹某送到 A 医院治疗。医院检查发现邹某左耳耳廓无畸形，外耳道通畅，未见明显出血及血凝块；左耳鼓膜充血，鼓膜可见一绿豆样大小穿孔，局部外耳道近鼓膜处及鼓膜明显充血；听力较右耳有所下降；右耳外观无特殊。CT 检查提示颅内未见异常改变。电子纤维镜检查见左外耳道可见少许耵聍附着，鼓膜穿孔。纯音听阈测定左耳全聋，右耳轻度神经性聋。出院诊断为左耳外伤性鼓膜穿孔。

第一次鉴定：邹某受伤两个月后，A 鉴定机构对邹某损伤程度进行鉴定，查体发现其左耳鼓膜紧张部穿孔为圆形，鼓膜周边依旧充血、肿胀，标志不清。结合就医资料记载及目前检查所见，认为邹某左耳慢性炎症持续存在，且鼓膜紧张部圆形穿孔不符合外伤性鼓膜穿孔特征，邹某的鼓膜穿孔为自身慢性炎症所引起的穿孔，不宜对其损伤程度进行鉴定。

第二次鉴定：2 年后，B 鉴定机构对邹某损伤程度进行重新鉴定，查体发现左耳外耳道稍充血，未见异常分泌物，鼓膜紧张部前下份可见一近圆形穿孔，标志欠清晰；右侧外耳道稍充血，外段可见黄褐色耵聍样物附着，鼓膜完整，标识清晰，诊断为左耳外伤性鼓膜穿孔。结合病历资料认为邹某左耳为外伤性鼓膜穿孔，依据《人体损伤程度鉴定标准》5.3.4.a）"外伤性鼓膜穿孔 6 周不能自行愈合"之规定，认为其外伤性鼓膜穿孔至今未愈合属于轻伤二级。

专家委员会咨询意见：查体发现邹某左耳外观正常，耳道通畅，局部外耳道近鼓膜处及鼓膜明显充血，鼓膜紧张部可见一绿豆样大小的圆形穿孔，未见明显出血及血凝块。辅助检查提示，右耳听性脑干反应阈值 75dBnHL，刺激各波潜伏期及波间期未见明显异常，有 V 波出现，70dBnHLV 波未出现；左耳听性脑干反应阈值 65dBnHL 有 V 波出现，60dBnHLV 波未出现，各波潜伏期及波间期异常；双耳耳蜗检查、中耳乳突 CT 平扫均未见异常；左鼓膜紧张部前下方可见穿孔，周围有鼓膜充血，右耳鼓膜标志清楚，未见异常。

根据临床疾病因素引起的鼓膜穿孔和外伤性鼓膜穿孔的发生诱因、鼓膜穿孔形态、临床表现及疾病的转归，邹某左耳鼓膜损伤特点符合疾病引起的鼓膜穿孔，不符合外伤所致，故其左耳鼓膜穿孔原因应以疾病诱发引起认定为妥，不宜进行损伤程度认定。

　　案例解析： 本案例重点是明确邹某左耳鼓膜穿孔的原因是外伤性还是自身疾病所致。

　　1. 外伤性鼓膜穿孔的成因有直接损伤、间接损伤、颅骨骨折波及鼓膜。靠掌掴等方式打击耳部形成的外伤性鼓膜破裂为间接性损伤，耳镜检查可见不规则形或放射状，或者呈肾形，穿孔边缘或其周围边缘有新鲜血迹或血痂附着。

　　2. 慢性中耳炎引起的鼓膜穿孔，穿孔部位以松弛部、紧张部中央多见，形态为圆形、椭圆形，穿孔边缘圆钝，鼓膜窥镜下可见穿孔边缘有上皮覆盖，未穿孔部位的鼓膜厚薄不一，有时可见钙化斑，中耳可有充血、肿胀等炎性改变。

　　本案例中，邹某在最初就诊时检查发现左耳鼓膜充血，鼓膜可见一绿豆样大小圆形穿孔，局部外耳道近鼓膜处及鼓膜明显充血，之后检查时均提示"鼓膜充血，鼓膜紧张部可见一绿豆样大小的卵形穿孔"，其左耳慢性炎症长期存在，且鼓膜穿孔形态特征符合慢性炎症所引起，与外伤无明显因果关系，故不宜对其损伤程度进行鉴定。本例提示案件承办人在审查损伤程度鉴定时，应当注意致伤方式与损害结果的关联性。

第二节　听觉功能损伤

　　由损伤所引起的听力下降，可分为传导性、神经性与混合性耳聋，其根据不同的恢复的程度，遗留不等的听力障碍，并可伴其他损伤。

　　《人体损伤程度鉴定标准》中涉及听觉功能损伤的条款有 8 条，损伤程度从轻微伤至重伤一级（表 17-2-1）。

表 17-2-1　听觉功能损伤鉴定条款

条款序号	条款内容	损伤程度
5.3.1.a）	双耳听力障碍（≥91dB HL）	重伤一级
5.3.2.a）	一耳听力障碍（≥91dB HL）	重伤二级
5.3.2.b）	一耳听力障碍（≥81dB HL），另一耳听力障碍（≥41dB HL）	重伤二级
5.3.2.c）	一耳听力障碍（≥81dB HL），伴同侧前庭平衡功能障碍	重伤二级
5.3.2.d）	双耳听力障碍（≥61dB HL）	重伤二级
5.3.3.a）	双耳听力障碍（≥41dB HL）	轻伤一级
5.3.4.c）	一耳听力障碍（≥41dB HL）	轻伤二级
5.3.5.c）	外伤后听力减退	轻微伤

一、损伤程度审查要点

1. 法医学检查

　　按照 GA/T914《听力障碍的法医学评定》、GA/T 1970《法医临床学检验规范》5.5.4 前庭功能、平衡功能检查或 SF/Z JD0103001《听力障碍法医学鉴定规范》，SF/Z JD0103009《人体前庭、平衡功能检查评定规范》的检验规范进行。

2.鉴定意见审查

外伤后证实有听力减退的，评定为轻微伤。一耳的听力减退大于41分贝评定为轻伤二级；一耳的听力减退大于91分贝，或一耳的听力减退大于81分贝的同时伴有同侧前庭平衡功能障碍的，评定为重伤二级。

双耳的听力减退同时大于41分贝评定为轻伤一级；同时大于61分贝，或一耳大于81分贝，另一耳大于41分贝时，均可评定重伤二级；同时大于91分贝的，评定为重伤一级。

二、致伤物判断及损伤机制审查

各种暴力直接或者间接导致中耳、内耳损伤或者听神经损伤。

三、鉴定时限审查

损伤90日后，损伤疑难复杂的治疗终结后。

【案　例】

何某，被打伤头部，感右侧耳鸣，感反复头晕。头颅CT检查颅内未见明显外伤性改变，乳突CT检查未见异常；纯音测听右耳500Hz 35dB，1kHz 50dB，2kHz 50dB，4kHz 55dB；左耳500Hz 40dB，1kHz 45dB，2kHz 50dB，4kHz 60dB；耳镜下见双耳外耳道光滑，鼓膜完整，标志欠清。医院诊断为闭合性颅脑损伤轻型，软组织损伤，双耳中度感音神经性耳聋。委托单位查明伤前何某听力正常，伤后约8个月后对其损伤程度进行鉴定。鉴定时，何某自诉双耳耳鸣，听力下降，经常有回声。复查听觉稳态诱发电位检查四个频率均值右耳40dB HL，左耳33dB HL。声阻抗和耳镜检查均提示正常。故何某因外伤致闭合性颅脑损伤、双耳中度感音神经性耳聋，遗留双耳耳鸣、听力下降，阈值小于41dB HL，依据《人体损伤程度鉴定标准》5.3.5.c）"外伤后听力减退"之规定，评定为轻微伤。（重庆法医验伤所赵敏珠提供）

第三节　前庭平衡功能障碍

《人体损伤程度鉴定标准》中涉及前庭平衡功能障碍的条款有3条，损伤程度分别为轻伤二级和重伤二级（表17-3-1）。

表17-3-1　前庭平衡功能障碍鉴定条款

条款序号	条款内容	损伤程度
5.3.2.c）	一耳听力障碍（≥81dB HL），伴同侧前庭平衡功能障碍	重伤二级
5.3.2.e）	双侧前庭平衡功能丧失，睁眼行走困难，不能并足站立	重伤二级
5.3.4.d）	一侧前庭平衡功能障碍，伴同侧听力减退	轻伤二级

一、损伤程度审查要点

1. 临床表现

主要表现在伤后出现恶心、呕吐、眩晕、眼球震颤、共济失调等症状。

2. 法医学检查

按照或 GA/T 1970《法医临床学检验规范》5.5.4 前庭功能、平衡功能，或 SF/Z JD0103009《人体前庭、平衡功能检查评定规范》的检验规范进行检查。

3. 鉴定意见审查

确诊一侧前庭平衡功能障碍，同时伴有同侧听力减退时，评定为轻伤二级；如同侧听力障碍 ≥ 81dB HL 时，评定为重伤二级。双侧前庭平衡功能丧失，达到睁眼行走困难，不能并足站立的程度时，评定为重伤二级。

二、致伤物判断及损伤机制审查

多在各种外界暴力导致闭合性颅脑损伤时伴随出现。

三、鉴定时限审查

损伤 90 日后进行鉴定。

（胡军、田贵兵、罗雁彬）

第十八章　颈部损伤

颈部上界是下颌骨下缘、下颌角、乳突尖和上项线至枕外粗隆凸的连线，下界是胸骨上切缘、胸锁关节、锁骨、肩峰和第 7 颈椎棘突的连线。颈部结构包括颈部皮肤、肌肉、神经血管、甲状腺及甲状旁腺、气管及食管上段、颈椎等。

颈部损伤可分为开放性损伤和闭合性损伤。开放性损伤主要以锐器切、砍、刺、剪等多见，以及枪弹伤、交通事故造成的颈部损伤等类型。闭合性损伤主要以钝器作用、勒、缢颈等方式较为常见。颈部损伤还可见于高温损伤、咽喉部烫伤等，如高温气体、液体、固体等作用于咽喉部。

本章从损伤程度鉴定视角，依据《人体损伤程度鉴定标准》及其他专业知识和相关规范，以颈部损伤组织结构的不同，从颈部皮肤损伤、血管损伤、神经损伤，咽喉部软组织损伤、甲状腺与甲状旁腺损伤、骨折来详细介绍案件中涉及颈部损伤程度评定相关知识点。

颈部损伤审查要点：（1）掌握颈部软组织损伤鉴定的法医学审查要点；（2）掌握颈部血管损伤鉴定的法医学审查要点；（3）掌握咽喉部骨折鉴定的法医学审查要点。

第一节　颈部软组织损伤

颈部分为固有颈部和项部。两侧斜方肌前缘之前和脊柱前方部分为固有颈部，固有颈部区域分为颈前区、胸锁乳突区和颈外侧区；两侧斜方肌前缘之后和脊柱后方的区域为项部，项部也属于脊柱区的一部分。颈前区以舌骨为界分为舌骨上区与舌骨下区，颈前区的内侧线为颈前正中线、上界为下颌骨下缘、外侧界为胸锁乳突肌前缘，呈尖朝下、底朝上的三角形，故又名颈前三角区。

颈部软组织损伤涉及的创口、擦伤（划伤）、挫伤、瘢痕的定义见总则，涉及的损伤程度条款共 9 条，从轻微伤至重伤二级（表 18-1-1）。

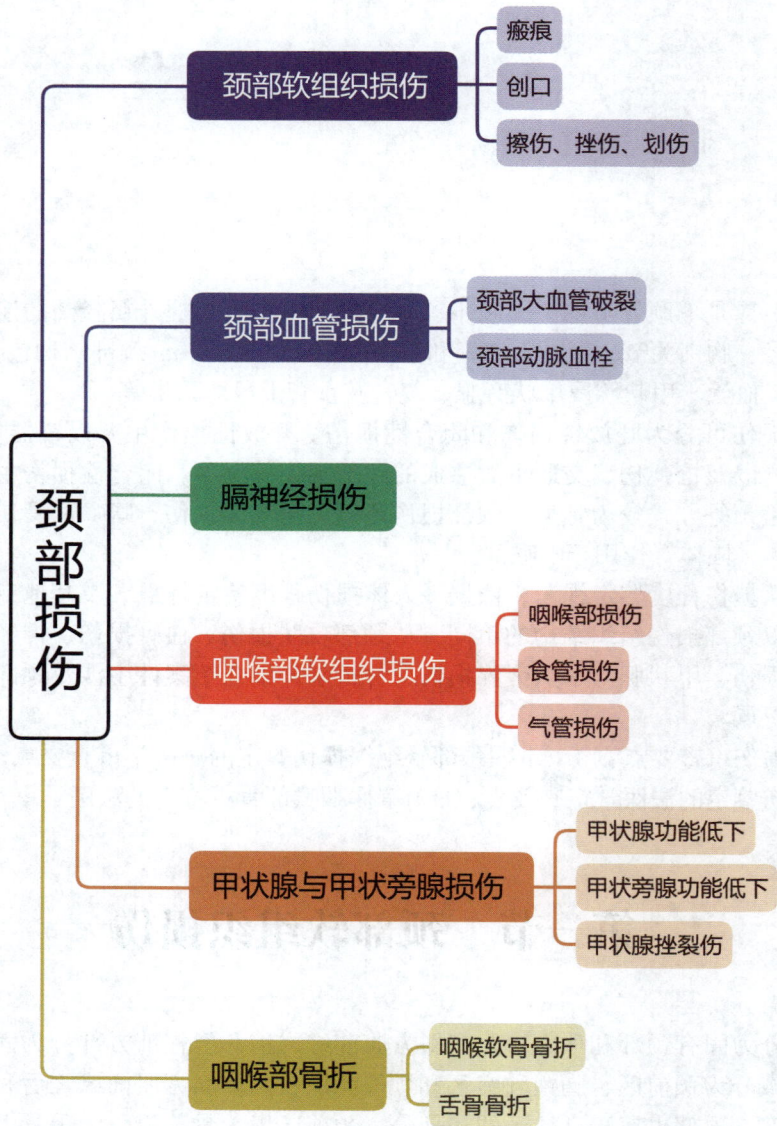

表 18-1-1　颈部软组织损伤鉴定条款

条款序号	条款内容	损伤程度
5.5.2.i）	颈前三角区增生瘢痕，面积累计 30.0cm^2 以上	重伤二级
5.5.3.a）	颈前部单个创口或者瘢痕长度 10.0cm 以上；多个创口或者瘢痕长度累计 16.0cm 以上	轻伤一级
5.5.3.b）	颈前三角区瘢痕，单块面积 10.0cm^2 以上；多块面积累计 12.0cm^2 以上	轻伤一级
5.5.4.a）	颈前部单个创口或者瘢痕长度 5.0cm 以上；多个创口或者瘢痕长度累计 8.0cm 以上	轻伤二级
5.5.4.b）	颈前部瘢痕，单块面积 4.0cm^2 以上，或者两块以上面积累计 6.0cm^2 以上	轻伤二级
5.5.5.a）	颈部创口或者瘢痕长度 1.0cm 以上	轻微伤
5.5.5.b）	颈部擦伤面积 4.0cm^2 以上	轻微伤
5.5.5.c）	颈部挫伤面积 2.0cm^2 以上	轻微伤
5.5.5.d）	颈部划伤长度 5.0cm 以上	轻微伤

颈部软组织损伤类型较多，具体见图 18-1-1。

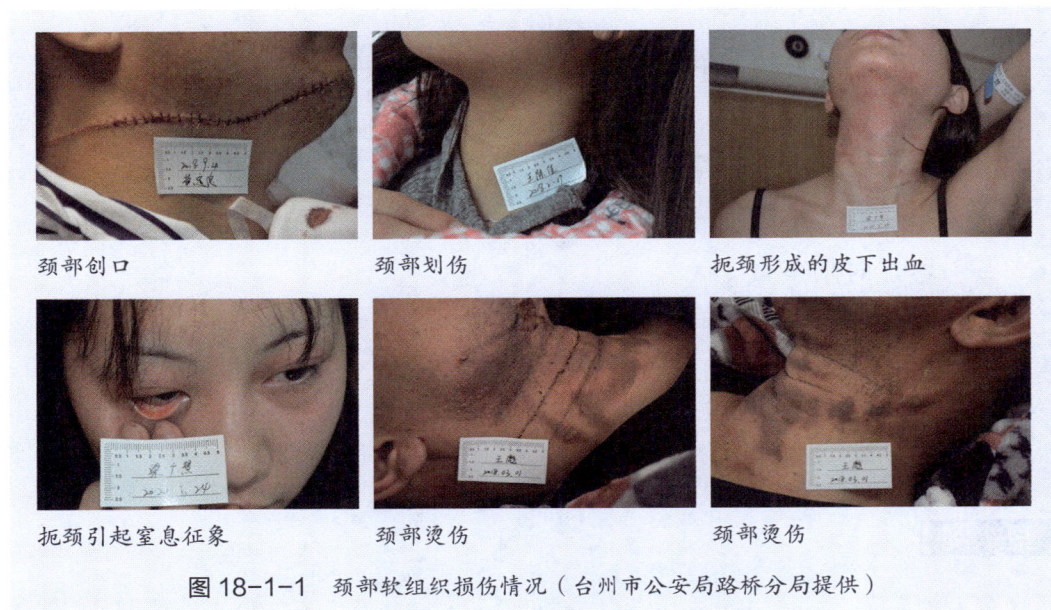

颈部创口　　颈部划伤　　扼颈形成的皮下出血

扼颈引起窒息征象　　颈部烫伤　　颈部烫伤

图 18-1-1　颈部软组织损伤情况（台州市公安局路桥分局提供）

一、损伤程度审查要点

1.临床表现

（1）早期：出血、疼痛、皮肤完整性破坏，部分软组织坏死，若损伤累及到气管可引起呼吸困难。

（2）晚期：皮肤收缩、纤维结缔组织增生形成瘢痕，部分损伤可伴有颈部活动度受限。

2.法医学检查

按照 GA/T 1970《法医临床学检验规范》5.2 体表损伤及 5.7.1 颈、胸部损伤，或

SF/T 0111《法医临床检验规范》7.2 体表损伤、7.6.1 颈部创和瘢痕的检验规范进行检查。

3. 鉴定意见审查

颈部皮肤损伤评定需注意条款中特定的损伤部位，尤其是颈前三角区和颈前部。颈前三角区即为颈前区；颈前部范围与固有颈部相当，即为颈部正面的区域，包含了颈前三角区；颈部是指固有颈部和项部共同组成的颈部正面、背面所有区域。鉴定时应从损伤部位和损伤类型两方面考虑：

（1）整个颈部的创口或瘢痕长度达 1.0cm 以上、擦伤面积 4.0cm^2 以上、挫伤面积 2.0cm^2 以上、划伤长度 5.0cm 以上，均可评定为轻微伤。

（2）颈前部范围内的皮肤单个创口或者瘢痕长度 5.0cm 以上或多个创口或者瘢痕长度累计 8.0cm 以上，评定为轻伤二级；单个 10.0cm 以上；多个累计 16.0cm 以上时，评定为轻伤一级。颈前部损伤遗留的瘢痕为块状瘢痕时，单块面积 4.0cm^2 以上，或者两块以上面积累计 6.0cm^2 以上，评定为轻伤二级。

（3）若颈前部瘢痕遗留在颈前三角区，且达到单块瘢痕 10.0cm^2 以上，或多块累计 12.0cm^2 以上，可评定为轻伤一级。若为颈前三角区的增生瘢痕，且面积达 30.0cm^2 以上时，可评定为重伤二级。

二、致伤物判断及损伤机制审查

根据创的形态特征来推断致伤物种类。颈部开放性损伤多为锐器刺砍割切等；闭合性损伤多见钝性损伤，如撞击、钝器打击以及吊、勒等；高温或化学性液体可致皮肤烧灼，充血水肿、坏死，损伤后形成瘢痕。

三、鉴定时限审查

1. 擦伤、挫伤、划伤以原发性损伤为鉴定依据，且因机体皮肤自身修复后可不留损伤痕迹，应当及早在损伤征象消失前进行鉴定；

2. 以创口为鉴定依据的伤后即可鉴定；

3. 以瘢痕的长度和面积为鉴定依据的，在损伤 90 日后进行鉴定。

【案 例】

伤者朱某，被锐器割伤左颈部，医院检查左颈部斜行约 10.0cm 裂口，未见气体溢出，行颈部清创缝合等手术，术中见裂口自颈根部斜向上前方至左侧下颌下角下方，裂口创缘整齐，创面内活动性出血明显，颈阔肌部分断裂，软腭可见一长约 0.8cm 裂口，少许渗血。诊断为左颈部皮肤软组织裂伤、左颈部外侧肌群裂伤、左颈部多处小动静脉断裂、软腭裂伤。治疗终结后，某鉴定机构鉴定，法医检查：颈部左侧遗留一条长 8.5cm 瘢痕，颈前部遗留一条长 1.2cm 手术瘢痕，依据《人体损伤程度鉴定标准》5.5.4.a）"颈前部单个创口或者瘢痕长度 5.0cm 以上；多个创口或者瘢痕长度累计 8.0cm 以上"之规定，评定为轻伤二级。

案例解析： 实际检案中，颈部损伤致颈部遗留瘢痕时，要区分颈部创口或者瘢痕的位置分布，注意两点：一是创口或者瘢痕分布在颈前区（颈前三角区），依据相应条款分析；二是创口或者瘢痕分布在颈部其他位置（非颈前区），按照颈部创口瘢痕或者体表创口瘢痕进行分析。

第二节　颈部血管损伤

颈部血管包括颈总动脉、颈内动脉、颈外动脉、颈内静脉及椎动脉等，这些血管因口径较大，并且距心脏较近，破裂后短时间内即可导致失血性休克，甚至死亡。颈部血管损伤涉及条款共4条，从轻伤一级至重伤一级表18-2-1。

表 18-2-1　颈部血管损伤鉴定条款

条款序号	条款内容	损伤程度
5.5.1.a）	颈部大血管破裂	重伤一级
5.5.2.g）	颈内动脉血栓形成，血管腔狭窄（50%以上）	重伤二级
5.5.2.h）	颈总动脉血栓形成，血管腔狭窄（25%以上）	重伤二级
5.5.3.e）	颈总动脉血栓形成；颈内动脉血栓形成；颈外动脉血栓形成；椎动脉血栓形成	轻伤一级

一、颈部大血管破裂

1. 损伤程度审查要点

（1）临床表现：

①出血，血管破口处出血或形成血肿，可引起失血性休克。

②脑缺血，颈部动脉为脑供血，损伤后伤侧脑缺血，可引起昏迷、偏瘫等。

③呼吸困难：当大出血或血肿形成时，因误吸或压迫喉、气管等可引起呼吸困难。

④空气栓塞：颈静脉破裂后空气进入管腔内会造成脑、肝等重要器官的损害，大量空气进入血管可以导致空气栓塞并危及生命。

⑤神经源性休克：颈动脉窦受打击后，可引起神经源性休克，甚至死亡。

（2）法医学检查：参照 GA/T 1970《法医临床学检验规范》5.16.11 血管损伤的检验规范进行检查。

（3）鉴定意见审查：出现颈部大血管破裂（《人体损伤程度鉴定标准》中颈部大血管特指颈总动脉）的情况，即可评定为重伤一级，即使未造成严重后果。

需注意，颈部血管损伤通常损伤后果十分严重，没有抢救的机会，短时间内即可导致死亡；部分颈部血管损伤者即使抢救成功，但也可能留下严重残疾或后遗症，应当以原发性损伤及由原发性损伤引起的并发症或者后遗症为依据，全面分析，综合评定。评定时，颈部血管损伤与自身疾病引起的颈动脉血栓、动脉粥样硬化所形成的斑块相鉴别。

2. 致伤物判断及损伤机制审查

根据颈部损伤形态，颈部存在规则创口、损伤血管破口整齐等，可判断为锐器形成；颈部存在不规则裂创、皮肤青紫肿胀等，可推断为斧头、石块、条状绳索等钝性物体作用形成，也可见于交通事故、高坠等损伤方式。锐器、钝性物体、火器等致伤物直接或者间接作用于颈部血管，导致血管全层或者部分破裂。

3. 鉴定时限审查

确诊后即可鉴定；如出现其他并发症、后遗症的，一般在治疗终结后更为合适。

【案　例】

赵某，全身多处刀砍伤，左侧颈部见大量血液喷涌，伤后即送医院急诊。体格检查发现双侧颈部不对称，左侧颈部可见一长约 15cm 的锐器切割创，因出血明显，未能探及深部。CT 检查提示头颈部 CTA、右侧椎动脉 Y4 段稍纤细、甲状腺异常改变。入院诊断为颈部刀砍伤。入院后行手术治疗，术中见自颈正中偏左侧约 1cm 至斜方肌可见一长约 15cm 的锐器切割，见胸锁乳突肌大部分、前斜角肌、中斜角肌、后斜角肌、肩胛舌骨肌、头夹肌、肩胛提肌全部离断，颈总动脉破裂 0.5cm×0.5cm 破口，血液从破口中涌出。出院诊断颈部刀砍伤、左侧颈总动脉破裂。鉴定时法医查体见颈部见一长 15.0cm 缝合创口，审查住院病历中手术记录，记录颈总动脉破裂，经手术治疗后好转。赵某颈总动脉破裂，依据《人体损伤程度鉴定标准》5.5.1.a）"颈部大血管破裂"之规定，评定为重伤一级。（重庆市人民检察院第三分院杜发凤提供）

二、颈部动脉血栓

1. 损伤程度审查要点

（1）临床表现：

①栓子堵塞易出现脑缺血，伴头痛、头昏、意识障碍、偏瘫等；

②颅内压增高，引起脑部疾病。

（2）法医学检查：参照 GA/T 1970《法医临床学检验规范》5.16.11 血管损伤的检验规范进行检查。

（3）鉴定意见审查：确诊颈总动脉、颈内动脉、颈外动脉或椎动脉血栓形成，均可评定为轻伤一级。颈内动脉血栓形成致血管腔狭窄（50% 以上），颈总动脉血栓形成致血管腔狭窄（25% 以上）时，均可评定为重伤二级。

2. 致伤物判断及损伤机制审查

血栓形成是引起颈部动脉血栓的前提条件。血栓形成的主要因素为血管内皮损伤如机械性外力作用致血管内皮细胞损伤，血液高凝状态如大面积软组织损伤导致促凝血因子的释放，血液缓慢或涡流如失血性休克或外伤后活动受限导致血流缓慢。血栓形成后随着血管内的血液流动到颈部动脉，引起颈部动脉血栓。

3. 鉴定时限审查

（1）确诊后即可进行鉴定；

（2）若出现休克等继发性损伤或并发症，存在鉴定条款竞合时，根据实际损伤情况，确定鉴定时限；在初步鉴定后，伤情出现变化的，可以进行补充鉴定。

【案　例】

王某，女，58岁，因颈部外伤16天后出现头痛、头昏等不适症状，查体未见脑梗损伤明显征象。影像学检查提示右侧额叶斑片状异常信号。次日行彩色超声诊断提示右侧颈内动脉远端闭塞。伤后18天CT检查提示右侧颈内动脉管腔极重度狭窄（最窄处狭窄超过95%）伴血栓形成，右侧颈内动脉颅内段管腔相对纤细。经治疗后，右侧颈内动脉壁间血栓消失，右侧额叶脑梗消失。右侧颈内动脉血栓，依据《人体损伤程度鉴定标准》4.3.2"损伤与既往伤/病共同作用的，即二者作用相当的，应依据本标准相应条款适度降低损伤程度等级，即等级为重伤一级和重伤二级的，可视具体情况鉴定为轻伤一级或者轻伤二级，等级为轻伤一级和轻伤二级的，均鉴定为轻微伤"的鉴定原则和《人体损伤程度鉴定标准》5.5.3.e"颈内动脉血栓形成"之规定，损伤程度由轻伤一级降级评定为轻微伤（图18-2-1、图18-2-2）。（重庆市人民检察院第三分院杜发凤提供）

案例解析：实际检案中，动脉血栓由多种因素共同作用形成，如血管本身管腔狭窄和血液栓子共同作用，当栓子随血液流动到血管腔狭窄处，即可形成动脉血栓。本案例中，王某动脉血栓形成：一是右侧颈内动脉管腔极重度狭窄（最窄处狭窄超过95%），这是血栓形成的因素之一；二是颈部外伤作为外界刺激因素，使血液中促凝因子释放，加之外伤后活动降低，易形成栓子，栓子随血液流动至右侧颈内动脉狭窄处，从而引起右侧颈内动脉血栓。因此认为，此次外伤在右侧颈内动脉形成中起同等作用。依据《人体损伤程度鉴定标准》4.3.2评定原则，被鉴定人王某右侧颈内动脉血栓的损伤程度由轻伤一级降级评定为轻微伤。

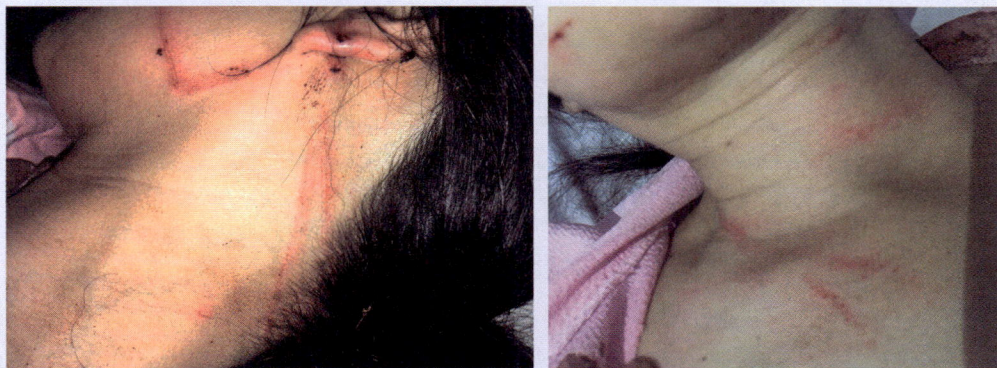

图18-2-1　颈部原始损伤情况

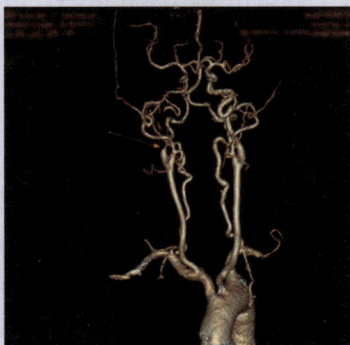

图 18-2-2　CT 片示右侧内动脉管腔极重度狭窄

第三节　膈神经损伤

膈神经支配膈肌的运动及部分胸膜、腹膜的感觉，膈神经损伤一般很少单独出现，多与颈胸部其他损伤同时存在。膈神经损伤常见于锐器的直接损伤，医源性损伤相对多见（表 18-3-1）。

表 18-3-1　膈神经损伤鉴定条款

条款序号	条款内容	损伤程度
5.5.4.g）	膈神经损伤	轻伤二级

一、损伤程度审查要点

1. 临床表现：膈肌运动受限、呃逆等。
2. 法医学检查：主要检查为肌电图检查，影像学检查如 CT 检查、MRI 检查等。
3. 鉴定意见审查：确诊膈神经损伤即可评定为轻伤二级。

需注意，膈神经单独损伤少见，常伴有其他组织器官的损伤，应结合所有损伤进行综合评定。

二、致伤物判断及损伤机制审查

锐器、钝器、火器或者医源性损伤等，均可导致膈神经受损。单侧受损时可表现一侧膈肌运动受限，双侧同时受损时因膈肌瘫痪导致腹式呼吸不能，可伴有顽固的呃逆。

三、鉴定时限审查

确诊后即可进行鉴定。

第四节　咽喉部软组织损伤

咽喉部软组织器官主要包括咽、喉、气管及食管。咽喉部组织器官在人体结构中占重要位置，涉及呼吸、进食、发声构音等重要功能，本节将从咽喉部、气管、食管的不同损伤引起的不同功能障碍来进行相应条款的描述。咽喉部软组织损伤涉及条款共 10 条，从轻伤二级至重伤一级（表 18-4-1）。

表 18-4-1　咽喉部软组织损伤鉴定条款

条款序号	条款内容	损伤程度
5.5.1.b)	咽喉部广泛毁损，呼吸完全依赖气管套管或者造口	重伤一级
5.5.1.c)	咽或者食管广泛毁损，进食完全依赖胃管或者造口	重伤一级
5.5.2.c)	咽部、咽后区、喉或者气管穿孔	重伤二级
5.5.2.d)	咽喉或者颈部气管损伤，遗留呼吸困难（3 级）	重伤二级
5.5.2.e)	咽或者食管损伤，遗留吞咽功能障碍（只能进流食）	重伤二级
5.5.2.f)	喉损伤遗留发声障碍（重度）	重伤二级
5.5.3.c)	咽喉部损伤遗留发声或者构音障碍	轻伤一级
5.5.3.d)	咽或者食管损伤，遗留吞咽功能障碍（只能进半流食）	轻伤一级
5.5.4.e)	喉或者气管损伤	轻伤二级
5.5.4.h)	颈部损伤出现窒息征象	轻伤二级

一、咽喉部损伤

咽是呼吸道和消化道上端的共同通道，上宽下窄、前后扁平漏斗形肌性管道，上起颅底，下至第 6 颈椎下缘的高度移行于食管；根据位置不同，自上而下分为鼻咽、口咽和喉咽，其中鼻咽和口咽部分是消化管和呼吸管的共同通道。

喉位于颈前正中，舌骨下方，上通喉咽，下接气管。喉上端为会厌上缘，下端为环状软骨下缘。喉是以软骨为支架，包括会厌软骨、甲状软骨、环状软骨等，间以肌肉、韧带、纤维组织及黏膜等构成的一个锥形管腔状器官。其两侧有甲状腺、颈部大血管和神经。喉是发声器官，又是呼吸道的门户，通过自身的条件反射功能来保护下呼吸道不被异物侵入。

咽喉部损伤根据损伤方式不同，分为开放性咽喉损伤、闭合性咽喉损伤及咽喉内部损伤三种类型。

1. 损伤程度审查要点

（1）临床表现：疼痛、出血，呼吸困难及喘鸣甚至窒息，声音嘶哑或失声，吞咽困难等。

（2）法医学检查：依据《人体损伤程度鉴定标准》附录 B.5.3 发声功能障碍、B.5.4

构音障碍、B6.2 呼吸困难、B6.3 窒息征象的规定，按照 GA/T 1970《法医临床学检验规范》5.7 颈、胸部损伤，或 SF/T 0111《法医临床检验规范》7.6 颈部损伤的检验规范进行检查。

（3）鉴定意见审查：

①颈部损伤出现窒息征象，无论是否伤及咽喉部，均可评定为轻伤二级，若咽喉部损伤更重，可依据咽喉损伤的条款评定。

②咽部损伤并遗留吞咽功能障碍，只能进半流食时，评定为轻伤二级；只能进流食时，则评定为重伤二级；当咽部广泛毁损，进食完全依赖胃管或者造口，评定为重伤一级。

③喉损伤无功能障碍时，评定为轻伤二级；咽喉部损伤遗留发声或构音障碍时，评定为轻伤一级；若喉部损伤遗留发声障碍达重度，可评定为重伤二级。

④外伤致咽部、咽后区、喉部发生穿孔，即可评定为重伤二级。咽喉部损伤后，遗留 3 级及以上的呼吸困难，评定为重伤二级；当毁损广泛，呼吸完全依赖气管套管或者造口时，则评定为重伤一级。

2. 致伤物判断和损伤机制审查

（1）闭合性咽喉损伤多见于头或颈部处于相对固定状态时，来自正前方或外侧方的暴力将喉推向对侧造成损伤。

（2）开放性咽喉损伤多见于锐器、火器等作用于咽喉部，可引起咽部、咽后区、喉部穿孔，若伤及颈动脉、颈内静脉，可发生严重大出血，堵塞呼吸道引起呼吸困难；另外，空气可通过咽喉部伤口进入颈部软组织内形成皮下气肿，若向周围扩展，可达面部及胸腹部，向下可进入纵隔，形成纵隔气肿；损伤声带及喉返神经可引起声音嘶哑甚至失声；损伤咽部或颈部食管，则吞咽及进食时有唾液和食物自伤口流出。

（3）咽喉腔内部损伤多见于高温气体、液体或强酸、强碱等化学性物质作用于咽喉腔内部烫伤或烧灼伤。也见于咽喉部检查等造成咽喉腔内部机械性损伤。

3. 鉴定时限审查

以原发性损伤为鉴定依据的，损伤确诊后即可鉴定。

以原发性损伤所导致的并发症或后遗症为鉴定依据的，损伤 90 日后进行鉴定，必要时治疗终结后鉴定。

【案　例】

谭某，被刀刺伤颈部。入院检查发现左侧颈部锁骨（胸骨端）上方见一斜形伤口长约 4cm，伤口边缘整齐，伴吸吮样声音；伤口周围皮下扪及握雪感，手指伸入探查触及气管裂口。急诊行气管不完全离断吻合术，术中见胸锁乳突肌部分断裂，气管横形断裂约 2/3，断面整齐。出院诊断为左颈部开放性伤口伴气管不完全性断裂。鉴定时查体左胸锁关节周围见 6.4cm、1.0cm、0.7cm 三处缝合瘢痕，目前伤者吞咽功能正常，胸廓对称无畸形。颈部气管不完全性断裂，依据《人体损伤程度鉴定标准》5.5.2.c）"咽部、咽后区、喉或者气管穿孔"之规定，评定为重伤二级。

二、食管损伤

食管是一前后扁平的肌性管状器官，可分为颈、胸和腹三段。上端在第 6 颈椎体下缘平面与咽相接，下端约平第 11 胸椎体高度与胃的贲门部连接。本节讨论的食管损伤主要是食管颈段损伤，其生理作用主要为吞咽和分泌功能。

1. 损伤程度审查要点

（1）临床表现：疼痛、吞咽困难、呕血与便血、呼吸困难，严重者可出现窒息等。

（2）法医学检查：按照 GA/T 1970《法医临床学检验规范》5.7 颈、胸部损伤，或 SF/T 0111《法医临床检验规范》7.6 颈部损伤的检验规范进行检查。

（3）鉴定意见审查：食管损伤后，以其遗留的吞咽功能障碍严重程度作为评定标准，遗留吞咽功能障碍，只能进半流食时，评定为轻伤二级；只能进流食时，评定为重伤二级；若毁损广泛，进食完全依赖胃管或者造口，则评定为重伤一级。

2. 致伤物判断和损伤机制审查

机械性损伤可引起食管腔内外组织结构破坏。如锐器直接作用颈部可造成食管不全性或者完全性离断，钝性外力也可将食管挤压于脊柱造成食管损伤，强酸、强碱等化学试剂作用于食管可造成食管腐蚀伤。

3. 鉴定时限审查

以原发性损伤鉴定的，损伤确诊后即可鉴定；以并发症后遗症鉴定的，损伤 90 日后进行鉴定，必要时治疗终结后鉴定。

【案　例】

李某，因被他人强行灌浓硫酸致咽喉部、食管损伤。伤后随即出现大汗淋漓、痛苦面容、口唇红肿、不能说话，可闻及大量刺鼻气味。行咽喉镜探查可见咽喉部、食管大部分黏膜破损、水肿、出血。医院诊断为咽喉部、食管、胃等腐蚀伤，医嘱伤后 5 天内不能进食，体外营养液支持治疗，待病情稳定后观察。受伤 3+ 月后法医鉴定，被鉴定人不能发声，由陪同人诉吞咽困难、只能进半流食，不能清楚表达语言。喉部损伤致发声障碍，依据《人体损伤程度鉴定标准》5.5.2.f "喉损伤遗留发声障碍（重度）"评定为重伤二级。咽、食管损伤导致进半流食，依据《人体损伤程度鉴定标准》5.5.3.d "咽或者食管损伤，遗留吞咽功能障碍（只能进半流食）"之规定，评定为轻伤一级。综上，李某咽喉部损伤评定为重伤二级。（重庆市人民检察院第三分院杜发凤提供）

案例解析： 本案例中应注意以下几点：一是鉴定时机，咽喉部损伤并发的吞咽、构音等功能障碍，注意要在损伤 90 日后进行鉴定；二是喉部损伤后，注意检查发声障碍的程度，可依据《人体损伤程度鉴定标准》附录 B.5.3 发声功能障碍、B.5.4 构音障碍进行分度。

三、气管损伤

气管分为颈段气管与胸段气管。颈段气管始于环状软骨下缘，沿颈正中线下行至胸骨的颈静脉切迹处，约占气管全长的一半。气管具有通气、呼吸调节及免疫等生理功能，故气管损伤可引起较为严重的呼吸功能障碍。

1. 损伤程度审查要点

（1）临床表现：疼痛可因活动等加剧，咳嗽及咯血、呼吸困难、颈部皮下气肿等。

（2）法医学检查：依据《人体损伤程度鉴定标准》附录 B.6.2 呼吸困难、B.6.3 窒息征象的规定，按照 GA/T 1970《法医临床学检验规范》5.7 颈、胸部损伤，或 SF/T 0111《法医临床检验规范》7.6 颈部损伤的检验规范进行检查。

（3）鉴定意见审查：颈部气管非破裂性损伤，评定为轻伤二级；若有气管的穿孔，则评定为重伤二级；若气管损伤后，遗留呼吸困难达 3 级及以上时，评定为重伤二级。

2. 致伤物判断及损伤机制审查

机械性暴力作用或胸腔气压突增等均可引起颈部气管损伤，可分为闭合性损伤与开放性损伤两种类型。气管闭合性损伤大都为钝性外力作用所致，包括挫伤、挤压伤、扼勒伤等；气管开放性损伤多为锐器损伤，包括刺切、砍击等。此外，还有医源性损伤，如气管插管、支气管镜检查时因操作不慎造成气管损伤。

3. 鉴定时限审查

以原发性损伤为鉴定依据的，损伤确诊后即可鉴定。

以原发性损伤导致的并发症或者后遗症为鉴定依据的，损伤 90 日后进行鉴定，必要时治疗终结后鉴定。

【案例】

左某，刀刺（砍）伤颈部致疼痛、出血 1 小时。入院时意识清醒，失语。检查 T37℃、P100 次/分、R23 次/分、BP92/61mmH，查体颈部可见一长约 18cm 左右斜行皮肤裂口，深及肌层，可见气管损伤。急诊手术见颈部颌下水平气管不全断裂，颈动脉鞘损伤，右下颌下腺部分缺损，右颈前带肌及颈阔肌挫裂伤，伤口不规则总长约 18cm，创面整体污染严重，少量活动性出血。鉴定时可见左某右下颌缘经颈前至左颈部见 18.0cm 不规则皮肤条状增生瘢痕，依据《人体损伤程度鉴定标准》第 5.5.3.a）"颈前部单个创口或者瘢痕长度 10.0cm 以上"之规定，评定为轻伤一级。开放性气管损伤，不全断裂，依据《人体损伤程度鉴定标准》5.5.2.c）"气管穿孔"之规定，评定为重伤二级。伤后出现血压降低、心率轻度增快，但其意识清醒，呼吸无障碍，未出现全身明显抑制情况，故其失血性休克评为轻度适宜，依据《人体损伤程度鉴定标准》5.12.4.f）"各种损伤引起休克（轻度）"之规定，评定为轻伤二级。综上，左某的损伤程度评定为重伤二级。（重庆市九龙坡区人民检察院提供）

第五节 甲状腺与甲状旁腺损伤

甲状腺位于甲状软骨下方、气管的两旁，由左、右两个侧叶和峡部构成，在颈部位置相对表浅，且居于颈前部正中，容易受到损伤。而甲状旁腺位于甲状腺后部，位置较深且体积较小，单独损伤极少见，常合并甲状腺损伤。本节条款中主要涉及的损伤有甲状腺挫裂伤、甲状腺及甲状旁腺功能低下，涉及损伤条款共 3 条，损伤程度从轻伤二级至重伤二级（表 18-5-1）。

表 18-5-1　甲状腺及甲状旁腺损伤鉴定条款

条款序号	条款内容	损伤程度
5.5.2.a）	甲状旁腺功能低下（重度）	重伤二级
5.5.2.b）	甲状腺功能低下，药物依赖	重伤二级
5.5.4.c）	甲状腺挫裂伤	轻伤二级

甲状腺功能：主要是合成、贮存和分泌甲状腺素。

甲状腺素的作用：①增加全身组织细胞的氧耗量及热量产生；②促进蛋白质、碳水化合物和脂肪的分解；③促进人体的生长发育和组织分化（此作用与机体的年龄有关）。

甲状旁腺功能：分泌甲状旁腺激素（parathyroid hormone PTH）。

甲状旁腺激素的作用：调节体内钙的代谢并维持钙和磷的平衡，促进破骨细胞释放骨骼中的钙质，使骨钙（磷酸钙）溶解入血，至血钙和血磷升高。

一、损伤程度审查要点

1. 临床表现

（1）甲状腺损伤易导致多系统功能异常，包括体重增加、便秘、头发干枯、皮肤粗糙、面色黄、不能耐寒、肌肉乏力、贫血、性功能下降等。严重时全身可出现不同程度黏液性水肿和昏迷，称为"甲减危象"。

（2）甲状旁腺损伤可引起血钙下降，出现手足搐搦症。典型表现为慢性双侧拇指强烈内收、掌指关节屈曲、指骨间关节伸张、腕肘关节屈曲形成鹰爪状，有时双足也呈强直性伸展，膝、髋关节屈曲发作时可有疼痛。此外，长期甲状旁腺功能障碍可有基底神经节钙化和锥体外系神经症状，包括帕金森病的表现，少数患者可出现颅内压增高与视盘水肿。

2. 法医学检查

依据《人体损伤程度鉴定标准》附录 B.5.1 甲状腺功能低下、B.5.2 甲状旁腺功能低下的固定，按照 GA/T 1970《法医临床学检验规范》5.7.4 甲状腺与甲状旁腺的检验规范进行检查。

3. 鉴定意见审查

明确甲状腺挫裂伤的诊断，即可评定为轻伤二级。

损伤导致甲状腺功能低下，达到重度，是指甲状腺功能障碍，必须依赖甲状腺素药物治疗，才能保障甲状腺激素的平衡时，评定为重伤二级。

损伤导致甲状旁腺功能低下，是指空腹血钙检测值低于 0.6mg/L，并且终生需要药物依赖，或者须行甲状旁腺的移植手术治疗的，评定为重伤二级。

二、致伤物判断及损伤机制审查

各种机械性、高温化学性因素等致甲状腺或者甲状旁腺损伤。甲状腺损伤致腺体缺损或者由于残余腺体的血供不足，或者合成甲状腺激素的必要原料碘供应障碍，均可造成甲状腺素分泌缺乏或不足，致甲状腺功能低下。甲状旁腺损伤导致甲状旁腺激素（PTH）分泌不足，可引起血钙下降，出现手足搐搦症。

三、鉴定时限审查

确诊后即可鉴定；涉及功能的损伤，在损伤 90 日后鉴定，必要时待临床治疗终结后鉴定。

【案　例】

洪某，因刀割伤颈部致疼痛、出血立即入院。入院时意识清醒，T36.5℃，P98次/分，R20 次/分，BP96/61mmHg，全身情况可。颈部正中偏左侧可见一长约 4.0cm斜行皮肤裂口，深达甲状腺组织。行颈部彩超提示左侧甲状腺裂伤，经检测甲状腺功能未降低。鉴定时见颈部正中偏左处可见一 4.0cm 创口，行甲状腺功能检测，未见异常。经审阅病历，左侧甲状腺挫裂伤外伤史明确，依据《人体损伤程度鉴定标准》5.5.4.c）"甲状腺挫裂伤"之规定，评定为轻伤二级。颈部瘢痕依据《人体损伤程度鉴定标准》5.5.5.a）"颈部创口或者瘢痕长度 1.0cm 以上"之规定，评定为轻微伤。综上，洪某颈部损伤评定为轻伤二级。（重庆市人民检察院第三分院杜发凤提供）

案例解析： 实际检案中，甲状腺及甲状旁腺损伤的，需对甲状腺素及甲状旁腺激素进行检测，涉及甲状腺及甲状旁腺功能障碍的评定，要注意甲状腺功能低下（重度），是指甲状腺功能障碍必须依赖甲状腺素药物治疗的。甲状旁腺功能低下，是指空腹血钙检测值低于 0.6mg/L，并且终生需要药物依赖，或者需行甲状旁腺的移植手术治疗的。

第六节　咽喉部骨折

咽喉是以软骨为支架组成的。舌骨位于颏隆凸的下后方，对应第 3、4 颈椎之间的椎间盘平面。甲状软骨位于舌骨与环状软骨之间，其上缘约平第 4 颈椎高度。环状软骨位于甲状软骨下方，环状软骨弓两侧平对第 6 颈椎横突。咽喉软骨与舌骨骨折均为轻伤二级，一般较容易判断（表 18-6-1）。

表 18-6-1 咽喉软骨骨折、舌骨骨折损伤鉴定条款

条款序号	条款内容	损伤程度
5.5.4.d）	咽喉软骨骨折	轻伤二级
5.5.4.f）	舌骨骨折	轻伤二级

一、损伤程度审查要点

1.临床表现：颈部体表皮肤青紫，可伴表皮剥脱；呼吸困难，吞咽困难，声音嘶哑等；脑组织缺氧，呕吐或者昏迷等。

2.法医学检查：按照 GA/T 1970《法医临床学检验规范》5.13.4 舌骨、甲状软骨骨折的检验规范进行检查。

3.鉴定意见审查：明确咽喉部软骨骨折及舌骨骨折的诊断，即可评定为轻伤二级。

二、致伤物推断和损伤机制审查

可根据颈部皮肤损伤形态分析致伤物。如出现条状皮肤青紫伴表皮剥脱，可推断条状绳索、皮带等带状物，同时不排除徒手手指的可能。若存在钝器、锐器或者火器等机械性暴力作用于颈部软骨及舌骨处，可致骨质的连续性中断。

三、鉴定时限审查

确诊后即可进行评定。

【案 例】

李某，因被他人用手掐颈致颈部表皮擦伤、咽喉部疼痛 2+小时入院。入院时意识清醒，查体见颈部正中左右两侧呈条状皮肤青紫区，伴散在的表皮擦挫伤，余未见异常。行颈部 CT 检查提示右侧舌骨角骨折、断端不连续。鉴定时法医查体，颈部皮肤青紫，阅片提示舌骨骨折，依据《人体损伤程度鉴定标准》5.5.4.f）"舌骨骨折"之规定，评定为轻伤二级。（重庆市人民检察院第三分院杜发凤提供）

（胡安全、杜发凤、姜晓宇、王盛）

第十九章　胸部损伤

胸部由胸骨、胸椎和肋骨及软组织围成，是人体第二大体腔。上与颈部相连，下有横膈膜与腹腔分隔，胸腔内有心、肺以及气管、食管、大血管等组织器官，具有呼吸、循环等重要的生理功能。胸廓的完整及有节奏的协调活动和胸膜腔负压的存在是维持正常呼吸功能及循环功能的基础。胸部是外来暴力作用的常见部位。不同部位、不同类型的胸部损伤对机体的损害差别很大，是否影响正常的呼吸和循环功能是判断胸部损伤严重程度的关键。胸部损伤根据损伤部位不同分为九大类损伤，主要包括：胸腔大血管的损伤，心脏损伤，肺、气管、支气管损伤，血、气胸，纵隔损伤，食管损伤，胸骨骨折、关节脱位损伤，女性乳房损伤，胸部其他损伤。

本章从损伤程度鉴定视角，依据《人体损伤程度鉴定标准》及其他专业知识和相关规范，详细介绍案件中涉及胸部损伤程度相关知识点，分别介绍鉴定标准相关条款的理解与适用、相关鉴定的要点、损伤的基础知识。

胸部损伤审查要点：（1）掌握胸腔大血管损伤鉴定的法医学审查要点；（2）掌握胸腔脏器损伤鉴定的法医学审查要点；（3）掌握胸部骨折鉴定的法医学审查要点；（4）掌握血气胸损伤鉴定的法医学审查要点。

第一节　胸腔大血管破裂

胸腔大血管包括胸主动脉、主动脉弓及其分支（左锁骨下动脉、左颈总动脉、头臂干）、肺动脉、肺静脉及腔静脉，是参与循环的重要管道系统。

胸腔大血管破裂可立即发生大出血危及生命或形成假性动脉瘤、血栓等严重影响健康。《人体损伤程度鉴定标准》中涉及胸腔大血管破裂的条款仅有一条，损伤程度为重伤二级（表 19-1-1）。

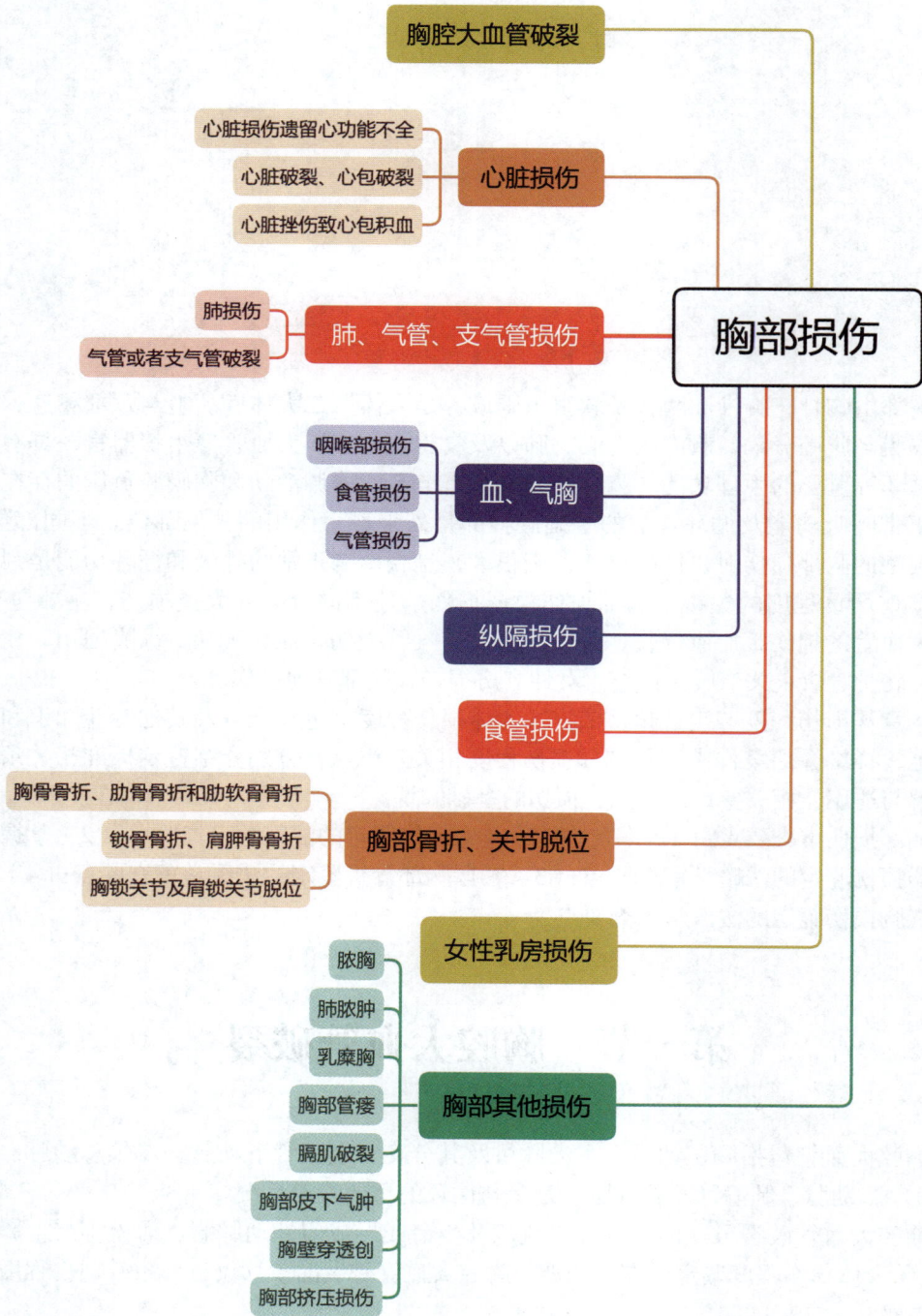

胸腔大血管破裂

心脏损伤遗留心功能不全
心脏破裂、心包破裂　　心脏损伤
心脏挫伤致心包积血

肺损伤
气管或者支气管破裂　　肺、气管、支气管损伤

咽喉部损伤
食管损伤　　血、气胸
气管损伤

纵隔损伤

食管损伤

胸骨骨折、肋骨骨折和肋软骨骨折
锁骨骨折、肩胛骨骨折　　胸部骨折、关节脱位
胸锁关节及肩锁关节脱位

女性乳房损伤

脓胸
肺脓肿
乳糜胸
胸部管瘘　　胸部其他损伤
膈肌破裂
胸部皮下气肿
胸壁穿透创
胸部挤压损伤

胸部损伤

表 19-1-1　胸腔大血管破裂鉴定条款

条款序号	条款内容	损伤程度
5.6.2.j)	胸腔大血管破裂	重伤二级

一、损伤程度审查要点

1. 临床表现：

（1）主动脉损伤主要表现胸痛、呼吸困难、血压下降，全层破裂大出血时可以迅速导致死亡；

（2）肺动脉损伤可引起心包积血和心包填塞，若心包裂口开放，表现为大量血胸和失血性休克；

（3）腔静脉损伤可引起急性心包填塞，出现低血压和休克等。

2. 法医学检查：参照 GA/T 1970《法医临床学检验规范》5.16.11 血管损伤的规范，血管造影检查。

3. 鉴定意见审查：明确胸腔大血管破裂的诊断，即可评定为重伤二级。

需注意，胸腔大血管破裂应理解为完全破裂，当血管破裂仅累及内膜及中层形成假性血管瘤时，不宜直接援引本条款进行评定，应根据具体损伤后果进行分析。当胸腔大血管破裂具有手术指征，且经手术治疗好转的，则可依照相关条款规定进行评定。若伤者本身既往患有主动脉夹层病变，外伤后主动脉夹层破裂，应根据具体情况分析疾病与外伤的关系，并结合参与度进行评定。

二、致伤物判断及损伤机制审查

根据血管组织结构的完整性一般分为贯通性和非通穿性损伤两类。

1. 贯通性损伤常见于胸部穿透性外伤，如锐器或子弹直接作用于血管，导致血管的全层破裂。

2. 非贯通性损伤多见于交通事故及工业事故。胸腔大血管破裂如仅累及血管内膜及中层，则其外膜和纵隔胸膜可暂时封闭或阻止血液外溢，局部会形成瘤样扩张或搏动性血肿（假性血管瘤），此类损伤常伴有身体其他部位的严重损伤。

三、鉴定时限审查

1. 确诊后即可进行鉴定。

2. 血管破裂若出现休克等继发性损伤或并发症，存在鉴定条款竞合时，根据实际损伤情况，确定鉴定时限。在初步鉴定后，伤情出现变化的，必要时可以进行补充鉴定。

【案　例】

李某，因胸部刀刺伤致胸部疼痛、咯血 1 小时入院。伤者面色苍白、呼吸无力、神志模糊，胸部正中齐第 2、3 肋骨偏左 1cm 处可见长约 4.0cm 规则创口，未能探及创口深度，创口流血不止，心音弱。行胸部 X 片提示纵膈影增宽、气管受压移位、血胸等，胸腔 CT 检查提示左肺静脉破口，左侧第 2、3 肋骨骨折。经原创口扩创行手术探查，术中见胸腔创口深达左肺静脉处，左肺静脉 1.0cm 破口，胸腔血液及血凝块约 1000ml，经治疗后愈合好。出院诊断胸部刀刺伤、左肺静脉破裂、左侧第 2、3 肋骨骨折。

鉴定时法医检查见李某胸部正中规则 6.0cm 瘢痕。其胸部刀刺伤致左肺静脉破裂，依据《人体损伤程度鉴定标准》5.6.2.j）"胸腔大血管破裂"之规定，评定为重伤二级。左侧第 2、3 肋骨骨折，依据《人体损伤程度鉴定标准》5.6.4.b）"肋骨骨折 2 处以上"之规定，评定为轻伤二级。综上，李某胸部损伤程度评定为重伤二级。（重庆市人民检察院第三分院杜发凤提供）

案例解析：本案例中，应注意以下几点。一是明确胸部大血管的定义，主要包括胸主动脉、主动脉弓及其分支（左锁骨下动脉、左颈总动脉、头臂干）、肺动脉、肺静脉及腔静脉。二是胸腔大血管破裂应理解为完全破裂，当血管破裂仅累及内膜及中层形成假性血管瘤时，不宜直接援引条款进行评定。三是胸部大血管损伤应与既往主动脉夹层病变、外伤后主动脉夹层破裂相鉴别，应根据具体情况分析疾病与外伤的关系，并结合参与度进行评定。四是胸部大血管破裂损伤重、发展快，若抢救不及时易出现休克等继发性损伤或并发症，存在鉴定条款竞合时，根据实际损伤情况进行综合评定，必要时可以进行补充鉴定。

第二节　心脏损伤

心脏位于两肺之间，膈肌的上方，与食管等后纵隔器官相邻。心脏主要由心肌构成，是血液运输的动力器官。心脏有左心房、左心室、右心房、右心室四个腔，左右心房之间和左右心室之间均由间隔隔开，互不相通，心房与心室之间有瓣膜，使血液只能由心房流入心室。

本节主要涉及心脏损伤遗留心功能不全，心脏破裂，心包破裂，心脏挫伤至心包积血。涉及心脏损伤的条款有 4 条，从轻伤一级至重伤一级（表 19-2-1）。

表 19-2-1　心脏损伤鉴定条款

条款序号	条款内容	损伤程度
5.6.1.a）	心脏损伤，遗留心功能不全（心功能 IV 级）	重伤一级
5.6.2.a）	心脏损伤，遗留心功能不全（心功能 III 级）	重伤二级
5.6.2.b）	心脏破裂；心包破裂	重伤二级
5.6.3.a）	心脏挫伤致心包积血	轻伤一级

一、心脏损伤，遗留心功能不全

1. 损伤程度鉴定要点

（1）临床表现：胸痛、呼吸困难、休克等。

（2）法医学检查：依据《人体损伤程度鉴定标准》附录 B.6.1 心功能分级的规定，按照 GA/T 1970《法医临床学检验规范》5.7.6 心脏，或 SF/T 0111《法医临床检验规范》7.7.4 心脏的检验规范进行检查。

（3）鉴定意见审查：心脏损伤经过治疗仍遗留心功能不全达到Ⅲ级（也称Ⅱ度或者中度心衰），即体力活动明显受限，休息时无症状，轻于日常的活动即可引起上述症状的，评定为重伤二级。达到Ⅳ级（也称Ⅲ度或者重度心衰），即不能从事任何体力活动，休息时亦有充血性心衰或心绞痛症状，任何体力活动后加重的，评定为重伤一级。

需注意，心脏损伤分为开放性损伤和闭合性损伤。开放性损伤一般诊断明确，病情危重，鉴定中不易引起争议；而闭合性损伤需要与心脏自身疾病进行鉴别。

2. 致伤物推断及损伤机制审查（表 19-2-2）

表 19-2-2　心脏损伤致伤物及致伤机制

致伤方式	钝器击打	锐器或火器作用	其他
致伤物	如木棒、砖头、石块等	锐器、枪弹、炮弹等火器	自身重力，外界强大暴力如交通事故、高坠伤等
致伤机制	致伤物作用于心前区，造成胸骨和肋骨变形向后直接撞击心前壁并将心推压至脊柱；胸骨、肋骨骨折，骨折端直接作用于心肌	锐器火器根据致伤物的种类及穿入的方向不同，分为切线伤、穿入伤和穿通伤，直接作用于心脏	暴力挤压，胸廓变形使心肌受压；心前区、背部受外力作用使心脏撞击前胸壁或胸部前后方等

3. 鉴定时限审查

（1）确诊后即可鉴定。

（2）若以心功能不全者为鉴定依据的，应在损伤后 3～6 个月进行综合鉴定。

【案　例】

高某，女，因被他人从高处推搡坠落致胸部着地伴全身疼痛5+ 小时入院。入院时意识模糊，T36.0℃，P108 次/分，R34 次/分，BP102/64mmHg，面部、胸腹部及四肢多处擦挫伤，口腔内少许液体流出，胸部塌陷，听诊心音遥远、心跳时缓时速，四肢未扪及骨折。立即行全身 CT 检查提示右侧第 4～7 肋骨骨折，双侧胸腔积液，右侧较重。心电图检查示心肌组织缺血坏死改变。行胸腔闭式引流管植入术，术后患者呼吸循环得到有效缓解。入院诊断心肌挫伤、右侧第 4～7 肋骨骨折、全身多处软组织损伤。损伤 3+月后进行鉴定，被鉴定人诉胸部疼痛，体力活动明显受限，休息时无症状，日常活动即可引起乏力、心悸、呼吸困难等。复查胸部 X 片提示右侧第 4～7 肋骨骨痂形成。高某心脏挫伤诊断明确，伤后遗留心功能不全，依据《人体损伤程度鉴定标准》附录 B.6.1 心功能分级标准和《人体损伤程度鉴定标准》5.6.2.a）"心脏损伤，遗留心功能不全（心功能Ⅲ级）"之规定，评定为重伤二级。右侧第 4～7 肋骨骨折，依据《人体损伤程度鉴定标准》5.6.4.b）"肋骨骨折 2 处以上"之规定，评定为轻伤二级。综上，高某损伤程度评定为重伤二级。（重庆市人民检察院第三分院杜发凤提供）

案例解析： 本案例中，外伤性心脏损伤注意与病理性心脏损伤鉴别，需了解被鉴定人受伤前的既往病史。心脏损伤遗留心功能不全者，要结合《人体损伤程度鉴定标准》附录 B.6.1 心功能分级标准综合评定。本案例中，被鉴定人存在体力活动明显受限，休息时无症状，日常活动即可引起乏力、心悸、呼吸困难等症状，符合心功能Ⅲ级。

二、心脏破裂、心包破裂

心脏破裂、心包破裂多见于胸部穿透伤，因锐器或者火器穿透胸壁，形成心贯通伤，伤及心包及心脏并引起破裂；其中心脏破裂少见于室间隔破裂、瓣膜撕破、腱索断裂等，或因钝性外力如重击、高坠、爆炸等猛烈震荡心脏导致心脏破裂，致使心脏迅速出血、心包填塞、传导障碍、瓣膜功能异常、室壁瘤形成等，严重危及生命，需紧急手术治疗。

心包分为纤维心包和浆膜心包，浆膜心包的脏、壁两层在大血管根部反折移行，围成心包腔，心包腔含有少量的积液。

1. 损伤程度审查要点

（1）临床表现：胸闷不适、烦躁不安，呼吸困难，心音遥远，甚至出现休克以至死亡。

（2）法医学检查：按照 GA/T 1970《法医临床学检验规范》5.7.6 心脏，或 SF/T 0111《法医临床检验规范》7.7.4 心脏的检验规范进行检查。

（3）鉴定意见审查：明确心脏破裂或心包破裂的诊断，即可评定为重伤二级。其中，心脏破裂常引起迅速死亡，存活者多为破裂口小，由于心肌收缩使裂口闭合及时治疗，存活者预后多良好，部分可遗留心律失常或心功能障碍。所以，心脏破裂时注意鉴别破口较小者的损伤。

2. 致伤物推断和损伤机制审查

钝器或者锐器等作用于胸部，造成闭合性或穿入性心脏损伤，使心瓣膜、心间隔、冠状血管和心传导系统等心内结构受损；火器根据致伤物的种类及穿入的方向不同，分为切线伤、穿入伤和穿通伤，根据弹道的形态进行分析。

3. 鉴定时限审查

（1）确诊后即可鉴定。

（2）若以心功能不全者为鉴定依据的，应在损伤后 3～6 个月进行综合鉴定。

【案　例】

王某，女，43 岁，因左前胸部刀刺伤后半小时入院抢救。入院查体神志清、贫血貌，P90 次/分、T36.0℃、R24 次/分、BP90/60mmHg，左胸前部第四肋间乳头内下部可见一 3.5cm 锐器创，流血不止，深达胸腔，无气体逸出，心音遥远，双侧颈静脉怒张、充盈。行胸部 CT 检查提示心包填塞，排除左侧血气胸。行开胸探查术，术中见左胸部锐器创对应左侧第 4 肋软骨处有 2/3 断裂，心包外脂肪组织淤血明显，心包有约 1.5cm 裂口，切开检查，心包腔内积有新鲜血液约 150ml，80ml 血凝块，心脏及大血管正常，左胸腔无积血。伤后 7 天法医学检查左胸部可见一弧形长 24.5cm 的手术瘢痕，乳头内下 2.0cm 处有一长 2.1cm 锐器创痕，阅 CT 片提示心包积血，依据《人体损伤程度鉴定标准》5.6.2.b）"心包破裂"之规定，评定为重伤二级。（重庆市人民检察院第三分院杜发凤提供）

案例解析：临床医学中，引起心包积血的原因有很多，90% 因心脏损伤造成心包积血。而本案例中，心包积血主要来自外源性的，由于胸部创伤导致伤者按压胸部伤口，致创口内血液经心包裂口逐渐积聚于心包腔内形成心包积血，未伤及心肌组织。实际检案中，审查此类案件时要仔细分析致伤方式和损伤后果之间的关系，必要时可以请专业技术人员共同参与分析，确保审查结果科学、公正。

三、心脏挫伤致心包积血

1. 损伤程度审查要点

（1）临床表现：

①挫伤较轻者，可无明显症状；

②挫伤较重者，损伤当时或经数日后出现心前区剧痛，向左肩臂放射并伴有心悸、胸闷、恶心、呕吐等，甚至出现呼吸困难、休克、继发心肌梗死和心脏破裂；

③心律失常是心脏挫伤的主要表现，常见有持续性窦性心动过速和期前收缩、阵发性心房纤颤，严重者可出现心力衰竭。

（2）法医学检查：按照 GA/T 1970《法医临床学检验规范》5.7.6 心脏，或 SF/T 0111《法医临床检验规范》7.7.4 心脏的检验规范进行检查。

（3）鉴定意见审查：明确心脏挫伤致心包出血的诊断，即可评定为轻伤一级。注意鉴定时还需要与冠心病、心肌梗死等自身疾病相鉴别。

2. 致伤物推断及损伤机制审查

心前区受重物撞击，如高坠、交通损伤等至胸骨和肋骨变形向后直接撞击心前壁并将心推压至脊柱；胸骨、肋骨骨折，骨折端直接作用于心肌；背部受外力作用使心撞击前胸壁或胸部前后方受暴力挤压，胸廓变形使心肌受压。

3. 鉴定时限审查

确诊后即可鉴定，若遗留并发症，治疗终结后（3 ～ 6 个月）进行综合鉴定。

【**案　例**】

秦某，女，38 岁，因被他人用棍棒打击胸部致左胸前区疼痛 5+小时入院。入院查体痛苦面容，左胸部青紫肿胀，左侧第 4 ～ 6 肋骨扪及骨擦感，余未见异常。行胸部 CT 检查提示左侧第 4 ～ 6 肋骨骨折，心肌组织挫伤，心包填塞，排除左侧血气胸。行心电图检查提示窦性心动过速、阵发性心房纤颤。对症治疗后症状缓解，恢复良好。鉴定时被鉴定人诉左胸前区疼痛，呼吸不顺畅，乏累等，查体见体型消瘦，左胸前部擦挫伤，左胸部外侧见 1.0cm 缝合手术瘢痕，阅片和审阅住院病历，秦某胸部外伤史明确。左侧第 4 ～ 6 肋骨骨折，依据《人体损伤程度鉴定标准》第 5.6.4.b）"肋骨骨折 2 处以上"之规定，评定为轻伤二级。心脏挫伤，依据《人体损伤程度鉴定标准》

5.6.3.a）"心脏挫伤致心包积血"之规定，评定为轻伤一级。综上，秦某左胸部损伤评定为轻伤一级。（重庆市人民检察院第三分院杜发凤提供）

案例解析：实际检案中，心脏挫伤要注意与冠心病、心肌梗死等自身疾病导致心肌组织损伤相鉴别，具体鉴别表现如下：一是心脏挫伤主要表现为胸前区疼痛，类似心绞痛，但应用扩冠状血管药物不能缓解；二是心电图检查有类似心肌梗死表现，但心电图恢复正常时间比心肌梗死要快；三是还可通过超声心电图及血生化检查与心肌梗死相鉴别。

第三节　肺、气管、支气管损伤

肺位于胸腔内、纵隔两侧，借肺根和肺韧带与纵隔相连，左右各一。左肺叶分为上、下两叶，右肺叶分为上、中、下三叶。

肺是气体交换的器官，全身的静脉血在肺泡毛细血管处交换成动脉血，将氧气带到全身各个器官。肺占据胸腔的大部分空间，通过气管与外界气体相通。

肺、气管、支气管损伤涉及的条款有3条，损伤程度从重伤二级至重伤一级（表19-3-1）。

表 19-3-1　肺、气管、支气管损伤鉴定条款

条款序号	条款内容	损伤程度
5.6.1.b）	肺损伤致一侧全肺切除或者双肺三肺叶切除	重伤一级
5.6.2.e）	气管或者支气管破裂，须手术治疗	重伤二级
5.6.2.f）	肺破裂，须手术治疗	重伤二级

一、肺损伤

肺损伤：根据外力作用的性质可分为机械性肺损伤、肺烧伤，根据外力作用的方式以及后果分为肺挫伤、肺裂伤、肺内血肿及外伤性肺假性囊肿、肺内异物等。

1. 损伤程度审查要点

（1）临床表现：胸痛、胸闷、咳嗽、咯血，严重者引起呼吸困难、窒息等。

（2）法医学检查：按照 GA/T 1970《法医临床学检验规范》5.7.7 肺的检查规范进行检查。

（3）鉴定意见审查：外伤致肺破裂，达到手术指征且行手术治疗的，评定为重伤二级；肺损伤进行一侧全肺切除或双肺三肺叶切除治疗的，评定为重伤一级。

需注意，肺破裂会因为手术治疗的方式不同而影响损伤程度等级评定。因为肺严重撕裂、支气管创伤、管腔部分闭塞，且已引起严重感染者，需行肺切除术。肺切除手术治疗后，易引起心脏血管并发症（术后胸腔大出血、术后心律失常、术后心肌梗死、术后心力衰竭、术后肺水肿、术后肺栓塞）、肺部并发症（术后呼吸衰竭、术后

肺不张、术后肺部感染、术后余肺扭转、术后余肺坏死）、胸膜腔并发症（胸腔积液、术后漏气、术后脓胸、支气管胸膜瘘）、上消化道出血等并发症，以上并发症极易危及生命，故应评定为重伤一级。

2.致伤物判断及损伤机制审查（表19-3-2）

表19-3-2　致伤物判断及损伤机制

损伤方式	开放性肺损伤	闭合性肺损伤
致伤物	如锐器、火器等	如钝器、剧烈爆炸产生的气流和气压等
致伤机制	致伤物直接作用于胸前部，造成肺损伤	肋骨骨折断端直接刺伤肺；胸部遭受外力挤压的一瞬间，声门突然关闭，胸廓下陷，继而挤压力消除，变形胸廓弹回，胸腔内压力骤然增加或降低产生剪切力，导致肺破裂

3.鉴定时限审查

肺损伤造成肺切除术，术后即可鉴定。

【案　例】

任某，因车祸伤致胸部疼痛、呼吸困难1+小时入院。入院检查左侧胸壁挫擦伤痕，胸部挤压征（+），双侧呼吸音粗，双下肺呼吸音明显降低，以左侧为甚，心动过速，心律欠齐，心音低钝，各瓣膜区未闻及明显病理性杂音，腹部及四肢未见异常。胸部CT检查提示双肺挫伤，双侧多发肋骨骨折，双侧胸腔积液（血），未见明显肺压缩。入院诊断左侧第4～7肋骨及右侧第5肋骨骨折可能、左肺挫裂伤、血气胸、胸部软组织损伤。手术治疗后病情稍缓解，次日病情加重，影像学检查提示左肺挫裂伤，感染严重，活动性出血加重。行开胸肺修补术，术中见左肺组织裂伤，术后好转出院。

鉴定时法医查体，胸部见长15.0cm手术瘢痕，阅片和审查病历提示赵某胸部外伤史明确，肺破裂诊断明确，达到手术治疗指征，依据《人体损伤程度鉴定标准》5.6.2.f）"肺破裂，须手术治疗"之规定，肺部损伤评定为重伤二级。肋骨骨折，依据《人体损伤程度鉴定标准》5.6.4.b）"肋骨骨折2处以上"之规定，评定为轻伤二级。血气胸，依据《人体损伤程度鉴定标准》5.6.4.f）"胸腔积血；胸腔积气。"之规定，评定为轻伤二级。综上，任某的损伤程度评定为重伤二级。（重庆市人民检察院第三分院杜发凤提供）

二、气管或者支气管破裂

气管与喉连接，起于环状软骨下缘（平第6颈椎体下缘），向下至胸骨角平面（平第4胸椎体下缘）分出各级支气管。支气管及其分支分布于肺组织称为支气管肺段，简称肺段。肺段呈圆锥形，底位于肺表面，尖朝向肺门，肺段之间含有少量结缔组织和段间静脉，是肺段切除的标志。

气管与支气管是肺与外界进行气体交换的管道系统。单纯气管、支气管破裂的概率较小，一旦发生，病情多危重，需要急诊手术修复。部分裂口较小者，临床往往难以及时确诊，多因并发感染、气管狭窄而被发现。根据损伤破口位置不同，可出现一侧或双侧张力性气胸、纵隔气肿及面颈部广泛皮下气肿。

1. 损伤程度审查要点

（1）临床表现：

①纵隔胸膜下型气管损伤常有纵隔气肿；面颈部、上胸部皮下气肿，咳嗽、咳痰或痰中带血。

②气管损伤处的破口与胸膜腔相交通，可出现张力性气胸型，伤后即出现呼吸困难，咳嗽、咳血痰或咯血，颜面、口唇发绀等，严重缺氧者烦躁不安，甚至昏迷。伤侧可见胸部饱满，肋间隙增宽，呼吸运动减弱。

③混合型气胸除有张力性气胸型的临床表现外，还有纵隔胸膜内型的纵隔气肿及面颈部皮下气肿。

（2）法医学检查：按照 GA/T 1970《法医临床学检验规范》5.7.2 喉、气管及支气管，或 SF/T 0111《法医临床检验规范》7.6.2 喉与气管的检查规范进行检查。

（3）鉴定意见审查：气管或者支气管破裂，达到手术指征且行手术治疗，评定为重伤二级。

需注意，如气管或者支气管破裂不具有开胸手术指征，即使已行手术也不宜评定为重伤二级。

2. 致伤物推断及损伤机制审查

气管或者支气管受钝器、锐器、火器损伤，致其完整性被破坏后，立即出现一侧或双侧张力性气胸、纵隔气肿及面颈部广泛皮下气肿，如不及时处理，可因急性呼吸功能不全或衰竭死亡。

3. 鉴定时限审查

手术治疗终结后即可鉴定。

【案　例】

关某，因刀刺伤致颈胸部出血伴呼吸困难 1+ 小时入院。查体 T37℃、P101 次/分、R23 次/分、BP82/61mmHg，面色惨白、肢体湿冷，失语，颈胸部见长约 18cm 斜行皮肤裂口，深及肌层，可见气管损伤。行急诊手术治疗，术中见气管颈段与胸部相连接处部位不全断裂，右下颌下腺部分缺损，右颈前带肌及颈阔肌挫裂伤，胸部肋间肌损伤，颈胸部伤口不规则，创面整体污染严重，少量活动性出血。法医鉴定时，查体见颈胸部 18.0cm 不规则皮肤条状增生瘢痕，依据《人体损伤程度鉴定标准》5.5.3.a）"颈前部单个创口或者瘢痕长度 10.0cm 以上"之规定，评定为轻伤一级。其开放性气管损伤，不全断裂，经手术治疗，依据《人体损伤程度鉴定标准》5.6.2.e）"气管或者支气管破裂，须手术治疗"之规定，评定为重伤二级。脉搏 101 次/分，血压 82/61mmHg，面色惨白、肢体湿冷等，依据《人体损伤程度鉴定标准》第 5.12.2.d）"各种损伤引起休克（中度）"之规定，评定为重伤二级。综上所述，关某损伤程度评定为重伤二级。

（重庆市人民检察院第三分院杜发凤提供）

　　案例解析：实际检案中，类似气管损伤如不具有开胸手术指征，即使已行开胸也不宜评定为重伤二级。本案例中，气管损伤需手术指征主要依据受伤后伴呼吸困难、血压进行降低、心律增快，不行手术治疗将会危及生命。

第四节　血、气胸

　　当空气或（和）血液进入胸膜腔后，胸腔内负压消失，就会妨碍呼吸和循环功能。因外伤引起的胸膜腔积气或积血，称为外伤性气胸或血胸，如气胸与血胸同时存在，称为血气胸。

　　胸膜分为脏胸膜和壁胸膜。胸膜腔是由壁层胸膜与脏层胸膜共同组成的一个潜在性空腔，左右各一。正常情况下腔内不含有气体，只有微量液体存在，呈负压，使肺组织能保持在扩张状态，并在呼吸运动中随胸廓体积变化缩小和扩张，使静脉内血液易于回流入心。

　　本节中涉及血、气胸损伤的条款有3条，损伤程度从轻伤二级至重伤二级（表19-4-1）。

表 19-4-1　血、气胸损伤鉴定条款

条款序号	条款内容	损伤程度
5.6.2.g）	血胸、气胸或者血气胸，伴一侧肺萎陷70%以上，或者双侧肺萎陷均在50%以上	重伤二级
5.6.3.e）	血胸、气胸或者血气胸，伴一侧肺萎陷30%以上，或者双侧肺萎陷均在20%以上	轻伤一级
5.6.4.f）	胸腔积血；胸腔积气	轻伤二级

　　外伤性血胸：可由钝器、锐器及火器损伤所致，出血部位多来自肋间血管或破裂的肺组织，也可来自胸腔内大血管，如主动脉、上腔静脉等。其临床症状与胸腔内的积血量密切相关，因此在临床上根据胸腔内积血量的多少分为小量血胸（积血少于500ml）、中量血胸（积血500～1000ml）、大量血胸（积血1000ml以上）。

　　外伤性气胸：当损伤致胸壁及胸膜破裂或肺组织、支气管破裂，外界空气或呼吸道中气体就可通过破裂口进入胸膜腔，产生气胸。气胸根据进入胸膜腔内的气体形式与状态分为闭合性气胸、开放性气胸和张力性气胸。

一、损伤程度要点

1.临床表现

根据不同分型进行临床表现表述：

　　（1）闭合性气胸胸部或背部局部软组织可见挫伤或合并有肋骨骨折，少量气体一般无明显症状，如进入空气较多，感到胸部紧闷和气短。

（2）开放性气胸胸背部可见创口，空气进出创口时可发出响声。胸痛、胸闷、呼吸困难、血压下降，严重者发生休克。

（3）张力性气胸胸痛剧烈，呼吸困难，口唇发绀，气管和纵隔向健侧移位，可有广泛的皮下气肿，肺组织有裂伤时可出现咯血。

（4）小量血胸者，临床症状和体征可不明显，中量及大量血胸者，可有呼吸及循环功能障碍。

2. 法医学检查

按照 GA/T 1970《法医临床学检验规范》5.7.9 外伤性气胸、5.7.10 外伤性血胸，或 SF/T 0111《法医临床检验规范》7.7.2 血胸、气胸的检验规范，结合 SF/T 0112《法医临床影像学检验实施规范》5.7 血（气）胸致肺压缩程度进行检查。

3. 鉴定意见审查

明确胸腔有积血或积气的诊断，即可评定为轻伤二级；若伴有一侧肺萎陷达 30% 以上，或双侧肺萎陷均达 20% 以上，评定为轻伤一级；若一侧达 70% 以上，或双侧均达 50% 以上时，则评定为重伤二级。

需注意，外伤性气胸主要是依据气胸导致的肺萎陷百分比进行评价，故评定时应注意掌握运用肺萎缩测定方法。肺萎缩测定法：有目测法、面积与体积法、平均胸膜间距离法、三线法和 CT 测量法。其中，以 CT 测量法最为准确，尤其涉及临界状态的伤情评定时作用显著。

外伤性气胸需与自发性气胸相鉴别。外伤性气胸往往有确切的胸部外伤史，如肋骨骨折或锐器砍、刺致胸膜腔破裂等损伤基础。

二、致伤物推断和损伤机制审查

1. 外伤性血胸

胸背部存在钝器、锐器或者火器受伤史，导致胸背部出血，血液进入胸腔引起外伤性血胸。部分伤者损伤当时无血胸表现，但伤后（通常 2 ~ 18 天）发现血胸，其原因可能为早期胸内积血量少未被发现，伤后不适当活动加重了出血。外伤致肋骨骨折，活动时骨折断端刺破肋间血管、胸膜等导致血液积聚于胸腔。

【案　例】

覃某，男，被他人用刀刺伤胸部，伤后即到地区人民医院行清创缝合。因左胸疼痛加剧，脉搏增快，7h 后转到急救中心。急症中心查体 T36.4℃、P105 次/分、R32 次/分、BP 103/65mmHg，痛苦面容，左心前区锁骨中线内 2cm 第 2 肋间处可见长 3cm 创口，已缝合。行胸部 CT 提示心影无变化，左胸腔可见液平面肋膈角消失。医院诊断左胸刀刺伤、左侧血胸。于伤后 18h 在局麻下行闭式胸腔引流术，抽出红色液体 300ml，病情缓解。鉴定时法医查体，覃某左胸部见长 3.0cm 缝合瘢痕、1.0cm 手术瘢痕，余未见异常。经审查住院病历记录，覃某左侧血胸诊断明确，依据《人体损伤程度鉴定标准》5.6.4.f)"胸腔积血"之规定，评定为轻伤二级。（重庆市人民

检察院第三分院杜发凤提供）

　　案例解析：实际检案中，胸腔积血需要注意外伤性血胸与自发性血胸的鉴别，外伤性血胸有确切的胸部外伤史，存在肋骨骨折或锐器砍、刺致肋间血管断裂和胸膜腔破裂，或具有肺裂伤等损伤基础，本案例中胸腔积血主要因刀刺破肋间血管致血液流入胸腔。还需要注意区分血胸是否伴有肺萎缩，若出现肺萎缩，要根据相应条款进行综合评定，本案例中出血相对较少，损伤发现及时，未出现肺萎缩现象。

2. 外伤性气胸（表 19-4-2）

表 19-4-2　致伤物判断及损伤机制

损伤方式	闭合性气胸	开放性气胸	张力性气胸
致伤物	钝器如棍棒、砖头等一定质量的物体，高坠、交通事故等强大暴力	锐器和火器等作用于胸部引起胸壁穿透伤	钝器如棍棒、砖头等一定质量的物体，高坠、交通事故等强大暴力
致伤机制	常见于肋骨骨折断端内陷，刺破肺组织；或胸壁上较小的穿透性创伤，气体从小的胸壁创口或肺浅表裂伤处进入胸膜腔后，原来破裂的伤口闭合，胸膜腔不再与外界相通	胸壁穿透伤形成空气自由出入胸膜腔的通道。开放性气胸的严重性取决于伤口的大小及伤者原有肺活量的大小，如伤口大，进入的空气量多，肺被压缩严重，而伤者原有的肺活量又较低，无足够的补偿能力，则可在受伤后短时间内因严重的呼吸功能和循环功能障碍导致死亡	常见于肺和支气管裂伤，裂口具有活瓣作用，吸气时肺内压力增加，活瓣开启，空气进入胸膜腔；呼气时活瓣关闭，胸膜腔内空气不能经裂口逸出。吸气和呼气交替循环使胸膜腔内空气只入不出，空气量不断增多，压力也越来越高，对肺的压迫和对纵隔的推移也就愈来愈严重，胸膜腔内负压消失

三、鉴定时限审查

　　确诊后即可进行鉴定。

【案　例】

　　聂某，60 岁，因车祸伤后出现呼吸困难 3+ 小时入院，查体胸廓挤压征（+），右侧胸廓饱满，肋间隙增宽，呼吸稍促，右肺呼吸运动度及语颤减弱，叩诊右肺呈鼓音，左肺未闻及异常，右肺呼吸音弱，可闻及少量湿啰音及散在哮鸣音，左肺及腹部未见明显异常。行胸部 CT 提示右侧气胸，右肺压缩约 75%，右肺中叶及下叶部分肺组织不张，右侧第 5、6 肋骨骨质不连续。入院诊断右侧外伤性气胸、肺挫伤、肋骨骨折。鉴定时，法医查体见右胸前见 2.0cm 浅淡瘢痕，经阅片及查阅相关住院病历，聂某车祸伤史明确。经 X 线摄片评估法测量其右侧气胸伴右肺压缩 75%，依据《人体损伤程度鉴定标准》5.6.2.g）"血胸、气胸或者血气胸，伴一侧肺萎陷 70% 以上"之规定，评定为重伤二级。肋骨骨折，依据《人体损伤程度鉴定标准》5.6.4.b）"肋骨骨折 2 处以上"之规定，评定为轻伤二级。综上，聂某损伤程度评定为重伤二级。（重庆市人民检察院第三分院杜发凤提供）

　　案例解析：实际检案中，应注意以下几点。一是注意鉴别外伤性气胸与自发性气胸。外伤性气胸往往有确切的胸部外伤史，肋骨骨折或锐器砍、刺致胸膜腔破裂等损伤基础。二是注意掌握气胸导致的肺萎陷测定方法。本案例中，右侧气胸导致肺萎缩就是依据 SF/T 0112《法医临床影像学检验实施规范》5.7.4.d）X 线摄片评估法计算。

第五节　纵隔损伤

纵隔是左、右纵隔胸膜之间所有器官的总称。呈矢状位，位于胸腔正中偏左，上窄下宽，前短后长，分隔左右胸腔。本节涉及纵隔损伤的条款有 2 条，损伤程度分别为轻伤一级和重伤二级（表 19-5-1）。

表 19-5-1　纵隔损伤鉴定条款

条款序号	条款内容	损伤程度
5.6.2.d）	纵隔血肿或者气肿，须手术治疗	重伤二级
5.6.3.d）	纵隔血肿；纵隔气肿	轻伤一级

一、损伤程度审查要点

1.临床症状：

（1）少量积气、积血时可无明显症状；

（2）积气、积血量多压力高时，伤者胸痛、胸闷、憋气，并向背、肩、颈及上臂放射性痛；

（3）严重者可导致张力性纵隔气肿或者血肿，压力不断增大，压迫纵隔器官，引起呼吸、循环衰竭，须手术减压。

2.法医学检查：按照 GA/T 1970《法医临床学检验规范》5.7.11 纵隔气肿的检验规范进行检查。

3.鉴定意见审查：明确纵隔血肿或气肿的诊断，即可评定为轻伤一级；达到手术指征且行手术治疗的，评定为重伤二级。

二、致伤物推断和损伤机制审查

1.钝器、锐器或者火器等作用于胸背部至纵隔血管破裂，血液积聚于纵隔内，形成纵隔血肿。

2.锐器或者火器作用于胸部，致纵隔内的气管、支气管、食管破裂，空气可以通过裂口进入纵隔形成纵隔气肿；高压性气胸的气体亦可因纵隔胸膜破裂进入纵隔形成纵膈气肿；钝性物体作用致肺挫伤或机械辅助呼吸导致肺泡破裂，空气也可沿着肺内血管扩散到肺门，形成纵隔气肿。某些间质性肺气肿患者，也可产生自发性纵隔气肿。侵入纵隔的气体积聚，随着压力增高，会压迫纵隔内器官，导致心排血量降低、循环和呼吸功能障碍。如纵隔气肿导致纵隔胸膜破裂，可继发气胸。

三、鉴定时限审查

确诊后即可进行鉴定；需手术治疗待治疗终结后进行鉴定。

【案　例】

高某，因刀刺伤致胸部疼痛、出血2+小时入院。入院检查呼吸急促，感胸痛、胸闷、憋气，左侧第6、7肋骨齐左锁骨中线可见长约2.5cm创口。行胸部CT提示左胸腔可见液平面肋膈角消失。入院诊断胸部刀刺伤、左侧胸腔积血、纵隔积血。经对症治疗后，病情缓解。鉴定时法医查体，左胸部见长2.5cm缝合瘢痕、1.0cm手术瘢痕，余未见异常。阅片和审阅住院病历，高某左侧胸腔积血，依据《人体损伤程度鉴定标准》5.6.4.f）"胸腔积血"之规定，评定为轻伤二级；纵隔血肿，依据《人体损伤程度鉴定标准》5.6.3.d）"纵隔血肿"之规定，评定为轻伤一级。综上，高某损伤评定为轻伤一级。（重庆市人民检察院第三分院杜发凤提供）

案例解析： 实际检案中，纵隔血肿、气肿多伴有胸腔积血、积气，当损伤发展为纵隔血肿、气肿，要注意手术指征，综合进行评定。还需要注意纵隔气肿要与自发性纵隔气肿相鉴别，如通过了解既往病史确定是否自发性纵隔气肿的损伤基础，又如只损伤胸部一侧，需对健侧胸腔内脏器进行检查，也可进行自发性纵隔气肿鉴别诊断。

第六节　食管损伤

食管是一前后扁平的肌性管状器官，可分为颈、胸和腹三段，是消化管各部中最狭窄的部分。上端在第6颈椎体下缘平面与咽相接，下端约平第11胸椎体高度与胃的贲门部连接。本节讨论的食管损伤主要是食管胸段损伤，其生理作用主要为吞咽和分泌功能，因此食管损伤后可引起吞咽困难等功能障碍。本节中涉及食管损伤的条款有两条，损伤程度分别为轻伤一级和重伤二级（表19-6-1）。

表19-6-1　食管损伤鉴定条款

条款序号	条款内容	损伤程度
5.6.2.h）	食管穿孔或者全层破裂，须手术治疗	重伤二级
5.6.3.f）	食管挫裂伤	轻伤一级

一、损伤程度审查要点

1.临床表现：胸骨后疼痛，吞咽困难、呕吐、发音困难，严重者会导致胸腔积液、呼吸困难等。

2.法医学检查：按照GA/T 1970《法医临床学检验规范》5.7.3食管，或SF/T 0111《法医临床检验规范》7.6.3 颈部食管的检验规范进行检查。

3. 鉴定意见审查：明确食管挫裂伤的诊断，即可鉴定为轻伤一级。若食管损伤为穿孔伤或者全层破裂，达到手术指征且行手术治疗的，评定为重伤二级。

二、致伤物推断和损伤机制审查

食管挫裂伤：多因直接暴力或者间接暴力作用于胸腹部，或由于误吞刺激性物质后，造成食管内壁挫裂伤，但不累及食管全层，如果合并食管破裂，则可形成食管瘘。如钝器、锐器作用于胸腹部直达食管，发生食管挫裂伤，可导致食管吞咽困难，胸部疼痛。

食管穿孔、全层破裂：锐器或者火器作用于食管或因食管镜、胃镜检查操作不当，可发生食管穿孔或者全层破裂，从而导致胃液等刺激性物质、连同气体及厌氧菌等经裂孔进入纵隔，并沿纵隔疏松结缔组织扩散，可引起纵隔气肿、急性纵隔炎、纵隔脓肿等，如果合并气管破裂，则可形成食管气管瘘。

三、鉴定时限审查

食管挫裂伤确诊后即可进行鉴定。损伤涉及手术治疗的，医疗终结后即可进行鉴定。

【案　例】

张某，因刀刺伤致颈部出血1+小时入院。入院检查时失语，颈前部见一长约14.0cm斜行皮肤裂口，深及肌层，可见气管、食管损伤。行手术治疗，术中见颈部不规则条状创口，气管、食管破裂，未伤及颈部大血管和神经，创面整体污染较重，少量活动性出血。鉴定时法医经阅片和审查住院病历，其颈部食管、气管穿孔明确，并行手术治疗，检查见颈部遗留14.0cm不规则皮肤条状增生瘢痕。其颈部食管穿孔，依据《人体损伤程度鉴定标准》5.6.2.h）"食管穿孔或者全层破裂，须手术治疗"之规定，评定为重伤二级。其开放性气管损伤，不全断裂，经手术治疗，依据《人体损伤程度鉴定标准》5.6.2.e）"气管或者支气管破裂，须手术治疗"之规定，评定为重伤二级。其颈前部遗留14.0cm不规则皮肤条状增生瘢痕，依据《人体损伤程度鉴定标准》5.5.3.a）"颈前部单个创口或者瘢痕长度10.0cm以上"之规定，评定为轻伤一级。综上所述，张某损伤程度评定为重伤二级。（重庆市人民检察院第三分院杜发凤提供）

案例解析：本案例条款中"食管穿孔或者全层破裂，须手术治疗"，具体解释是食管穿孔须手术治疗或者食管全层破裂需手术治疗，二者均可评定为重伤二级。

第七节　胸部骨折、关节脱位

本节涉及的胸部骨折，主要包括肋骨骨折、胸骨骨折、锁骨骨折、肩胛骨骨折、肋软骨骨折。本节涉及的胸部关节脱位，主要包括胸锁关节脱位和肩锁关节脱位。其中涉及胸部骨折、关节脱位损伤的条款共有 5 条，损伤程度从轻微伤至轻伤一级（表19-7-1）。

表 19-7-1　胸部骨折、关节脱位损伤鉴定条款

条款序号	条款内容	损伤程度
5.6.3.c）	肋骨骨折 6 处以上	轻伤一级
5.6.4.b）	肋骨骨折 2 处以上	轻伤二级
5.6.4.c）	胸骨骨折；锁骨骨折；肩胛骨骨折	轻伤二级
5.6.4.d）	胸锁关节脱位；肩锁关节脱位	轻伤二级
5.6.5.a）	肋骨骨折；肋软骨骨折	轻微伤

一、胸骨骨折、肋骨骨折和肋软骨骨折

胸骨、12 对肋骨及 12 个胸椎共同构成骨性胸廓，保护胸腔内器官，并参与呼吸运动。骨性胸廓结构受损，特别是胸廓稳定性破坏或合并胸腔内的重要器官的损害会影响呼吸、循环功能，甚至危及生命。

1. 损伤程度审查要点

（1）临床表现：

①疼痛是最显著的症状。疼痛可随呼吸、咳嗽、喷嚏、体位改变而加剧，如因疼痛而不敢深呼吸及咳嗽，易使分泌物滞留，而加重呼吸困难。

②多段肋骨骨折或合并胸骨骨折可形成连枷胸，表现为胸廓变形及反常呼吸运动，可出现呼吸困难，发绀，甚至休克。

（2）法医学检查：按照 GA/T 1970《法医临床学检验规范》5.13.7 肋骨、胸骨骨折的检验规范，或 SF/T 0112《法医临床影像学检验实施规范》5.6 肋骨骨折进行检查。

（3）鉴定意见审查：明确肋骨骨折或肋软骨骨折的诊断，即可评定为轻微伤。肋骨骨折 2 处以上、胸骨骨折、锁骨骨折、肩胛骨骨折，均可评定为轻伤二级；肋骨骨折达 6 处以上，评定为轻伤一级。

需注意：

①注意肋骨骨折不以骨折根数或骨折端有无移位作为鉴定依据，而应以骨折数量即实际指骨折线的数量（但不包括肋软骨骨折）为鉴定依据。因粉碎性骨折定义是存在两条以上骨折线，故肋骨粉碎性骨折符合本标准所说的肋骨骨折 2 处以上。

②有明确的胸部外伤史，骨损伤与案情所提供的损伤方式在成伤机制上互相吻合，必要时需观察影像学随访检验结果，损伤后不同时期的骨损伤部位图像特点应符合不同经过时间的影像学特征；各种影像学检查技术之间可互相补充、互相印证，应综合分析相关影像学资料。

③应区分肋骨骨折和胸骨骨折是否为病理性、陈旧性及发育变异等因素，尚要排除医源性骨折，如胸外按压。此外，肋骨骨折还应注意自发性骨折与病理性骨折的识别，自发性骨折好发于有慢性肺部疾病的老年人，往往由于咳嗽造成胸部肌肉突然牵拉而致，病理性骨折多由肿瘤转移引起。

④注意有时虽确定有肋骨骨折，但骨折数量不能确定。一般伤后两周左右骨痂开始形成或者出现骨膜反应时骨折线能够比较清晰地显现，建议 CT 检查，能确定骨折的发生，可显示肋骨全貌、走形，既可对肋软骨骨折进行诊断，也能通过骨痂形态和愈合情况，进行新鲜与陈旧性的骨折鉴别。

2. 致伤物判断及损伤机制审查

（1）致伤物：胸部骨折根据胸部损伤形态进行分析，钝器如拳击、坠落、交通损伤多表现胸部肿胀、出血、皮肤青紫等；如锐器损伤多表现胸部规则创口，相连肋骨骨折线呈连续线性特征；如火器损伤多出现胸部贯通创，胸壁皮肤缺损、擦拭轮、挫伤轮等。

（2）损伤机制：胸骨骨折多发生在接近胸骨角的胸骨体部，有些则为胸骨柄和胸骨体交界的软骨连接部的完全离断。直接暴力作用于胸廓，受力处肋骨向内弯曲而折断。间接暴力作用于胸廓，肋骨受到挤压变形，在暴力作用点远隔处过度向外弯曲发生骨折，骨折断端常向外突出。胸部受火器伤时，压力波作用于肋骨，发生弹性变形，其应力超过断裂极限，会出现肋骨骨折。

3. 鉴定时限审查

确诊后即可鉴定。

【案 例】

王某，因外伤后右侧胸痛 3 小时入院治疗。伤后感右侧胸部疼痛，咳嗽时或活动后加重。专科检查胸廓挤压试验（＋），当日 CT 提示右侧第 3～5 肋骨骨折；3 天后复查胸部 CT 提示右侧 3～5 肋骨骨皮质欠连续，可见少许骨痂生成。

伤后 15 日，王某于甲鉴定机构进行损伤程度鉴定，分析认为：被鉴定人因与他人扭打致伤，伤后右侧胸部疼痛，于当日到该县人民医院住院检查治疗，经影像学检查确诊：右侧第 3～5 肋骨皮质不连续，部分断端错位。目前，被鉴定人在治疗中，因办案需要，对已造成的损伤进行损伤程度鉴定。依照《人体损伤程度鉴定标准》5.6.4.b）"肋骨骨折 2 处以上"之规定，评定为轻伤二级。

伤后 10＋个月，王某于乙鉴定机构进行损伤程度鉴定，分析认为：被鉴定人于 10＋月前受伤，伤后出现右侧胸部疼痛等临床表现，入院查体胸廓挤压征（＋），门诊 CT 检查示右侧第 3～5 肋骨皮质不连续，部分断端错位，医院诊断右侧第 3～5 肋骨骨折成立。审阅被鉴定人受伤当日胸部 CT 片显示右侧第 3～5 肋骨皮质不连续，部分断端错位，结合其入院后的临床表现及体征，其右侧第 3～5 肋骨骨折损伤确定，依据《人体损伤程度鉴定标准》5.6.4.b）"肋骨骨折 2 处以上"之规定，评定为轻伤二级。

伤后约 15 个月，王某于丙鉴定机构进行损伤程度鉴定，丙鉴定机构根据送检资料和委托要求，接受委托后，经两名专家会诊认为：首次 CT 片条件欠佳，判断骨折形成时间有一定难度；3 天后复查胸部 CT 片条件好，会诊意见为"右侧第 3～5 肋骨骨折，考虑陈旧性骨折"。由此不能认定被鉴定人王某右侧第 3～5 肋骨骨折与此次受伤之间的因果关系，不宜评定损伤程度。

　　该案件经重庆市司法鉴定专家委员会鉴定，被鉴定人陈述，在室内被他人推倒在地受伤，着地时地面平整，无突出物。阅伤后3天的胸部CT片，见右侧3～5肋骨前端骨折，可见骨痂生成，骨折断端周围软组织未见明显肿胀，右侧胸腔未见积液。根据案情、病历资料，结合目前检查情况，分析说明如下：王某有明确的外伤史；入院时查体，右侧胸部软组织无红肿压痛；影像学资料显示骨折断端周围没有明显的软组织肿胀，骨折端可以清晰地看到骨痂形成，其中4、5肋有不同程度的错位；不支持新鲜骨折。综上所述，被鉴定人王某右第3～5肋骨骨折诊断明确，推断此处受伤时间应该在本次受伤前2～3周。故该处骨折与此次外伤无关联性，不宜进行损伤程度鉴定。（重庆市人民检察院第三分院杜发凤提供）

　　案例解析： 本案例中，重点涉及的是在司法鉴定时新鲜骨折与陈旧性骨折的判断问题。以上有4个鉴定机构给出2种不同鉴定意见，其中丙鉴定机构和重庆市司法鉴定专家委员会的鉴定过程更加科学、客观，赞同其分析过程和鉴定意见，具体原因有以下几点：

　　1. 在鉴定时要注意正确区分肋骨新鲜性与陈旧性骨折。首先要清楚骨折的愈合过程，分为三个阶段：

　　（1）血肿炎症机化期：肉芽组织形成过程，骨折导致骨髓腔、骨膜下和周围组织血管破裂出血，在骨折断端及其周围形成血肿（伤后6～8小时）。纤维性骨痂生成：纤维连接过程约在骨折后2周完成，肉芽组织内成纤维细胞合成和分泌大量胶原纤维，转化成纤维结缔组织，使骨折两端连接起来。

　　（2）原始骨痂形成期：成人一般3～6个月，首先形成内骨痂和外骨痂，骨内外膜增生，合成并分泌骨基质，使骨折端附近内外形成的骨样组织逐渐骨化，形成新骨，即膜内成骨。此时X片可见骨折处有梭形骨痂阴影，骨折线隐约可见。

　　（3）骨痂改造塑型期：这一过程需1～2年，原始骨痂中新生骨小梁逐渐增粗，排列逐渐规则和致密。骨折端的坏死骨经破骨和成骨细胞的侵入，完成死骨清除和新骨形成的爬行替代过程。在骨折修复过程中，骨折断端骨痂逐渐形成，断端膨隆，故后期复查的影像学片更能准确地判断骨折的愈合情况，有助于判断新旧骨折。

　　2. 本案例中，甲、乙两家鉴定机构在鉴定过程中没有对新鲜骨折和陈旧性骨折进行科学的论证，对影像学资料的信息提取过于浅显，甲、乙两家鉴定机构均认为：被鉴定人胸部CT片显示右侧第3～5肋骨皮质不连续，部分断端错位，检查结果为新鲜骨折，未对骨折的愈合过程进行详细的分析，导致鉴定结果错误。丙鉴定机构邀请两名会诊专家对被鉴定的两次影像学资料进行详细分析，重庆市司法鉴定专家委员会也对被鉴定人整个受伤过程和前后所有影像学检查报告进行复查，两家会诊意见为"右侧第3～5肋骨骨折，考虑陈旧性骨折"，由此不能认定被鉴定人王某右侧第3～5肋骨骨折与此次受伤之间的因果关系，不宜给予损伤程度鉴定，两家鉴定机构鉴定时对影像学资料的把握细心、严谨，鉴定意见科学、合理。

　　3. 办案实践中，鉴定机构多依据送检的影像片胶片进行鉴定，而影像胶片是从众多影像资料中截取的一部分，视野小，窗宽、窗位不可调整，易造成漏诊、误诊；更有甚者不阅片仅直接采用临床诊断报告，存在极大隐患。建议实际办案中，法医鉴定人应调取伤后多次 CT 检查的 DICOM 格式电子资料，详细阅览，必要时邀请放射科专家会诊。此外，因常规 X 光摄片极易造成漏诊，建议尽量不予采用。

二、锁骨骨折和肩胛骨骨折

锁骨为长管状骨，呈 "S" 形位于胸骨柄与肩胛骨之间，成为连接上肢与躯干之间唯一的骨性支架，易受外力作用而引起骨折。肩胛骨为一扁而宽的不规则骨，贴于胸廓后外面，介于第 2 到第 7 肋骨之间，周围有较厚的肌肉包裹而不易骨折。

1. 损伤程度审查要点

（1）临床表现：骨折部位局部疼痛、肿胀。其中锁骨骨折表现局部畸形，有时可触及锁骨骨擦感，上肢活动受限尤以上举及外展时明显；肩胛骨骨折表现为肩关节活动受限等。

（2）法医学检查：按照 GA/T 1970《法医临床学检验规范》5.13.5 锁骨骨折、5.13.6 肩胛骨骨折进行检查。

（3）鉴定意见审查：明确肩胛骨骨折或锁骨骨折的诊断，即可评定为轻伤二级。要注意与锁骨骨折影响上肢活动功能障碍或者肩胛骨骨折影响肩关节活动障碍相鉴别。

2. 致伤物判断及损伤机制审查

（1）致伤物：根据损伤方式的不同可推断致伤物，如直接暴力作用，钝性物体、锐器作用等，间接暴力如跌倒至手臂着地等。

（2）损伤机制：

①锁骨骨折好发于锁骨的中外 1/3 处，斜行骨折多见；直接暴力如钝性物体打击，多为粉碎性骨折，骨折部位多位于锁骨中段。幼儿骨折时，因小儿骨膜较厚，以无移位或轻度成角畸形者为多见。间接暴力，如成人骨折时，骨折多有移位，典型的移位是内侧端因受胸锁乳突肌作用向上后方移位，外侧端因骨折断端本身重力影响而向下移位。此外，由于胸大肌的收缩，断端同时出现短缩重叠移位。

②肩胛骨骨折多见于肩胛体下部，钝器打击、锐器砍切等导致肩胛骨骨质连续性中断。

3. 鉴定时限审查

未涉及肢体活动功能障碍的，确诊后即可评定。涉及活动功能障碍的，在损伤 90 日后进行鉴定。

【案　例】

陈某，女，因左胸部被他人用棍棒打击致胸部疼痛、左手活动障碍 3+ 小时入院。入院时专科检查痛苦病容，受伤部位青紫肿胀伴散在表皮剥脱，左手活动受限，不能上举、抬高。行 X 片检查提示左锁骨中外部骨质不连续，周围软组织肿胀。入院诊断左侧锁骨骨折。法医鉴定时，自诉左肩部疼痛，伴活动功能障碍，左上肢功能查体：左上肢肌力 5 级，前屈 175 度、后伸 35 度、外展 150 度、内收 35 度、内旋 75 度、外展 75 度。左上肢功能障碍，依据《人体损伤程度鉴定标准》附录 C6.1 肩关节功能丧失程度评定标准计算，肩关节功能活动丧失 8.33%，未达到《人体损伤程度鉴定标准》第 5.9.4.a）"四肢任一大关节功能丧失 10% 以上"之标准，故不对关节功能损伤进行评定。左侧锁骨骨折，依据《人体损伤程度鉴定标准》第 5.6.4.c）"锁骨骨折"之规定，评定为轻伤二级。综上，陈某胸部损伤评定为轻伤二级。（重庆市人民检察院第三分院杜发凤提供）

案例解析： 实际检案中，要注意考虑锁骨骨折与肩胛骨骨折对上肢活动功能的影响，如果涉及对上肢功能活动的影响，应结合肢体功能影响条款进行综合评定。本案例中，陈某左侧锁骨骨折致使左肩关节功能活动丧失 8.33%，未达到四肢任一大关节功能丧失 10% 以上的标准。

三、胸锁关节脱位和肩锁关节脱位

胸锁关节是上肢与躯干之间连结的多轴关节，由锁骨的胸骨端关节面和胸骨柄的锁骨切迹组成。胸锁关节脱位是指锁骨近端与胸骨近端、胸骨柄相连接的关节发生分离移位。

肩锁关节是由肩峰的锁骨关节面与锁骨外端的肩峰关节面构成关节，部分关节内存在纤维软骨盘。关节面多呈垂直方向，关节囊薄弱，由周围的韧带维持其稳定性。肩锁关节脱位最为常见，多见于青年。

1. 损伤程度审查要点

（1）临床表现：疼痛、肿胀、局部青紫、肩部活动受限等。

（2）法医学检查：按照 GA/T 1970《法医临床学检验规范》5.14.2.1 肩锁关节脱位、5.14.2.2 胸锁关节脱位，或 SF/T 0112《法医临床影像学检验实施规范》5.5 肩锁关节脱位的检验规范进行检查。

（3）鉴定意见审查：明确胸锁关节脱位、肩锁关节脱位的诊断，即可评定为轻伤二级。

需注意，关节习惯性脱位不属于本条款规定的脱位情形，除非影像学明确诊断有关节囊破裂、部分韧带损伤等情形存在。

2. 致伤物判断与损伤机制审查

根据损伤方式的不同可推断致伤物，如直接暴力作用，钝性物体、锐器作用等，间接暴力如跌倒至手臂着地等。

胸锁关节脱位是由于暴力作用于胸锁关节处，造成锁骨内侧端脱位。

肩锁关节脱位由多种原因引起：暴力自上而下直接作用于肩峰所致，如坠落物直接砸在肩峰处或者上肢内收位状态下肩部外侧着地摔倒，外力将肩峰推向内下方，造成维持肩锁关节稳定的关节囊、相关韧带肌肉附着点损伤；间接暴力多为外力传导至肱骨头及肩峰，使肩胛骨向上移位，造成肩锁关节囊和韧带的损伤或引起肩峰骨折及肩关节脱位；向下牵拉上肢的外力间接作用于肩锁关节，也可造成肩锁关节损伤。

3. 鉴定时限审查

确诊后即可鉴定。

第八节　女性乳房损伤

　　成年女性乳房是两个半球形的性征器官，位于胸大肌浅面，约在第 2 至第 6 肋骨水平的浅筋膜浅、深层之间。乳头位于乳房的中心，周围的色素沉着区成为乳晕。女性乳房不仅具有哺乳功能，而且是女性第二性征标志之一。女性乳房大小因人而异，与幼儿期、青春期、月经期、哺乳期、绝经后期等不同时期有关。

　　乳腺有 15 ~ 20 个腺叶，每一腺叶分成很多乳腺小叶，腺小叶由小乳管和腺泡组成，每一腺叶有单独的导管（乳管），腺叶和乳管均以乳头为中心呈放射状排列。腺叶通过激素刺激产生乳汁，通过乳管排出。

　　乳房的损伤主要以损害乳房的外观和哺乳功能的程度进行损伤程度鉴定。本节中涉及女性乳房损伤的条款共有 4 条，损伤程度从轻微伤至重伤二级（表 19-8-1）。

表 19-8-1　女性乳房损伤鉴定条款

条款序号	条款内容	损伤程度
5.6.2.c）	女性双侧乳房损伤，完全丧失哺乳功能；女性一侧乳房大部分缺失	重伤二级
5.6.3.b）	女性一侧乳房损伤，丧失哺乳功能	轻伤一级
5.6.4.a）	女性一侧乳房部分缺失或者乳腺导管损伤	轻伤二级
5.6.5.b）	女性乳房擦挫伤	轻微伤

一、损伤程度审查要点

　　1. 临床表现：乳房疼痛、出血、肿胀等，同时伴有出现仪容仪表损坏。

　　2. 法医学检查：按照 GA/T 1970《法医临床学检验规范》5.7.8 女性乳房或 SF/T 0111《法医临床检验规范》7.7.1.2 女性乳房的检验规范进行检查。

　　3. 鉴定意见审查：明确有乳房的擦挫伤即可评定为轻微伤。一侧乳房部分缺损或者乳腺导管损伤，评定为轻伤二级。当一侧乳房损伤，导致哺乳功能丧失的，评定为轻伤一级。如损伤致双侧乳房均完全丧失哺乳功能，或一侧乳房大部分缺失，则评定为重伤二级。

　　需注意：

　　（1）女性乳房缺失程度的精确测量有时非常困难，相对精确的方法是通过图像分析和测量软件进行计算；

　　（2）完全丧失哺乳功能是指双侧乳房均有乳腺、输乳管、输乳管窦或乳头等结构的破坏，无法进行哺乳；

　　（3）对于绝经期妇女，生理上已无法产生乳汁，评定损伤程度时不宜用丧失哺乳功能的条款进行评定。

二、致伤物判断和损伤机制审查

钝性物体打击、手部拳击、性暴力等机械性乳房外伤史，或者锐器切、割、刺、剪等致乳房组织离断，或者不当触电、刺激性液体接触等，或者隆胸、丰胸医疗美容等各种损伤，均可导致乳房结构功能破坏，乳房组织部分或者完全缺失，同时伴有乳腺导管的破坏、离断等，从而影响乳房哺乳功能和乳房组织的完整性。

三、鉴定时限审查

以乳房结构为鉴定依据的，伤后即可鉴定；以哺乳功能为鉴定依据的，在治疗终结后进行鉴定。

【案　例】

黄某，女，28岁，未婚，因被刀刺伤左侧乳房致乳房疼痛、出血1+小时入院。入院专科检查乳腺发育完全，左侧乳房外下象限可见3.0cm创口，创口活动性出血，乳腺组织膨出。胸部B超检查提示左侧肋骨及胸腔脏器未见损伤，左侧乳腺组织肿胀，乳腺管结构破坏。入院诊断左侧乳房创伤。法医鉴定时，查体左侧乳房外下象限可见2.5cm瘢痕，乳腺组织未见缺损。复查乳腺导管造影提示左侧乳房外下侧损伤部位部分乳腺导管增生，哺乳功能无影响。乳腺导管损伤，依据《人体损伤程度鉴定标准》5.6.4.a）"乳腺导管损伤"之规定，评定为轻伤二级。（重庆市人民检察院第三分院杜发凤提供）

案例解析： 实际检案中，乳腺损伤的评定应注意几点：一是要正确掌握女性乳房缺失程度的精确测量；二是正确理解完全丧失哺乳功能的定义，主要是指双侧乳房均有乳腺、输乳管、输乳管窦或乳头等结构的破坏，无法进行哺乳；三是对于绝经期妇女，生理上已无法产生乳汁，评定损伤程度时不宜用丧失哺乳功能的条款进行评定。

第九节　胸部其他损伤

本节中涉及胸部其他损伤的条款共有6条，损伤程度从轻伤二级至重伤二级（表19-9-1）。

表19-9-1　胸部其他损伤鉴定条款

条款序号	条款内容	损伤程度
5.6.2.i）	脓胸或者肺脓肿；乳糜胸；支气管胸膜瘘；食管胸膜瘘；食管支气管瘘	重伤二级
5.6.2.k）	膈肌破裂	重伤二级
5.6.4.e）	胸部损伤，致皮下气肿1周不能自行吸收	轻伤二级
5.6.4.g）	胸壁穿透创	轻伤二级
5.6.4.h）	胸部挤压出现窒息征象	轻伤二级

一、脓 胸

1. 损伤程度审查要点

（1）临床表现：

①急性脓胸可表现高热、脉快、呼吸急促、食欲缺乏、胸痛等，脓液积聚较多者还可出现胸闷、咳嗽、咳痰等症状；

②慢性脓胸可表现长期低热、食欲减退、消瘦、贫血、低蛋白血症等慢性全身中毒症状，有时还有气促、咳嗽、咯脓痰等。

（2）法医学检查：参照 GA/T 1970《法医临床学检验规范》5.7 颈、胸部损伤，或 SF/T 0111《法医临床检验规范》7.7 胸部损伤的检验规范进行检查。

（3）鉴定意见审查：通过审查检验结果，如影像学检查确定存在积液所致的致密阴影，胸腔穿刺抽出脓液检测，结合相应的临床表现，即可确诊脓胸，评定为重伤二级。

2. 致伤物推断及损伤机制审查

机械性外伤、胸部手术治疗等造成创伤性脓胸，导致胸段气管或者食管损伤累及胸腔致胸腔细菌感染，出现充血、渗出等表现，渗出液含白细胞及纤维蛋白，积液增多为脓性液，脓液积聚于胸部，构成急性脓胸。急性脓胸处理不当、治疗不及时等，损伤转归成慢性脓胸。

3. 鉴定时限审查

确诊即可鉴定。

二、肺脓肿

1. 损伤程度审查要点

（1）临床表现：高热、咳嗽和咳大量脓臭痰、胸痛等，病情严重的可有呼吸困难。

（2）法医学检查：参照 GA/T 1970《法医临床学检验规范》5.7 颈、胸部损伤，或 SF/T 0111《法医临床检验规范》7.7 胸部损伤的检验规范进行检查。

（3）鉴定意见审查：确诊生化检查示白细胞计数升高，微生物学检查经皮肺穿刺或经鼻支气管镜防污染采集痰液，定量培养检测含有致病菌，胸部 X 线检查显示肺部脓肿块状阴影，有时可见空腔和液平面时，可确诊肺脓肿，评定为重伤二级。

2. 致伤物推断和损伤机制审查

胸部开放性损伤，引起肺实质化脓性感染，肺组织部分坏死、液化，肺脓肿为胸部损伤引起的严重并发症。

3. 鉴定时限审查

确诊后即可鉴定。

三、乳糜胸

1. 损伤程度审查要点

（1）临床表现：口渴、尿少、水肿、脱水、电解质紊乱、低蛋白血症、抵抗力降低等一系列症状。

（2）法医学检查：按照 GA/T 1970《法医临床学检验规范》5.7.5 胸导管的检验规范进行检查。

（3）鉴定意见审查：明确胸导管破裂，乳糜液溢出，即可确诊为乳糜胸，评定为重伤二级。

2. 致伤物判断和损伤机制审查

脊柱突然过度后伸、胸腔过度受挤压、高坠或锁骨、肋骨、脊柱骨折、手术中不慎而误伤胸导管等，锐器刺入和枪弹创等，均可引起胸导管损伤，损伤致胸导管断裂后，乳糜液漏出，积累于胸膜腔即造成乳糜胸。

3. 鉴定时限审查

确诊后即可鉴定。

四、胸部管瘘

本节涉及人体损伤程度鉴定中的损伤条款的疾病主要有：支气管胸膜瘘、食管胸膜瘘、食管支气管瘘。

1. 损伤程度审查要点

（1）临床表现：支气管胸膜瘘可引起剧烈咳嗽，气胸等症状表现；食管胸膜瘘可引起胸腔内感染，导致脓胸等症状表现；食管支气管瘘可引起肺部感染等症状表现。

（2）法医学检查：参照 GA/T 1970《法医临床学检验规范》5.7 颈、胸部损伤，或 SF/T 0111《法医临床检验规范》7.7 胸部损伤的检验规范进行检查。

（3）鉴定意见审查：明确支气管胸膜瘘、食管胸膜瘘、食管支气管瘘的诊断，均可评定为重伤二级。

2. 致伤物判断及损伤机制审查

胸部、食管、气管或较大支气管各种损伤，致支气管破裂与胸膜腔之间沟通而形成的瘘管，或者使食管破裂与胸膜之间形成异常管道，或者使支气管与食管之间沟通形成的瘘管等，从而形成胸部管瘘。

3. 鉴定时限审查

确诊后即可鉴定。

五、膈肌破裂

膈肌分隔两个压力不同的体腔，胸腔压力低于腹腔。

1. 损伤程度审查要点

（1）临床表现：形成膈疝，伴有相应腹部脏器损伤后的临床表现。

（2）法医学检查：按照 GA/T 1970《法医临床学检验规范》5.7.12 膈肌破裂的检验规范进行检查。

（3）鉴定意见审查：根据影像学检查为膈疝形成，确诊为膈肌破裂，评定为重伤二级。

2. 致伤物判断和损伤机制审查

根据胸部损伤形态推断致伤物。如存在创伤性膈肌损伤，交通事故、高坠等；如存在穿透性膈肌损伤，锐器或者火器等。膈肌损伤后导致膈肌破裂形成膈疝。

3. 鉴定时限审查

确诊后即可鉴定。

【案　例】

黄某，被他人踢伤致左侧胸腹部疼痛 5+小时入院，入院查体左胸腹部外侧壁第9肋处皮下出血，呼吸平稳，胸廓对称，无皮下气肿，左肺呼吸音弱，腹部有压痛、反跳痛及肌紧张，无移动性浊音。行 CT 检查提示左侧少量液气胸，可见胃组织嵌入左胸腔内。急症手术见胃组织嵌入胸腔，嵌入的胃组织血供良好，将嵌入胸腔的胃组织还纳到腹腔，缝合破裂膈肌，吸净腹腔 70ml 血性液体，探查其他器官未见损伤。入院诊断胸腹部软组织损伤、膈肌破裂。法医检查左侧胸腹部可见一 12.0cm 手术瘢痕，审查病历记录，膈肌破裂，行膈肌修复术。依据《人体损伤程度鉴定标准》5.6.2.k）"膈肌破裂"之规定，评定为重伤二级。（重庆市人民检察院第三分院杜发凤提供）

六、胸部皮下气肿

1. 损伤程度审查要点

（1）临床表现：胸部疼痛、肿胀、组织缺损、皮下气肿等。

（2）法医学检查：参照 GA/T 1970《法医临床学检验规范》5.7 颈、胸部损伤，或 SF/T 0111《法医临床检验规范》7.7 胸部损伤的检验规范进行检查。

（3）鉴定意见审查：明确胸部损伤导致皮下气肿的诊断，且持续 1 周气肿不消失，评定为轻伤二级。

2. 致伤物推断和损伤机制审查

根据胸部损伤形态分析致伤物。肋骨骨折同时伴有壁层胸膜受损时，胸腔内空气即可通过受损部位进入胸壁皮下组织；气管、支气管或食管破裂时，空气可直接从破裂口进入纵隔，再经胸骨上凹扩散至颈、面和胸部皮下组织；空气直接通过胸壁体表伤口进入皮下组织。

3. 鉴定时限审查

因皮下气肿一般可自行吸收，如皮下气肿持续 1 周不消失即可评定。

七、胸壁穿透创

1. 损伤程度审查要点

（1）临床表现：疼痛、出血等

（2）法医学检查：参照 GA/T 1970《法医临床学检验规范》5.7 颈、胸部损伤，或 SF/T 0111《法医临床检验规范》7.7 胸部损伤的检验规范进行检查。

（3）鉴定意见审查：单纯胸壁穿透创而未造成气胸、血胸或者胸腔器官损伤的，经非手术治疗痊愈的，评定为轻伤二级。如果合并其他胸部损伤的，结合胸部损伤情况综合评定。

2. 致伤物判断及损伤机制审查

根据胸壁损伤形态推断致伤物。胸壁受外界机械性暴力或者自身胸部损伤致肋骨骨折穿破胸壁等，可形成胸壁贯通创。

3. 鉴定时限审查

确诊后即可评定。

八、胸部挤压损伤

1. 损伤程度审查要点

（1）临床表现：头、颈部瘀血、出血，皮肤紫绀，头晕、一过性意识障碍，以及呼吸、心跳的改变等。

（2）法医学检查：依据《人体损伤程度鉴定标准》附录 B.6.3 窒息征象的规定，参照 GA/T 1970《法医临床学检验规范》5.7 颈、胸部损伤，或 SF/T 0111《法医临床检验规范》7.7 胸部损伤的检验规范进行检查。

（3）鉴定意见审查：胸部挤压后，出现窒息征象，经抢救治疗后无明显后遗症者，评定为轻伤二级。如出现其他胸部损伤的，结合胸部损伤情况综合评定。

2. 致伤物推断和损伤机制审查

根据胸部损伤形态进行致伤物判断。胸部的严重挤压限制胸廓、呼吸肌的动作，使呼吸运动受到限制，或者胸部遭受挤压后静脉系统压力骤然升高出现窒息征象。

3. 鉴定时限审查

治疗终结后无明显后遗症，即可进行评定。

（杜发凤、胡军、田贵兵、李福全、谭亮、廖斌雄、梅增辉、张鑫、
刘莹洁、张珣、罗兆勇、胡羽凡、李莹、苏文生、李小华）

第二十章　腹部、盆腔与会阴部损伤

《人体损伤程度鉴定标准》中腹部损伤程度的鉴定，主要以各种伤害所致腹腔实质性脏器损伤、腹腔类空腔脏器损伤、泌尿系损伤、腹腔大血管损伤、骨盆骨折、子宫及其附件损伤、流产、女性会阴部损伤、男性会阴部损伤、器质性阴茎勃起障碍、膀胱、输尿管、尿道损伤、排尿、排便困难作为鉴定依据。本章第一节主要介绍条款中涉及的腹腔实质性脏器损伤，第二节主要介绍条款中涉及的腹腔类空腔脏器损伤。第三节主要介绍腹部其他损伤。第四节主要介绍条款中涉及的骨盆骨折。第五节主要介绍条款中涉及的子宫及其附件损伤。第六节主要介绍条款中涉及的流产。第七节主要介绍条款中涉及的男女性会阴部损伤。第八节主要介绍条款中涉及的膀胱、输尿管、尿道损伤。第九节主要介绍条款中涉及的排尿、排便困难。

腹部介于骨盆和胸部之间，由腹壁、腹膜、腹腔内器官及血管和神经等组成。腹上壁为横膈，下壁为盆隔，后壁为腰骶椎及其两侧的软组织，两侧壁及前壁则由浅至深为皮肤、浅筋膜、肌肉、腹横筋膜、腹膜上筋膜及腹膜壁层。腹壁在保护腹内脏器，维持腹压，固定脏器位置和呼吸、咳嗽、呕吐，排便等方面起重要作用。腹腔内脏器包括胃、肠、肝、脾、肾、胰、胆囊。盆部与会阴部位于躯干下部，盆部以骨盆为支架，由覆盖其内侧的盆壁肌和盆底肌及其筋膜形成盆壁和盆腔，上与腹部相接，下由盆膈封闭。在盆腔内除消化道末段外，主要为泌尿和生殖器以及神经、血管等。盆膈由肛提肌和尾骨肌以及覆盖上下面的筋膜构成，会阴部是指封闭骨盆下口的软组织及生殖器，狭义会阴部是指肛门与生殖器之间的区域，在女性又称为产科会阴部。盆部与会阴部损伤往往涉及运动、消化、泌尿与生殖系统。

腹部、盆腔与会阴部损伤审查要点：（1）掌握腹部实质脏器损伤鉴定的法医学审查要点；（2）掌握腹部空腔脏器损伤鉴定的法医学审查要点；（3）掌握骨盆骨折鉴定的法医学审查要点；（4）掌握外伤流产鉴定的法医学审查要点；（5）掌握盆腔脏器损伤鉴定的法医学审查要点。

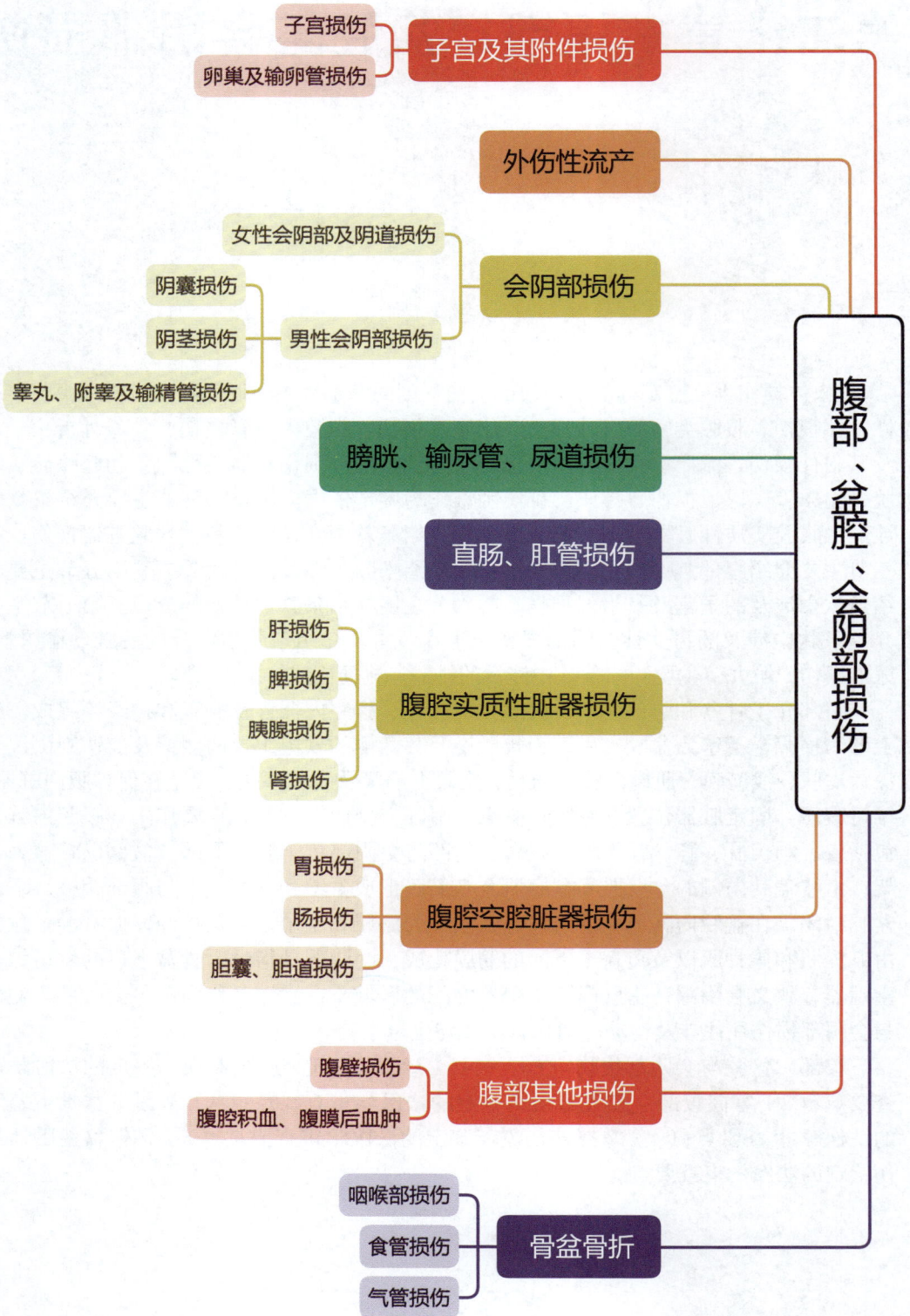

子宫损伤
卵巢及输卵管损伤
子宫及其附件损伤

外伤性流产

女性会阴部及阴道损伤
阴囊损伤
阴茎损伤
男性会阴部损伤
睾丸、附睾及输精管损伤
会阴部损伤

膀胱、输尿管、尿道损伤

直肠、肛管损伤

肝损伤
脾损伤
胰腺损伤
肾损伤
腹腔实质性脏器损伤

胃损伤
肠损伤
胆囊、胆道损伤
腹腔空腔脏器损伤

腹壁损伤
腹腔积血、腹膜后血肿
腹部其他损伤

咽喉部损伤
食管损伤
气管损伤
骨盆骨折

腹部、盆腔、会阴部损伤

第一节　腹腔实质性脏器损伤

　　《人体损伤程度鉴定标准》中涉及腹腔实质器官损伤的条款有 19 条，损伤程度从轻微伤至重伤一级（表 20-1-1）。

表 20-1-1　腹腔实质器官损伤鉴定条款

条款序号	条款内容	损伤程度
5.7.1.a）	肝功能损害（重度）	重伤一级
5.7.1.c）	肾功能不全（尿毒症期）	重伤一级
5.7.2.c）	肝、脾（或者）胰或者肾破裂，须手术治疗	重伤二级
5.7.2.e）	腹部损伤致肠瘘或者尿瘘	重伤二级
5.7.2.g）	肾周血肿或者肾包膜下血肿，须手术治疗	重伤二级
5.7.2.h）	肾功能不全（失代偿期）	重伤二级
5.7.2.i）	肾损伤致肾性高血压	重伤二级
5.7.2.j）	外伤性肾积水；外伤性肾动脉瘤；外伤性肾动静脉瘘	重伤二级
5.7.3.b）	肝包膜破裂；肝脏实质内血肿直径 2.0cm 以上	轻伤一级
5.7.3.c）	脾包膜破裂；脾实质内血肿直径 2.0cm 以上	轻伤一级
5.7.3.d）	胰腺包膜破裂	轻伤一级
5.7.3.e）	肾功能不全（代偿期）	轻伤一级
5.7.4.b）	肝包膜下或者实质内出血	轻伤二级
5.7.4.c）	脾包膜下或者实质内出血	轻伤二级
5.7.4.d）	胰腺挫伤	轻伤二级
5.7.4.e）	肾包膜下或者实质内出血	轻伤二级
5.7.4.f）	肝功能损害（轻度）	轻伤二级
5.7.4.g）	急性肾功能障碍（可恢复）	轻伤二级
5.7.5.a）	外伤性血尿	轻微伤

一、肝损伤

　　肝是人体最大的实质性腺体，具有解毒、代谢、分泌胆汁、免疫防御等功能；肝由多条韧带固定于腹腔中，大部分位于右侧膈下和右季肋部深面，仅小部分超越正中线而达左上腹部，前面有第 6～9 肋所遮盖，后侧有第 6～12 肋保护。肝包膜又称"Glisson 包膜"，是肝脏最外层的一种膜性结构，由排列规则的胶原纤维组成。肝包膜在下腔静脉及第 1 肝门处最厚，环绕肝门处输入血管及肝胆管。

　　肝破裂包括肝真性破裂（包膜及肝实质均破裂）、肝包膜下出血及实质内出血三类。

1. 损伤程度审查要点

　　（1）临床表现：肝包膜下（或实质内）出血，初期可无明显临床症状，但随着肝内血肿的增大，可以出现明显局限性疼痛；肝真性破裂则表现为大出血、失血性休克和胆汁性腹膜炎等症状和体征。

（2）法医学检查：依据《人体损伤程度鉴定标准》附录 B.7.1 肝功能损害的规定，按照 GA/T 1970《法医临床学检验规范》5.8.2 肝、胆，参照 SF/T 0111《法医临床检验规范》7.8 腹部损伤的检验规范进行检查。

（3）鉴定意见审查：肝脏的损伤程度评定可依据其原发性损伤或功能障碍两方面进行评定，审查时应依据损伤结果综合评定。

①原发性损伤：外伤致肝包膜下或者实质内出血时，明确诊断即可评定为轻伤二级；当损伤致肝包膜破裂或肝脏实质内血肿达 2.0cm 以上时，评定为轻伤一级；当肝破裂后（包括真性破裂、包膜下出血及实质内出血），符合手术指征且行手术治疗的，评定为重伤二级。

②功能障碍：损伤致肝功能轻度损害，评定为轻伤二级。肝功能重度损害时，评定为重伤一级。

需注意，外伤所致的肝功能损害需与各种病毒性、血吸虫性、肝肿瘤性、酒精性或其他中毒性肝损伤加以鉴别。

2. 致伤物判断及损伤机制审查（表 20-1-2）

表 20-1-2　肝损伤机制

分类	肝挫伤	肝破裂		
		肝包膜下出血	实质内出血	真性破裂
损伤机制	钝性暴力直接或间接作用于胸腹部，使肝发生相对位移和不均匀性压缩变形，肝会在应力集中处发生撕裂或破碎；急剧的减速性运动致肝周的韧带和血管与肝脏发生相对位移产生的剪切力，也会导致肝被撕裂；腹部急剧变形时压力通过血管系统传导，可以导致肝内毛细血管破裂和肝出血性损伤；刺创及枪弹创导致肝实质的损伤			

3. 鉴定时限审查

以原发性损伤为主，不考虑肝功能损伤的，鉴定在伤后即可进行。涉及功能障碍，损伤 90 日后鉴定。

【案　例】

唐某，因中上腹刀刺伤伴疼痛出血约 40 分钟入院。查体见中上腹一长约 10cm 创口，伴活动性出血，边缘较整齐，中上腹压痛，无明显反跳痛及肌紧张，移动性浊音阴性。腹部 CT 提示：腹腔少量游离气体并积血。行剖腹探查见：左肝外叶近镰状韧带 3cm 处"L"形裂口，分别长约 2.5cm 及 3cm，裂口深约 2.0cm，可见活动性出血，左肝下可见约 100g 血凝块及 150ml 血液。另探查其他未见明显异常。行左肝裂伤修补术后好转出院。出院诊断：上腹刀刺伤，肝左叶裂伤。被鉴定人唐某被人伤致腹部贯通创，其活动性出血伴腹腔积血，具有手术探查指征，经肝裂伤修补术后，目前检查见腹部遗留单条线性瘢痕长16.4cm，未遗留功能障碍。其肝破裂损伤依据《人体损伤程度鉴定标准》5.7.2.c）"肝破裂，须手术治疗"之规定，评定为重伤二级。

　　案例解析：《人体损伤程度鉴定标准》许多损伤的条款中，均有"须手术治疗"这一必要条件，该类条款在运用时需注意既要有条款规定的原发性损伤存在，且需要达到手术治疗的指征，并已行手术治疗，才能运用该类条款，如经保守治疗等治愈的，则不能运用该类条款。手术指征见本书总论中"须手术治疗的问题"。

二、脾损伤

　　脾是人体外周免疫器官之一，具有造血和血液过滤功能，也是淋巴细胞迁移和接受抗原刺激后发生免疫应答、产生免疫效应分子的重要场所。脾脏表面由排列规则胶原纤维组成的一层膜性结构完全包裹。

　　同肝脏一样，脾破裂包括真性破裂（包膜及脾实质均破裂）、包膜下出血及实质内（深部）出血三类。

1. 损伤程度审查要点

　　（1）临床表现：真性破裂：左上腹疼痛、血压下降、脉搏细弱、呼吸急促等失血与失血性休克以及急性腹膜炎的表现。包膜下出血及实质内（深部）出血：常见症状为左上腹压痛或左肩牵涉痛。当出血积累到一定量时，可因活动或受外力作用突然转化为真性破裂。

　　（2）法医学检查：按照 GA/T 1970《法医临床学检验规范》5.8.4 脾，参照 SF/T 0111《法医临床检验规范》7.8 腹部损伤的检验规范进行检查。

　　（3）鉴定意见审查：损伤导致脾包膜下或者实质内出血，确诊即可评定为轻伤二级；当损伤致脾包膜破裂或脾实质内血肿达 2.0cm 以上时评定为轻伤一级；当脾破裂（包括真性破裂、包膜下出血及实质内出血），符合手术指征且行手术治疗的，评定为重伤二级。

　　需注意，延迟性脾破裂的认定，应根据受伤时间、伤后临床表现以及脾发生真性破裂前的具体情况，结合手术所见与组织病理学检查结果综合分析判断。

2. 致伤物判断及损伤机制审查（表 20-1-3）

表 20-1-3　脾损伤机制

分类	脾挫伤	脾破裂		
		脾包膜下出血	实质内出血	真性破裂
损伤机制	钝性暴力撞击或挤压腹部、左下胸或腰背部可以造成脾挫伤或脾破裂；左季肋部肋骨骨折，骨折断端也可刺破脾。此外，锐器及火器伤等可以造成开放性脾损伤。			

3. 鉴定时限审查

　　脾损伤主要以原发性损伤为主，鉴定在伤后即可进行。

【案　例】

　　郑某，因"他人打伤左胸腹 1+小时"入院。入院查血压 103/72mmHg，查体不合作，面部及胸部皮肤散在多处抓痕，眼睑稍苍白。专科检查：左上腹部压痛，无明显反跳痛、肌紧张，墨菲氏征阴性，肝脾区无叩痛，移动性浊音因患者不配合未查，诊断性腹腔穿刺抽出不凝血。行腹部 CT 示：脾破裂可能。胰腺形态、大小未见异常，胰尾显示不清，见稍高密度影包绕；肝脾周围见稍高密度影包绕，盆腔内见大片不规则稍高密度影填充。经剖腹探查，术中见腹腔大量出血，左侧腹部可见大量血凝块堆积，脾门多处裂伤，伴胃底、胰尾、结肠脾区挫伤，行脾脏切除术。腹腔内积血约 800ml，术中出血约 300ml。诊断：（1）脾破裂；（2）胃底挫伤；（3）胰尾挫伤；（4）结肠脾区挫伤；（5）面部、胸部皮肤擦伤。

被鉴定人郑某左胸腹部外伤，伤后有进行性失血症状，诊断性腹腔穿刺抽出不凝血，经腹腔探查术后见腹腔内积血约 800ml，左侧腹腔内可见大量血凝块堆积，脾门多处裂伤，伴胃底、胰尾、结肠脾区挫伤及后腹膜血肿形成，行脾脏切除术。被鉴定人郑某脾破裂，具有手术指征且行脾切除术，依据《人体损伤程度鉴定标准》5.7.2.c）"肝、脾（或者）胰或者肾破裂，须手术治疗"之规定，评定为重伤二级；被鉴定人郑某腹部损伤致胰尾挫伤，依据《人体损伤程度鉴定标准》5.7.4.d）"胰腺挫伤"之规定，评定为轻伤二级；被鉴定人郑某胃底挫伤、结肠脾区挫伤，依据《人体损伤程度鉴定标准》5.7.4.a）"胃、肠、胆囊或者胆道挫伤"之规定，评定为轻伤二级。综上，被鉴定人郑某的损伤程度为重伤二级。

案例解析：腹部损伤案件审查时应注意分析以下几点。一是涉及腹部损伤时，因腹腔脏器解剖结构复杂，要充分考虑受伤情况，仔细分析手术记录及腹部影像学检查报告，确保鉴定结果科学公正。二是涉及一因多果损伤类型时，需要对多个后果分别分析，综合鉴定。本案例中，腹部因受打伤（一因）致脾破裂、胃底挫伤、胰尾挫伤、结肠脾区挫伤等腹部损伤结果（多果），在进行损伤程度分析时，先分别对所有损伤后果进行分析评定，最后评定结论以鉴定等级高的结果为最后鉴定结论。三是腹腔脏器损伤，如涉及脏器功能障碍的，还需结合功能障碍条款进行评定。

三、胰腺损伤

胰腺为混合性分泌腺体，外分泌主要成分是胰液，内含碱性的碳酸氢盐和各种消化酶。内分泌主要成分是胰岛素、胰高血糖素、生长激素释放抑制激素、肠血管活性肽、胃泌素等。胰腺头部存在跟直肠系膜相似的一层系膜，临床上通称胰腺包膜。该层包膜富含丰富的结缔组织，包裹着血管、神经和淋巴。

1. 损伤程度审查要点

（1）临床表现：

①轻度的胰腺损伤表现为轻度上腹不适或轻度腹膜刺激症状，有的损伤当时可无任何症状。由于局部组织损害不重或仅有少量渗出或胰液漏出，故损伤当时临床症状不明显。但经过数周、数月或数年后，有的可以形成胰腺假性囊肿，并出现上腹部肿块或消化道压迫症状。

②严重胰腺损伤可引起休克或虚脱。如果胰液积聚在网膜内，可出现上腹部明显

压痛、腹肌紧张。

③胰液刺激膈肌时，可出现顽固性呃逆和肩部放射痛；溢出的胰液若经网膜孔或破裂的小网膜流入腹腔时，则出现弥漫性腹膜炎症状，表现为进行性腹胀、全腹压痛、腹肌紧张、肠鸣音消失或减弱，并伴有高热、白细胞增高、血及尿中的淀粉酶值升高；部分严重胰腺损伤病人因出血可在脐周皮肤出现不规则形的瘀斑（Cullen 征），或腰部皮肤呈青紫色（Grey Turner 征）等特殊体征。

（2）法医学检查：按照 GA/T 1970《法医临床学检验规范》5.8.3 胰，参照 SF/T 0111《法医临床检验规范》7.8 腹部损伤的检验规范进行检查。

（3）鉴定意见审查：损伤导致胰腺挫伤，确诊即可评定为轻伤二级；当损伤导致胰腺包膜破裂时评定为轻伤一级；胰腺破裂，符合手术指征且行手术治疗的，评定为重伤二级。

2. 致伤物判断及损伤机制审查（表 20-1-4）

表 20-1-4　胰腺损伤机制

分类	胰挫伤	胰破裂		
		胰包膜破裂	胰腺破裂	胰腺挫伤
损伤机制	多由钝性暴力作用使胰腺被挤压或撞击后方脊柱所形成。胰腺的损伤部位与暴力作用的方向有关，当外力作用于脊椎右侧时，可使胰头部损伤，并常合并肝脏、胃十二指肠、大网膜和结肠中动脉、结肠右动脉损伤；当外力直接作用于上腹正中，可造成胰腺背侧或腹侧的完全或不完全断裂，而无其他组织器官损伤；当外力直接作用于脊椎左侧，可造成胰尾挫伤或撕裂伤。胸背部及上腹部的锐器伤或枪弹创以及胆道、脾脏、胃手术时可直接损伤胰腺。			

3. 鉴定时限审查

胰腺损伤主要以原发性损伤为主，鉴定在伤后即可进行。

【案 例】

刘某，在学校被他人用刀捅伤。查体：T36.2℃，P100 次/分，R21 次/分，BP100/60mmHg。脐右上方距脐约 4cm 处见一长约 1cm 刀刺裂口，呈 30° 角刺入，腹壁裂口与腹腔相通，全腹肌紧张，全腹压痛及反跳痛，肝浊音界消失，移动性浊音阳性，肠鸣音减弱。剖腹探查见大网膜疝入腹膜裂口，网膜多处血肿，胃前壁见长约 1.0cm 刀伤裂口，胃内容物溢出，打开大网膜囊，胃后壁同样见 1.0cm 裂口，另见胰头刀刺后包膜破裂，盆腔有血凝块，腹腔内共计出血约 200ml。诊断：（1）胰腺损伤；（2）外伤性胃穿孔；（3）腹壁穿通伤。

伤后 1 月余鉴定，刘某除腹部三处皮肤瘢痕外，已无不适。其外伤性胃穿孔并行手术治疗依据《人体损伤程度鉴定标准》5.7.2.b）"胃、肠、胆囊或者胆道全层破裂，须手术治疗"，评定为重伤二级；其胰腺损伤依据《人体损伤程度鉴定标准 5.7.3.d）"胰腺包膜破裂"之规定，评定为轻伤一级；其腹壁穿透伤依据《人体损伤程度鉴定标准》5.7.4.i）"腹壁穿透创"之规定，评定为轻伤二级。综上，刘某的损伤程度为重伤二级。（重庆市丰都县人民检察院何寨寨提供）

　　案例解析：1. 在刀刺伤的实际案件中，一次刀刺可造成人体多个不同器官的损伤。本案刺伤穿透右侧腹壁，致胃前后壁破裂和胰头包膜破裂。2. 刘某入院时全腹肌紧张，全腹压痛及反跳痛，肝浊音界消失，移动性浊音阳性，具有手术指征，行手术治疗证实其胃前、后壁破裂、胃内容物溢出。符合《人体损伤程度鉴定标准》5.7.2.b）"胃、肠、胆囊或者胆道全层破裂，须手术治疗"的要求。

四、肾损伤

　　肾位于第12胸椎和第3腰椎之间的两侧腹膜后间隙，前面有腹壁和腹腔脏器，外侧有第10～12肋骨，上面有膈肌，内侧和后面有脊椎、背部的肌肉和胸廓软组织保护。正常肾随呼吸运动有一定的活动度，在一定程度上也具有缓冲暴力的作用。肾具有排泄体内代谢废物，维持机体钠、钾、钙等电解质的稳定及酸碱平衡等功能。

　　外伤性肾积水：肾脏、肾盂—输尿管连接处、输尿管乃至尿道等任何部位的创伤引起出血、感染、纤维化、瘢痕狭窄或者外来压迫，均可能引起肾积水。外伤性肾积水可导致肾小球滤过膜面积减少、有效滤过率降低，进而影响肾功能。

　　外伤性肾动脉瘤：又称为外伤性肾假性动脉瘤；外伤性肾动脉瘤多为动脉损伤。肾动脉损伤后，血液通过破裂处进入周围组织而形成血肿，数周后，血肿外壁逐渐被机化，腔内表面则有内皮覆盖，血流不断通过动脉裂口，循环进出血肿腔，形成瘤样病变。

　　外伤性肾动静脉瘘：外伤性肾动静脉瘘属外伤继发性病变，需与原发性与特发性相鉴别，主要检查手段为肾动脉造影。原发性肾动静脉瘘又称先天性动静脉瘘，肾动脉造影表现为曲张的血管团，内有多支动静脉瘘，一般位于集合系统黏膜下的固有层中，因而易破溃入集合系统引起血尿。继发性肾动静脉瘘相对多见，肾动脉造影表现为单支动脉通过一扩张的血管腔与静脉直接相通，病变部位不定，与病因直接有关，其临床表现多出现肾性高血压，肉眼血尿明显少于原发性者。特发性肾动静脉瘘最为少见，一般认为是肾脏的假性动脉瘤破溃入邻近静脉而形成，其影像学表现与继发性者相似。

　　肾性高血压：肾性高血压是继发性高血压的一种，主要是由于肾脏实质性病变和肾动脉病变引起的血压升高。本病的发生主要是由于肾小球玻璃样变性、间质组织和结缔组织增生、肾小管萎缩、肾细小动脉狭窄，造成了肾脏既有实质性损害，也有血液供应不足；肾动脉壁的中层黏液性肌纤维增生，形成多数小动脉瘤，使肾小动脉内壁呈串珠样突出，造成肾动脉呈节段性狭窄；非特异性大动脉炎，引起肾脏血流灌注不足。在上述因素的综合作用下，导致高血压的发生。而高血压又会造成肾的损害，二者相互促进，会使疾病进一步发展。

　　腹部损伤致尿瘘：腹部损伤致肾盂、输尿管、膀胱、尿道等尿路结构与腹壁创口、肠道或者阴道等部位相沟通，形成尿瘘。

　　外伤性血尿：肾、输尿管、膀胱、尿道损伤均可引起血尿。尿常规检查可见尿液中有红细胞，含铁血红素等。

1. 肾原发性损伤

（1）损伤程度审查要点：

①临床表现：轻型肾损伤主要临床表现为受伤腰部疼痛、局限于脊肋角，持续性，活动或咳嗽时加重，可放射到肩部及腰骶部。短暂或轻微的血尿。伤侧脊肋角压痛或叩痛。

中型肾损伤主要临床表现为：疼痛、血尿、叩痛、休克（创伤较重或失血较多，可导致创伤性或失血性休克；合并感染时，可导致感染性休克）、腰腹部肿块（出血与尿外渗时，腰腹部可出现包块，并随着肾周血肿增大或尿外渗增多，肿块可进行性加大）。

②法医学检查：按照 GA/T 1970《法医临床学检验规范》5.8.6 肾、输尿管，参照 SF/T 0111《法医临床检验规范》7.8 腹部损伤的检验规范进行检查。

③鉴定意见审查：损伤导致肾包膜下或者实质内出血，确诊即可评定为轻伤二级；肾破裂、肾周血肿、肾包膜下血肿达到手术指征且行手术治疗的，评定为重伤二级；腹部损伤累及肾脏导致尿瘘时，评定为重伤二级。

（2）致伤物判断及损伤机制审查（表 20-1-5）：

表 20-1-5　肾损伤机制

分类	肾挫伤	肾裂伤	肾碎裂伤	肾蒂伤
损伤机制	上腹部或腰部受到直接作用如锐器刺戳伤及枪弹伤，或者间接作用如高处坠落、交通事故及运动等，即第 12 肋与脊柱之间或胸廓下腹壁与脊柱旁肌肉之间的剧烈挤压可导致肾实质的破裂，相邻的肋骨骨折的断端或碎片也可刺破肾实质；间接暴力常见于高坠时双足或臀部着地所形成的减速性损伤，即当身体运动突然停止的瞬间，肾脏由于惯性作用继续运动，牵拉肾蒂进而造成血管内膜的撕裂或血管的破裂。此外，在病理状态下，如患有肾肿瘤、肾积水、肾结石等病变时，即使轻微外力也可以导致肾损伤。			

（3）鉴定时限审查：以原发性损伤为主，损伤后即可进行鉴定。

【案　例】

廖某，因"刀刺伤致左腰部出血疼痛 1 小时"入院。查体见左侧腰背部可见长约 1.5cm 伤口，活动性出血，深约 2cm，周围软组织肿胀。CT 检查示：左肾脏穿戳伤，肾脏包膜下及肾周血肿，左肾及肾旁炎性变，左腰外后侧及左胸背部软组织穿戳伤，相应区域软组织肿胀，少量积气，脾脏外侧缘不清楚，脾脏损伤待排。行手术治疗，术中见左肾背脊 1cm 纵向裂口，深度约 5mm，持续出血。出院诊断：（1）左肾裂伤；（2）左腰部刀刺伤。伤后 90 日，法医检查见其左腰部 10.0cm 手术瘢痕，其下方见 0.8cm 引流瘢痕，色淡红，略凸出皮肤，质地较软。被鉴定人廖某被他人刺伤左背部、左腰部，腹部受伤史明确。被鉴定人廖某左肾破裂，具备手术指征并经手术治疗，依据《人体损伤程度鉴定标准》5.7.2.c）"肾破裂，须手术治疗"之规定，评定为重伤二级。

2. 肾功能不全

肾功能不全为肾性或肾外损伤所致的双肾功能障碍，属损伤的后遗症，应待治疗终结后再行鉴定。损伤前即为孤肾，应全面分析伤情，判定伤病关系，综合鉴定。

（1）损伤程度审查要点：

①临床症状：肾功能不全的各个分期及临床症状见《人体损伤程度鉴定标准》附录 B.7.2。

②法医学检查：依据《人体损伤程度鉴定标准》附录 B.7.2 肾功能不全的规定，按照 GA/T 1970《法医临床学检验规范》5.8.6 肾、输尿管，或 SF/T 0111《法医临床检验规范》7.8 腹部损伤的检验规范进行检查。

③鉴定意见审查：按照肾功能不全的分期评定，急性肾功能障碍（可恢复）评定为轻伤二级；肾功能不全代偿期评定为轻伤一级；肾功能不全失代偿期评定为重伤二级；肾功能不全尿毒症期评定为重伤一级。

（2）损伤机制审查：各种致肾损伤的外伤均可能引起肾功能不全的后遗症。

（3）鉴定时限审查：肾脏损伤涉及功能障碍的，损伤 90 日后进行鉴定。

第二节　腹腔空腔器官损伤

《人体损伤程度鉴定标准》中涉及腹腔空腔器官损伤的条款有 7 条，损伤程度从轻伤二级至重伤一级（表 20-2-1）。

表 20-2-1　腹腔空腔器官损伤鉴定条款

条款序号	条款内容	损伤程度
5.7.1.b）	胃肠道损伤致消化吸收功能严重障碍，依赖肠外营养	重伤一级
5.7.2.b）	胃、肠、胆囊或者胆道全层破裂，须手术治疗	重伤二级
5.7.2.e）	腹部损伤致肠瘘或者尿瘘	重伤二级
5.8.2.c）	直肠破裂，须手术治疗	重伤二级
5.8.2.r）	直肠阴道瘘；直肠膀胱瘘	重伤二级
5.7.3.a）	胃、肠、胆囊或者胆道非全层破裂	轻伤一级
5.7.4.a）	胃、肠、胆囊或者胆道挫伤	轻伤二级

一、胃损伤

胃是消化管各部中最膨大的部分，位于腹腔顶部，上连食管，下续十二指肠。成人胃的容量约 1500ml。胃除有收纳食物和分泌胃液的作用外，还有内分泌功能，其柔韧性好，活动度大，除胃窦部外，大部分受肋弓保护且胃壁相对较厚。胃壁分为黏膜、黏膜下层、肌层和浆膜四层。

1. 损伤程度审查要点

（1）临床表现：

①胃挫伤：上腹部局部轻度压痛，可伴有恶心、呕吐或胃痉挛等。

②胃破裂：腹痛、腹胀、呕吐、腹式呼吸消失、呼吸短促，肠鸣音减弱或消失；腹部压痛、反跳痛及腹肌紧张；半数以上出现呕血、柏油样大便，或胃管引流引出血性物；穿透性胃损伤者可见腹壁伤口流出胃内容物；如果损伤胃周围血管，可导致腹腔内大量出血，甚至出现失血性休克。

③胃化学性损伤：咽喉、食管和胃烧灼感以及恶心、呕吐、上腹部疼痛等；如损伤累及胃壁血管时，可呕吐咖啡色液体；胃穿孔多发生于吞咽化学性物质后 1 ~ 2 日内，穿孔时会出现腹部剧烈疼痛及腹膜刺激症状，甚至休克。

（2）法医学检查：按照 GA/T 1970《法医临床学检验规范》5.8.5 胃、肠，或 SF/T 0111《法医临床检验规范》7.8 腹部损伤的检验规范进行检查。

（3）鉴定意见审查：损伤导致胃挫伤，确诊即可评定为轻伤二级；损伤致胃破裂未达全层时评定为轻伤一级；损伤致胃全层破裂，符合手术指征且行手术治疗的，评定为重伤二级。胃肠道损伤致消化吸收功能严重障碍且依赖肠外营养时，评定为重伤一级。

2. 致伤物判断及损伤机制审查

胃闭合性损伤多因胃饱餐或患有胃溃疡等情况下，受到挤压或外力冲击而造成，如拳打脚踢、高坠、车祸、爆炸时的气浪或水浪冲击等。此外，吞入锐利器物、胃镜检查或洗胃时液体量过大，也可造成胃的损伤。轻度损伤表现为胃壁浆膜下淤血、黏膜下血肿或浆膜层、肌层破裂；严重损伤可因上腹部或胸背部同时受到强烈的暴力，胃贲门与胃幽门因痉挛同时关闭，外力使胃内压急剧上升，造成胃全层的破裂或胃断裂；偶见因体位突然急剧改变所造成的胃韧带或胃结肠韧带撕裂、断离或扭转。胃开放性损伤多见于胸及上腹部的刺创或枪弹创，损伤可以累及胃的前壁、后壁，常伴有胃血管、神经和毗邻器官的损伤。胃化学性损伤多为强酸、强碱或其他腐蚀性化学物，如硫酸、甲酚皂溶液等所致。胃的化学性损伤主要是胃黏膜的损伤，严重者可导致胃壁全层坏死、穿孔，其损伤程度取决于所吞服化学物质的性质、浓度、剂量以及停留时间，幽门区和胃小弯损伤较胃其他部位损伤相对严重。

3. 鉴定时限审查

胃损伤主要以原发性损伤为主，鉴定在伤后即可进行；若影响消化吸收功能，应于伤后 90 日且伤情稳定后鉴定。

【案　例】

张某，因"锐器致胸腹部、腰背部、左上肢损伤 1 小时"入院。查体见全身状态尚可，左胸壁、左季肋区、右胸背脊柱旁、左腰背脊柱旁、左上臂中远 1/3 尺侧、左肘后中各一处长约 1.5cm 皮肤裂伤，无明显外失血。影像学检查见：（1）双侧胸腔少量积液；（2）腹腔实质性脏器未见确切创伤性改变；（3）腹腔积液约 400ml。入院后急诊行剖腹探查手术见腹腔游离积血＋血凝块约400ml，大网膜裂伤一处2cm，胃体部前壁近小弯处全层裂伤1cm，胃大弯侧后壁见约0.7cm×0.7cm全层破裂，脾脏脾门及下极两处裂伤共4cm，深达4cm，左膈肌体部裂伤2cm。术中行全身多处锐器伤伤道探查清创缝合，剖腹探查、脾切除、胃及大网膜修补、腹盆腔闭式引流等治疗。出院诊断：（1）全身多处锐器伤、胸腹联合伤；（2）膈肌破裂、脾破裂、胃破裂、大网膜破裂。

被鉴定人张某胸腹部外伤史明确，影像学检查其腹腔积液约400ml，具有剖腹探查手术指征。其脾脏脾门及下极两处裂伤，依据《人体损伤程度鉴定标准》5.7.2.c）"肝、脾、胰或者肾破裂，须手术治疗"之规定，评定为重伤二级。其胃全层破裂，依据《人体损伤程度鉴定标准》5.7.2.b）"胃、肠、胆囊或者胆道全层破裂，须手术治疗"之规定，评定为重伤二级。其膈肌破裂，依据《人体损伤程度鉴定标准》5.6.2.k）"膈肌破裂"之规定，评定为重伤二级。综上，张某损伤程度为重伤二级。

二、肠损伤

肠包括小肠（十二指肠、空肠、回肠）和大肠（盲肠、阑尾、结肠、直肠和肛管）。

1. 损伤程度审查要点

（1）临床表现：腹痛、恶心、呕吐、腹胀、便血；腹膜刺激征；遗留消化功能障碍等。

（2）法医学检查：按照GA/T 1970《法医临床学检验规范》5.8.5胃、肠，结合SF/T 0111《法医临床检验规范》7.8腹部损伤、7.8.3.1消化吸收功能障碍的检验规范进行检查。

（3）鉴定意见审查：损伤导致肠挫伤，确诊即可评定为轻伤二级；损伤致肠破裂未达全层时评定为轻伤一级；损伤致肠全层破裂，符合手术指征且行手术治疗的，评定为重伤二级。肠道损伤后发生肠瘘、直肠阴道瘘、直肠膀胱瘘，确诊后评定为重伤二级。肠道损伤致消化吸收功能严重障碍且依赖肠外营养时，评定为重伤一级。

2. 致伤物判断及损伤机制审查（表20-2-2、表20-2-3）

表20-2-2 十二指肠损伤机制

分类	闭合性损伤	开放性损伤	化学性损伤
损伤机制	多因猛烈暴力所致，损伤部位常位于十二指肠的降部及水平部。其损伤机制为暴力直接作用于上腹部，如车祸时车辆方向盘或其他物体将十二指肠水平段挤压于脊柱上或暴力致处于紧闭的幽门与Treitz韧带之间的十二指肠内压力骤升而破裂。	多为上腹壁穿通伤引起。此外，上腹部手术，尤其当腹腔内有严重粘连时，由于正常的解剖结构消失，若不仔细辨认，也容易发生手术损伤。	胃合并十二指肠损伤，其病理改变及预后与胃损伤相似。

表 20-2-3　小肠损伤机制

分类	开放性损伤	闭合性损伤
损伤机制	多见于锐器及枪弹伤。由于小肠在腹腔内分布呈迂曲状态，一次损伤可致一处或多处穿孔伤。在腹壁穿透性损伤中，有时虽未直接损伤小肠，但小肠可从创口处膨出体外，受到污染；或因肠段膨出后绞窄致供血障碍，出现肠段坏死。此外，腹腔穿刺、内窥镜操作或人工流产手术以及手术分离粘连时，因操作失当或意外也可能误伤小肠。	直接暴力损伤：①挤压：外力垂直作用于腹壁，将肠管挤压在较坚硬的脊椎体及骶岬上，使小肠破裂；或腹部受压，致肠内压骤升，使充满气体和液体的小肠在肠袢曲折处突然破裂；②撕裂伤：外力以斜向、切线的方向作用于腹壁，引起肠管在系膜附着处撕裂；③肌肉收缩：身体猛然用力或突然过度后仰时，因腹肌的强力收缩致腹内压骤然升高，引起肠管破裂或系膜撕裂。 间接暴力损伤：当腹腔因暴力震动，或伴随体位的突然改变，使小肠位移的程度超过其正常活动范围时，导致肠管或系膜的撕裂、断离与扭转。扭转可致肠段绞窄、坏死，肠系膜血管损伤也可造成缺血性肠坏死。肠扭转系腹部受到外力作用后，引起一段肠袢以其系膜为长轴所发生 180° 以上的旋转。

另外，结肠与直肠的闭合性损伤可由车辆的撞击、高坠、碾轧等导致；开放性损伤可由锐器及枪弹创导致。

3. 鉴定时限审查

以原发性损伤所致肠道损伤，确诊即可鉴定；若影响消化吸收功能，应于伤后 90 日且伤情稳定后鉴定。

【案　例】

马某，被刀伤及双上肢、腹部等多处。查体右前臂可见刺伤 1.5cm 皮肤裂开，深无法探及，伴有活动性出血，左上臂可见长约 1.5cm 刺伤，左下腹部见刺伤 3.0cm，切口整齐，活动性出血，伴有网膜突出。剖腹探查见腹腔内血凝块、积血约 300ml，左侧降结肠周围少许粘连，分离粘连带，距离 treitz 韧带 25.0cm 处空肠可见 4 处贯穿伤，伴有活动性出血，修补损伤处，安置腹腔引流管 2 根。出院诊断：（1）开放性腹部损伤；（2）创伤性空肠破裂；（3）上肢多处损伤；（4）肠粘连。

马某被他人用刀捅伤，外伤史明确。经法医检查，其双上肢遗留 3.0cm 瘢痕，依据《人体损伤程度鉴定标准》5.9.5.a）"两处以上创口或者瘢痕长度累计 1.5cm 以上"之规定，评定为轻微伤；其开放性腹部损伤伴活动性出血、腹腔积血，具有手术指征，经手术证实其空肠破裂，依据《人体损伤程度鉴定标准》5.7.2.b）"胃、肠、胆囊或者胆道全层破裂，须手术治疗"之规定，评定为重伤二级。综上，马某的损伤程度为重伤二级。

三、胆囊、胆道损伤

胆囊、胆道均属肝外胆系，胆道包括左、右肝管、肝总管与胆总管，还包括与胆囊相接的胆囊管。

1. 损伤程度审查要点

（1）临床表现：

①肝外胆道挫伤：轻度挫伤可无明显临床表现或仅表现为腹痛、腹胀等；严重挫伤，由于出血、水肿可引起胆道狭窄，也可在伤后 2 ~ 3 周（亦可在伤后 6 周以上）发生瘢痕收缩导致迟发性胆道狭窄，出现腹痛、黄疸、食欲缺乏、消瘦等。

②肝外胆道破裂：发热、黄疸、腹膜刺激征等。胆囊溢出的浓缩胆汁起初会剧烈腹痛，但数小时后可因大网膜的包裹局限而有所减轻，因此，腹膜刺激征等经常被延迟，甚至于几周后才出现发热、黄疸、腹水、陶土样便等。

（2）法医学检查：按照 GA/T 1970《法医临床学检验规范》5.8.2 肝、胆，参照 SF/T 0111《法医临床检验规范》7.8 腹部损伤的检验规范进行检查。

（3）鉴定意见审查：损伤导致胆囊或胆道挫伤，确诊即可评定为轻伤二级；损伤致胆囊或胆道破裂未达全层时评定为轻伤一级；损伤致胆囊或胆道全层破裂，符合手术指征且行手术治疗的，评定为重伤二级。

2. 致伤物判断及损伤机制审查（表 20-2-4）

表 20-2-4　胆囊、胆道损伤机制

分类	开放性损伤	闭合性损伤
损伤机制	锐器或枪弹直接所致	车辆的撞击、高坠、碾轧等导致右上腹受到挤压，肝脏在腹腔内突然变形移位，使肝外胆道受到冲击造成胆总管、胰十二指肠结合部破裂；身体急剧减速运动时在相对固定的胰腺上方产生剪切力将胆囊从肝脏胆囊床上撕脱

3. 鉴定时限审查

主要以原发性损伤为主，伤后即可进行鉴定。

第三节　腹部其他损伤

《人体损伤程度鉴定标准》中涉及腹部其他损伤的条款有 5 条，损伤程度从轻伤二级至重伤二级（表 20-3-1）。

表 20-3-1　腹部其他损伤鉴定条款

条款序号	条款内容	损伤程度
5.7.2.a)	腹腔大血管破裂	重伤二级
5.7.2.f)	腹部损伤引起弥漫性腹膜炎或者感染性休克	重伤二级
5.7.2.k)	腹腔积血或者腹膜后血肿，须手术治疗	重伤二级
5.7.4.h)	腹腔积血或者腹膜后血肿	轻伤二级
5.7.4.i)	腹壁穿透创	轻伤二级

一、腹壁损伤

腹壁由浅至深为皮肤、浅筋膜、肌肉、腹横筋膜、腹膜上筋膜及腹膜壁层。腹壁在保护腹内脏器，维持腹压，固定脏器位置和呼吸、咳嗽、呕吐、排便等方面起重要作用。

1. 损伤程度审查要点

（1）临床表现：可见擦伤、挫伤或损伤后的色素沉着，创口、出血以及创口愈合后的瘢痕。开放性的腹壁损伤由创口造成内脏的损伤及腹内的感染等。

（2）参照 SF/T 0111《法医临床检验规范》7.8 腹部损伤，或 GA/T 1970《法医临床学检验规范》5.8 腹部损伤的检验规范进行检查。

（3）鉴定意见审查：明确有腹壁的穿透创，即可评定为轻伤二级；开放性或闭合性的腹部损伤引起弥漫性腹膜炎或感染性休克时，评定为重伤二级。

2. 致伤物判断及损伤机制审查（表 20-3-2）

表 20-3-2　腹壁损伤机制

分类	开放性损伤	闭合性损伤
损伤机制	锐器或枪弹直接所致	直接暴力或间接暴力所致的腹部肌肉撕裂，如拳打脚踢、钝物撞击、重力挤压、举重、猛烈的咳嗽或呕吐

3. 鉴定时限审查

属原发性损伤，伤后即可鉴定。

二、腹腔积血、腹膜后血肿

腹膜后间隙位于腹膜腔与脊柱间的囊袋状间隙，内有腹主动脉、下腔静脉等大血管，以及胰腺、十二指肠的大部分、肾脏、肾上腺、输尿管腹部、淋巴结和神经等器官结构。在正常情况下此间隙前面的腹膜与后面的脊柱相紧贴，间隙内仅脂肪和结缔组织。腹部损伤致腹腔内器官或血管损伤、出血、血液积聚于腹腔或腹膜后形成积血。腹腔大血管包括腹主动脉、下腔静脉。

1. 损伤程度审查要点

（1）临床表现：可出现明显的腹膜刺激征，失血性休克表现。

（2）法医学检查：按照 GA/T 1970《法医临床学检验规范》5.8.8 腹腔积血、5.8.9 腹膜后血肿，参照 SF/T 0111《法医临床检验规范》7.8 腹部损伤的检验规范进行检查。

（3）鉴定意见审查：非腹腔大血管破裂导致的腹腔积血或腹膜后血肿，未达手术指征的，确诊即可评定为轻伤二级；如发生腹腔大血管的破裂或腹腔积血、腹膜后血肿达到手术指征并行手术治疗的，评定为重伤二级。

2. 损伤机制审查

拳打脚踢、钝物撞击、重力挤压、举重、猛烈的咳嗽或呕吐、锐器或火器损伤史。

3. 鉴定时限审查

属原发性损伤，伤后即可鉴定。

【案 例】

白某，因交通事故受伤。查体：T36.5℃，P114 次/分，R23 次/分，BP80/50mmHg。神志清楚，睑结合膜及面色苍白，皮肤湿冷，中度贫血貌，腹部有明显压痛，反跳痛，肌紧张，肝区和右肾区叩痛明显，移动性浊音阳性，肠鸣音没有闻及，全身多处见擦伤。行剖腹探查术，见腹腔内有血液约 1000ml，小肠上有 3 处穿孔，肠管内容物溢出，肠系膜多处血肿，多处淋巴液和血液外渗，腹膜后巨大血肿。诊断：（1）车祸伤；（2）小肠穿孔；（3）肠系膜严重损伤伴淋巴漏；（4）腹膜后血肿；（5）失血性休克；（6）全身多处软组织伤。

伤后 6 月余鉴定，白某已无不适。其小肠穿孔并经手术治疗依据《人体损伤程度鉴定标准》5.7.2.b）"胃、肠、胆囊或者胆道全层破裂，须手术治疗"之规定，评定为重伤二级；其失血性休克依据《人体损伤程度鉴定标准》5.12.2.d）"各种损伤引起休克（中度）"之规定，评定为重伤二级；其腹膜后血肿经手术治疗依据《人体损伤程度鉴定标准》、5.7.2.k）"腹腔积血或者腹膜后血肿，须手术治疗"之规定，评定为重伤二级。综上，白某的损伤程度为重伤二级。（重庆市丰都县人民检察院何寨寨提供）

案例解析：（1）在交通事故损伤案件中，被鉴定人经常存在身体多器官、多类型损伤，甚至出现严重的并发症。本案例有体表皮肤的挫裂伤、腹部小肠的破裂，还有腹膜后巨大血肿和失血性休克。（2）白某肠管破裂且内容物溢出具有手术指征，其腹腔内大量积血和腹膜后巨大血肿具有手术指征，且白某已具有中度失血性休克的症状和体征（包括收缩压在 75 ~ 90mmHg 之间、脉搏在 110 ~ 130 次/分之间、面色苍白和皮肤冷）。上述损伤均符合《人体损伤程度鉴定标准》相应重伤二级条款要求，故综合评定白某的损伤程度为重伤二级。

第四节　骨盆骨折

骨盆是由骶骨、尾骨和两块髋骨组成的一个完整闭合骨环。骶骨与髂骨和骶骨与尾骨间，均有坚强韧带支持连结，形成关节。女性妊娠后，在激素的影响下韧带稍许松弛，各关节可略有松动。髋骨包括髂骨、坐骨与耻骨，3 块骨融合处的外侧即髋臼，后者与股骨头构成髋关节；骶骨位于骨盆的后正中部，上 3 个骶椎两侧的耳状关节面和两侧髋骨的耳状关节面连接构成骶髂关节；两侧的耻骨体在骨盆前正中线连接形成耻骨联合，正常的耻骨联合间距为 0.1 ~ 0.6cm。骨盆以髋臼为界，分为前后两部分。骨盆前部称为副弓，后部称承重弓或主弓，主弓骨质粗厚坚实，副弓相对较薄弱，因此，骨盆受损时常副弓先断裂。

《人体损伤程度鉴定标准》中涉及骨盆骨折的条款有 4 条，损伤程度从轻伤二级至重伤二级（表 20-4-1）。

表 20-4-1 骨盆骨折鉴定条款

条款序号	条款内容	损伤程度
5.8.2.a)	骨盆骨折畸形愈合，致双下肢相对长度相差 5.0cm 以上	重伤二级
5.8.2.b)	骨盆不稳定性骨折，须手术治疗	重伤二级
5.8.3.a)	骨盆 2 处以上骨折；骨盆骨折畸形愈合；髋臼骨折	轻伤一级
5.8.4.a)	骨盆骨折	轻伤二级

一、损伤程度审查要点

1. 临床表现：局部明显的肿胀、疼痛、髋关节运动障碍，伤处皮下淤血，可合并其他部位骨折及损伤。

2. 法医学检查：按照 GA/T 1970《法医临床学检验规范》5.13.9 骨盆骨折，或 SF/T 0111《法医临床检验规范》7.9.2 骨盆、7.11.8 四肢长度与周径的测量的检验规范，结合 SF/T 0112《法医临床影像学检验实施规范》5.10 骨盆畸形、5.17 双下肢长度测量进行检查。

3. 鉴定意见审查：损伤导致一处骨盆骨折时，确诊即可评定为轻伤二级；如有 2 处以上骨盆骨折、髋臼骨折或骨盆骨折后遗留畸形愈合的，评定为轻伤一级；骨盆骨折畸形愈合后导致双下肢相对长度相差 5.0cm 以上时，评定为重伤二级；骨盆不稳定性骨折，达到手术指征并行手术治疗的，评定为重伤二级。

需注意，骨盆的不稳定性骨折包括：旋转不稳定型，即骨盆的旋转稳定性遭受破坏，但垂直方向并无移位仅发生了旋转不稳定；旋转与垂直不稳定型，即骨盆骨折在发生旋转移位同时又发生了垂直移位。

二、致伤物判断及损伤机制审查

1. 直接暴力：暴力直接撞击骨盆前部可致耻骨支骨折、骨盆边缘骨折，撞击侧面可造成髂骨翼骨折、髋臼骨折和股骨头中心性脱位；撞击骨盆后部可造成骶尾骨骨折。

2. 间接暴力：高坠时单足着地，通过髋关节向上传递可致该侧骨盆壁骨折，并向上错位，当股骨头撞击髋臼引起髋关节脱位时，常合并髋臼骨折。暴力造成耻骨、坐骨和髂骨骨折，有时也波及髋臼。

3. 撕脱性骨折：肌肉猛烈收缩，可造成肌肉附着部位骨质的撕脱，常见髂前上、下棘和坐骨结节撕脱性骨折。

三、鉴定时限审查

骨盆骨折导致畸形愈合或双下肢不等长需要损伤 90 日后进行鉴定，其余原发性损伤伤后即可鉴定。

【案 例】

黄某，因交通事故受伤。入院检查：全身多处皮肤裂伤，右侧髋部见皮肤擦伤，左侧髋部肿胀，骨盆分离、侧方挤压试验（+），辅助 CT 检查见骨盆不稳定性骨折

（左侧髂骨后翼、髋臼、耻骨上下支多发性粉碎性骨折，断端及骨折片分离移位）。在全麻下行左髋臼骨折＋骨盆骨折切开复位内固定术。术后数月复查X片：左侧髂骨、髋臼、耻骨骨折内固定术后，内固定在位，骨盆未见明显畸形，骨折线消失。

伤后两月余鉴定时，黄某自诉左下肢伤处无力，不能负重。据此，黄某因交通事故致骨盆不稳定性骨折，具有手术指征且行手术治疗，依据《人体损伤程度鉴定标准》5.8.2.b）"骨盆不稳定性骨折，须手术治疗"之规定，黄某的损伤程度评定为重伤二级。其髋关节是否遗留功能障碍待治疗终结后补充鉴定。（重庆市梁平区人民检察院张寰提供）

案例解析：1. 本案被鉴定人黄某因交通事故致盆骨不稳定性骨折，可能影响髋关节的功能障碍。在实际办案中，原发性损伤及功能障碍均有相应条款可以进行鉴定的案件，可根据案情需要先以原发性损伤进行鉴定，待其治疗终结后再进行功能障碍的补充鉴定。

2. 以受伤当时伤情为鉴定依据进行损伤程度评定的，不因临床治疗好转而减轻原损伤程度，也不因不良医疗因素介入而加重原损伤程度。如本案黄某骨盆不稳定性骨折在治疗终结后完全恢复，未遗留任何功能障碍，则其损伤程度仍鉴定为重伤二级。

第五节　子宫及其附件损伤

《人体损伤程度鉴定标准》中涉及子宫及其附件损伤的条款有5条，损伤程度从轻伤二级至重伤一级（表20-5-1）。

表20-5-1　子宫及其附件损伤鉴定条款

条款序号	条款内容	损伤程度
5.8.1.b）	子宫及卵巢全部缺失	重伤一级
5.8.2.i）	子宫破裂须手术治疗	重伤二级
5.8.2.j）	卵巢或者输卵管破裂，须手术治疗	重伤二级
5.8.3.d）	一侧卵巢缺失或者萎缩	轻伤一级
5.8.4.d）	子宫挫裂伤；一侧卵巢或输卵管挫裂伤	轻伤二级

一、子　宫

子宫形似倒置的梨，位于骨盆的中央，盆底肌肉和筋膜具有支托子宫的作用。子宫壁分为3层，外层为浆膜层（即脏腹膜），中间层为肌层，内层为黏膜层，又称子宫内膜。

1. 损伤程度审查要点

（1）临床表现：穿孔小者可无明显症状，仅表现为轻微下腹部疼痛或局部腹膜刺激症状；穿孔大者或损伤大血管时，可导致阴道或腹腔内大出血；如穿孔部位在子宫侧壁，可在一侧阔韧带内形成血肿；子宫完全破裂时，患者突感腹部剧烈疼痛，并出现腹膜刺激症状等。

（2）法医学检查：按照 GA/T 1970《法医临床学检验规范》5.9.4 子宫、卵巢、输卵管，或 SF/T 0111《法医临床检验规范》7.9.5 子宫与附件的检验规范进行检查。

（3）鉴定意见审查：损伤导致子宫挫裂伤，确诊即可评定为轻伤二级；损伤导致子宫破裂，达到手术指征并行手术治疗，评定为重伤二级；损伤导致子宫和双侧卵巢全部缺失或损伤后经治疗两者均无法保留摘除的，评定为重伤一级。

2. 致伤物判断及损伤机制审查（表 20-5-2）

表 20-5-2　子宫损伤机制

分类	开放性损伤	闭合性损伤
损伤机制	锐器或枪弹直接所致	意外事故车祸、碰撞、跌倒使妊娠增大的子宫创伤或破裂

3. 鉴定时限审查

子宫损伤主要以原发性损伤为主，伤后即可鉴定。

二、卵巢及输卵管损伤

卵巢是妇女性腺器官，为一对扁椭圆体，位于输卵管的下方，从卵巢系膜连接于阔韧带后叶的部位为卵巢门卵巢血管与神经通过卵巢系膜经卵巢门进入卵巢，外侧以骨盆漏斗韧带连于盆壁，内层以子宫卵巢韧带与子宫相连。卵巢具有产生卵子和分泌类固醇激素的功能。

1. 损伤程度审查要点

（1）临床表现：下腹部疼痛，合并盆腔炎时，可出现发热及泌尿系统症状和体征。卵巢破裂，双合诊盆腔触痛明显。

（2）法医学检查：按照 GA/T 1970《法医临床学检验规范》5.9.4 子宫、卵巢、输卵管，或 SF/T 0111《法医临床检验规范》7.9.5 子宫与附件的检验规范进行检查。

（3）鉴定意见审查：损伤导致一侧卵巢或输卵管挫裂伤，确诊即可评定为轻伤二级；损伤致一侧卵巢缺失或萎缩评定为轻伤一级；卵巢或者输卵管破裂，达到手术指征并行手术治疗的，评定为重伤二级；损伤导致子宫和双侧卵巢全部缺失或损伤后经治疗两者均无法保留摘除的，评定为重伤一级。

2. 致伤物判断及损伤机制审查

输卵管损伤和卵巢损伤，分为闭合性损伤和开放性损伤。闭合性损伤多见于交通事故、工伤事故和高坠所致的骨盆骨折，骨盆骨折时骨折断端可刺伤阴道及会阴部皮肤。开放性损伤可见于火器和利器，常合并多部位损伤。

3. 鉴定时限审查

除卵巢萎缩需损伤 90 日后鉴定外，其余均为原发性损伤，伤后即可鉴定。

第六节　外伤性流产

《人体损伤程度鉴定标准》中涉及流产的条款有 3 条，损伤程度跨度从轻微伤至重伤二级（表 20-6-1）。

表 20-6-1　流产鉴定条款

条款序号	条款内容	损伤程度
5.8.2.h)	损伤致早产或者死胎；损伤致胎盘早期剥离或者流产，合并轻度休克	重伤二级
5.8.4.n)	外伤性难免流产；外伤性胎盘早剥	轻伤二级
5.8.5.e)	外伤性先兆流产	轻微伤

外伤性先兆流产：流产是指妊娠在 28 周前终止，胎儿体重在 1000g 以下。根据流产发生的时间，分为早期流产与晚期流产。早期流产是指流产发生在妊娠 12 周以前，晚期流产是指流产发生在妊娠 12 周以后。流产的病因较多，外伤性流产属于非正常流产，鉴定人需要与自然流产相鉴别。

外伤性难免流产：由先兆流产发展过来、继续妊娠已不可能。

外伤性胎盘早剥：新生儿娩出前胎盘剥离称胎盘早剥。

早产：早产指妊娠满 28 周至不足 37 周（196 ~ 258 日）间分娩者。此时娩出的新生儿称为早产儿，体重为 1000 ~ 2499g。早产儿各器官发育尚不够健全，出生孕周越小、体重越轻。

死胎：妊娠 20 周后胎儿在子宫内死亡，称为死胎。

一、损伤程度审查要点

1. 临床表现：症状较轻的先兆流产可仅表现为阴道流血；损伤进一步加重时可见羊水流出、子宫收缩；当外伤导致死胎后，孕妇自觉胎动停止，子宫停止生长，听不见胎心，子宫大小与停经周数不符。

2. 法医学检查：依据《人体损伤程度鉴定标准》附录 B.8.7 休克分度的规定，按照 GA/T 1970《法医临床学检验规范》5.16.4 休克、5.9.5 外伤性流产、5.9.6 胎盘早剥的检验规范进行检查。

3. 鉴定意见审查：明确外伤导致了先兆流产的诊断，评定为轻微伤；损伤进一步加重导致难免流产或胎盘早剥时，评定为轻伤二级；若胎盘早期剥离或者流产合并轻度休克，评定为重伤二级；损伤导致早产或者死胎，评定为重伤二级。

二、损伤机制审查

意外事故车祸、碰撞、跌倒、挤压伤所致的腹部外伤史。

三、鉴定时限审查

损伤后即可进行鉴定。

第七节　会阴部损伤

会阴是指两股内侧之间，盆膈以下封闭骨盆下口的全部软组织。境界略呈菱形，前为耻骨联合下缘及耻骨弓状韧带，两侧角为耻骨弓、坐骨结节和骶结节韧带，后为尾骨尖。两侧坐骨结节之间的连线将会阴分为前后两个三角区，前方为尿生殖区，后方为肛区。

一、女性会阴部及阴道损伤

阴道是月经血、性生活及胎儿娩出的通道。阴道壁由黏膜、肌层和外膜构成。上端包绕着子宫颈，下端开口于阴道前庭，前壁与膀胱和尿道邻接，后壁与直肠贴近。正常扩张状态下成人阴道宽 5.0cm，深 10.0 ～ 15.0cm。

《人体损伤程度鉴定标准》中涉及女性会阴部损伤的条款有 9 条，损伤程度从轻微伤至重伤二级（表 20-7-1）。

表 20-7-1　女性会阴部损伤鉴定条款

条款序号	条款内容	损伤程度
5.8.2.k）	阴道重度狭窄	重伤二级
5.8.2.1）	幼女阴道Ⅱ度撕裂伤	重伤二级
5.8.2.m）	女性会阴或者阴道Ⅲ度撕裂伤	重伤二级
5.8.2.r）	直肠阴道瘘；膀胱阴道瘘；直肠膀胱瘘	重伤二级
5.8.3.e）	阴道轻度狭窄	轻伤一级
5.8.4.e）	阴道撕裂伤	轻伤二级
5.8.4.f）	女性外阴皮肤创口或者瘢痕长度累计长度 4.0cm 以上	轻伤二级
5.8.5.a）	会阴部软组织挫伤	轻微伤
5.8.5.b）	会阴创	轻微伤

1. 损伤程度审查要点

（1）临床表现：红肿、出血；撕裂创及疤痕增生；可致阴道分泌物增多，外阴灼烧感，阴道感染。

（2）法医学检查：依据《人体损伤程度鉴定标准》附录 B.7.3 会阴及阴道撕裂、附则 6.12 幼女的标准规定，按照 GA/T 1970《法医临床学检验规范》5.10 会阴部损伤，或 SF/T 0111《法医临床检验规范》7.9.7 女性外阴、阴道的检验规范进行检查。

（3）鉴定意见审查：损伤致会阴部软组织挫伤、会阴创，确诊即可评定为轻微伤；女性外阴皮肤创口或者瘢痕长度累计达 4.0cm 以上以及女性阴道的撕裂伤，均可评定为轻伤二级；当幼女阴道撕裂伤达Ⅱ度、女性会阴或者阴道撕裂伤达Ⅲ度、损伤造成直肠阴道瘘时，评定为重伤二级。

各种外伤导致阴道发生轻度狭窄评定为轻伤一级；重度狭窄时，评定为重伤二级。

2. 致伤物判断及损伤机制审查

性交致阴道裂伤一般发生在后穹窿，多环绕子宫颈呈横行或弧形；阴道药物损伤主要表现为用药后阴道分泌物增多，呈脓血性，伴有外阴、阴道烧灼感；阴道异物损伤除阴道损伤外，还可以导致阴道感染，甚至生殖瘘，严重者穿破腹膜，引起腹腔内出血。

3. 鉴定时限审查

除涉及阴道狭窄或瘢痕条款的，损伤90日后鉴定外。其余均为原发性损伤，伤后即可鉴定。

【案　例】

许某，女，24岁，因被车辆碾轧受伤入院。查体：T36℃，P165次/分，R22次/分，BP 84/54mmHg，嗜睡，面色苍白，肢端循环发凉，甲床有发绀，毛细血管充盈时间延长，全身多处皮肤挫伤，左下肢毁损伤，会阴部撕裂伤。院后行扩容、升压及紧急成分输血、胸外心脏按压、肾上腺素推注2次、成分血输注、强心升压后循环相对稳定。行会阴清创缝合＋乙状结肠造瘘术，术中见左侧会阴部撕裂伤，深达肛门，肛门括约肌及肠道前壁撕裂，左大腿根部环绕腘窝至小腿远端撕脱伤，创口于大腿根部延伸至足踝部。入院保守治疗19日无效后，行左股骨远端截断术＋左侧大腿清创、vsd引流术。之后，多次行左下肢、臀部创面清创。许某伤后7月鉴定时查体：左下肢截肢术后，左大腿中下段1/3处以远缺失，左大腿残端外侧见大面积增生性皮肤瘢痕，左大腿根部前内侧及左侧会阴见条状增生性皮肤瘢痕。左髋关节活动可。

被鉴定人许某会阴撕裂伤已达Ⅲ度撕裂，依据《人体损伤程度鉴定标准》5.8.2.m）"女性会阴或阴道Ⅲ度撕裂伤"之规定，该损伤程度评定为重伤二级；其左大腿中下段1/3处以远缺失，依据《人体损伤程度鉴定标准》5.9.2.m）"一足离断或者缺失50%以上"之规定，评定为重伤二级；其入院时休克征象明显，休克程度中度，依据《人体损伤程度鉴定标准》5.11.2.d）"各种损伤引起休克（中度）"之规定，评定为重伤二级。综合评定许某的损伤程度为重伤二级。

案例解析：（1）女性会阴撕裂伤多见于严重的性暴力和阴道用药不当，还偶见于交通事故中的压轧损伤，且车辆压轧损伤所致的会阴撕裂伤往往更严重；（2）虽然医疗行为（行左下肢截肢术）是直接造成许某左下肢缺失的原因，但也是挽救其生命必须进行的行为。因此，许某左下肢缺失应视为交通事故损伤的结果而成为损伤程度鉴定的理由之一。

二、男性会阴部损伤

《人体损伤程度鉴定标准》中涉及男性会阴部损伤的条款有17条，损伤程度从轻微伤至重伤一级（表20-7-2）。

表 20-7-2　男性会阴部损伤鉴定条款

条款序号	条款内容	损伤程度
5.8.1.a)	阴茎及睾丸全部缺失	重伤一级
5.8.2.n)	龟头缺失达冠状沟	重伤二级
5.8.2.o)	阴囊皮肤撕脱伤面积占阴囊皮肤面积 50% 以上	重伤二级
5.8.2.p)	双侧睾丸损伤，丧失生育能力	重伤二级
5.8.2.q)	双侧附睾或者输精管损伤，丧失生育能力	重伤二级
5.8.3.f)	龟头缺失 1/2 以上	轻伤一级
5.8.3.g)	阴囊皮肤撕脱伤面积占阴囊皮肤面积 30% 以上	轻伤一级
5.8.3.h)	一侧睾丸或者附睾缺失；一侧睾丸或者附睾萎缩	轻伤一级
5.84.g)	龟头部分缺损	轻伤二级
5.8.4.h)	阴茎撕脱伤；阴茎皮肤创口或者瘢痕长度 2.0cm 以上；阴茎海绵体出血并形成硬结	轻伤二级
5.8.4.i)	阴囊壁贯通创；阴囊皮肤创口或者瘢痕长度累计 4.0cm 以上；阴囊内积血，2 周内未完全吸收	轻伤二级
5.8.4.j)	一侧睾丸破裂、血肿、脱位或者扭转	轻伤二级
5.8.4.k)	一侧输精管破裂	轻伤二级
5.8.5.a)	会阴部软组织挫伤	轻微伤
5.8.5.b)	会阴创；阴囊创；阴茎创	轻微伤
5.8.5.c)	阴囊皮肤挫伤	轻微伤
5.8.5.d)	睾丸或者阴茎挫伤	轻微伤

1. 阴囊损伤

阴囊是位于阴茎后下方的囊袋，由皮肤和浅筋膜构成。阴囊的皮肤薄而柔软，色素沉着明显，有少量阴毛。皮肤内有皮脂腺、汗腺及大量弹性纤维，富有伸展性。皮肤深面的浅筋膜称为肉膜，主要由致密结缔组织、弹力纤维和散在平滑肌束组成，缺乏脂肪组织，与皮肤紧密连接。其中的平滑肌能随温度变化而反射性地舒缩，以调节阴囊内的温度，使之适合精子的生长发育。肉膜在相当于阴囊缝处向深部发出阴囊隔，将阴囊内腔分为左、右两部，容纳睾丸、附睾及精索下段。

（1）损伤程度审查要点：

①临床表现：阴囊表皮剥脱或皮下出血、阴囊肿胀、触痛、裂创。

②法医学检查：按照 GA/T 1970《法医临床学检验规范》5.10 会阴部损伤，或 SF/T 0111《法医临床检验规范》7.9 盆部会阴部损伤的检验方法进行检查。

③鉴定意见审查：会阴部的软组织挫伤、创口，阴囊皮肤的挫伤以及非贯通型的创口，确诊即可评定为轻微伤。阴囊皮的非贯通型肤创口或瘢痕长度累计 4.0cm 以上、阴囊壁的贯通创、阴囊内积血 2 周内未完全吸收，可评定为轻伤二级。阴囊皮肤撕脱伤面积占阴囊皮肤面积 30% 以上时评定为轻伤一级；50% 以上时评定为重伤二级。

（2）致伤物判断及损伤机制审查：

①阴囊闭合性损伤主要见于踢伤、运动意外、交通事故、工伤事故。

②阴囊开放性损伤主要见于锐器刺伤及火器所致。

（3）鉴定时限审查：除涉及瘢痕需要损伤90日后鉴定外，其余条款均伤后即可鉴定。

2. 阴茎损伤

阴茎是由两根阴茎海绵体和一根尿道海绵体组合而成的。尿道贯穿于尿道海绵体之中，内接膀胱、外达阴茎头。阴茎海绵体内有丰富的血管窦，外面被坚韧的白膜所包绕，阴茎海绵体和尿道海绵体又被阴茎筋膜所包绕构成一个整体。

（1）损伤程度审查要点：

①临床表现：阴茎挫伤时表现为阴茎血肿，阴茎包皮肿胀，排尿困难；阴茎折断时阴茎肿胀，皮下出血，排尿困难，晚期阴茎勃起变形。阴茎撕裂与离断时可出现严重出血，甚至休克。

②法医学检查：按照 GA/T 1970《法医临床学检验规范》5.10 会阴部损伤，或 SF/T 0111《法医临床检验规范》7.9 盆部会阴部损伤的检验方法进行检查。

③鉴定意见审查：明确阴茎挫伤或损伤致阴茎形成创口，即可评定为轻微伤；阴茎皮肤创口或者瘢痕长度 2.0cm 以上、阴茎撕脱伤、阴茎海绵体出血并形成硬结，评定为轻伤二级。

外伤损伤阴茎致龟头缺损 1/2 以下时，评定为轻伤二级；缺失 1/2 以上时评定为轻伤一级；缺失达冠状沟，评定为重伤二级。阴茎和双侧睾丸全部缺失时，评定为重伤一级。

（2）致伤物判断及损伤机制审查：

①阴茎挫伤：多发生在踢伤或骑跨伤时阴茎被挤压于耻骨上所致。

②阴茎脱位：系阴茎在柔软状态下受到前方暴力直接作用于阴茎根部造成，此时阴茎、耻骨韧带以及支持组织常撕裂，阴茎脱离其原来位置，常合并有尿道断裂。

③阴茎折断：阴茎勃起时受到外力打击或性交时弯曲勃起阴茎所致。由于阴茎勃起时海绵体充血，白膜紧张、变薄，脆性增加，因此受到外力作用易折断。

④阴茎绞窄：阴茎绞窄是一种特殊类型的阴茎损伤，是指阴茎被环状物套入后使阴茎远端部分静脉回流受阻，出现阴茎淤血、水肿，严重时可压迫阴茎动脉导致阴茎血供障碍，出现阴茎坏死、尿瘘、性功能障碍等。

（3）鉴定时限审查：原发性损伤所致，伤后即可鉴定。并发症所致，损伤 90 日后鉴定。

3. 睾丸、附睾及输精管损伤

睾丸位于阴囊内，左右各一，为男性生殖腺，能产生精子及分泌男性激素。睾丸的外形呈稍扁的卵圆形，表面光滑，有一层坚厚的结缔组织膜，称为白膜。青春期睾丸随着性成熟生长，老年人的睾丸则随性机能的衰退而萎缩变小。睾丸表面有附睾及输精管下段附着，附睾呈新月形，附着于睾丸的上端和后缘略偏外侧，输精管是附睾管的直接延续，长 31 ～ 32cm。精索位于膀胱底部输精管壶腹部的外侧，其排泄管与输精管壶腹末端合并成射精管。精索起自睾丸上端，止于腹股沟内环处，其内主要有输精管、血管、神经及淋巴管等。

（1）损伤程度审查要点：

①临床表现：

a.睾丸挫伤：阴囊肿胀、睾丸肿大，压痛明显。

b.睾丸破裂：阴囊肿胀，睾丸界限不清，透光试验阴性。睾丸剧烈疼痛，向同侧下腹部放射，伴有恶心、呕吐，可出现休克。

c.睾丸脱位：阴囊空虚，在腹股沟部、下腹部、耻骨前、会阴部、大腿内侧皮下或阴茎皮可触及球形肿块，并有触痛，脱位的程度与位置，取决于外力大小、作用方向以及局部解剖情况。

②法医学检查：按照 GA/T 1970《法医临床学检验规范》5.10 会阴部损伤，或 SF/T 0111《法医临床检验规范》7.9.6 男性生殖器，结合 SF/Z JD0103011《男性生育功能障碍法医学鉴定》的检验规范进行检查。

③鉴定意见审查：损伤致睾丸挫伤时，评定为轻微伤；损伤导致一侧睾丸破裂、血肿、脱位或者扭转评定为轻伤二级；一侧睾丸或附睾发生缺失、萎缩评定为轻伤一级；双侧睾丸、双侧附睾、双侧输精管损伤，且导致生育能力丧失时，评定为重伤二级；阴茎和双侧睾丸全部缺失时，评定为重伤一级。

（2）损伤原因和机制审查：睾丸及其附件损伤主要包括睾丸损伤、附睾损伤和精索损伤等，分为开放性和闭合性损伤，以闭合性损伤多见，如踢伤、运动意外、交通事故、工伤事故。睾丸单纯损伤较少，往往伴有精索及鞘膜组织等损伤。睾丸根据损伤的性质和程度不同，分为睾丸挫伤、睾丸内血肿、睾丸破裂、睾丸脱位等。

外伤性睾丸脱位是指已经下降的睾丸经过筋膜间隙或正常解剖孔隙挤到阴囊以外的部位。

附睾和精索损伤往往合并阴囊和睾丸的损伤，单纯损伤多见于医源性损伤，如行疝修补术时，重新建立腹股沟管过紧而产生狭窄。

（3）鉴定时限审查：涉及睾丸萎缩、生育能力的，损伤 90 日后鉴定，其余条款伤后即可鉴定。

【案　例】

黄某，因"阴茎、睾丸剪切伤后 1+ 小时"急诊入院，当即感伤处疼痛、流血不止；头昏、心慌、口干，肢体麻木，睑结膜苍白，四肢厥冷。查体 T36℃、P134 次/分、R27 次/分、BP 未测出，外生殖器皮肤缺损，可见大量血凝块及渗血，阴茎部分缺损，双侧睾丸未扪及，阴囊皮肤缺损，即行阴茎、睾丸创面缝合＋尿道重建＋阴茎整形＋左大腿内侧外伤清创缝合术，术中见阴囊皮肤缺损约 4.0cm×3.0cm，因缺血时间过久，无法再植；左侧睾丸缺失、右侧睾丸缺失 3/4、阴茎缺失 4/5，左大腿内侧见一长约 8.0cm 伤口，深达肌肉组织，予以清创缝合。伤后 2 月进行鉴定，法医检查其左大腿中上段前内侧一 4.8cm×0.2cm 纵行皮肤瘢痕，阴茎大部分缺失，在根部少许残留，残端被阴囊皮肤包裹，在阴囊左侧见人造尿道口，探查阴囊可扪及右侧睾丸少许残留，左侧睾丸完全缺失。

黄某阴部外伤史明确，根据法医查体见阴茎大部分缺失，依据《人体损伤程度鉴定标准》5.8.2.n）"龟头缺失达冠状沟"之规定，评定为重伤二级；根据病历记载其肢体麻木，睑结膜苍白，四肢厥冷，36℃、P134次/分、R27次/分、BP未测出，可推断达到失血性休克（中度），依据《人体损伤程度鉴定标准》5.12.2.d）"各种损伤引起休克（中度）"之规定，评定为重伤二级。根据医院术中见左侧睾丸缺失、右侧睾丸缺失3/4，法医探查阴囊可扪及右侧睾丸少许残留，左侧睾丸完全缺失，可推断双侧睾丸损伤，经查SF/Z JD0103011《男性生育功能障碍法医学鉴定》标准，其丧失生育能力，依据《人体损伤程度鉴定标准》5.8.2.p）"双侧睾丸损伤，丧失生育能力"之规定，鉴定重伤二级。综上，黄某损伤程度评定为重伤二级。（重庆市九龙坡区人民检察院田贵兵提供）

第八节   膀胱、输尿管、尿道损伤

《人体损伤程度鉴定标准》中涉及膀胱、输尿管、尿道损伤的条款有11条，损伤程度从轻微伤至重伤二级（表20-8-1）。

表20-8-1   膀胱、输尿管、尿道损伤鉴定条款

条款序号	条款内容	损伤程度
5.7.2.d）	输尿管损伤致尿外渗，须手术治疗	重伤二级
5.8.2.e）	膀胱破裂，须手术治疗	重伤二级
5.8.2.f）	后尿道破裂，须手术治疗	重伤二级
5.8.2.g）	尿道损伤致重度狭窄	重伤二级
5.8.2.r）	直肠阴道瘘；膀胱阴道瘘；直肠膀胱瘘	重伤二级
5.8.2.s）	重度排尿障碍	重伤二级
5.8.3.b）	前尿道破裂，须手术治疗	轻伤一级
5.8.3.c）	输尿管狭窄	轻伤一级
5.8.4.c）	一侧输尿管挫裂伤；膀胱挫裂伤；尿道挫裂伤	轻伤二级
5.7.5.a）	外伤性血尿	轻微伤
5.8.4.m）	轻度排尿障碍	轻伤二级

一、输尿管损伤

输尿管位于腹膜后间隙。周围组织对其有良好的保护，因此，外界暴力所致的输尿管外伤少见。

1. 损伤程度审查要点

（1）临床表现：血尿、尿外渗、尿瘘，梗阻症状。

（2）法医学检查：按照GA/T 1970《法医临床学检验规范》5.8.6肾、输尿管的检

验规范进行检查。

（3）鉴定意见审查：损伤致一侧输尿管挫裂伤，确诊即可评定为轻伤二级；伤后遗留输尿管狭窄，评定为轻伤一级；损伤致输尿管真性破裂致尿外渗，达到手术指征并行手术治疗的，评定为重伤二级。

2. 致伤物判断及损伤机审查

开放性损伤主要见于锐器刺伤及火器所致。多伴有其他部位损伤，如脊椎或腰椎横突骨折引起输尿管刺伤或挫伤。

3. 鉴定时限审查

原发性损伤为主，伤后即可进行鉴定，若涉及狭窄，损伤 90 日后鉴定。

二、膀胱损伤

膀胱为盆腔内贮存、排泄尿液的器官，顶部和后上侧有腹膜覆盖。在男性，膀胱介于耻骨与直肠之间，女性介于耻骨与子宫之间。膀胱的大小、形状及位置，随贮尿的多少而变化。

1. 损伤程度审查要点

（1）临床表现：血尿、排尿困难、尿液外渗、疼痛、休克。

（2）法医学检查：按照 GA/T 1970《法医临床学检验规范》5.9.2 膀胱、尿道，或 SF/T 0111《法医临床检验规范》7.9.3 膀胱与尿道的检验规范进行检查。

（3）鉴定意见审查：膀胱挫裂伤，确诊即可评定为轻伤二级；损伤致膀胱破裂达到手术指征并行手术治疗的，评定为重伤二级；损伤后发生膀胱阴道瘘或直肠膀胱瘘，均可评定为重伤二级。

2. 致伤物判断及损伤机制审查（表 20-8-2）

表 20-8-2 膀胱损伤机制

分类	开放性损伤	闭合性损伤
损伤机制	锐器或枪弹直接所致	在膀胱过度充盈或有病变（如肿瘤、溃疡或炎症）时，易受到外界暴力作用而发生破裂，多见于猛击、坠落或交通事故等，约占膀胱损伤的 80%。另外，骨盆骨折的碎骨片也可刺破膀胱。

3. 鉴定时限审查

膀胱损伤主要以原发性损伤为主，伤后即可鉴定。

三、尿道损伤及排尿障碍

男性尿道是以泌尿生殖膈为界，分为前尿道和后尿道。前尿道分为球部尿道和阴茎部尿道，后尿道由前列腺部尿道和膜部尿道组成。女性尿道粗而短，长约 5cm，起于尿道内口，经阴道前方，开口于阴道前庭。女性尿道在穿过尿生殖膈时，有尿道阴道括约肌环绕，受意志控制。

1. 损伤程度审查要点

（1）临床表现：尿道口滴血、血尿、排尿困难、尿液潴留、疼痛。

（2）法医学检查：依据《人体损伤鉴定标准》附录 B.1.8 排尿障碍的规定，按照 GA/T 1970《法医临床学检验规范》5.9.2 膀胱、尿道，或 SF/T 0111《法医临床检验规范》7.9.3 膀胱与尿道的检验规范进行检查。

（3）鉴定意见审查：明确尿道挫裂伤的诊断，即可评定为轻伤二级；前尿道破裂达到手术指征并行手术治疗的，评定为轻伤一级；后尿道破裂达到手术指征并行手术治疗的，评定为重伤二级；尿道的各种损伤后遗留尿道重度狭窄时，评定为重伤二级。

尿道的直接损伤造成尿道狭窄，发生机械性梗阻，导致轻度排尿障碍时，评定为轻伤二级；导致重度排尿障碍时，评定为重伤二级。

2. 致伤物判断及损伤机制审查（表 20-8-3）

表 20-8-3　尿道损伤机制

分类	男性后尿道损伤	男性前尿道性损伤	女性尿道损伤
损伤机制	①骨盆骨折时伴骨盆和耻骨联合向上移位导致尿道断裂；②耻骨粉碎性骨折，尤其是耻骨上、下支骨折时出现移动的骨折片产生剪切作用将尿道切断；③耻骨联合分离伴有耻骨前列腺韧带断裂时，膜部尿道被向相反的方向牵拉；④骨盆骨折的断端直接刺破尿道，这种损伤也可累及前列腺、膀胱颈和膀胱。	受伤时常呈骑跨位，此时相对固定的球部尿道受到外力作用撞击于下边的耻骨联合造成尿道损伤；慢性前尿道损伤主要为长期留置导尿管，导尿管直接压迫致尿道壁坏死或长期尿道内炎症、感染等刺激。	女性尿道损伤多为直接暴力，如交通事故、高坠以及性犯罪所致。此外，孕妇难产时，胎头压迫或产钳使用不当等也可致尿道损伤。女性尿道损伤多为前壁的部分损伤，如合并阴道损伤可导致尿道阴道瘘。

3. 鉴定时限审查

除尿道狭窄需损伤 90 日后进行鉴定外，其余条款均为原发性损伤，伤后即可鉴定。

第九节　直肠、肛管损伤

《人体损伤程度鉴定标准》中涉及直肠、肛管损伤的条款有 5 条，损伤程度分别为轻伤二级和重伤二级（表 20-9-1）。

表 20-9-1　直肠、肛管损伤鉴定条款

条款序号	条款内容	损伤程度
5.8.2.c)	直肠破裂，须手术治疗	重伤二级
5.8.2.d)	肛管损伤致大便失禁或者肛管重度狭窄，须手术治疗	重伤二级
5.8.2.r)	直肠阴道瘘；膀胱阴道瘘；直肠膀胱瘘	重伤二级
5.8.4.b)	直肠或者肛管挫裂伤	轻伤二级
5.8.4.l)	轻度肛门失禁或者轻度肛门狭窄	轻伤二级

1. 损伤程度审查要点

（1）临床表现：肛门区疼痛、流血，伤口流粪，严重时在会阴部或肛管内有大网膜或小肠脱出，易导致直肠周围感染、腹膜炎、出血性休克等，合并损伤时晚期可并发直肠膀胱瘘、直肠阴道瘘、直肠狭窄等。

（2）法医学检查：依据《人体损伤鉴定标准》附录 B.1.7 肛门失禁的规定，按照 GA/T 1970《法医临床学检验规范》5.10.4 肛门、肛管，或 SF/T 0111《法医临床检验规范》7.9.4 直肠与肛管的检验规范进行检查。

（3）鉴定意见审查：明确直肠或肛管的挫裂伤的诊断，即可评定为轻伤二级；损伤导致直肠破裂，达到手术指征并行手术治疗的，评定为重伤二级。

外伤致肛门括约肌或支配肛门扩约肌肉的神经发生损遗留轻度的肛门失禁或后期的括约肌瘢痕愈合导致轻度肛门狭窄时，评定为轻伤二级；若导致大便失禁或者发生肛管重度狭窄，达到手术指征并行手术治疗的，评定为重伤二级；明确损伤后有直肠阴道瘘、膀胱阴道瘘、直肠膀胱瘘的形成，即可评定为重伤二级。

2. 致伤物判断及损伤机制审查

（1）穿透性损伤：如火器伤、刺伤；

（2）力度较强的钝性暴力伤：如骨盆骨折时骨折碎片刺戳伤；钝性暴力瞬间挤压腹部导致直肠因肠道气体冲击而破裂；一侧下肢向后向外的暴力牵引导致的会阴撕裂累及直肠、肛管等。

3. 鉴定时限审查

肛门狭窄、大便失禁需损伤 90 日后进行鉴定，其余损伤，确诊即可鉴定。

（张杰、何寨寨、张寰、李福金、谭亮、廖斌雄、梅增辉、张鑫、刘莹洁、张珣、罗兆勇、胡羽凡、叶芳瑾、王永明、彭俊、樊田恬、李小华）

第二十一章
脊柱、四肢、手、足损伤

本章以损伤程度鉴定视角，依据《人体损伤程度鉴定标准》及其他专业知识和相关规范，详细介绍脊柱、四肢、手、足损伤程度评定的相关知识点，包括脊柱损伤、四肢损伤、手损伤、足损伤、四肢体表损伤。其中，四肢损伤包含肢体的离断、缺失，四肢关节损伤、四肢骨损伤、四肢重要神经血管损伤。

脊柱、四肢、手、足损伤审查要点：（1）掌握脊柱损伤鉴定的法医学审查要点；（2）掌握四肢损伤鉴定的法医学审查要点；（3）掌握手损伤鉴定的法医学审查要点；（4）掌握足损伤鉴定的法医学审查要点。

第一节　脊柱损伤

脊柱以33块椎骨借由韧带、关节突、椎间盘链接而成，包含颈椎（7块），胸椎（12块），腰椎（5块），骶骨、尾骨（共9块）。椎骨又包含锥体与附件。常规的附件包括横突、椎弓根、棘突、椎板及上下关节突。附件包绕形成椎管，椎管内容纳的是脊髓和脑脊液。

本节中关于脊柱损伤程度的鉴定条款，主要以脊柱的骨折、脱位以及椎间盘突出为鉴定依据。应注意若上述损伤导致被鉴定人出现脊髓损伤时，则需结合颅脑、脊髓损伤章节，综合脊髓损伤所引起的功能障碍选择适用条款予以评定。

《人体损伤程度鉴定标准》中涉及脊柱损伤的条款有3条，损伤程度从轻微伤至轻伤一级（表21-1-1）。

表21-1-1　脊柱损伤鉴定条款

条款序号	条款内容	损伤程度
5.9.3.b）	一节椎体压缩性骨折超过1/3以上；两节以上椎体骨折；三处以上横突、棘突或椎弓骨折	轻伤一级
5.9.4.d）	椎骨骨折或者脊椎脱位（尾椎脱位不影响功能的除外）；外伤性椎间盘突出	轻伤二级
5.9.5.f）	尾椎脱位	轻微伤

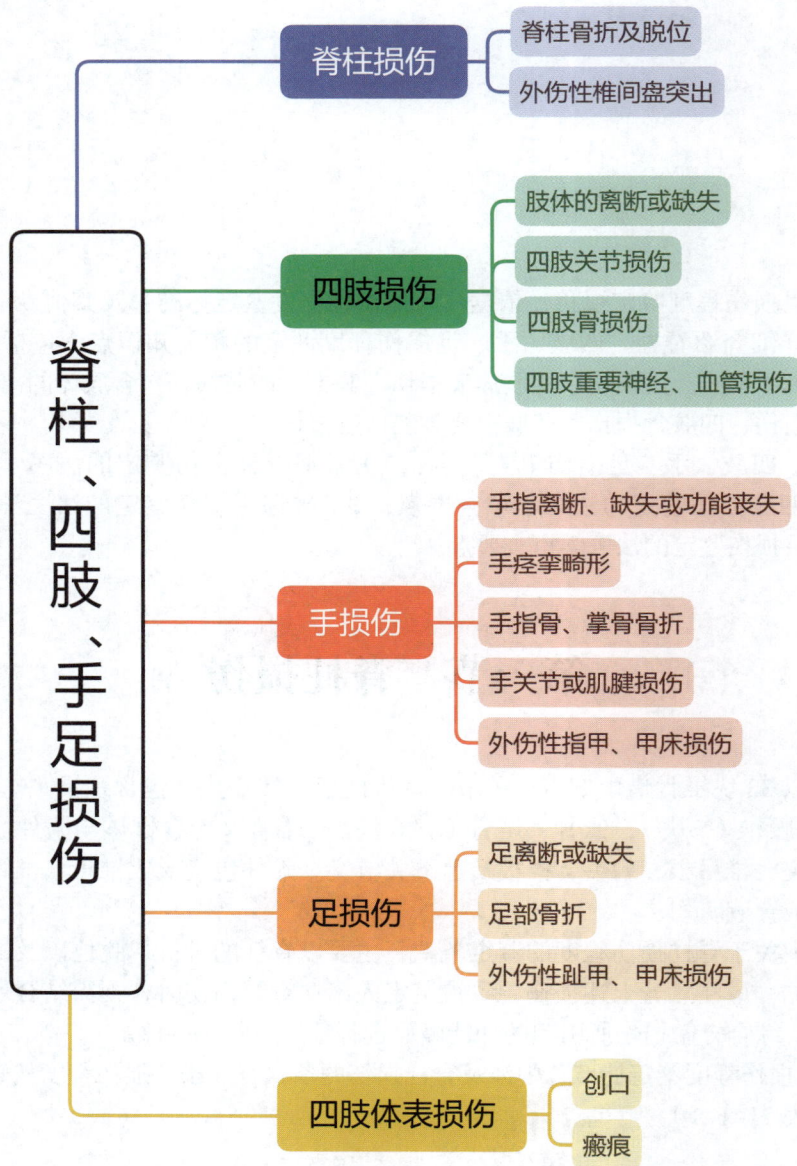

脊柱、四肢、手足损伤

- 脊柱损伤
  - 脊柱骨折及脱位
  - 外伤性椎间盘突出
- 四肢损伤
  - 肢体的离断或缺失
  - 四肢关节损伤
  - 四肢骨损伤
  - 四肢重要神经、血管损伤
- 手损伤
  - 手指离断、缺失或功能丧失
  - 手痉挛畸形
  - 手指骨、掌骨骨折
  - 手关节或肌腱损伤
  - 外伤性指甲、甲床损伤
- 足损伤
  - 足离断或缺失
  - 足部骨折
  - 外伤性趾甲、甲床损伤
- 四肢体表损伤
  - 创口
  - 瘢痕

一、脊柱骨折及脱位

组成脊柱的颈、胸、腰椎及骶骨、尾骨，以其不同的形态结构，在人体中承担的作用和受力各不相同，暴力作用可导致脊柱发生骨折及脱位。根据骨折发生部位分为椎体骨折及附件骨折，椎体的骨折又可根据形态的不同分为压缩骨折及爆裂（粉碎）骨折等。根据脊椎脱位的部位也可分为颈椎、胸腰椎、骶椎和尾椎脱位，按有无骨折可分为单纯性脱位和骨折脱位。脊柱损伤经常是综合性的损伤，在椎体骨折的同时，也可伴有附件的骨折或脊椎脱位、韧带断裂甚至脊髓损伤。

1.损伤程度审查要点

（1）临床表现：损伤部位局部肿胀、疼痛、压痛明显；脊柱活动受限，局部可能会有明显的畸形；若伴有脊髓或脊神经损伤时，会在损伤平面以下出现运动、感觉、反射和自主神经功能的损害；其中颈椎的骨折脱位常合并颈部脊髓损伤，严重时可致残或危及生命。

（2）法医学检查：按照 GA/T 1970《法医临床学检验规范》5.13.8 脊柱损伤，或 SF/T 0111《法医临床检验规范》7.10 脊柱损伤的检验规范，结合 SF/T 0112《法医临床影像学检验实施规范》5.4 寰枢关节脱位、5.8 脊柱骨折、附录 A.3 椎体压缩分度进行检查。

（3）鉴定意见审查：

①一节椎体压缩性骨折超过 1/3 以上，两节以上椎体骨折评定为轻伤一级。评定椎体压缩性骨折应注意被鉴定人有无骨质疏松的情况，如有此类情况应先说明伤病关系再进行评定。压缩性骨折仅椎体前缘压缩时，椎体压缩程度的认定一般与该椎体后缘进行比较；椎体整体压缩时与上一椎体进行比较，胸椎与相邻胸椎比较，腰椎与相邻腰椎比较，如胸 12 椎体压缩一般与胸 11 椎体进行比较，而不与腰 1 椎体比较。同时注意椎体压缩性骨折新旧伤的鉴别。

②三处以上横突、棘突或椎弓的附件骨折评定为轻伤一级。注意横突骨折不可参照肋骨骨折条款评定，鉴定时不可将横突骨折数目与肋骨骨折数累加，当既有肋骨骨折又存在横突骨折时，应分开评定。

③椎骨的椎体、附件骨折数量、程度未达轻伤一级评定标准时，评定为轻伤二级。

④脊椎的脱位评定为轻伤二级。尾椎内没有脊髓，只起保护和承重作用，因此尾椎的脱位一般不影响人体功能，评定为轻微伤。脊柱寰枢关节脱位应当考虑寰枢关节是否有先天异常，鉴定时注意鉴别。

2.致伤物判断及损伤机制审查（表 21-1-2）

表 21-1-2 常见脊椎损伤分类

类型	椎体 压缩性骨折	椎体 爆裂骨折	单纯附件及 椎体骨折	颈椎 关节突交锁	颈椎 无骨折-脱位	脊柱 脱位
致伤机制	坠落、重物砸伤、交通事故、中老年人摔伤等垂直的间接暴力导致，影像学检查可见脊椎椎体被压缩成楔形等表现	多见于高空坠落，此时垂直暴力过大，使椎体发生粉碎性骨折。多见于颈椎第5、6椎体	因直接或间接暴力引起	因过度屈曲导致后纵韧带断裂，暴力使脱位的椎体的下关节突移行于下位椎体上关节突的前方	跌倒时额面部着地，颈部过伸导致；高速驾驶时急刹车或撞车，头部过度仰伸后又过度屈曲	重物撞击、塌方事件等，导致椎体向前或向后或横向移位。可伴有关节突关节脱位或骨折

3. 鉴定时限审查

脊柱骨折、脱位未伤及脊髓，伤后即可依据影像学资料明确诊断后鉴定。

【案　例】

2016 年，李某与他人发生邻里纠纷，继而引发肢体冲突致腰椎两处横突骨折，右第 12 肋骨骨折。某鉴定机构以《人体损伤程度鉴定标准》6.4 规定"本标准未作具体规定的损伤，可以遵照损伤程度等级划分原则，比照本标准相应条款进行损伤程度鉴定"，将肋骨骨折比照为横突骨折，再依据《人体损伤程度鉴定标准》5.9.3.b）"三处以上横突、棘突或者椎弓骨折"之规定，评定为轻伤一级。

案例解析： 因为《人体损伤程度鉴定标准》内肋骨骨折及腰椎横突骨折均有相应条款规定其损伤程度，因此，不应将肋骨骨折比照为腰椎横突骨折，与腰椎横突骨折相加计算数量。其腰椎 2 处横突骨折依据《人体损伤程度鉴定标准》第 5.9.4.d）"椎骨骨折"之规定，评定为轻伤二级；其一处肋骨骨折依据《人体损伤程度鉴定标准》第 5.6.5.a）"肋骨骨折"，评定为轻微伤。综上，被鉴定人李某的损伤程度为轻伤二级。

二、外伤性椎间盘突出

外伤引起椎间盘纤维环破裂，导致椎间盘的髓核通过破裂处向外突出（或脱出）于后方、侧方或椎管内，从而导致相邻的神经、脊髓受到刺激或压迫而产生一系列的症状。

1. 损伤程度审查要点

（1）临床表现：损伤部位局部疼痛、压痛明显；损伤部位活动受限，可有畸形；受突出的部位、方向、程度等情况的不同，产生放射性疼痛、麻木、肿胀、局部畸形、活动障碍乃至中枢神经系统损害等。

（2）法医学检查：按照 GA/T 1970《法医临床学检验规范》5.13.8.4 椎间盘的检验规范，结合 SF/T 0112《法医临床影像学检验实施规范》5.9 椎间盘突出的检验规范进行检查。

（3）鉴定意见审查：在证实有椎间盘突出的同时应注意椎体、关节、韧带有无明显退行性的改变，明确伤病关系后评定为轻伤二级。

2. 致伤物判断及损伤机制审查

由于椎间盘抗扭转应力的能力相对较弱，因此当脊柱发生过度扭转以及过伸、过屈，都可导致椎间盘纤维环的破裂。应注意，长期从事脊柱前屈位或负重的人员，可因椎间盘的慢性损伤及退行性变，导致椎间盘更易破裂。

3. 鉴定时限审查

伤后明确因果关系即可依据影像学资料鉴定。

【案　例】

粉刷工邓某，38 岁，在与他人抓扯中倒地，以"外伤后双上肢疼痛 8 小时"就医。专科检查：颈部无肿胀，活动无受限，双侧上肢肘关节以下对称性疼痛，双侧桡侧腕伸肌肌力 4 级，双侧指深屈肌肌力约 3 ~ 4 级；双侧 Hoffman 征阴性，肱二、三头肌腱反射未见异常。双下肢感觉、运动无异常。MRI 检查示：（1）颈椎生理曲度变直。（2）C3/4、C4/5、C5/6 椎间盘变性、膨出，以 C5/6 椎间盘为甚，局部黄韧带增厚，椎管狭窄。（3）颈椎椎体骨质增生。肌电图检查报告：右上肢未见周围神经源性损害。入院诊断为：颈椎间盘突出症（C5/6、C4/5、C3/4）。1 个月后，邓某到上级医院就医。CT 检查示：颈椎生理曲度变直颈椎骨质增生，颈 3/4 ~ 5/6 椎间盘平面见向后突于椎体边缘的局限性软组织影，局部硬膜囊和神经根受压移位。MRI 示：颈椎生理曲度稍反向，各椎体轻度骨质增生，椎间隙未见明显狭窄；颈 3/4、4/5、5/6 椎间盘突出，硬膜受压。X 片：颈椎骨质增生，颈 5 椎体不稳，双侧多个椎间孔变窄。诊断为：（1）颈椎外伤、颈椎间盘突出症；（2）颈髓中央管综合征。行颈椎间盘融合术后出院。

邓某先后进行三次鉴定。

甲鉴定机构意见：邓某伤前一直从事劳动，无任何功能障碍，伤后即出现双上肢不全瘫痪。邓某的临床表现与暴力致伤颈部的病理改变有直接因果关系，暴力致伤参与度 100%。

乙鉴定机构意见：（1）邓某伤后 X 片、CT 片、MRI 片示：颈椎轻度骨质增生，黄韧带增厚系颈椎退行性变，与外伤无关。（2）邓某伤前无颈肩痛史，伤前从事体力劳动；伤后即出现双手及双前臂疼痛而住院治疗。其颈椎间盘突出、颈髓损伤系在颈椎病的基础上，外伤所致，外伤为主要作用。邓某损伤程度符合《人体损伤程度鉴定标准》文件中第 4.3.1 条、第 5.9.4.d）条之规定，属于轻伤二级。

丙鉴定机构意见：邓某入院查体未见颈部损伤体征，故 C3/4、C4/5、C5/6 椎间盘变性膨出为既往病变，与本次外力作用无关，外力仅为邓某原有椎间盘疾病发病的诱因。依照《人体损伤程度鉴定标准》4.3.3 之规定，不宜对邓某进行损伤程度鉴定，只说明因果关系。（重庆市梁平区人民检察院张寰提供）

案例解析：本案例的意义在于伤病关系的处理，丙鉴定机构的鉴定意见更为客观、科学。

伤病关系的处理应按照《人体损伤程度鉴定标准》总则 4.3 的规定进行，具体到椎间盘突出症，一般认为：（1）若损伤后立即出现椎间盘突出的典型症状和体征，影像学证实有骨、关节损伤及脊髓核突出，无或及轻微的椎间盘退行性改变，则外伤为主要作用；（2）若损伤后立即出现椎间盘突出症状和体征，影像学检查显示椎间盘突出伴有明显椎体、椎间盘退行性改变，无骨、关节损伤，且外力作用不大，则外力为轻微或次要作用；（3）若外伤和疾病在引起椎间盘突出所起作用大体相当，应判断为共同作用；（4）若损伤后经过相当长的时间出现椎间盘突出的症状和体征，影像学检查见有明显的椎体和椎间盘退行性改变，无骨、关节损伤，则外伤与结果无关。

结合本案邓某的年龄（38 周岁）、职业特点（从业近 20 年的粉刷工人，颈椎退变为其职业病）、受力方式（被抓扯衣领时推拉并肩背部着地）、受力程度（从所有相关检查中并未发现有急性外伤改变，可见受力应该不大）、伤后症状（双上肢疼痛）、体征（双前臂部分肌肉肌力稍减退，但颈部无畸形，活动无受限，双侧Hoffman征阴性）、影像学检查结果（颈椎生理曲度变直，颈椎骨质增生，C3/4、C4/5、C5/6椎间盘变性突出，以颈5～6为明显，局部黄韧带增厚，椎管狭窄等慢性退行性变）分析：（1）被鉴定人邓某在此次抓扯中受力不大，颈部各组织更无明确的损伤改变；（2）被鉴定人邓某在此次受力前已有符合其职业特点且较严重的颈椎退行性改变；（3）被鉴定人邓某颈椎间盘突出症在此次受力后即刻发作，与外伤有一定关系，但客观检查并无相应部位组织损伤，外力只是邓某职业疾病发作的诱因。因此，本案中既往职业疾病为主要作用，外伤为次要或轻微作用。故本案依据《人体损伤程度鉴定标准》4.3.3之规定，不宜评定损伤程度，只说明因果关系。

第二节　四肢损伤

一、肢体的离断或缺失

肢体离断是因损伤致肢体离断，或强大外力作用导致截肢、手术切除。肢体的离断是指断端处皮肤、皮下组织、血管、神经、肌肉、肌腱以及骨质完全离断，或仅有少量皮肤和皮下组织相连，其远端无运动及感觉功能，也无血运。这里的离断或缺失包括上肢和下肢的离断或缺失。

《人体损伤程度鉴定标准》中两个及以上的肢体的离断、缺失损伤程度为重伤一级（手足的离断分别见本章第三节手损伤、第四节足损伤）（表21-2-1）。

表21-2-1　四肢离断或缺失鉴定条款

条款序号	条款内容	损伤程度
5.9.1.a）	二肢以上离断或者缺失（上肢腕关节以上、下肢踝关节以上）	重伤一级

1. 损伤程度审查要点
（1）临床表现：严重暴力导致的大出血、疼痛、休克等，肢体骨骼明显脱离。
（2）法医学检查：按照GA/T 1970《法医临床学检验规范》5.14.5肢体离断及缺失，或SF/T 0111《法医临床检验规范》7.11.6肢体缺失的检验规范进行检查。
（3）鉴定意见审查：
①二肢以上离断或者缺失，评定为重伤一级。"腕关节以上"指掌骨以远（包括所有掌骨）离体或缺失，"下肢踝关节以上"指距骨以远（包括距骨）离体或缺失。
②肢体离断后，无论是否经断肢再植手术恢复断肢，也应按照肢体离断认定，不应以断肢再植后肢体功能的丧失为鉴定依据。

2. 致伤物判断及损伤机制审查
可见于严重暴力的锐器或钝器砍、砸伤，交通伤，工程事故受伤等，肢体因严重暴力直接导致的骨性断离；也可见于烧伤、冻伤、电击伤等损伤后因缺血坏死、严重感染而无法保留肢体，必须采取医疗截肢手术的情况。

3. 鉴定时限审查

损伤当时肢体完全离体的肢体离断，在损伤后即可进行鉴定；肢体损伤严重而无法保留以致缺血坏死或因医疗所需被截肢的肢体缺失，须在医疗终结后进行鉴定。

【案　例】

张某，12 岁，因被车辆碾压致左下肢毁损伤入院。查见：左大腿根部环绕腘窝至小腿远端皮肤撕脱伤，创口于大腿根部延伸至足踝部，足踝部皮肤闭合性脱套，左腘窝处部分肌肉缺失，腘动脉部分分支断裂缺失，腘静脉部分损伤，左股骨远端及左胫骨近端粉碎性骨折，左小腿后侧肌群及外侧肌群大部分肌肉坏死。急诊行左膝关节锁定，左下肢清创、左下肢皮肤打薄回置（17%）术。保守治疗 19 日后，左大腿伤口裂开，创面坏死。行左股骨远端截断术 + 左侧大腿清创、vsd 引流术。

张某伤后 7 月鉴定时查体：左大腿中下段 1/3 处以远缺失，左大腿残端外侧见大面积增生性皮肤瘢痕，前侧及内侧见植皮区，左大腿根部前内侧见条状增生性皮肤瘢痕。左髋关节活动可。依据《人体损伤程度鉴定标准》5.9.2.m）"一足离断或者缺失 50% 以上"之规定，张某左下肢缺失损伤程度达重伤二级标准。综合评定为重伤二级。（重庆市梁平区人民检察院张寰提供）

案例解析： 虽然医疗行为（行左下肢截肢术）是造成张某左下肢缺失的直接原因，但也是挽救其生命必须进行的行为。张某左下肢缺失应视为交通事故损伤的结果。因此，以张某肢体缺失来进行损伤程度评定。

二、四肢关节损伤

关节损伤是指关节腔内骨折、出血，关节脱位、骨折累及关节面、关节囊的综合损伤等。四肢的大关节包括上肢的肩关节、肘关节、腕关节及下肢的髋关节、膝关节、踝关节。由于骨骼也是关节结构的重要组成部分，当出现骨骼损伤累及关节功能的情况，适用骨折相关条款还是关节功能丧失相关条款进行伤情评定，需根据治疗情况综合认定。

关于四肢大关节的损伤程度鉴定主要以关节的功能丧失、强直、挛缩畸形，以及关节韧带的损伤为依据，其损伤程度包括从轻微伤至重伤一级（表 21-2-2）。

表 21-2-2　四肢关节损伤鉴定条款

条款序号	条款内容	损伤程度
5.9.1.b）	二肢六大关节功能完全丧失	重伤一级
5.9.2.a）	四肢任一大关节强直畸形或者功能丧失 50% 以上	重伤二级
5.9.2.i）	膝关节挛缩畸形屈曲 30° 以上	重伤二级

续表

条款序号	条款内容	损伤程度
5.9.2.j)	一侧膝关节交叉韧带完全断裂，遗留旋转不稳	重伤二级
5.9.2.k)	股骨颈骨折或者髋关节脱位，致股骨头坏死	重伤二级
5.9.3.a)	四肢任一大关节功能丧失 25% 以上	轻伤一级
5.9.3.c)	膝关节韧带断裂伴半月板断裂	轻伤一级
5.9.4.a)	四肢任一大关节功能丧失 10% 以上	轻伤二级
5.9.4.e)	肢体大关节韧带断裂；半月板破裂	轻伤二级
5.9.4.h)	损伤致肢体大关节脱位	轻伤二级
5.9.5.b)	肢体关节、肌腱或者韧带损伤	轻微伤

关节强直畸形标准所指的关节强直畸形，是指损伤累及关节面致使关节面软骨遭到破坏，呈现关节的骨骼之间的纤维组织相连，关节间隙不规则，经过一段时间的固定，纤维缩短，关节间隙变狭窄，最后纤维化，关节骨骼融合成为一体，关节丧失活动功能。

要注意"关节强直畸形"与"关节僵硬"的区别，"关节僵硬"是伤后肢体长期固定缺乏锻炼，导致静脉淋巴回流不畅，造成关节囊周围韧带、肌腱、肌肉等挛缩，"关节僵硬"原则上不援引四肢任一大关节强直畸形鉴定为重伤。

肢体关节韧带损伤：关节韧带是连接关节相邻两骨之间或软骨之间的由弹性结缔组织和胶原纤维彼此交织成的不规则的致密结缔组织。当受到间接或直接的外力作用下，关节活动超出生理性活动的范围，韧带被牵拉而超过其耐受力时，即会发生关节韧带损伤。具体可分为扭伤、部分断裂、完全断裂和联合性损伤。

1. 损伤程度审查要点

（1）临床表现：根据关节损伤的不同，出现相应部位的疼痛、肿胀、活动受限、畸形等症状体征。

（2）法医学检查：按照 GA/T 1970《法医临床学检验规范》5.14 肢体功能损伤，或 SF/T 0111《法医临床检验规范》7.11.7 关节功能、附录 A.6 关节运动活动度检测方法的检验规范，结合 GA/T 1661《法医学关节活动度检验规范》、SF/T 0096《肢体运动功能评定》、SF/T 0112《法医临床影像学检验实施规范》5.14 膝关节附属结构损伤、5.15 股骨头坏死、附录 A.7 半月板损伤分度进行检查。

（3）鉴定意见审查：

①六大关节中任意一个关节出现强直畸形或功能丧失 25% 以上评定为轻伤一级；10% 以上评定为轻伤二级；50% 以上评定为重伤二级。肢体六大关节中二肢及以上关节功能完全丧失时，评定为重伤一级。

②明确四肢肢体关节、肌腱或韧带损伤的诊断，即可评定为轻微伤；六大关节一个及以上出现脱位或韧带断裂，未遗功能障碍的，评定为轻伤二级；其中髋关节脱位若导致了股骨头坏死，则评定为重伤二级。

③其中由于膝关节的损伤会严重影响人体的行走及生活自理能力，因此标准中详细规定了膝关节单纯的韧带断裂或半月板破裂都评定为轻伤二级；膝关节韧带断裂同

时伴有半月板破裂时，评定为轻伤一级；膝关节损伤后出现挛缩畸形屈曲 30° 以上或膝关节交叉韧带完全断裂并遗留旋转不稳时，评定为重伤二级。

需注意，半月板损伤的致伤方式多为站立不稳致关节扭转超过限度等间接损伤。损伤如果为被鉴定人自身站立不稳所致的，不应评定损伤程度。如果为他人推搡等原因致站立不稳所致的，也应评定损伤程度。

对于本身有关节病变影响关节功能的，应当评价双侧关节的功能后再按相关方法计算实际丧失值。当被鉴定人既往有关节的外伤史或退行性病变，评定时应注意伤病关系，充分分析损伤基础及力的作用强度。损伤为次要或轻微作用的，不宜进行损伤程度鉴定，只说明因果关系；损伤为没有作用的，不应进行损伤程度鉴定。

2. 损伤致伤物判断及损伤机制审查

（1）肩关节损伤：

肩关节前脱位：上肢处于外展时遭受外旋暴力作用，如向后跌倒手掌着地。最常见的肩关节脱位方式。

盂肱关节后脱位：肱骨内收内旋位时遭受由下而上的轴向外力作用。较为少见。

【案 例】

汪某因邻里纠纷被他人打伤，致右肩疼痛 4 小时。查体见右侧肩关节疼痛、肿胀、活动受限。X 线片见右肱骨上端骨折，累及关节面，行手术治疗。伤后鉴定意见：汪某肱骨上端骨折累及关节面，依据《人体损伤程度鉴定标准》5.9.3.f）"四肢长骨骨折累及关节面"之规定，评定为轻伤一级。受伤 90 日后补充鉴定，汪某目前肩关节活动度丧失 12%，以肩关节功能障碍鉴定，符合《人体损伤程度鉴定标准》5.9.4.a）"四肢任一大关节功能丧失 10% 以上"之规定，达到轻伤二级标准，综合评定，汪某的损伤程度为轻伤一级。

案例解析：汪某原发性损伤为右肱骨上端骨折累及关节面，构成轻伤一级。骨折累及关节面，肩关节活动障碍是有损伤基础的，故可以在损伤 90 日后对其肩关节功能进行补充鉴定。本案中汪某遗留肩关节功能障碍损伤程度未超过其原发性损伤的轻伤一级损伤程度，故其损伤程度综合评定为轻伤一级。

（2）肘关节损伤（表 21-2-3）：

表 21-2-3 肘关节脱位损伤机制

肘关节后脱位	侧方脱位	肘关节前脱位
肘关节处于半伸直位时跌倒，手掌着地，暴力沿尺桡骨向上传导，致尺桡骨向后方脱出	肘关节处在内翻或外翻位遭受暴力时	当屈肘时，暴力直接作用于肘后方，或跌倒后手掌撑地，身体沿固定的前臂纵轴旋转，力量先导致肘关节侧方脱位，随着外力继续作用，则可导致尺桡骨完全移位至肘前方；单纯肘关节前脱位少见，常合并尺骨鹰嘴骨折

（3）腕关节损伤：腕关节脱位多由直接暴力引起，常合并其他部位的骨折或脱位，可伴有正中神经或尺神经损伤。

（4）髋关节损伤（表21-2-4）：

表 21-2-4　髋关节脱位损伤机制

髋关节后脱位	髋关节前脱位	髋关节中心脱位
常见于交通事故，高坠伤也可见；当乘车人髋、膝关节均处于屈曲内收位时，机动车突然刹车致使膝关节遭受撞击，纵向暴力沿股骨向近侧传导至髋关节，使得股骨头从髋关节囊后下部薄弱区脱出，若髋关节处于内收位，可发生单纯髋关节后脱位，若髋关节处于中立位或外展位，则发生合并股骨头或髋臼骨折的后脱位	交通事故或高坠伤时，股骨呈外展外旋位，受到轴向直接暴力时，较为少见。	交通事故或高坠伤时，侧方的暴力直接撞击在股骨粗隆区，使股骨头水平向内移动，穿过髋臼内侧壁进入骨盆腔，若受伤时下肢处于轻度内收位，则股骨头向后方移动，造成髋臼后部骨折，若下肢处于轻度外展外旋位，则股骨头向上方移动，造成髋臼粉碎性骨折；后腹膜间隙往往有大量出血，可出现出血性休克

（5）膝关节损伤：膝关节的损伤对人体的行走及生活自理能力影响较大。《人体损伤程度鉴定标准》中对膝关节的损伤评定标准除了脱位及功能丧失外，还特别对膝关节的挛缩畸形、韧带损伤、半月板损伤进行了单独的规定，以上损伤的机制如下：

①膝关节挛缩畸形：指膝关节周围的皮肤、肌肉、肌腱因各种损伤导致瘢痕挛缩，膝关节不能完全伸直，呈明显屈曲畸形。

②膝关节脱位（表21-2-5）：

表 21-2-5　膝关节脱位损伤机制

膝关节后脱位	膝关节前脱位	膝关节内、外侧脱位	膝关节旋转脱位
屈曲的膝关节遭受作用于胫骨前面的向后暴力而造成，是典型的损伤方式，占所有脱位的50%～75%	最常见于向后的暴力作用于大腿前面	当胫骨处于固定位时，大腿受外翻应力作用可导致外侧脱位，大腿受内翻应力作用，可导致内侧脱位	膝关节受旋转暴力脱位，其中后外侧脱位最常见

③膝关节韧带损伤（表21-2-6）：

表 21-2-6　膝关节韧带损伤机制

内侧副韧带损伤	外侧副韧带损伤	前交叉韧带损伤	后交叉韧带损伤
膝关节轻度屈曲位时，小腿强力外展而造成；最常见的损伤	多因暴力作用于小腿外侧使之向内收缩导致；单独损伤比较少见，通常合并腓骨小头骨折。暴力强大时，可以造成髂胫束和腓总神经损伤	膝关节伸直位内翻损伤或膝关节屈曲位外翻损伤，来自膝关节后方的暴力使胫骨上端受到向前冲击的力量；较为常见，常在胫骨附着点发生撕脱性骨折；常合并内外侧副韧带和半月板损伤	膝关节屈膝或伸直位时，来自前方的使胫骨上端后移的暴力所致；单独损伤较为少见，通常与前交叉韧带同时损伤

④半月板损伤：半月板损伤分度参照 SF/T 0112《法医临床影像学检验实施规范》附录 A.7 半月板损伤分度。其损伤机制为：膝关节半屈位时，在内收或外展时受到重力挤压和旋转力作用，半月板被挤于股骨髁和胫骨平台之间，承受垂直压力的同时，又遭受牵拉力或剪切力作用，从而导致破裂。青年人半月板较厚，弹性好，半月板撕裂多呈纵形；老年人的半月板因退行性变而变薄，弹性差，多为水平撕裂。

【案 例】

宋某在与他人互殴中受伤。外伤后右膝部肿痛不适，伴活动受限 2 小时就诊。查体见右膝关节轻度肿胀，皮肤色泽正常，压痛明显，右侧膝关节屈曲度约 100°，伸直 10°，浮髌试验（＋），内外侧应力试验（＋），抽屉试验（＋），右下肢肌力五级，小腿皮肤痛温觉正常，膝腱反射较健侧减弱。手术中探查见前交叉韧带新鲜断裂，断端为实质部，呈马尾状，内侧半月板后角红区撕裂，外侧半月板后角近后根部红区撕裂。右膝关节正侧位 X 线片及右膝关节 MRI 片示：右膝前交叉韧带连续性中断，可见 T2 加权高信号，提示右膝前交叉韧带断裂；右膝内、外侧半月板后角可见条片状 T2 加权高信号，抑脂序列信号略低，提示右膝内、外侧半月板Ⅱ°损伤；右股骨远端、胫骨近端骨髓水肿，右膝关节腔及髌上囊少量积液，周围软组织渗出、水肿。现委托分析被害人膝关节内韧带断裂原因。

案例解析： 本案宋某外伤后右膝部肿痛，手术中探查见前交叉韧带新鲜断裂，断端为实质部，呈马尾状，内侧半月板后角红区撕裂，外侧半月板后角近后根部红区撕裂。MRI 见右膝前交叉韧带连续性中断，可见 T2 加权高信号，膝内、外侧半月板后角可见条片状 T2 加权高信号，抑脂序列信号略低，右股骨远端、胫骨近端骨髓水肿等，符合膝关节新鲜损伤征象。

前交叉韧带是膝关节重要的韧带结构，控制膝关节的前向稳定性，其主要作用是限制胫骨前移，其次是限制膝关节内外翻和旋转。膝关节突然的外翻、旋转等对于前交叉韧带断裂的发生起着至关重要的作用。本案中，宋某右膝关节的主要损伤包括右膝前交叉韧带断裂及右股骨远端、胫骨近端骨髓水肿等。当膝关节突然外翻（可伴有旋转）时结合自身重力（轴向压缩力）的作用下，前交叉韧带因牵拉张力增大可发生断裂，同时股骨远端可与胫骨近端发生挤压、撞击，致使股骨远端、胫骨近端可有骨髓水肿。故根据宋某右膝关节损伤的部位、程度、形态结构等特征分析，其成伤机制符合间接暴力作用所致，即右膝关节突然发生外翻（可伴有旋转）结合轴向压缩力所致。

（6）踝关节损伤：当下台阶或行走在高低不平的路面上时，踝关节处于跖屈位，此时踝关节遭受内翻或外翻暴力，可导致踝部韧带损伤或断裂，也可致撕脱骨折、踝关节或下胫腓联合半脱位、全脱位。

3.鉴定时限审查

四肢关节如为结构性损伤，确诊后即可根据相关条款鉴定。如遗留关节功能障碍的，可在治疗终结后根据其相应部位功能情况进行鉴定或补充鉴定。

三、四肢骨损伤

四肢骨包括上肢骨和下肢骨，由与躯干相连的肢带骨和自由活动的游离肢骨组成。上肢骨由锁骨、肩胛骨和肱骨、桡骨、尺骨、手骨构成。下肢骨由髋骨、股骨、胫骨、腓骨、髌骨、足骨组成。本章节中的四肢长骨是指肱骨、尺骨、桡骨、股骨、胫骨和腓骨。

《人体损伤程度鉴定标准》中对于四肢骨的损伤主要以四肢长骨骨折（不含手骨、足骨）的损伤及后遗症、髌骨骨折和骨骺损伤为鉴定依据，其损伤程度从轻微伤至重伤一级（表21-2-7）。

表21-2-7　四肢骨损伤鉴定条款

条款序号	条款内容	损伤程度
5.9.2.g）	股骨干骨折缩短5.0cm以上、成角畸形30°以上或者严重旋转畸形	重伤二级
5.9.2.h）	胫腓骨骨折缩短5.0cm以上、成角畸形30°以上或者严重旋转畸形	重伤二级
5.9.2.k）	股骨颈骨折或者髋关节脱位，致股骨头坏死	重伤二级
5.9.2.l）	四肢长骨骨折不愈合或者假关节形成；四肢长骨骨折并发慢性骨髓炎	重伤二级
5.9.3.d）	四肢长骨骨折畸形愈合	轻伤一级
5.9.3.e）	四肢长骨粉碎性骨折或者两处以上骨折	轻伤一级
5.9.3.f）	四肢长骨骨折累及关节面	轻伤一级
5.9.3.g）	股骨颈骨折未见股骨头坏死，已行假体置换	轻伤一级
5.9.3.h）	骺板断裂	轻伤一级
5.9.4.f）	四肢长骨骨折；髌骨骨折	轻伤二级
5.9.4.g）	骨骺分离	轻伤二级
5.9.5.c）	骨挫伤	轻微伤

假关节：是骨折后常见并发症，又称为骨折不愈合，是骨折端在某些条件影响下，骨折愈合功能停止，引起长骨骨折处不稳定，骨折端骨质吸收最后硬化导致骨折处假关节形成。假关节形成后可以影响肢体活动功能，并导致肢体功能障碍，严重患者会导致钢板松动及断裂。假关节形成通常需要进行手术治疗。

股骨干骨折旋转畸形：股骨上1/3骨折后，近折段受髂腰肌、臀中肌、臀小肌和髋关节外旋诸肌的牵拉而屈曲、外旋和外展，而远折段则受内收肌的牵拉而向上、向后、向内移位，导致向外成角和缩短畸形。股骨中1/3骨折后，其畸形主要是按暴力的撞击方向而成角，远折段又因受内收肌的牵拉而向外成角。

骨骺分离、骺板断裂：长骨体部又称为长骨骨干，内部有骨髓腔容纳骨髓，骨干表面有1～2个血管出入的滋养孔。长骨的两端称为骺，有光滑的关节面，与相邻关节面构成关节，骨干与骺相连的部分称为干骺端。幼年时保留的一片软骨称为骺软骨，骺软骨细胞会不断分裂、增殖和骨化，使骨不断加长。成年后骺软骨骨化，骨干与骺融为一体，其间遗留一骺线。骨折线完全或部分以水平、垂直或斜方向经骺线，造成骨干与骨骺分离或者骺软骨的断裂，称为骨骺分离及骺板断裂。

骨挫伤：骨骼受到一定暴力的损伤，但并未达到骨折的状态，仅有骨小梁的微骨折以及损伤区的充血表现。X 片检查常无异常改变，MRI 检查对骨挫伤有较大诊断意义。

1. 四肢长骨骨折

（1）损伤程度审查要点：

①临床表现：损伤部位有明显的肿胀、疼痛、压痛和相应功能障碍；如骨折有移位时可出现局部畸形、骨擦感；严重骨折或多发性骨折可导致全身性反应，如引起感染、休克等；可并发慢性骨髓炎、脂肪栓塞综合征、骨筋膜室综合征、坠积性肺炎、静脉血栓等；可能导致关节僵硬、创伤性关节炎、损伤性骨化、骨萎缩、骨坏死以及遗留畸形愈合等。

②法医学检查：按照 GA/T 1970《法医临床学检验规范》5.13 骨骼损伤，或 SF/T 0111《法医临床检验规范》7.11 四肢损伤的检验规范，结合 SF/T 0112《法医临床影像学检验实施规范》5.15 股骨头坏死、5.16 骨骺骨折、5.18 创伤性骨关节炎进行检查。

③鉴定意见审查要点：

a. 四肢长骨骨折评定为轻伤二级；在此基础上，如果有四肢长骨骨折累及关节面、粉碎性骨折、两处以上骨折或出现骨折后的畸形愈合，则评定为轻伤一级；四肢长骨在骨折后如果出现不愈合或形成假关节或并发慢性骨髓炎，则评定为重伤二级。

b. 四肢任意骨骼的挫伤评定为轻微伤。股骨颈骨折未见股骨头坏死，已行股骨头假体置换的，评定为轻伤一级；导致股骨头坏死的，评定为重伤二级。四肢长骨中股骨及胫腓骨为下肢骨，其损伤后严重影响人的行走能力及生活自理能力，因此，当股骨干骨折或胫腓骨骨折后，遗留缩短 5.0cm 以上或成角畸形 30° 以上或遗留严重旋转畸形的，评定为重伤二级。

需注意：

a. 四肢长骨两处以上骨折是指任意两骨累计两处以上的骨折，而非指一根骨的两处骨折（一根骨的两处骨折属于粉碎性骨折）。

b. 四肢长骨畸形愈合是指骨折复位、愈合未达临床骨折复位标准。骨折复位的参考标准：无旋转畸形和分离移位；在成人缩短不超过 1cm，儿童不超过 1.5 ～ 2.0cm；在对位良好的情况下，成人成角不能超过 10°，儿童不能超过 15°；在对线良好的情况下，骨干部位对位应至少达 1/3，干骺端对位不能小于 3/4。

c. 本标准中的骨折不包括骨皮质的砍痕。

d. 轻微裂缝骨折时，影像学可能未见明显骨折线，应于 2 周后拍片复查，此时骨折断端的吸收常可出现骨折线。

e. 半月板损伤、踝部骨折表现为 Lange-Hanson 分型的，一般都为扭转所致的间接损伤。损伤如果为被鉴定人自身站立不稳所致的，不应评定损伤程度。如果为他人推搡等原因致站立不稳所致的，也应评定损伤程度。鉴定时应结合案情，充分分析鉴别。

f. 骨折时应注意区别骨折的新旧损伤（表 21-2-8）：

表 21-2-8　骨折新旧损伤对比

影像学检查	新鲜损伤	陈旧性损伤
软组织	出血水肿	无出血水肿
骨折断端	锐利	模糊
骨折线	清晰、锐利，无新生骨痂影	模糊、圆钝，有的可见骨痂形成
骨髓信号	明显骨髓水肿、骨挫伤等改变	骨髓信号正常

（2）致伤物判断及损伤机制审查：在伤害案件中，涉案双方常会因他伤或自伤各执一词。因此，明确损伤发生机制，根据损伤的位置、形态及周围软组织情况，结合案情推断出暴力方式，可以使得相关的证据收集更有针对性，对于明确双方责任起到至关重要的作用。如：四肢长骨在遭受不同暴力时，通常会有一些较为共同的表现方式（表 21-2-9）。

表 21-2-9　四肢长骨常见骨折机制

分类	暴力作用点	特征	示例
直接暴力	暴力直接作用于骨骼某一部位并导致该部位骨折	骨折部位较严重软组织损伤；多位于长骨骨干；多为横行、蝶形或粉碎性骨折	小腿受到撞击，于撞击处发生胫、腓骨骨干横行骨折；被人持棍棒殴打时，右手前臂抵挡，造成抵挡处尺骨横型或粉碎性骨折
间接暴力	力量通过传导、扭转、杠杆作用或肌收缩使肢体远端因作用力和反作用力的关系发生骨折	骨折部位可无明显软组织损伤；多位于干骺端；多为斜行或螺旋形骨折	跌倒时以手掌撑地，暴力向上传导，可致桡骨远端骨折；高处坠落时，传导力导致胫骨上端发生骨折

人体上、下肢基于其解剖结构及生理作用，在常见的损伤中，也有着共同的损伤表现。下面分别列举了上、下肢长骨与大关节较为常见的损伤机制，以便在实际办案中能与被鉴定人的致伤方式进行对照分析，判断损伤原因，明确因果关系。

①上肢长骨常见骨折机制（表 21-2-10）：

表 21-2-10　上肢长骨常见骨折机制

分类	损伤机制
肱骨干骨折	外力直接打击肱骨干中段，发生暴力作用部位的横行或粉碎性骨折；手或肘部着地时伴有身体前倾，肱骨干中下 1/3 骨折；"投掷"运动，掰腕等扭转暴力，肱骨干中下 1/3 骨折，多为斜形或螺旋形骨折
肱骨髁上骨折	跌倒时，肘关节处于半屈或伸直位，手掌着地，身体前倾；跌倒时，肘关节处于屈曲位，肘后方着地
尺骨、桡骨双骨折	重物直接打击、压榨或刀砍伤，导致同一平面的横形或粉碎性骨折；跌倒时手掌着地，导致不同平面的尺、桡骨骨折，伴有前臂的扭时，骨折可呈斜形或螺旋形

续表

分类	损伤机制
桡骨远端骨折	腕关节背伸位时，手掌着地、前臂旋前，导致骨折远端向桡、背侧移位，近端向掌侧移位，可同时伴有下尺桡关节脱位及尺骨茎突骨折（colles 骨折）；跌倒时，腕关节屈曲，手背着地，或腕部受到直接暴力打击，骨折近端向背侧移位远端向掌侧、桡侧移位，可合并下尺桡关节损伤、尺骨茎突骨折和三角纤维软骨损伤（smith 骨折）；腕关节背伸，前臂旋前位跌倒时，手掌着地，桡骨远端关节面骨折伴腕关节脱位（Barton 骨折）

②下肢长骨常见骨折机制（表 21-2-11）：

表 21-2-11 下肢长骨常见骨折机制

分类	损伤机制
股骨颈骨折	多发生在中、老年人，与骨质疏松导致的骨量下降有关，轻微扭转暴力则可发生骨折，如走路跌倒、身体发生扭转倒地；青少年少见，常需较大暴力才能引起
股骨转子间骨折	与股骨颈骨折相似，好发于中老年骨质疏松病人，多为间接外力引起，如跌倒时身体发生旋转，在过度外展或内收位着地时发生；也可为直接暴力引起，跌倒时侧方着地，大转子受到直接撞击导致
股骨干骨折	重物直接打击，车轮碾轧、火器损伤等直接暴力作用于股骨，引起股骨干横形或粉碎性骨折，同时伴有广泛软组织损伤；高处坠落伤、机器扭转伤等间接暴力作用，常导致股骨干斜型或螺旋型骨折，周围软组织损伤较轻
股骨远端骨折	多为车祸等高能量损伤或高处坠落所致
胫骨平台骨折	高处坠落时足先着地，再向侧方倒地产生扭转力，导致胫骨内侧或外侧平台塌陷骨折；暴力直接击打膝内侧和外侧时，使膝关节发生外翻或内翻，导致外侧或内侧平台骨折或韧带损伤
胫腓骨干骨折	重物撞击、车轮碾轧等，可引起胫腓骨同一平面的横形、短斜形或粉碎性骨折；高处坠落时，足着地，身体发生扭转，可引起胫、腓骨螺旋形或斜形骨折；若为双骨折，腓骨的骨折线常较胫骨骨折线高，胫骨下 1/3 的斜形骨折，经力的传导，可致腓骨颈骨折

③踝关节骨折常见骨折机制：踝部直接暴力骨折多因重物压伤、车辆碾压等所致的粉碎性骨折，可有明显楔形骨折的表现，横断骨折次之。直接骨折一般表现为踝部明显软组织挫伤或软组织开放损伤，可与足部损伤合并发生，表现为复杂性骨折。

踝部骨折多由扭转产生的间接暴力引起。根据其损伤表现及机制不同，临床上较为实用的是 Lange-Hanson 分型（表 21-2-12）。

表 21-2-12 踝关节骨折（Lange-Hanson 分型）机制

损伤分型	损伤分度	损伤机制
Ⅰ型：旋后内收型位	Ⅰ° 骨折为单纯外踝骨折或韧带断裂； Ⅱ° 为同时有内踝骨折	受伤时足处于旋后位，距骨在踝穴内受到强力内收，踝关节外侧受到牵拉，内踝受到距骨的挤压外力所致
Ⅱ型：旋后外旋型	Ⅰ° 为下胫腓韧带损伤； Ⅱ° 为同时有外踝斜行骨折； Ⅲ° 为Ⅱ° 加后踝撕脱骨折； Ⅳ° 为Ⅲ° 加内踝骨折或三角韧带断裂	受伤时足部处于旋后位，距骨受到外旋应力，以内侧为轴，发生向外后方的旋转移位，冲击外踝，使之向后外方脱位

续表

损伤分型	损伤分度	损伤机制
Ⅲ型： 旋前外展型	Ⅰ°为内踝撕脱骨折； Ⅱ°为同时有下胫腓韧带损伤； Ⅲ°为Ⅱ°加外踝骨折	受伤时足位于旋前位，距骨受到强力外展或外翻外力，踝关节内侧结构受到强力牵拉，外踝受到挤压外力
Ⅳ型： 旋前—外旋型	Ⅰ°为内踝撕脱骨折； Ⅱ°为Ⅰ°加下胫腓间韧带损伤； Ⅲ°为Ⅱ°加腓骨骨折； Ⅳ°为Ⅲ°加后踝骨折	受伤时足处于旋前位，踝骨受到外旋应力，以外侧为轴，向前方旋转，踝关节内侧结构受到牵拉破坏
Ⅴ型： 垂直压缩型	跖屈位受伤：胫骨下端前缘压缩性骨折； 背伸位受伤：胫骨下端后缘压缩性骨折； 单纯垂直位受伤：胫骨下端粉碎性骨折或斜形骨折	为高处跌下等垂直暴力所致的损伤

【案　例】

李某与他人互相殴打受伤，当日监控视频见李某双脚离地飞踢对方，着地时站立不稳倒地，后被嫌疑人胡某踢中，但胡某踢中李某的部位视频中未清晰显示。李某到医院检查诊断为左胫腓骨下段开放性骨折，为查清李某足踝骨折是否为胡某脚踢所致，承办人委托进行致伤方式鉴定。

病历记载，入院当天见李某左踝一6cm开放性伤口，压痛明显伴肿胀，X光片示左胫腓骨下端骨折，软组织肿胀。左踝CT提示：左胫腓骨下端骨皮质连续性中断，可见骨折线影；左胫骨下段撕脱性骨折，移位不明显；左腓骨下段骨折线位置较高，移位明显，可见游离碎骨块；左踝关节及皮下积气；左下胫腓联合间隙增宽。诊断：左胫腓骨下段开放性骨折。

案例解析： 李某胫腓骨下端骨折，即内外踝骨折；左胫骨下段内踝为撕脱性骨折，移位不明显；左外踝骨折表现为腓骨下段骨折，且骨折线位置较高，移位明显，可见游离碎骨块（图21-2-1）；下胫腓联合间隙增宽。该表现符合踝关节Lange-Hansen分型旋前—外旋型骨折，为足部着地时，小腿不动足部强力旋转，或足不动小腿强力旋转时，踝部受沿胫腓骨方向纵向挤压的力及足踝部扭转力作用所致骨折，为间接暴力所致骨折。即伤者左脚部着地时，站立不稳，足踝部强力扭转致骨折可能性大，足踝部受他人脚踢难以形成此类损伤。其左足外踝开放性损伤可由腓骨骨折断端刺破皮肤所致。

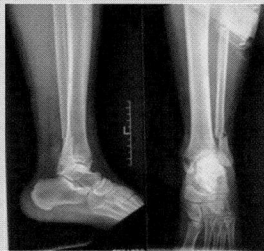

图21-2-1　踝关节Lange-Hansen分型旋前—外旋型骨折

（3）鉴定时限审查：骨折伤后即可鉴定，如有遗留后遗症或功能障碍者的，待治疗终结后进行鉴定或补充鉴定。

【案　例】

黄某，女，25 岁。遭到男友的殴打后被家人送到医疗机构进行治疗。查体可见其双前臂肿胀畸形，以右前臂为重，触痛剧烈，活动受限。X 光片提示双侧尺骨骨折。伤后一个月 X 光检查示其右尺骨骨折内固定在位，双侧尺骨骨折处可见少量骨痂生长。根据黄某的就诊记录、临床体征及相关影像学检查结果，其双侧尺骨骨折为此次外伤所致，依据《人体损伤程度鉴定标准》第 5.9.3.e）"四肢长骨粉碎性骨折或者两处以上骨折"之规定，评定为轻伤一级。（鹤岗市公安局提供）

五、四肢重要神经、血管损伤

四肢重要神经是指臂丛神经及其分支（包括正中神经、尺神经、桡神经和肌皮神经等）和腰骶丛神经及其分支（包括坐骨神经、腓总神经、腓浅神经和胫神经等）。

四肢重要的血管是指与肢体重要神经相伴行的动、静脉，包括上肢的腋动脉、腋静脉、肱动脉、肱静脉、桡动脉、尺动脉等，下肢的股动脉、股静脉、腘动脉、腘静脉、胫前动脉、胫后动脉等。四肢重要血管损伤的评定只以血管本体的全层破裂损伤为鉴定依据，如因血管的损伤导致了失血性休克或因肢体的缺血性损害导致了肢体功能的损伤，则需根据实际损伤情况选择合适条款进行评定。

《人体损伤程度鉴定标准》中对于四肢重要神经的损伤主要以神经的本体损伤及神经损伤后遗留肌瘫为鉴定依据，其损伤程度分为轻伤二级和重伤二级（表 21-2-13）。

表 21-2-13　四肢神经、血管损伤鉴定条款

条款序号	条款内容	损伤程度
5.9.2.b）	臂丛神经干性或者束性损伤，遗留肌瘫（肌力 3 级以下）	重伤二级
5.9.2.c）	正中神经肘部以上损伤，遗留肌瘫（肌力 3 级以下）	重伤二级
5.9.2.d）	桡神经肘部以上损伤，遗留肌瘫（肌力 3 级以下）	重伤二级
5.9.2.e）	尺神经肘部以上损伤，遗留肌瘫（肌力 3 级以下）	重伤二级
5.9.2.f）	骶丛神经或者坐骨神经损伤，遗留肌瘫（肌力 3 级以下）	重伤二级
5.9.4.b）	四肢重要神经损伤	轻伤二级
5.9.4.c）	四肢重要血管破裂	轻伤二级

1.四肢重要神经损伤

（1）损伤程度审查要点：

①临床表现：主要是其支配的肌肉出现运动功能障碍，相应皮肤区域出现感觉功能障碍及自主神经功能障碍等。

②法医学检查：依据《人体损伤程度鉴定标准》附录 B.1.4 肌瘫分级的规定，按照 GA/T 1970《法医临床学检验规范》5.12 周围神经损伤，或 SF/Z JD0103005《周围神经损伤鉴定实施规范》的检验规范进行检查。

③鉴定意见审查：四肢重要神经损伤后未遗留肌瘫时，评定为轻伤二级；遗留肌力 3 级以下肌瘫时，评定为重伤二级。

需注意：

a. 周围神经损伤评定时应做到定性（明确外伤史）、定位（神经损伤节段、累及哪些肌肉）、定量（愈后及肌肉肌力）。评定时应注意伤病关系，损伤为次要或轻微作用的，不宜进行损伤程度鉴定，只说明因果关系；损伤为没有作用的，不应进行损伤程度鉴定。

b. 四肢神经损伤的评定包括神经损伤专门条款及损伤后遗功能丧失的隐性条款，即在四肢出现功能丧失时，应通过辅助检查确定造成四肢功能丧失的原因是否为神经损伤，再根据实际情况选择合适条款进行评定。

c. 神经损伤遗留肌瘫的，其症状体征瘫痪肌群需与神经损伤节段相一致，根据关节功能丧失评定的，应判断功能障碍的关节及肌群是否与神经损伤节段相符。

（2）致伤物判断及损伤机制审查（表 21-2-14）：

表 21-2-14　四肢重要神经损伤机制

分类	损伤机制
臂丛神经损伤	枪弹伤、锐器伤等，头臂分离的牵拉性损伤
腋神经损伤	锐器伤、肩关节脱位、肱骨上段骨折等
桡神经损伤	锐器或钝器伤、肱骨干骨折等
正中神经损伤	锐器或钝器伤、牵拉伤、肱骨髁上骨折等
尺神经损伤	锐器或钝器伤、肱骨髁及肱骨内上髁骨折、肘关节脱位等
坐骨神经损伤	锐器伤、骨盆骨折、髋关节脱位等
腓总神经损伤	锐器或钝器伤、腓骨头骨折等
胫神经损伤	锐器伤、车辆碾压伤等
股神经损伤	锐器伤、过度牵拉等

（3）鉴定时限审查：单纯以四肢重要神经损伤条款评定轻伤二级的，可在伤后即行鉴定。四肢重要神经损伤遗留肌瘫的，应待医疗终结后，功能障碍相对稳定后进行。

【案　例】

2018 年 7 月 20 日吴某被他人持刀砍伤。查体：左前臂可见切割伤口，横形，长约 5cm 左右，出血，深达肌肉，手指、腕部伸直受限。手术记录：伸指肌大部分断裂，示指、环指伸指肌腱完全断裂，中指伸肌腱小部分断裂，探查未见神经损伤。伤后 3 个月吴某向甲鉴定机构提交某医院神经肌电图检查结论 1 张，证实其左侧桡神经损伤，无具体检查内容。甲鉴定机构以该神经肌电图检查结论为根据，以吴某左侧桡神经损伤，依据《人体损伤程度鉴定标准》5.9.4.b）"四肢重要神经损伤"之规定，评定为轻伤二级。10日后，乙鉴定机构再次行神经肌电图检查，提示吴某：左侧桡神经支配肌未见自发电位，募集反应减弱；桡神经运动、感觉神经传导均正常。高频超声：左侧桡神经主干和深支均未见确切异常。遂以吴某桡神经损伤证据不足，其目前手臂遗留8cm瘢痕，依据《人体损伤程度鉴定标准》第5.9.5.a）"肢体一处创口或者瘢痕长度1.0cm以上"之规定，评定为轻微伤。

　　案例解析：吴某手术探查未见神经损伤，与吴某自行提供的肌电图检查结果相互矛盾，甲鉴定机构未予以检查核实，去伪存真，而是偏信了无具体检查内容的神经肌电图检查结果，导致鉴定意见错误。因此，严格检查核实鉴定材料，尤其是当事人单方面提供的鉴定材料，消除鉴定材料之间的矛盾，是保障鉴定意见客观科学公正的前提。

2. 四肢重要血管损伤

在外力的作用下，可造成四肢重要血管的损伤。

（1）损伤程度审查要点：

①临床表现：可有伤口也可为闭合性损伤，疼痛，出血；可出现脉搏减弱，皮肤苍白、肢冷，常合并低血压及失血性休克；肢体缺血可引起坏死，缺血部位疼痛、麻木、皮肤苍白、脉搏消失或减弱、肢体功能障碍。

②法医学检查：参照 GA/T 1970《法医临床学检验规范》5.16.11 血管损伤的检验规范进行检查。

③鉴定意见审查：四肢重要血管明确有血管的全层破裂后，即可认定为轻伤二级。血管损伤合并失血性休克或缺血性肌肉挛缩等，依据其他相关条款评定。

（2）致伤物判断及损伤机制审查：

①锐器伤：常见的致伤物有匕首、刺刀、玻璃以及枪弹等。动脉血管部分破裂，血流有时可在软组织间隙内聚集，并与管腔交通，局部形成搏动性血肿。

②爆炸伤：爆炸物爆炸以冲击波形式作用于体表软组织，并形成瞬时空腔效应，会造成损伤局部和远离组织的震荡伤。同时所形成的负压，还可以将弹片或骨碎屑带入创伤血管内，发生远端血管的栓塞。

③钝挫伤：钝性暴力作用于血管及周围组织，导致血管痉挛、血管闭塞、血管壁挫伤等。血管痉挛可发生于受刺激血管的局部，也可波及血管全长及分支。血管痉挛的机制是外力使动脉外膜的交感神经过度兴奋，血管壁平滑肌持续收缩，致血流减少、停止，甚至继发血栓形成。

④骨折块、关节脱位、血肿、投射物、夹板及止血带等均可造成血管受压。

（3）鉴定时限审查：单纯以四肢重要血管破裂评定轻伤二级的，可在伤后即行鉴定。血管损伤合并失血性休克或缺血性肌肉挛缩等，依据相关条款时限评定。

【案 例】

邓某酒后因左大腿刀刺伤 40 分钟入院。查体：T37℃，P110 次/分，R24 次/分，BP77/45mmHg。神志欠清楚，贫血貌，多汗，四肢湿冷，睑结膜较苍白，左大腿近端前侧有约 3.0cm×1.0cm 皮肤裂口，有活动性出血，裂口内见少许渗血，足背动脉搏动减弱，感觉、运动存在。立即行清创缝合术，术中切断缝匠肌，见左股静脉破裂撕裂回缩，破口约 3.5cm。术中出血 2400ml。术后诊断：（1）左大腿皮肤刀刺伤；（2）失血性休克；（3）左股静脉破裂；（4）左大腿股直肌部分断裂。

伤后 2 月余鉴定，邓某除左大腿遗留皮肤瘢痕外，已无不适。依据《人体损伤程度鉴定标准》5.12.2.d）条"各种损伤引起休克（中度）"、5.9.4.c）条"四肢重要血管破裂"之规定，综合鉴定邓某的损伤程度为重伤二级。（重庆市梁平区人民检察院张寰提供）

案例解析：（1）本案邓某左大腿刀刺伤所致左股静脉破裂为原发性损伤，而左股静脉破裂出血引起的休克为其并发症，两者均是刀刺造成的结果。根据《人体损伤程度鉴定标准》相关条款规定，邓某左股静脉破裂损伤程度为轻伤二级；邓某失血性休克已达中度标准（包括收缩压在 75～90mmHg 之间、脉搏在 110～130 次/分之间、睑结膜苍白和四肢皮肤湿冷），损伤程度为重伤二级。综合评定邓某的损伤程度为重伤二级。（2）以休克为鉴定依据时，需考虑自身疾病因素和酒精对休克的影响。本案中，虽有酒精因素，但因刀刺伤的是下肢大血管，出血量大，手术过程中能统计的就达到 2400ml，故失血系邓某中度休克的决定性因素，醉酒因素与休克间无因果关系。

第三节　手损伤

手共有手骨 27 块，可分成腕骨、掌骨和指骨三部分。腕骨共 8 块，排成两列，每列 4 块。近侧从外向内依次为舟骨、月骨、三角骨和豌豆骨，远侧列从外向内依次为大多角骨、小多角骨、头状骨和钩骨。掌骨有 5 块，从外向内依次为第 1、2、3、4、5 掌骨，每一掌骨都分成底、体、小头三部分，底接腕骨、小头接指骨。指骨除拇指为两节外，其余各指均有 3 节，其上附有手内、外在肌共计 29 块，并由正中神经、尺神经、桡神经支配其运动及感觉功能，再覆以皮肤。手的组织结构精细、解剖结构复杂，使其具有抓、握、捏、持功能以及温、触觉等。

不同原因的外伤导致手的结构缺失及功能障碍，可对伤者造成较大的生活影响。因此《人体损伤程度鉴定标准》中以手的结构损伤及治疗终结后手部功能的丧失程度为鉴定依据，损伤程度从轻微伤至重伤一级。鉴定时应综合考虑手部结构损伤及功能的丧失情况，选择适用条款（表 21–3–1）。

表 21-3-1 手损伤鉴定条款

条款序号	条款内容	损伤程度
5.10.1.a)	双手离断、缺失或者功能完全丧失	重伤一级
5.10.2.a)	手功能丧失累计达一手功能 36%	重伤二级
5.10.2.b)	一手拇指挛缩畸形不能对指和握物	重伤二级
5.10.2.c)	一手除拇指外，其余任何三指挛缩畸形，不能对指和握物	重伤二级
5.10.2.d)	一手拇指离断或者缺失超过指间关节	重伤二级
5.10.2.e)	一手示指和中指全部离断或者缺失	重伤二级
5.10.2.f)	一手除拇指外的任何三指离断或者缺失均超过近侧指间关节	重伤二级
5.10.3.a)	手功能丧失累计达一手功能 16%	轻伤一级
5.10.3.b)	一手拇指离断或者缺失未超过指间关节	轻伤一级
5.10.3.c)	一手除拇指外的示指和中指离断或者缺失均超过远侧指间关节	轻伤一级
5.10.3.d)	一手除拇指外的环指和小指离断或者缺失均超过近侧指间关节	轻伤一级
5.10.4.a)	手功能丧失累计达一手功能 4%	轻伤二级
5.10.4.b)	除拇指外的一个指节离断或者缺失	轻伤二级
5.10.4.c)	两节指骨线性骨折或者一节指骨粉碎性骨折（不含第 2～5 指末节）	轻伤二级
5.10.4.d)	舟骨骨折、月骨脱位或者掌骨完全性骨折	轻伤二级
5.9.5.c)	骨挫伤	轻微伤
5.10.5.a)	手擦伤面积 10.0cm² 以上或者挫伤面积 6.0cm² 以上	轻微伤
5.10.5.b)	手一处创口或者瘢痕长度 1.0cm 以上；两处以上创口或者瘢痕长度累计 1.5cm 以上；刺伤深达肌层	轻微伤
5.10.5.c)	手关节或者肌腱损伤	轻微伤
5.10.5.d)	腕骨、掌骨或者指骨骨折	轻微伤
5.10.5.e)	外伤致指甲脱落，甲床暴露；甲床出血	轻微伤

一、损伤程度审查要点

1.临床表现：手的离断缺失，疼痛、出血、畸形及握物、感觉功能障碍等。

2.法医学检查：按照 GA/T 1970《法医临床学检验规范》5.15 手、足损伤检验规范，结合 SF/T 0111《法医临床检验规范》7.11 四肢损伤进行检查。

3.鉴定意见审查：手损伤程度依据表 21-3-1 中各条款进行对比后评定。

需注意：

（1）离断后再植成活或者再造成功，应按照附录 6.16 规定，以损伤当时情形评定损伤程度。对于手离断平面的确认，除审查病历记载，还需以 X 线片确定离断平面具体位置予以确认。

（2）掌骨完全性骨折才构成轻伤二级，否则构成轻微伤。

（3）手部功能丧失导致不能对指和对掌的优先适用 5.10.2.b）条及 5.10.2.c）条专用条款，其余手功能损伤情况根据功能丧失适用功能丧失条款。

（4）对指是指拇指的指腹与其余各指的指腹之间相对合的运动，握物是指一手五指与手掌之间相对合的运动，不能完成对指和握物两项，才能依据相应的条款鉴定为重伤二级。

（5）在确定损伤引起手感觉功能丧失时，要将查体与神经电生理检查相结合，二者吻合一致，才能确定手的感觉功能的丧失。手的感觉功能包括手背及手掌感觉功能，由于手背感觉功能缺失多为局限的，且对手的整体功能影响较小，一般以手掌部感觉功能为主。一般认为，手掌部感觉功能占手功能的 50%。

（6）对于骨性损伤所引起的关节功能障碍，应测量关节的被动运动活动度；对于肌腱、韧带和周围神经损伤所引起的关节功能障碍，应测量关节的主动活动度，并同时注意与关节的被动运动活动度进行比较。

（7）手功能丧失的计算：手拇指占一手功能的 36%，其中末节和近节指节各占 18%；示指、中指各占一手功能的 18%，其中末节指节占 8%，中节指节占 7%，近节指节占 3%；无名指和小指各占一手功能的 9%，其中末节指节占 4%，中节指节占 3%，近节指节占 2%。一手掌占一手功能的 10%，其中第一掌骨占 4%，第二、第三掌骨各占 2%，第四、第五掌骨各占 1%。计算手功能丧失程度时应测量健侧活动度，两侧对比明确功能丧失程度，然后根据各部位功能丧失程度进行累加得出最终的手功能丧失程度。

【案 例】

祖某，女，60 岁，因与邻居赵某发生口角，被赵某打伤右手。送医院检查，可见右手肿胀，皮下瘀血，压痛明显。X 光片检查见其右手第 2 掌骨完全线性骨折。根据祖某的临床体征及影像学检查结果，依据《人体损伤程度鉴定标准》5.10.4 d）"掌骨完全性骨折"之规定，评定为轻伤二级。（鹤岗市公安局提供）

二、致伤物判断及损伤机制审查（表 21-3-2）

表 21-3-2 手损伤机制

	直接损伤	间接损伤
损伤机制	外力直接作用骨折部位	外力作用掌骨头沿管状骨传递至骨折部位
软组织损伤	骨折部位软组织损伤	部分掌指关节处可见软组织损伤
骨折部位	掌骨中段	多位于第 1、4、5 掌骨头及掌骨基底部
骨折类型	横行骨折或粉碎性骨折	一般无粉碎性骨折
骨折形态	断端无嵌插短缩	断端嵌插短缩成角

在司法实践中，直接损伤多见于外力直接击打骨折部位，间接损伤多见于握拳攻击他人或握拳时掌骨头部受沿掌骨长轴方向的钝性外力作用，应结合具体案情分析。

三、鉴定时限审查

手部结构损伤可在伤后即可鉴定，涉及功能丧失的在治疗终结后进行鉴定。手部损伤创口及瘢痕鉴定时限参照第二十二章体表损伤。

【案　例】

2020 年 7 月 26 日 10 时许，犯罪嫌疑人倪某因邻里纠纷与被害人史某发生肢体冲突，倪某以拳击的方式殴打史某。检查见史某右手背第 3、4 掌指关节青紫、红肿，手指活动因疼痛稍受限。影像学检查:（1）2020 年 7 月 27 日右手 CT 示: 右手第 4 掌骨基底部骨皮质扭曲，连续性中断，骨折内侧缘稍嵌插，提示右第 4 掌骨基底部骨折（图 21-3-1）。（2）2020 年 8 月 6 日右手 MRI 示: 右第 4 掌骨基底部可见骨折线，呈长 T1 信号，T2 抑脂高信号，两侧皮质不连贯，提示右第 4 掌骨基底部完全性骨折（图 21-3-2、图 21-3-3）。

案例解析: 史某右手第 4 掌骨有以下特点: 骨折部位位于掌骨基底部; 骨折形态表现为骨折内侧缘呈斜行稍嵌插。根据上述特点分析，史某右手掌骨头受沿掌骨方向的钝性外力作用，外力传导至掌骨基底部致骨折可能性大，司法实践中，此类损伤可见于握拳攻击他人形成，对此情况，不予评定损伤程度。

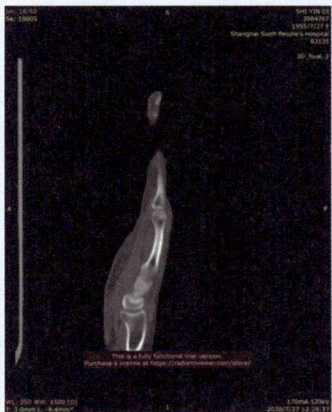
图 21-3-1

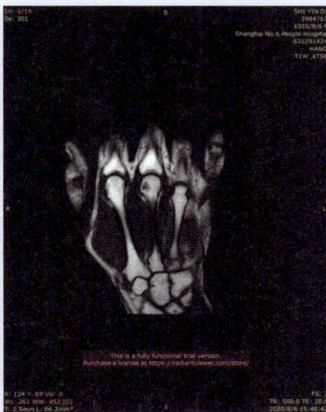
图 21-3-2

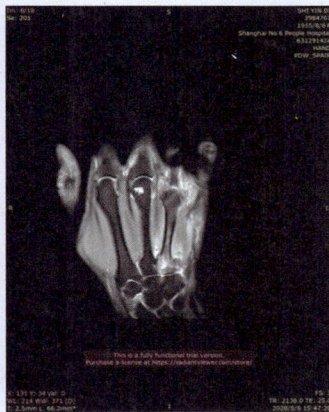
图 21-3-3

第四节　足损伤

足部可分为前足、中足和后足。前足包含 5 块跖骨和 14 块趾骨，中足包含 3 块楔骨、舟骨和骰骨，后足包含跟骨和距骨。由于足部的功能相对于手部较少，目前《人体损伤程度鉴定标准》中是以足部结构的离断缺失、骨折脱位及趾甲的损伤为鉴定依据（表 21-4-1）。

《人体损伤程度鉴定标准》中足部损伤程度从轻微伤至重伤二级（表 21-4-1）。

表 21-4-1 足损伤鉴定条款

条款序号	条款内容	损伤程度
5.9.2.m)	一足离断或者缺失 50% 以上；足跟离断或者缺失 50% 以上	重伤二级
5.9.2.n)	一足的第一趾和其余任何二趾离断或者缺失；一足除第一趾外，离断或者缺失 4 趾	重伤二级
5.9.2.o)	两足 5 个以上足趾离断或者缺失	重伤二级
5.9.2.p)	一足第一趾及其相连的跖骨离断或者缺失	重伤二级
5.9.2.q)	一足除第一趾外，任何三趾及其相连的跖骨离断或者缺失	重伤二级
5.9.3.i)	一足离断或者缺失 10% 以上；足跟离断或者缺失 20% 以上	轻伤一级
5.9.3.j)	一足的第一趾离断或者缺失；一足除第一趾外的任何二趾离断或者缺失	轻伤一级
5.9.3.k)	三个以上足趾离断或者缺失	轻伤一级
5.9.3.l)	除第一趾外任何一趾及其相连的跖骨离断或者缺失	轻伤一级
5.9.4.i)	第一趾缺失超过趾间关节；除第一趾外，任何二趾缺失超过趾间关节；一趾缺失	轻伤二级
5.9.4.j)	两节趾骨骨折；一节趾骨骨折合并一跖骨骨折	轻伤二级
5.9.4.k)	两跖骨骨折或者一跖骨完全骨折；距骨、跟骨、骰骨、楔骨或者足舟骨骨折；跗跖关节脱位	轻伤二级
5.9.5.c)	骨挫伤	轻微伤
5.9.5.d)	足骨骨折	轻微伤
5.9.5.e)	外伤致趾甲脱落，甲床暴露；甲床出血	轻微伤

一、损伤程度审查要点

1.临床表现：足的离断缺失，疼痛、出血、畸形以及行走障碍等。

2.法医学检查：按照 GA/T 1970《法医临床学检验规范》5.15 手、足损伤，或 SF/T 0111《法医临床检验规范》7.11 四肢损伤的检验规范，结合 SF/T 0112《法医临床影像学检验实施规范》5.11 足弓破坏、5.12 跟骨骨折畸形愈合进行检查。

3.鉴定意见审查：足损伤程度依据表 21-4-1 中各条款进行对比后评定。

需注意，对于足离断、缺失的平面确认，除审查病历记载，还需以 X 线片对离断、缺失平面具体位置予以确认。足部离断或者缺失面积的计算，以健足足底面积为基数，采用投影方法计算残足足底离断或缺失面积百分比。

二、致伤物判断及损伤机制审查

足部的损伤史，常见于高坠伤、扭伤、踢倒重物、暴力打击等（表 21-4-2）。

表 21-4-2 常见足部骨折损伤机制

足部骨折分类	损伤机制
距骨骨折	高处坠地时足跟着地造成距骨体或距骨颈骨折；足强力内翻或外翻，可使距骨发生骨折并脱位。足在跖屈位时被胫骨后缘或跟骨结节上缘冲击可致距骨后突骨折
跟骨骨折	高处坠地，足跟着地或者不同程度的内翻或外翻；足踝部在跖屈位时受暴力突然背伸或躯体突然前倾，跟腱牵拉附着的跟骨结节致跟骨撕脱骨折

续表

足部骨折分类	损伤机制
跖骨骨折	直接暴力多导致跖骨的横形骨折和粉碎性骨折；间接暴力可致跖骨干螺旋形骨折，常发生在第 2～4 跖骨；腓骨短肌强烈收缩可导致第 5 跖骨基底撕脱骨折；长期慢性损伤，如行军等可致第 2 或第 3 跖骨干疲劳骨折
趾骨骨折	多为直接暴力所致，如重物坠落直接打击足趾或走路时踢及硬物等，前者多为粉碎性骨折，后者多为近节趾骨横形或斜形骨折，常合并趾甲损伤

三、鉴定时限审查

足部结构损伤可在伤后即可鉴定。

第五节　四肢体表损伤

四肢肢体的皮肤损伤属于体表损伤的一种，损伤程度从轻微伤至轻伤一级（表 21-5-1）。

表 21-5-1　四肢体表损伤鉴定条款

条款序号	条款内容	损伤程度
5.9.3.m）	肢体皮肤创口或者瘢痕长度累计 45.0cm 以上	轻伤一级
5.9.4.l）	肢体皮肤一处创口或者瘢痕长度 10.0cm 以上；两处以上创口或者瘢痕长度累计 15.0cm 以上	轻伤二级
5.9.5.a）	肢体一处创口或者瘢痕长度在 1.0cm 以上；两处以上创口或者瘢痕长度累计 1.5cm 以上；刺创深达肌层	轻微伤

四肢体表损伤程度审查要点包括：

1. 本条款涉及的临床表现、法医学检查、鉴定时限审查等见第二十二章体表损伤第二节中创口、瘢痕的评定。

2. 鉴定意见审查：四肢肢体的刺伤达到肌肉层，确诊即可评定为轻微伤；肢体的一处创口或瘢痕长度达 1.0cm 以上，或多处创口或瘢痕长度累计达 1.5cm 以上时，评定为轻微伤；一处 10.0cm 以上，多处累计 15.0cm 以上时，评定为轻伤二级；一处或者多处 45.0cm 以上时，评定为轻伤一级。

（何寨寨、张杰、张继国）

第二十二章　体表损伤

体表包括皮肤及皮下软组织。皮肤是人体最大的器官，自外向内分别由表皮、真皮、皮下组织构成。表皮没有血管，但有许多微小的神经末梢。真皮位于表皮内侧，主要由胶原纤维、弹力纤维、网状纤维和无定型基质等结缔组织构成，其中有血管、淋巴管、神经、肌肉以及皮肤的附属器（毛囊、皮脂腺、汗腺）。皮下组织于真皮内侧，与真皮无明显界限，是一层比较疏松的组织，含有大量脂肪、血管、淋巴管、神经、汗腺和毛囊。皮下组织的内侧是筋膜和肌层。

《人体损伤程度鉴定标准》中体表损伤主要指挫伤、擦伤、创口或瘢痕、撕脱伤、皮肤缺损和咬伤。主要以各种伤害所致体表损伤面积、损伤面积与体表面积的百分比、形成创口或瘢痕的长度、深度、皮肤是否破损来作为鉴定依据。第一节主要介绍条款中涉及体表面积计算的损伤，第二节主要介绍条款中涉及长度计算的创口或瘢痕和咬伤。

体表损伤审查要点：（1）掌握涉及体表面积计算损伤鉴定的法医学审查要点；（2）掌握涉及体表长度计算损伤鉴定的法医学审查要点。

第一节　挫伤、擦伤、撕脱伤、皮肤缺损

《人体损伤程度鉴定标准》中涉及体表损伤面积计算的条款有8条，损伤种类有4种：挫伤、擦伤、撕脱伤、皮肤缺损，损伤程度从轻微伤至重伤二级（表22-1-1）。

表22-1-1　计算体表面积损伤鉴定条款

条款序号	条款内容	损伤程度
5.11.1.a)	挫伤面积累计达体表面积30%	重伤二级
5.11.2.a)	挫伤面积累计达体表面积10%	轻伤一级
5.11.2.c)	撕脱伤面积100.0cm² 以上	轻伤一级
5.11.2.d)	皮肤缺损30.0cm² 以上	轻伤一级

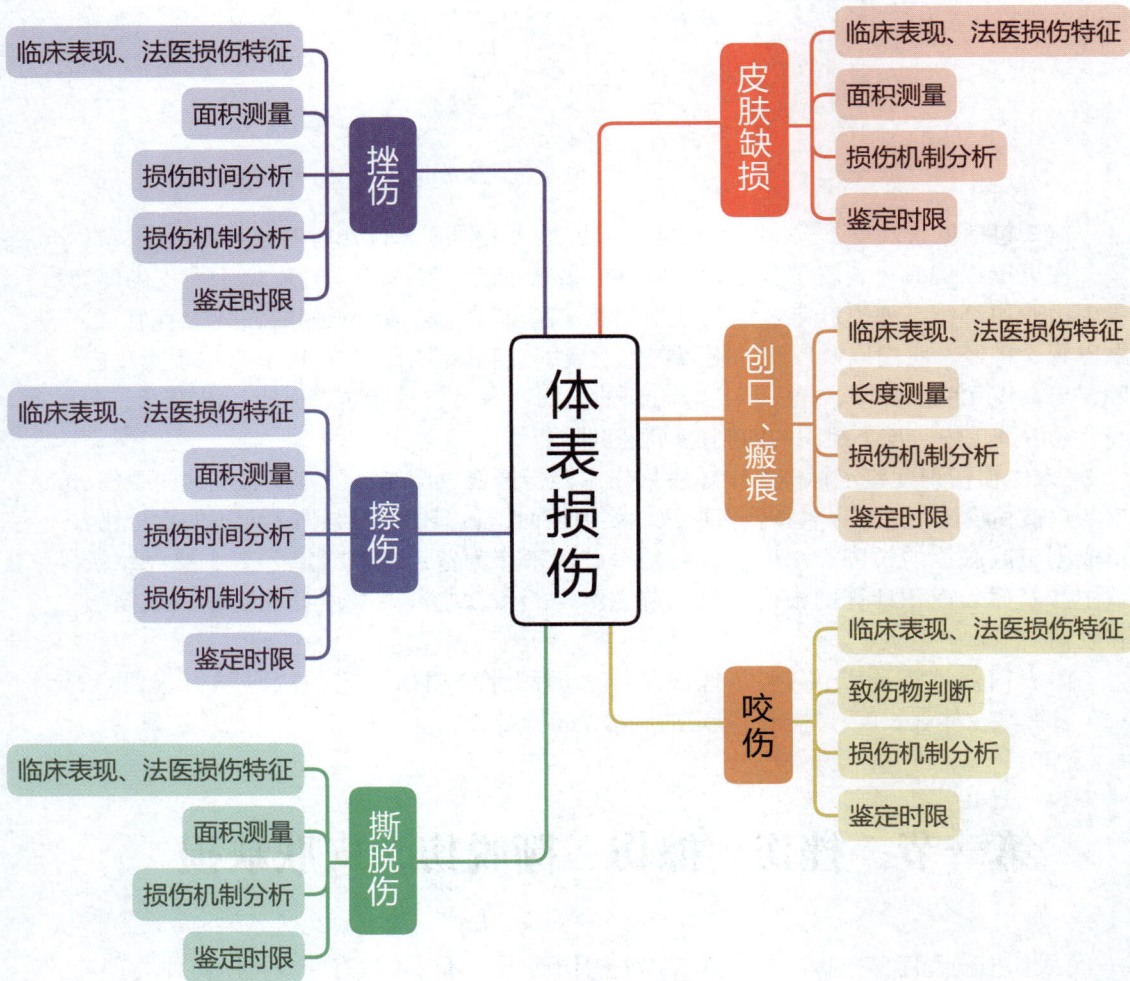

条款序号	条款内容	损伤程度
5.11.3.a）	挫伤面积达体表面积 6%	轻伤二级
5.11.3.c）	撕脱伤面积 50.0cm² 以上	轻伤二级
5.11.3.d）	皮肤缺损 6.0cm² 以上	轻伤二级
5.11.4.a）	擦伤面积 20.0cm² 以上或者挫伤面积 15.0cm² 以上	轻微伤

一、挫　伤

挫伤以皮下和 / 或皮内及软组织出血为主要改变的闭合性损伤。多由钝器作用造成，以皮下出血最为常见。

1. 法医学审查要点

（1）临床表现：疼痛、肿胀、青紫，形成血肿者可触及波动感，可伴有皮肤擦伤；合并感染者局部温度升高、疼痛加剧；大面积挫伤致大范围皮下出血者可致低血容量性休克。

（2）法医学检查：按照 GA/T 1970《法医临床学检验规范》5.2 体表损伤，或 SF/T 0111《法医临床检验规范》7.2 体表损伤的检验规范进行检查。

（3）鉴定意见审查：注意审查挫伤的范围以肉眼可见的皮下出血区或明显肿胀区为界线，主观感觉疼痛或软组织压痛范围不得计为挫伤面积。挫伤面积 15.0cm² 以上构成轻微伤；挫伤面积达体表面积 6% 构成轻伤二级；挫伤面积累计达体表面积 10% 构成轻伤一级；挫伤面积累计达体表面积 30% 构成重伤二级。

2. 损伤机制审查

钝器作用于体表，导致皮下及其深部软组织挫裂、血管断裂出血。受钝性外力作用部位的皮肤常伴有表皮剥脱。

暴力的大小和受伤的部位决定了新鲜挫伤的范围和程度。不同部位皮下组织结构致密程度不等。致密程度高的部位挫伤可反映致伤物接触面的特征，可用于致伤物判断（表 22-1-2）。

表 22-1-2　不同部位皮下组织损伤比较

	皮下组织相对致密部位	皮下组织相对疏松部位
部位	背部	眶周、阴囊等
损伤特点	挫伤界线明显、范围较小。可反映致伤物接触面形状。如鞭打呈条状，榔头打呈圆或方形，棍棒打呈长椭圆形	易形成血肿、易向身体低下部位流注

3. 损伤时间审查

损伤区域的皮肤颜色会随着伤后流出血管外的血红蛋白分解变化而变化，据此可以推测损伤经过时间。早期挫伤区域为红色，1 ~ 3 天渐变为青紫色，3 ~ 9 天渐变为绿色，之后渐变呈黄褐色，经过 2 ~ 3 周颜色完全消退。但球结膜下出血始终保持红色。

4. 鉴定时限审查

损伤后即可鉴定。

【案　例】

潘某，被他人殴打致躯干、四肢多处青紫肿胀。伤后 19 小时进行人体损伤程度鉴定，法医查体见胸背部、四肢多处软组织挫伤面积累计达 242.25cm^2，被鉴定人身高 150cm，体重 45kg，依据公式测算，潘某体表面积为 13381cm^2，其全身挫伤面积占体表面积的 1.8%，不符合轻伤二级的最低要求。故依据《人体损伤程度鉴定标准》第 5.11.4.a）条"擦伤面积 20.0cm^2 以上或者挫伤面积 15.0cm^2 以上"之规定，评定为轻微伤。

二、擦　伤

擦伤是以表皮剥脱为主要改变的损伤，又称表皮剥脱。擦伤可以累及真皮表层，但一般不伤及真皮全层。擦伤是最轻微的体表损伤。

1. 法医学审查要点

（1）临床表现：受伤部位出现表皮缺失或表皮翻卷，有明显的疼痛，真皮暴露，可伴渗血、渗液。

（2）法医学检查：按照 GA/T 1970《法医临床学检验规范》5.2 体表损伤，或 SF/T 0111《法医临床检验规范》7.2 体表损伤的检验规范进行检查。

（3）认定要点：单纯擦伤面积达 20.0cm^2 以上构成轻微伤，若伴有其他损伤，依据具体情况确定条款适用。

2. 损伤机制审查

擦伤通常由钝器作用形成，也可由锐器的尖端沿切线方向滑过皮肤形成，钝性外力沿切线方向使皮肤表层鳞状上皮的完整性被破坏，其深部的真皮暴露。

3. 损伤时间审查

一般情况下，擦伤 2 ~ 3 天后，擦伤周围的正常表皮开始再生并逐渐覆盖擦伤创面。于表皮剥脱处形成黄色或黄褐色的痂皮，痂皮一般 7 ~ 12 天脱落，擦伤处不留瘢痕。

4. 鉴定时限审查

伤后即可进行鉴定。

【案　例】

民警周某，因执行公务受伤。鉴定时查体见自右上臂中下段前内侧向下至右前臂上段前内侧有青紫色 12cm×7.5cm 片状皮下出血区，其间有 7.5cm×4cm 表皮剥脱区，剥脱的表皮向肢端翻卷。其四肢擦伤面积累计达 20.0cm^2 以上，挫伤面积累计达 15cm^2 以上，未达体表 6%，依据《人体损伤程度鉴定标准》5.11.4.a）"擦伤面积 20.0cm^2 以上或者挫伤面积 15.0cm^2 以上"之规定，评定为轻微伤。

案例解析：擦伤为表皮的损伤，挫伤系皮下软组织的损伤，同一部位两种损伤的组织结构相邻，可由一次外力作用形成。

三、撕脱伤

撕脱伤是指被撕扯导致的以大片状皮肤组织与皮下软组织剥离为主要改变的损伤，可形成皮瓣或全层撕脱，也称套脱伤。

1. 法医学审查要点

（1）临床表现：剧烈疼痛、流血；大片状的皮肤组织与皮下软组织剥离，可形成皮瓣或全层撕脱；潜行皮肤撕脱伤只有皮肤组织与皮下软组织剥离，形成囊状血肿；大面积撕脱伤止血困难，常导致失血性休克。

（2）法医学检查：按照 GA/T 1970《法医临床学检验规范》5.2 体表损伤，或 SF/T 0111《法医临床检验规范》7.2 体表损伤的检验规范进行检查。

（3）鉴定意见审查：本条款所指撕脱伤的部位专指四肢和躯干，不包括面部、头皮、颈部、腋下、乳房、会阴部；对于潜行皮肤撕脱伤（无创口的撕脱伤）的，要注意审查测量方法是否符合规范。经测量撕脱伤面积 50.0cm^2 以上构成轻伤二级；撕脱伤面积 100.0cm^2 以上构成轻伤一级。

2. 损伤机制审查

撕脱伤主要是由强大钝性暴力致皮肤过度牵张，超过皮肤弹性限度而撕脱。多见于车辆和生产机器，宜在事故现场判断。

3. 鉴定时限审查

一般撕脱伤在损伤后即可鉴定，若损伤严重建议优先治疗，伤情稳定后进行鉴定；对于潜行皮肤撕脱伤建议及早鉴定，以免恢复后难以测量损伤面积。

四、皮肤缺损

皮肤缺损是指以皮肤全层一定面积的缺失为主要改变的损伤。可由损伤直接造成，也可因损伤后创面皮肤坏死所致。

1. 法医学审查要点

（1）临床表现：体表皮肤全层及部分皮下软组织片状缺失。伴疼痛、流血。

（2）法医学检查：按照 GA/T 1970《法医临床学检验规范》5.2 体表损伤，或 SF/T 0111《法医临床检验规范》7.2 体表损伤的检验规范进行检查。

（3）鉴定意见审查：各种原因引起的皮肤缺损，在测量缺损面积后即可鉴定，皮肤缺损 6.0cm^2 以上即构成轻伤二级，皮肤缺损 30.0cm^2 以上即构成轻伤一级。

2. 损伤机制审查

机械性损伤致皮肤全层从身体移除，或因损伤的皮肤因伤后感染坏死而灭失。

3. 鉴定时限审查

皮肤缺损为原发性损伤的伤后即可鉴定；皮肤缺损为并发症或后遗症的待治疗终结后鉴定。

第二节　创口或者瘢痕、咬伤

《人体损伤程度鉴定标准》中 5.11 涉及体表长度计算的条款有 4 条，均是创口或者瘢痕。损伤程度有从轻微伤到重伤二级。另外，咬伤只有轻微伤条款 1 条（表 22-2-1）。

表 22-2-1　创口或者瘢痕、咬伤鉴定条款

条款序号	条款内容	损伤程度
5.11.1.b）	创口或者瘢痕长度累计 200.0cm 以上	重伤二级
5.11.2.b）	创口或者瘢痕长度累计 40.0cm 以上	轻伤一级
5.11.3.b）	单个创口或者瘢痕长度 10.0cm 以上；多个创口或者瘢痕长度累计 15.0cm 以上	轻伤二级
5.11.4.b）	一处创口或者瘢痕长度 1.0cm 以上；两处以上创口或者瘢痕长度累计 1.5cm 以上；刺创深达肌层	轻微伤
5.11.4.c）	咬伤致皮肤破损	轻微伤

一、创口或者瘢痕

1. 法医学审查要点

（1）临床表现：

①受伤部位皮肤全层破裂，有明显的疼痛、出血。

②受伤部位可伴有皮下软组织、局部肌肉、肌腱、血管等组织断裂，甚至骨折或肢体的离断。

③可见创缘、创角、创壁、创底、创腔内或有间桥。

（2）法医学检查：按照 GA/T 1970《法医临床学检验规范》5.2 体表损伤，或 SF/T 0111《法医临床检验规范》7.2 体表损伤的检验规范进行检查。

（3）鉴定意见审查：审查时需注意本部分为兜底类条款，创口或瘢痕在头部、面部、肢体的，注意优先适用专门条款。损伤后仅有刺创且深达肌层的构成轻微伤；一处创口或者瘢痕长度 1.0cm 以上，或者两处以上创口或者瘢痕长度累计 1.5cm 以上构成轻微伤；单个创口或者瘢痕长度 10.0cm 以上构成轻伤二级，或者多个创口或者瘢痕长度累计 15.0cm 以上构成轻伤二级；创口或者瘢痕长度累计 40.0cm 以上构成轻伤一级；创口或者瘢痕长度累计 200.0cm 以上构成重伤二级。

2. 致伤物判断及损伤机制审查

（1）致伤物：依据创的形态特征来推断致伤物种类。钝器创一般呈不规则形，创角较钝，可多于两个，创缘、创壁不整齐，创腔内一般有组织间桥；锐器创一般创口规整，创角锐利，创缘、创壁整齐，创腔内无组织间桥。

（2）损伤机制：锐性、钝性机械外力作用于体表，导致至少包括皮肤全层的组织器官破裂开而形成创。

3. 鉴定时限审查

以创为鉴定依据的原发生损伤，伤后即可进行鉴定。皮肤属于人体器官，瘢痕属

后遗症，建议在损伤 90 日后进行鉴定；若案件需要可以先行鉴定，必要时进行复检和补充鉴定。

【案　例】

吴某，因"左腹部刀砍伤疼痛、流血 1 小时"就诊。查体见左腹开放性刀砍伤，伤口长约 15cm，宽约 6cm，可见肋骨露出，伤口底部布满血凝块，未见活动性出血。急诊 CT 检查见左上腹壁局部皮肤缺损，邻近肌肉软组织肿胀、散在积气，其余未见明显异常。急诊行腹壁修补术，术中见左上腹壁横行裂口长约 20cm，左侧腹直肌横断，右侧腹直肌前鞘内侧裂口约 3cm，创面多处活跃出血，创口内有血凝块约 100g，未探及创口进入胸腔或腹腔，探查创口同时彻底止血。出院诊断：左上腹刀砍伤，腹壁裂伤。吴某被人致伤腹部，造成腹壁软组织裂创，经探查未造成腹壁穿透创。经法医学检查，目前腹部遗留瘢痕 13.5cm，依据《人体损伤程度鉴定标准》5.11.3.b）"单个创口或者瘢痕长度 10.0cm 以上"之规定，评定为轻伤二级（图 22-2-1）。

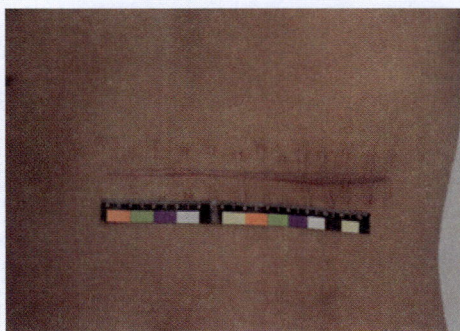

图 22-2-1　腹部瘢痕

二、咬　伤

咬伤是以牙齿为致伤工具的损伤。

1. 法医学审查要点

（1）临床表现：皮肤上可有齿痕，可出现疼痛、出血、皮肤破损。

（2）法医学检查：按照 GA/T 1970《法医临床学检验规范》5.2 体表损伤，或 SF/T 0111《法医临床检验规范》7.2 体表损伤的检验规范进行检查。

（3）鉴定意见审查：需注意条款规定咬伤致皮肤破损即可构成轻微伤。也就是说，仅表皮缺损即可，不需要必须伤及真皮层。

2. 致伤物判断及损伤机制审查

（1）致伤物：牙齿，具体部位可依据皮肤损伤部位的形态特征与致伤齿列相吻合来判断。

（2）损伤机制：牙齿咬合形成对皮肤及皮下软组织的剪切作用力，造成皮肤及皮下组织损伤。咬合作用可形成挫伤、擦伤、创等不同性质的损伤。

　　3.鉴定时限审查

　　损伤后及早进行鉴定。

【案　例】

　　王某，因纠纷被咬伤。查体见左腰部见数个弧形对称性齿痕伴皮肤破损及皮下出血，损伤范围4.2cm×3.8cm。依据《人体损伤程度鉴定标准》5.11.4.c)"咬伤致皮肤破损"之规定，评定为轻微伤。

【案　例】

　　李某，13岁。被刀砍刺伤全身多处，当即伤口出血，肢体活动尚可，稍感麻木，无昏迷，无恶心呕吐等。体格检查发现头部、面部、双上肢前臂、双手共12处大小不等的裂伤，出血，部分创口深达肌层。伤后1天，法医学检查见李某头部3处缝合创口长度累计11cm，面部2处缝合创口长度累计3.3cm，双上肢5处缝合创口累计长度18.5cm，双手2处缝合创口累计长度6cm。李某全身体表创口累计长度38.8cm。根据《人体损伤程度鉴定标准》附则6.18条"本标准所涉及的体表损伤数值，11～14岁按80%计算"之规定，李某13岁，其体表损伤数值按80%计算。李某头部创口长度累计11cm，未达16（20×80%）cm，依据《人体损伤程度鉴定标准》5.1.4.a)"头皮创口或者瘢痕长度累计8.0cm以上"之规定，评定为轻伤二级。其面部创口长度累计3.3cm，未达4.8（6×80%）cm，依据《人体损伤程度鉴定标准》5.2.5.a)"面部软组织创"之规定，评定为轻微伤。其四肢创口长度累计18.5cm，未达36（45×80%）cm，依据《人体损伤程度鉴定标准》5.9.4.1)"两处以上创口或者瘢痕长度累计15.0cm以上"之规定，评定为轻伤二级。其双手创口长度累计6cm，依据《人体损伤程度鉴定标准》5.10.5.b)"手一处创口或者瘢痕长度1.0cm以上；两处以上创口或者瘢痕长度累计1.5cm以上"之规定，评定为轻微伤。依据《人体损伤程度鉴定标准》附则6.17"对于两个部位以上同类损伤可以累加，比照相关部位数值规定高的条款进行评定"，附则6.18"本标准所涉及的体表损伤数值，11～14岁按80%计算"之规定，以及《人体损伤程度鉴定标准》5.11.2.b)"创口或者瘢痕长度累计40.0cm以上"之规定，体表创口或瘢痕长度大于等于32.0（40×80%）cm即可达到轻伤一级标准，因此，李某体表创口长度累计38.8cm，评定为轻伤一级。综上，李某的损伤程度综合评定为轻伤一级。

　　案例解析：此类检案要注意以下几点：一是多部位体表损伤形成创口（瘢痕），是按照部位分别评定还是累计计算，需综合分析后再予评定；二是对涉及面部损伤，要考虑面部容貌毁损的影响；三是涉及儿童，应根据年龄段分别按比例计算。

（张寰、杜发凤）

第二十三章　其他损伤

　　《人体损伤程度鉴定标准》中的其他损伤共有 14 种，包括四种特殊损伤（烧烫伤、枪弹创、电击伤、溺水）、五种损伤并发症（脑水肿伴脑疝形成、休克、挤压综合征、脂肪栓塞综合征、呼吸功能障碍）、两种损伤后遗症（异物体内存留、器质性阴茎勃起障碍）、两种辅助装置（假体装置和骨折内固定物）的损坏和骨皮质的损伤（骨皮质的砍刺痕、轻微撕脱性骨折）。本章第一节介绍四种特殊损伤（烧烫伤、枪弹创、电击伤、溺水），第二节介绍五种损伤并发症（脑水肿伴脑疝形成、休克、挤压综合征、脂肪栓塞综合征、呼吸功能障碍），第三节介绍异物体内存留、器质性阴茎勃起障碍、假体装置和骨折内固定物损坏、骨皮质损伤。

　　其他损伤审查要点：（1）掌握烧烫伤鉴定的法医学审查要点；（2）掌握电击伤鉴定的法医学审查要点；（3）掌握溺水鉴定的法医学审查要点；（4）掌握休克鉴定的法医学审查要点；（5）掌握脂肪栓塞综合征鉴定的法医学审查要点；（6）掌握异物存留鉴定的法医学审查要点。

第一节　烧烫伤、枪弹创、电击伤、溺水

一、烧烫伤

　　烧烫伤是由热力（火焰、热液、热蒸汽、热金属）、电流、放射线、化学物质作用于人体所引起的组织损伤。

　　烧烫伤以烧烫伤的部位、烧烫伤程度、烧烫伤面积与体表面积的百分比为依据确定损伤程度。损伤程度涉及轻微伤至重伤一级（表 23-1-1）。

表 23-1-1　烧烫伤鉴定条款

条款序号	条款内容	损伤程度
5.12.1.a)	深 II° 以上烧烫伤面积达体表面积 70% 或者 III° 面积达 30%	重伤一级
5.12.2.a)	II° 以上烧烫伤面积达体表面积 30% 或者 III° 面积达 10%；面积低于上述程度但合并吸入有毒气体中毒或严重呼吸道烧烫伤	重伤二级

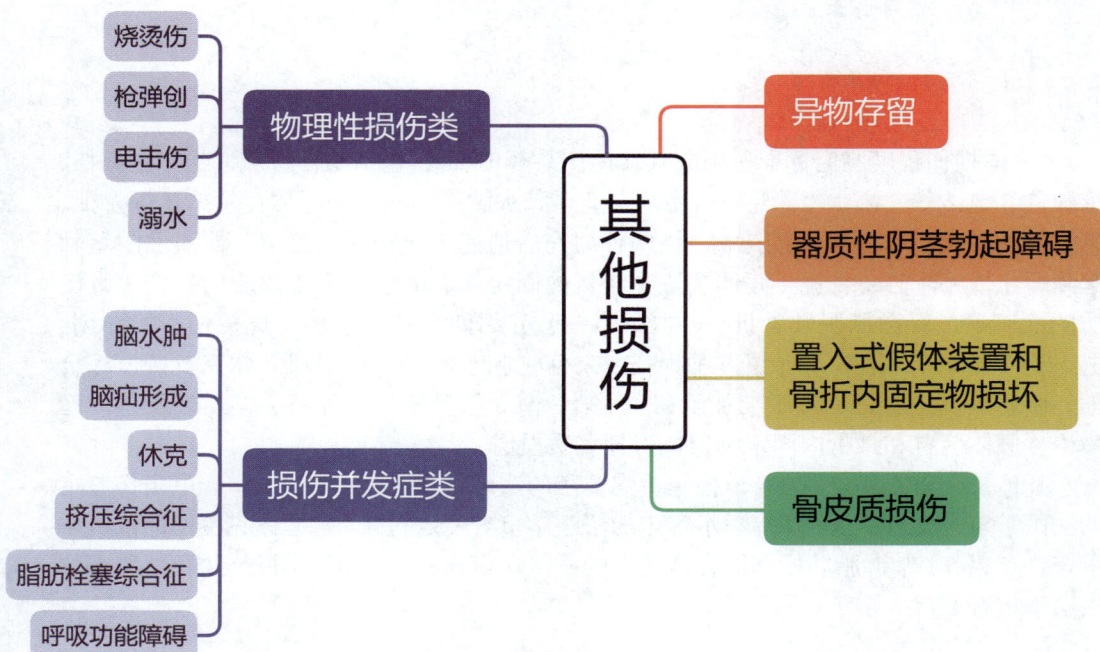

续表

条款序号	条款内容	损伤程度
5.12.3.a)	Ⅱ°以上烧烫伤面积达体表面积20%或者Ⅲ°面积达5%	轻伤一级
5.12.4.a)	Ⅱ°以上烧烫伤面积达体表面积5%或者Ⅲ°面积达0.5%	轻伤二级
5.12.4.b)	呼吸道烧伤	轻伤二级
5.12.5.b)	面部Ⅰ°烧烫伤面积10.0cm²以上;浅Ⅱ°烧烫伤	轻微伤
5.12.5.c)	颈部Ⅰ°烧烫伤面积15.0cm²以上;浅Ⅱ°烧烫伤面积2.0cm²以上	轻微伤
5.12.5.d)	体表Ⅰ°烧烫伤面积20.0cm²以上;浅Ⅱ°烧烫伤面积4.0cm²以上;深Ⅱ°烧烫伤	轻微伤

1. 损伤程度审查要点

（1）临床表现包括局部表现和全身表现。

①局部表现：根据损伤人体组织结构的深度，烧烫伤分Ⅰ°、Ⅱ°（包括浅Ⅱ°、深Ⅱ°）、Ⅲ°。Ⅰ°烧烫伤仅损伤表皮，未达真皮，表现为轻度红、肿、热、痛、感觉过敏、表面干燥无水泡。浅Ⅱ°烧烫伤损伤到真皮浅层，表现为剧痛、感觉过敏、有水泡、基底发红、水肿明显。深Ⅱ°损伤到真皮深层，表现感觉迟钝、基底苍白、内有红色斑点。Ⅲ°烧烫伤损伤达皮下组织或肌肉、骨骼，表现为感觉消失，如皮革状，呈蜡白、焦黄或炭化。

②全身表现：a.体液渗出期：严重的烧伤后，烧伤区及周围组织内毛细血管的渗透性增强，血浆体液外渗。在伤后6~12小时渗出达到高峰，致使血容量不足，出现休克和低血钠性酸中毒等并发症。

b.急性感染期：烧伤创面的细菌和周围正常组织的细菌侵入创面，出现局部急性炎症和全身毒血症症状。可并发其他部位的感染。

c.创面修复期：除Ⅰ°烧伤外，烧伤后创面都形成痂皮。无感染的浅Ⅱ°烧伤可以痂下愈合。深Ⅱ°痂皮和Ⅲ°焦痂在伤后2~3周左右开始自溶脱痂。

d.康复期：深Ⅱ°和Ⅲ°烧伤的创面愈合均可产生瘢痕并发生挛缩畸形，需手术整形或锻炼帮助功能恢复。

（2）法医学检查：依据《人体损伤程度鉴定标准》附录B.8.1烧烫伤分度的规定，按照GA/T 1970《法医临床学检验规范》5.2体表损伤的检验规范，或SF/T 0111《法医临床检验规范》7.2体表损伤进行检查。

（3）鉴定意见审查：

①体表烧伤注意审查烧烫伤分度是否符合《人体损伤程度鉴定标准》附录B.8.1烧烫伤分度。审查烧烫伤损伤程度的认定根据烧烫伤的部位、程度、面积以及有无伴随有毒气体中毒或呼吸道烧伤，根据具体情况按照表23-1-1中条款进行评定。需注意烧烫伤的大部分条款都需要同时满足烧烫伤程度和烧烫伤面积（表23-1-2）。

表23-1-2 烧烫伤分度

程度	损伤组织	烧伤部位特点	愈后情况
Ⅰ°	表皮	皮肤红肿，有热、痛感，无水疱，干燥，局部温度稍有增高	不留瘢痕

续表

程度	损伤组织	烧伤部位特点	愈后情况
浅Ⅱ°	真皮浅层	剧痛，表皮有大而薄的水疱，疱底有组织充血和明显水肿；组织坏死仅限于皮肤的真皮层，局部温度明显增高	不留瘢痕
深Ⅱ°	真皮深层	痛，损伤已达真皮深层，水疱较小，表皮和真皮层大部分凝固和坏死。将已分离的表皮揭去，可见基底微湿，色泽苍白上有红出血点，局部温度较低	可留下瘢痕
Ⅲ°	全层皮肤或者皮下组织、肌肉、骨骼	不痛，皮肤全层坏死，干燥如皮革样，不起水疱，蜡白或者焦黄、炭化，知觉丧失，脂肪层的大静脉全部坏死，局部温度低，发凉	需自体皮肤移植，有瘢痕或者畸形

②关于吸入有毒气体中毒，审查时要注意，有毒气体需要在被人体吸入后产生了中毒的症状或体征。

中毒症状通常有头晕、恶心、呕吐、休克、昏迷，甚至死亡。表现在呼吸系统，可有鼻炎、喉炎、声门水肿、气管支气管炎、化学性肺炎、化学性肺水肿等。临床症状可有流涕、咳嗽、声嘶、胸痛、气急、呼吸困难等。神经系统可出现神经衰弱综合征、中毒性脑病等。证实吸入有毒气体中毒，除有中毒的症状和体征外，还需要在体内找到有吸入相应有毒气体的物证。如：一氧化碳中毒可于血液中检出高浓度的碳氧血红蛋白。

③呼吸道烧伤分度（表23-1-3）：

表23-1-3　呼吸道烧伤分度

程度	伤及部位	临床表现	呼吸困难
轻度	咽喉以上	口、鼻、咽黏膜发白或脱落，充血水肿，分泌物增多，鼻毛烧焦并有刺激性咳嗽，吞咽困难或疼痛等	无
中度	支气管以上	烧伤在支气管以上，出现声嘶和呼吸困难，早期痰液较稀薄，往往包含黑色碳粒，肺部偶有哮鸣或干啰音	严重呼吸困难，经气管切开后可改善
重度	小支气管	呼吸困难发生较早而且严重，肺水肿出现亦较早，肺部呼吸音减低并有干湿罗音	经气管切开后严重呼吸困难不能改善

2. 致伤物判断及损伤机制审查

（1）致伤物：一般为各种热源，可以根据热源接触史、现场遗留物以及体表损伤表现等进行判断。

（2）损伤机制：火焰、高温固体、液体或气体等高温源接触体表或热辐射作用体表，使接触部位发生炎变、渗出、坏死、碳化等改变。大面积的烧烫伤由于失去皮肤屏障的保护并有大量体液丢失，同时易并发休克和感染。

3. 鉴定时限审查

烧烫伤属原发性损伤，在明确烧伤面积和烧伤分度后即进行鉴定。因烧烫伤可常伴有对身体影响重大的并发症和后遗症，必要时可在治疗终结后进行补充鉴定。

【案　例】

彭某，6岁，因在家被黑火药烧伤后就医。查体：T36.3℃，P136次/分，R 23次/分，BP75/51mmHg；神志清醒，痛苦面容；躯干及四肢烧伤处，创面基底苍白、散在出血点、创面微湿、温度略低、触之疼痛，面积约55% TBSA。四肢湿冷、脉细速。入院诊断：（1）全身多处烧伤（躯干及四肢深Ⅱ°烧伤55% TBSA，吸入性呼吸道烧伤）；（2）低血容量性休克；（3）低蛋白血症；（4）电解质代谢紊乱；（5）代谢性酸中毒。

治疗终结后鉴定，查体见其背部、双上肢后外侧及双下肢见大面积增生瘢痕。结合病历记载，按九分法计算，被鉴定人彭某深Ⅱ°烧伤面积达体表53.6%，依据《人体损伤程度鉴定标准》5.12.2.a）条"Ⅱ°以上烧烫伤面积达体表面积30%"之规定，鉴定彭某损伤程度为重伤二级。

案例解析：（1）烧烫伤损伤的人体组织包括体表皮肤及皮下软组织。（2）本案例中被鉴定人彭某深Ⅱ°烧伤面积达55%TBSA，依据《人体损伤程度鉴定标准》5.12.1.a）"Ⅱ°以上烧烫伤面积达体表面积30%"之规定，评定为重伤二级。（3）《人体损伤程度鉴定标准》附则6.18规定"本标准所涉及的体表损伤数值，0～6岁按50%计算，7～10岁按60%计算，11～14岁按80%计算"。虽然本案被鉴定人彭某受伤和鉴定时为6岁，但评定损伤程度时采用的是损伤皮肤占全身皮肤面积的百分比，而非具体数值，故不需按照年龄阶段的比例进行折算。（4）14岁以下未成年人在使用体表损伤数值鉴定时，应当适用《人体损伤程度鉴定标准》附则6.18规定，对体表损伤数值按照年龄阶段的比例进行折算。

二、枪弹创

枪弹创是由枪支发射的弹头或其他投射物所致的身体损伤。

枪弹创有以下种类：（1）贯通枪弹创。弹头射入人体后，穿越机体最终又穿出体外形成的损伤，由射入口、射创管以及射出口三部分构成。（2）盲管枪弹创。弹头射入人体后在体内运行逐渐减缓而最终留于体内。盲管枪弹创由射入口和射创管两部分组成。（3）擦过枪弹创。弹头从切线方向对体表造成损伤，此种损伤呈沟槽状。（4）屈折枪弹创。由射入口、折射形的射创管及射出口三部分构成，但三者不在一条直线上。（5）回旋枪弹创。弹头于体内因阻力改变了方向，也因中弹时姿势大幅度屈曲，使创道不在一个直线上。（6）反跳枪弹创。弹头击中坚硬物后反跳再射入体内。

枪弹可造成人体组织血管、神经、脏器等严重损伤。这里仅介绍以创道长度为鉴定标准的条款（表23-1-4）。

表23-1-4　枪弹创鉴定条款

条款序号	条款内容	损伤程度
5.12.2.b)	枪弹创，创道长度累计180.0cm	重伤二级

1. 损伤程度审查要点

（1）临床表现：疼痛、流血和相应功能障碍。枪弹创一般为管状创，擦过枪弹创为凹槽状。盲管创有弹丸入口、影像学检查体内有弹丸。贯通创还有弹丸出口，体内无弹丸。

（2）法医学检查：按照 GA/T 1970《法医学临床检验规范》5.2 体表损伤、5.16.2 枪弹创的检验规范，或 SF/T 0111《法医临床检验规范》7.2 体表损伤进行检查。

（3）鉴定意见审查：本条款属于兜底条款，在枪弹未对其他脏器造成损伤的情况下，单纯造成枪弹创道长度累计达到 180.0cm 以上，构成重伤二级；未达到创道长度规定的，可参照其他体表损伤条款鉴定；造成脏器损伤的，按照相关条款鉴定。

2. 致伤物判断及损伤机制审查

（1）致伤物：根据外伤史、创口形态特点及影像学检查可判断。

（2）损伤机制：枪支发射的弹丸或其他投射物以强大的动能挫碎人体组织并穿过或留存体内。

3. 鉴定时限审查

本条款所指的枪弹创属原发性损伤，伤后即可进行。

三、电击伤

电击伤是电流通过人体引起的全身性损伤，是电损伤的一种。

涉及电击伤的条款有 2 条，损伤程度有轻伤二级和重伤二级（表 23-1-5）。

表 23-1-5　枪弹创鉴定条款

条款序号	条款内容	损伤程度
5.12.2.h)	电击伤（Ⅱ°）	重伤二级
5.12.4.d)	电击伤（Ⅰ°）	轻伤二级

1. 损伤程度审查要点

（1）临床表现分为局部表现、全身表现和其他表现。全身表现是电击伤分度的依据。

①局部表现主要为烧伤，分为电热灼伤和火焰灼伤。由于电压高低不同烧伤特点也不同。

低压电烧伤：低压电造成的烧伤比较轻。受伤皮肤呈焦黄色或褐黑色，伤口面小而干燥，边缘清晰，有时可见水疱。局部电烧伤的特点是电流进口处烧伤较出口处严重。

高压电灼伤：高压电、电弧造成的烧伤，面积较大，皮肤烧伤呈特有的蜘蛛样或树枝样斑纹，可深达肌肉、骨骼。由于电离子穿透作用，深部组织可受到严重的烧伤，而体表无明显的烧伤。

②全身表现：轻者仅表现恶心、心悸、头晕或短暂的意识丧失。严重者可引起电休克、心室纤颤或呼吸心搏骤停。如抢救不及时，可导致死亡。

③其他表现：触电后，由于肌肉强烈收缩，全身抽搐，可引起骨折、脱位。此外，触电后跌落，也可合并其他各种外伤。

④电击伤所致休克恢复后，一段时间内，仍可有头晕、心悸、耳鸣、听觉或视力

障碍，但多数能自行恢复，少数病人可发生电击性白内障。

（2）法医学检查：依据《人体损伤程度鉴定标准》附录 B.8.2 电击伤的规定，按照 GA/T 1970《法医学临床检验规范》5.16.8 电击伤的检验规范进行检查。

（3）鉴定意见审查：电击伤分度是审查损伤程度的主要依据，包括呼吸、心跳、面色、意识、瞳孔变化、肢体感觉的变化等指标。电击伤Ⅱ°构成重伤二级；电击伤Ⅲ°构成轻伤二级。

《人体损伤程度鉴定标准》附录 B.8.2 电击伤分度：

Ⅰ°：全身症状轻微，只有轻度心悸。触电肢体麻木，全身无力，如极短时间内脱离电源，稍休息可恢复正常。

Ⅱ°：触电肢体麻木，面色苍白，心跳、呼吸增快，甚至昏厥、意识丧失，但瞳孔不散大。对光反射存在。

Ⅲ°：呼吸浅而弱、不规则，甚至呼吸骤停。心律不齐，有室颤或者心搏骤停。

2. 致伤物判断及损伤机制审查

（1）致伤物：各种电源。

（2）损伤机制：接触电源后，电流进入体内立即传遍全身，主要损伤神经系统和心脏，引起血液动力学的改变，甚至心跳、呼吸骤停。电击伤的严重程度与电流的强度、电压的大小、接触部位的电阻和接触时间的长短有关。

3. 鉴定时限审查

电击伤属以此为鉴定依据的原发性损伤，且恢复快，确定损伤后即可鉴定。

四、溺　水

溺水指因呼吸道内吸入水等液体，妨碍呼吸道和肺泡的气体交换，使人体缺氧而引起代谢紊乱。

涉及溺水的条款有 2 条，损伤程度有轻伤二级和重伤二级（表 23-1-6）。

表 23-1-6　溺水鉴定条款

条款序号	条款内容	损伤程度
5.12.2.i)	溺水（中度）	重伤二级
5.12.4.e)	溺水（轻度）	轻伤二级

1. 损伤程度审查要点

（1）临床表现：溺水后，溺水者在神志、呼吸、血压、心跳、神经反射会有改变。据此，溺水可分为重度、中度、轻度。

（2）法医学检查：依据《人体损伤程度鉴定标准》附录 B.8.3 溺水的规定，按照 GA/T 1970《法医学临床检验规范》5.16.9 溺水的检验规范进行检查。

（3）鉴定意见审查：溺水审查要点是收集被鉴定人神志、呼吸、血压、心跳、神经反射等变化是否符合《人体损伤程度鉴定标准》附录 B.8.3 溺水分度，溺水轻度构成轻伤二级；溺水中度构成重伤二级。

《人体损伤程度鉴定标准》附录 B.8.3 溺水分度：

重度：落水后 3 ~ 4 分钟，神志昏迷，呼吸不规则，上腹部膨胀，心音减弱或者心跳、呼吸停止。淹溺到死亡的时间一般为 5 ~ 6 分钟。

中度：落水后 1 ~ 2 分钟，神志模糊，呼吸不规则或者表浅，血压下降，心跳减慢，反射减弱。

轻度：刚落水片刻，神志清，血压升高，心率、呼吸增快。

2. 损伤机制审查

呼吸道内吸入水等液体，妨碍呼吸道和肺泡的气体交换，造成机体的缺氧、二氧化碳潴留和酸中毒等代谢紊乱。

3. 鉴定时限审查

溺水属以此为鉴定依据的原发性损伤，确定损伤即可进行鉴定。

第二节 脑水肿（脑肿胀）脑疝形成、休克、挤压综合征、脂肪栓塞综合征、呼吸功能障碍

一、脑水肿（脑肿胀）脑疝形成

脑水肿是指各种致病因素使脑内水分增加、导致脑容积增大。根据脑水肿发生的范围分为弥漫性和局限性两种。脑水肿可颅内压升高达一定程度，使部分脑组织被挤到附近的生理孔道或非生理孔道形成嵌顿，即出现脑疝。脑疝可以使嵌顿部分脑组织、神经及血管受压，脑脊液循环发生障碍而进一步加重脑损伤。

涉及脑水肿（脑肿胀）脑疝形成的条款有 1 条，损伤程度是重伤二级（表 23-2-1）。

表 23-2-1　脑水肿（脑肿胀）脑疝形成鉴定条款

条款序号	条款内容	损伤程度
5.12.2.c)	各种损伤引起脑水肿（脑肿胀），脑疝形成	重伤二级

1. 法医学审查要点

（1）临床表现：

①以颅内压增高为主要表现。如头痛、呕吐、视物模糊和颈项强直等。

②局限性脑水肿可在短时间内出现颅内压增高症状。

③广泛性或全脑水肿可迅速出现严重颅内压增高症状，甚至昏迷。

④若颅内压持续升高而发生意识障碍和两侧瞳孔不等大，提示有脑疝形成。

⑤ CT 和 MRI 扫描脑水肿主要为脑体积增大、脑沟变浅、脑室变小等局限性或弥漫性脑肿胀的改变。

（2）法医学检查：按照 GA/T 1970《法医学临床检验规范》5.16.3 脑水肿、脑疝的检验规范进行检查。

（3）鉴定意见审查：需注意审查是否有各种损伤致脑水肿出现，并伴有脑疝形成，如同时存在则构成重伤二级。

2.损伤机制审查

主要有两种机制，可同时存在。损伤导致血脑屏障的结构和功能受到不同程度的损害，血管壁通透性增高，大量液体从血管内渗出，积聚于细胞外间隙，称为细胞外水肿，主要见于脑挫裂伤灶周围；或损伤导致脑内血流减慢造成缺氧和代谢产物潴留，细胞内钠离子增加使水分进入细胞，称为细胞内水肿。

3.鉴定时限审查

脑水肿（脑肿胀）和脑疝形成属于可能危及生命的损伤并发症，一般优先治疗，在病情稳定后鉴定。

【案　例】

徐某，32岁，入院前1小时与人打斗中头部着地，当即意识丧失，呼之不应，伴双上肢强直。查体：T36.7℃，P70次/分，R20次/分，BP125/68mmHg；意识呈浅昏迷，阵阵烦躁，双侧瞳孔不等大，右侧瞳孔直径约4mm，左侧瞳孔直径约3mm，对光反射灵敏，专科情况：昏迷状，GCS评分5分，右侧枕部头皮血肿，可见一0.5cm皮肤裂口，活动性出血；四肢刺痛反应差，双上肢阵阵强直，屈曲，肌张力偏高，左下肢病理征阳性。头部CT提示：1.大脑弥漫性轴索损伤，脑水肿；2.右侧颞骨线性骨折；3.右侧顶枕部软组织肿胀。入院3h后患者意识障碍加重，双侧瞳孔不等大，右侧直径约7mm，左侧直径约3mm，对光反射均消失；复查CT提示脑水肿显著加重，右颞叶钩回疝入小脑幕切迹内，鞍上池、环池变窄，中线结构向左移位。急诊行开颅减压术。术后诊断：急性脑水肿；右侧小脑幕切迹疝。

伤后3月余鉴定时，徐某神志清楚，问答切题，查体见右颞顶部有一弧形手术切口瘢痕。其右侧颞骨线性骨折，根据《人体损伤程度鉴定标准》5.1.4.d）"颅骨骨折"之规定，评定为轻伤二级；其伤后出现急性脑水肿致右侧小脑幕切迹疝形成，根据《人体损伤程度鉴定标准》5.12.2.c）"各种损伤引起脑水肿（脑肿胀），脑疝形成。"之规定，评定为重伤二级。综上，徐某的伤情为重伤二级。

案例解析：本条款中的各种损伤，是指机体组织器官的器质性损伤，在本案例为大脑弥漫性轴索损伤。脑疝是损伤致脑水肿严重到一定程度的结果，须与脑水肿同时存在。若经医治后脑水肿（脑肿胀）、脑疝消失的，不影响本条款的运用。

二、休　克

休克指由于各种原因引起的有效循环血量急剧减少，致全身微循环障碍，生命重要器官（脑、心、肺、肾、肝）严重缺血、缺氧而引起的代谢障碍、功能减退与细胞损害的病理状态。

临床上将休克分为低血容量性休克、血管扩张性休克、心源性休克三大类，低血容量性休克包括失血性休克、烧伤性休克、创伤性休克。血管扩张性休克包括感染性休克、过敏性休克、神经源性休克。

涉及休克的条款有 2 条，损伤程度为轻伤二级和重伤二级（表 23-2-2）。

表 23-2-2　休克鉴定条款

条款序号	条款内容	损伤程度
5.12.2.d)	各种损伤引起休克（中度）	重伤二级
5.12.4.f)	各种损伤引起休克（轻度）	轻伤二级

1. 法医学审查要点

（1）临床表现：患者神志清醒，烦躁、精神紧张，面色、皮肤苍白，口唇和甲床发绀，四肢湿冷，血压降低，脉压差减小，脉搏增快，呼吸深而快，可出现尿量减少，严重者可出现 DIC 或者脏器功能障碍。

（2）法医学检查：依据《人体损伤程度鉴定标准》附录 B.8.7 休克分度的规定，按照 GA/T 1970《法医学临床检验规范》5.16.4 休克的检验，或 SF/T 0111《法医临床检验规范》7.12 失血性休克的检验规范进行检查。

（3）鉴定意见审查：重度休克可能会危及生命，中度、轻度休克在得到及时治疗后一般预后很好，故要严格按照"疑罪从无"的刑法精神适用《人体损伤程度鉴定标准》附录 B.8.7 休克分度鉴定，中度休克构成重伤二级，轻度休克构成轻伤二级（表 23-2-3）。

需注意：

①需排除低血糖休克以及自身疾病等所致休克。

②关注被鉴定人生命体征的波动，建议至少有两次不同时段的呼吸、血压、脉搏的记录。

③关注静脉输液、输血和升压药物应用情况。

④关注伤后血常规检验所显示的周围血中红细胞计数、血红蛋白含量和血细胞压积等结果。

表 23-2-3　休克分度

程度	血压（收缩压）kPa	脉搏（次/分）	全身状况
轻度	12 ～ 13.3（90 ～ 100mmHg）	90 ～ 100	尚好
中度	10 ～ 12（75 ～ 90mmHg）	110 ～ 130	抑制、苍白、皮肤冷
重度	<10（<75mmHg）	120 ～ 160	明显抑制
垂危	0	—	呼吸障碍、意识模糊

2. 休克的机制审查

各种因素致大出血、创伤、中毒、烧伤、窒息、感染、过敏、心脏泵功能衰竭等。引起各类休克的原始因素各不相同，但它们都存在有效循环血量不足这个共同特点。

（1）低血容量性休克：是指有效循环血容量不足。急性失血超过全身血容量的 20%（成人约 800ml）即发生休克，超过 40%（约 1600ml）濒于死亡。低血容量性休克有失血性休克（如血管破裂）、失血浆性休克（如烧伤所致的组织液的丢失）、失水性休克（如严重腹泻、呕吐）。当大量体液丢失或血管通透性增加时，可导致血容量急剧减少，静脉回流不足，心排出量减少和血压下降。

（2）创伤性休克：严重损伤导致血浆或全血丧失至体外，并且损伤部位的出血、水肿和渗出，到组织间隙的体液不能参与循环，使循环血量明显减少。又因受伤组织逐渐坏死或分解，产生具有血管抑制作用的蛋白分解产物，如组织胺、蛋白酶等，引起微血管扩张和管壁通透性增加，使有效血量进一步减少，加重组织缺血、缺氧和代谢障碍。

（3）感染性休克：革兰氏阴性细菌感染常可引起感染性休克。在革兰阴性细菌的内毒素与体内的补体、抗体或其他成分结合后，可刺激交感神经引起血管痉挛并损伤血管内皮细胞。并且内毒素还促使组胺、激肽、前列腺素及溶酶体酶等炎症介质释放，引起全身性炎症反应，导致微循环障碍、血压下降、代谢紊乱及器官功能不全等，故感染性休克亦称中毒性休克。因感染性休克常伴有败血症，又称败血症性休克。

（4）神经源性休克：因神经系统特定部位的损伤、创伤剧烈疼痛、以及过度悲伤、愤怒、恐惧等强烈的精神刺激，反射性引起血管舒缩中枢抑制，失去对周围血管的调节作用，使周围血管扩张，血液淤积于扩张的微血管中，造成有效循环血量突然减少而导致休克。神经源性休克通常为一过性，并无有效循环血量的显著不足。在法医学鉴定中，颈部、阴部等敏感部位受到外力作用而引起的神经源性反射休克时常出现。

（5）过敏性休克：有过敏体质的人注射或接触某些药物（如青霉素）、血清制剂、疫苗以及一些致敏原而引发的休克。

（6）心源性休克：由急性心脏泵血功能衰竭所引起，最常见于心脏损伤、急性心肌梗死、急性心肌炎、心包填塞等。

3. 鉴定时限审查

休克如不及时治疗可能危及生命，建议优先治疗，在伤情稳定后鉴定。

【案　例】

黄某被他人用锐器刺伤右侧大腿。伤后大量出血，右下肢麻木，全身乏力、湿冷。查体：T36.5℃，P113 次/分，R26 次/分，BP78/46mmHg。神志欠清，贫血貌，唇绀，四肢湿冷，多汗，睑结膜苍白。右大腿近端前侧有约 4.1cm×2.2cm 皮肤裂口，足背动脉减弱。于刀刺伤清创缝合术发现右侧缝匠肌部分断裂、右股静脉破裂回缩，破口约 3.8cm。术中出血 1400ml。术后诊断：（1）右大腿皮肤刀刺伤；（2）失血性休克；（3）右股静脉破裂；（4）右大腿股直肌部分断裂。

伤后 3 月余鉴定，黄某除右大腿遗留皮肤瘢痕外，已无不适。依据《人体损伤程度鉴定标准》5.12.2.d）"各种损伤引起休克（中度）"、5.9.4.c）"四肢重要血管破裂"之规定，综合鉴定黄某的损伤程度为重伤二级。（梁平区人民检察院张寰提供）

案例解析： 休克为损伤并发症，在鉴定时要注意其原发性损伤，排除自身疾病影响。

对休克准确的分度是休克鉴定关键，收缩压、脉搏和全身状况这三项因素为休克分度的指标。本案例黄某收缩压在 75 ～ 90mmHg 之间、脉搏在 110 ～ 130 次/分之间、全身状况（睑结膜苍白和皮肤湿冷）均符合中度休克的指标。所以，本案鉴定为重伤二级。

三、挤压综合征

挤压综合征指人体肌肉丰富部位（四肢与躯干）因长时间受压（如暴力挤压）或者其他原因造成局部循环障碍，致肌肉缺血性坏死，继而出现以肢体明显肿胀、肌红蛋白尿及高血钾等为特征的急性肾功能衰竭。

涉及挤压综合征的条款有 2 条，损伤程度为轻伤二级和重伤二级（表 23-2-4）。

表 23-2-4　挤压综合征鉴定条款

条款序号	条款内容	损伤程度
5.12.2.e）	挤压综合征（Ⅱ级）	重伤二级
5.12.4.c）	挤压综合征（Ⅰ级）	轻伤二级

1. 法医学审查要点

（1）临床表现：

①受压部位有广泛压痕，疼痛，迅速肿胀，并持续加重，皮肤发硬，有水疱，片状红斑及皮下淤血，远端皮肤发白、发凉。受伤肢体感觉减退或麻木，被动伸展动作可引起疼痛加剧。

②可出现明显休克症状。如面色、皮肤苍白，口唇发绀，四肢厥冷，血压下降，脉搏增快等。

③在解除压力后第 1 ～ 2 次排尿时，即可呈现茶褐色或棕红色肌红蛋白尿。

④酸中毒和氮质血症，可出现呼吸深大、烦躁、烦渴、恶心等酸中毒、尿毒症的一系列表现。

⑤高钾血症，可表现为神志淡漠，烦躁不安，肌无力或肌麻痹，室性心律失常，严重者可因血钾升高而产生心搏骤停。心电图出现异常 QRS 波，高耸的 T 波等。

（2）法医学检查：依据《人体损伤程度鉴定标准》附录 B.8.4 挤压综合征的规定，按照 GA/T 1970《法医学临床检验规范》5.16.5 挤压综合征的检验规范进行检查。

（3）鉴定意见审查：审查临床表现和相应的化验检查结果是否符合《人体损伤程度鉴定标准》附录 B.8.4 挤压综合征分级，挤压综合征Ⅰ级构成轻伤二级；挤压综合征Ⅱ级构成重伤二级。

《人体损伤程度鉴定标准》附录 B.8.4 挤压综合征分级：

系人体肌肉丰富的四肢与躯干部位因长时间受压（如暴力挤压）或者其他原因造成局部循环障碍，结果引起肌肉缺血性坏死，出现肢体明显肿胀、肌红蛋白尿及高血钾等为特征的急性肾功能衰竭。

Ⅰ级：肌红蛋白尿试验阳性，肌酸磷酸激酶（CPK）增高，而无肾衰等周身反应者。

Ⅱ级：肌红蛋白尿试验阳性，肌酸磷酸激酶（CPK）明显升高，血肌酐和尿素氮增高，少尿，有明显血浆渗入组织间隙，致有效血容量丢失，出现低血压者。

Ⅲ级：肌红蛋白尿试验阳性，肌酸磷酸激酶（CPK）显著升高，少尿或者尿闭，休克，代谢性酸中毒以及高血钾者。

2.损伤机制审查

交通事故、群体踩踏、生产作业事故和地质灾害等使身体遭受严重挤压，长时间挤压造成大量肌肉组织损伤坏死，肌红蛋白、钾、磷、镁离子及酸性产物等有害物质大量释放，通过血液循环造成肾损害。同时创伤后全身应激状态下的反射性血管痉挛使肾缺血，肾小球滤过率下降，肌红蛋白更易在肾小管内沉积，加重肾小管阻塞和毒性作用，造成急性肾衰竭。

3.鉴定时限审查

挤压综合征在确诊后可以鉴定，对于伤情严重的建议在伤情稳定后鉴定。

四、脂肪栓塞综合征

脂肪栓塞综合征指骨折后，大量非脂化脂肪栓子通过血液循环进入各组织器官，引起毛细血管的栓塞，产生相应的症状。最常见的是肺脂肪栓塞和脑脂肪栓塞，成人多见。

涉及脂肪栓塞综合征的条款有2条，损伤程度为轻伤二级和重伤二级（表23-2-5）。

表23-2-5　脂肪栓塞综合征鉴定条款

条款序号	条款内容	损伤程度
5.12.2.f）	损伤引起脂肪栓塞综合征（完全型）	重伤二级
5.12.3.b）	损伤引起脂肪栓塞综合征（不完全型）	轻伤二级

1.法医学审查要点

（1）临床表现：脂肪栓塞综合征好发于骨创伤后12～48小时，典型的脂肪栓塞综合征包括呼吸功能障碍、脑功能障碍及皮肤瘀斑三联征。

①呼吸功能障碍。呼吸功能障碍常早期出现，症状轻重不等，轻者有呼吸急促、呼吸困难，重者类似成人呼吸窘迫综合征。50%的患者存在严重的低氧血症，需要机械通气。

②脑功能障碍。常发生于呼吸功能障碍之后，可有意识状态改变、惊厥及局部脑损害。

③皮肤瘀斑。常出现在头颈部、前胸部及腋下。

④肺部X线。可见双侧肺部密度增高，表现为广泛的粟粒状、绒毛状、斑点状，或所谓"暴风雪"状阴影。这些改变有时局限在肺的下叶或肺门附近。

⑤实验室检查。若动脉血氧分压低于60mmHg时，则提示有发生本征的可能。血小板急速减少，甘油三酯和p－脂蛋白水平减低，对本病的诊断有一定的辅助作用。

⑥临床转归。从脂肪栓塞综合征出现到完全恢复一般需要2～4周，但有神经系统体征的可能持续3个月以上，有些病人可以完全康复（即使出现去大脑强直），有些病人可能存在永久性神经损害。

（2）法医学检查：依据《人体损伤程度鉴定标准》附录B.8.6脂肪栓塞综合征的

规定，按照 GA/T 1970《法医学临床检验规范》5.16.6 脂肪栓塞综合征的检验规范进行检查。

（3）鉴定意见审查：依据《人体损伤程度鉴定标准》附录 B.8.6 脂肪栓塞综合征分型进行审查，脂肪栓塞综合征（不完全型）构成轻伤二型；脂肪栓塞综合征（完全型）构成重伤二级。

《人体损伤程度鉴定标准》附录 B.8.6 脂肪栓塞综合征分型：

不完全型（或者称部分症候群型）：伤者骨折后出现胸部疼痛，咳呛震痛，胸闷气急，痰中带血，神疲身软，面色无华，皮肤出现瘀血点，上肢无力伸举，脉多细涩。实验室检查有明显低氧血症，预后一般良好。

完全型（或者称典型症候群型）：伤者创伤骨折后出现神志恍惚，严重呼吸困难，口唇紫绀，胸闷欲绝，脉细涩。本型初起表现为呼吸和心动过速、高热等非特异症状。此后出现呼吸窘迫、神志不清以至昏迷等神经系统症状，在眼结膜及肩、胸皮下可见散在瘀血点，实验室检查可见血色素降低，血小板减少，血沉增快以及出现低氧血症。肺部 X 线检查可见多变的进行性的肺部斑片状阴影改变和右心扩大。

2. 损伤机制审查

创伤、骨折等造成体内血液中脂肪滴聚集，阻塞血管，导致重要脏器形成血管栓塞，进而引发一系列的病理生理改变。

3. 鉴定时限审查

确诊后可以鉴定，对于伤情严重的建议在伤情稳定后鉴定。

五、呼吸功能障碍

呼吸功能障碍指各种原因导致的肺通气、换气功能不能正常进行。急性呼吸窘迫综合征指肺内、外因素导致以肺毛细血管弥漫性损伤、通透性增强、肺水肿、透明膜形成和肺不张为主要病理变化，以进行性呼吸窘迫和难治性低氧血症为临床特征的急性呼吸衰竭综合征。是一种严重的呼吸功能障碍。

涉及呼吸功能障碍的条款有 2 条，损伤程度有轻伤二级和重伤二级（表 23-2-6）。

表 23-2-6　呼吸功能障碍鉴定条款

条款序号	条款内容	损伤程度
5.12.2.g）	各种损伤致急性呼吸窘迫综合征（重度）	重伤二级
5.12.4.g）	呼吸功能障碍，出现窒息征象	轻伤二级

1. 急性呼吸窘迫综合征

（1）鉴定要点

①临床表现：

起初表现为通气过度，呼吸频率加快，35 次/分钟以上，呈呼吸性碱中毒，后期出现混合性酸中毒，病情逐渐加重，甚至死亡。

②法医学检查：依据《人体损伤程度鉴定标准》附录 B.8.7 急性呼吸窘迫综合征分度的规定进行检查。

③鉴定意见审查：主要审查呼吸频率、发绀程度、肺部体征和 X 线表现、血气分析（吸纯氧前后的氧分压值和二氧化碳分压值），是否符合《人体损伤程度鉴定标准》附录 B.8.7 急性呼吸窘迫综合征分度的规定，达到重度急性呼吸窘迫综合征构成重伤二级（表 23-2-7）。

表 23-2-7　急性呼吸窘迫综合征分度

程度	临床分级			血气分析分级	
	呼吸频率	临床表现	X 线示	吸空气	吸纯氧 15 分钟后
轻度	>35 次/分	无发绀	无异常或者纹理增多，边缘模糊	氧分压 <8.0kPa 二氧化碳分压 <4.7kPa	氧分压 <46.7kPa Qs/Qt>10%
中度	>40 次/分	发绀，肺部有异常体征	斑片状阴影或者磨玻璃样改变，可见支气管气相	氧分压 <6.7kPa 二氧化碳分压 <5.3kPa	氧分压 <20.0kPa Qs/Qt>20%
重度	呼吸极度窘迫	发绀进行性加重，肺广泛湿罗音或实变	双肺大部分密度普遍增高，支气管气相明显	氧分压 <5.3kPa 二氧化碳分压 >6.0kPa	氧分压 <13.3kPa Qs/Qt>30%

（2）损伤机制审查

各种因素（如严重肺部感染、胃内容物误吸、吸入有毒气体、淹溺、肺挫伤及肺部脂肪栓塞等）导致肺泡上皮和肺毛细血管内皮通透性增加所致的非心源性肺水肿。由于肺泡水肿、肺泡塌陷导致严重通气/血流比例失调，特别是肺内分流明显增加，从而产生严重的低氧血症。

（3）鉴定时限审查

急性呼吸窘迫综合征是损伤并发症，一般在病情稳定后鉴定。

2. 呼吸功能障碍

（1）法医学审查要点

①临床表现：窒息征象（参见颈部咽喉部损伤）。

②法医学检查：按照 GA/T 1970《法医学临床检验规范》5.16.7 呼吸功能障碍，或 SF/T 0111《法医临床检验规范》7.7.3 呼吸功能的检验规范进行检查。

③鉴定意见审查：按照《人体损伤程度鉴定标准》附录 B.6.3 窒息征象审查，出现窒息征象即构成轻伤二级。需注意引起呼吸困难的因素解除后，窒息征象随着时间推移会逐渐消失，应对窒息征象及时取证。

《人体损伤程度鉴定标准》附录 B.6.3 窒息征象：临床表现为面、颈、上胸部皮肤出现针尖大小的出血点，以面部与眼眶部为明显；球睑结膜下出现出血斑点。

（2）损伤机制审查

正常呼吸动作被限制时，如胸腹部遭挤压、颈部受扼压和勒缢时，人体发生保护性屏气，胸腔内压增高，静脉血压相应升高。头、颈及上肢静脉因无瓣膜或瓣膜功能不全，血液被驱回远心端，致末梢小静脉和毛细血管因压力突然升高，发生破裂，形成出血点或瘀斑。挤压时间越长，出血征象越明显。

（3）鉴定时限审查

伤情稳定后即可鉴定。

第三节　异物存留、器质性阴茎勃起障碍、置入式假体装置和骨折内固定物损坏、骨皮质损伤

一、异物存留

异物存留指各种损伤造成人体组织器官内存留非本组织器官的物质。

涉及异物存留的条款有 4 条，损伤程度为轻伤二级和重伤二级（表 23-3-1）。

表 23-3-1　异物存留鉴定条款

条款序号	条款内容	损伤程度
5.12.2.j）	脑内异物存留；心脏异物存留	重伤二级
5.12.4.h）	面部异物存留；眶内异物存留；鼻窦异物存留	轻伤二级
5.12.4.i）	胸腔内异物存留；腹腔内异物存留；盆腔内异物存留	轻伤二级
5.12.4.j）	深部组织内异物存留	轻伤二级

1. 损伤程度审查要点

（1）临床表现：一般有疼痛、流血。根据异物大小、异物损伤人体的部位和异物存留部位有相应的临床表现。

①脑内异物存留可有神经系统损伤症状，异物压迫症状或体征；

②心脏异物存留可有胸痛、气促、心悸等症状；

③面部异物存留可有容貌改变；

④眶内异物存留可有面容和视力改变；

⑤鼻窦异物存留可有嗅觉、视力变化等；

⑥胸腔异物存留可有胸痛、可继发感染等；

⑦腹腔、盆腔异物存留可有腹痛、腹膜刺激症状；

（2）法医学检查：按照 GA/T 1970《法医学临床检验规范》5.16.10 异物存留的检验规范进行检查。

（3）鉴定意见审查：主要是审查是否有异物存留的客观证据以及异物存留部位，异物存留脑组织和心脏的构成重伤二级，异物存留其他部位均构成轻伤二级。部分异物可被人体吸收的异物，一般不认为构成本条款。如异物引起其他组织器官功能障碍的，一般依据结果较重的条款鉴定。

2. 损伤机制审查

可由枪弹伤、爆炸伤、交通事故等导致枪弹、爆炸残留物、机械零件等存在于身体内部。根据异物存在的部位和大小的不同，引起身体不同的损伤。

3. 鉴定时限审查

一般确诊即可进行鉴定。如有相关功能障碍，可待治疗终结后鉴定。

二、器质性阴茎勃起障碍

阴茎勃起障碍指阴茎勃起能力的完全丧失或者虽能勃起，但勃起硬度不足以插入阴道进行正常的性交活动，或者因勃起的时间太短不足以完成正常的性交活动。

阴茎勃起功能障碍（ED）根据功能障碍的性质分为心理性 ED、器质性 ED 和混合性 ED。根据不同病因，器质性 ED 又分为神经性 ED、血管性 ED、内分泌性 ED 和海绵体纤维化性 ED。

涉及器质性阴茎勃起障碍的条款有 3 条，损伤程度从轻伤二级至重伤二级（表23-3-2）。

表 23-3-2 器质性阴茎勃起障碍鉴定条款

条款序号	条款内容	损伤程度
5.12.2.k)	器质性阴茎勃起障碍（重度）	重伤二级
5.12.3.c)	器质性阴茎勃起障碍（中度）	轻伤一级
5.12.4.m)	器质性阴茎勃起障碍（轻度）	轻伤二级

1. 法医学审查要点

（1）临床表现：阴茎勃起不能或阴茎勃起硬度、勃起持续时间不足以完成正常性交活动。

（2）法医学检查：依据《人体损伤程度鉴定标准》附录 B.8.8 器质性阴茎勃起障碍的规定，按照 GB/T 37237《男性性功能障碍法医学鉴定》中阴茎勃起障碍的检验规范进行检查。

（3）鉴定意见审查：确认器质性阴茎勃起功能障碍须有明确的导致阴茎勃起障碍的器质性损伤，并与心理性勃起功能障碍相甄别，还应排除药物性、老年生理性、发育异常、其他疾病引起阴茎勃起障碍的情形。具体按照《人体损伤程度鉴定标准》附录 B.8.8 器质性阴茎勃起障碍分度进行审查，器质性阴茎勃起功能障碍轻度者构成轻伤二级；中度者构成轻伤一级；重度者构成重伤二级。

《人体损伤程度鉴定标准》附录 B.8.8 器质性阴茎勃起障碍：

重度：阴茎无勃起反应，阴茎硬度及周径均无改变。

中度：阴茎勃起时最大硬度 >0，<40%，每次勃起持续时间 <10 分钟。

轻度：阴茎勃起时最大硬度 >40%，<60%，每次勃起持续时间 <10 分钟。

2. 损伤机制审查

外伤造成阴茎海绵体、血管、神经或相关腺体损伤均可致器质性阴茎勃起功能障碍，可以依照表 23-3-3 进行审查。

表 23-3-3 器质性阴茎勃起障碍（ED）的机制

类别	机制
血管性因素	任何可能导致阴茎动脉血流量减少或静脉回流闭合机制障碍的疾病或损伤，都可能导致 ED，此外，严重骨盆骨折致下尿道及阴茎动静脉血管损伤也可以导致血管性ED；血管性因素在器质性 ED 中最多见

续表

类别	机制
神经性因素	阴茎勃起是一种神经反射行为，有赖于大脑皮质、皮质下中枢、脊髓及周围神经功能的正常，上述任何部位发生障碍都可能导致 ED；如神经系统损伤、手术等均可以导致神经性 ED
内分泌性因素	内分泌激素是保证性活动的重要因素；如下丘脑垂体的损伤及病变、原发性或继发性性腺功能不全、皮质醇增多症、女性化肿瘤、甲状腺因损伤致功能亢进或减退、肾上腺功能不全、高泌乳血症、睾丸损伤及病变、糖尿病等均可以导致内分泌性 ED
海绵体性因素	阴茎的正常解剖结构是阴茎勃起的基本条件；如海绵体损伤导致海绵体白膜缺损、平滑肌萎缩或纤维化等也可以导致阴茎勃起障碍

3. 鉴定时限审查

器质性阴茎勃起障碍属损伤后遗的功能障碍，一般在临床治疗终结后进行鉴定。

三、置入式假体装置和骨折内固定物损坏

置入式假体装置指植入体内代替原有组织器官发挥相应功能的非机体原有装置。如颅骨修补材料、人工晶状体、义眼、固定义齿（种植牙）、阴茎假体、人工关节、起搏器、支架等。它们的损坏同样造成机体的功能障碍。

骨折内固定物是指安装在体内维持骨折复位牢固性的器材。

涉及置入式假体装置和骨折内固定物损坏的条款有 2 条，损伤程度均为轻伤二级（表 23-3-4）。

表 23-3-4　置入式假体装置和骨折内固定物损坏鉴定条款

条款序号	条款内容	损伤程度
5.12.4.k)	骨折内固定物损坏需要手术更换或修复	轻伤二级
5.12.4.1)	各种置入式假体装置损坏需要手术更换或者修复	轻伤二级

1. 法医学审查要点

（1）临床表现：损伤造成骨折内固定物或置入式假体装置损坏，需要手术更换或者修复。

（2）法医学检查：按照 GA/T 1970《法医学临床检验规范》5.16.12 假体或内固定装置损坏的检验规范进行检查。

（3）鉴定意见审查：出现骨折内固定物损坏、各种置入式假体装置损坏需要手术更换或者修复的均评定为轻伤二级。需注意本标准所称的假体是指植入体内替代组织器官功能的装置，可摘式义眼、义齿等除外。固定义齿的损坏可比照本标准中牙齿损伤的相应条款评定。

2. 损伤机制审查

机械性外力作用于置入式假体装置或骨折内固定物，造成假体装置或者内固定物的损坏。

3. 鉴定时限审查

确诊即可鉴定。

四、骨皮质损伤（表 23-3-5）

表 23-3-5　骨皮质损伤鉴定条款

条款序号	条款内容	损伤程度
5.12.5.a)	身体各部位骨皮质的砍（刺）痕；轻微撕脱性骨折，无功能障碍	轻微伤

1. 法医学审查要点

（1）临床表现：疼痛，砍刺伤应有出血。手术中或影像学检查可发现骨皮质上的砍刺痕或轻微撕脱性骨折。

（2）法医学检查：参照 GA/T 1970《法医学临床检验规范》5.13.1 骨损伤检验要求，或 SF/T 0111《法医临床检验规范》7.11.2 骨折与关节脱位的检验规范进行检查。

（3）鉴定意见审查：出现骨皮质的砍（刺）痕、轻微撕脱性骨折无功能障碍，可评定为轻微伤。需注意骨皮质上有印痕，一般相应体表应该有损伤。若轻微撕脱性骨折引起组织器官功能障碍的，不以本条鉴定，适用其他相应条款。

2. 损伤机制分析

（1）骨皮质的砍（刺）痕：砍刺器作用人体，在骨皮质上留下了印痕。

（2）撕脱性骨折，无功能障碍：因肌肉突然强力收缩，造成肌腱、韧带附着处的骨皮质上拉断、分离。

3. 鉴定时限审查

骨皮质的砍（刺）痕和轻微撕脱性骨折确诊后即可鉴定。

【案　例】

仇某，25 岁，被他人打伤左腕关节。查体：左腕关节内侧压痛，轻度肿胀，无活动受限。影像学检查见左尺骨茎突骨皮质连续性中断，游离小骨块无明显移位。诊断为尺骨茎突撕脱性骨折。伤后 3 个月鉴定时查体，仇某左腕关节活动正常。依据《人体损伤程度鉴定标准》5.12.5.a)"轻微撕脱性骨折，无功能障碍"之规定，评定为轻微伤。

（张寰、何寨寨）

参考文献

1. 刘耀，丛斌，侯一品，等.实用法医学 [M].北京：科学出版社，2014.

2. 闵建雄.法医损伤学 [M].北京：中国人民公安大学出版社，2001.

3. 侯一品，丛斌，王保捷，等.法医物证学 [M].北京：人民卫生出版社，2016.

4. 陈忆九，刘宁国，等.30 年经典案例集萃与评析 [C].上海：上海科技教育出版社，2017.

5. 刘良.法医毒理学 [M].北京：人民卫生出版社，2015.

6. 沈敏，向平.法医毒物学手册 [M].北京：科学出版社，2012.

7. 丛斌，官大威，王振源，等.法医病理学 [M].北京：人民卫生出版社，2016.

8. 竞花兰，利焕祥，等.法医病理学图鉴 [M].北京：人民卫生出版社，2009.

9. 张继宗，蔡继峰，赖江华.法医人类学 [M].北京：人民卫生出版社，2016.

10. 陈康颐，麻永昌，朱小曼，等.应用法医学各论 [M].上海：上海医科大学出版社，1999.

11. 侯一平，陈国弟，邓振华，等.法医学进展与实践 [M].成都：四川大学出版社，2010.

12. 廖林川.法医毒物分析 [M].北京：人民卫生出版社，2016.

13. ［美］詹姆斯，等.血液形态分析原理：理论与实践 [M].北京：科学出版社，2008.

14. 闵建雄.命案现场分析概论 [M].北京：中国人民公安大学出版社，2013.

15. 陈忆九，王慧君，于建云，等.法医病理司法鉴定实务 [M].北京：法律出版社，2009.

16. 邓振华，陈天武，陈志霞，等.法医影像学 [M].北京：人民卫生出版社.2018：518.

17. Grant L. A，Griffin，刘爱连，等.格—艾放射诊断学精要 [M].北京：人民军医出版社，2015.

18. 王琪，林汉成，徐纪茹.死亡时间推断最新研究与展望 [J].法医学杂志，2018，34（5）.

19. 高爽，额日和巴特尔.浅析胃内容物消化程度与死亡时间的关系 [J].广东公安科技，2013，21（1）.

20. 姚小亮，丁轩坤.胃内容物排空延缓 5 例分析 [J].法医学杂志，2006（4）.

21. 卜俊，颜零，沈彦，褚建新，等.有机磷农药中毒的人体血液致死浓度探讨 [J].法医学杂志，2001（1）.

22. Horisberger B, Krompecher T.Forensicdiaphanoscopy: How to Investigate Invisible Subcutaneous Hematomas on Living Subjects〔J〕.Journal of Clinical Forensic Medicine, 1997, 5（2）.

23. Riezzo I, Battista B D, Salvia A D, et al. Delayed Splenic Rupture: Dating the Subcapsular Hemorrhage as a Useful Task to Evaluate Causal Relationships with Trauma〔J〕. Forensic Science International, 2014.

24. 杨帆.外伤性迟发性脾破裂损伤时间鉴定4例〔J〕.法医学杂志, 2008（6）: 468-470.

25. 黄东, 唐勇明, 吴卫东.120例人脾破裂损伤时间推断的法医病理学观察与分析〔J〕.医学与法学, 2014, 6（6）.

附　录

A. 审查导引

1. ×××司法鉴定中心

×××鉴字［2020］××号

法医学鉴定书

一、委托单位（人）：××××××

二、送检人：×××、×××

三、送检材料：

1. ××市第四人民医院病历资料（姓名：张××，住院号：××××）复印件一份，共45页。

2. ××市第四人民医院张××CT影像胶片（编号：××××），共××张。

四、委托要求：对张××的死亡原因进行法医学鉴定

五、受理日期：2020年4月27日

六、开始鉴定日期：2020年4月27日

七、简要案情：

据介绍：死者张××，男，30岁，××县农民。××年×月×日23时许，张××翻墙进入××小区内，被人发现并殴打。6月9日送××镇医院，后转××市第四人民医院救

程序审查：
鉴定机构是否具备相关鉴定资质，鉴定范围是否涵盖本鉴定内容；是否按时年检或备案，证书在有效期内。

程序审查：
文书编号是否符合门类、时间、编号规则等相关规定。

程序审查：
文书形式是否选用正确。
公安机关的文书包括鉴定书、检验鉴定报告、检验意见书；
检察机关的文书包括鉴定书、检验报告等；
司法行政机关管理的鉴定机构的文书包括司法鉴定意见书和司法鉴定检验报告书。

程序审查：
①委托主体是否适格；
②委托手续是否齐备。

程序审查：
①送检材料是否真实、完整、充分；
②检材、样本提取、固定、保存、流转、送检是否规范；
③是否有更有利于鉴定开展的其他材料未搜集（如影像胶片、病理切片等）。

程序审查：
委托要求是否具体、明确，是否超出鉴定机构的鉴定范围。

程序审查：
①案情致伤时间与就医时间、出入院时间、死亡时间、受理时间、开始鉴定时间之间是否矛盾，是否符合鉴定程序相关规定；
②鉴定时机、时限是否符合相关规定。

治，经抢救无效于 6 月 10 日 1 时被宣布死亡。

八、资料摘要：

（一）摘 ×× 市第四人民医院提供的门诊病历

日期：×××× 年 6 月 9 日 3 时 58 分

全身被人打伤伴昏迷 3 小时余。3 小时前患者被他人打伤后昏迷，当时情况不详，被"120"送入我院。

体检：神志呈中度昏迷状态，两侧眼睑青紫肿胀，鼻、口出血，呼吸音粗，声音响，两侧瞳孔等大等圆，约 3.5mm，对光反射迟钝，额部头皮挫伤，右侧下肢及右脚青紫肿胀，胸部无畸形，BP：120/80mmHg，心率 80 次 / 分，腹软，T：38℃。

诊断：头面部外伤、右下肢外伤。

（二）摘 ×× 市第四人民医院颅脑外伤入院记录

入院日期：××××–06–09，7:20，住院号：××××

主诉：群殴致头肿胀、口鼻流血、昏迷 7 小时。

患者于入院 7 小时前翻墙入一小区，发现后被多人殴打，致全身受伤，头面部肿胀，两眼青紫，口鼻出血，当时即有昏迷，具体情况不详，被"120"送入我院，遂收入院进一步诊治，病程中，患者中度昏迷，未进食，保留导尿，尿量可。

昏迷，中间清醒期无，抬入病房，两侧瞳孔缩小。

体格检查：T：38.6℃，P：172 次 / 分，R：47 次 / 分，BP：124/85mmHg，发育正常，营养不良，双眼淤血，"熊猫眼"，肿胀，球结膜下瘀血，心率 172 次 / 分，律齐，未及病理性杂音，两肺呼吸音粗，多处软组织挫伤、瘀血。腿部多处软组织挫伤、瘀血。前颅凹颅底骨折。

神经系统检查：中昏迷，GCS：5 分，重型。双侧瞳孔直径 2.0mm，圆，直接光反应、间接光反应、调节反应均丧失，角膜反射消失。

诊断：前颅凹颅底骨折，右上颌骨额突骨折，右腓骨骨折，全身多处软组织大面积挫伤、淤血。

专门审查：
①尸源身份是否明确，相关内容参见本书第一章、第十二章；
②案发过程（尤其致伤过程）是否清晰，是否有遗漏；
③外伤后间隔一段时间死亡的，是否有二次受伤情形。
④审查时，结合案情了解承办人的疑虑、当事人及律师的诉求，尤其涉及伤、病、死等内容，以及目击者与嫌疑人对致伤过程陈述不一致的内容等。

专门审查：
本案"熊猫眼"反映前颅凹颅底骨折，但解剖未见相关损伤，存在矛盾，需结合尸解记录及照片审查。

专门审查：
涉及伤病关系分析时，有时需要评估伤者原发伤的严重程度，重点关注首次门诊记录、入院记录，必要时补充相关材料。

（三）摘 ×× 市第四人民医院神经科病情观察记录

……

7:45，中昏迷，瞳孔 2/2mm，对光反射消失，P：145 次 / 分，R：42 次 / 分，BP：100/72mmHg，呼吸快，心率快，张口呼吸，持续氧气吸入畅，SPO_2：94%。病情：患者一般情况差，呼吸快，心率快，张口呼吸持续氧气吸入畅 SPO_2 94%。

……

23:50，深昏迷，瞳孔 2/2mm，对光反射消失，P：156 次 / 分，BP：85/46mmHg。病情：患者气管插管在位通畅，呼吸急促，SPO_2 94%，血压下降。

××××–06–10：

00:20，深昏迷，瞳孔 2/2mm，对光反射消失，P：154 次 / 分，R：33 次 / 分，BP：90/50mmHg。病情：遵医嘱转入 ICU 继续治疗。

01:00，患者在 ICU 抢救无效死亡。

（四）摘 ×× 市第四人民医院医学影像学 CT 扫描报告书

检查日期：××××–06–09，CT 号：××××

检查名称：第一次颅脑、上腹轴向 CT 平扫

CT 印象：颅内未见明确血肿及脑挫裂伤；右侧上颌骨额突骨折；额、鼻及颜面部软组织肿胀；上腹平扫未见明确异常征象。

检查日期：××××–06–09，CT 号：××××

检查名称：胸部 + 颅脑轴向 CT 平扫

CT 印象：1. 两肺散在异常密度，考虑：肺挫伤。2. 两侧基底节区尾状核头部变性缺血改变。3. 轻度脑肿胀。

（五）摘 ×× 市第四人民医院检验报告单

采样日期：××××.06.09 13:22，病历号：××××

白细胞计数：11.3 ↑（参考值：4–10×10⁹/L），淋巴细胞计数：0.8 ↓（参考值：1.5–3×10⁹/L），中性细胞：10.2 ↑（参考值：3.1–6.2×10⁹/L），淋巴细胞百分比：6.7 ↓（参考值：

专门审查：

本案临床血生化及影像学资料提示有肺炎可能，病理检验有小灶性肺炎，辩护律师提出死者死亡原因为肺炎，需着重审查，并注意伤病关系讨论。

同时，病历资料摘录内容注意以下几点：

① 是否能反映原发性损伤，并与案情、尸体检验记录、尸解照片、病理组织诊断相吻合；

② 临床表现是否符合损伤致死的发生、发展、死亡过程；

③ 是否存在自身疾病，并能反映其病变程度、范围；

④ 医院出具的死亡诊断、出院诊断与死因鉴定意见是否存在矛盾。

20%-40%），中粒细胞百分比：90↑（参考值：51%-75%），红细胞计数：4.34（参考值：3.5-5.5×10^9/L），血红蛋白：108↓（参考值：110-155g/L），红细胞比容：34.7↓（参考值：37%-49%）

九、检验：

2020年4月29日，××司法鉴定中心法医对张××的尸体进行了解剖检验，并提取相关检材进行了显微病理检验。本次鉴定按中华人民共和国公共安全行业标准GA/T 148—1996《法医病理学检材的提取、固定、包装及送检方法》等标准执行。2020年5月15日，邀请××医科大学××教授全程见证鉴定过程。

（一）尸体检验

1.尸表检验

尸长170厘米，尸斑浅淡，位于尸体背部未受压部位，双眼周青紫淤血，双眼睑结膜散在出血点，球结膜可见出血斑，双瞳孔等大圆，直径0.4cm；双眉内侧至鼻背部见7cm×5cm皮下出血，其中鼻背处有2cm×1cm软组织缺损；左颧部见3cm×2.5cm片状表皮擦伤；左下颌处见4cm×2.5cm浅层皮下出血；右下颌下见5cm×0.6cm条状表皮剥脱伴皮下出血；颈部左侧在5.5cm×4.6cm范围内散在数处点、片状皮下出血；颈部右侧在6cm×0.4cm范围内见点、片状表皮剥脱伴皮下出血呈条形排列；左耳廓下缘见2.5cm×0.8cm挫伤出血；右肘关节内后方见8cm×7cm皮下出血；右前臂尺侧在8cm×4cm范围内散在点、片状皮下出血，最大0.5cm×0.5cm，最小0.2cm×0.2cm；右手腕掌侧见1.5cm×1.5cm、2.0cm×1.5cm浅表皮下出血；左肘外后方见17cm×9.0cm皮下出血，其中散在数处点片状表皮剥脱；左前臂见9cm×6cm皮下出血，其间散在数处条、片状表皮剥脱；左、右髂前上棘处分别见10cm×5cm、6cm×6cm皮下出血；左膝关节至胫前中下段见22cm×16cm皮下出血；右膝关节至足背见50cm×30cm广泛性皮下出血，软组织肿胀，其间膝关节处在10cm×8cm范

程序审查：
鉴定是否遵守相关国家标准、行业标准、技术规范、技术方法以及操作规程等，相关标准可查阅本书附录。

专门审查：
①是否进行规范的尸表检验、解剖检验；
②解剖检验是否按规范要求，对颅腔、胸腔、腹腔、盆腔等进行解剖检验；
③怀疑某种死因时，是否针对性地开展脊髓检查、气胸试验、新生儿肺浮扬试验、空气栓塞、肺动脉栓塞、下肢静脉血栓、脊髓等特殊检验；
④是否检验并记录原发性损伤及损伤并发症的部位、种类、数量、形态、大小，且与尸解照片、病理切片、毒化检验、临床资料等吻合；
⑤损伤描述是否能反映致伤物种类、接触面积、质地、方向、击打次数等；
⑥是否能反映生前伤、死后伤，自身是否可以形成；
⑦是否存在自身疾病。
⑧不同类型损伤参见本书第三章至第七章。

围内散在 0.3 ～ 4.5cm 不等的擦伤；右内踝见5cm×2.5cm 表皮剥脱，外踝见 4.5cm×3.0cm 表皮剥脱；右足背中外侧见 3.5cm×3.0cm 擦伤，右趾根部在 7cm×6cm 范围内散在五处擦伤，最大2cm×0.5cm，最小 0.3cm×0.2cm。

2．解剖检验

右颞部头皮下出血 6cm×4cm，左侧颞肌见6cm×6cm 浅层出血；右颞部头皮下见 8cm×10cm出血，其下颞肌见 12cm×10cm 出血，深达骨质；颅骨未见骨折，脑组织未见挫伤或出血；颅底未见骨折；颈部皮下肌肉未见损伤、出血；甲状软骨、舌骨未见骨折；气管内未见异常分泌物；胸腹腔内干净；心脏表面检见出血点；胃内容物约 100ml，成稀水样。左上肢皮下出血厚度为0.5 ～ 1.0cm，部分深达筋膜；左下肢皮下出血厚度为 0.5 ～ 1.0cm，大部分达肌层，少部分达骨膜（胫前）；右肘关节皮下出血部分深至肌层；右下肢皮下出血厚度为 1.0 ～ 3.0cm 不等，大部分深达肌层，可见右腓骨中段骨折……

（二）法医病理检验

脑：大脑重 1350 克，脑回稍肿胀，脑沟变浅，未见蛛网膜下腔出血，脑室未见扩张，大脑、小脑各切面未见梗死、出血病灶。右额叶及小脑各一块组织镜检：神经细胞结构尚清晰，大脑、小脑未见出血及炎症细胞浸润灶，神经胶质细胞及血管周围间隙增宽。右额叶脑实质及蛛网膜下腔较多小动脉及毛细血管管腔内见类圆形、椭圆形透亮空泡影，血管内红细胞被挤压消失或被挤向边缘聚集；小脑小动脉管腔内见类圆形串珠状排列透亮空泡影。余未见明显异常。

心：心脏重 300 克，右室心肌厚 0.3cm，左室心肌厚 1.2cm。取左室心尖、左室前壁、右室、室中隔各一块组织镜检：心肌细胞排列规则，未见心肌纤维肥大增生，左心室心尖及室间隔部分区域见灶性出血，伴部分心肌纤维断裂，细胞横纹欠清，胞浆深染。余部分心肌组织未见新鲜梗死灶或陈旧瘢痕，心肌间质纤维组织未见明显增生，左、右冠状动脉心外膜下

> 专门审查：
> ①是否反映损伤、损伤并发症，并与尸解照片、检验记录、临床表现、案情等相吻合；
> ②是否反映自身疾病，并能反映其严重程度。

分支血管未见明显增厚或粥样斑块形成。

肺脏：左肺重 550 克，右肺重 720 克。解剖照片见左肺下叶及右肺上、下叶表面近纵隔处见片状青紫颜色改变区。各肺叶各取一块镜检：双肺部分肺泡萎陷，部分肺大泡形成，部分肺叶肺泡腔内见均质淡染水肿液，部分水肿液红色深染，呈膜状贴附于肺泡腔内壁；左肺下叶部分肺泡腔内见大量红细胞填充。双肺各叶肺间质动脉、小血管及肺泡隔毛细血管管腔内见类圆形、椭圆形或串珠样透亮空泡影；左肺上叶、下叶及右肺下叶部分肺间质小动脉管腔内易见以未分化细胞和脂肪组织为结构的骨髓成分；部分肺细小动脉管腔内透明血栓形成。部分肺组织细、小支气管周见以淋巴细胞为主的炎症细胞浸润，散在灶性分布，部分细小支气管管腔见花环样收缩。

专门审查：
本案反映自身疾病（肺炎改变），需根据病理切片查明病变范围及程度，并进行伤病关系分析。

肝脏：镜检，肝小叶结构基本正常，部分肝细胞颗粒水泡样变性，部分小叶中央区肝细胞崩解，汇管区见少量炎症细胞浸润，部分间质动脉管腔见类圆形透亮空泡影。余未见明显异常。

脾脏：镜检，脾小体中央动脉管壁未见明显增厚，白髓未见明显增生，脾窦淤血。

肾脏：镜检，左、右肾脏肾小球结构正常，部分肾小球毛细血管袢管腔高度扩张，内见类圆形或长条扭曲状透亮空泡影，部分肾髓质动脉血管腔内见类圆形、椭圆形透亮空泡影。部分肾小管上皮颗粒水泡变性，部分细胞脱落，管腔内偶见蛋白管型。余未见异常。

专门审查：
怀疑某种死因时，是否针对性地开展特殊病理检验，如脂肪栓塞做苏丹 III / IV 染色，挤压综合征做肌红蛋白免疫组化染色，过敏性休克做血清 IgE 检测和 / 或肥大细胞硫堇染色，血管内膜发育异常做弹力纤维染色、心脏窦房结纤维化做 Masson 染色、脑组织轴索损伤做银染等。

胰腺：镜检，自溶改变，间质脂肪组织未见出血、坏死。

（三）特殊染色检验

苏丹 III 脂肪特殊染色：左、右肺各叶肺间质小动脉及肺泡隔毛细血管内有圆形、类圆形、长条形或不规则形的亮橙黄色脂滴，部分毛细血管内呈串珠状排列。经评估属于重度脂肪栓塞。

（四）法医病理诊断

1. 全身体表广泛软组织挫伤，尤以双下肢为著，占体表总面积的 10% ~ 15%，伴右腓

专门审查：
①法医病理诊断是否有证据支持，并与尸体解剖、显微检验、临床表现吻合；
②病理诊断是否符合病理学、法医病理学及相关医学诊断规范；
③是否有遗漏；
④注意损伤性、疾病性病理改变的鉴别。
⑤病理改变是否与致伤方式、致伤机制、损伤时间等吻合。

骨中段粉碎性骨折；面部软组织挫伤及挫裂创，左、右颞肌出血；左、右上肢大片状软组织挫伤出血，分别深达筋膜、肌层；双下肢大片状软组织出血、水肿，深达肌层，伴右腓骨中段粉碎性骨折。

2. 双肺血管重度骨髓组织、脂肪栓塞，大脑、小脑、肝脏、双侧肾脏符合脂肪栓塞的病理形态学征象。

3. 左心尖部、室间隔内膜下心肌及左肺下叶灶性挫伤。

4. 慢性灶性细小支气管周围炎。

5. 肺水肿伴透明膜形成，部分肺细小动脉管腔内透明血栓形成，脑轻度水肿，脾淤血。

6. 肝细胞、肾小管上皮细胞颗粒水泡变性。

十、毒化检验：

1. ××鉴（化）字 [20××] 2607 号物证检验意见书鉴定结论：送检的张×× 胃内容和心血中均未检出甲胺磷、敌敌畏、乐果、氧化乐果、对硫磷、呋喃丹、毒鼠强、氯丙嗪、巴比妥、安定、氯氮平、舒乐安定。

2. ××鉴（化）字 [20××] 2608 号物证检验意见书鉴定结论：送检的张×× 的血样中未检出乙醇成分。

十一、分析论证：

1. 根据病理检验，死者张×× 双侧肺脏各肺叶及大脑、小脑、双侧肾脏内细小动脉、毛细血管管腔内见类圆形、椭圆形、串珠样或不规则扭曲状透亮空泡影，左肺上叶、下叶及右肺下叶部分小动脉管腔中见骨髓组织、脂滴成分。尸检未检见颈胸部大、中静脉破裂，尸体未见明显腐败，案情无减压病发生情形，结合右腓骨中段粉碎性骨折，及双下肢等处大面积软组织挫伤出血、水肿，累计面积占体表总面积 10%～15% 等分析，符合腓骨粉碎性骨折及大面积软组织挫伤并发肺、脑等多器官骨髓、脂肪栓塞的病理形态学改变。且本例临床经过发展极快，表现为呼吸急促、高热、昏迷等症状体征，符合肺、脑等多器官骨髓、脂肪栓塞

专门审查：
①对照毒化检验意见书，注意检材提取、保存、送检、检测等环节是否符合相关规范；
②若检出毒物，进行毒物结果的解读与运用，注意检材污染、生前服毒、死后灌毒、隐匿投毒、毒物代谢、死后再分布等问题；
③注意毒物筛查的范围，并结合尸体征象、解剖检验、案情调查确认可疑毒物是否在此筛查范围内。
④毒物分析相关内容见本书第六章。

的表现。综上分析，张 ×× 符合发生了肺、脑等多器官骨髓、脂肪栓塞的并发症。

2. 根据病理检验，死者存在心脏、肺脏灶性挫伤，有大面积的软组织出血，双肺部分肺泡腔内见均质淡染水肿液，部分水肿液红色深染，黏稠度增高，呈膜状贴附于肺泡腔内壁，周边部分肺萎陷伴肺大泡形成，符合急性呼吸窘迫综合征的病理学改变；结合病历资料，张 ×× 伤后存在呼吸困难，低氧血症的症状体征，表现为入院呼吸频率 33 ~ 46 次 / 分，虽经积极高流量吸氧及气管插管呼吸机辅助呼吸，但 SPO2 仍由 94% 持续降低至 84%，且胸部影像学检查发现双肺散在异常密度影，尸检未见冠心病、高血压等改变，可排除心源性肺水肿，故存在急性呼吸窘迫综合征的临床表现。

3. 根据临床资料，死者张 ×× 全身未见大、中血管破裂及内脏出血，伤后入院急诊血压为 100 /70mmHg，后经输液治疗，共计入量 4678ml，出量 2800ml。血压在瞳孔对光反射消失前维持在 124/85 ~ 103/64mmHg，未见皮肤苍白、湿冷等休克症状或体征，尸体检验尸斑呈紫红色分布于背部未受压处，脾脏有淤血，故张 ×× 存在创伤性、失血性休克的依据不足。

4. 根据病理检验，死者存在双肺部分肺组织细、小支气管周有淋巴细胞为主的炎症细胞浸润，呈散在、灶性分布，符合慢性细小支气管周围炎的病理学改变，且其临床症状、体征和辅助检查结果不符合急性肺炎的临床诊断，故分析认为死者存在的慢性细小支气管周围炎对死亡的发生无影响。

5. 根据病理检验，死者张 ×× 颈部散在片状皮下出血，但颈部肌肉未见损伤、出血，舌骨、甲状软骨未见骨折，颜面、口唇、甲床未见紫绀，可排除机械性窒息死亡。

6. 根据尸体检验，张 ×× 全身体表多发软组织挫伤、出血，伴散在表皮剥脱，尤以双下肢出血为著，其体表形态不能反映特定工具作用面特征，符合钝性物体反复多次作用所致。

专门审查：
①肯定性、符合性死因鉴定意见常先分析主要死因，再排除其他死因；倾向性、排除性死因鉴定意见常先排除其他死因，再分析可能的主要死因。
②鉴定的理论依据、事实依据是否客观、充分、适当（包括是否有尸检记录、病理诊断、毒化检测以及疾病诊断、实验室检查、影像学检查等客观依据的支持），鉴定意见中分析论证是否科学、严谨、符合逻辑，死亡机制分析参见本书第八章；
③不同致死原因参见本书相关章节，损伤致死参见第三章，机械性窒息致死参见第四章，损伤并发症致死参见第五章，中毒致死参见第六章，其他暴力致死参见第七章。
④死因分析的死亡机制、伤病关系分析、医疗介入因素分析、死亡方式分析等内容参见本书第八章。

专门审查：
①根据损伤特征及遗留的生物检材推断致伤、认定工具，参见本书第九章、第十二章；
②生前、死后伤的鉴别，损伤时间的推断参见本书第十章；
③某些情形注意他伤、自伤、造作伤、多人致伤分析等，参见本书相关章节；
④某些法医鉴定书因办案需要，可进行死亡时间推断，相关内容参见本书第二章；
⑤作出的致伤工具推断、损伤时间、死亡时间的推断是否与案情反映一致或大体吻合，矛盾是否可以合理解释。

综上分析，张 ×× 符合全身遭钝性物体反复多次作用造成大面积软组织挫伤、腓骨粉碎性骨折、心肺挫伤并发肺、脑等多器官骨髓、脂肪栓塞致急性呼吸功能障碍死亡。

十二、鉴定意见：

张 ×× 符合全身遭钝性物体反复多次作用造成大面积软组织挫伤、腓骨粉碎性骨折、心肺挫伤并发肺、脑等多器官骨髓、脂肪栓塞致急性呼吸功能障碍死亡。

附件：张 ×× 尸体检验及病理检验照片

鉴定人：×××

×××

授权签字人：×××

2020 年 5 月 15 日

专门审查：
①鉴定意见是否解决委托要求内容，是否存在漏项或超范围表述；
②鉴定意见是否明确，是否有矛盾或歧义。
③鉴定意见的不同程度表述及根本死因、直接死因、辅助死因、联合死因、死因诱因、死亡机制的表述是否符合规范，相关内容参见本书第八章。

专门审查：
①所附图片与临床资料、检验记录、病理诊断、死因意见是否吻合；
②是否有重要形态学证据的遗漏。

程序审查：
①鉴定人是否具备相关鉴定资质，鉴定资质是否合法有效；
②检验鉴定是否由 2 名以上鉴定人实施并签名；
③鉴定事项是否超出鉴定人的执业范围；
④是否遵循鉴定回避的相关规定；
⑤鉴定意见出具的日期与受理日期、开始检验日期有无矛盾，鉴定时限是否符合规定；
⑥鉴定文书是否有盖有鉴定机构的"鉴定专用章"。

注：

不同机构的鉴定活动受如下规定管理。

①公安机关出具的鉴定书，鉴定程序遵照《公安机关鉴定规则》；鉴定机构管理遵照《公安机关鉴定机构登记管理办法》；鉴定人管理遵照《公安机关鉴定人登记管理办法》。

②检察机关出具的鉴定书，鉴定程序遵照《人民检察院鉴定规则（试行）》；鉴定机构管理遵照《人民检察院鉴定机构登记管理办法》，鉴定人管理遵照《人民检察院鉴定人登记管理办法》。

③司法行政管理的鉴定机构出具的鉴定书，鉴定程序遵照《司法鉴定程序通则》；鉴定机构管理遵照《司法鉴定机构登记管理办法》；鉴定人管理遵照《司法鉴定人登记管理办法》。

【特别提示】检验鉴定结果仅对所送检材和样本有效；如对本鉴定文书所作出的数据和鉴定意见持有异议，可在收到鉴定文书之日起 15 天内向本处提出；未经本处的书面批准不得部分复印鉴定书（全部复制除外）。

2.×× 物证鉴定所
鉴定书

×物鉴（法物）字［20××］0078号

1.以真实文书为例作解析。
2.文书已作适当编辑。
3.格式规范可参考GA/T 1161—2014《法庭科学 DNA检验鉴定文书内容及格式》或《公安部关于发布〈公安机关鉴定规则〉和鉴定文书式样的通知》（公通字〔2017〕6号）。

鉴定机构对此文书的唯一性编号。

一、绪论

（一）委托单位：××市公安局××分局

（二）送检人

林××；朱××

×物受（法物）字［20××］0078号

朱××；林××

×物受（法物）字［20××］0083号

朱××；林××

×物受（法物）字［20××］0089号

朱××；吴××

×物受（法物）字［20××］0090号

朱××；吴××

×物受（法物）字［20××］0093号

朱××；郭××

×物受（法物）字［20××］0097号

1.送检人应具有合格身份，公安机关一般为办案民警。
2.每次送检可由不同送检人完成。

（三）受理日期

20××年5月6日

×物受（法物）字［20××］0078号

20××年5月6日

×物受（法物）字［20××］0083号

20××年5月9日

×物受（法物）字［20××］0089号

20××年5月9日

×物受（法物）字［20××］0090号

20××年5月9日

×物受（法物）字［20××］0093号

20××年5月10日

×物受（法物）字［20××］0097号

1.受理日期与对应的委托受理号。
2.同案可有多次委托、受理。

1.委托受理书所登记的物证为鉴定机构确认并受理的，与委托书所记录的物证数量可能不相一致，不具备检验条件或无能力检测的一般都不应在受理范围。
2.实验室对物证的确认，需核对该物证与委托书、包装物标签等记录事项是否一致，并记录物证的保管状态等，与委托方确认是否能受理。

（四）简要案情

摘自委托书：20××年5月6日2时30分

尽量客观、简明、扼要。

许，一名自称孙 × 的男子报警称在 × 酒店的 201 房间杀了人。初步调查后确认，× 酒店 201 房间有一女子"唐××"被害。

（五）送检物证及样本 ［注：隐去了部分检材］

1. 标识为"孙 × 口腔拭子"的检材，
编号为 20× × C0078P0001S01。

2. 标识为"孙 × 左手虎口擦拭物"的检材，
编号为 20× × C0078P0002S01。

……

9. 标识为"孙 × 右手大拇指擦拭物"的检材，
编号为 20× × C0078P0009S01。

……

14. 标识为"孙 × 龟头擦拭物"的检材，
编号为 20× × C0078P0014S01。

15. 标识为"孙 × 右手小指根部伤口擦拭物"的检材，编号为 20× × C0078P0015S01。

16. 标识为"孙 × 毛衣下摆血迹擦拭物"的检材，编号为 20× × C0078P0016S01。

……

20. 标识为"刀刃擦拭物"的检材，编号为 20× × C0078P0020S01。

21. 标识为"刀柄擦拭物"的检材，编号为 20× × C0078P0021S01。

……

28. 标识为"卫生间门外侧地面血迹擦拭"的检材，编号为 20× × C0083P0005S01。

29. 标识为"卫生间门内侧地面血迹擦拭"的检材，编号为 20× × C0083P0006S01。

30. 标识为"卫生间水池水龙头开关擦拭"的检材，编号为 20× × C0083P0007S01。

……

34. 标识为"烟蒂"的检材，
编号为 20× × C0083P0011S01。

35. 标识为"电视桌上白色毛巾上血迹擦拭"的检材，编号为 20× × C0089P0001S01。

36. 标识为"死者左手拇指指甲"的检材，
编号为 20× × C0090P0001S01。

---

1. 可参阅第十二章第二节 DNA 检材。检材多来源于现场勘验、尸体检验、人身检查等。
2. 但对受理之前的检材审查，仅能作名称数量、标识记录、独立包装、有无破损、有无变质等一般性观察，严格的审查较难实行。

相关规则，可查阅 GA/T 1162—2014《法医生物检材的提取、保存、送检规范》等。

1. 此为检材的唯一性编号：20xx 为年份，C0078 为委托受理号，P0001 为该受理号下第 1 份检材，S01 为该检材的第 1 个样本（P0002、S02 等可类推）。
2. 不同机构有相应的检材唯一性编码方式。

检材名称等应与委托书、委托受理书的记录一致，并能在现场勘验、人体检查检验等记录中溯源。

……

41. 标识为"死者右手拇指指甲"的检材，
编号为 20××C0090P0006S01。

……

46. 标识为"死者心血"的检材，
编号为 20××C0090P0011S01。

……

49. 标识为"死者颈部擦拭"的检材，
编号为 20××C0093P0003S01。

50. 标识为"死者左乳头擦拭"的检材，
编号为 20××C0093P0004S01。

51. 标识为"死者右乳头擦拭"的检材，
编号为 20××C0093P0005S01。

……

56. 标识为"死者阴道拭子 1"的检材，
编号为 20××C0093P0010S01。

57. 标识为"死者阴道拭子 2"的检材，
编号为 20××C0093P0011S01。

58. 标识为"死者肛门擦拭"的检材，
编号为 20××C0093P0012S01。

59. 标识为"死者胸罩搭扣处擦拭"的检材，
编号为 20××C0093P0013S01。

60. 标识为"死者宫口擦拭 1"的检材，
编号为 20××C0093P0014S01。

61. 标识为"死者宫口擦拭 2"的检材，
编号为 20××C0093P0015S01。

62. 标识为"死者宫腔内擦拭"的检材，
编号为 20××C0093P0016S01。

63. 标识为"疑父张 × 口腔拭子"的检材，
编号为 20××C0097P0001S01。

64. 标识为"疑母唐 × 口腔拭子"的检材，
编号为 20××C0097P0001S02。

（六）检验要求：对上述检材进行 DNA 检验及分析

（七）检验开始日期

20×× 年 5 月 6 日

× 物受（法物）字［20××］0078 号

20×× 年 5 月 6 日

1. 应在受理日期之后。
2. 委托日期、受理日期、检验日期、报告日期符合顺序要求。

×物受（法物）字［20××］0083 号

20××年5月9日

×物受（法物）字［20××］0089 号

20××年5月9日

×物受（法物）字［20××］0090 号

20××年5月9日

×物受（法物）字［20××］0093 号

20××年5月10日

×物受（法物）字［20××］0097 号

（八）检验地点：××市公安局 DNA 实验室

二、检验

> 可参阅第十二章第三节 DNA 检验。

（一）检验过程

按照行标示 GA/T 765—2020、GA/T 766—2020、GA/T 383—2014 进行检验分析。

> 应执行当前能行的标准和规范，原文书用的是 GA 765—2008 GA 766—2008 版。

1. 确证检验：取 20××C0093P0010S01、20××C0093P0011S01、20××C0093P0012S01、20××C0093P0014S01、20××C0093P0015S01、20××C0093P0016S01 号检材适量，采用人精液 PSA 检测金标试剂条法检验。取 20××C0078P0020S01、20××C0078P0021S01 号检材适量，采用人血红蛋白检测金标试剂条法检验。

> 可参阅第十二章第三节 DNA 检验部分的人血、精斑的前期试验

> 1. 此文书仅记录了对致伤物上黏附物作了人血检测；
> 2. 其他如"地面血迹擦拭"等检材未见记录。

2. DNA 提 取： 取 20××C0093P0010S01、20××C0093P0011S01、20××C0093P0012S01、20××C0093P0014S01、20××C0093P0015S01、20××C0093P0016S01 号检材适量，用二步分离法、磁珠法提取精子模板 DNA。

> 可参阅第十二章第三节 DNA 检验的模板 DNA 的制备（提取、纯化）。

> 二步法针对精斑，分离出精子。

取送检物证检材（除 20××C0093P0010S01、20××C0093P0011S01、20××C0093P0012S01、20××C0093P0014S01、20××C0093P0015S01、20××C0093P0016S01）适量，用聚苯乙烯二乙烯基苯树脂法/磁珠法提取模板 DNA。

> 即 Chelex 法，适合比较洁净检材；方法选择应有一定判断。可参阅第十二章第三节的"模板 DNA"和第二节的"疑为致伤工具的 DNA 检材提取"案例。

3. 常染色体 STR 多态性检验：取上述检材 DNA 适量，使用 Identifiler plus 试剂盒进行 PCR 扩增，扩增产物应用 ABI3500×L 全自动荧光分析仪进行检测，按照行标 GA/T1163-2014 分析上述检材的基因分型。

> 1. 最佳 DNA 模板量在 1.0ng 左右，通常在 0.5～2.5ng 间，文书一般仅作笼统描述；
> 2. 过高过低都会影响 PCR 扩增效果。

> 应选择能满足检测要求的并经认证的商品化试剂盒

（二）检验结果

1. 确证检验结果：

> 应选择能满足检测要求的并经认证的商品化试剂盒

20××C0093P0010S01、20××C0093P0011S01、20××C0093P0012S01、20××C0093P0014S01、20××C0093P0015S01、20××C0093P0016S01号检材的人精液 PSA 检测金标试剂条法检验结果为阳性。

20××C0078P0020S01、20××C0078P0021S01号检材的人血红蛋白检测金标试剂条法检验结果为阳性。

2. 常染色体 STR 多态性检验结果：[注：隐去了部分检验结果]

> （精斑、人血等确证试验）金标试剂条法的判读：
> 1. 一般质控线、反应线都出现定为阳性；
> 2. 仅出现质控线定为阴性；
> 3. 质控线、反应线均未出现认为该试剂条失效。

> PCR 扩增试剂盒一般都选用识别能力强且相独立的基因座，但不同试剂盒对应基因座的数量、名称可能有不同，本案 Identifiler plus 试剂盒采用了 D8S1179 等 15 个基因座和 1 个性别基因座。

"－"代表该基因座未检出 DNA 分型

检材	D8SI179	D2IS1I	D7S820	CSFIPO	D3S1358	THOI	D13S317	D16S539
20xxC0078P0001S01	10	28/31	11	11	15	9	8/9	9/13
20xxC0078P0002S01	－	－	－	－	－	－	－	－
……								
20xxC0078P0009S01	10/12/15	28/29/31/32.2	8/11	I1/12	15	7/9	8//9/12	9/10/12/13
……								
20xxC0078P0014S01	12/15	29/32.2	8/11	12	15	7/9	9/12	10/12
20xxC0078P0015S01	10	28/31	11	11	15	9	8/9	9/13
20xxC0078P0016S01	12/15	29/32.2	8/11	12	15	7/9	9/12	10/12
……								
20xxC0078P0020S01	12/15	29/32.2	8/11	12	15	7/9	9/12	10/12
20xxC0078P0021S01	10/12/15	28/29/31/32.2	8/11	I1/12	15	7/9	8//9/12	9/10/12/13
……								
20xxC0083P0005S01	10/12/15	28/29/31/32.2	8/11	I1/12	15	7/9	8//9/12	9/10/12/13
20xxC0083P0006S01	10/12/15	28/29/31/32.2	8/11	I1/12	15	7/9	8//9/12	9/10/12/13
20xxC0083P0007S01	13/16	28/29	11/12	9/11	15/16	7/9	8	10/11
……								
20xxC0083P0011S01	10	28/31	11	11	15	9	8/9	9/13
20xxC0089P0001S01	12/15	29/32.2	8/11	12	15	7/9	9/12	10/12
20xxC0090P0001S01	12/15	29/32.2	8/11	12	15	7/9	9/12	10/12
……								
20xxC0090P0006S01	12/15	29/32.2	8/11	12	15	7/9	9/12	10/12
……								

> 多个基因座出现 3 个或 3 个以上等位基因，则被认为混合型 DNA。可参阅第 5 节混合 DNA 问题。

> 1. 所见即为相应基因座的数字化分型数据（等位基因和基因型）。命名规则可参阅第 1 节基本概念"短串联重复序列（STR）"。
> 2. 数据质量审查难度大，可参阅第十二章第三节 DNA 检验的分型部分和案例。

续表

检材	D8SI179	D2IS1I	D7S820	CSFIPO	D3S1358	THOI	D13S317	D16S539
20xxC0090P0011S01	12/15	29/32.2	8/11	12	15	7/9	9/12	10/12
……								
20xxC0093P0003S01	12/15	29/32.2	8/11	12	15	7/9	9/12	10/12
20xxC0093P0004S01	12/15	29/32.2	8/11	12	15	7/9	9/12	10/12
20xxC0093P0005S01	12/15	29/32.2	8/11	12	15	7/9	9/12	10/12
……								
20xxC0093P0010S01	10	28/31	11	11	15	9	8/9	9/13
20xxC0093P0011S01	10	28/31	11	11	15	9	8/9	9/13
20xxC0093P0012S01	10	28/31	11	11	15	9	8/9	9/13
20xxC0093P0013S01	12/15	29/32.2	8/11	12	15	7/9	9/12	10/12
20xxC0093P0014S01	10	28/31	11	11	15	9	8/9	9/13
20xxC0093P0015S01	10	28/31	11	11	15	9	8/9	9/13
20xxC0093P0016S01	10	28/31	11	11	15	9	8/9	9/13
20xxC0097P0001S01	12	29	11	12/13	15 /17	7/10	10/12	10
20xxC0097P0001S02	11/15	30/32.2	8/10	10/12	15	9	9/11	12

检材	D2S1338	D19S433	vWA	TPOX	D18S51	D5S818	FGA	Amel
20xxC0078P0001S01	19	13/14.2	14/18	9	14/15	11	22/23	X/Y
20xxC0078P0002S01	–	–	–	–	–	–	–	–
……								
20xxC0078P0009S01	17/19/22	12/13/14.2/15.2	14//16/17/18	9/11	14/15/16	10/11	19/22/23	X/Y
……								
20xxC0078P0014S01	17/22	12/15.2	16/17	11	15/16.	10	19/23	X
20xxC0078P0015S01	19	13/14.2	14/18	9	14/15	11	22/23	X/Y
20xxC0078P0016S01	17/22	12/15.2	16/17	11	15/16.	10	19/23	X
……								
20xxC0078P0020S01	17/22	12/15.2	16/17	11	15/16.	10	19/23	X
20xxC0078P0021S01	17/19/22	12/13/14.2/15.2	14//16/17/18	9/11	14/15/16	10/11	19/22/23	X/Y
……								
20xxC0083P0005S01	17/19/22	12/13/14.2/15.2	14//16/17/18	9/11	14/15/16	10/11	19/22/23	X/Y
20xxC0083P0006S01	17/19/22	12/13/14.2/15.2	14//16/17/18	9/11	14/15/16	10/11	19/22/23	X/Y
20xxC0083P0007S01	18	13/14	14/16	8/11	18/21	10/11	22/25	X
……								
20xxC0083P0011S01	19	13/14.2	14/18	9	14/15	11	22/23	X/Y
20xxC0089P0001S01	17/22	12/15.2	16/17	11	15/16.	10	19/23	X
20xxC0090P0001S01	17/22	12/15.2	16/17	11	15/16.	10	19/23	X
……								
20xxC0090P0006S01	17/22	12/15.2	16/17	11	15/16.	10	19/23	X

续表

检材	D2S1338	D19S433	vWA	TPOX	D18S51	D5S818	FGA	Amel
……								
20xxC0090P0011S01	17/22	12/15.2	16/17	11	15/16.	10	19/23	X
……								
20xxC0093P0003S01	17/22	12/15.2	16/17	11	15/16.	10	19/23	X
20xxC0093P0004S01	17/22	12/15.2	16/17	11	15/16.	10	19/23	X
20xxC0093P0005S01	17/22	12/15.2	16/17	11	15/16.	10	19/23	X
……								
20xxC0093P0010S01	19	13/14.2	14/18	9	14/15	11	22/23	X/Y
20xxC0093P0011S01	19	13/14.2	14/18	9	14/15	11	22/23	X/Y
20xxC0093P0012S01	19	13/14.2	14/18	9	14/15	11	22/23	X/Y
20xxC0093P0013S01	17/22	12/15.2	16/17	11	15/16.	10	19/23	X
20xxC0093P0014S01	19	13/14.2	14/18	9	14/15	11	22/23	X/Y
20xxC0093P0015S01	19	13/14.2	14/18	9	14/15	11	22/23	X/Y
20xxC0093P0016S01	19	13/14.2	14/18	9	14/15	11	22/23	X/Y
20xxC0097P0001S01	19/22	15.2	17	9/11	14/16	10/11	20/23	X/Y
20xxC0097P0001S02	17/20	12/13.2	16/17	8/11	15/17	10/11	19/21	X

　　20××C0078P0002S01……以上 20 份检材未获得常染色体 STR 多态性检验结果。

> 一般会对未检出分型的检材作罗列。

三、论证

　　本次鉴定选择的 D3S1358、VWA、FGA、D21S11、D18S51、D5S818.D13S317、D7S820、D16S539、D8S1179、THO1、TPO×、CSF1PO、D2S1338，D19S433 基因座均是独立且按照孟德尔规律遗传的遗传标记，其累积个人识别能力（TDP）为 $1-7.47\times10^{-18}$，其累积非父排除率（三联体）为 $1-1\times10^{-6}$/其累积非父排除率（二联体）为 $1-2.28\times10^{-4}$，联合应用可以进行个体识别及亲权鉴定。

> 1.说明所用 PCR 试剂的系统效能，联合应用上述基因座是否可满足"个体识别""亲权鉴定"；
> 2.一般而言，增加相应基因座，可提高相应鉴别能力，可参阅第十二章第六节。

　　个体识别的证据强度一般依据似然率（LR）来判定。大于 1 支持现场物证上 DNA 来源于嫌疑人的假设，小于 1 则支持现场物证上 DNA 来源于无关个体的假设。LR 值越大，越支持现场物证上 DNA 来源于嫌疑人的假设。

> LR 是个体识别最常用的证据指标，代表 DNA 的证据强度，大于 10000，则强烈支持原告（或控方）假设。可参阅第十二章第一节的基本概念"似然率 LR"和第四节的"个体识别"。

　　标识为"孙 × 龟头擦拭物""孙 × 毛衣下摆血迹擦拭物"……"刀刃擦拭物"……"电视桌上白色毛巾上血迹擦拭""死者左手拇指

> 实践中，常将全球总人口数作参考，大于被认为具有"同一性"，但本质上 LR 只是"是"与"否"之间的概率比。

指甲"……"死者右手拇指指甲"……"死者
颈部擦拭""死者左乳头擦拭""死者右乳头擦
拭""死者胸罩搭扣处擦拭"的检材与标识为
"死者心血"的检材在 D8S1179 等 15 个基因座
基因型相同，采用中国人群 STR 群体数据 资
料按照《DNA 鉴定文书规范》进行统计学计
算，似然率为 1.66×10^{19}，即上述检材上 DNA
来源于标识为"死者心血"检材所属个体所
留的可能性是来源于无关个体所留可能性的
1.66×10^{19} 倍。

　　标识为"孙 × 右手小指根部伤口擦拭
物""烟蒂""死者阴道拭子 1""死者阴道拭子
2""死者肛门擦拭""死者宫口擦拭 1""死者
宫口擦拭 2""死者宫腔内擦拭"的检材与标识
为"孙 ×"口腔拭子的检材在 D8S1179 等 15 个
基因座基因型相同，采用中国人群 STR 群体数
据资料，按照《DNA 鉴定文书规范》进行统计
学计算似然率为 4.61×10^{18}，即上述检材上 DNA
来源于标识为"孙 ×"口腔拭子的检材所属个
体所留的可能性是来源于无关个体所留可能性
的 4.61×10^{18} 倍。

　　亲权鉴定一般依据亲权指数〔PI〕来判定。
大于 1 支持嫌疑父是孩子生父的假设，小于 1 则
支持随机男子是孩子生父的假设。在排除双胞
胎和近亲等前提下，PI 值越大，表示亲权关系
成立的可能性越大。

　　标识为"死者心血"的检材在 D8S1179 等
15 个基因座的一个等位基因可从标识为"疑父
张 × 口腔拭子"的检材的相应基因座基因型中
找到来源，另一个等位基因可从标识为"疑母
唐 × 口腔拭子"的检材的相应基因座基因型中
找到来源。采用中国人群 STR 群体数据资料，
按照《DNA 鉴定文书规范》或 GA/T 965—2011
进行统计学计算，累计亲权指数为 $5.75 \times 10^{7'}$，
即标识为"疑父张 × 口腔拭子"的检材、标识
为"疑母唐 × 口腔拭子"的检材所属个体为标
识为"死者心血"的检材所属个体生物学父、
母亲的可能性是无关个体为标识为"死者心血"

　　每个等位基因在不同人群中出现的
频率是不相同的；引用该基因频率
计算 LR，应限定在相对人群中，即
案件所涉人员都应在该人群中。

　　含义同 LR，是一类亲权强度指标，
大于 10000，可认为具有亲权关系。
可参阅第十二章第一节的基本概念
"亲权指数（PI）"和第四节的"亲
权鉴定"。

　　三联体亲权鉴定，符合孟德尔遗传
规律。可参阅第十二章第一节鉴定
技术的"表 12-1-1　常用鉴定技术
用途及原理汇总"和第四节的"亲
权鉴定"。

的检材生物学父、母亲可能性的 5.75×10^7 倍。

四、鉴定意见

1. 标识为"死者阴道拭子 1"的检材与标识为"死者阴道拭子 2"的检材与标识为"死者肛门擦拭"的检材与标识为"死者宫口擦拭 1"的检材与标识为"死者宫口擦拭 2"的检材与标识为"死者宫腔内擦拭"的检材检出人精液成分。

> 本鉴定的 PSA 试验确证的人精液成分是"前列腺特异性抗原 P30",并非精子本身。可参阅第十二章第三节的"精斑检验"或"表 12-3-1 强奸案精斑检验的分析概况"。

2. 标识为"刀刃擦拭物"的检材与标识为"刀柄擦拭物"的检材检出人血液成分。

> 注意陈旧性人血痕或某些处理过的血痕,可能会呈阴性。可参阅第十二章第三节的"血痕检验"。

3. 标识为"孙 × 龟头擦拭物""孙 × 毛衣下摆血迹擦拭物"……"刀刃擦拭物"……"电视桌上白色毛巾上血迹擦拭""死者左手拇指指甲"……"死者右手拇指指甲"……"死者颈部擦拭""死者左乳头擦拭""死者右乳头擦拭""死者胸罩搭扣处擦拭"的检材与标识为"死者心血"的检材在 D8S1179 等 15 个基因座基因型相同,在中国人群 STR 群体中的似然比为 1.66×10^{19}。

> 相关意见表达,可参阅第十二章第四节的"个体识别"。

4. 标识为"孙 × 右手小指根部伤口擦拭物""烟蒂""死者阴道拭子 1""死者阴道拭子 2""死者肛门擦拭""死者宫口擦拭 1""死者宫口擦拭 2""死者宫腔内擦拭"的检材与标识为"孙 × 口腔拭子"的检材在 D8S1179 等 15 个基因座基因型相同,在中国人群 STR 群体中的似然比为 4.61×10^{18}。

5. "疑母唐 × 口腔拭子"所属个体和"疑父张 × 口腔拭子"所属个体与"死者心血"所属个体具有亲缘关系,在中国人群 STR 群体中的累积亲权指数(CPI)为 5.75×10^7。

> 相关意见表达,可参阅第十二章第四节的"亲权鉴定"。

6. 标识为"孙 × 右手大拇指擦拭物"的检材、标识为"刀柄擦拭物"的检材、标识为"卫生间门外侧地面血迹擦拭"的检材、标识为"卫生间门内侧地面血迹擦拭"的检材为混合基因型,该型包含标识为"死者心血"的检材以上基因座的基因型和标识为"孙 × 口腔拭子"的检材以上基因座的基因型。

> 混合分型问题,可参阅第十二章第四节的"个体识别"的"不排除"或"包含"内容、第五节的"混合 DNA 问题",(注意低浓度 DNA 被覆盖)。

7. 标识为"卫生间水池水龙头开关擦拭"的检材与其他送检物证检材以上基因座的基因

> 孤立数据,没有匹配关系。

型不同。

    8. 20××C0078P0002S01……以上 20 份检材未获得常染色体 STR 有效分型结果。

> 无有效检测结果的检材，其间，如果有重要涉案检材，应回顾之前的 DNA 提取、检测方案是否适当，可参阅第十二章第二节的"痕迹类 DNA 检材的提取"、第三节的"模板 DNA""扩增反应"等内容。

        附件：鉴定机构资格证书复印件
            鉴定人资格证书复印件

> 所列为鉴定机构、鉴定人的资格证明文件，上有证书编号、鉴定项目和发证日期等，审查是否合格、有效。

     鉴定人：中级警务技术职务任职资格 ×××
         副高级警务技术职务任职资格，×××

> 鉴定人的职称、姓名。

    授权签字人：副高级警务技术职务任职资格
                        ××××

> 通过认证的鉴定机构或实验室，授权签字人在授权范围内，对所签报告或鉴定的完整性、准确性负责。

              二〇××年五月二十日

3.××物证鉴定所

鉴定书

××公鉴（临）[20××]107号

一、绪论

（一）委托单位：××市公安局刑事侦查支队

（二）送检人：×××、×××

（三）受理日期：20××年××月××日

（四）案件情况摘要：20××年××月××日××时许，犯罪嫌疑人朱××因怀疑自己媳妇出轨，遂手持菜刀在××市××街将马××等人砍伤。

（五）检验对象：马××，身份证号码：51×××××××××××××××××，性别：男，年龄：××岁，出生日期：19××年××月××日，国籍：中国，住址：××市××县××镇。受伤时间：20××年××月××日。

（六）送检材料：

1.20××年××月××日××市人民医院病历档案（住院号：202005017，共15页）1份；

2.20××年××月××日××市中医院病历档案（住院号：××××××，共7页）1份；

3.××市中医院CT片（放射号：××××××，2张）。

（七）鉴定要求：人体损伤程度鉴定

（八）检验日期：20××年××月××日

（九）检验地点：××市公安局物证鉴定所

二、检验

以下按照《法医临床学检验规范》（GA/T 1970）进行检验，依照最高人民法院、最高人民检察院、公安部、国家安全部、司法部发布的《人体损伤程度鉴定标准》进行鉴定。

（一）病历摘要：

据20××年××月××日××市中医

文书形式是否选用正确：
损伤程度鉴定公安机关的文书一般为鉴定书；检察机关的一般为鉴定书或法医学鉴定书；司法行政机关管理的鉴定机构的一般为司法鉴定意见书。

文书编号是否符合门类、时间、编号规则等相关规定。

1.委托主体是否适格；
2.注意另外审查委托手续是否齐备。

注意审查送检人身份是否适格。

注意审查委托、受理时间是否符合相关规定或者规范。

案情要能基本反应受伤过程。

注意审查检验对象身份是否为本鉴定的被鉴定人。

1.送检材料是否真实、完整、充分；
2.在审查鉴定书的同时注意审查检材、样本提取、固定、保存、流转、送检是否规范。

审查鉴定要求是否合理、具体、明确，是否超出鉴定机构的鉴定范围。

鉴定时机、时限是否符合《人体损伤程度鉴定标准》的规定或其他专业性规范的要求。

一般检验地点为鉴定机构，必要时可在其他地方。公安机关鉴定机构根据开展业务情况，可有鉴定中心、鉴定所和鉴定室三种名称。

1.病历资料摘要应与原始病历记载相符，病历资料内容应为伤者本人；病历反应出的损伤情况要与案情以及实际损伤相符合；
2.案情致伤时间与就医时间、出入院时间、受理时间、开始鉴定时间之间是否矛盾；
3.病历资料摘抄是否完整，有无篡改等情况；
4.常见损伤的临床表现可以参见各章节中临床表现部分。

院住院病历（住院号：×××××）记载：马
××，男，入院日期：20××年××月××
日。出院日期：20××年××月××日。主
诉：外伤致头部疼痛流血半小时。患者不慎被他
人打伤，其间无昏迷，伤后头部流血不止，感
头痛、头昏明显，无呕吐，无胸背部及腹部等
疼痛，活动稍受限制，否认大小便失禁，无胸
闷、气促及呼吸困难，否认腹胀及其他不适。体
格检查：T 36.6℃，P 103次/分，R 21次/分，
BP 122/84mmHg。专科情况：痛苦貌，神志清
楚，神萎，格拉斯评分：15分。头颅五官无畸
形，额部见长约6.0cm的头皮裂伤，深达骨瓣，
创面见大量血凝块、局部伴淡红色深渗出，压痛
明显，双侧瞳孔等大等圆，直径约0.3cm，对光
反射正常。20××年××月××日××市中
医院进行头颅CT（放射号：×××××）提示：
1.额骨右侧骨折；右侧额部头皮软组织肿胀并积
气。2.颅内未见明显外伤性改变。出院诊断：头
皮裂伤、头皮血肿、额骨骨折。

　　（二）检查所见：

　　被鉴定人马××步入石柱县公安局物证鉴
定室，神清语晰，查体合作。

　　目前检查：左额处见长5.0cm瘢痕，（其中
面部见2.5cm，额部头皮见2.5cm）。

　　阅20××年××月××日××市中医院
头颅CT平扫示（放射号：F107715）：额骨骨皮
质不连续，骨折线未达到板障。

　　三、论证

　　根据对委托单位提供病历资料的审阅，被鉴
定人马××在20××年××月××日受伤后
到××市中医院就医，外伤史明确。目前检查
左额处见长5.0cm瘢痕（其中面部见2.5cm，额
部头皮见2.5cm）。马××左侧头皮血肿诊断明
确，依据《人体损伤程度鉴定标准》5.1.5.b）"头
皮下血肿"之规定，评定为轻微伤；其左侧额
部发际线内遗留2.5cm瘢痕，依据《人体损伤程
度鉴定标准》5.1.5.c）"头皮创口或者瘢痕"之
规定，评定为轻微伤；其左侧额部发际线外遗

> 1.根据法医检验了解被鉴定人目前整体健康情况；
> 2.各类型的损伤检验过程是否符合临床检验规范，具体可以参见各章节中法医学检验或公安部、司法部印发的专业性规范。

> 1.论证是否客观、科学，是否对所有损伤进行全面分析论证，鉴定依据的引用是否正确；
> 2.论证是否阐明外伤与损伤结果的因果关系，排除自身疾病所导致的损伤、造作伤等；
> 3.因办案需要，部分案件可在被鉴定人治疗终结后予以补充鉴定，应在论证时予以说明；
> 4.如有对致伤工具、损伤时间的推断，要注意是否与案情反映一致或大体吻合，矛盾是否可以合理解释。

留 2.5cm 瘢痕依据《人体损伤程度鉴定标准》5.2.5.a）"面部软组织创"之规定，评定为轻微伤；其额骨骨皮质不连续、骨折线未达到板障的损伤，未达到法医学颅骨骨折的要求，不宜评定损伤程度。

综上所述，马 ×× 的人体损伤程度评定为轻微伤。

四、鉴定意见

马 ×× 人体损伤程度评定为轻微伤。

附件：马 ×× 损伤检验照共 1 页 2 张。

鉴定人：初级任职资格　×××
　　　　中级任职资格　×××
授权签字人：高级任职资格　×××

二〇 ×× 年 ×× 月 ×× 日

1.鉴定意见是否解决委托要求内容，是否存在漏项或超范围表述；
2.鉴定意见是否明确，是否有矛盾或歧义。

注意审查所附图片与临床资料、检验记录、损伤结果是否吻合，是否能够真实完整地反映受伤情况。

1.鉴定人是否具备相关鉴定资质，鉴定资质是否合法有效；
2.检验鉴定是否由 2 名以上鉴定人实施并签名；
3.鉴定事项是否超出鉴定人的执业范围；
4.是否遵循鉴定回避的相关规定；
5.鉴定文书是否有盖有鉴定机构的"鉴定专用章"；
6.鉴定相关管理规定：
①公安机关出具的鉴定书，鉴定程序遵照《公安机关鉴定规则》；鉴定机构管理遵照《公安机关鉴定机构登记管理办法》；鉴定人管理遵照《公安机关鉴定人登记管理办法》。
②检察机关出具的鉴定书，鉴定程序遵照《人民检察院鉴定规则（试行）》；鉴定机构管理遵照《人民检察院鉴定机构登记管理办法》，鉴定人管理遵照《人民检察院鉴定人登记管理办法》。
③司法行政管理的鉴定机构出具的鉴定书，鉴定程序遵照《司法鉴定程序通则》；鉴定机构管理遵照《司法鉴定机构登记管理办法》；鉴定人管理遵照《司法鉴定人登记管理办法》。

B. 法医相关规定、标准／规范目录（部分）

一、法医鉴定程序相关规定
最高检

《关于印发〈人民检察院鉴定机构登记管理办法〉、〈人民检察院鉴定人登记管理办法〉和〈人民检察院鉴定规则（试行）〉的通知》（高检发办字〔2006〕33 号）

《人民检察院法医工作细则（试行）》（高检发技字〔2013〕5 号）

公安部

《公安部关于发布〈公安机关鉴定规则〉和鉴定文书式样的通知》（公通字〔2017〕6 号）

《公安机关鉴定机构登记管理办法》（公安部令第 155 号）

《公安机关鉴定人登记管理办法》（公安部令第 156 号）

司法部

《司法鉴定程序通则》（司法部令第 132 号）

《司法鉴定机构登记管理办法》（司法部令第 95 号）

《司法鉴定人登记管理办法》（司法部令第 96 号）

二、法医鉴定相关规定、标准／规范
法医病理鉴定

《法医学 尸体检验技术总则》（GA/T 147）

《法医学尸体解剖规范》（SF/Z JD0101002）

《法医学 机械性损伤尸体检验规范》（GA/T 168）

《法医学 机械性窒息尸体检验规范》（GA/T 150）

《法医学 中毒尸体检验规范》（GA/T 167）

《法医学 猝死尸体检验规范》（GA/T 170）

《法医学 新生儿尸体检验规范》（GA/T 151）

《道路交通事故尸体检验》（GA/T 268）

《法医学 死亡原因分类及其鉴定指南》（GA/T 1968）

《尸体解剖检验室建设规范》（GA/T 830）

《法庭科学 尸体检验摄像技术规范》（GA/T 1585）

《法医学 病理检材的提取、固定、取材及保存规范》（GA/T 148）

《法庭科学 硅藻检验技术规范 微波消解 – 真空抽滤 – 显微镜法》（GA/T 1662）

法医临床鉴定

《人体损伤程度鉴定标准》

《人体损伤致残程度分级》

《关于执行〈人体损伤程度鉴定标准〉有关问题的通知》（法〔2014〕3号）

《关于适用〈人体损伤程度鉴定标准〉有关问题的通知》（〔2014〕司鉴1号）

《关于印发〈暂予监外执行规定〉的通知》（司发通〔2014〕112号）

《法医临床学检验规范》（GA/T 1970）

《法医临床检验规范》（SF/T 0111）

《法医学 机械性损伤致伤物分类及推断指南》（GA/T 1969）

《人身损害与疾病因果关系判定指南》（SF/T 0095）

《法庭科学人体损伤检验照相规范》（GA/T 1197）

《法医临床影像学检验实施规范》（SF/T 0112）

《人体前庭、平衡功能检查评定规范》（SF/Z JD0103009）

《周围神经损伤鉴定实施规范》（SF/Z JD0103005）

《外伤性癫痫鉴定实施规范》（SF/Z JD0103007）

《法庭科学 视觉功能障碍鉴定技术规范》（GA/T 1582）

《法医学 视觉电生理检查规范》（GA/T 1967）

《视觉功能障碍法医学鉴定规范》（SF/Z JD0103004）

《法医临床学视觉电生理检查规范》（SF/Z JD0103010）

《听力障碍的法医学评定》（GA/T 914）

《听力障碍法医学鉴定规范》（SF/Z JD0103001）

《嗅觉障碍的法医学评定》（SF/Z JD0103012）

《男性性功能障碍法医学鉴定》（GB/T 37237）

《男性生育功能障碍法医学鉴定》（SF/Z JD0103011）

《性侵害案件法医临床学检查指南》（GA/T 1194）

《法医学 关节活动度检验规范》（GA/T 1661）

《肢体运动功能评定》（SF/T 0096）

《道路交通事故受伤人员治疗终结时间》（GA/T 1088）

《道路交通事故涉案者交通行为方式鉴定》（SF/Z JD0101001）

《道路交通事故受伤人员救治项目评定规范》（GA/T 769）

《劳动能力鉴定职工工伤与职业病致残等级》（GB/T 16180)

《职工非因工伤残或因病丧失劳动能力程度鉴定标准（试行）》（劳社部发〔2002〕8号）

《人身保险伤残评定标准及代码》（JR/T 0083）

《人身损害误工期、护理期、营养期评定规范》（GA/T 1193）

《法庭科学 人身损害受伤人员后续诊疗项目评定技术规程》（GA/T 1555）

《人身损害后续诊疗项目评定指南》（SF/Z JD0103008）

《人身损害护理依赖程度评定》（GB/T 31147）

《医疗损害司法鉴定指南》（SF/T 0097）

《医疗事故分级标准（试行）》（卫生部令第32号）

法医毒化鉴定

《血液酒精含量的检验方法》（GA/T 842）

《法庭科学 疑似毒品中 202 种麻醉药品和精神药品检验 液相色谱 – 质谱法》（GA/T 1921）

《法庭科学 疑似毒品中 211 种麻醉药品和精神药品检验 气相色谱 – 质谱法》（GA/T 1920）

《法庭科学 230 种药（毒）物液相色谱 – 串联质谱筛查方法》（GA/T 1530）

《血液中 188 种毒（药）物的气相色谱 – 高分辨质谱检验方法》（SF/T 0064）

《血液和尿液中 108 种毒药物的气相色谱 – 质谱检验方法》（SF/Z JD0107014）

《血液中 45 种有毒生物碱的液相色谱 – 串联质谱检验方法》（SF/T 0115）

《生物检材中 32 种元素的测定电感耦合等离子体质谱法》（SF/Z JD0107017）

《血液、尿液中 238 种毒药物的检测 液相色谱 – 串联质谱法》（SF/Z JD0107005）

法医物证鉴定

《法医物证检验术语》（GA/T 1972）

《亲权鉴定技术规范》（GB/T 37223）

《法庭科学 DNA 亲子鉴定规范》（GA/T 965）

《法庭科学 DNA 检验鉴定文书内容及格式》（GA/T1161）

《法庭科学 DNA 实验室检验规范》（GA/T383）

《法医生物检材的提取、保存、送检规范》（GA/T 1162）

《人类 DNA 荧光标记 STR 分型结果的分析及应用》（GA/T 1163）

《法庭科学 DNA 实验室建设规范》（GA/T 382）

《法庭科学 DNA 实验室质量控制规范》（GA/T 1704）

《法庭科学人类荧光标记 STR 复合扩增检测试剂质量基本要求》（GA/T815）

《法庭科学 X–STR 检验技术方法》（GA/T 1978）

《法医物证鉴定实验室管理规范》（SF/T 0069）

《法医物证鉴定标准品 DNA 使用与管理规范》（SF/Z JD0105009）

《法医学 STR 基因座命名规范》（SF/Z JD0105011）

《个体识别技术规范》（SF/Z JD0105012）

《亲子鉴定文书规范》（SF/Z JD0105004）

《生物学全同胞关系鉴定技术规范》（SF/T 0117）

《生物学祖孙关系鉴定规范》（SF/Z JD0105005）

《常染色体 STR 基因座的法医学参数计算规范》（SF/Z JD0105010）

《法医物证鉴定线粒体 DNA 检验规范》（SF/Z JD0105008）

《法医物证鉴定 X–STR 检验规范》（SF/Z JD0105006）

《法医物证鉴定 Y–STR 检验规范》（SF/Z JD0105007）

司法精神病鉴定

《法医精神病学精神检查指南》（GA/T 1971）

《精神障碍者司法鉴定精神检查规范》（SF/Z JD0104001）

《精神障碍者刑事责任能力评定指南》（SF/Z JD0104002）

《精神障碍者民事行为能力评定指南》（SF/Z JD0104004）

《精神障碍者诉讼能力评定》（SF/T 0101）

《精神障碍者服刑能力评定指南》（SF/Z JD0104003）

《道路交通事故受伤人员精神伤残评定规范》（SF/Z JD0104004）

法医人类学鉴定

《中国成年人头面部尺寸》（GB/T 2428）

《中国未成年人头面部尺寸》（GB/T 26160）

《法庭科学 汉族青少年骨龄鉴定技术规程》（GA/T 1583）

《法庭科学 人体耻骨性别形态学检验技术规范》（GA/T 1584）

三、法医鉴定专门审查规范

《法医类鉴定专门审查指引》（ZGJ/J 002）

《法医病理鉴定专门审查指引》（ZGJ/J 003）

《法医临床鉴定专门审查指引》（ZGJ/J 004）

《法医 DNA 鉴定专门审查指引》（ZGJ/J 005）